Les Éditions du Boréal
4447, rue Saint-Denis
Montréal (Québec) H2J 2L2
www.editionsboreal.qc.ca

GABRIELLE

ŒUVRES DE MARIE LABERGE

ROMANS

Aux Éditions du Boréal

Juillet, 1989 (collection « Boréal compact », 1993)

Quelques Adieux, 1992 (collection « Boréal compact », 1997)

Le Poids des ombres, 1994 (collection « Boréal compact », 1999)

Annabelle, 1996

La Cérémonie des anges, 1998

THÉÂTRE

C'était avant la guerre à l'Anse à Gilles, VLB éditeur, 1981 ; Les Éditions du Boréal, 1995

Ils étaient venus pour…, VLB éditeur, 1981 ; Les Éditions du Boréal, 1997

Avec l'hiver qui s'en vient, VLB éditeur, 1982

Jocelyne Trudelle trouvée morte dans ses larmes, VLB éditeur, 1983 ; Les Éditions du Boréal, 1992

Deux Tangos pour toute une vie, VLB éditeur, 1985 ; Les Éditions du Boréal, 1993

L'Homme gris suivi de *Éva et Évelyne,* VLB éditeur, 1986 ; Les Éditions du Boréal, 1995

Le Night Cap Bar, VLB éditeur, 1987 ; Les Éditions du Boréal, 1997

Oublier, VLB éditeur, 1987 ; Les Éditions du Boréal, 1993

Aurélie, ma sœur, VLB éditeur, 1988 ; Les Éditions du Boréal, 1992

Le Banc, VLB éditeur, 1989 ; Les Éditions du Boréal, 1994

Le Faucon, Les Éditions du Boréal, 1991

Pierre ou la Consolation, Les Éditions du Boréal, 1992

Marie Laberge

Le Goût du bonheur

GABRIELLE

roman

Boréal

Les Éditions du Boréal remercient le Conseil des Arts du Canada ainsi que le ministère du Patrimoine canadien et la SODEC pour leur soutien financier.

Les Éditions du Boréal bénéficient également du Programme de crédit d'impôt pour l'édition de livres du gouvernement du Québec.

Conception graphique de la couverture : Louise Laberge

Illustration de la couverture : René Bouet-Willaumez, dans *Vogue*, 1ᵉʳ mars 1939.
© *Vogue*, Condé Nast Publications Inc.

Toute ressemblance avec des personnes ou des faits réels ne peut être que fortuite.

Diffusion au Canada : Dimedia

Données de catalogage avant publication (Canada)

Laberge, Marie

    Le Goût du bonheur

    L'ouvrage complet comprendra 3 v.
    Sommaire : I. Gabrielle
    ISBN 2-7646-0075-5 (v. 1)

    I. Titre.

PS8573.A168G68	2000	C843'.54	C00-941818-0
PS9573.A168G68	2000		
PQ3919.2.L32G68	2000		

Quand j'ai commencé mes recherches pour la trilogie,
c'est vers elle que je me suis tournée.
Nous avons longuement parlé de cette époque,
celle de sa jeunesse.
Maintenant que les livres paraissent,
elle n'est plus là.
Cette femme hors du commun
a été mon amie pendant trente ans,
parce qu'il y a trente ans, j'ai aimé son fils.
Je voudrais que jamais on n'oublie son nom
qui est, pour moi, lié au courage et à la générosité.

À la mémoire de ma très chère Françoise Rochette-Giroux,
et à son fils, Pierre.

Il y a le moment pour tout, et un temps
pour tout faire sous le ciel :
Un temps pour enfanter
et un temps pour mourir ;
un temps pour planter,
et un temps pour arracher le plant.
Un temps pour tuer,
et un temps pour guérir ;
un temps pour détruire,
et un temps pour bâtir.
Un temps pour pleurer,
et un temps pour rire ;
un temps pour gémir,
et un temps pour danser.
Un temps pour lancer des pierres,
et un temps pour en ramasser ;
un temps pour embrasser,
et un temps pour s'abstenir d'embrassements.
Un temps pour chercher,
et un temps pour perdre ;
un temps pour garder,
et un temps pour jeter.
Un temps pour déchirer,
et un temps pour coudre ;
un temps pour se taire,
et un temps pour parler.
Un temps pour aimer,
et un temps pour haïr ;
un temps pour la guerre,
et un temps pour la paix.

L'Ecclésiaste

Ne montre pas l'eau vive à qui ne peut la boire.

MARCELINE DESBORDE-VALMORE (1786-1859)

« Cette enfant va me tuer ! »

D'un coup de reins, Gabrielle s'extirpe de son transatlantique. Arrivée à la hauteur des glaïeuls, elle aperçoit sa fille qui tient Florent par la main et qui est déjà en train de tourner le coin de la grange. En se dépêchant, en courant, Gabrielle pourrait l'atteindre. En criant, elle pourrait peut-être la forcer à se retourner. « Mais pas à revenir », ça, Gabrielle n'a aucun doute. Elle soupire, déjà calmée : à quoi bon vouloir tenir un cheval contre son gré ? À force de lui serrer la bride, il va finir par ruer et vous jeter par terre, sa grand-mère le lui avait assez répété.

Gabrielle revient lentement sur ses pas, l'Île est une splendeur dorée et paresseuse. Rien, absolument rien dans ce paysage tranquille n'ordonne la moindre hâte, la moindre coercition. La plate-bande de fleurs est à son zénith, les dahlias ont rejoint les asters et les immortelles, toutes les couleurs se mélangent et s'inclinent d'un même mouvement sous sa main. Ça sent la terre grasse qui a chaud. Émerveillée, Gabrielle se penche et constate que, cette année encore, le rosier qu'elle a planté donnera une seconde floraison en septembre. Elle retourne délicatement les feuilles pour s'assurer qu'aucun puceron ne vient se nourrir à même l'objet de toutes ses attentions.

En se relevant, une inquiétude l'étreint. Elle marche sans se presser vers Germaine qui, malgré l'ombre dense de l'orme, s'évente avec son chapeau de paille. La chaleur ne laisse aucun répit, bien qu'on soit en août ; aucune brise n'agite le fleuve au loin, aussi étale qu'un étang à grenouilles. Le champ où travaillent les Gariépy commence à peine à changer de couleur. Même les foins ont doublé cette année. La saison a commencé sur un pied, elle finira sur un pied. « T'as vu le Bonhomme Sept Heures ? Te voilà toute pâlotte. »

Germaine, elle, serait plutôt du genre apoplectique : elle est rouge et elle a l'air à bout de souffle, même si elle n'a pas bougé de sa chaise longue. Gabrielle se penche sans répondre, arrache une tige de foin qu'elle se met à suçoter en fixant le fleuve. « Gabrielle, qu'est-ce que tu as ?

— Tu veux de la limonade ? »

Germaine lui tend son verre vide en l'observant attentivement. Elle connaît sa sœur, cette manière de répondre n'appartient qu'à elle, cette manière détournée et brusque d'indiquer que le moment n'est pas propice, qu'il n'est absolument pas question d'un quelconque épanchement et encore moins d'un quelconque aveu.

Elle la regarde revenir avec ses verres givrés. Pas un cheveu ne s'échappe de son chignon bien tiré, la jupe de sa robe de mousseline danse à chacun de ses pas, on dirait que la chaleur n'a aucune prise sur Gabrielle, que les termes « moite » et « collant » ne s'appliquent jamais à elle — l'échancrure en V de son décolleté, pudiquement agrémenté d'un plastron qu'elle aurait facilement pu retirer par cette journée, ne semble pas la gêner, les petites manches si seyantes pour des bras fins volettent au moindre mouvement, donnant une impression de brise. Tout est si parfait chez sa sœur. Elle n'a même pas besoin de corset, alors qu'elle-même étouffe sous les baleines désobligeantes qui n'arrivent pas à masquer ce qu'elles compriment au prix de tant de souffrances.

La limonade est fraîche et acide. Pas assez de sucre au goût de Germaine, mais au bout du compte, c'est mieux ainsi, ça désaltère. Gabrielle ne touche pas à son verre. Elle ne s'assoit même pas. Elle reste là, debout, à observer le fleuve comme si elle attendait un bateau.

« Cette robe est magnifique. »

Enfin ! Elle a réussi à la faire se retourner et sourire ! « J'en rêvais déjà l'été passé. Comme je relevais à peine, il n'en était pas question.

— Tu l'avais vue dans *Les Jardins de la mode* ? »

Mais déjà Gabrielle n'écoute plus, elle s'est détournée à nouveau vers le fleuve et a l'air absorbée dans de profondes pensées. Quinze mois de répit, c'est tout ce qu'elle aura eu. Treize et demi, puisqu'elle est certaine que celui-là date de juillet, du *Dominion Day* en fait, seul jour de congé légal où son mari a pu trouver le temps pour faire la traversée. Partir pour l'île d'Orléans pour tout l'été avait habituellement l'avantage de ne pas favoriser la famille puisque son mari restait à Québec pour les affaires. Elle palpe la fine mousseline parme : encore une robe qu'elle ne remettra pas de sitôt !

« Alors ? C'était un des bessons du voisin ou son frère Guillaume qu'Adélaïde traînait ? Veux-tu me dire pourquoi tu as appelé cette pauvre petite Adélaïde ?

— Guillaume vient à peine de se réveiller, Malvina le changeait tantôt dans la cuisine.

— C'était Florent, évidemment ! Adéla a tendance à croire que c'est sa poupée. Pourquoi elle ne s'occupe pas de son frère ? Ça te soulagerait.

— Parce qu'elle vient d'avoir sept ans, Germaine.

— L'âge de raison, l'âge de la communion. À cet âge-là, je m'occupais déjà de toi. »

Gabrielle ne dit rien, elle s'assoit et pose son verre dans l'herbe. Oui, elle en est certaine, elle est enceinte. Dieu ! Faut-il qu'elle soit stupide ! Elle s'en veut tellement de ne pas avoir plus de discernement.

« Gabrielle ! Tu m'écoutes ou non ? »

Sa sœur ne s'est pas tue un instant. La pauvre a chaud, son col est mouillé de sueur, son verre vide est marqué de doigts humides. Elle est trop grosse, elle ne fait pas assez d'exercice et s'essouffle après dix pas : « Tu veux qu'on aille se baigner, Germaine ?

— Se baigner ? Je te parle d'Adéla et tu veux aller te baigner ?

— Laisse-la tranquille, veux-tu ? »

Qu'elle ait son enfance au moins, puisque le reste ne lui appartiendra pas. Gabrielle se sent tellement contrariée qu'elle pourrait se battre pour défendre les maigres années de liberté d'Adélaïde. Pour éviter de se fâcher, elle se lève, ramasse son verre. Un éblouissement la saisit et elle fait semblant d'ajuster la courroie de sa chaussure pour ne pas avoir à se relever trop vite. Encore une fois, elle n'entend que la fin du long discours de sa sœur qui se met péniblement debout en s'inquiétant toujours d'Adélaïde. Elle l'interrompt : « Elle est dans la grange. Viens nager avec moi, ça va te rafraîchir.

— Nager ! Avant, on se contentait de le regarder, le fleuve, c'était aussi rafraîchissant. Cette manie de vouloir bouger ! »

Elle maugrée en suivant Gabrielle. Elle sait bien que malgré son peu d'enthousiasme, elle va finir par aller barboter, qu'elle aura l'air d'une grenouille qui a perdu ses pattes, alors que sa sœur va filer au large. Elle préfère de beaucoup s'amuser dans les cuves de fer-blanc qu'elle remplit d'eau pour les enfants. Évidemment, y aller seule manquerait nettement d'allure.

Dans la grange règne une chaleur étouffante. Ça sent le foin cuit. Tout le jour, le soleil a tapé sur le toit de tôle. L'intérieur de la grange est humide comme une couveuse à poussins.

Dès qu'Adélaïde le pose par terre, Florent se dirige sans hésitation vers le fond de la grange. Elle sourit : il sait bien ce qu'il veut. Malgré la pénombre, elle le suit. Sous la charrue remisée depuis les labours de l'automne passé, le bébé est déjà à quatre pattes, gazouillant de bonheur. Il pose une main câline sur la chatte et frotte sa joue sur la bedaine des chatons qui tètent goulûment. Les petites pattes de derrière d'un bébé chat lui labourent le front, mais Florent sourit béatement. Adélaïde est sûre qu'il va se mettre à ronronner de bien-être, lui aussi. Elle le regarde faire sa place, s'installer au milieu de ces petites boules de poils remuantes. Il suce son pouce et ferme les yeux, mais elle sait qu'il ne dort pas : il respire la chaleur animale et se gave de douceur. Au bout d'un moment, un chaton grimpe sur la poitrine du petit garçon et se love dans son cou pour s'y endormir. Adélaïde sait précisément l'odeur de bébé que dégage Florent et elle envie un peu le chaton de pouvoir s'y loger totalement. Elle caresse avec douceur les cheveux et le front, ils peuvent rester ainsi plus d'une heure. Ils ne dorment pas, ne bougent presque pas, ils profitent de l'instant.

Depuis trois semaines, chaque journée se termine à la grange, dans la torpeur de la chaleur amassée le jour durant. Florent s'impatiente et rouspète si elle ne l'emmène pas voir les chatons. Pourtant, il est trop petit pour savoir l'heure. Il est à peine plus âgé que sa sœur Rose. Mais il ne se trompe jamais et lui dit clairement : « Ada ! *Ça.* » dès quatre heures et demie. Il le dit avec son petit défaut de prononciation, mais c'est bien « chat » qu'il dit et non pas « ça ». Même quand Florent parlait à peine l'été passé, Adélaïde comprenait tout ce qu'il disait. Quelquefois, madame Gariépy lui demandait même ce qu'il avait dit. Malvina Gariépy devinait rarement ce que son fils voulait. Elle n'avait d'antennes que pour Fleur-Ange, la bien-aimée jumelle de Florent.

Quand Adélaïde était arrivée à l'Île avec sa famille, le 20 juin d'il y a trois ans, pour les rituels mois de villégiature, tout le monde s'était empressé d'aller admirer les bessons de Malvina. Sa mère l'avait hissée au-dessus du berceau en s'extasiant sur le petit ange blond endormi. Mais Adélaïde n'avait vu qu'une paire d'yeux bleus la fixer gravement. Florent était chauve et son regard sérieux, exigeant, accaparait tout son visage et lui donnait un air sévère. Adélaïde n'avait même pas aperçu sa sœur endormie à côté. Quand sa mère l'avait posée par terre, elle avait demandé comment il s'appelait. « Fleur-Ange.

— Non, le pas de cheveux ! »

Tout le monde avait trouvé cela très comique et on avait appelé Florent le Pas-de-cheveux. Ses cheveux blonds avaient eu beau pousser, on persistait à l'appeler le Pas-de-cheveux. Adélaïde enrageait et piquait une crise à quiconque osait prononcer ce nom devant elle. Du haut de ses six ans, elle avait réussi à faire cesser ce qu'elle avait candidement amorcé. De toute façon, on s'occupait fort peu de Florent dans sa famille, on « l'arriérait » facilement, comme ils disaient eux-mêmes. Arrivé le neuvième, quelques minutes après Fleur-Ange, on n'avait eu d'yeux que pour celle-ci et les années n'y avaient rien changé. Alors qu'il était chétif et presque malingre, elle était dodue et appétissante, ses cheveux bouclaient divinement et sa petite bouche en cœur était toujours entrouverte dans une sorte de oh ! admiratif. Tout cela déplaisait souverainement à Adélaïde qui trouvait Florent pas mal plus intéressant. Dès l'été précédent, alors qu'il n'avait que deux ans, elle l'avait traîné partout avec elle. Florent, qu'on soupçonnait de faiblesse d'esprit parce qu'il n'avait jamais dit un mot, s'est mis à parler. Contrairement à Fleur-Ange, il n'a pas dit « maman », mais « Ada » et, dès qu'il a su marcher, c'est vers Adélaïde qu'il s'est dirigé. Le seul commentaire de Malvina Gariépy quand elle avait constaté les progrès de son fils avait été : « Enfin ! Le v'là débourré ! Y est pas vite de comprenure comme sa sœur, mais on va p'tête ben le réchapper. »

La mère n'éprouvait apparemment aucun malaise à s'entendre appeler Ada par son fils. Celui-ci avait pris l'habitude de qualifier toute manifestation sympathique du vocable « Ada ». Mais Florent ne « menait pas grand train », comme disait sa mère. Il observait en silence. Le « pas câlineux » de Malvina devenait un vrai colleux avec Adélaïde. Cet été, quand elle était arrivée, Adélaïde avait couru partout pour trouver son préféré. Il était au bord du fleuve, assis tout seul sur une roche, sans surveillance. Adélaïde s'était approchée et avait murmuré son nom. Le petit s'était précipité sur elle et était demeuré littéralement accroché à ses bras pendant les deux premiers jours. Impossible de le poser, il hurlait. Elle l'avait endormi dans ses bras et avait obtenu la permission de le prendre avec elle pour la nuit. Depuis, il partageait son lit, sa table et ses loisirs. Les deux mères n'y voyaient aucun inconvénient. Il n'y avait que tante Germaine pour juger anormal de s'occuper autant d'un étranger, alors qu'Adélaïde ignorait ses sœurs et ses frères du même âge ou presque que Florent. Adélaïde se fichait bien de l'opinion de tante Germaine. Du moment que sa mère comprenait, elle ne cherchait pas plus loin. Et

Gabrielle comprenait qu'on puisse s'ennuyer de Florent tout l'hiver et qu'on puisse s'amuser avec un bébé de trois ans, même si on en a sept.

Elle tente de détourner un chaton qui s'installe dans les cheveux de Florent, mais c'est inutile. « Florent, tu dors ? Ses griffes ne te font pas mal ? »

Il sourit et murmure sans même ouvrir les yeux, sans non plus retirer son pouce de sa bouche : « Ça tatouille.

— Ça *cha* touille !

— Ça ça touille. »

Brusquement, il ouvre les yeux et son regard bleu plein de fierté guette le compliment. Elle lui retire le pouce de la bouche et répète : « Ça chatouille.

— Ça ça touille. »

Elle rit, déloge le chaton en donnant une série de baisers dans le cou de Florent. Il éclate de rire et s'accroche aux cheveux d'Ada qui pendent. Les boudins que Gabrielle a patiemment mis sur la guenille la veille au soir sont déjà défaits. Le ruban rose se mélange aux cheveux châtains. Florent saisit le ruban et tire dessus. Adélaïde se dégage et défait ses cheveux pour retirer le ruban et le tendre à Florent. Sans se presser, Florent s'assoit et, ébloui, il touche du bout du doigt le côté satiné. Il chuchote un « doux… » comme s'il s'agissait d'un minet. Adélaïde sourit et lui effleure la joue avec le ruban ; il ferme les yeux, concentré sur la caresse. Elle prend sa main et y place le ruban. Délicatement, il enroule un bout de ruban autour de son doigt et en frotte la joue d'Adélaïde.

« Petit singeux ! »

Elle entoure le poignet de Florent du ruban et termine son travail par une jolie boucle : « Oh ! Un cadeau ! Que c'est beau, c'est Florent !

— Ada, cé beau. »

C'est en tirant le poignet encore enrubanné de Florent qu'Adélaïde sort de la grange vers six heures. Sur la grève, sa mère et sa tante se sèchent. Le soleil baisse déjà. « Tiens, voilà les inséparables ! Qu'est-ce que tu as fait à ta coiffure, Adélaïde ? Et ta toilette ? Ta robe est pleine de foin ! Gabrielle, dis quelque chose : cette enfant fait ce qu'elle veut. »

Gabrielle s'approche. Florent a mis son pouce dans sa bouche et il frotte le bout de ruban contre son nez, les yeux écarquillés d'inquiétude. Gabrielle se penche vers sa fille, ébouriffe ses cheveux : « Tu t'es bien amusée, on dirait ?

— Il peut venir manger avec nous ? »

C'est Germaine qui, excédée, les quitte en grommelant : « Comme si elle ne savait pas y faire, la petite emmiauleuse ! »

Dès que Germaine s'est éloignée, Gabrielle prend la main de Florent : « On passe par la crique aux Ours ? »

Adélaïde prend l'autre main du petit, celle au pouce encore humide, et ils partent pour le pèlerinage quasi quotidien. La crique est à peine une anse et la famille Miller l'a appeleé ainsi uniquement pour calmer les angoisses d'Adélaïde. Toute petite, après une histoire d'ours aux accents particulièrement authentiques, son père avait dû inventer un coin de la galerie de la maison pour déposer les pièges et nourritures à ours garantissant qu'ils n'entreraient pas manger Adélaïde une fois la maisonnée endormie. Cette année-là, son père avait passé un mois entier à l'île d'Orléans et il avait décidé de tenir les ours éloignés en plaçant des coquillages et autres offrandes dans l'anse, près d'un gros rocher imposant à marée basse. Depuis ce temps, toutes sortes de trésors sont déposés quotidiennement pour tenir les ours dans leur crique et mettre le sommeil des enfants — et des parents ! — à l'abri de tous les dangers.

Le détour se fait sans commentaires. Gabrielle observe sa fille en train de caler un épi de maïs à bétail contre la roche en se disant que, de tous ses enfants, celle-ci est bien la seule à être aussi à l'aise dans le silence. À part quelques « Ada », son compagnon n'est guère plus bavard.

Au retour, depuis le chemin, Gabrielle entend ses filles crier et courir sur la véranda : « Adéla, je vais aller à l'hôtel téléphoner à ton père ce soir. Si tu veux, tu m'accompagneras. On attendra que les petits soient couchés. »

Est-ce à cause du couchant ou de la joie ? Des paillettes traversent le regard gris de sa fille. Ses boucles dispersées pâlissent par endroits et l'auréolent de doré. Elle ne sourit même pas et pourtant, songe sa mère, tout en elle est dansant.

*   *   *

« Évidemment que je suis sûre, Edward… non, ça peut attendre à septembre… Tu sais bien que Germaine va s'en occuper ! … Comme de raison qu'on a envie de te voir, écoute plutôt ça. »

Elle hisse sa fille près du cornet du téléphone et lui fait signe de parler. Adélaïde ne lance qu'un sonore et fervent : « Papa ? » Gabrielle pose l'écouteur sur l'oreille de sa fille et la regarde soupirer et rire en murmurant des « oui » pâmés. Elle pose son fardeau par terre et interrompt Edward : « Excuse-moi, elle est lourde. Alors ? Tu vas pouvoir t'arranger ? »

En quittant l'hôtel Bel-Air, elles s'arrêtent à l'entrée de la salle des fêtes. Il est huit heures et quelques couples dansent déjà. Gabrielle se souvient qu'il y a de cela onze ans, elle dansait ici après avoir passé l'après-midi en bande à jouer au tennis en double et à pique-niquer. Les excursions de sa jeunesse au cours desquelles elle avait rencontré Edward, à l'époque où il étudiait encore et avait du temps libre. C'est dans cette salle de bal à la fin d'une soirée d'été magnifique qu'il lui avait dit qu'il l'aimait. Elle avait toujours su que « c'était sérieux », comme disait sa mère. Alors que rien ne lui laissait deviner une telle disposition, elle s'était retrouvée passionnément éprise, follement amoureuse dès le premier regard de cet homme, et Dieu sait qu'elle n'était pas libre. Après bien des péripéties, après bien des luttes, ils avaient projeté de se marier en septembre 1921, mais la mort de sa mère survenue en janvier de cette année-là et le grand deuil qui a suivi avaient empêché le projet. Ils s'étaient finalement mariés en septembre 1922, alors qu'elle était en demi-deuil. Gabrielle avait volontiers mis de côté ses désirs de robe blanche pour se marier en mauve, mais tout de suite.

Ce soir-là, une fois la famille endormie, Gabrielle demeure longtemps accoudée à la fenêtre à regarder les lumières de Québec au loin. Elle pense à Edward et à son mariage, à cette famille qui ne cesse d'« égrandir », comme disent les paysans, et elle sait qu'elle a téléphoné à Edward en compagnie d'Adélaïde pour faire en sorte qu'il revienne très vite les voir. Edward a un faible évident pour son aînée, il ne peut résister à son charme et sa fille lui manque toujours pendant les longues semaines d'été où son travail l'empêche de les rejoindre à l'Île. Ce soir, en traversant le hall de l'hôtel Bel-Air, Gabrielle a de nouveau senti ce trouble physique qui ne l'a jamais quittée depuis août 1920. Et cela fait dix ans ! Sa mère l'avait pudiquement mise en garde contre les éventuels « désagréments » du mariage et Gabrielle cherche encore la nature de ceux-ci. La grossesse peut-être… quoique si elle tient tant à ce qu'Edward revienne passer la fin des vacances avec eux, c'est qu'étant enceinte elle pourra savourer autant qu'elle veut les plaisirs conjugaux. À force de « faire attention », son mari et elle avaient gâché bien des nuits. Une fois la prudence rendue caduque par son état, ils avaient toujours trouvé leur accord et cédé à leur élan naturel.

Tout de même, six enfants en huit ans, ce n'est pas très raisonnable, se dit Gabrielle. Profitons-en bien de celui-ci, parce qu'ensuite il faudra redoubler de prudence.

Elle s'endort au son des derniers grillons de la saison en repensant à la baignade de nuit qu'Edward et elle s'étaient offerte le soir du *Dominion Day*. Edward et ses idées de fou… Edward et sa fougue. Elle revoit la lippe gourmande sous la moustache, la brûlure du regard brun foncé… comment refuser quelque chose de si tentant ? Ils avaient dansé, ri, ils avaient encore vingt ans. L'amour avec cet homme avait toutes les saveurs sauf celle du devoir conjugal. Il était bien trop tard quand il avait chuchoté « c'est pas dangereux ? ». Elle était bien au-delà de l'idée même du danger.

Au moins, il n'est pas fâché de la nouvelle, c'est la dernière pensée qui traverse son esprit avant de s'endormir.

« Vas-tu nous faire un fond de chaudron, comme dirait le père Gariépy ? »

Les pieds sur le bord du lit, affalé dans le fauteuil de cretonne fleurie qu'il a approché, Edward fume. Flambant nu, sans aucune vergogne, il placote avec sa femme qui est pudiquement demeurée sous le drap. La chambre est déjà bien en désordre et il n'y est que depuis une heure. Comme il s'interdit de fumer au lit, c'est le stratagème qu'il a trouvé pour rester près de Gabrielle et contenter son envie.

« Hé ! mon estorlet, dors-tu ? »

Gabrielle saisit le pied qui la bardasse, elle passe ses doigts entre les orteils d'Edward qui, craignant la chatouille, arrête de la houspiller. « Mon estorlet », ça fait longtemps qu'elle ne l'a pas entendue, celle-là. « Profite, Edward, dans pas grand temps, j'aurai plus rien d'un oiseau.

— Même en famille, tu restes *slim*.

— Le fond du chaudron, par chez nous, c'est le dernier.

— Le fond du chaudron, par chez nous, c'est un bébé aux cheveux foncés quand le père est un beau blond, comme moi.

— Tu foncis, t'es plus si blond que dans ton jeune temps. Ça doit être à force de t'emboucaner. »

Il sursaute : « Ça te tombe sur le cœur ? », il se lève, éteint, agite les rideaux pour éventer la pièce. Elle rit de le voir si libre, si peu gêné de son corps. Elle n'aurait jamais cru qu'on puisse traverser une chambre, même sa propre chambre à coucher, sans se couvrir. Depuis son mariage, Gabrielle a toujours mis cette aisance physique sur le compte de l'ascendance anglaise de son mari. Sa mère, une Américaine d'origine irlandaise, avait épousé un Canadien français peu soucieux de religion, et ils avaient élevé leurs enfants avec des principes davantage anglais que français. Pour Gabrielle, cette racine avait apporté à Edward davantage que le *w* de son prénom, elle lui avait évité la honte du corps cultivée chez tout catholique se respectant un tant soit peu.

Il revient vers elle, s'assoit sur le lit, pose sa tête sur son ventre. Encore un geste pas chrétien, pense Gabrielle en caressant les cheveux d'Edward, mais elle n'arrive pas à se convaincre d'être une « catholique strique » avec son mari. Et elle n'en éprouve aucun remords !

« Gabrielle, après celui-là, il faut qu'on arrive à *slacker* sur la famille.

— C'est pas manque de bonne volonté, Edward, mais on n'a pas le tour, on dirait.

— Va pourtant falloir trouver le tour, la maison sera pas assez grande pour toute notre trâlée. Encore heureux que les événements nous donnent une chance. »

Le cabinet d'avocat d'Edward a connu depuis le krach de la Bourse de New York une véritable explosion. Depuis un an, parce qu'il est spécialisé en droit commercial et parfaitement bilingue, Edward voit ses clients se multiplier pour tenter une dernière négociation avec les gros investisseurs américains. Il voyage par contre beaucoup plus qu'avant.

« Tu te souviens de Gaspard Truchon, Gabrielle ? Il avait parti une usine de pâte à papier dans le Saguenay.

— Celui qui a marié Joséphine Leclerc, la joueuse de bridge qui gagnait tout le temps ? Je me souviens d'elle en tout cas. Qu'est-ce qui leur arrive ? »

Les yeux bruns d'Edward la fixent : « Il s'est tué la semaine passée.

— Comment ça, tué ? Tu veux dire…

— De lui-même.

— Seigneur Dieu ! On va lui refuser les funérailles à l'église ?

— Non, je pense qu'il a eu le génie de faire assemblant d'une noyade.

— Alors pourquoi dire des affaires de même, Edward ?

— Parce que je l'ai vu la semaine d'avant : il avait tout perdu, faillite totale. En plus du déshonneur, il avait des dettes impossibles à rembourser et des stocks invendus sans aucun acheteur. La dernière chose qu'il m'a dite, c'est que ses culottes étaient encore à lui, mais que s'il avait l'air prospère, c'est qu'il avait amaigri assez pour sortir celles de ses noces des boules de camphre. Il m'a dit qu'il lui restait une assurance sur la vie. Moi, je l'ai supplié de ne pas la négocier par mesure de sécurité pour sa famille. Il m'a assuré qu'il n'y pensait surtout pas. Le surlendemain, il était mort. J'ai passé la semaine à parlementer avec les assureurs, qui voulaient se débiner.

— Alors ?

— Ils vont payer. La famille ne sera pas sur le trottoir, mais pas loin.

— Pauvre Joséphine…

— Ils sont des centaines comme lui, Gabrielle.

— T'exagères pas un peu ?

— Des centaines… C'est pire qu'une mauvaise année. C'est comme une panique. Tu vas voir en rentrant en ville. Souvent, j'ai des clients qui ne peuvent rien payer quand le dossier se ferme. Comment je pourrais réclamer à quelqu'un qui n'a plus rien à lui ? Même pas son chapeau.

— Es-tu en train de me dire que tu travailles plus fort, mais pour rien ?

— Les temps sont *toffes,* Gabrielle, y en a beaucoup dans le besoin.

— Tu t'inquiètes pour eux autres ou pour nous autres ?

— Pour les deux. Pour les enfants aussi.

— Adéla a sept ans, laisse-les pousser avant de t'inquiéter. Elle commence la petite école.

— Faut dire que je rencontre presque rien que du monde sur le baissant : pas beaucoup d'ententes ou de nouveaux contrats qui se signent par les temps qui courent.

— Ça va revenir, non ?

— Je ne sais plus, Gabrielle.

— C'est à cause de ça que tu dis qu'après celui-là faudrait arrêter la famille ? »

La main d'Edward glisse sous le drap, trouve la cuisse chaude de Gabrielle. Sans répondre, il l'embrasse doucement dans le cou, remonte vers l'oreille, redescend vers le sein déjà gonflé du bébé à venir. Il le cueille, l'agace, le prend dans sa bouche. Le souffle de Gabrielle se hachure, parle davantage que n'importe quel aveu d'amour. Edward écarte le drap, embrasse la peau qui sent la savonnette et ce parfum épicé, mélange d'œillets et de sucre, unique à Gabrielle. « Tu veux que j'éteigne la lampe ?

—Non. »

Elle se penche, prend son visage, l'embrasse fiévreusement sur les paupières, les yeux, la bouche. « Non, je veux te voir. »

Ce n'est plus la jeune épousée gauche et timide qu'il étreint, c'est la femme qu'il avait devinée à seulement la regarder effectuer un revers au tennis, la femme dont il est tombé amoureux dès cet instant.

La tablée dominicale est assez impressionnante et bruyante. Étant arrivé par le dernier traversier, Edward n'a vu les enfants qu'endormis. L'avalanche de questions et de récits a commencé dès le matin, alors qu'ils partaient en bande pour la messe, elle s'est arrêté le temps des dévotions, a repris sur le perron de l'église et n'a cessé depuis.

Il y a bien Germaine, assise à la droite d'Edward, qui brûle de mettre tout ce beau monde à l'ordre, mais c'est la loi d'Edward et, chez lui, les enfants parlent à table, sauf pour le bénédicité et les grâces. Ils sont tous bien propres, tirés à quatre épingles, même Florent qui porte l'ancienne barboteuse de Fabien, l'aîné des garçons Miller. Tout à côté de Florent se trouve son inséparable Adélaïde, en beauté dans sa robe bleue rayée au col large. Gabrielle fait face à Germaine. Guillaume trône dans sa chaise haute au coin de la table, entre son père et sa mère. Gabrielle n'a pas assez d'yeux pour surveiller ses trois petits malcommodes : Béatrice, Fabien et Rose. L'ordre de la table varie souvent à la maison de campagne, puisque Germaine est presque toujours avec eux et que les amis et la famille viennent à tour de rôle les visiter afin de profiter de la paix de l'Île. D'ailleurs, la sœur de Germaine et Gabrielle s'est annoncée pour la dernière semaine d'août, juste avant leur retour à la ville. « Il va falloir redonner sa chambre à tante Georgina, Adélaïde. Tu devras aller dans la grande chambre, avec tes sœurs. »

« Mais pas Florent, par exemple ! » crie Béatrice qui sait qu'elle devra partager son lit. Sans un mot, Adélaïde fixe sa mère, attendant le verdict. Gabrielle prend le temps d'enfourner une cuillère de Pablum dans la bouche grande ouverte de Guillaume avant de dire à Béatrice qui répète inlassablement son opinion : « Nous verrons.

— On verra, gros verrat ! » chante Fabien, hilare.

Tante Germaine tape sèchement sur la table : « Un peu de savoir-vivre, tout de même ! »

Un semblant de paix règne le temps que chacun avale sa soupe. Mais Adélaïde ne mange pas et Florent n'a goûté qu'à son pouce. Il tournaille le ruban rose autour de son nez. Edward capte le regard de Gabrielle et prend la relève : « Adèle, mon puceron, aide Florent à manger. » Adélaïde obéit et donne sa soupe à Florent comme s'il était aussi jeune que Guillaume. Béatrice ne manque pas de commenter : « Bébé lala qui sait pas manger tout seul ! P'tit pas déluré ! Rose est mieux que toi, Florent Gariépy ! Gna-gnan ! »

Florent ne voit que la colère dans les yeux d'Adélaïde et, pour l'apaiser, il prend sa cuillère et lui tend à son tour un peu de soupe : « Mange, Ada, mange. »

Béatrice n'en peut plus de joie : « Ada, bébé lala ! Florent le copieur ! »

Fabien a à peine le temps de répéter que la cuillère d'Adélaïde, lancée à toute force, atteint l'oreille gauche de Béatrice qui, du coup, se met à hurler en se tenant le côté de la tête : « Elle m'a tuée ! Au secours, maman ! Ada m'a tuée ! »

Florent sur les talons, Adélaïde disparaît sans demander son reste. Gabrielle essaie de voir la blessure, mais sa fille cache toujours son oreille en hurlant. La voix d'Edward met sèchement de l'ordre, à la grande satisfaction de Germaine qui ponctue le silence d'un « Bon ! » triomphant.

Béatrice n'a qu'une rougeur commentée par un « Ça saigne même pas » de Fabien qui plonge le nez dans sa soupe à la vue du regard que lui lance sa mère.

Le silence subit a un effet des plus perturbants sur Guillaume qui se met à pleurer. Germaine le prend dans ses bras et le calme pendant que Malvina débarrasse et apporte le rôti en grommelant : « Si c'est-tu Dieu possible d'être aussi malavenants.

— Malvina, *shut up* ! »

Quand Edward parle en anglais, tout le monde comprend que la limite est non seulement atteinte, mais dépassée. Malvina ne comprend pas les mots, mais le sens général et surtout le ton opèrent. C'est dans un parfait silence que le repas s'achève. On n'entend que les oiseaux et la brise qui agite les rideaux et les fait effleurer les chaises de rotin du salon.

Une fois le dessert servi, Edward essuie sa moustache et, sans goûter la mousse de petits fruits, il s'excuse et quitte la table. Il allume un de ses cigares préférés et traverse le champ vers la plage. Il trouve sa fille le dos appuyé contre le muret de pierres, Florent endormi sur ses genoux. Elle l'entend arriver, mais ne le regarde pas. Edward sourit : à sept ans, c'est quand même difficile de prétendre n'avoir aucune crainte ou nervosité. Il mesure au calme affiché d'Adélaïde combien sa sœur l'a choquée pour réussir à la faire sortir ainsi de ses gonds.

Il s'assoit près d'elle et continue de fumer sans parler.

En éteignant, il finit par demander : « Pourquoi tu fais un ravaud pareil ? Béatrice est presque un bébé. » Adélaïde a exactement le même regard que sa mère : « Je ne veux pas qu'elle dise "pas déluré".

— Pourquoi ?

— Parce que c'est pas vrai. »

— Alors, si c'est faux, tu le sais, tu n'as pas à revenir là-dessus. Laisse-la dire.

— Mais non, papa ! C'est lui qui le sait pas. »

Il essaie quand même de lui expliquer que la vie familiale a ses règles et que l'on peut argumenter dans la vie, mais pas attaquer avec des objets. Il lui parle du métier qu'il fait qui consiste à convaincre les gens avec les mots pour qu'ils cessent d'utiliser leurs poings. Ils discutent longtemps de l'utilité de dire au lieu d'endurer en silence et d'apprendre les mots au lieu de « sauter à la face des gens qui ne pensent pas comme nous ». Adélaïde soupire et conclut avec un jugement implacable concernant la capacité de penser de Béatrice. L'accord entre les deux sœurs n'a jamais été aisé, mais Edward comprend qu'il aura besoin de toute sa science de diplomate pour les voir arriver à majorité sans s'entretuer.

« Combien de temps elle reste, tante Georgina ?

— Trois nuits. C'est pas si long.

— Pourquoi on met pas Rose avec Béatrice et moi et Florent dans le lit de Rose ?

— Tu le sais pourquoi, ma grande : Rose n'a pas tout à fait trois ans et tu en as sept, tu n'entres plus dans la bassinette.

— Je pourrais dormir entortillée…

— Trois nuits, mon puceron, Florent va supporter ça. Et toi aussi. On demandera à Malvina de te permettre de l'endormir.

— Oui, mais il dort pas bien avec la princesse Fleur-Ange. Elle prend toute la place ! »

Edward imagine très bien la princesse qui s'épâille et le petit Florent qui se fait tasser. L'hospitalité étant une règle inviolable, il décide tout de même de tenter de sauver leur dimanche et entraîne ses deux oiseaux à la cuisine en promettant d'aller ensuite canoter avec eux. Il regrette bien la sieste qu'il comptait faire avec Gabrielle, mais le sourire d'Adélaïde vaut le sacrifice.

* * *

La maison de Sainte-Pétronille est la résidence de villégiature des Bégin depuis plus de cinquante ans. Les Gariépy qui s'occupent du fermage étaient, à une certaine époque, des censitaires. Maison familiale des filles Bégin, Edward est donc l'hôte de sa femme et de ses belles-sœurs.

Comme les parents Bégin sont tous deux décédés, la maison est partagée par les trois sœurs et leur frère. Or, le frère, Cyril, est prêtre et curé dans le Bas-du-Fleuve, il ne repasse presque jamais par l'Île. Germaine ne s'est pas mariée et l'aînée, Georgina, a épousé un veuf de qui elle a eu deux filles. Son mari est propriétaire d'un magasin de chaussures dans le coin de Sorel et, après quelques années fastes, ils ont fait construire une maison en bordure de l'eau qui leur donne une « vraie campagne à l'année, avec la ville aboutée à ça ». Comme ils possèdent une automobile, ils trouvent sans bon sens que l'Île ne soit pas encore munie d'un pont. Leur passage à la maison familiale est donc rare, et il est normal qu'ils bénéficient de tout le confort possible.

Une fois les arrangements pris, Edward propose aux deux sœurs de les emmener au thé dansant de l'hôtel Bel-Air. Ce n'est pas celui du Château Frontenac de Québec, mais la musique y est entraînante et cela permet de se distraire en bonne compagnie et sans les enfants. Ils partent tous les trois à pied, chapeautés et gantés, Edward, d'une belle élégance avec son canotier, et Gabrielle totalement au diapason avec une robe de la dernière façon dont les plis translucides s'étagent en biais à partir des hanches. Germaine n'arbore rien de neuf, mais au moins tout est propre, comme elle dit.

Ils sont de belle humeur, ravis de laisser les petits diables derrière eux pour quelques heures. Germaine papote comme à l'accoutumée : « Il est grand temps que cette sauvagesse aille se faire éduquer chez les bonnes sœurs. Les convenances, les bonnes manières, la bienséance, ça s'apprend et ça garantit l'avenir. Comment voulez-vous marier une fille qui lance ses couverts à la tête des gens ? »

Piqué, Edward ne peut s'empêcher de répliquer : « Ah bon ! C'est donc pour ça que vous n'êtes pas mariée, Germaine ? »

La main gantée de fil d'Écosse qui tient son avant-bras le serre : Gabrielle a eu assez de diplomatie à dispenser aujourd'hui.

« J'ai eu des prétendants, Edward, j'ai été demandée dans mon jeune temps. Mais j'avais le cœur engagé. »

Un long silence suit cette pudique évocation de « l'amour de sa vie ». C'est une légende dans la famille Bégin que ce fiancé mort en 1917 et dont Germaine n'a jamais pu trahir la mémoire. Fait héros de guerre à titre posthume, Germaine n'avait jamais plus accepté d'autre titre que celui de veuve de guerre, même si, en principe, son hymen était toujours intact et qu'en pratique, aucune bénédiction n'avait fait d'elle une mariée. Germaine avait fait bénéficier ses parents de sa vitalité, et ce, jusqu'à la mort du père, quelques années auparavant. C'était maintenant aux Miller de jouir de ses doctes conseils en toute matière, y compris l'éducation. « Voyez-vous, Edward, pour nous, les catholiques, la fidélité aux morts est très importante. » Le bras d'Edward est sérieusement compressé : pas question de réveiller les vieilles querelles pour Gabrielle. Ce débat concernant les catholiques *versus* les protestants revient régulièrement pour bien affirmer que ce mariage n'est quand même pas sans problèmes. Edward a beau être un Canadien français catholique, il a été pollué par le protestantisme de sa patrie d'adoption : les États-Unis. L'éducation étant pour Germaine moitié affaire de religion, dans son esprit, Edward ne se trouve qu'à moitié civilisé.

Edward caresse légèrement le poignet de Gabrielle et se met à siffler un petit air mis à la mode par la Bolduc.

Germaine fait quelques pas, assez dépitée, et finit par conclure : « De toute façon, vous savez aussi bien que moi que cet enfant est un étrange qui n'a rien à faire dans le lit d'Adélaïde. C'est malsain ! »

L'éclat de rire d'Edward est aussi insultant à ses oreilles qu'une répartie lui donnant tort. Conciliante, Gabrielle essaie de ramener sa sœur à de meilleurs sentiments : « Germaine, Florent a trois ans. On a beau être scrupuleux, il me semble qu'on peut voir venir.

— Vous faites comme vous voulez, ce sont vos enfants. »

Germaine termine toujours avec cette phrase les conversations où elle n'a pas gain de cause. Edward se remet à siffler, heureux d'être devenu responsable de ses « erreurs ».

Il y a une ambiance folle à l'hôtel et, très vite, les conversations s'animent. La véranda est bordée de gens du meilleur monde, ce qui favorise la bonne humeur de Germaine. Elle se permet même une petite valse avec son beau-frère qui, galant, fait danser « ses femmes » à tour de rôle. Gabrielle est bientôt trop étourdie et s'assoit en compagnie d'un groupe de dames de Québec. Pendant qu'Edward en profite pour s'éclipser avec le juge Paquet, « histoire de fumer sur la véranda », elle est informée des derniers ragots de Québec, ceux qui n'étaient pas répétables ce matin, sur le perron de l'église. Elle sait bien que son mari travaille et qu'il a décidé de les entraîner à l'hôtel dans le but précis de parler au juge. Pourvu qu'il ne veuille pas organiser un dîner ! Déjà, avec Georgina qui s'annonce à la fin de la semaine, les malles à faire, la maison à fermer, elle trouve qu'il y a bien assez de pain sur la planche. Elle souhaite surtout qu'il n'y ait pas d'accrochage malheureux avec Germaine. Elle ignore pourquoi celle-ci devient si acerbe et vindicative en présence de son mari. Jamais elle ne se comporte comme ça quand elle est seule avec elle. Même Florent trouvait grâce à ses yeux avant-hier. Elle soupçonne sa sœur d'avoir des envies de femme réprimées et se reproche aussitôt son manque de charité.

« Gabrielle, voulez-vous m'accorder cette danse ? »

Jules-Albert Thivierge ! Dieu du ciel, son ancien fiancé ! Elle l'avait rangé bien loin, lui. Surtout qu'il ne lui parlait plus. Elle hoche la tête en souriant gentiment pour édulcorer le refus. Il insiste : « C'est un fox-trot, tout à fait convenable, non ?

— Bien sûr, Jules-Albert, mais il fait un peu chaud. »

Il la prend par le bras avec autorité : « Alors, venez par là, c'est nettement plus frais. » Évidemment ! la partie arrière du jardin est quasi déserte ! Gabrielle arrête son compagnon : « Avez-vous vu Edward sur la véranda ? Je suis sûre qu'il serait enchanté de vous saluer. »

Il hoche la tête en souriant : « Je le quitte à l'instant. Il est en grande discussion avec le juge et un autre avocat sur les effets de l'arrivée de Bennett au pouvoir. C'était juste ce qu'il fallait pour me passionner. »

Il reprend son bras : « Venez près du fleuve, il y a une petite brise.

— Non, vraiment, Jules-Albert, je préfère finir mon thé à l'intérieur. »

Elle rebrousse chemin, suivie à contrecœur par son chevalier servant. Les yeux réprobateurs de Germaine sont la première chose qu'elle aperçoit en rentrant dans le salon. Du coup, elle fait volte-face : « D'accord, dansons ! »

Sans questionner, Jules-Albert profite de ce répit. En serrant sa partenaire du mieux qu'il le peut, il danse, les yeux mi-clos. Gabrielle se voit obligée de parler pour tenir ses distances. « Vous allez bien ? Vous pratiquez toujours ici ?

— Toujours.

— Ça vous plaît ?

— Je serais plus heureux si j'étais moins seul.

— Vous ne fréquentez personne ?

— Vous savez très bien que non, ne faites pas la coquette, vous n'êtes pas comme ça. »

La musique finit enfin. En se dégageant, Gabrielle est à nouveau étourdie et chancelle. Le bras secourable de Jules-Albert la saisit fermement. Il l'entraîne jusqu'à sa table et chuchote à son oreille : « Vous êtes enceinte ? Vous auriez dû me le dire, j'aurais modéré le tempo. » Surprise et confuse, elle se souvient qu'il est médecin et que c'est à sa profession qu'elle doit un commentaire si cru. Beau comme il est, il doit rendre ses patientes à la vie à seulement les regarder. Elle sourit à cette idée.

« Bon, je vous fais rire, maintenant. Ça va mieux.

— Je ne suis pas… je… c'était seulement la chaleur. »

Il sourit et reste là sans rien ajouter. Elle voit bien qu'il ne la croit pas. Peu lui importe, d'ailleurs. Elle ne veut pas qu'il sache quelque chose d'aussi intime ni qu'il en parle ouvertement à qui que ce soit. Cela lui semble indécent et déplacé. Il n'est quand même pas son médecin ! Et ce mot, *enceinte,* est si vulgaire… surtout dit par un homme. Germaine arrive enfin, alors qu'il murmure : « Vous êtes encore plus belle que vous n'étiez, Gabrielle.

— Tiens ! Docteur Thivierge. Quelle belle surprise ! Je vous regardais danser avec ma sœur et je me disais qu'il y a bien des années qu'on ne s'est vus. Comment vont vos parents ? Asseyez-vous, je vous en prie. Un peu de thé ? Étrangement, cela rafraîchit, vous verrez.

— Avec plaisir, Germaine. Mes parents sont toujours ici, à l'Île. Ils vont fort bien… »

Sans un mot, Gabrielle savoure le savoir-faire de Germaine. L'art de ne rien dire et de paraître passionnée. C'est donc cela que les bonnes sœurs vont enseigner à Adéla ? Pour la première fois, elle comprend que sa fille ne ressemble pas qu'à son père et qu'il y a beaucoup de sa mère dans sa propension à la solitude et à l'exclusivité. Du coup, alors que Gabrielle la croyait à l'abri parce que munie de la faconde paternelle, elle a la certitude qu'Adélaïde va éprouver la même profonde déception qu'elle devant la marge de jeu offerte à l'authenticité dans cette société. L'envie furieuse la prend d'aller rejoindre sa fille et de la consoler d'avance de ce qui l'attend. Au lieu de quoi, elle hoche régulièrement la tête aux propos délavés de ses deux acolytes.

＊　＊　＊

Dans leur chambre, Edward n'est ni couché, ni même déshabillé. Elle le trouve assis dans le fauteuil de cretonne qui, cette fois, est orienté vers la fenêtre. Aucune lueur sauf celle de la lune. Le cœur serré, Gabrielle s'approche de son mari : a-t-il des inquiétudes par rapport à Jules-Albert ? A-t-il prêté l'oreille aux racontars dénonçant sa tenue peu modeste avec le docteur ?

Elle pensait que Germaine lui avait sauvé la mise, mais apparemment, ce n'est pas le cas. Elle s'approche et pose les mains sur les épaules d'Edward : « Tu ne fumes pas ? Tu peux, ça ne me dérange pas. »

Edward tend la main, serre la sienne, la porte à sa bouche et l'embrasse avec douceur. Non, décide Gabrielle, ce n'est pas Jules-Albert, il ne se comporterait pas aussi tranquillement. « Viens t'asseoir. »

Elle sourit en contournant le fauteuil et va se blottir sur les genoux de son mari. Au début de leur mariage, ils parlaient ainsi à voix basse une partie de la nuit, faisant des projets, rêvant leur avenir et la famille qu'ils auraient. La main d'Edward caresse distraitement le satin de son négligé. Quand elle l'entend se racler la gorge, elle sait que le sujet est grave. « Qu'est-ce que c'est, Edward, qu'est-ce qui te tracasse ?

— Je voudrais envoyer Adélaïde à l'école anglaise. »

Le silence qui suit est brutal. Un refus violent surgit du fond des entrailles de Gabrielle, mais du même coup, elle se remémore l'un des seuls commentaires acides de sa mère lors de l'annonce de son engagement envers Edward : « Penses-y à deux fois, ma fille. Un étranger reste un étranger. D'autres coutumes, une autre éducation, un autre rang que le nôtre. Il n'est pas de notre monde. Il va faire tout comme, mais on le sait et ça se sentira toujours. C'est un catholique élevé avec des protestants. Il n'a pas abjuré sa foi, mais il s'est frotté à une autre manière de croire et, que tu le veuilles ou non, ça déteint. Le fils d'une Américaine, même catholique irlandaise, ne pensera jamais comme nous. Il viendra toujours d'ailleurs. Quand vous aurez des enfants, c'est lui qui décidera de tout. C'est lui qui aura tous les droits. Sur toi et sur eux. Je ne dis pas que c'est un mauvais homme ni rien, mais il aura toujours une façon de voir différente de la nôtre. Et c'est toi qui vas en pâtir parce que c'est toi qui vivras sous sa loi. Toi et tes enfants, Gabrielle, n'oublie jamais ça. L'homme que tu épouses est celui qui décide pour toi et tes petits. »

Elle avait tenté d'expliquer à sa mère combien Edward faisait d'efforts pour lui plaire, que la religion n'était peut-être pas aussi importante pour lui que pour elle, mais qu'il la laisserait élever les enfants comme elle l'entendait, sa mère n'avait pas changé d'avis. « Tu es déjà bien rétive et bien peu portée sur les secours de l'Église. Je ne vois pas comment Edward ne gagnerait pas ce qu'il veut. De toute façon, si tu discutes, tu agis en mauvaise épouse. Et si tu le laisses t'éloigner de l'Église, tu agis en mauvaise catholique. Vois-tu dans quel pétrin tu vas te mettre ? »

Mais Gabrielle ne voyait, n'entendait qu'Edward. Tout ce qui rappelait sa différence lui semblait positif : malgré la rigueur de l'éducation catholique irlandaise de sa mère et l'attachement féroce de son père à la langue française, Edward parlait anglais et n'éprouvait aucun scrupule religieux. La religion n'avait pas vraiment de réalité pour lui, et cela faisait tellement de bien à Gabrielle de cesser de tout juger à travers la lorgnette du curé. Elle ne l'aurait jamais avoué à sa mère, mais le soulagement était grand. Gabrielle avait ensuite été convaincue que l'harmonie amoureuse de son mariage tenait en grande partie à la liberté de la formation de son mari. Jamais elle n'aurait eu ce plaisir ni cette audace avec Jules-Albert, par exemple. « Les Irlandais têtes de pioches ne se résignent pas aisément ! » Alors que son mari n'est même pas protestant… Adélaïde à l'école anglaise ! Adélaïde chez les protestants ! Quelle hérésie ! Peut-elle être excommuniée pour cela ? Et Adéla ? « Gabrielle…

— Pourquoi ?

— Parce que c'est la meilleure école et que je veux le mieux pour Adélaïde. Les écoles catholiques ne sont pas aussi bien tenues, les enfants apprennent moins de choses et moins bien.

— Mais c'est une fille, Edward ! Elle n'a pas besoin d'apprendre. En tout cas, pas à ce point-là. Et puis, tu n'as pas le droit de parler contre les sœurs. On est catholiques, Edward. Toi aussi. On ne peut pas exposer Adélaïde à ça.

— On ne l'envoie pas chez le diable, on l'envoie à l'école protestante. On reste catholiques, il y a moyen de lui faire suivre les cours de religion ailleurs.

— Mais c'est pas seulement les cours de religion. Dans nos écoles, la religion est partout, dans chaque matière. Dans chaque leçon, il y a une leçon de religion. Et l'année de sa première communion ! Comment peux-tu lui faire manquer ça ? C'est impossible, Edward.

— Elle va la faire, on va s'arranger pour qu'elle la fasse.

— Parmi des hérétiques, oui ! Aussi bien dire que ça ne compte pas ! Imagine la honte s'il fallait que ça se sache. Imagine ce que Germaine dirait. Un déshonneur pour toi ou pour moi, ça pourrait toujours aller, mais pour Adélaïde… Edward, est-ce que tu y penses ? Même toi, tu es allé à l'école catholique, alors que tu avais autrement le choix. Jamais ton père n'aurait voulu que ses enfants soient élevés en dehors de sa religion.

— Mais notre mère nous parlait anglais et on l'a appris à l'école.

— C'est pour l'anglais, tout ce foin-là ?

— Je trouve ça important de savoir l'anglais. Aujourd'hui, c'est ce qui sauve le cabinet. Si c'était pas de ça…

« — Quoi ? Tu es un mauvais avocat qui parle la bonne langue, la langue de l'argent ? C'est ça ?

— Gabrielle… commence pas à *bucker*. La religion d'Adélaïde va être sauve, elle sera mieux éduquée et elle va savoir l'anglais.

— Je ne vois pas comment être éduquée par des protestants ferait d'elle une meilleure catholique. Ça, Edward, tu ne peux pas défendre ça. Je ne parle pas anglais, moi, et ça ne me manque pas. Parle-lui anglais si tu veux qu'elle l'apprenne, mais envoie-la pas chez eux. »

Gabrielle se dégage brusquement et se prépare à se coucher en bardassant tout ce qu'elle touche. Pour la première fois de sa vie, elle se sent totalement impuissante. Elle n'a même pas été au bout de ses études, l'école l'ennuyait et elle n'y voyait rien de bien utile. Une fois qu'elle a su lire, écrire et jouer du piano, elle n'avait plus eu d'intérêt. Évidemment, l'école a dû changer depuis 1910, mais elle n'en sait rien. Elle n'y connaît rien. Elle ne peut pas demander à Germaine si Edward a raison de croire qu'Adélaïde garderait sa religion dans une école protestante, elle n'osera jamais en parler au curé, elle se retrouve toute seule à faire face à quelque chose de très grave qui pourrait faire un tort irréparable à Adélaïde.

Elle se couche et fixe les épaules de son mari qui n'a pas bougé. Il parle très bas, comme pour lui-même : « Adélaïde est intelligente et forte, pourquoi ne pas lui offrir ce qu'il y a de mieux ?

— Parce que l'école catholique est ce qu'il y a de mieux pour une catholique, tu ne me sortiras pas ça de l'idée, Edward. Et puis, on enverra Fabien chez les Anglais si on voit que ce n'est pas assez bon pour Adéla. Si on veut qu'il fasse des études, on en discutera à ce moment-là. Tu ne penses quand même pas envoyer ta fille à l'école normale ?

— Pourquoi pas ? Elle pourrait aller à l'université. À Montréal, il y a des femmes à l'université anglaise.

— Montréal maintenant ! Elle a sept ans, Edward ! Elle entre en première année. Peut-être que tout ce qu'elle va vouloir, c'est se marier. Certainement pas aller à l'université. Pour quoi faire ? »

Edward vient près d'elle, s'assoit sur le lit en défaisant son col de chemise : « On ne sait pas, Gabrielle. On ne sait pas ce qu'Adélaïde voudrait ou aimerait. Mon sentiment, c'est qu'il faut de l'éducation pour se débrouiller de nos jours.

— Les sœurs vont lui en donner une. J'essaie de m'accorder à toi, Edward, mais là-dessus, je ne comprends pas pourquoi ton jugement est si mal bâti.

— L'école de quand j'étais petit à Providence est fermée parce qu'il n'y a plus de catholiques pour y aller. L'école d'ensuite, au Manitoba, est anglaise asteure. L'héritage de mes parents se perd pour toujours. Ceux qui sont partis aux États ne reviendront plus, ne parleront plus français et ceux qui viennent de là-bas comme moi deviennent des étranges aux yeux des Canadiens français. La distance est de plus en plus grande entre les deux.

— Raison de plus pour laisser Adélaïde dans sa religion et dans sa langue. Tu veux quoi ? Faire exemple du contraire de ce qui arrive à travers elle ?

— Peut-être, Gabrielle… mais je voulais aussi… c'est là d'où je viens que je perds. C'est la langue de ma mère, même si je suis un Miller comme mon père. C'est sa famille restée à Providence que je ne reverrai pas de mon vivant.

— Mais la famille de ton père est ici, elle. C'est aussi là d'où tu viens.

— Ici et là-bas. Une famille tout écartillée qui s'est essayée de faire fortune aux États, qui en est revenue, qui est repartie, une famille de hobos. Installés sur des terres dures et sèches qui avalent la force des hommes et qui recrachent même pas un pépin. Penses-tu que mes frères considèrent avoir encore de la famille par ici ? Non. Ils sont partis pour de bon se faire une vie dans l'Ouest. Maintenant que le père est mort, ils ne reviendront plus dans la Province. »

Il se déshabille et vient au lit près de Gabrielle : « Tu veux savoir comment j'ai fait mes études de droit ? Avec quel argent j'ai payé ? Sur la fin de sa vie, mon père faisait de la bagosse. Un *smogleur*. Je suis devenu avocat avec de l'argent de contrebande. Assez drôle, non ?

— Chut ! Tais-toi ! Dis jamais ça, Edward. Parle pas comme ça.

— Tu savais pas que ton mari venait de si creux ni de si bas ?

— Je ne veux pas que tu le dises aux autres. Moi, c'est pas grave. C'est les autres qui trouveraient à redire.

— Penses-tu que Germaine a pas son idée de faite sur moi ?

— C'est ça qui t'achale ? Ce que Germaine peut penser ?

— Non.

— C'est quoi d'abord ? C'est quoi qui te fait penser de même ? Dis-moi c'est quoi ton combat, qu'on s'arme en conséquence.

— Des exilés, Gabrielle, c'est tout ce qu'on est dans ma famille. Le père qui est né ici, qui est parti pour les États, qui s'est marié là-bas. Y est revenu au pays, y est allé au Manitoba pour finir plus pauvre que jamais dans un petit loyer de la basse-ville de Québec. Tu veux que je te dise ? Je suis comme ma mère et comme Florent : je suis un étrange à qui y manque toujours de quoi dans les yeux des autres. »

C'est donc ça, se dit Gabrielle, c'est là que Germaine a frappé. Un étrange. Un pas pareil. Elle caresse les cheveux d'Edward en silence. Puis, en un éclair, elle trouve son argument : « Edward, toi qui sais ce que c'est qu'être un étrange, toi qui as vu ta mère l'être ici, ton père l'être là-bas, pourquoi tu veux que notre fille le soit à son tour, alors qu'elle pourrait vivre dans le bon accord avec ceux de sa race et de sa religion ?

— Parce que, même si elle fait comme tout le monde dans son monde, elle va être différente. Comme toi. Comme ma mère. Je ne sais pas comment dire, Gabrielle, je la regardais sur la grève, avec le petit collé sur elle, je savais que même pour Germaine, elle était une étrange. Une différente qu'il faut casser pour rentrer dans le moule. Elle ne cassera pas, tu le sais aussi bien que moi. Elle va suivre son chemin à elle, avec sa manière de faire et ce sera *just too bad* pour ceux qui ne veulent pas suivre. Ce qu'il y a de beau avec Adélaïde, c'est que c'est une étrange pas gênée de l'être, qui tire fierté de ça. On n'a pas été élevés de même, nous autres. C'était peut-être pas *fitté*, mais c'était mon idée de l'aider à se sentir différente sans y voir de mal.

— Si je comprends bien, tu n'avais pas le même projet pour Béatrice ? »

Edward rit dans son cou. De toute évidence, il ne nourrit aucune crainte quant à l'intégration sociale de sa deuxième fille. Il soupire, soulagé de retrouver leur bonne entente : « Le petit, Florent, tu penses que c'est malsain, toi ? Pas convenable ?

— Si ça l'est maintenant, y a rien à faire. Si ça le devient, y sera toujours temps d'y voir. Malsain comment ?

— Vicieux.

— Je trouve que Germaine a des idées de fille qui a ranci. Particulièrement quand elle parle avec toi.

— Elle prend tout à la rebrousse.

— Et là, qu'est-ce qu'elles font, tes mains ?

— Elles retroussent ta jaquette pour que tu ne sois pas à la rebrousse, toi aussi. »

*   *   *

Les foins qui se font à la hâte, l'arrivée prochaine de Georgina, une chaleur anormale qui rend les enfants comme fous, tout concourt à rendre la semaine trépidante. Gabrielle, Germaine et Edward ont à peine le temps de converser tant les urgences s'additionnent : Fabien qui se démet l'épaule en tombant d'un arbre et sa peur bleue du ramancheux, Béatrice qui refuse d'aider aux foins, Guillaume qui perce ses molaires, les réserves de ketchup et de chutney qu'il faut aider Malvina à empoter dans les cruchons, Adélaïde après qui il faut toujours courir… Il n'y a que Rose, finalement, qui, bien tranquille sur la véranda, catine avec les poupées abandonnées par ses sœurs. Le jeudi soir, on célèbre la première brasse d'Adélaïde. Edward, partisan d'une approche radicale, voulait la laisser se débrouiller une fois à l'eau, mais Gabrielle avait réussi à le convaincre d'enseigner les rudiments de la natation à sa fille. Florent était resté terrorisé à l'extrême bord de l'eau, lieu interdit dans sa famille, et avait attendu son inséparable en faisant tournoyer frénétiquement son ruban. Pour ce fils de fermier, l'eau ne pouvait qu'être une ennemie.

Encore une fois, ce jeudi soir, la crise n'est pas évitée. Béatrice déclare qu'elle sait nager depuis longtemps et qu'elle se trouve très contente que sa sœur aînée le sache enfin pour pouvoir maintenant nager à sa guise sans l'humilier. Adélaïde rouspète et la chamaillerie reprend jusqu'à l'inévitable pénitence dont, cette fois, Fabien écope. Edward ne sait pas vraiment pourquoi c'est Fabien qui se retrouve au piquet, mais quand l'orage éclate enfin cette nuit-là, il soupire de soulagement : « Tu penses que ça va les calmer ? C'est cette électricité dans l'air qui énervait tout le monde ? »

Gabrielle se lève, lui tend sa robe de chambre : « T'oublies comme Fabien a peur du tonnerre ? Je vais prendre Guillaume et aller chez les filles. Tu t'occupes de Fabien. »

Le petit matin les trouve endormis chacun dans le lit d'un des enfants.

Germaine et Malvina, armées de plumeau et de balai, délogent tout le monde à la première heure. Après la pluie, l'automne a l'air de s'installer et l'humeur de Germaine s'en ressent : elle rayonne. L'idée de laisser les « grands chaleurs » derrière elle la rend plus amène. Des brassées de phlox et d'asters sont coupées pour embellir la maison.

À cinq heures, les enfants bien peignés, bien habillés et en rang de grandeur, toute la famille attend Georgina, Hector et leurs enfants sur le quai. Adélaïde, qui s'était offerte pour garder la maison, trépigne d'impatience tellement elle a hâte d'y retourner : déjà qu'elle doit abandonner Florent ce soir, elle ne comprend pas l'utilité de le laisser avec Malvina maintenant. Germaine tourne autour de la marmaille comme une poule qui compte ses poussins. Elle a le chapeau de travers à force de se dépenser. Au quai, il y a ceux qui attendent et ceux qui viennent regarder soit le bateau, soit ceux qui attendent et l'objet de leur attente. Les curieux sont encore nombreux, la saison estivale se terminant officiellement ce dimanche. Plusieurs ne sont là que pour commenter les marques de voitures qui sortent du vapeur et pour discuter mécanique automobile.

Enfin, le vapeur arrive et la famille d'Hector Bussière débarque dans le brouhaha. Tout le monde trouve qu'on grandit, qu'on embellit, que le paysage est charmant et que l'Île est magnifique et reposante comme toujours. Reine et Isabelle, les deux enfants de Georgina, sont des jeunes filles maintenant. Gabrielle les voit échanger des regards complices de « femmes qui ont leur jardin secret » et elle se dit que, sous peu, ils seront conviés à des noces. Par contre, elle trouve Hector vieilli et assez peu jasant. Lui qui avait le don de l'énerver avec ses constants commentaires admiratifs ne fait plus que ponctuer sobrement le discours de sa femme. Quel âge cela lui fait-il, se demande Gabrielle. Après un rapide calcul, elle s'aperçoit qu'il a quand même cinquante et un ans et que, si ce n'est pas la vieillesse, ce n'est pas loin. Georgina a donc dix ans de moins que lui. Comparée à sa sœur, Gabrielle s'estime fort bien mariée, ne serait-ce que parce qu'elle n'aura pas à veiller sur les maladies d'un homme déclinant. Elle observe le couple, lui tout sec et légèrement voûté, elle fermement corsetée et courte sur pattes, et elle n'arrive pas à imaginer la moindre langueur sexuelle entre ces deux-là. Germaine et Georgina ont de nettes ressemblances et elles s'entendent à merveille. Elles papotent déjà pour rattraper tout le temps perdu. Gabrielle croise le regard moqueur d'Edward et fait celle qui ne voit rien. Il s'approche et lui souffle à l'oreille : « Tu penses au bouilli de ce soir, ma belle ? » L'effronté ! Il a deviné par où vont ses pensées, comme toujours quand elles vont par là. Elle fait mine de s'inquiéter : « Adélaïde ? Adéla ? Où elle est encore passée ? »

Béatrice fait un rapport complet : « Elle a *désarté*, comme de raison. Je l'ai vue partir vers la maison. »

Edward propose la course, ce qui suscite les hauts cris des dames et de Reine, trop bien mises pour se livrer à ces enfantillages. Les autres partent, chacun selon son sens de la compétition, et Fabien arrive presque en même temps que son père sur la galerie. Gabrielle se contente d'arriver d'un bon pas, Guillaume endormi contre son épaule. Les autres suivent sans se presser et finissent par aboutir sur la véranda ombragée : « Dieu du ciel ! Encore heureux que Gaspard se soit chargé des valises ! »

Malvina arrive avec un plateau chargé de limonade, tout heureuse de revoir l'aînée des filles Bégin, comme elle n'a jamais cessé de les appeler, ayant partagé leur enfance et leur jeune temps. Tout le monde parle de concert, les portes claquent, chacun retrouve un souvenir, un coin de maison apprécié. Même Reine a l'air d'aimer sa chambre. Elle doit faire ses débuts l'an prochain et ne pense qu'à ça. C'est un peu tôt, mais ce sera sa récompense de fin d'études. « Le bridge et les cavaliers, voilà à quoi ma fille pense sans arrêt. Je dois dire qu'elle a beaucoup de galants. »

« Et sa mère en est bien fière », chuchote Edward à l'oreille de Gabrielle. Après avoir proposé un tennis ou du canotage, jugés trop échauffants par ces dames, Edward renonce et laisse son monde s'éparpiller entre les chambres, la grève et le petit bois.

La maison est si calme dans le petit matin frais. Tout le monde dort, même Guillaume qui, pour une fois, a la délicatesse de ne pas accompagner le soleil levant. Prise de nausées, Gabrielle se glisse hors du lit et descend dans la cuisine : elle connaît ses malaises et manger est le seul moyen de calmer son estomac houleux. En traversant le hall, elle aperçoit une couverture qui traîne sur le banc qui suit la courbe de la galerie que sa mère appelait pompeusement la « pergola » et qui était le racoin préféré des filles pour jouer et lire les jours de pluie ou tout simplement pour se cacher des regards importuns. En s'approchant, Gabrielle voit la forme d'Adélaïde. Sans bruit, elle considère sa fille, profondément endormie, les cheveux lui balayant le visage, la main repliée dans son cou, un pied découvert qui attrape les rayons du soleil. Depuis quand est-elle là ? A-t-elle passé la nuit sur la véranda, malgré sa peur des ours ? À quelle heure se sont-ils tous couchés ? Adélaïde a dû descendre ensuite. Qu'a bien pu inventer Béatrice pour l'exaspérer à ce point ?

Gabrielle va à la cuisine, prépare un double chocolat chaud et une tartine de confiture et elle revient avec son butin près de sa fille. Sans que la porte-moustiquaire claque, sans même qu'une lame du plancher de bois gémisse, Adélaïde ouvre brusquement les yeux et sourit en voyant sa mère.

Heureuse et sans demander davantage que la présence tranquille d'Adélaïde, Gabrielle boit son chocolat avec cette grande fille qui, pour la première fois de sa vie, a découché. Elle ne demande ni ce qui s'est passé, ni les raisons ou les accusations, elle profite du bonheur paisible d'être là, dans le matin tout neuf, en compagnie de sa « sauvagesse ».

Edward les trouve toutes deux enlacées dans la berçante en osier, béatement endormies et sourdes à la maison qui s'éveille. Il les contemple. La même ligne de sourcils, le même carré du visage, sa bouche à lui, mais son sourire à elle, avec ses parenthèses de fossettes. La seule de ses enfants à avoir hérité du précieux regard gris de Gabrielle, variations des nuances en moins. Edward sait qu'il n'a observé aucun de ses enfants autant que celle-ci. Probablement est-ce pour cela que Béatrice fait autant de manières. Mais, de tous ses amis, de tous ses parents ou connaissances, il est le seul à avoir autant le sens paternel. Lui qui n'a connu de son père que sa boîte à lunch, quotidiennement remplie par sa mère, il s'est juré que ses enfants verraient de lui autre chose que sa fatigue et son abattement. Il n'est pas certain d'y arriver avec les plus petits, mais celle-là, sa première, il la sait par cœur. Et, même si ce n'est pas avouable, elle a une place bien à elle dans son affection.

*   *   *

« Votre cabinet fonctionne à plein rendement à ce que je comprends ? »

Hector s'est ménagé ce moment pour parler affaires avec son beau-frère. Prétextant le besoin d'une information juridique, il est parti le chercher seul au tennis où Edward échange ses balles quotidiennes avec le juge Paquet. Les yeux rivés au contenu de son verre, il a l'air prêt à compter les bulles de sa bière d'épinette plutôt que de regarder Edward en face. « Vous occupez-vous de faillites ? Comment traitez-vous ce genre d'affaire-là ?

— Par les temps qui courent, Hector, c'est fréquent. Pourquoi ?

— Pour savoir. »

L'œil d'Hector fixe maintenant la ligne d'horizon. Un muscle de sa joue se met à frémir, comme tremblent les flancs d'un cheval qui a trop couru. Edward sait ce que le beau-frère va dire avant de l'entendre. Il ne peut rien endiguer du récit : la baisse dramatique des ventes, le renvoi des employés un à un, la fermeture de douzaines d'autres commerces comme le sien, le chômage qui n'a pas l'air parti pour s'emmieuter, les filles qu'il voudrait bien marier et bien doter, Georgina, plus jeune que lui et qui l'épaule autant qu'elle peut, ce qu'il cache depuis des mois, les emprunts pour tenir, les intérêts qui grimpent, le refus de la banque… toute l'histoire est, à quelques détails près, celle qu'Edward entend depuis des semaines. Cette fois seulement, il partage aussi l'humiliation et sent le besoin d'offrir davantage que les conseils juridiques. Il ne sait pas comment il fera avec un sixième enfant en route et peu d'« argent d'économies », mais il promet d'aider Hector à surnager, le temps d'établir ses deux filles.

Cet après-midi-là, Hector tombe tellement sur les nerfs de Gabrielle avec ses exclamations admiratives qu'elle prétend avoir un malaise et monte dans sa chambre. Que les invités devinent son état et qu'ils s'empressent de commenter son à-propos, elle préfère cela à un autre « c'est formidable ! » d'Hector.

Edward lui fait même l'honneur de venir constater si elle se remet bien.

Elle se remet très bien.

* * *

Très tôt, le lendemain matin, Malvina a commencé par renverser de l'eau bouillante à côté de la théière. Puis, en échappant le couteau à pain, elle se met pleurer. Gabrielle tente de la consoler et surtout de savoir la raison d'une nervosité si inhabituelle. « C'est les narfes, rien que les narfes. Faut pas le dire à Adélaïde, mais on a pardu le p'tit pas dégourdi.

— Perdu ? »

Il s'avère que Florent, dûment couché avec sa sœur Fleur-Ange la veille au soir, n'a pas été retrouvé dans le lit au matin. Depuis, toute la famille le cherche. Gabrielle monte immédiatement voir si sa fille ne l'a pas caché quelque part : toute la marmaille dort. Elle se met en devoir de fouiller partout dans la maison, mais au petit gabarit qu'il a, Florent peut se glisser n'importe où. Elle décide d'aller parler à Adélaïde qui, de toute façon, est la seule à pouvoir le chercher au bon endroit.

Et, bien évidemment, sa fille lui dit de l'accompagner. Après avoir traversé le champ plein de rosée qui mouille ses pantoufles, elle l'entraîne vers le bâtiment de grange qui attend les balles de foin. Dans la pénombre fraîche, sans aucune hésitation, Adélaïde se dirige vers la charrue à sillons, elle rampe un peu dans la paille ancienne et fait signe à sa mère de venir voir sans parler. Là, pratiquement enroulé autour de la chatte qui protège ses petits, Florent dort, la joue contre le cou de l'animal. Un chaton est blotti sur la poitrine du petit garçon. Le ruban rose est toujours au poignet de Florent.

Elles reculent toutes deux pour ne pas le réveiller et sortent au soleil. Chargée de rassurer Malvina, Gabrielle revient lentement à travers champs. Si elle n'était pas déjà en famille, elle essaierait de convaincre Edward de prendre le petit avec eux. Qu'il ne soit pas très heureux chez lui ne la scandalise pas trop, ça s'est déjà vu, et plusieurs ont réchappé à des sorts plus cruels, mais sa fille entretient un lien puissant avec cet enfant et c'est la seule fois où Gabrielle l'a vue aussi ouvertement touchée, aimante. Le geste déjà maternel, si protecteur qu'elle a eu dans la grange pour écarter une mèche de cheveux blonds du front de Florent, l'acceptation totale des comportements sauvages du petit, tout cela n'a rien de vicieux, elle en est convaincue. Tout comme elle est convaincue que l'année scolaire sera interminable pour sa fille sans son petit compagnon. Elle n'ose pas penser à ce que ce sera pour le « p'tit pas dégourdi ». Elle a beau savoir que cette affection sera mal vue et qu'elle-même serait critiquée d'avoir l'air de l'encourager, elle comprend. Aux yeux des autres, c'est vis-à-vis de ses frères et sœurs qu'Adélaïde devrait témoigner de tels sentiments, se comporter en aînée responsable. Même Reine a pour sa sœur Isabelle des élans de protection… et pourtant, elle est traitée en enfant unique par ses parents. Mais depuis quand force-t-on le sentiment d'une enfant, se demande Gabrielle. Le sentiment, ça ne se harnache pas.

Une fois la battue arrêtée, les larmes de Malvina séchées et la maisonnée calmée, Gabrielle repart vers la grange : avec cette histoire, tout le monde s'est mis en retard et la grand-messe ne les attendra pas. Gabrielle négocie le retour à la maison de Florent « garanti sans claques à la face ou aux fesses » et permet encore une fois à sa fille d'emmener Florent à l'église avec eux.

Le grand soleil au sortir de la grange sombre provoque une telle nausée que Gabrielle doit se détourner et chercher un coin tranquille. Elle ne pourra jamais rester à jeun ce matin ! Inutile de penser communier. Sa fille l'attend dans l'herbe haute, tenant Florent par la main, les yeux fixés sur elle. Des yeux de femme qui sait, pense Gabrielle. Sa fille s'approche, la prend fermement par la main : « Viens, maman, il faut manger. »

L'autorité naturelle de Germaine peut être irritante à l'occasion, mais en voyant les enfants propres et prêts pour la grand-messe, Gabrielle ne peut qu'être reconnaissante à sa sœur de ses qualités domestiques. Elle annonce qu'elle va se reposer et prier le Seigneur de sa chambre, ce qui a pour effet de catastropher les enfants, qui réclament tous de la veiller comme si elle était à l'article de la mort.

De son lit, elle entend le carillon de l'église : la paix est si parfaite qu'on croirait le jour vraiment béni. Elle fait son examen de conscience minutieusement et constate qu'il est beaucoup plus simple de se confesser à soi-même qu'au prêtre. De l'orgueil encore ! voilà ce que le curé Brisson lui dirait. Elle s'octroie une lourde pénitence pour ne pas être en reste avec Dieu… et s'endort à la deuxième dizaine.

« Je t'ai apporté un thé léger… oh ! bonté divine, tu dormais ! »

Malgré toutes ses excuses, Georgina s'installe au bord du lit, tapote l'oreiller, s'évertue à être attentionnée, puis en vient au fait : « Tu ne trouves pas que c'est beaucoup, six enfants ? Ça ne t'inquiète pas ? Les temps sont tellement durs…

— Qu'est-ce qu'on peut y faire ? »

Georgina se tortille, mal à l'aise, elle tripote le bord du large col de sa robe dont les pointes empesées ramollissent : « Tu pourrais… je ne sais pas, mais… demander à ton mari d'être plus compréhensif certains soirs. Et puis, pour être franche avec toi, il y a moyen de se débrouiller pour aller au lit alors qu'il est endormi.

— Mais, Georgina, quand est-ce que vous vous parlez alors ?

— Parler de quoi ? À table, aux repas. »

Gabrielle se dit que sa sœur est sourde pour croire qu'on puisse parler sérieusement à table avec cinq jeunes enfants.

Georgina lisse maintenant les plis de sa jupe : « Je sais qu'on ne doit rien faire pour empêcher la famille, mais tu as déjà trois filles à marier. Si celui-là est un garçon, ça va, mais c'est pas certain…

— Georgina ! Arrête, voyons ! Je ne suis pas malheureuse. J'ai un mari adorable. Tu as vu comme il s'occupe des petits. T'en connais beaucoup des comme ça ?

— Ah ça ! j'avoue qu'il me surprend. Il est toujours de bonne humeur, pas *kickeux* sur rien, c'est un genre d'homme entraînant… on dirait que tout est aisé pour lui. Une sorte de charme… même les filles l'ont remarqué. Elles me disaient ce matin que leur oncle Edward était toujours plein de façon, prêt à rire et s'amuser… c'est sûr que ça ne doit pas être facile à tenir, un homme de même. »

Gabrielle se demande si la question est d'ordre sexuel ou général.

Jamais sa sœur ne parlerait ouvertement de ces choses, mais « tenir un homme » au sens de Georgina ne doit pas être du tout la même chose qu'au sens d'Edward.

« Est-ce qu'il boit ?

— Pardon ? »

Mal à l'aise, Gabrielle écoute Georgina reposer sa question et elle ne peut s'empêcher d'éprouver du dédain pour ces manières prétentieusement modestes, ces fausses confidences de femmes qui affectent de partager les mêmes problèmes, cette complicité bâtie à même les défauts des maris l'horripile. Elle retrouve dans l'attitude de sa sœur ce qui l'énerve chez Reine et Isabelle, ce côté entendu qui embrouille tout à plaisir, crée des complications, chipote et pinaille. Elle préfère de loin l'animosité non déguisée entre Béatrice et Adélaïde à cette mielleuse entente.

Parce que sa sœur ne répond pas, Georgina se sent obligée d'expliquer sa question : « Tu comprends, un Irlandais… je veux dire de par sa mère…

— Toi, Georgina, est-ce que ton mari canadien-français pure laine boit ? »

Sa sœur pique du nez. Gabrielle ne sait pas si c'est de gêne ou quoi, elle est si irritée qu'elle n'a aucun souci de ce que Georgina peut penser. Elle n'avait aucun, mais aucun besoin, que quelqu'un de sa propre famille vienne lui signifier ce genre de chose. Edward aurait donc raison ? Il serait un étranger pour toujours ? Nos origines tiendraient du péché originel ? On ne s'amende donc jamais ? Et pourquoi faudrait-il s'amender ? Était-ce un péché mortel que d'être issu de sang mêlé ? Ce n'était pas du sang d'Indien, que diable ! Gabrielle a le feu aux joues tellement elle retient sa colère. Elle n'ose pas regarder sa sœur tant elle est furieuse. Elle l'entend murmurer : « Ça paraît ? » et ne comprend même pas de quoi elle parle.

« … Pas plus que de raison, mais plus souvent. Il ne se conduit pas mal, ni rien, il ne lève ni la voix ni la main, mais il se fait du souci et ça le rend nerveux. C'est une manière de remède pour lui. Ça le dénarve, un petit verre. C'est comme une ponce plutôt qu'autre chose.

— C'est quoi, ses soucis ?

— Ah ben… le commerce va pas fort, les dettes, les filles à marier. Il est narfé, il a toujours été narfé. C'est rien de grave, pas comme si y était tombé dans la boisson. »

Le silence gêné de Georgina l'atteint en plein cœur : « Georgina, est-ce que je peux faire de quoi ? Veux-tu qu'Edward lui parle ?

« — Non, surtout pas. Il pense que ça se voit pas. De toute manière, Cyril lui a parlé quand on est passés le voir cet été. »

Cyril, la référence obligée, le curé de la famille auquel les aînées ont recours à chaque fois que leur conscience les tiraille : « Qu'est-ce qu'il dit, notre soutane ?

— Traite-le pas de noms. Ça a été bien consolant de le voir. Il m'a suggéré la patience et la prière.

— Il ne t'a pas dit de vider les bouteilles de boisson ?

— C'était faite depuis belle lurette. Chez nous, c'est la vraie ligue de tempérance.

— Tes filles le savent ?

— Non ! penses-tu ! Il est pas mal tranquille. Il ne mène pas de train, même s'il rentre tard. »

Gabrielle ne miserait pas sa chemise sur l'innocence des filles, mais elle ne tient pas à inquiéter davantage sa sœur. « Si la *business* peut reprendre, je retrouverais l'homme d'avant. C'est ça qui le gruge. »

Gabrielle soupire, se lève et rajuste son chignon devant la psyché. Sa sœur l'observe : « Comment tu fais pour garder ta ligne ? Tu tiens de maman, toi. T'es la seule, d'ailleurs. Tu te souviens comme elle était *slim* ?

— C'est pas pour rien qu'Edward m'appelle son estorlet.

— Tu sais, Gabrielle, maman avait probablement tort d'être contre ton mariage. Vous avez l'air de bien vous adonner, toi et lui. Ça commence à faire un temps que vous êtes mariés et ça a pas tourné. T'es chanceuse. »

Gabrielle sent bien tout ce que son mariage a d'unique et de réussi, mais elle n'a pas envie de s'excuser d'être heureuse devant sa sœur plus démunie. Elle a envie de le vivre. Être désolée pour sa sœur, pour ses sœurs, n'empêche pas qu'elle est convaincue qu'on peut agir sur sa vie et qu'on fait plus que « bien tomber » quand on choisit un mari. « Georgina, je n'ai pas été chanceuse, j'ai été décidée et têtue. Tu as épousé un homme qui était terne même le jour de ses noces.

— C'était un veuf !

— Je sais, mais il se remariait, il aurait pu être de bonne humeur ! C'est pas comme s'il était resté avec des enfants sur les bras et qu'il était obligé de se remarier en vitesse pour les petits.

— J'avais vingt-cinq ans, j'étais plus une jeunesse. Tu sais, je n'avais pas le choix que tu avais.

— Ce que je veux te dire, Georgina, c'est d'être plus avisée quand il s'agira de marier tes filles. Regarde pas juste à la couleur de leurs économies ou de leurs yeux. Un mariage tient à plus qu'à ça.

— On prendra qui se présentera, on n'a pas les moyens de faire les difficiles.

— Avec des principes comme les tiens, tes filles sont aussi bien d'être chanceuses.

— Bon, c'est quoi, encore ? Vas-tu soutenir qu'on devrait décider de nous autres mêmes ? Es-tu devenue suffragette à vouloir que les femmes sortent de leur rang ?

— Non, mais s'engager à un homme de peur de ne pas se marier ne me semble présager rien de bon pour un ménage.

— Du moment qu'il sera bon chrétien et sobre…

— C'est pas exactement ce que tu aurais dit d'Hector ?

— Gabrielle, je t'en prie, ce n'est pas pareil. Mon mari n'est pas un ivrogne.

— Non, peut-être. Mais tu n'es pas heureuse.

— Je ne suis pas en abandon. Je suis abriée du besoin et je remercie le Seigneur à tous les soirs de m'avoir fourni un mari pareil.

— Tu souhaites le même pour tes filles ? »

Georgina demeure la bouche ouverte de surprise. Elle se détourne, ramasse les tasses de thé vides et murmure : « C'est pas bon d'aller aux excès comme tu fais. Faut savoir se contenter de ce qu'on a. »

Si Edward n'était pas entré dans la chambre à ce moment précis, Georgina recevait la brosse à cheveux en argent de sa sœur par la tête. Comme quoi Adélaïde a de qui tenir, pense Gabrielle en arborant son plus joli sourire. Edward annonce que tout le monde est à table et, donnant le bras à Gabrielle, il s'inquiète : « T'as autant de rose aux joues que si j'étais moi-même venu te réveiller. C'est grave ?

— Non. Moins agréable, c'est tout. »

Georgina est déjà rendue dans la salle à manger avec les siens. Gabrielle retient son mari et chuchote : « Tu penses que je suis une femme qui va aux excès ? »

Pourquoi sa Gabrielle est-elle si inquiète, soudain ? Est-ce son état, elle qui n'a jamais fait de manières ou attiré l'attention avec des maux de femme ? Est-ce cette visite et tous les soucis et le vacarme que cela occasionne ? Est-ce de retourner en ville ? « Tu sais qui s'est inquiété de ta santé, à la sortie de la messe ? Jules-Albert Thivierge, le beau docteur qui en a oublié de me faire la baboune. Il a même délicatement laissé entendre qu'il était au courant de la prochaine visite des sauvages. Je ne sais pas si tu vas aux excès, mon estorlet, mais tu en as mené plus d'un aux excès. La petite Reine le mangeait des yeux.

— Franchement ! il a le double de son âge !

— Ça doit courir dans la famille : regarde ses parents ! »

* * *

Un Guillaume chigneux et fiévreux qui se réveille à chaque fois qu'elle le dépose dans son berceau lui sert d'excuse pour ne pas aller au quai reconduire ses invités. Gabrielle garde même « sa plus vieille » près d'elle. Ensemble, elles remettent les draps d'Adélaïde dans le lit de Georgina et, puisque c'est tranquille, Gabrielle décide de faire une lessive. Malvina est si scandalisée, si outrée à l'idée qu'on lave un dimanche que Gabrielle renonce à son projet en lui indiquant bien qu'elle risque d'avoir à se charger de tout toute seule puisqu'ils partent mercredi.

Bien à l'abri dans sa chambre, elle commence à ranger ses effets dans ses malles. À mesure qu'elle y pense, elle note dans un cahier toutes les tâches qui lui restent à faire pour le départ et celles qui l'attendent à l'arrivée. La liste s'allonge très vite et, découragée, Gabrielle se demande si elle ne devrait pas garder Adélaïde auprès d'elle, du moins jusqu'à ce qu'elle trouve à remplacer la servante qui s'est mariée juste avant leur départ de Québec. Elle sait bien que c'est une finasserie qu'elle s'invente pour ne pas se séparer de sa fille. Au moins a-t-elle gagné de ne pas l'envoyer chez les Anglais. « Maman ?

— Viens. Viens là. Qu'est-ce qui se passe ? T'as perdu Florent ?

— Non, il regarde le kaléidoscope. »

Aussi bien dire qu'il est au ciel. Cet objet fascine le petit garçon depuis qu'il a compris comment le regarder. Il peut tourner le cylindre pendant des heures, ébloui, ravi. À part son Ada, rien ne peut contenter plus totalement Florent.

Adélaïde ne dit rien, elle va jouer avec le nécessaire de toilette en argent sur la coiffeuse, elle triture les fausses perles et finit par dire : « Comment on peut faire pour que Florent ne déserte pas cet hiver ?

— Tu sais pourquoi il est allé dans la grange, toi ?

— Fleur-Ange. »

Oui, bon, évidemment, les chatons sont plus doux que la tyrannique jumelle qui fait danser toute la maisonnée sur sa musique. Étonnant comme la beauté peut permettre d'abus, se dit Gabrielle. « Tu veux que je parle à Malvina, que je suggère qu'il ait son lit à lui ? »

Adélaïde fait signe que oui et vient s'asseoir au bout du lit. Elle agite ses jambes dans le vide et fixe ses bottines blanches : « Tu crois qu'il peut comprendre si je lui explique qu'on s'en va, mais pas pour toujours ? »

Comme c'est étrange, sa fille a les mêmes préoccupations qu'elle : la séparation et ses difficultés : « Tu lui as dit ? »

Encore un hochement de tête affirmatif de sa fille qui ajoute : « Je pense que ça le fâche beaucoup.

— Ça doit assurément le fâcher. Il faudrait qu'il sache que tu vas revenir l'été prochain.

— Mais c'est très loin, pour lui. C'est très, très loin. »

Et pour sa petite fille aussi, constate Gabrielle. Comment la consoler sans avoir l'air de remarquer qu'elle a beaucoup de chagrin ? Elle se rappelle le péché d'orgueil qu'elle confessait mentalement ce matin et se dit que sa fille n'est pas au bout de ses peines, du moins en ce qui concerne la confession : « Penses-tu qu'une éphéméride ?…

— Il ne sait pas ses chiffres, maman.

— C'est vrai. Qu'est-ce que tu dirais d'un gage ? Quelque chose qu'il sait que tu aimes et que tu vas revenir chercher ? Comme un jouet, une poupée.

— Mais je ne l'aime pas, ma catin ! C'est Rose qui l'aime. »

Effectivement, Adélaïde n'a jamais vraiment joué à la poupée. Comme de raison : elle avait un vrai bébé bien en vie pour elle toute seule. « Il faudrait que ce soit doux à toucher. Florent aime beaucoup quand c'est tout doux. »

Elles cherchent dans les affaires d'Adélaïde, mais ses vêtements sont en coton ou en lin et le lainage n'est pas doux, puisque c'est de la laine du pays. Il n'y a guère que les parures de cheveux qui soient douces, mais comme Florent a déjà un ruban… « Attends ! Je sais, viens avec moi ! »

Elles montent au grenier, ouvrent les vieux coffres de la mère de Gabrielle. Sous les trésors de laine et d'étoffes du pays, sous les jupes noires raidies par le temps, Gabrielle trouve enfin ce qu'elle cherche. Un châle ancien, entièrement rebrodé à la main par sa mère. Un châle de soie aux couleurs chatoyantes à dominante rouge qui a une belle ampleur. Un châle resté intact depuis des années. Sa mère avait enveloppé chacun de ses enfants dans ce châle pour conjurer le mauvais sort et les maladies. Cette femme archi-catholique qui avait perdu ses cinq premiers enfants dans les dix jours suivant leur naissance avait eu recours à la magie païenne une seule fois et c'était pour emmailloter ses enfants dans ce châle. Qui le lui avait donné ? Par quels chemins, quelles négociations il s'était retrouvé dans ses mains, tout le monde l'ignorait. Mais c'est sûrement l'objet le plus coloré que sa mère ait jamais porté. Le talisman avait eu un pouvoir bénéfique puisque, enveloppés dès leur naissance, Cyril, Georgina, Germaine et elle-même n'avaient été menacés en aucune façon. Ce châle, elle l'avait vu sur les épaules de sa mère à chaque fois qu'elle était mélancolique. Adélaïde n'en croit pas ses yeux. Elle avance une main respectueuse, tâte le tissu soyeux : « Tu veux ? Pour Florent ? »

D'un geste tendre, Gabrielle entoure les épaules de sa fille : une flambée allume ses yeux, son Adéla devrait porter plus de rouge, tout s'éclaire en elle, tout brûle de l'intérieur. Le gris dense de ses yeux luit dans la pénombre du grenier, on dirait une squaw, une gitane.

Craignant tout de même les foudres de Germaine qui idolâtre chaque brindille ayant touché à leur mère, Gabrielle expose son plan. Adélaïde devra dormir avec le châle les trois nuits restantes avant leur départ et bien s'en envelopper pour qu'il s'imprègne de son odeur. Il faut faire promettre le secret à Florent, ce qui devrait être facile, puis le lui confier en lui demandant de le garder précieusement pour son retour. Il faudra expliquer que c'est un trésor de famille qui appartenait à grand-mère et qu'il faudra le mettre à l'abri des regards de tout le monde. Pour sa part, Gabrielle se charge de convaincre Malvina d'accepter un lit supplémentaire, de sorte que Florent soit enfin capable de dormir.

« On pourrait leur prêter mon vieux lit de bébé, celui de Rose…

— On pourrait. »

Les bras de sa fille autour de son cou, le frémissement qui la traverse quand elle la serre très fort contre elle valent bien l'inquiétude du sacrilège qui habite Gabrielle. Elles vont ranger le châle sous l'oreiller d'Adélaïde qui tapote soigneusement le couvre-lit de coton : « Tu sais, maman, je vais bien expliquer que c'est très précieux. Florent va faire attention et un jour, je vais te le rendre aussi beau qu'aujourd'hui.

— Adéla, ma mère a mis dans ce châle tout ce qui était précieux pour elle : elle y a mis ses bébés, comme la Vierge Marie a enveloppé le petit Jésus dans ses voiles. Ma mère serait contente que le châle enveloppe un autre enfant pour le rassurer. Je n'ai aucune inquiétude, tu vas en prendre soin. Alors, on garde le secret, mais il est à toi. »

Ce soir-là, à l'heure de la parlotte, alors que Gabrielle zigzague entre les malles ouvertes pour y ranger les vêtements et les effets d'été, elle répète à Edward sa discussion avec Georgina et sa solution au problème de désertage de Florent.

Edward, assis à même le tapis, négligemment appuyé contre un coffre, allume un deuxième cigare. Sa main effleure au passage le déshabillé crème de sa femme.

« Edward, pourquoi tu ne t'assois pas dans le fauteuil ou sur le lit, comme un gentleman ?

— Pour être dans le milieu de l'action. Comme ça, il boit ? »

Il lui révèle à son tour sa conversation et la promesse d'aider financièrement le beau-frère. Elle ne sait même pas s'il peut se le permettre. Elle administre l'argent qu'il lui donne pour la maison, mais elle se rend compte qu'elle ignore totalement s'ils sont en moyens ou non. Le seul argent qu'elle ait jamais eu était le petit héritage reçu de son père cinq ans auparavant. Le plus gros de l'argent était allé à Cyril, en tant que fils unique, mais son père avait prélevé une petite somme pour chacune de ses filles « en témoignage de leur mère ». Le notaire en avait conclu que ce devait être un souhait de leur mère à sa mort puisqu'elle avait apporté de l'argent de famille dans le ménage. Peu importe sa provenance, la somme était allée à Edward et ils n'en avaient jamais reparlé. Gabrielle a confiance en l'administration d'Edward, mais elle préfère s'éviter les mauvaises surprises : « Nous, Edward, est-ce que ça nous menace, est-ce qu'on va se ressentir de l'économie qui baisse ? Est-ce que je dois faire attention, ménager comme à tes débuts ?

— Aucune idée. Jusqu'à maintenant, le cabinet tient le coup. C'est plus dur pour les commerces. Au bout du compte, t'es beaucoup mieux mariée avec un avocat qu'avec un *big boss* de ce temps-là.

— Ou qu'avec un médecin… »

Il l'attrape par la cheville, la tient fermement : « Finasse pas, l'estorlet. Des docteurs, on en aura toujours besoin, mais comme on est chicaneux, des avocats aussi. »

Elle touche ses cheveux avec douceur : « Je t'agace, tu le sais bien. »

Il éteint son cigare, lève les yeux vers elle : « Pose ton gréement. Viens là… »

Cette façon qu'il a d'aller tournailler sous la soie, de perdre son temps à faire comme si c'était juste une câlinerie d'avant dormir, une câlinerie sans autre espérance que la douceur ; cette façon qu'il a de la guetter, alors qu'il devrait fermer les yeux avec pudeur et elle aussi pour ne pas regarder le feu les gagner, toutes ces façons font perdre le nord à

Gabrielle. Il y a quelque chose d'électrisant et de fiévreux à être prise sans précipitation sur le tapis délavé de l'ancienne chambre de ses parents, au milieu des malles alors que le lit est à deux pas.

* * *

La maison sent le renfermé. Bien qu'Edward ait couché chez lui toutes les semaines de l'été, le manque de servante et de bon entretien est flagrant. Gabrielle doit voir à tout à la fois : payer le taxi, s'assurer que les valises seront toutes déposées dans le hall, empêcher les enfants de courir partout, aérer, replacer les choses, envoyer Adélaïde chez Toussaint, rue Saint-Jean, pour obtenir une livraison des provisions.

Quand Edward rentre, vers six heures trente, il trouve les enfants surexcités et sa femme épuisée. Installés sur le premier palier de l'escalier, Béatrice, Fabien et Rose font dégringoler une toupie et hurlent de joie quand elle touche à chacune des marches sans exception. Dans le salon, Adélaïde a allumé la radio et tente de calmer un Guillaume encore sujet à des poussées de fièvre. Il déniche Gabrielle au deuxième étage, occupée à refaire les lits des enfants, à sortir les pyjamas des valises et à organiser le coucher.

La maison de la Grande-Allée est vaste, mais elle a un gros défaut : étroite, bâtie principalement en hauteur, elle comporte trois étages et autant d'escaliers. Parce qu'elle n'a pas entrepris de porter seule les malles les plus lourdes, Gabrielle doit monter et descendre continuellement. Il y a donc au pied de l'escalier du rez-de-chaussée, outre les jouets qui ont dégringolé, deux grosses malles ouvertes dans lesquelles Gabrielle vient puiser avant de remonter vers les chambres du deuxième étage.

Aidée d'Edward, elle donne à manger à ses trois petits diables, les débarbouille, leur fait dire bonsoir au petit Jésus et les borde. Tout ce petit monde ne tarde pas à s'endormir tant la journée a été fertile en émotions.

Adélaïde fait la vaisselle pendant que sa mère essaie d'endormir le bébé. Elle a beau avoir frotté les gencives à l'huile de clou, Guillaume prend un long temps à se calmer.

Dès qu'elle a mis à tremper dans du caustique les couches souillées du bébé, elle borde son aînée et entreprend de ranger les toupies et jouets, véritable inventaire de plaisirs que les enfants ont éparpillé avec délices. Edward a monté les grosses malles au deuxième et au troisième palier, ne reste plus qu'à les vider, à les ranger pour l'an prochain et à sortir des armoires les hardes d'hiver pour les éventer des boules à mites. Rien ne choque plus Gabrielle que ces premiers dimanches d'automne à l'église quand le cœur se soulève tant l'odeur de naphtaline est violente.

Edward est ravi de retrouver sa maisonnée grouillante de vie, malgré le tohu-bohu occasionné par l'absence de servante. Cela sera de courte durée, Gabrielle doit rencontrer des candidates dès vendredi. C'est Edward qui a veillé à placer l'annonce dans *Le Soleil* du lendemain. Il n'a aucune inquiétude : être servante sur la Grande-Allée en ces temps difficiles est enviable… même avec cinq enfants en bas âge à s'occuper.

Vers neuf heures, il trouve Gabrielle endormie dans la berçante, Guillaume blotti contre elle. Elle est épuisée. Il recouche le bébé et la reconduit jusqu'à leur lit : « Si Guillaume ou un enfant se réveille cette nuit, j'irai. Dors. Repose-toi. »

Gabrielle n'a pas le temps d'apprécier le cadeau, elle dort déjà. Edward se dit que sa belle-sœur Germaine, restée à l'Île pour fermer la maison, lui manque et cela, même si elle a l'humeur changeante. D'ailleurs, Germaine n'a pas son pareil pour choisir une servante. Elle sait reconnaître la vaillance et l'endurance de loin. Sa belle-sœur ferait un *boss* de *facterie* redoutable.

Mais c'est pour Gabrielle qu'il se lève cette nuit-là. Pliée en deux, elle gémit et se plaint de fortes douleurs au ventre. Le médecin finit par arriver à l'aube, mais ne peut rien faire pour éviter la fausse couche.

Quand les enfants se lèvent, Gabrielle vient à peine de s'endormir, pâle et brisée. C'est Adélaïde qui prend tout en main. Elle n'est absolument pas dupe de la « maladie » soudaine de sa mère. Edward quitte la maison après avoir alerté la voisine, qui vient aider en attendant que Germaine, prévenue par quelqu'un de l'hôtel, revienne. Même Béatrice, habituellement récalcitrante à l'ouvrage, accepte d'étendre les couches de Guillaume sur la corde. À la cave, en cachette des enfants, Adélaïde frotte et lave les draps tachés de sang de sa mère qu'Edward avait dissimulés dans un coin. Le médecin revient en début d'après-midi et demande plus de calme pour Gabrielle qui n'arrive pas à se reposer tant elle essaie de régler chaque problème domestique qu'on lui soumet malgré la vigilance de son aînée. La voisine part avec les trois du milieu, laissant Guillaume encore fiévreux dans le lit de sa mère et Adélaïde pour s'occuper des deux malades.

Vers quatre heures, la fièvre de Guillaume est tombée grâce aux remèdes du docteur, mais celle de Gabrielle a monté. Adélaïde lui apporte une tasse de bouillon. Émue, Gabrielle voit entrer sa petite fille qui tient précautionneusement la tasse afin de n'en rien laisser déborder. Toute l'enfance dans les deux petites mains serrées autour de la porcelaine, mais déjà une grande dans l'intention et dans l'action.

La petite installe sa mère et la regarde avaler péniblement une gorgée. Elle a beau tenter de sourire de façon encourageante, Adélaïde voit bien que sa lèvre tremble et qu'elle retient ses larmes. Elle prend un mouchoir propre dans le tiroir du haut et le lui porte. Gabrielle sourit : « C'est à papa, celui-là.

— Oui, mais il est plus grand. »

Comme sa fille la regarde ! « Effrontément », diraient les sœurs. Mais ce n'est pas de l'insolence, Gabrielle le sait, elle qui a tant essayé de leur faire comprendre cela, aux sœurs ! Sa fille est comme elle, sans ambages, directe et franche, ce n'est pas pareil. Gabrielle se souvient combien mère Marie-de-Saint-Apostat lui reprochait son manque de féminité. Elle lui prédisait un grand problème à se caser « parce qu'elle répondait », et que les prétendants sont bien avisés de ne pas s'arrimer avec des raisonneuses.

« Une vraie dame se tait et endure », disait sa mère. Se taira-t-elle, sa fille ? Peut-être, parce qu'elle n'est pas bavarde de nature, mais endurer, c'est moins sûr. Gabrielle se rend compte qu'elle ne le souhaite pas, qu'elle ne ferait jamais sien le principe de sa mère. Les temps changent après tout, le XIXe siècle est loin derrière, maintenant. Être raisonnable, ça oui, mais endurer en silence… supporter et se dire que c'est bien, qu'on l'a mérité, qu'on paye pour ses péchés, elle n'en est plus sûre, Gabrielle.

« Tu veux que je porte Guillaume dans son berceau ?

— Non ! »

Elle a un geste très possessif vers le bébé. Elle a perdu l'autre, elle veut guetter celui-là, s'assurer sans discontinuer que la fièvre ne revient pas, qu'il n'est pas menacé : « Non, merci, Adéla, tu fais bien ça, mais je préfère le garder auprès de moi. »

Elle est certaine qu'Adélaïde comprend ce qui est arrivé. Même si elle n'est informée de rien, même si elle a pris grand soin de tout garder secret en ce qui a trait aux choses intimes, elle voit bien que sa fille n'est pas candide.

« Maman… j'ai lavé les draps, mais je les ai mis à sécher à la cave. »

Oui, sa fille sait que la honte sèche à la cave, que le secret se garde. Sept ans tout juste et elle devine tout, sent tout. À sept ans, elle, on lui aurait fait accroire n'importe quoi. Adélaïde a l'air de savoir que ce ne sont pas les sauvages qui apportent les bébés et qu'ils ne cassent pas non plus les jambes de la mère en la battant, ni aucune de ces histoires ridicules qui servent à expliquer sans dire. « Viens t'asseoir, Adéla. »

Elle ne peut pas révéler ce qui est arrivé, mais elle ne veut pas non plus que sa fille s'inquiète et se ronge en pensant que des malheurs s'abattent sur la maison presque par malice ou par sorcellerie.

« Je ne serai pas malade longtemps, ce n'est pas grave. Guillaume va mieux déjà. Bientôt, moi aussi j'irai mieux.

— Ta main est chaude.

— Juste un peu de fièvre, rien de grave.

— Maman… je m'en doute que les bébés, on ne les achète pas au magasin. Pourquoi Malvina en aurait acheté deux ? Elle en avait déjà en masse. En plus, c'est juste Fleur-Ange qu'elle voulait. Je suppose qu'on choisit pas pour les bébés ? »

Gabrielle observe les mains de sa fille qui triturent le couvre-lit. Elle devrait lui dire que c'est faux, que les bébés viennent de loin, d'ailleurs, elle devrait changer pudiquement de sujet et la laisser organiser ces mystères comme ceux de la religion. Tout vient par magie et Dieu décide de tout. Dieu a-t-Il décidé de lui enlever son bébé ? Dieu la punit-Il d'avoir osé se réjouir d'être grosse et de pouvoir s'adonner à l'impureté en toute liberté ? Dieu a-t-Il voulu lui montrer le droit chemin ? Elle n'arrive pas à comprendre le message de Dieu, mais elle trouve la leçon cruelle. Et si elle l'accepte pour elle-même, elle refuse de l'infliger à sa fille : « On ne choisit pas si le bébé sera un garçon ou une fille, s'il viendra tout seul ou non, c'est vrai. Un bébé, c'est un cadeau, un cadeau du Ciel.

— Le Ciel t'en a envoyé un qui t'a rendue malade ? Vas-tu avoir un bébé ?

— Disons que le Ciel avait mal calculé son coup. Je t'expliquerai quand je saurai bien ce qui est arrivé, d'accord ?

— Mais c'est pas une punition du Ciel ? C'est pas ma faute ?

— Pourquoi ce serait ta faute, mon puceron ?

— À cause du châle qui enveloppe les bébés de grand-mère. À cause qu'on l'a prêté à Florent. Ça a peut-être fâché grand-mère qui est au Ciel. »

Gabrielle prend sa fille contre elle et la berce en murmurant des paroles douces pour la réconforter, l'assurer que grand-mère n'a rien à voir avec sa maladie, que le Ciel n'est pas comme ça, à toujours guetter qui fait bien, qui fait mal, et qu'on ne punit jamais les petites filles en rendant leur mère malade. Elle jure que le Ciel n'est pas cruel.

Restée seule avec son fils, Gabrielle doute beaucoup de la véracité de ce qu'elle a dit à sa fille. Peut-être le Ciel est-il cruel… Dès que cette pensée lui vient, elle se repend et en demande pardon, certaine d'être à nouveau punie si elle dépasse les limites avec le Ciel. Or le Ciel, c'est bien connu, a un seuil de tolérance plutôt bas.

Sa sieste est interrompue par Germaine qui arrive en grand renfort, équipée de toutes les herbes possibles, qui ont été ramassées en vitesse par Malvina. Elle jure qu'elle aura le sang fortifié plus sûrement avec ces infusions qu'avec n'importe quel remède de docteur. En un tournemain, Germaine prend le contrôle domestique et voit à tout, incluant les candidates au poste de servante. Comme elles sont nombreuses, Germaine « fait rapport » à sa sœur afin que tout soit « à sa convénience », comme elle dit.

Si ce n'était que de Germaine, elle choisirait la plus vieille et la plus revêche, de sorte que les enfants la craignent et se tiennent tranquilles. Sans compter qu'ainsi on met le ménage à l'abri des tentations. Ce n'est pas qu'elle nourrisse beaucoup de doutes quant à l'attachement d'Edward — elle se dit crûment que le nombre d'enfants et leur régularité suffisent à témoigner de la constance de l'époux de sa sœur ! — mais pourquoi tenter le Diable ? Un homme est un homme, a appris Germaine. Donc, vaut mieux prévoir que de se lamenter après coup. Inutile de mettre une brebis chez le loup pour tester sa résistance à la tentation. Germaine a entendu nombre d'histoires sur des servantes parties en pleurs de chez leur patron pour se retrouver quelques mois plus tard chez les bonnes sœurs qui s'occupent de la crèche Saint-Vincent-de-Paul. Pas de ça chez Gabrielle. Son beau-frère est en train de se faire une place enviable dans les honneurs de la ville, il n'est pas question qu'une servante trop délurée vienne mettre la bisbille et risquer de freiner par des commérages une prospérité bien engagée.

Évidemment, elle ne s'ouvre pas de toutes ces considérations à sa sœur, elle se contente de ne garder en lice que celles qui ont un âge respectable et, si possible, une famille à aider. Le besoin étant souvent un excellent motif de dépassement.

Germaine annonce fièrement que trente-cinq personnes se sont présentées. Dix étaient trop jeunes, deux nettement trop vieilles, et, sur les vingt-trois restantes, huit satisfaisaient à ses critères : âgées entre vingt-neuf et trente-cinq ans, fortes et solides de charpente, catholiques pratiquantes, elles viennent presque toutes de la campagne environnante (donc pas des dénaturées par les valeurs douteuses des grandes villes) et se voient dans l'obligation de chercher un emploi parce que leur père, leur frère et quelquefois leur mari avaient perdu le leur.

« Leur mari ? Tu veux dire qu'elles ont laissé leurs enfants pour venir travailler en prenant soin des enfants des autres ?

— Que veux-tu, Gabrielle, tout le monde ne vit pas sur un grand pied. Elles installent leur mère ou leur belle-mère à la maison et vont gagner pour faire manger leur monde.

— Laquelle avait l'air le plus doux ? Laquelle serait la plus compréhensive avec les petits ? »

Évidemment, Germaine trouve que sa sœur ne pose pas les bonnes questions et elle se félicite d'avoir vu à l'affaire : « J'estime que tu devrais en rencontrer trois : elles sont économes, dures à l'ouvrage et elles ne s'expliquent pas tout le temps sur tout, ce qui va t'éviter d'endurer du jaspinage à n'en plus finir.

— Mais est-ce qu'elles aiment les enfants ?

— Comment veux-tu savoir ? Elles ne sont pas pour dire qu'elles ne peuvent pas les sentir ! Faut voir à l'usage. Mais les trois que j'ai sélectionnées ont des principes d'éducation et savent se tenir.

— Je m'excuse, Germaine, mais c'est moi qui éduque mes enfants. Elles vont les garder et s'en occuper, mais certainement pas les éduquer. Est-ce qu'elles savent cuisiner, mettre ce qu'il faut de caustique, repriser, repasser et laver des planchers ?

— Évidemment !

— Bon. Est-ce qu'elles ont une voix douce ou criarde ? »

Germaine hausse les épaules : « Tu perds le sens, ma foi !

— J'aime pas qu'on criaille. Les enfants vont le faire si au lieu de parler doucement, on leur crie après. Tu te souviens de Joséphine qui hurlait tout le temps ? Maman en échappait sa tasse de thé. Elle manquait de faire une attaque à chaque fois.

— Elle était sourde, la pauvre, c'est pour ça.

— C'est peut-être une bonne raison pour crier, mais c'est pas agréable. Tu sais pourquoi maman la gardait ? Sa cuisine. Joséphine savait tourner un gâteau dans le temps de le dire.

— Te souviens-tu de son *stew* ? Saint-Éphrem, que c'était bon ! Même le poisson du vendredi était bon et pourtant, on n'était pas fous de ça, la sardine.

— Maman a jamais appris à faire à manger comme du monde. C'est pas manque d'avoir essayé. La tarte aux pommes salée, t'en rappelles-tu, Germaine, le soir de la tarte salée ?

— Qu'on a ri ! La face de pépére avec son air ahuri : "Qu'esse tu y as faite, à ta tarte ? Y as-tu mis du lard salé ?" Pauvre maman, qu'elle était insultée ! Quand tu dis qu'elle pouvait pas différencier un pot de sel d'un pot de sucre… c'est pas d'avance dans une cuisine.

— Tu sais que j'ai gardé tous ses cahiers de recettes ?

— À Joséphine ? T'as ben menti, elle savait ni lire ni écrire.

— Les recettes que maman copiait à mesure que Joséphine les faisait. Joséphine cuisinait toute par cœur, comme disait maman, un peu de ça, une bonne ration de ci, moyennement de beurre… comment voulais-tu qu'elle se retrouve là-dedans, une fois Joséphine partie ? »

Germaine soupire au souvenir cuisant de la disette qui a suivi le départ de Joséphine : « Quelle idée aussi, de se marier à cinquante ans ! »

Gabrielle sourit : « Par le ventre, elle l'a attrapé par le bedon.

— Je le comprends : après vingt-cinq ans, je ne me console pas encore de sa compote de rhubarbe et fraises. Tiens, on devrait les exercer avec ça, les candidates. On leur fait faire une compote.

— C'est ça. Et ensuite, on les force à inventer une histoire pour chaque enfant et on les met au piano pour voir si elles se débrouillent… vraiment, Germaine ! »

Elles décident de rencontrer les trois dernières candidates cinq jours plus tard, quand Gabrielle aura repris une partie de ses activités. D'ici là, Germaine se charge de la maison et elle promet de passer plus souvent pour aider lors des débuts de la nouvelle servante.

*　*　*

Quand Gabrielle relate sa conversation à Edward ce soir-là, il se retourne brusquement, la chemise à moitié déboutonnée : « Plus souvent ? Elle a dit, plus souvent ? C'est possible, ça ? Elle n'habite pas ici, d'ailleurs ? »

Gabrielle s'amuse à le voir répéter toujours les mêmes blagues à propos de Germaine et de sa propension à se mêler de leur vie familiale : « Qu'est-ce qu'on aurait fait sans elle, cette semaine ? Tu ne peux pas dire qu'elle ne rend pas service, Edward.

— Ah ça, c'est une maîtresse femme ! Je comprends que les hommes se soient tenus loin.

— Tu sais bien… »

Il la prend dans ses bras en l'assurant qu'il ne le dit que pour l'étriver. Il sent le tabac. Elle caresse son dos sous le coton qui flotte, il est mince et musclé, lisse et doux. Un sanglot bête lui vient, un sanglot de honte et de peine. Il caresse sa nuque et la berce doucement, sans rien dire.

Parce qu'elle est à l'abri dans son cou, parce qu'il ne la voit pas et ne la regarde pas, elle murmure tout bas : « Tu crois que c'est pour nous punir ? »

Il fait un « chut » très doux, il continue de la bercer pendant qu'elle sanglote, accrochée à lui.

Ce n'est que deux jours plus tard, une fois qu'il sont couchés pour la nuit, dans la pénombre de leur chambre, qu'il répond à sa question : « Chez nous, dans ma famille, on ne parlait pas de ça. Je pense que Mummy en a perdu deux. Il en restait en masse. Mummy était très religieuse, très suiveuse des règlements. Je ne sais pas si c'était à cause des États-Unis, mais papa faisait ben jusse ses Pâques. Mais je crois que… je crois qu'il s'est permis des libertés, des affaires en dehors. Quand on vivait à Providence, le loyer était petit et je les entendais. C'était pas parce que j'étais écornifleux, c'était à cause de la chambre trop petite. C'était pas comme nous autres, Gabrielle. C'était rien de ce que c'est pour nous autres. C'était… triste et têtu, je ne sais pas comment dire, c'est ça que ça me faisait : comme enragé par en dedans. Par après, au Manitoba, mes parents étaient jamais ensemble. Papa travaillait à la demande dans des villes éloignées et quand il revenait, il ne touchait jamais Mummy devant nous. J'ai jamais su si c'était mal ou bien, ce que je faisais avec toi. Je l'ai jamais demandé au curé. Je pense que je veux que personne ne le sache. Quand je te touche, Gabrielle, il me semble que c'est béni parce que c'est joyeux et allège. Nos enfants sont beaux, ils ne louchent pas, ils ne boitent pas, ça doit ben vouloir dire quelque chose. Pourquoi le Ciel prendrait ombrage de nos plaisirs ? »

Gabrielle ne dit rien, elle pense à cette liberté qu'elle gagne quand elle se sait enceinte, ce risque qui disparaît et son énergie toute neuve pour des plaisirs pas si purs puisque le but supposé en est déjà atteint. Alors qu'elle est plus rétive quand elle risque de tomber enceinte, elle s'alanguit complètement une fois engrossée.

« Tu veux que je demande au curé, Gabrielle ?

— Non ! »

Elle non plus ne tient pas à révéler ses secrets de nuit. Si quelqu'un le savait, si elle ou lui en discutait ouvertement, elle aurait l'impression qu'elle en serait salie. Comme de se retrouver en état de péché mortel alors qu'on se croyait sanctifiée. « Edward, la plupart des femmes que je connais, quand elles font des allusions, c'est pour dire leur déplaisir. J'ai jamais entendu dire que ça pouvait être… ce que c'est pour nous deux. S'il y a un péché, on est deux à le commettre. »

Elle se souvient de la gêne qui la prenait quand, entre femmes, des confidences étaient échangées sur un mode très bas. Elle rougissait toujours et toutes les autres y voyaient un signe de communauté d'esprit. Elle avait honte : contrairement à ce que toutes prétendaient, rien de tout cela ne la dégoûtait, rien ne lui était sacrifice et endurement. Depuis qu'elle a perdu le bébé, elle se sent doublement seule avec son sentiment coupable. « Edward, j'aime à penser qu'on décide ensemble et en conscience de ce qu'on fait, la nuit tombée. Je suis sûre que des femmes ont perdu leur enfant sans faire ce qu'on faisait. Et je suis sûre que je ne veux pas perdre d'autres enfants. Mais je veux aussi nos secrets et nos folleries de nuit. Tu ne peux pas être un péché, tu es mon mari.

— À part ça, si c'est punissable entre mari et femme, pourquoi ils ne le marquent pas dans le catéchisme ?

— Peut-être que ça les gênait d'en parler. »

Il rit : lui aussi, ça le gêne d'en parler, alors que rien ne l'arrête quand il est avec elle. Il ferait n'importe quoi avec elle parce que, quand il la touche et qu'il entend son respir chavirer, c'est comme s'il entendait des mots enfiévrés et insensés qui le rendent fou. Il se rapproche d'elle sur l'oreiller : « Y a pas un péché, y a pas une loi au monde qui m'aurait empêché de venir à toi, une fois que je t'ai vue. C'est pas arrêtable ce qui me prend quand je te vois, Gabrielle, pas arrêtable. »

Elle touche son visage avec ses lèvres, elle parcourt ses paupières, son front, l'arête de son nez si fine, si semblable à celle de Guillaume, elle s'interrompt à sa bouche, se pique à sa moustache : « On n'arrêtera rien, Edward. Quand le bon Dieu fera ses comptes, on lui montrera son livre de règlements, s'Il a de quoi à redire. D'ici là, ça sera notre secret. »

Elle s'endort, consolée. Elle se promet que le prochain enfant, ils le feront sans prudence et sans réticence.

*   *   *

58

C'est Mathilde qui est finalement présentée aux enfants une semaine plus tard. Dès qu'il la voit défaire sa valise, Fabien lui demande s'il peut l'appeler Mimi. Rose, qui s'arrêtait toujours à « Math », jugeant le « ilde » bien compliqué à prononcer, en est ravie : il y a maman, il y a Mimi et le monde est parfait. Rose est d'ailleurs toujours accommodante, quel que soit le jour, la température ou l'humeur de la maison, Rose trouve son bonheur. Un bout de ficelle, un carreau de fenêtre derrière lequel elle regarde les gens passer, une catin à bercer et à étreindre et elle est bien. Jamais Gabrielle ne l'entend chigner ou protester.« Ils me l'ont passée dans l'huile », a-t-elle coutume de dire de sa quatrième, si coulante par rapport aux autres. Béatrice, à qui Germaine a montré à écrire le B de son prénom, clame à qui veut l'entendre qu'elle sait écrire avant sa sœur et qu'elle a hâte que celle-ci aille à l'école pour y aller aussi. Adélaïde semble insensible à la jalousie compétitive de sa sœur. Elle aide sa mère et, si la tension monte trop, elle se met au piano et joue pendant une heure. C'est d'ailleurs la seule chose qui ralentit Mathilde : elle adore le piano. Dès qu'elle l'entend, elle accourt en laissant là son occupation, quelle qu'elle soit. Il y a bien une ou deux casseroles qui ont débordé parce qu'Adélaïde jouait. La première fois, Gabrielle a trouvé Mathilde au pied des marches, assise avec son torchon dans les mains, presque en hypnose. Mimi a levé des yeux brouillés d'eau et a dit : « Vous entendez comme c'est beau ? » Gabrielle avait pris la peine d'écouter comme il faut avant de confirmer qu'effectivement Adélaïde jouait bien ce matin-là. Outre sa faiblesse pour la musique, Mimi démontre une grande patience avec les enfants, ce qui la hisse immédiatement au rang de perle aux yeux de Gabrielle.

Venue de la campagne, troisième d'une famille de dix enfants, mais première fille, elle a été retirée de l'école à la mort de sa mère afin de la remplacer auprès des autres. Mathilde travaille sans rechigner, cuisine avec bonne volonté et se montre d'un total dévouement pour les enfants. Elle n'a que deux ans de moins que Gabrielle, mais elle fait plus âgée avec sa forte poitrine et ses hanches solides. Et, comme l'espérait Germaine, Edward a à peine levé les yeux sur elle avant de décider qu'elle avait l'air bonne fille.

Une fois Gabrielle revenue à la santé, la vie reprend son cours normal et Germaine déménage ses pénates rue de Bernière où ses activités de bridge et ses bonnes œuvres ont pris du retard. Gabrielle sait ce que coûte à sa sœur de remettre ses réunions pour l'aider, et elle lui est vraiment reconnaissante de sa présence. En outre, quand Edward n'est pas là pour se moquer ou l'agacer, Germaine est beaucoup moins revêche. Elles ont des moments de rire et de bonne humeur fréquents quand elles ne sont qu'elles deux. C'est seulement au sujet des enfants qu'il y a un décalage entre les deux sœurs : Gabrielle prétend que sa sœur les voudrait empaillés, alors que Germaine estime être partisane d'une bonne éducation stricte qui les mette à l'abri des faiblesses de volonté que l'on constate de nos jours.

Quand Edward lui demande d'expliquer ce qu'elle entend par « faiblesses de volonté », tout y passe : ceux qui travaillent mou, ceux qui viennent d'ailleurs et volent les jobs des Canadiens français, ceux qui crachent par terre sans vergogne, tout est bon pour le sens critique de Germaine. Gabrielle doit toujours s'interposer dans ces discussions qui finissent souvent mal, Germaine devenant de plus en plus péremptoire et Edward, de plus en plus cinglant.

« Si ces gens-là priaient autant qu'ils boivent, tout irait mieux de par le monde. » Des phrases comme celles-là font bondir Edward qui exige des noms, des dates, des preuves comme s'il était à la cour du Recorder et avait à prouver quelque chose. Germaine l'envoie promener du haut de ses préjugés : tout le monde le dit, ça doit être vrai.

L'arrivée de Mimi dans la maison met fin à ces pénibles soirées où Gabrielle faisait valoir sa convalescence pour s'éclipser, sans pour autant bénéficier d'une totale paix puisque Edward furieux marchait ensuite de long en large dans leur chambre, argumentait et ne se calmait qu'après avoir épuisé son plaidoyer.

La première soirée sans Germaine est si calme que Gabrielle s'endort sur son ouvrage de couture. En répétant sa question, Edward la fait sursauter : « Tu penses que je devrais engager le professeur d'anglais tout de suite ? » Gabrielle se dit que c'est une bonne chose que Germaine n'entende pas ça, elle aurait fait une révolution. Elle plaide un sursis pour sa fille qui commence l'école et qui aura beaucoup à faire pour s'adapter : « Laissons-la prendre son erre d'aller, Edward, il sera toujours temps d'ajouter des matières. Elle a travaillé dur pour m'aider ces derniers temps, je ne voudrais pas qu'elle se décourage de l'école comme je l'ai fait.

— Avec Béatrice qui lui pousse dans le dos, elle n'aura pas le choix, elle devra avancer. »

Pas sûr, se dit Gabrielle, Adélaïde n'aime pas être bousculée. C'est un bernard-l'hermite qui rentre dans sa carapace et n'en sort plus si on la brusque. C'est une fragile déguisée en dure. Gabrielle explique à Edward combien cela a été ardu pour leur fille d'obtenir de sa tante Germaine des nouvelles de Florent. Et Dieu sait qu'on ne peut douter que cela lui tienne à cœur ! « Mais après une première rebuffade de Germaine, qui a toujours trouvé bien excessif cet intérêt pour le petit dernier de la servante, cela a tout pris pour qu'elle revienne à la charge et s'arrange pour savoir ce qu'elle voulait : que Florent allait beaucoup mieux que prévu, qu'il ne désertait plus son lit maintenant qu'il y était seul et que, miracle inespéré, les deux nuits dont Germaine pouvait témoigner, il n'avait pas mouillé son lit. Il appelle toujours sa mère Ada, et rien ne permet de croire qu'il a autant de moyens que sa sœur Fleur-Ange, qui parle maintenant très bien. »

Ces informations, Adélaïde s'y était prise à trois fois pour les obtenir.

« Mais enfin, Gabrielle, pourquoi tu ne les lui as pas demandées, toi, à Germaine ? Elle te l'aurait dit tout de suite. »

Gabrielle sourit, range sa boîte de couture : « Penses-tu que j'allais me priver d'une si belle occasion de lui montrer la persévérance ? Elle s'est débrouillée, Edward, et elle l'a su. Elle craignait Germaine, mais elle a quand même tenu bon. Au lieu de se refermer sur son dépit, elle est revenue à la charge. Toute seule. »

*   *   *

L'école des Ursulines n'est pas très loin de la maison, Adélaïde n'a même pas à prendre le tramway comme tant d'autres écolières. Elle aime l'école, c'est beaucoup plus intéressant qu'elle ne le croyait. Elle aime ouvrir ses cahiers d'exercices qui sentent bon, elle aime les explications, le tableau noir avec sa devise inscrite en haut et qui ne s'efface pas. Elle partage avec mère Marie-de-la-Compassion une grande complicité : la musique. De toutes les élèves de sa classe, Adélaïde est la plus avancée en musique. Les premières sonatines de Mozart n'ont plus de secret pour elle, le piano et les gammes ayant été ses jeux préférés depuis longtemps. Elle apprécie un peu moins la chorale où le groupe impose ses difficiles lois à son individualisme, mais comme c'est quand même de la musique, elle s'y plie. Mais là où la musique lui rend le plus grand service, c'est à la chapelle. Les longues heures de prières, de rituels religieux, d'admonitions ecclésiastiques la rebutent. Quand il y a de la musique, le fardeau est moins lourd. Adélaïde trouve que « marcher au catéchisme » en vue de sa première communion prend une large place dans son programme scolaire. Elle préfère, et de loin, apprendre à lire, à écrire et à compter. Sans effort, à la faveur de son seul intérêt, elle apprend très vite. Sa curiosité est immense, mais sa réserve l'empêche de poser toutes les questions qui lui viennent. Heureusement, pense Gabrielle quand sa fille, en répétant péniblement les réponses du catéchisme, lui demande à quoi ça sert d'apprendre tout ça par cœur si Dieu est *vraiment* partout et en tout. Il n'a pas besoin de la voir s'échiner à apprendre, Il est tout-puissant, Il n'a qu'à faire un miracle et à s'arranger pour que tout soit su par cœur et par tout le monde tout de suite. Gabrielle a bien du mal à lui faire comprendre que l'effort d'apprentissage fait partie des preuves d'amour et de dévotion réclamées par Dieu. Adélaïde trouve Dieu bien exigeant. Les vertus cardinales, les péchés capitaux, les actes de foi, de charité, d'espérance, de contrition, tout cela lui inspire plus d'aversion que de respect. Dès qu'elle a fini son « par cœur », elle court prendre son livre de lecture et lire à Fabien qui attend maintenant ce moment avec impatience. Il est certain que répéter « Léa lie le blé » ne constitue pas une histoire magnifique, mais Fabien aime beaucoup les images du livre et les explications enthousiastes de sa sœur. Il est plein d'admiration pour ses talents de jeune écolière. La lecture est à Fabien ce que la musique est à Mimi. Il n'y a guère que Béatrice qui boude et trouve tout cela sans intérêt. Elle soutient qu'elle sait lire et assure Fabien qu'elle n'a aucun besoin de ces manuels de bébé pour le prouver.

La hargne de Béatrice inquiète un peu Gabrielle, mais Edward s'en moque et soutient que tout va se régler quand elle ira à l'école, elle aussi. Gabrielle en doute beaucoup puisque, depuis qu'Adélaïde quitte la maison tous les matins, Béatrice s'épanouit dans un rapport directif envers ses frères et sœurs. Elle fait régner la terreur en créant des règlements internes et des lois que n'aurait jamais laissés passer sa sœur aînée. Même Mimi a tendance à se soumettre à l'énergique dictature.

Gabrielle a trouvé Rose, assise sagement à la porte du salon, et lui a demandé ce qu'elle attendait là. Rose a expliqué en tendant sa poupée : « Malade. L'hôpital va rouvir plus tard. A founit pas. » En effet, en entrant dans le salon, Gabrielle trouve chaque fauteuil occupé par une poupée ou un ourson et Béatrice, déguisée en infirmière, qui fait tout fonctionner au pas de charge. Quand elle lui demande pourquoi Rose attend, Béatrice prétend « qu'elle ne peut s'occuper de tout quand "l'épidémie ravage la population entière". Qu'elle prenne patience ! » Gabrielle prend soin de répéter l'expression que Béatrice tenait de son père.

Edward adore ces comptes rendus de la journée. Les hauts faits ou les mauvais coups des enfants occupent toujours une bonne tranche de leurs conversations privées. Les doutes théologiques d'Adélaïde semblent très pertinents à son père et c'est avec candeur qu'il approuve son attitude, à la grande indignation de Gabrielle qui lui fait jurer de ne pas encourager leur fille à la désobéissance et au doute. « Déjà qu'elle est bien questionneuse… »

Edward s'estime plutôt bien nanti avec sa questionneuse et son exagéreuse. Tout le réjouit et lui semble indiquer du caractère et des bonnes dispositions. Gabrielle soutient qu'il n'est pas bon qu'une fille ait trop de caractère et elle juge Edward bien insultant de trouver qu'elles ont de qui tenir.

« Tu me les as fabriqués à l'envers, Gabrielle, avec Fabien qui est comme un petit vent doux et les filles qui mènent ici dedans. » Devant l'air effaré de sa femme, il jure qu'il vient d'imiter Béatrice en poussant tout au drame. Gabrielle ne dit rien et demeure songeuse.

« Hé, l'estorlet ! Tu boudes ?

— Non, je pensais à ma mère.

— En quoi ?

— En ce qu'elle disait par rapport à l'autorité. "Votre père va décider", mais ce n'était pas vrai. Elle menait tout, elle voyait à tout et je ne suis pas sûre qu'elle n'ait pas eu son mot à dire dans les décisions de papa. En tout cas, en ce qui nous concernait.

— Ça me rappelle quelqu'un…

— Trompe-toi pas, Edward, y a pas que Germaine, on est toutes bâties sur le même modèle. Quand on peut pas avoir d'autorité, on s'arrange pour en obtenir par en dessous. Ça va être difficile d'élever les filles pour être coulantes. À part Rose…

— Et après ? Y a des hommes qui apprécient les femmes qui ont du répondant.

— Oui, il y en a qui préfèrent marcher dans les fardoches plutôt que sur un chemin tapé.

— Ça a son agrément, tu sais. »

Combien d'hommes sont comme Edward, capables d'endurer le désaccord et de ne pas prendre ombrage des idées contraires ? Combien d'hommes peuvent aimer qu'une femme soit forte et pas toujours douce et coulante ? Elle a trouvé le sien, ses filles sauront-elles trouver qui il faut pour les dompter sans les casser, pour les aimer sans les mal juger ?

« Te voilà encore à jongler. »

Rien qu'à sa voix, elle devine son désir. Bien avant que la main d'Edward ne glisse sous sa robe de nuit et ne flatte doucement son ventre. Bien avant que sa moustache ne chatouille son épaule dans l'échancrure de son vêtement.

« C'est quand le docteur a dit ? »

Elle sourit : il pose la question en sachant bien que ce n'est pas avant une autre semaine. Il trouve le temps long, son Edward. Elle aussi. Au lieu de répondre à sa question, elle murmure : « J'ai lu ton livre… celui à l'index que t'as rapporté de Montréal. » La main d'Edward s'arrête, Gabrielle poursuit, tout bas : « C'est pas osé… c'est pire. Je ne voudrais pas que les enfants trouvent jamais ça. » La main glisse sur sa peau : « Ils ne savent pas encore lire, c'est pas dangereux.

— Adélaïde sait. Et puis, je rougirais si quelqu'un savait que je l'ai seulement ouvert. J'aurais tellement honte. »

Alors qu'elle dit cela, ses mains se tendent vers Edward, le saisissent sans aucune pruderie, sans aucune réserve, avec tant d'assurance qu'Edward en a le souffle coupé net et qu'un gémissement lui échappe. La bouche de sa femme a des gourmandises insoupçonnées, ses longs cheveux se dénouent alors qu'elle écarte les draps, ils s'éparpillent et caressent sa peau qu'elle vient de dénuder. Ses cheveux parfumés glissent sur son torse, lui chatouillent le nombril. Il veut l'avertir, lui dire d'arrêter, de ne pas le rendre fou, mais elle relève brusquement la tête, dégageant sa tignasse, comme un cheval qui encense. Les boucles retombent sur ses seins pleins, elle a le regard brillant et une bouche luisante de convoitise quand elle chuchote « Éteins » avant de replonger sans plus le regarder.

L'interdit du médecin allié à la poésie baudelairienne leur fait trouver des chemins détournés qui rendraient les fardoches agréables aux pieds les plus délicats.

*　*　*

Il y a cette grande fille toujours placée au dernier rang et franchement plus vieille que les autres qui se fait souvent attraper par les sœurs et qui a l'air de trouver ça insignifiant.

Elle fascine Adélaïde. Quand mère Sainte-Thérèse lui pose une question, Denise Turcotte semble être devenue fraîchement sourde. Jamais elle ne répond correctement, même aux questions les plus simples. Tout le monde se moque d'elle et, là encore, on dirait qu'elle n'y attache aucune importance. Personne ne lui parle et elle est souvent seule dans son banc à la chapelle. Sa première communion est faite depuis deux ans, mais elle marche quand même au catéchisme avec les autres, puisque son « par cœur » n'est pas su.

Peut-être est-ce le fait qu'Évelyne Mainguy ait murmuré « Simplette ! » quand elle est entrée en classe, peut-être est-ce le sobriquet de « la pas *smart* » qui suit son passage, mais Adélaïde ne supporte pas de ne rien dire pour défendre Denise Turcotte. De la même manière qu'elle interdit à Béatrice d'appeler Florent « le pas déluré », elle sursaute lorsqu'en cour de récréation, Georgette Labadie murmure en montrant Denise du doigt : « Pas assez folle pour mettre le feu, pas assez fine pour l'éteindre.

— Pourquoi tu dis ça ? »

Le rire des autres est immédiatement rompu par le ton tranchant. Georgette n'est absolument pas démontée : « T'as pas remarqué qu'elle ne sait pas encore son *Je vous salue, Marie*, la tripleuse ? »

Adélaïde est blanche de colère : « Toi, le sais-tu, ton *Je vous salue, Marie*, Georgette Labadie ? »

Celle-ci hausse les épaules et ne se donne même pas la peine de répondre à une telle évidence.

« *Priez pour nous, pauvres pécheurs,* t'as pas l'air d'avoir compris ce que ça veut dire même si tu le sais. Ça veut dire des grandes langues comme toi qui parlent en mal des autres. Tu devrais te laver la bouche avec du savon ! »

Choquée, Georgette se détourne et va bavasser à la surveillante.

Arrivée chez elle, Adélaïde peine à expliquer pourquoi elle va avoir un zéro de conduite sur son prochain bulletin. Gabrielle essaie de comprendre, mais tout ce qu'elle voit, c'est que sa fille n'a pas mal agi. Elle a beau demander si elle n'a rien dit d'autre, si elle a bien expliqué ce qui s'était passé à la surveillante, elle n'obtient aucun autre détail. Adélaïde a été vertement semoncée et avertie qu'à la prochaine insolence on allait sévir.

Gabrielle envoie sa fille faire ses devoirs et se tourne vers Germaine qui est venue prendre le thé : « Tu y comprends quelque chose, toi ?

— Fais confiance aux religieuses, Gabrielle, elles savent y faire.

— Tu trouves ? "On va sévir", pourquoi ce serait Adélaïde qui aurait la *strappe* si c'est l'autre qui médit ?

— Mais enfin, Gabrielle, tu n'es pas pour la croire ! Tu te fais conter un conte. »

Estomaquée, Gabrielle considère longuement sa sœur avant de déclarer, d'un ton indiscutablement froid : « Adélaïde n'est pas Béatrice, elle n'invente pas. »

Germaine pose sa tasse, s'essuie la bouche et remet ses gants : « Restons-en là. Tant qu'à moi, tu fais fausse route. Les enfants te montent sur le dos. »

Le départ précipité de Germaine ne la peine pas vraiment. Elle reste songeuse et n'en parle pas à Edward, ne sachant qu'en dire.

Le lendemain matin, en arrivant dans la cour d'école, Adélaïde va directement trouver Denise Turcotte et, sans un mot, elle lui tend un livre.

« Qu'est-ce que c'est ?

— Ben : un livre !

— Pis ?

— C'est pour toi. Si tu le veux, je te le donne.

— Je sais pas lire. Demande aux autres : je sais rien.

— Je peux te le lire, si tu veux. »

Denise reste muette quelques instants, apparemment sans inquiétudes, cherchant à comprendre ce que veut vraiment cette fille qui est si petite et qui la fixe sans rire d'elle. Elle finit par faire oui de la tête et s'assoit. Ce jour-là, Adélaïde lui lit l'histoire au complet en suivant chaque mot de l'index. Quand elle a fini, elle ferme le livre et le pose sur les genoux de Denise. Celle-ci ouvre la première page et passe le doigt sur le nom calligraphié. À mesure que son doigt touche les mots, Adélaïde les prononce : *Adélaïde Miller, de maman, 27 juillet 1930.* Denise referme le livre, le lui rend : « Merci. C'était beau.

— Tu ne le veux pas ? »

Denise se lève en hochant la tête. Elle s'éloigne sans rien ajouter.

Le lendemain, Adélaïde apporte un autre livre. Elle le fait chaque jour de la semaine. Denise est bon public : elle suit l'histoire et rit quand un personnage se fait ramasser, ce qui intrigue beaucoup Adélaïde qui, elle, ne trouve pas ça drôle du tout. Quand le Petit Chaperon rouge se fait manger par le loup, Denise rit à en perdre le souffle. Étonnée, Adélaïde lui demande si elle ne trouve pas ça triste.

« Ben oui.

— Pourquoi tu ris ?

— Parce que c'est *rough*. »

Un long silence suit et, comme la cloche sonne, Adélaïde ne peut poser l'autre question qu'elle a en tête. Mais à la sortie de l'école, elle retient Denise et lui demande quand est-ce qu'elle pleure. En haussant les épaules, Denise marmonne un « Ben… jamais ! » et s'enfuit vers le tramway.

* * *

« Maman, est-ce qu'il y a des gens qui sont faites à l'envers ? »

Où sa fille va-t-elle chercher des questions pareilles ? Gabrielle borde Adélaïde et essaie de saisir ce qu'est cette crainte nouvelle qui supplante celle des ours : « Tu veux dire avec les oreilles à la place du nez et les yeux…

— … non ! Je veux dire qui rient quand c'est triste.

— Ça doit exister, oui. Pourquoi ?

— On doit pas être bien. »

Elles récitent la prière, recommandant chacun à Jésus et Marie. Gabrielle allait fermer la porte quand Adélaïde demande : « Est-ce que ça peut empêcher d'apprendre à l'école ?

— Je suppose que oui. Dors, Adéla, arrête de te conter des peurs. »

Le lendemain, Adélaïde apporte une histoire particulièrement légère, qui laisse Denise très calme.

Elle n'a pas le temps de mettre en œuvre toute sa stratégie qu'elle est demandée chez la mère supérieure. Mère Véronique-du-Saint-Voile a un grain de beauté rempli de poils foncés sur la joue et Adélaïde lutte férocement pour ne pas le fixer. Mère Véronique lui explique qu'on ne souhaite pas la voir fréquenter l'élève Turcotte. Les yeux écarquillés par la surprise, Adélaïde lance un « Pourquoi ? » suivi un peu plus tard d'un « Mère supérieure », qui ne semble pas altérer la furie qui saisit la religieuse : « Nous ne tolérerons aucune insolence de votre part.

— Mais… quelle insolence ?

— Baissez les yeux ! »

L'ordre est sec, le son rendu sifflant par les lèvres serrées de mère Véronique. Adélaïde ne comprend rien, elle baisse la tête sans quitter la supérieure des yeux. Celle-ci répète encore plus sèchement : « Baissez les yeux ! De suite ! »

Adélaïde obtempère. Encore une fois, la sœur lui répète qu'on ne tolère ni l'insolence ni la désobéissance.

Adélaïde retourne dans sa classe, sonnée. Sa voisine lui demande ce qu'on lui voulait et Adélaïde ne peut que chuchoter qu'elle n'en sait rien.

Dorénavant, elle évite Denise dans la cour de récréation, mais elles se rejoignent tous les jours à l'angle des rues du Parloir et Saint-Louis. De là, elles marchent ensemble jusqu'à la maison d'Adélaïde. Denise prend ensuite le tramway qui la ramène chez elle.

*   *   *

Votre fille a tendance à entretenir de mauvaises fréquentations, mais nous y avons remédié avec célérité.

Voilà la note qui accompagne le bulletin, orné d'un gros zéro de conduite. Le bulletin est, d'autre part, extrêmement satisfaisant, 98 % et plus dans chacune des matières.

Gabrielle le signe et le rend à sa fille sans le montrer à Edward, parti en voyage d'affaires à Montréal. Elle commence par féliciter Adélaïde pour son travail scolaire. Puis elle demande s'il y a autre chose que ce qu'elle avait déjà raconté pour justifier la note de sa titulaire.

Adélaïde fait un vague non, mais Gabrielle connaît sa fille et elle voit bien que quelque chose la chicote. Elle aussi, d'ailleurs. « Est-ce qu'on a un problème, Adéla ? »

Celle-ci fait oui, silencieuse. « Est-ce que tu peux m'expliquer ? »

Sa fille, muette, joue avec le coin de son bulletin en regardant au loin. Après un long temps, elle finit par demander : « Maman, est-ce que ça s'attrape, ne pas comprendre ?

— Tu veux dire… en classe ? À l'école ? Ou dans la vie ? »

Adélaïde se décide à lui expliquer ce que mère Sainte-Véronique lui a dit concernant Denise Turcotte. Gabrielle essaie de voir ce qu'elles ont pu faire de mal ensemble pour justifier une telle sentence. En vain. De toute évidence, sa fille ignore complètement les tenants et aboutissants de l'affaire, elle n'arrive pas à débusquer quelque chose qui soit « malfaisant », comme elle dit. Et quand sa mère l'interroge sur cette amie, sur ses origines, sa famille, Adélaïde ne peut rien lui dire, même pas si elle a des frères et des sœurs.

Pour Gabrielle, le mystère est complet : pourquoi les sœurs gardent-elles quelqu'un qu'elles considèrent comme une « mauvaise fréquentation » si, en plus, cette enfant a triplé sa première année et n'apprend rien ? Adélaïde est bien soulagée de constater qu'il y a là, en effet, un bien étrange comportement et qu'elle n'était pas si insolente de demander pourquoi. Ne sachant que faire, ne sachant que recommander à sa fille, Gabrielle suggère d'inviter Denise Turcotte à collationner à la maison après la classe. Adélaïde est enchantée. Elle prévient tout de même sa mère : « Elle est pas comme tout le monde, maman, elle rit beaucoup même si elle trouve pas ça drôle. »

Chez nous, on appelait ça être fou, se dit Gabrielle en se couchant. Mais pourquoi les sœurs accepteraient-elles une détraquée dans leur école ?

« Bonté divine, Gabrielle, pour l'argent ! Quoi d'autre ? Sais-tu ce qui se passe dans le monde ? L'argent a disparu, les gens font la queue aux bonnes œuvres pour manger une fois par jour. Il paraît qu'à Montréal, c'est la catastrophe. Tu demanderas à Edward. On fournit pas dans la basse-ville. Les ouvriers se font *slacker* et les familles se retrouvent dans la rue ou alors dans un logement d'une pièce pour cinq ou dix personnes. Le gouvernement va devoir agir. L'hiver va être long ! »

Germaine est tellement enflammée, tellement outrée par l'état de l'économie qu'elle en oublie de demander les détails concernant la question de Gabrielle. Sans se laisser entraîner, Gabrielle revient à ses préoccupations : « Mais les Ursulines, Germaine, elles ne sont pas en faillite ? L'Église n'est pas en faillite, quand même ?

— L'argent est rare, c'est tout ce que je peux te dire. Tout est bon pour ceux-là qui en veulent. La supérieure a beaucoup de sœurs à nourrir, c'est son devoir d'y penser et d'y veiller. Elle a charge d'âmes, tu sais.

— Au point d'accepter des écolières qu'elle interdit de fréquenter ? Où est la morale, là-dedans ?

— Ne juge pas trop vite, veux-tu ? Tu as la chanson de ta fille, c'est tout. »

Évidemment, Gabrielle ne peut obtenir la « chanson » de la supérieure ! Ce soir-là, elle regrette beaucoup sa parlotte avec Edward. Il aurait su quoi faire, lui.

La rencontre avec « le mauvais sujet » ne l'aide pas davantage que sa conversation avec sa sœur. Denise est restée assise en tirant la jupe de son uniforme sur ses jambes et en se tortillant de gêne. Gabrielle n'a réussi à apprendre rien d'autre que : « Mon père est dans la *business* et on est trois à la maison. Deux frères à part moi. »

Quand Gabrielle fait remarquer que ça doit lui manquer une petite sœur pour jouer, Denise Turcotte se contente de rire bêtement sans rien dire. Quand elle veut savoir ce que font ses frères comme études, la petite hausse les épaules en répétant : « Des études… y font des études.

— Et ils t'aident avec tes devoirs et tes leçons ? »

Gabrielle n'en revient pas de la fixité du regard et de l'attitude de cette enfant. Denise ne cesse de la regarder en tirant nerveusement sur un de ses bas pour le remonter. Effectivement, cette attitude ne lui confère aucune intelligence, se dit Gabrielle qui suggère alors de faire les devoirs et les leçons ensemble. Denise regarde Adélaïde et s'écrie, tout étonnée : « Ensemble ?

— Ben oui ! Avec maman. »

Mais quand sa fille lit dans le cahier de lecture, son amie la fixe et répète ensuite approximativement ce qu'elle a lu en posant son index n'importe où sur la page. Quand Gabrielle tend la main pour corriger la place de l'index, Denise retire la sienne précipitamment en riant.

« Tu ne sais pas tes lettres, Denise ?

— Non… madame. »

Rien. Gabrielle n'arrive à rien. Tout ce qu'elle voit et constate la déroute. Elle ne sait même pas si cette fille a ou non de l'intelligence, si elle simule ou non. Au bout de trente minutes d'efforts inutiles, elle les envoie jouer. Gabrielle se demande ce qui peut bien justifier le fait que cette enfant demeure chez les sœurs. Et en externe en plus, ce qui représente quand même moins d'argent que le pensionnat. Il faudrait que quelqu'un lui explique ce mystère. Elle n'est pas sûre que même Edward le puisse.

Sans savoir et sans comprendre, comment interdire à Adélaïde de fréquenter cette enfant ? Seulement sur la foi de ce que la supérieure pense ? Ce n'est quand même pas le pape, se dit Gabrielle, elle peut se tromper ! Jusqu'à nouvel ordre, Adélaïde peut donc encore revenir de l'école avec son amie en faisant quand même attention à ne pas froisser les religieuses en affichant une fréquentation que, pour des raisons qui sont les leurs, elles désapprouvent.

En donnant cette permission, Gabrielle n'est pas certaine du tout de ne pas encourager sa fille à l'hypocrisie. La moralité de cette nouvelle conduite la laisse tellement perplexe qu'elle n'ose en parler à Germaine.

L'automne a commencé son travail de sape sur les arbres et, en remontant la Grande-Allée avec son amie, Adélaïde s'amuse à courir dans les feuilles mortes. Les feuilles s'accrochent à ses bas de laine et elle doit s'asseoir pour « faire le ménage ».

« Ta mère… elle est belle. »

Adélaïde n'en revient pas : toute une phrase sur sa mère alors que la visite remonte à trois jours ! « Ta mère à toi, est-ce qu'elle est belle ? » Denise rit avec ce rire qu'Adélaïde connaît bien et qui veut dire non. Elle insiste : « Pourquoi t'en parles pas ?

— Je sais pas.

— Pourquoi elle t'aide pas à apprendre à lire ?

— Je sais pas.

— Pourquoi t'essayes pas d'apprendre au lieu de ne pas écouter à l'école ?

— Je sais pas. »

Toujours le ton égal, jamais agressif qui choque beaucoup Adélaïde et la rend violente : « Je ne te crois pas ! Tu le sais, mais tu ne le dis pas. »

Elles continuent leur route en silence, chacune étant blessée par l'attitude de l'autre. L'arrivée du tramway les soulage toutes deux.

Adélaïde est quand même contrariée, elle déteste ne pas comprendre. Elle a le vague sentiment qu'on ne lui dit pas tout et elle ne sait pas si c'est par manque de confiance.

En faisant ses devoirs, elle est distraite et doit beaucoup effacer. Sa page est un peu brouillonne et cela l'emplit de dépit. Pour se consoler de sa mauvaise journée, elle pense à Florent et au bonheur de marcher avec lui sur la grève au soleil. Elle pense à tous leurs trésors qu'ils ont ramassés pour leur cachette à la grange, avec les chatons. Ce ne doit plus être des chatons, d'ailleurs, ils doivent être grands maintenant et ils ont probablement fui dans la campagne. Adélaïde voudrait tellement se serrer contre Florent avec la fourrure douce et chaude des bébés chats. Avec Denise, c'est si différent et si froid. Presque pas de mots et toujours l'impression de ne pas parler des choses acceptables. Au moins, avec Florent, il y a les histoires qu'ils se racontent, les questions qu'il pose avec son défaut de prononciation. Avec Florent, tout est limpide et s'il dit « Ze sais pas », c'est vraiment qu'il l'ignore. Maintenant qu'elle connaît Denise, elle ne comprend plus du tout pourquoi les gens traitent Florent de « pas déluré ». Même si elle est certaine que Denise n'est pas idiote, elle en est encore plus convaincue en ce qui concerne Florent.

Florent lui manque tant qu'elle laisse ses devoirs et va prendre Guillaume dans ses bras. Le bébé n'est pas de bonne humeur, il a faim et le montre. Sa mère non plus n'est pas de bonne humeur : elle a l'air débordée, elle bouscule Béatrice qui boude tout de suite. Non, ce n'est pas un bon jour.

« Tu as fini, Adélaïde ? Veux-tu mettre la table pour le souper ? » Béatrice vient lui retirer Guillaume des bras avec le petit air victorieux de celle qui se débrouille pour obtenir une meilleure tâche. Adélaïde soupire, ramasse ses cahiers et met la table.

Très concentrée sur son ouvrage, Mimi remue quelque chose sur la cuisinière : « Madame, quand cé que j'rajoute el'beurre ?

— On ne dit pas *quand cé*, on dit quand est-ce que ! »

Éberluée, Gabrielle se retourne et constate que Béatrice est très fière de sa leçon : « Béatrice ! Dans ta chambre !

— Mais !…

— J'ai dit : dans ta chambre et tout de suite ! »

Guillaume, qui n'aime pas être posé sans ménagement dans sa chaise haute dont la tablette, en plus, est vide, proteste énergiquement. Béatrice, incapable de quitter la cuisine sur une défaite, lance un : « Ah bon ! Je ne savais pas qu'on disait *quand cé* ! »

Gabrielle, les joues rouges, termine l'explication de la recette à Mimi, et tend une première cuillérée de purée à Guillaume qui se tait immédiatement. Profitant du répit, elle demande à Mathilde d'aller chercher les enfants pour souper « sauf Béatrice ».

Jamais Gabrielle n'a privé un enfant de repas. Les autres sont tout piteux et ils mangent sans parler tellement l'atmosphère est lourde et inhabituelle. Gabrielle essuie la compote de pommes qui dégouline sur le menton de Guillaume tout en tendant l'autre bras pour saisir et emplir la cuillère de Fabien et la lui donner : « Mange, Fabien.

— Quand est-ce que papa revient ?

— Demain, mange. »

Le repas est sinistre. Une fois le dessert avalé, la table nettoyée, Gabrielle prépare une assiette et monte dans la chambre de Béatrice. Assise sur son lit, elle fait celle qui n'a rien à se reprocher. Gabrielle connaît sa fille et le regard épeuré ne ment pas. Elle pose l'assiette sur le lit et se concentre pour ne pas commettre d'erreur : « On a des choses à se dire, je pense. Mange.

— Je n'ai pas faim. Merci, maman. »

Seigneur ! Cette enfant la traite comme si elle était une domestique ! « Tu manges, j'ai dit ! »

Dès qu'elle a obtenu satisfaction, Gabrielle poursuit : « Est-ce que tu sais pourquoi tu es en pénitence ?

— Quand c'est moi qui dis *quand cé,* tu me disputes.

— Oui, mais Mimi n'a pas de mère qui avait le temps de la reprendre quand elle se trompait. Sa mère n'était jamais avec elle.

— Elle était pauvre !

— T'aurais pu être pauvre, toi aussi.

— Ben non ! Pas avec papa.

— Tu sais ce que ton père dirait de ton commentaire de tantôt ? »

L'amour de Béatrice pour Edward frise l'adoration. Les jolies boucles s'agitent sous la force du non qui secoue sa tête. « Mange. Ton père serait très fâché parce qu'il ne supporte pas qu'on humilie les gens. Et reprendre Mimi comme tu l'as fait, c'était humiliant pour elle.

— Mais c'était pas bien, ce qu'elle a dit ?

— Ce qu'elle a dit n'était pas correct, ce que tu as dit n'était pas bien.

— Mais elle a le droit de le dire parce qu'elle est servante ? »

Gabrielle voit bien que sa fille ne peut admettre complètement ses torts. Le débat risque d'être long et c'est l'heure de mettre Rose au lit : « Béatrice, c'est de ton droit à toi que je parle. C'est interdit, ici, dans cette maison de traiter les gens avec mépris. Tu comprends ça ? »

Gabrielle n'apprécie pas du tout le petit haussement d'épaules dédaigneux de sa fille : « Tu veux que j'en parle à ton père demain, pour voir ce qu'il en dira ? »

Bon ! Enfin, une réaction qui démontre qu'elle a été comprise ! Gabrielle reprend l'assiette vide et redresse la tête de sa fille en la tenant par le menton : « Tu veux devenir une grande dame, Béatrice ? Ta grandmère, qui en était une, disait : on reconnaît les grands à la façon dont ils traitent les petits. Gagner en humiliant, c'est perdre. »

Et pour éviter à son orgueilleuse d'être elle-même humiliée, elle l'avise qu'elle lui envoie Mimi afin qu'elle s'excuse auprès d'elle. Elle laisse derrière elle une Béatrice très impressionnée. Ce que Gabrielle n'a pas ajouté, c'est que, pour sa mère, tant qu'on ne révélait pas en paroles le mépris qu'on éprouvait, « l'honneur était sauf », et le but réel, qui était de sauver les apparences, était atteint.

Elle trouve tout le monde à la cuisine en train de jouer aux cartes. Mimi, assise dans la berçante, finit de donner le biberon à un Guillaume somnolent. Gabrielle prend le bébé, envoie Mimi chez Béatrice et couche son petit monde.

« Est-ce que ce n'est pas l'heure du lit, ma grande ? »

Assises toutes deux dans le *den,* elles lisent de concert. Adélaïde referme son livre sans rouspéter et embrasse sa mère. Gabrielle se lève pour aller faire une « dernière tournée de bébés » avant de se mettre, elle aussi, au lit. Il est encore tôt, mais sa journée a été désagréable et, sans Edward, la soirée le sera aussi.

Quand Adélaïde entend la porte s'ouvrir en bas, elle se précipite et voit sa mère s'arrêter sur le palier, le visage ravi. Son père est là, en bas des marches, les yeux levés vers Gabrielle qui descend en trombe. C'est la première fois qu'Adélaïde peut voir ce qui unit si profondément ses parents. Cette étincelle dans l'œil de son père, son sourire et son air de totale adoration. Elle le voit fermer les yeux en même temps qu'il ferme les bras autour de Gabrielle, son chapeau est de guingois quand il enfonce son visage dans le cou de sa mère et elle sent tout le trouble soudain qu'il y a dans l'air. Edward retire son chapeau avant qu'il ne tombe et lui adresse un clin d'œil complice : « Tu ne dis pas bonsoir ? Tu ne t'es pas ennuyée du tout, toi ? »

Adélaïde dégringole les marches et saute dans les bras de son père. Il l'étreint avec douceur. L'odeur piquante du cigare l'envahit.

« Ah oui, finalement, tu t'es un peu ennuyée de ton papa. »

C'est avec lui qu'elle récite ses prières, c'est lui qui la borde, et elle s'endort tout de suite, enfin contente de quelque chose.

*   *   *

Une fois la soupe chaude avalée, le feu ravivé, Edward annonce les mauvaises nouvelles : la *business* d'Hector vient de fermer, aucune banque n'accepte de lui prêter, vu l'état du marché et les dettes déjà contractées. Malgré ses « connexions », Edward n'a rien pu faire. La situation à Montréal est encore plus grave qu'à Québec, les gens voient venir l'hiver avec crainte, il n'y a pas moyen de faire un pas dans la rue sans se faire quêter. L'hôtel Mont-Royal a annulé les thés dansants de la saison et beaucoup d'autres hôtels vont emboîter le pas.

« Et Georgina ? Tu l'as vue ? »

Non, Edward ne l'a pas vue. Il sait seulement qu'elle se désole et cherche à travailler parce qu'ils ont dû renoncer à payer le pensionnat de Reine qui devait obtenir son diplôme cette année. Il est maintenant hors de question qu'elle fasse ses débuts, étant donné la situation. « C'est pas possible, Edward ! Est-ce qu'on ne peut pas aider ? Payer en partie ?

74

— Ton frère Cyril a refusé de les aider sous prétexte que ses paroissiens sont encore plus pauvres qu'eux et que les enfants n'ont même pas accès à la petite école.

— Mon Dieu !

— Oui, je ne te dis pas comment Hector l'a pris. C'était déjà assez humiliant de le demander.

— Mais c'est quand même l'argent de notre famille…

— Peut-être, mais c'est ton frère qui en a hérité. Il a suggéré à Georgina de se loger à la maison de l'Île.

— La maison d'été ? Elle n'a pas le chauffage central. C'est ridicule ! On n'est plus du temps des parents pour se lever en pleine nuit et remplir le poêle à bois. Pourquoi ? Ils ne peuvent plus vivre à Sorel ?

— Ils perdent tout, je te dis. Hector se demandait si Germaine…

— Elle a six pièces, Edward. Où veux-tu qu'elle mette quatre personne supplémentaires ?

— Ils sont bien en peine, tu sais. »

Catastrophée, Gabrielle essaie de voir en quoi ils peuvent donner un coup de main. Edward se tortille la moustache, signe chez lui qu'il ne dit pas quelque chose. « Quoi, Edward ? T'as promis de quoi ?

— Promis, non… »

Elle n'ajoute rien, le laisse venir. S'il hésite autant, c'est que c'est délicat.

« … si on prenait les filles et que Germaine prenait les parents ? Le temps qu'Hector se trouve de quoi.

— Hector a cinquante et un ans ! Soyons réalistes : il ne trouvera pas facilement. Et s'ils vendaient la maison ?

— Il essaie de la vendre depuis un an parce que la banque réclame son hypothèque. S'ils réussissent à vendre avant la saisie, ils n'en tireront rien pour eux, sauf l'honneur. Ils doivent déjà tout. C'est la banqueroute, Gabrielle.

— Mais enfin ! Pourquoi ils ne l'ont pas dit avant ?

— La tournée de cet été, c'était pour ça, pour chercher de l'aide dans la famille. »

Gabrielle soupire, découragée. S'ils cherchent de l'emploi comme ils ont cherché de l'aide, ils ne sont pas à la veille d'en trouver ! « Ils l'ont pas dit fort.

— Ils ont leur fierté. Ils veulent surtout éviter aux filles le travail de *facterie*. Georgina est prête à y aller à leur place.

— Elles ont été élevées comme des princesses ! Elles n'y survivraient pas deux semaines. »

Elle pense à Béatrice qui admire tant la tenue de sa cousine Reine. « Pas avec papa ! » qu'elle disait il y a à peine quelques heures pour écarter la possibilité de la pauvreté. Peut-être qu'au bout du compte ce serait une leçon profitable de prendre les « cousines pauvres ».

Edward l'observe en silence. Il n'a pas dit qu'il a trouvé Hector vieilli, usé, dépressif, les mains agitées de tremblements. D'après lui, l'essentiel n'est pas de soustraire les filles à la *facterie,* mais à la vue de la déchéance de leur père. Une mèche de cheveux s'est détachée du chignon de sa femme. Il s'approche, la replace avec douceur. Le désir d'elle le taraude depuis qu'il est parti de Montréal. Mais les cernes sous les yeux de Gabrielle indiquent que les problèmes domestiques ont été nombreux. « Viens me raconter ta semaine dans notre chambre. On ne réglera pas la faillite d'Hector ce soir, de toute façon. On va dormir là-dessus, on trouvera bien une solution. »

Mais Gabrielle n'a pas envie de parler des petits et de leurs frasques. Elle a envie d'oublier pour un instant le bulletin d'Adéla, les religieuses et leurs règlements contradictoires, l'étrange Denise, Béatrice qui tire du grand et toutes les vétilles qui prennent des allures de drames et qui constituent le cortège des jours sans lui. Elle se trouve bien peu charitable, mais tout ce qu'elle désire, c'est être sa femme, comme à l'époque de leurs noces, quand la vie était légère et qu'ils dansaient dans le salon au son du gramophone, malgré l'interdiction de l'évêque. Quand, jeunes mariés, ils dansaient amoureusement et risquaient le salut de leur âme pour une valse. Sa solitude des derniers jours est une solitude de femme, parce qu'il n'y a eu personne à qui parler en adulte, à égalité. Elle n'a envie que d'être la femme d'Edward, une femme assez sans cœur pour reléguer à demain les problèmes de sa sœur et de son beau-frère et assez déraisonnable pour différer le règlement des problèmes d'éducation.

Edward, lui, ne se pose aucune question quant aux qualités morales de Gabrielle. Il n'en pose qu'une, alors qu'elle l'étreint sauvagement, et, dès qu'il est assuré de son total rétablissement, il prend ses distances envers tout ce qui n'est pas cette femme et son envoûtement.

*   *   *

C'est une Germaine atterrée qui écoute Edward refaire le récit de la veille. Ils sont tous les trois assis dans son élégant salon de la rue de Bernière, Gabrielle voulant à tout prix éviter que les enfants entendent leur discussion.

Et pour discuter, ça discute ! Après avoir épilogué sur ce qu'aurait dû faire Hector et avoir déploré le manque d'informations qui les empêche de trouver des solutions, ils examinent une par une les avenues qui s'offrent à eux. Germaine a bien des défauts, mais Edward doit reconnaître qu'elle a le cœur à sa place et il trouve assez généreux de sa part qu'elle propose non seulement le gîte et le couvert pour sa sœur et sa famille, mais également d'écrire à leur frère Cyril pour le morigéner au sujet de sa conception étroite de la solidarité familiale. Edward doit quand même préciser qu'à son avis aucune somme d'argent ne peut remettre à flot la *business* d'Hector : « Vous savez, il n'y a pas grand monde qui va acheter des souliers neufs, cette année. Même s'il rouvrait son magasin, ce serait pour regarder les gens quêter à sa porte.

— Notre frère est un homme d'Église, Edward, il devrait être le premier à faire montre de charité chrétienne. »

Edward ne dit rien, mais il est bien d'accord : la soutane familiale démontre une nette tendance à la pingrerie. Cyril n'est pas pour lui un exemple et il plaint les pauvres ouailles qui doivent s'agenouiller devant lui pour se confesser. Une chose est certaine, la fabrique de sa paroisse doit avoir des économies, et les marguilliers ont intérêt à administrer serré, parce qu'avec Cyril l'heure des comptes doit ressembler à celle du Jugement dernier.

Finalement, il est décidé de couper la poire en deux : les deux filles iront chez les Miller et les parents chez Germaine. Comme ça, ils habiteront à deux pas et mangeront en alternance chez l'un ou l'autre. Comme le téléphone a été coupé chez Georgina, il est convenu d'expédier Germaine sur place afin d'organiser le sauvetage et convaincre leur sœur d'accepter l'offre.

En rentrant chez eux, Gabrielle et Edward préfèrent attendre la confirmation des projets avant d'alerter la maisonnée et de tout y chambouler.

Georgina s'est rendue à l'évidence et accepte finalement d'aller dans sa famille « le temps que les affaires reprennent ». C'est la formule qu'elle a adoptée et c'est comme ça qu'elle a annoncé le déménagement à ses filles.

Hector préfère demeurer à Sorel pour tenter de se retrouver un emploi dans une région où il a des relations. Sa venue prochaine à Québec sera donc temporaire. Mais ils suivent tout de même le plan initial de répartition des effectifs pour permettre à chacun d'absorber le choc de façon moins violente.

Passer de huit à dix personnes « à manger et à coucher » en l'espace de quelques jours entraîne un sérieux travail et Gabrielle se doute que cela n'est rien en comparaison de ce qui l'attend pour faire régner une sorte de paix familiale.

Pour permettre aux deux nouvelles venues de conserver un peu d'intimité, on leur attribue la chambre qu'occupe Adélaïde, même si elle est exiguë, et on installe celle-ci avec ses deux sœurs.

Aucun commentaire désagréable n'est émis, tout le monde s'accorde à trouver que c'est très triste pour chez tante Georgina et qu'il faut être accueillant. Béatrice estime que ce qu'il reste à faire concernant Reine est « de se marier au plus vite avec quelqu'un de riche ».

Gabrielle installe Adélaïde du mieux qu'elle peut afin de lui offrir un peu d'espace bien à elle, mais la chambre devient étroite avec un nouveau lit. Sa fille ne dit rien, ne se plaint de rien, elle se montre seulement encore plus réservée que d'habitude. Gabrielle s'inquiète de savoir si ce sont les nouvelles venues qui l'attristent. On dirait qu'elle la sort de la lune ! Adélaïde soutient qu'il n'y a rien qui la dérange dans les changements de la maisonnée. Après bien des questions, elle finit par dire que son amie Denise manque à l'école depuis plusieurs jours. Certaines prétendent qu'elle est tombée sur la tête et s'est fêlé la caboche, mais Adélaïde ignore si ce n'est que méchanceté ou vérité. Comme elle a promis de ne plus la fréquenter ouvertement, elle ne peut demander à personne ce qui est arrivé.

« Elle a peut-être seulement pris froid. »

Mais Adélaïde n'est pas convaincue et elle reste triste : « Je ne peux jamais avoir de nouvelles de mes amis quand je suis loin. Tante Georgina, elle, elle habite Montréal et tu sais ce qui lui arrive. L'île d'Orléans, pourtant, c'est bien moins loin que Montréal. »

Ce qui laisse sa mère plutôt songeuse.

Malgré tout le branle-bas, le mois s'achève et Gabrielle peut se vanter d'avoir réussi à rattraper le temps perdu : elle a fait le grand ménage et a entièrement réorganisé sa maison en moins d'une semaine.

Mais la partie la plus difficile demeure l'arrivée des « orphelines », comme les appelle Béatrice qui a encore tendance à dramatiser. Le plus dur est pour Reine qui ne se console pas de « rater sa vie ». Elle se déses-père de quitter un milieu et des amis qui la réconfortaient. Ce n'est pas long que Gabrielle découvre qu'il y avait là-bas un ou deux flirts intéres-sants et… prometteurs, qui semblent avoir perdu l'adresse de Reine.

La seule activité à laquelle la jeune fille se livre consiste à courir chez sa mère dès le petit matin pour aller pleurer avec elle sur leur sort. Jamais Reine ne mange avec tout le monde : elle reste avec sa mère et passe la majeure partie de son temps à déplorer les événements et à se découra-ger de l'avenir.

Isabelle, qui est âgée de quatorze ans, semble plus vive à prendre le dessus. Est-ce parce qu'elle n'avait pas l'avenir glorieux de sa sœur tracé par avance, est-ce parce que les garçons ne l'intéressent pas encore ou parce qu'elle a tendance à croire que cet aspect de la vie est réservé à Reine ? Quoi qu'il en soit, elle s'intègre plus vite à la vie familiale des Mil-ler. Beaucoup moins jolie que sa sœur, elle a un côté piquant et une pré-sence stimulante pour tous les enfants. Elle a apporté ses livres avec elle et, malgré que l'école ne soit pas pour elle cette année, elle s'oblige à tra-vailler tous les matins. Alors que Reine quitte leur chambre le manteau sur le dos et lance un petit bonjour étouffé par les larmes avant de partir en courant, Isabelle aide les enfants à prendre leur repas et remonte étu-dier après avoir fait la vaisselle avec Mimi.

Fabien aime beaucoup cette manière d'aller à l'école et il propose de suivre les mêmes leçons qu'Isabelle quand il sera grand. Quelquefois, Isa-belle l'installe près d'elle et il crayonne pendant qu'elle fait de longues colonnes d'additions et de soustractions. C'est à croire que la morosité de sa sœur la fouette : Isabelle est toujours rieuse et, évidemment, cette attitude remporte beaucoup plus de succès avec Edward que la désola-tion alanguie de Reine.

C'est Germaine, finalement, qui trouve cela difficile. Habituée à avoir ses aises et ses façons à elle depuis la mort de leur père, elle a « pris ses accoutumances » et les voit constamment contrariées par Georgina. Non pas que celle-ci veuille faire la loi, mais son manque d'élan, sa désespé-rance empêchent Germaine de vivre à sa guise et selon ses envies.

Depuis que sa sœur est là, elle n'a tenu aucune table de bridge, n'a organisé aucun thé et les réunions de dames charitables auxquelles elle assiste ne se terminent plus par de longues discussions chez l'une ou chez l'autre. Au bout de deux semaines, excédée, elle finit par se rendre chez Gabrielle, laissant son appartement aux deux éplorées. Elle trouve sa sœur au salon, en train d'essayer une robe que Mademoiselle Lizotte finit d'ajuster et d'épingler. Germaine est tellement hors d'elle qu'elle tourne autour de sa sœur et se libère de toutes ses frustrations en ignorant totalement la pauvre couturière qui, agenouillée sur le tapis, tente d'égaliser la longueur de la jupe. Gabrielle va fermer la porte de peur qu'Isabelle entende et demande à Germaine de baisser le ton et de s'asseoir.

Du coup, celle-ci se tait et jette un œil inquiet sur Mademoiselle Lizotte qui pourrait évidemment répandre le bruit que la discorde règne dans la famille. Elle se contente de remuer son café en commentant la magnifique étoffe de laine grise et la ligne très avantageuse de la robe : « Le même gris que tes yeux, exactement. C'est pour quand ?

— Le souper d'huîtres annuel des avoués. »

Germaine soupire : « Il n'est pas annulé, celui-là ? »

Une fois Mademoiselle Lizotte repartie avec son butin, Germaine se laisse aller à ses doléances. Après un bon moment, elle change de cap et devient indulgente : « C'est pas qu'elle me dérange, mais c'est inquiétant cette façon de s'alourdir dans la peine, non ? C'est à se demander si elle ne tournera pas neurasthénique.

— T'as plus de mérite que moi, Germaine. Ici, tu comprends, il y a trop de monde pour que la dépression s'installe. Il faut s'endurer, comme on dit. Reine l'a bien compris qui est toujours chez toi à accompagner les larmes de sa mère. »

Le soupir de Germaine en dit long sur le prix de la charité chrétienne : « Je te le dis tout net, Gabrielle, s'il faut qu'Hector retontisse chez moi avec la face aussi longue que les deux autres, moi, je déménage ! »

C'est l'éclat de rire de Gabrielle qui déclenche tout : elle rit tellement que Germaine n'y résiste pas. La rancœur et la tension des derniers jours explosent dans un fou rire digne de leur jeune temps.

En essuyant leurs larmes, elles décident qu'il est temps d'arrêter de se lamenter et qu'après tout il n'y a pas mort d'homme. Il est entendu que Germaine organisera ses deux tables de bridge du mercredi et que, si cela les dérange, Georgina et Reine sont toujours bienvenues sur la Grande-Allée. Gabrielle lance même l'idée d'une soirée, le mois prochain, une sorte de « débuts modestes » afin de permettre à Reine de rencontrer des jeunes gens, de sortir et de se faire une vie. Germaine nourrit de sérieux doutes : « J'ai tout fait pour l'emmener à ma chorale où il y a de très charmantes personnes de son âge ou presque. Non. Mademoiselle ne chante pas ! Pareil pour la soupe de bienfaisance. Ça peut faire du bien d'aider les plus démunis que soi et de constater qu'on n'est pas si mal lotie. Mais non : mademoiselle a peur de se salir les mains, je pense.

— Laisse-moi parler à Edward et commencer une liste d'invités. »

C'est une Germaine franchement requinquée qui retourne chez elle.

L'idée d'une fête enchante Edward. La liste des invités prend beaucoup de leur temps : il faut des gens qui « partent le mouvement » comme soutient Edward, des gens qui invitent Reine à leur tour et qui vont constituer un réseau. À les écouter, Germaine et lui, la moitié de la ville de Québec se retrouverait dans le salon. Gabrielle les ramène aux réalités spatiales et économiques, mais très vite la réception prend des allures de « bal chez le gouverneur », et cela, même si Gabrielle insiste pour parler d'une soirée sans obligation de robes longues.

Le but est atteint : Reine pleure beaucoup moins et s'occupe à rafistoler une ancienne splendeur de sa garde-robe en vue des festivités. Georgina, esseulée dans sa détresse, finit par accepter de tirer sa sœur de l'embarras et de faire la quatrième à un bridge compromis par l'influenza d'une invitée. L'agrément du jeu, la bonne humeur et la cordialité des joueuses réveillent l'envie de vivre de Georgina qui a bien du mal à garder sa « face de carême ». Une fois enclenché, le mouvement est très difficile à contrarier. Et quand le remords étrangle Georgina qui pense à Hector qui chambre maintenant à Montréal dans un endroit sinistre, Germaine s'empresse de lui servir sa formule magique : « Fais-le pour tes enfants, Georgina, qu'elles ne perdent pas tout et voient leur mère un peu consolée si elles ne voient plus leur père. »

Georgina accepte alors les invitations, le cœur tranquille, certaine de consentir un effort louable. Et même quand arrive une lettre d'Hector refusant l'offre de se joindre aux « modestes débuts » de son aînée, l'humeur de Georgina ne décline pas.

* * *

« Elle est revenue, maman ! Denise est revenue ! »

Adélaïde est si contente qu'elle sautille sur place devant sa mère. Les joues rouges d'avoir couru, les yeux pétillants d'animation, sa robe à trois plis si sévère et à la longueur disgracieuse danse autour de ses jambes.

À ce qu'elle comprend des propos de sa fille, peu de détails ont été apportés quant aux causes de l'absence. Denise prétend qu'elle n'a été ni malade ni en voyage, seulement absente. Devant l'air dubitatif de

Gabrielle, Adélaïde hausse les sourcils : « Peut-être que ça y tentait pas, les soustractions ? On les a commencées quand elle était absente. Elle veut pas que je lui montre. »

Étrange fillette, se dit Gabrielle, qui préfère avoir l'air idiote plutôt que d'apprendre. C'est la tranquille assurance avec laquelle elle admet son ignorance qui la subjugue : aucune fierté, aucune vanité ou honte chez cette enfant. « Elle était contente de te revoir ? »

Adélaïde réfléchit longuement avant d'expliquer que Denise ne l'avait pas regardée une seule fois et qu'elle avait essayé de la semer dans la rue Saint-Louis. Elle avait dû courir derrière elle, la rattraper et la forcer à lui dire bonjour : « Tu sais quoi, maman ? Elle pensait que je l'aurais oubliée. Elle m'appelle "mademoiselle pourquoi" ! »

Ce qui fait bien rire Gabrielle. Elle peut comprendre que Denise trouve sa fille questionneuse, mais elle comprend moins le mystère de celle qui ne répond jamais aux pourquoi.

✳   ✳   ✳

« Et si on demandait à Isabelle d'aider Denise à apprendre ? Il faut faire quelque chose, Edward, parce que les sœurs ne la laisseront pas quadrupler et Adélaïde va encore devoir faire son deuil d'une amitié. »

Edward caresse les cheveux de sa femme, songeur. Il vient de prendre connaissance de toute l'histoire et il lui manque des éléments pour juger. Il n'est pas content de l'allure que ça prend. « Tu aurais dû m'en parler, l'estorlet. »

Gabrielle n'est pas d'accord : c'est à elle de voir aux enfants et aux problèmes scolaires, c'est sa tâche et sa responsabilité, il n'a pas à s'immiscer là-dedans. Edward lève les deux mains en l'air, comme si elle le tenait à la pointe du fusil : « D'accord ! D'accord.

— Pour Isabelle ?

— À t'entendre, ce ne serait pas une mince tâche : elle n'est pas complètement idiote, mais pas avancée non plus. Turcotte… ça ne me dit rien. Me donnes-tu le droit de fouiner et d'essayer de savoir ce qui vaut à cette lambineuse son statut spécial chez les bonnes sœurs ? »

Tout ce qu'Edward réussit à apprendre, c'est que Théo Turcotte est un entrepreneur de construction qui possède de nombreux terrains, dont certains sont contigus à ceux des Ursulines dans le quartier de

Sillery. Denise est issue d'un second mariage, et son père a eu du premier lit deux fils avec lesquels il travaille. Les garçons sont dans la vingtaine et la mère de Denise est morte il y a trois ans. C'est à ce moment-là, à l'âge de six ans et demi, que la petite est entrée au couvent des Ursulines, mais en externe afin de pouvoir continuer à tenir maison.

Mettant sur le compte de ses activités domestiques l'ignorance de Denise, Gabrielle comprend qu'il est inutile de suggérer des leçons particulières. Ou le père le prendra mal ou la petite n'osera pas dire qu'elle n'a aucun temps libre pour étudier. La classe lui sert de lieu de repos, finalement, se dit Gabrielle, qui se promet d'être très chaleureuse avec la petite orpheline.

Deux semaines plus tard, quand Adélaïde lui annonce que Denise quitte l'école, il n'y a là aucune surprise pour Gabrielle : tôt ou tard, les tâches ménagères allaient prendre tout le temps de Denise. Elle déplore qu'une enfant d'à peine dix ans soit responsable d'une telle charge, mais elle ne peut forcer le père à se remarier ! Inutile de suggérer à sa fille d'inviter Denise chez eux : il est évident que ce n'est pas le genre de liberté que ses responsabilités lui permettront. Elle ne peut même pas prétendre trouver que c'est bien de se sacrifier comme ça à sa famille. Alors, elle se tait, désolée de n'y pouvoir rien et désolée de constater l'échec de cette amitié pour sa petite fille.

Quand elle pense à ce qu'on demande à Denise Turcotte, elle fulmine. Le cœur lui serre à seulement imaginer Adélaïde dans trois ans, tenue de rester à la maison, d'entretenir, de laver, de cuisiner pour trois hommes faits. Dix ans, et la vie toute tracée devant elle. Le détour par les Ursulines demeure pour elle un mystère total, mais comme elle ne comprend pas davantage qu'un père sacrifie ainsi l'avenir de sa fille unique, elle renonce à creuser la question. Ce n'est pas Edward qui agirait ainsi ! Lui aurait à cœur l'avenir de ses filles et leur mariage.

Pour l'instant, ce sont les préparatifs de la réception qui les préoccupent. Un froid précoce qui a régné toute la semaine menace fortement d'entraîner la première tempête de neige ce soir-là, ce qui ravage Reine d'inquiétude. Finalement, les éléments restent stables.

Isabelle et Adélaïde, vêtues de leurs plus jolies robes, sont affectées à la réception des manteaux, chapeaux et gants. Fabien, Béatrice et Rose ont la permission de regarder le va-et-vient depuis le palier du premier étage, mais il leur est interdit de descendre, à la grande indignation de Béatrice. Pour compenser, Béatrice fait semblant d'avoir à aider les deux autres et s'autorise à descendre quelques marches pour cueillir les manteaux que montent sa sœur et sa cousine. Ce qui lui permet d'épier une partie du salon et de la fête. Son subterfuge est vite démasqué par Gabrielle qui, d'un regard sévère, la force à retourner près de Fabien.

La réception est un succès éclatant : tout ce qui compte à Québec est là. Des jeunes gens, des jeunes filles délicates et habillées comme des princesses, tout le beau monde a accepté l'invitation des Miller, les confirmant, si besoin était, dans leur position de « jeunes personnes en phase de compter au sein de la bourgeoisie de Québec ».

Le ton monte, on danse, on rit, on mange de fines bouchées servies par un « extra » engagé sur la recommandation de Madame juge Paquet elle-même. Reine est entourée, célébrée, on s'informe de ses projets, de ses hobbies. Déjà, une jeune fille s'étonne qu'elle ne soit pas encore allée au théâtre Capitol. On se promet des sorties, des films à voir, des parties de bowling et, très bientôt, les plaisirs du Patinoir.

Germaine et Georgina, côte à côte, papotent avec le notaire Duquette et les rires éclatent souvent, comme en ces temps très anciens où les deux sœurs étaient courtisées.

C'est Gabrielle qui provoque le plus de regards admiratifs : magnifiquement mis en valeur par le ton saumon de la mousseline de soie de sa robe, son teint lumineux prend des nuances opalines. Même sa retenue, due à la timidité, charme tout le monde. Il n'y a que quand Edward l'entraîne dans un charleston endiablé qu'elle éclate de rire et perd toute gêne.

Essoufflée, les joues en feu, elle supplie Edward de laisser un peu de place aux jeunes qui ont encore la santé pour bouger autant… et elle s'esquive en prétendant aller voir si les enfants ont réussi à s'endormir malgré le tapage.

Seule Adélaïde est encore debout. Assise dans les marches de l'escalier, les barreaux de la rampe contre son front, elle observe attentivement les gens et leurs réactions.

Ses yeux sont brillants de joie, comme Gabrielle ne les a pas vus depuis longtemps : « Tu n'es pas fatiguée, toi ? Et Isabelle, et les autres ? Ils sont couchés ? »

Adélaïde fait oui, elle sourit et tout son visage s'éclaire, devient limpide. Quelle petite femme mystérieuse elle sera, sa fille, toute en force et en fragilité, en lumières et en assombrissements.

« C'est toi, la plus belle, maman. J'ai bien regardé et c'est toi. Ta robe aussi, c'est la plus belle.

— Ne dis pas ça devant ta cousine : c'est elle, la reine de la soirée. »
Adélaïde rigole et chuchote : « Elle a le nom, mais pas la soirée.

— T'es bien malcommode, toi, ce soir. Viens te coucher. »

Mais sa fille n'est pas seulement malcommode, elle est assez ratoureuse pour obtenir un dernier verre de jus et une petite excursion dans la
cuisine. C'est là qu'Edward les trouve, occupées à commenter les toilettes
de chacune. Adélaïde réussit à négocier une danse, une seule avant d'aller au lit. Edward la prend dans ses bras, Gabrielle regarde cette future
femme prendre possession de la nuque, de la main et des yeux de son
père et valser la fin de *Belle nuit d'amour*. Elle ne lui donne pas beaucoup
d'années, à cette petite vlimeuse, avant qu'elle la supplante et devienne la
reine des soirées.

Une fois le dernier invité parti, les verres ramassés, les lumières
éteintes et les souliers retirés des pieds fatigués, Reine éclate en sanglots
en assurant que c'est de bonheur et de reconnaissance. Sa mère a toutes
les misères du monde à la calmer avant de la reconduire dans sa
chambre. Au retour, c'est elle qui se met à pleurer en déclarant qu'elle
n'aura jamais assez de gratitude pour ce qu'Edward a fait pour elles.

Mal à l'aise, incapable de supporter un tel débordement, Edward la
pousse littéralement dans les bras de Germaine qui, toujours aussi fiable,
prend les choses en main et déclare qu'il est grand temps d'aller se reposer.

« Je pense que j'ai gagné des indulgences plénières avec tes sœurs, ce
soir. »

Il malmène ses boutons de manchettes au lieu de les retirer en douceur. Gabrielle s'approche et l'aide avant d'avoir à ravauder la bouton-
nière. Il penche la tête, respire ses cheveux à moitié défaits et murmure :
« Vous êtes bien belle, mademoiselle. Êtes-vous… engagée ? »

Un souffle qui descend dans son cou, des lèvres pleines qui se posent
contre sa clavicule exposée par le décolleté, Gabrielle ferme les yeux :
« Très. Je suis très engagée. »

Elle tient les boutons dans ses mains mais ne bouge pas, malgré que
sa tâche soit terminée.

Il la prend par la taille, les manches de sa chemise retombent sur ses
mains, il l'entraîne dans une valse lente : « Brisez vos accordailles pour
moi. »

Gabrielle part à rire, se dégage : « Je l'ai fait une fois pour toi ! C'est pas assez ? » Elle retire ses épingles à cheveux, il défait les agrafes quasi invisibles qui ferment tout le dos de sa robe. Elle le regarde dans le miroir : « Je pourrais tricher mon mari avec toi. »

Il sourit, les yeux pleins d'ironie : « Mauvaise femme… femme indigne qui a l'air de Maria Goretti.

— Edward ! Franchement ! »

Il dégage le chiffon saumon qui s'affaisse mollement aux pieds de Gabrielle. À travers le satin beige du jupon, il effleure ses seins. Intimidée, elle ferme les yeux. Il s'incline vers la tête renversée sur son torse : « C'est ce que j'aime le plus… je te regarde devant les gens, toute polie, toute réservée et je sais que plus tard… Ouvre les yeux, Gabrielle, tu vas rougir dans deux secondes, ouvre les yeux, regarde… regarde comme tu es belle quand tu es une fausse Maria Goretti. »

Ses yeux restent obstinément fermés, les mains d'Edward froissent le satin, le soulèvent. Il presse son sexe dur contre sa culotte de soie, elle s'appuie davantage contre lui, passe un bras derrière sa nuque, incapable de résister à cette scandaleuse conduite et quand même éperdue de honte. Edward insinue ses doigts dans l'étroit espace dénudé entre ses bas et la bordure de dentelle de la culotte qui n'adhère pas à sa cuisse. Ses pouces s'égarent sous la soie puis redescendent. Il cherche à défaire les jarretières, il va briser ses bas de soie si elle le laisse faire, elle le sait ; mais non, les bas glissent contre ses jambes, caresse de soie frémissante. Edward défait le bouton de sa petite culotte qui, dans un glissement, rejoint l'amas fluide à ses pieds. Une main pressante remonte et maltraite l'attache du jupon sur son flanc gauche. Elle essaie de se dégager pour le faire elle-même, il la saisit et la plaque contre lui : « Non ! C'est moi qui le fais. Ouvre les yeux, Gabrielle. Ouvre ! »

Elle ne peut pas. Elle ne veut pas se voir comme ça. Elle fait non de la tête en souriant. Il la fait pivoter, l'embrasse profondément en la libérant de son jupon. Elle se sent tellement nue alors qu'il est encore tout habillé. Il la prend dans ses bras, la pose sur le lit, retire ses chaussures et les bas, écarte le porte-jarretelles, pose sa bouche sur son ventre alors qu'elle fortille pour lui échapper, pour éteindre. Il la rattrape en riant, alors qu'elle allait atteindre la lampe : « Les femmes indignes font ça la lumière allumée. »

Elle se retourne et le repousse en riant : « Espèce de monstre ! Tu les connais, les mauvaises femmes ? »

Il retire sa chemise, la lance au pied du lit : « Regarde : j'ai pas de gêne de mon corps, moi ! » Elle s'approche, pose les mains sur son torse. Il la fait encore trembler après toutes ces années, après tout ce temps. Elle chuchote : « Tu n'as pas eu cinq enfants, toi. »

Il ouvre les draps, l'étend, la recouvre doucement de son corps et du drap : « Oui. Oui, j'ai eu cinq enfants. »

Gabrielle n'insiste pas.

Les retombées de la réception sont inespérées : les invitations se succèdent et, en trois semaines, Reine est épanouie, ravie et courtisée. Sa mère aussi est courtisée, ce qui n'a pas l'heur de plaire à Germaine qui trouve qu'une certaine dignité serait bienvenue. Surtout que le soupirant est justement un de ses meilleurs bridgeurs et qu'elle n'a pas l'intention de le sacrifier au profit de la morale.

Ulcérée, elle vient demander à Edward des nouvelles d'Hector, prétendant qu'il serait temps que celui-ci rapplique ou rappelle sa femme auprès de lui : « Je peux comprendre qu'il ne soit pas assez en moyens pour suffire à une famille entière, mais sa femme ! Il doit bien se douter que ce n'est pas sans danger, ce genre d'absence à long terme. Et je n'ai plus l'âge de jouer au chaperon avec ma sœur aînée. Alors, voulez-vous, s'il vous plaît, lui faire comprendre qu'il y a une limite de décence à respecter. »

« Ma foi, elle est jalouse ! » conclut Edward en riant.

Mais Hector n'est prêt ni à rappliquer ni à rappeler sa femme près de lui. Il tient de peine et de misère, grâce à un misérable salaire de livreur d'épicerie. Il a même volé la *job* à un jeune garçon de quatorze ans en utilisant ses anciennes relations amicales. Quand Edward le rencontre à la faveur d'un de ses voyages d'affaires, il se demande si sa belle-sœur serait si heureuse que ça de le voir rappliquer. Non seulement Hector n'en mène pas large, mais il traîne avec lui une odeur qui ne trompe pas, l'odeur de la misère.

* * *

C'est le premier dimanche de novembre qu'Edward décide que sa femme a besoin de certains effets oubliés à l'Île et qu'il part avec Adélaïde faire la traversée. Il s'évite bien sûr la visite du cimetière en compagnie de Germaine et Georgina et les immanquables réminiscences qui suivront. Gabrielle a bien un peu de mal à trouver « de quoi de conséquent » à réclamer, mais elle est si heureuse de la décision d'Edward de casser l'ennui d'Adélaïde. L'expédition prend des allures de fête pour leur fille : être seule avec papa ! Un rêve !

Gabrielle les regarde partir après la messe et elle comprend très bien sa fille : une journée entière en tête-à-tête, ça ne lui est pas arrivé depuis… la naissance d'Adélaïde, il y a sept ans ! Si elle pouvait, elle dirait à Reine de ne pas se marier trop vite, de fréquenter son cavalier en masse parce qu'après le mariage, dès le premier enfant qui vient vite, on n'a plus le temps d'être à deux. Mais Reine est, de toute évidence, très pressée de se marier. Les candidats ne manquent pas, quoique pour l'instant personne ne s'est enhardi jusqu'à faire la grande demande. Gabrielle se dit que le jeune homme viendra probablement voir Edward et Georgina étant donné l'absence d'Hector. Elle a un frisson à songer que, dans dix ans, ce sera sa petite Adélaïde qu'on viendra leur demander. Dieu du Ciel ! Il devra faire ses preuves, celui-là, s'il veut obtenir le consentement d'Edward.

Dès après dîner, une fois Guillaume au lit et Rose bien emmitouflée, ils partent tous en rangs serrés pour le cimetière. Un petit nordet pas commode rend les hommages aux morts passablement courts et Gabrielle s'inquiète un peu, se demandant si elle a couvert suffisamment sa fille pour son excursion.

Sur le fleuve, le vent est cinglant et Edward entraîne Adélaïde à l'abri pour leur éviter d'être congelés. Le vapeur avance bien, malgré que les eaux du fleuve épaississent et que les glaces qui s'amalgameront sous peu ralentissent la navigation. Adélaïde, contrairement à son habitude, parle d'abondance. Elle lui fait voir des tas de choses qu'il n'aurait pas notées tout seul. Le clocher de la rive sud que les arbres maintenant dénudés laissent voir, les différents chapeaux des dames révélant leurs moyens et leurs classes sociales, les bottines aussi, Adélaïde peut lui spécifier l'année de fabrication d'une bottine d'hiver aussi sûrement qu'il pourrait le faire pour une automobile. Il se demande si ce sont là les enseignements des sœurs ou une disposition naturelle à la féminité. Il aurait pourtant juré que les chiffons intéressaient surtout Béatrice. Par contre, il ne pourrait pas jurer qu'Adéla en parle de la même façon. Il y a dans son discours quelque chose qu'Edward n'avait jamais considéré, la vie des gens exposée à travers leurs vêtements, la vie des gens perçue sans jugement aucun.

Ils ont si froid en arrivant à Sainte-Pétronille que le chocolat chaud pris dans la cuisine « chauffée à blanc » de Malvina leur fait l'effet d'un brandy. Presque tout de suite, Adélaïde s'éclipse avec Florent. Edward, lui, écoute Malvina raconter ses nouvelles. Dès que les deux oiseaux sont hors de vue, elle se met à parler de Florent et de son ennui quand Adélaïde quitte l'Île : « Y mange les barreaux de châssis sus un temps rare, c't'enfant ! À crère qu'y est fou amoureux ! »

Edward bénéficie du récit exhaustif des finesses de Fleur-Ange qui, effectivement, a beaucoup de talent et des doléances non moins complètes, concernant les différents maux qu'a eu à subir chaque membre de la famille. Son chocolat est fini depuis longtemps, quand il se lève pour aller dans la maison Bégin. Malvina lui tend les piles de linge de maison parfaitement blanchi, plié et repassé par ses soins.

Il passe quand même dans la maison, par curiosité, pour constater « ses aires » quand il fait froid. Malvina l'a prévenu que ce serait cru, mais il est malgré tout saisi par l'humidité glacée qui règne dans les larges pièces. Quand il songe que Cyril avait parlé de cette maison pour abrier la pauvreté de Georgina et de sa famille ! Ça devait faire longtemps qu'il n'y était pas venu, le curé !

Il laisse Adélaïde et Florent s'amuser à courir de pièce en pièce et il allume un feu dans le grand salon où les meubles ont l'air de dormir sous leurs draps blancs. La véranda est bien nue, dépourvue de ses meubles d'osier maintenant entassés dans le petit boudoir adjacent au grand salon. Le petit boudoir pour les conversations intimes. Le petit boudoir où la fenêtre donne sur un lilas ancien qui grimpe jusqu'au deuxième étage et embaume au printemps, pour peu que la brise souffle du bon côté. Pour lui, cette odeur sucrée est à jamais liée au jour où il a demandé à Gabrielle de l'épouser. Ils étaient passés au boudoir, sous prétexte de chercher un livre, mais en fait pour échapper à Germaine qui prenait son office de chaperon très au sérieux. Il se souvient parfaitement de la robe que portait Gabrielle : un tissu très léger où des ramages verts s'entrelaçaient à des fleurs roses et une écharpe de soie translucide du même vert qui drapait ses épaules aiguës. L'écharpe avait glissé pendant qu'il l'embrassait et, en se redressant avec l'étoffe, il avait pris une bonne inspiration — chargée du parfum de lilas, il s'en souvient encore — et lui avait demandé de l'épouser. Une folie ! Elle était presque officiellement engagée avec Jules-Albert Thivierge, chez qui il résidait. C'était d'ailleurs la sœur de Jules-Albert, Edwidge, qui lui avait valu cette invitation. Edwidge avait un intérêt pour lui. Ils s'étaient rencontrés à Québec, grâce au frère cadet, Jean-Pierre, qui étudiait le droit avec lui. Edward sortait souvent avec Edwidge et Jean-Pierre en compagnie de bien d'autres amis et, sans qu'il n'ait rien demandé ou promis, il y avait bel et bien une affection mutuelle entre lui et Edwidge. Deux ou trois ans après son mariage avec Gabrielle, Jean-Pierre lui avait avoué qu'Edwidge avait eu une bien grande peine d'amour. Il n'avait pas demandé en ce qui concernait Jules-Albert, puisque celui-ci ne s'était jamais marié et n'avait pas caché ses sentiments.

Rien ne prédestinait Edward à rencontrer Gabrielle et encore moins à l'épouser. Issue d'un milieu assez bien nanti, sa famille faisait partie de la bourgeoisie de Québec et traitait avec « beaucoup plus haut que lui », lui avait déclaré le père de Gabrielle. Ce médecin de père en fils depuis plusieurs générations souhaitait pour ses filles des alliances avec des hommes ayant la même profession que la sienne et avec des familles « autrement plus installées que celle de monsieur Miller » comme il l'appelait.

Il lui avait d'ailleurs dit non, le jour où Edward avait demandé la main de Gabrielle. Non. Rien d'autre. Aucune formule de politesse ou d'édulcoration. Un non ferme et sec. Sans appel. Dépité, Edward était reparti sans demander son reste.

C'est Gabrielle qui avait fait changer le cours des choses. Gabrielle dont il était si amoureux qu'il en perdait le sommeil. Il se souvient encore de la lettre qu'il lui avait écrite à la suite du refus glacial de son père, lui enjoignant d'épouser Jules-Albert pour son bien à elle et la paix de sa famille. Elle devait obéir aux souhaits de son père. En écrivant cette lettre, il avait tellement pleuré qu'il avait dû s'y reprendre à deux fois pour que sa page ne soit pas maculée de larmes. C'est la seule fois de sa vie qu'il a pleuré. Le cœur pesant, il s'était traîné à ses cours. Il ne mangeait plus, ne dormait plus, avait perdu tout entrain. Il avait rompu toute relation avec Edwidge, trouvant quand même ironique que la famille agréée par monsieur Bégin soit prête à le recevoir, lui, comme gendre. Jamais il n'oublierait ou ne pardonnerait le regard du docteur qui, tirant sur sa pipe, avait demandé : « Vous êtes fils d'immigrant, n'est-ce pas ? »

Après ses explications confuses, monsieur Bégin avait cogné le fourneau de sa pipe contre le cendrier et avait sèchement conclu : « C'est bien ce que je disais, vous êtes fils d'immigrant. »

Traiter son père — un Canadien français né à Québec — d'immigrant, sous prétexte qu'il avait séjourné à Providence, Rhode Island, et épousé une Irlandaise lui semblait quand même outrancier. Mais il n'en démordait pas, le père Bégin, et il avait fallu toute la volonté de sa fille pour qu'il cède.

Après l'envoi de sa lettre, Edward n'attendait plus rien. Il savait par Jean-Pierre que Jules-Albert était toujours disposé à pardonner l'écart et à épouser Gabrielle. Cette seule idée lui donnait des envies de meurtre. Jamais il n'oublierait Gabrielle, ce jour de septembre 1920, alors qu'elle l'attendait rue de l'Université, à la sortie des cours. Le chapeau cloche cachait son regard, elle serrait son sac contre sa poitrine et son tailleur marron accusait sa taille très fine. Elle l'attendait, appuyée contre la porte cochère à l'angle de la rue Sainte-Famille, seule, à l'encontre de toutes les règles de son monde. Il lui avait pris le bras et elle s'était dégagée avec violence. Ils étaient allés prendre le thé, côte de la Fabrique, chez Kerhulu. Furieuse. Elle était si outrée, si fâchée, qu'à mesure qu'il évaluait sa colère l'espoir le reprenait et il souriait comme un idiot, alors qu'elle l'abîmait de reproches : comment osait-il la renvoyer à Jules-Albert ? Comment osait-il ? Pour quelle sorte de femme la prenait-il ?

Il avait répondu : « Certainement pas pour une petite délurée qui, sans chaperon, viendrait attendre un homme dans la rue, à la sortie des cours comme une femme indigne. »

Interloquée, elle avait répondu avec aplomb : « Je portais quand même un chapeau et des gants ! »

Ce qui l'avait beaucoup amusé : elle aurait pu venir nue tant qu'à y être. Ce n'est qu'à ce moment-là que la décence avait pris le dessus sur la colère et qu'elle s'était inquiétée de savoir si Jean-Pierre Thivierge l'avait vue, ou quelqu'un…

Ils avaient quitté le salon de thé précipitamment, Gabrielle se trouvant honteusement en vue, seule avec un homme. Ils étaient entrés à la basilique, seul endroit irréprochable, et, sur le dernier banc, ils avaient chuchoté des aveux et des promesses.

Avant de quitter l'église, elle l'avait entraîné devant la statue de la Vierge et l'avait fait jurer que jamais, sous aucun prétexte, il ne révélerait ce qu'elle avait fait. À personne. Il avait juré, sachant bien que, s'il l'épousait un jour, ce serait dû à une effronterie et à une témérité qu'il aurait bien mauvaise grâce de dénoncer puisqu'il en bénéficiait.

Et il l'avait épousée.

Le feu crépite et dégage maintenant une bonne chaleur. Edward retire son manteau, tire une berçante de sous le drap et la place face au feu. Les enfants courent dans les pièces au-dessus et les bruits de pas précipités ne sont interrompus que par des éclats de rire tonitruants.

Il n'est pas fâché d'éviter les célébrations aux morts de ce dimanche. Son projet n'était en rien conçu dans ce but, mais il se sent très bien et ne regrette pas son quart d'heure d'hypocrisie, comme il appelle le faux respect qu'il doit montrer à ses beaux-parents. La belle-mère, il l'a peu connue, elle est morte l'année où il devait se marier. Il lui est presque reconnaissant de ce départ précipité qui a amolli le père de Gabrielle et l'a déprimé suffisamment pour qu'il accorde son consentement et assiste au mariage — à la mésalliance de sa cadette, comme il disait.

Jamais Edward n'a estimé cet homme rigide et égoïste qui l'a toujours tenu pour un débaucheur de filles et un moins que rien. C'est vrai qu'il « avait jeunessé » et qu'il n'avait pas toujours eu que des fredaines à son compte. Avant Gabrielle, il avait vécu, mais dès qu'il l'avait aperçue, dès le premier jour au tennis des Thivierge, il n'avait plus jamais regardé ailleurs. Encore maintenant, aucune femme ne l'attise, aucun regard ne le retient ou ne chauffe son imagination. Que le sien, qu'elle, sa femme.

Alors, évidemment, le dédain non déguisé de Philémon Bégin avant et après son mariage l'a toujours rendu très critique vis-à-vis de son beau-père. Quand il pense que même devenir le parrain d'Adélaïde n'avait pas brisé ses résistances ! Qu'est-ce que ça aurait pris ?

« Vieux sans dessein, va ! » Ça lui plaît bien, à Edward, d'être assis en maître dans cette maison où on l'a si sèchement refusé. En entendant les enfants descendre en trombe, il se demande ce qu'il dirait, lui, le jour où Adélaïde aimerait un va-nu-pieds comme l'appelait Philémon Bégin… Il préfère ne pas s'attarder à cette idée qui le perturbe beaucoup.

Florent fait irruption dans le salon et plonge sous le drap d'un sofa. Edward le voit se tortiller pour se cacher et, comme il est petit, il y parvient passablement bien. S'il pouvait retenir ses gloussements de plaisir, Adélaïde ne le trouverait pas. Mais dès qu'il entend Ada demander à Edward s'il est passé par là, il s'esclaffe et est tout de suite débusqué. Edward leur retire écharpes et manteaux et ils restent à regarder le feu et à chanter tous les trois.

Ils vont ensuite marcher sur la grève où le vent pousse quelques flocons. Les enfants, excités et ravis, marchent la bouche grande ouverte pour « manger de la neige » et ils comptent le nombre de flocons qu'ils ont avalés. Florent, ne sachant compter que jusqu'à trois, se trouve assez défavorisé. Il finit par prétendre en avoir englouti « cent au moins » et Adélaïde lui concède la victoire.

Après avoir éteint le feu, rangé son désordre, Edward ferme la maison et va reconduire Florent chez sa mère. Impossible de repartir sans prendre « une bonne tasse de thé pour la route ». Adélaïde berce Florent et lui dit des messes basses pour ne pas qu'il soit triste.

Sur le vapeur, la neige tombe pour de bon et ils n'auraient aucune difficulté à avaler plus de cent flocons. Ils se mettent plutôt à l'abri du vent qui a viré franc nord et est assez fendant.

Edward essaie de savoir si le silence d'Adélaïde dénonce une tristesse. Elle hoche la tête et se colle contre lui. Il comprend que la journée a été aussi belle pour elle que pour lui. Ils sont d'ailleurs en retard.

« On va manquer les vêpres, mon puceron », ce qui n'a pas l'air de la déranger outre mesure. Edward sourit en pensant qu'aujourd'hui son beau-père aurait eu raison : il ne sait pas élever ses enfants dans la rigueur de la religion. Il s'en fout un peu, comptant bien que la religion lui apporte ses secours si besoin était, mais sans exiger de lui ses renoncements et ses règles d'abnégation.

« Pourquoi tu ris, papa ?

— Je pensais à grand-père.

— Le mien ? Mon parrain ?

— Oui, le tien.

— Moi, il me faisait pas rire : il sentait la pipe et il parlait fort. »

Edward est tout à fait d'accord avec ce portrait, mais il évite de le dire. Il se contente de frotter le dos d'Adélaïde : « Mais il nous a laissé une maman qui parle pas fort et qui sent pas la pipe. »

Sa fille éclate de rire.

Lorsqu'ils descendent du bateau, il y a déjà une couche blanche au sol et ça a l'air parti pour une vraie première neige. Adélaïde met sa petite main dans celle de son père et elle conclut : « On est bien tous les deux, han, papa ? »

*   *   *

La présence d'Isabelle à la maison soulage beaucoup l'horaire d'Adélaïde qui, peu à peu, se démet de certaines tâches aux mains de sa cousine. Adélaïde devient plus légère, plus enfantine à mesure qu'elle renonce aux responsabilités de « bras droit de sa mère ». C'est comme si

Isabelle lui permettait de retourner à une certaine insouciance, dans un temps ancien où elle n'était qu'une enfant et non pas l'aînée. Comme ses études la passionnent et coïncident avec l'arrivée de ses cousines, il est impossible de détecter la cause réelle du changement, mais celui-ci plaît à ses parents.

Reine, pourtant plus âgée, n'est pas de grande utilité dans la maison. Elle est si préoccupée d'elle-même, de son apparence, de ses rendez-vous galants, qu'elle prend à peine le temps de passer le balai dans la cuisine ou, à l'occasion, d'aider à langer le bébé. Inutile de lui parler vaisselle, elle a toujours une course, une rencontre ou une consultation de première importance à faire auprès de sa mère pour s'éviter cette tâche qui la rebute particulièrement.

Quelquefois, quand les devoirs et les leçons sont finis tôt, Adélaïde se met au piano en laissant la porte de la salle à manger ouverte et elle accompagne Mimi et Isabelle qui chantent à tue-tête pendant qu'elles font la vaisselle.

« L'heure du concert », comme l'appelle Edward, plaît à tout le monde et s'entend du deuxième étage où Gabrielle met son bébé au lit.

La seule aide vraiment importante qu'apporte Reine, c'est auprès de Béatrice qui lui voue une admiration sans borne. Elles discutent des heures de la toilette indiquée, du ruban, du *brade* ou de la dentelle à ajouter à telle matinée ou de l'applique à coudre sur telle jupe pour la remettre au goût du jour. La coiffure est aussi longuement étudiée devant le miroir. Chaque rendez-vous, chaque rencontre de Reine est raconté en détail à une Béatrice excitée et passionnée. Elle a ses candidats préférés et ils ne savent pas combien elle peut leur être d'un grand secours lorsqu'elle fait valoir telle ou telle qualité. Une entremetteuse et une marieuse de premier ordre, soutient Edward, qui ne voit pas comment il va réussir à freiner sa fille une fois ses douze ans atteints. Béatrice ne rêve que de bals, de poèmes, de longues lettres d'amour, elle ne verse des larmes qu'au récit de Cendrillon, quand la pantoufle de vair est passée au pied délicat. « Je suis sûr que les orteils lui retroussent ! » dit Edward, amusé malgré lui par le côté déjà femme d'une si petite fille.

Fabien, lui, ne joue au prince que pour Isabelle. Il s'amuse tout seul dans la cour pendant une heure et revient en sueur malgré le froid : il a écrasé l'ennemi aux portes de la ville et vient sauver sa cousine des affreux brigands. Avec l'hiver qui s'installe encore plus tôt cette année, Isabelle abandonne ses livres et l'emmène glisser en traîne sauvage sur les Plaines.

Rose, comme toujours, aime tout le monde et se plaît avec tout le monde.

Le programme de « l'heure du concert » change et celle-ci devient quotidienne avec l'Avent. Les chansons de Noël occupent tout le répertoire qui ne se limite plus à la seule vaisselle. Dès que celle-ci prend fin, tout le monde se retrouve au salon pour chanter dans l'esprit des Fêtes.

C'est en plein milieu d'un *Mon beau sapin* qu'arrive Germaine, qui se met en tête de diriger la chorale et de varier les tonalités et les parties, afin d'obtenir encore plus d'effet. Ils passent des soirées à chanter. Edward a beaucoup à faire pour compenser la pénurie de voix mâles. C'est à cette occasion que certains amis de Reine sont conviés à se joindre à la chorale familiale.

Le soir où Germaine parle d'inviter le notaire Duquette, Georgina rougit, minaude et rend sa sœur d'une humeur massacrante en affectant de ne pas savoir si « ce serait bien ».

Germaine attend que les enfants soient couchés avant d'exploser en reproches et en avertissements à sa sœur : il n'est pas question que le notaire Duquette s'imagine quoi que ce soit ! Georgina est mariée, elle n'est ni veuve ni abandonnée et le notaire faisait partie des amis bien avant l'arrivée des naufragées en ville. Georgina s'offusque qu'on puisse la soupçonner de manquer de modestie et, avant d'avoir recours aux larmes et à son mouchoir délicatement pressé contre ses yeux, elle avoue qu'elle ne peut pas ignorer combien sa situation est précaire et combien il lui faut user de prudence devant l'état des choses : « Si Hector venait qu'à partir, je serais dans la rue.

— Pas plus pas moins que tu ne l'es maintenant, ma chère. Je ne me vois pas te mettre dehors sous prétexte que tu es veuve ! Je ne comprends pas ce qui te permet de douter de notre générosité. Je trouve ton attitude plutôt déplacée, pour ne pas dire offensante. »

Sur ces mots, elle laisse Georgina larmoyer et quitte la veillée avec dignité. C'est Edward qui doit raccompagner Georgina, « parce qu'une dame bien ne circule pas seule une fois la nuit tombée », accusant du coup sa sœur Germaine d'agir légèrement.

« Elles se chamaillent toujours comme ça ? Quand tu étais petite, c'était ça l'ambiance familiale ? »

Edward vide ses poches dans la coupelle de verre sur la commode. Comme à chaque fois, Gabrielle ferme les yeux de crainte de voir le magnifique et délicat cadeau de noces éclater sous l'impact de la monnaie et des clés.

Elle soutient que ces discussions soudent plus sûrement les deux sœurs que de longs entretiens calmes. Ce qui la tracasse, c'est l'évidente manœuvre de remariage mise en place par sa sœur qui est loin d'être veuve : « Peux-tu me dire quel exemple elle offre à ses filles ? Alors que Reine fréquente des jeunes gens et rêve mariage ? Je trouve Georgina assez scandaleuse, moi aussi.

— Mais elle ne fait pas dix pas seulette le soir, de peur d'être attrapée par des hommes malintentionnés. Donne-lui ça. »

Oui, ça, Gabrielle le lui accorde : Georgina n'a pas son pareil pour exiger des gens en s'excusant de ne pas pouvoir faire autrement et en laissant entendre que c'est elle que ça rend la plus malheureuse. « On fait quoi, pour Noël, Edward ? Peut-être qu'il serait bon que les filles voient leur père…

— Et que Georgina se souvienne qu'elle est mariée, incidemment ?

— Incidemment. »

Edward lui explique quand même l'état de son beau-frère et le risque d'humiliation pour lui. Gabrielle est indignée : comment peut-on laisser quelqu'un dans un tel dénuement, pour ne pas dire une telle indigence ?

« Parce qu'il ne le dit pas, mon estorlet, il n'écrit pas ça à sa femme ni à ses filles. Ça fait longtemps qu'il a changé d'adresse, mais il continue de demander à l'ancien propriétaire de recevoir son courrier qu'il va chercher régulièrement. Il est maintenant au refuge Meurling.

— Tu savais tout ça, Edward ? Il boit, c'est ça ?

— Même pas : il n'a pas les moyens de boire. Je ne dis pas que, s'il le pouvait, il ne boirait pas, mais c'est pas ce qui l'occupe pour l'instant.

— Tu lui donnes de l'argent en cachette ?

— Je donne de l'argent à ses filles, je les éduque et je les mets à l'abri du besoin. Je ne peux rien d'autre. Quand je le vois, je l'invite à manger, mais c'est pas des festins. La seule chose qui reste à Hector en face de moi, c'est de ne pas me demander d'allonger un dix piasses. Tu comprends que je ne peux pas faire ça sans lui enlever plus que je ne lui donnerais. »

Oui, Gabrielle comprend. Elle comprend aussi que, dans sa maison, dans son petit cocon bien entretenu, elle est elle aussi à l'abri de ce qui arrive aux autres et que ce n'est pas en donnant un dollar à la quête du dimanche qu'elle fait sa part.

Le lendemain, elle annule un bridge et se rend en compagnie de Germaine à la Société Saint-Vincent-de-Paul où, tout l'après-midi, elle emballe et étiquette des « paniers de survie » pour les pauvres du diocèse. Elles distribuent des coupons pour de la nourriture, de l'habillement.

En rentrant, rue de Bernière, elles croisent Reine qui sort de chez sa tante avec ses patins à glace. Germaine est stupéfaite d'entendre sa jeune sœur signifier à sa nièce que dorénavant, ses après-midi se passeront avec elles deux, et probablement elles trois, « à faire quelque chose pour les pauvres et les miséreux ».

En aidant de toutes les façons possibles, Gabrielle se convainc qu'avec un peu de chance il y a quelqu'un à Montréal qui fait la même chose pour Hector, mais aussi pour ces mères de familles nombreuses qui mendient dans les rues et qui réussissent à nourrir leurs enfants, paraît-il, à peine un jour sur deux. L'angoisse étreint Gabrielle quand elle essaie d'imaginer son Guillaume sans biberon ni rien un jour sur deux.

Quand, à la fin de la soirée, une fois tout le monde au lit, Edward la voit prendre le chemin de la cuisine pour s'avancer et préparer les repas du lendemain, il trouve que son zèle charitable commence à coûter cher à sa santé. Elle le trouve très drôle : « C'est pas ma santé qui t'inquiète, c'est ton agrément. Viens donc fumer le cigare dans la cuisine pendant que je travaille. »

Finalement, la quiétude de la cuisine lui plaît assez et il prend l'habitude de parler avec sa femme en coupant quelquefois les oignons « pour lui éviter de pleurer ».

*   *   *

Contre toute attente et malgré l'évidente mauvaise humeur avec laquelle Reine se soumet aux nouvelles activités de charité de sa tante, c'est à la Société Saint-Vincent-de-Paul qu'elle rencontre une nouvelle amie qui se dévoue depuis des années à la cause des femmes et des pauvres. Paulette Séguin a vingt-quatre ans. Elle parle à Reine du mouvement amorcé il y a longtemps par les suffragettes pour obtenir le droit de vote. Reine, qui ne se soucie que de mariage et de toilettes, découvre tout un monde où les femmes agissent scandaleusement en réclamant tout de même un certain respect des hommes dirigeants. Quand elle parle d'adhérer à la Ligue des droits de la femme créée par Thérèse Casgrain et dont fait partie Paulette, elle suscite les hauts cris rue de Bernière.

Germaine surtout est hors d'elle, outrée, indignée de voir sa nièce parler de choses qu'elle ne connaît pas. Jamais elle n'abritera sous son toit une « femme comme ça » qui se mêle de raisonner et d'exiger au lieu de régner par les lois naturelles offertes aux femmes : le charme et l'attention aux autres. Le débat est si vif, la réaction si violente que Reine n'insiste pas. Après avoir signifié à sa mère que ses opinions ne regardaient qu'elle-même, elle rentre chez Gabrielle presque en courant après que Germaine lui eut crié : « Demande à ton confesseur ce qu'il pense de tes folleries ! Demande-lui ce qu'il pense de ta Thérèse Casgrain et de ses suffragettes. T'auras une bonne idée de ce que Dieu pense des femmes perdues qui veulent voler aux hommes leurs droits les plus justes ! »

Pour une fois, Reine rejoint sa tante à la cuisine et lui offre de peler les patates. Gabrielle sourcille et se dit qu'un tel dévouement doit être issu d'un bouleversement assez important. Quand Reine lui raconte sa sortie et la réaction de Germaine, elle se contente de sourire : évidemment, ses sœurs ont dû faire tout un sermon.

Reine continue de raconter, d'argumenter, de s'interroger : pourquoi ne serait-ce pas catholique ? Elle défend même la vertu de Madame Casgrain qui, « soit dit en passant, a quand même épousé un avocat reconnu ». Elle s'arrête, à bout, les yeux écarquillés d'étonnement : pour une fois qu'elle voulait prendre une décision, ce n'est pas la bonne ! Elle est encore traitée en enfant irresponsable. Elle ne comprend pas ce qu'il y a de si effrayant à réclamer un droit que toutes les femmes des autres provinces du Canada ont déjà. Est-ce qu'elles sont toutes des femmes perdues pour autant ? Elle ne demande pas à être traitée sur le même pied que les hommes, elle connaît sa place et ne discute pas ce côté de l'affaire.

Gabrielle prend le temps de la voir se dépâmer un peu, puis elle tente de l'aider de son mieux, même si elle se doute bien que Reine devra tenir son bout toute seule : « Dans la famille Bégin, chez moi, on n'était pas intéressés par la politique. On n'avait même pas le droit d'en parler. Quand mon frère Cyril, ton oncle, est entré au Grand Séminaire, nos parents ont adopté tous les mandements de l'Église et du diocèse et les ont appliqués à la lettre. Tu ne le croiras pas, mais dès que l'Église exprimait un doute ou fronçait les sourcils devant telle ou telle décision du gouvernement, notre père nous ordonnait ce qu'on devait faire ou penser. À la table, chez nous, quand il y avait des réceptions, il y avait plus de soutanes que de robes longues. Ma mère n'a jamais porté de décolleté de sa vie. Mon père m'a frappée le jour où il m'a surprise en train de mettre du rouge à lèvres. C'est vrai que j'étais jeune, mais quand même… Tous les jours, tu entends, tous les jours mon père lisait le bréviaire sur la galerie ou au salon. Ici, on dit une prière avec les enfants avant d'aller dormir, on récite notre bénédicité, nos grâces : chez mon père, c'était le chapelet à tous les soirs, deux retraites par année et le silence à table, sauf entre hommes. Quand Cyril a quitté la maison pour ses études, il n'y avait que mon père qui avait le droit de parler à table. Les filles ou ma mère n'avaient pas "voix au chapitre", comme il disait. Je ne te dis pas qu'il avait raison, il y avait bien des familles plus modernes et plus tolérantes que la nôtre et quand on parlait avec nos amis, on s'apercevait bien à quel point c'était strict chez nous. Mais c'est de là que vient ta mère. Et Germaine et moi aussi. Papa regrettait beaucoup de ne pas avoir eu plus de fils, mais il se faisait un point d'honneur de nous élever quand même avec toute l'attention et la rigueur possibles, comme il disait. Un homme, chez nous, c'était un roi, un maître et même s'il disait des choses déraisonnables, il avait raison. Ce n'était pas discutable. Ma mère ne s'assoyait jamais avant mon père, par signe de déférence. Quand mon père rentrait, elle était fière de courir chercher ses pantoufles et de les lui passer. Mon père était médecin. Si on venait le chercher la nuit pour une urgence, ma mère ne se recouchait pas, tant que lui n'était pas au lit. Elle l'attendait. Pas dans sa chambre, pas dans le boudoir, mais dans la cuisine, tout habillée, les cheveux coiffés, décente. Elle l'attendait avec du café chaud qu'il ne buvait jamais, mais qu'il aurait réclamé s'il n'y en avait pas eu. Oublie pas que dans ce temps-là, les maisons n'étaient pas chauffées comme maintenant et que ça prenait un méchant temps pour chauffer le poêle. Je n'ai jamais entendu ma mère se plaindre. Jamais. Ma grand-mère, par exemple, elle, elle rouspétait ! C'était la seule à parler à table.

— C'était la mère à qui ?

— À ma mère. À peine croyable d'ailleurs. Une femme bâtie comme un cheval, rude et pas chipoteuse. Elle haïssait l'hypocrisie. Elle a fait la vie dure à mon père.

— Il l'a pas mis dehors ?

— Impensable. Ce n'était ni convenable ni chrétien. Elle faisait exprès, elle avait juste à dire une chose ou deux et papa pognait le mors aux dents et nous faisait un discours de vingt minutes. Elle appelait ça ses basses messes. Quand papa nous faisait la leçon, elle disait qu'on aurait droit aux trois basses messes et à la grand-messe en extra. C'est vrai que ça ressemblait à ça, ses grands sermons interminables.

— Pourquoi maman nous a jamais parlé de ça ?

— Ta mère est l'aînée, elle s'est fait rudoyer autant que maman, sans rien dire. Alors, je pense que quand elle s'est mariée, elle était bien soulagée de ne plus sursauter à chaque fois que papa bougeait. Soulagée de pouvoir enfin se faire une vie. Toutes les soumissions du mariage, c'était rien pour elle à côté de ce que notre père exigeait. Je pense que rien au monde ne pouvait la rendre plus heureuse que de s'installer à Sorel : papa était loin, il ne la rattraperait pas vite. Georgina avait encore plus peur de papa que maman. Ce qui n'est pas peu dire. Il l'appelait la "tête d'épingle".

— C'est pour ça qu'elle n'a pas étudié plus loin que la quatrième année ?

— Ta mère est aussi intelligente que nous autres, voyons. C'était de même dans l'ancien temps : la plus vieille devenait le bras droit de la mère, elle s'occupait des autres, elle se sacrifiait pour les autres. Ta mère a fait comme on lui disait : à neuf ans, elle a lâché l'école et elle a pris un tablier sans rien dire. Une servante, ni plus ni moins qu'une servante chez son père. La seule différence, c'est qu'elle n'avait pas de gages. C'est elle qui était la moins bien placée, l'aînée et suivie en plus par Cyril qui attirait, lui, toute l'attention et tous les espoirs de notre père. L'arrivée de Germaine n'a rien changé au sort de servante de ta mère. "Tête d'épingle" a été suivie de "tête de linotte".

— Grand-papa disait ça de maman ?

— Non, le deuxième c'était pour Germaine, papa se trouvait très fin, très comique avec ça. Un jour que papa avait retourné deux fois la soupe à la cuisine pour des niaiseries, pour humilier Georgina, je pense, grand-mère lui a lancé : "Faites ben attention, mon gendre, les têtes d'épingles c'est hasardeux. C'est pas le petit morveux des Langelier qui a perdu un œil avec une tête d'épingle ?" Mon Dieu ! Georgina a failli échapper la soupière pleine sur la tête de papa. Et cette fois-là, elle était chaude la soupe, je t'en passe un papier.

— Elle avait pas peur, la grand-mère ?

— "J'en ai mouché des plus torvisses que lui. Qu'y mange son dépit, ça va lui faire les dents." C'est ça qu'elle disait. Elle s'était retrouvée veuve avec quatorze enfants, elle avait tout mené tambour battant. Elle les a nourris, élevés et elle n'a jamais plus laissé un homme la regarder "avec des yeux à gadelles". Elle n'aimait pas mon père, mais c'est elle qui a organisé ce mariage-là. Elle a marié toutes ses filles, pas de discussion, marche par là. Ma mère n'a pas eu le choix : elle a vu mon père trois fois avant

100

d'entrer dans l'église. Pas besoin de te dire qu'ils n'étaient pas seuls et qu'il ne l'avait même pas embrassée sur la joue. »

Reine est complètement soufflée : jamais sa mère ne lui avait raconté ça. Gabrielle ramasse les patates, les lave, les met sur le feu et commence à mettre la table. Reine ne se fait pas prier et lui donne un coup de main : « Et toi ? T'étais une tête de quoi ? »

Gabrielle éclate de rire : « Une tête de cochon ! Papa s'est aperçu de ma présence quand je me suis opposée à lui. Ce qui n'a pas été long, d'ailleurs. Tête de pioche, tête de cochon, tout ce qu'il ne pouvait pas dire à grand-mère Dada, il me le disait.

— Grand-mère Dada ?

— Je l'ai toujours appelée de même, j'étais pas capable de dire son nom quand j'étais bébé.

— Tu l'aimais ?

— J'aimais sa façon de rouspéter. C'était une femme qui savait seulement décider et régner, pas faite pour obéir pantoute. Une contraireuse, une semeuse de zizanie, disait mon père. Mais elle était aussi une joyeuse : elle avait tout un art de turluter et elle chantait à l'église le dimanche. Maman la craignait et l'admirait. Elle lui obéissait, mais contrairement à ce que ça faisait à papa, grand-mère Adélaïde avait dédain de la servilité. Allez, ouste, assez de jasette, les enfants mènent du train. On va manger. »

Ce n'est que plus tard, une fois l'heure du concert passée, que Germaine vient militer pour la condamnation des relations amicales de Reine « avec cette jeune écervelée qui va la mener tout droit au communisme et lui mettre des idées de rébellion dans la tête ».

Edward est immédiatement alléché à l'idée d'obstiner sa belle-sœur, la menace communiste étant un de ses sujets préférés : « Tiens ! elles ne sont pas catholiques, Idola St-Jean et Thérèse Casgrain ? Je croyais pourtant…

— Mêlez-vous pas de ça, Edward, c'est une affaire de femmes. »

Edward sourit sans rien ajouter et allume un petit cigare en attendant la suite qui promet. Germaine se tourne vers Reine et parle d'une voix volontairement posée qui exprime toute l'ulcération dans laquelle l'a mise sa nièce : « Ta mère et moi et ta tante Gabrielle pensons que tu dois cesser de voir cette… Paulette Séguin qui est trop vieille pour toi et qui a des idées très discutables. Nous pensons que c'est une mauvaise influence, que ça peut faire du tort à ta réputation et que tu n'es pas dans une situation pour te permettre le moindre écart. Tu serais jugée sévèrement par des gens que tu estimes. On s'est bien comprises, Reine ?

— Non. »

Tout le monde tourne la tête vers Gabrielle qui a fait cette réponse. Germaine n'en croit pas ses oreilles : « Non, quoi ? »

Gabrielle est furieuse : « Non, je ne demande pas ça à Reine, non je ne suis pas d'accord pour que tu parles en mon nom sans me demander mon opinion, et non je ne suis pas favorable à ce que Reine cesse de voir Paulette Séguin. »

Alors là, Edward s'amuse vraiment : « Il te reste à aller réclamer le droit de vote, Gabrielle.

— Oh je t'en prie, Edward ! »

Germaine est complètement abasourdie : « Mais enfin ! Qu'est-ce qui te prend ? Qu'est-ce que j'ai dit ?

— Tu as dit que tu parlais en mon nom.

— Et alors ?

— Ce n'est pas vrai. Je ne veux pas dire ça, moi.

— Qu'est-ce que tu fais de la solidarité familiale, Gabrielle ?

— Excuse-moi, Germaine, mais je pensais que Reine faisait partie de la famille ! Tu es en train de lui dire ce qu'elle devrait penser en te servant de moi. C'est non. Je n'aime pas qu'on me mette au service d'une cause que je ne défends pas.

— Elle a raison, Germaine, c'est de l'abus de confiance », ajoute Edward.

Germaine les observe tour à tour, dépassée : « Vous allez me faire un procès pour une vétille alors que cette enfant joue son âme et son avenir ? »

Edward reste très calme et posé : « Pas un procès, Germaine, seulement une mise au point légale : vous ne pouvez pas vous servir du nom de votre sœur sans son consentement. Le mien en fait, puisque c'est aussi mon nom.

— Mais enfin, là n'est pas la question ! La question est de savoir… »

C'est une Reine déterminée qui interrompt Germaine : « … je ne le ferai pas, ma tante. Je ne cesserai pas de voir Paulette. Je ne cesserai pas d'aller à la Saint-Vincent-de-Paul et je ne sais pas encore si je vais adhérer à la Ligue des droits de la femme. Je n'ai pas encore décidé. Je vais en discuter et je vous le dirai si vous n'arrêtez pas de me voir à cause de ça. »

Germaine est muette de dépit. Elle triture nerveusement la ganse de son sac à main, elle cherche son souffle, supplie Gabrielle du regard.

Celle-ci ouvre les bras en signe d'impuissance : « C'est sa vie, Germaine. C'est son raisonnement. C'est bien de ça que parlent les femmes de la Ligue, non ? Avoir son opinion et la faire valoir. »

Germaine est déjà debout, insultée : « Très bien ! C'est la rébellion, j'ai compris ! Que Reine fasse sa petite crise d'affirmation, passe encore, mais à ton âge, ma chère, c'est ridicule ! Vous allez m'excuser, j'ai laissé ma sœur en bien triste état. »

Edward a beau insister, elle refuse qu'il l'accompagne, jurant qu'on n'a pas à faire partie d'une quelconque ligue pour défendre sa vertu. Bien au contraire.

Reine est effondrée et Gabrielle ne sait plus quoi dire pour l'encourager à tenir sa position et à réfléchir à la question. La petite craint tellement de ne pas être plaisante qu'elle est déjà prête à la reddition et qu'elle sanglote de contrition à la seule idée d'être repoussée par un homme « à cause d'une conduite qui révélerait un caractère ombrageux ».

Les théories de Paulette ne résistent pas à de telles craintes. Gabrielle obtient de justesse que celle-ci ne coure pas rue de Bernière pour s'excuser et implorer le pardon séance tenante. Dormir là-dessus et décider demain est la seule concession qu'elle gagne. Et encore… « Si cette décision n'est pas déjà prise, Noël ne tombe pas un 25 décembre cette année ! » Voilà l'opinion d'Edward qui essaie de calmer une Gabrielle furibonde qui marche de long en large dans leur chambre.

« C'est bien la fille de sa mère, celle-là ! Plus molle qu'un caramel sur le poêle ! Quand je pense à notre Adélaïde qui, à sept ans, a tenu tête à la mère supérieure et a entretenu des amitiés avec qui bon lui semblait. Sept ans ! Et cette grande bringue hésitante, pas capable de défendre ses positions devant Germaine. Aussi peureuse que l'autre. Aussi niaiseuse ! C'est pas mêlant…

— Arrête un peu, Gabrielle, mets-toi pas dans des états pareils.

— Toi qui dis rien, qui fais voir que c'est sans importance, à farcer et rire !

— C'est mieux d'en rire. On n'épluchera pas ta famille encore une fois, c'est ni faite ni à refaire, Gabrielle. On peut juste se féliciter que ce ne soit pas notre fille.

— Quand je vois Germaine se servir de moi, parler pour moi, me mettre de force de son bord !

— Tu t'es pas laissé faire, non plus. Viens te coucher. Arrête de te ronger les sangs comme ça.

— Je pensais qu'elle avait compris depuis l'affaire de la requête !

Mais non. C'est toujours comme si je n'existais pas, comme si je n'avais pas de vouloir. »

Edward comprend que sa femme n'est pas près de décolérer : quand elle ressort l'affaire de la requête, c'est que l'heure est grave. Au début de leur mariage, comme les suffragettes se faisaient entendre et risquaient de gagner des partisanes, monseigneur Roy de Québec avait rédigé une requête réclamant qu'on n'attribue pas le droit de vote à la femme. Cette requête, confiée aux associations féminines catholiques qui suivaient les règlements et les volontés de monseigneur à la lettre, avait été signée par des centaines de femmes et avait provoqué la création d'un comité de propagande contre le suffrage féminin.

Toute à son bonheur conjugal, Gabrielle n'avait aucune opinion politique et la question ne l'avait pas vraiment effleurée. Jusqu'au jour où elle apprit que Germaine, une des militantes les plus féroces du comité, avait signé le document en son nom à elle et en celui de Gabrielle. Et cela, sans même la consulter ou l'avertir. Au cours d'une réception, Gabrielle s'était entendu dire qu'elle ne supportait pas ces femmes sans dignité que sont les suffragettes. C'était Albertine Gadbois qui le lui annonçait en plus ! Une amie de Germaine qui, si elle avait pu, aurait rétabli la pratique du fouet pour la femme rétive à son mari.

Gabrielle n'avait plus parlé à Germaine pendant deux mois.

Edward n'avait pas vraiment d'avis sur le vote ou la place des femmes en général. Il avait quand même assez de bon sens pour admirer chez sa femme une disposition à la pugnacité qui lui avait valu de l'épouser et il n'avait pas le mauvais goût de discuter l'objet de cette combativité.

Il se lève, la prend par les épaules et marche avec elle : « Tu ne changeras pas l'idée de ta sœur. Elle sera toujours rétrograde et un peu grébiche. Elle veut décider pour toi parce qu'elle n'a plus personne à régenter depuis que ton père est mort. Prends-en ton parti, pense et agis à ta manière et laisse-la s'exciter sur ses menaces communistes. Du moment qu'elle ne touche pas à nos filles et qu'elle ne les enrégimente pas.

— Je sais tout ça, Edward. C'est comme si je ne voulais pas.

— Quoi ? Qu'est-ce que tu ne veux pas ? La laisser gagner ? »

Gabrielle hausse les épaules, dépassée par sa rage, incapable de lui donner un sens quelconque. Elle va s'asseoir au bord du lit et fixe les fleurs du tapis en silence. Edward attend la réponse, voit que rien n'a l'air de venir, il s'approche et s'accroupit à ses pieds. Il se rend compte qu'elle a des larmes plein les yeux. Il la regarde, totalement surpris et triste. Sans un mot, il essuie délicatement les larmes. Elle ne pleure pas souvent,

Gabrielle, il ne sait pas quoi dire ou quoi faire, alors il reste là à épier ce chagrin qui ne vient pas de lui et qu'il ne peut pas consoler. Quand elle parle, c'est d'une voix calme et brisée : « Avant souper, j'ai raconté à Reine comment ça se passait chez nous. Comment on était élevées et traitées, les filles Bégin. Ça m'est resté en travers de la gorge tout le long du repas. Je regardais mes filles à table et j'avais le cœur serré à penser qu'elles seraient peut-être oubliées, elles aussi. Comme si on ne comptait pas, comme si une ou l'autre, ça ferait pareil. Mon nom… celui de Germaine. Une sorte de paquet informe : les femmes. Les créatures, que mon père disait. Quand j'entends ça, c'est plus fort que moi, je vois un pacage avec des bêtes qui bougent tout en tas et tout en désordre. Comme ça reste en dedans de l'enclos, ça dérange rien pour l'ordre du reste. C'est de même que je sens ça, Edward : je suis enfermée dans un enclos et que je fasse ce que je veux, que je piaffe, que je rue, ça fera pas de différence, l'enclos est bien fermé, bien étanche. Il y a quelque chose de tellement triste là-dedans. Comme si la vie nous prenait moins à cœur, nous autres, comme si on avait moins de désirs, moins d'urgence que les autres. Sauf pour nos enfants : là on a le droit d'avoir de la volonté et de l'ambition. Je le sais que c'est ridicule, l'histoire du nom, mais c'est comme si je n'existais pas de par moi-même. Et je ne peux pas croire que c'est ça, vraiment ça, ma vie ! J'existe dans mes enfants, je sais. Mais c'est pas vrai, Edward, j'existe tellement fort en dedans de moi-même, tellement enragée et volontaire que c'est presque pas croyable que ça n'éclate pas plus. Je vais t'avouer une chose scandaleuse : si je ne t'aimais pas autant, si je n'avais pas ton amour dans ma vie, si je n'avais pas tes yeux qui me regardent vraiment, si je n'avais pas toutes nos folleries pas disables, tout ce qui se passe ici entre nous deux, si je n'avais pas ça, je ne pourrais jamais être la mère et la femme respectable que je suis. Si je ne t'aimais pas comme je t'aime, Edward, je ne serais pas vivable. Pour personne. Et pour moi non plus. Je ne pourrais pas faire comme mes sœurs, je ne pourrais pas parce que ça éclaterait, ce que j'ai dans le cœur.

— Je ne suis pas sûr de comprendre en quoi c'est si triste pour toi, mais il y a une chose que je sais : quand on vole son nom à un homme, quand on l'abuse et le salit à travers son nom, c'est une faute grave. Il y a un sentiment d'indignité qui va avec. J'ai déjà plaidé là-dessus, c'est jugé très sévèrement par la loi.

— Sauf que si c'est mon nom, c'est même pas jugeable. C'est pas pour rien que Germaine avait signé Bégin et pas Miller sur la requête. Elle savait que tu pourrais réclamer si c'était ton nom. Pas le mien.

— Mais mon nom est le tien, maintenant.

— Oui. Oui, Edward. Et je le respecte et je vais le garder à l'abri du déshonneur.

— Mais … ? »

Elle sourit avec douceur : il la connaît si bien, il est si amoureusement attentif. Comment ose-t-elle se plaindre, surtout si elle pense à sa mère et à son père. Il insiste, veut savoir. Elle soupire : « Mais si j'avais un peu de marge de manœuvre en dehors de la maison, je ne sais pas, moi, signer un contrat sans ton autorisation, vendre de quoi sans ton consentement, ouvrir un compte à la banque sans ton endossement ou même signer un chèque toute seule, juste moi… tu sais bien, posséder quelque chose et faire à ma tête de cochon pour le gérer. »

Il prend sa tête dans ses mains en murmurant : « Ma belle tête de cochon ! Tu pourrais… je ne sais pas, joindre les rangs de la Ligue des droits de la femme, juste pour voir la scène que ferait Germaine. Est-ce qu'elles sont excommuniées, ces femmes-là ?

— Pour Germaine, oui.

— Elles sont mariées, en plus : quelle sorte d'hommes Germaine pense qu'ils sont ? Pierre Casgrain, c'est un avocat très respecté. Oui, plus j'y pense, plus tu devrais y aller.

— J'irai certainement pas pour donner un coup de pouce à ta carrière !

— Tu irais ? Ton père va se retourner dans sa tombe. »

Elle l'observe, amusée, passe une main tendre dans ses cheveux : « Te souviens-tu de la nuit où je veillais maman qui était si malade, la nuit où j'ai bien vu qu'elle mourrait et que notre mariage serait empêché ? T'en souviens-tu de ce qu'on a fait dans le petit dehors, ce matin-là ? Risquer ma vertu dans sa maison, aller trop loin, dépasser les bornes de la décence, c'était ma revanche à moi que je prenais sur sa vie plate qui finissait. Toute la nuit, à ses côtés, j'ai pensé à toi pendant qu'elle faiblissait et, ce matin-là, tu aurais pu aller trop loin et tu le savais. J'aimerais ça qu'à ma mort mes filles n'aient pas un goût acide dans la bouche et l'envie de faire éclater les murs d'une maison qui s'est tenue trop tranquille. J'aimerais ça qu'il y ait moins de différence entre elles et moi qu'entre moi et ma mère. Moins de différence et moins de distance… Alors, si je veux être à la hauteur, va peut-être falloir que je rencontre Paulette Séguin.

— Presse-toi pas : Adélaïde et Béatrice font déjà à leur tête, pareil à toi.

— Ça te fait peur ?

— Tout à coup Madame Casgrain te fait la démonstration que tu es mal mariée ?

— Non. Y a que toi qui peux démontrer ça. J'espère qu'on ne parle pas de nos maris tout le temps, parce que ça fera pas grande différence d'avec les thés et les bridges.

— Veux-tu noter, Gabrielle, que je suis à tes pieds, sur le tapis, depuis une demi-heure ? Veux-tu noter que je suis tellement engourdi que je ne peux plus me relever ? Viens m'aider ! »

Dès qu'elle tend les mains, c'est elle qui se retrouve au tapis.

Ils allaient prendre froid en se réchauffant, quand un coup sourd est frappé à la porte. Pris en flagrant délit, ils se relèvent et se couvrent à une vitesse digne des films comiques. Mimi est là avec Rose qui est venue la réveiller parce que « la gorge lui pique fort et que c'est dur à gratter par les oreilles ».

La soirée de remise en question de Gabrielle se termine au chevet de sa plus petite qu'elle berce et veille toute la nuit pendant qu'Edward dort benoîtement.

*　*　*

Les oreillons qui s'installent à la maison de Grande-Allée provoquent assez de remue-ménage pour étouffer la crise familiale amorcée par Reine. Celle-ci a couru chercher l'absolution de sa tante et de sa mère dès le matin, en prenant soin d'apporter ses affaires : n'ayant pas eu les oreillons, elle préfère se mettre à l'abri de la contagion pour quelques jours et elle demande l'asile à sa tante. Germaine n'est que trop heureuse de montrer sa magnanimité.

Dès que le médecin est parti, Gabrielle installe les petits en bas avec Adélaïde qui doit rester à la maison au cas où elle serait contagieuse. Ce qui la désole beaucoup parce que le concert des élèves pour Noël est en préparation et qu'Adélaïde a un rôle de premier plan à y jouer. En attendant de pouvoir reprendre le chemin de l'école, elle répète ses partitions et met toutes les cordes vocales de ses frères et sœurs disponibles à contribution.

Rose n'est pas plaignarde, mais une forte fièvre l'agite et Gabrielle ne quitte pas son chevet. Heureusement, Isabelle n'a pas imité sa sœur et elle fait la navette entre la cuisine et la chambre. Pour plus de commodité et pour s'épargner un escalier, Gabrielle a installé Rose dans le lit conjugal. Toute petite, les boucles blondes collées sur le front brûlant, elle se débat dans son sommeil et se réveille brusquement. Gabrielle la garde dans ses bras, bien emmaillotée dans sa couverture, et elle la berce et la promène à travers la chambre en chantonnant. Rose écoute les chansons en souriant et elle pose sa petite main chaude sur la joue de sa mère. Un ange, cette enfant est un ange. L'année de sa naissance, quand Noël était arrivé, Rose n'était qu'un minuscule poupon blond de trois mois. Edward l'avait placée dans la crèche pour épater les enfants : avec ses grands yeux bleus, ses cheveux fins, immobile dans sa jaquette blanche et ses « petites pattes blanches » tricotées par Germaine, on aurait vraiment dit un enfant divin. Adélaïde l'avait appelée le « bébé Jésus » pendant longtemps.

Pour l'instant, le bébé Jésus a l'air en piteux état. Étrange comme la Bible ne mentionne aucune maladie contagieuse que la Vierge aurait eu à soigner, pense Gabrielle. Il s'est fait Homme. Pourtant, Il a bien dû avoir une petite poussée de fièvre ou alors la picote. Elle a beau se traiter d'insolente, elle continue à faire un inventaire complet de ce à quoi Jésus a échappé et du peu de réalité que prend alors le statut de Mère du Christ. Si on ne mouche pas un nez coulant, si on ne frotte aucune gencive à l'huile de clous, si on ne prépare aucune mouche de moutarde et ne donne aucun bain ou ne débarbouille aucune face souillée de confiture, alors comment se sent-on une mère ? Pour les couches, elle peut comprendre qu'on n'en fasse pas mention pour demeurer dans les limites de la correction, mais le reste, ne serait-ce que couper les petits ongles, s'assurer que les oreilles sont propres ou les cheveux bien peignés, joliment arrangés en boudins ?

Si on en avait parlé juste un peu, se dit Gabrielle, par petites touches discrètes, peut-être que les femmes se sentiraient moins inexistantes et négligeables, moins prisonnières d'un univers exigeant mais dérisoire. Mais La Vierge se contentait de courir après son Fils qui allait « à ses affaires », et son seul coup d'éclat a été de demander de changer l'eau en vin aux noces de Cana. Alors qu'endormir son petit enfant malade est bien plus indispensable, pense Gabrielle en déposant précautionneusement son léger fardeau dans le lit. Quel enfant malade a besoin que sa mère sache changer de l'eau en vin ?

Onze heures et demie, elle va à la fenêtre : une jolie neige folle tombe dans le jardin abandonné et recouvre les feuilles mortes qui marbrent de sépia le blanc parfait. La première neige est déjà loin derrière, la neige du jour des Morts. Bientôt Noël, et elle n'est pas certaine que la question d'inviter ou non Hector au réveillon soit réglée par les oreillons. Elle jurerait qu'en plus de préparer Noël et le temps des fêtes, elle aura aussi à bercer un après l'autre ses cinq enfants, puisque Rose est la première de la bande à avoir les oreillons.

« S'ils sont atteints, ça ne paraît pas ! » constate Gabrielle. Les enfants ont placé les chaises de la salle à manger une derrière l'autre et ils jouent au tramway. Béatrice est chargée des tickets, Fabien conduit en imitant tous les bruits et les deux autres ne cessent de monter et de descendre, jouant à eux deux tous les passagers.

Dans la cuisine, Mimi finit d'épaissir une sauce au poulet, alors qu'Isabelle fait chauffer les petits pois.

« Il reste un peu de café ? J'ai failli m'endormir avec Rose ! »

Isabelle, l'air gênée, lui tend une tasse de café : « Y a maman qui est venue, tantôt… »

Gabrielle remue longuement son café et ne dit rien. Isabelle achève d'une traite : « Elle dit que Reine va rester un peu chez tante Germaine et qu'elles ne viendront pas vous achaler pendant les oreillons. »

Gabrielle éclate de rire : « Mais après, elles vont venir m'achaler ? »

Isabelle est bien dépourvue par la réaction de sa tante. Reine a essayé de l'emmener rue de Bernière ce matin, mais pour elle, la question ne se pose même pas. On a d'autant plus besoin d'elle que Rose est malade. C'est ce qu'elle répète à Gabrielle qui s'inquiète et lui offre quand même d'aller se mettre à l'abri rue de Bernière.

Cet après-midi-là, en voyant Isabelle s'installer sur le sofa avec Fabien et Guillaume, et se mettre à leur lire une très longue et prenante histoire qui les tranquilliserait et leur permettrait d'oublier l'interdiction d'aller jouer dans la neige, Gabrielle se dit que cette enfant a un cœur qui rachète beaucoup des inconsciences des autres.

Après avoir appelé Mademoiselle Lizotte pour annuler l'essayage des robes de Noël, elle doit consoler une Béatrice mortifiée à l'idée de ne pas être en beauté pour les Fêtes et l'assurer qu'elles ont encore le temps d'ici douze jours.

Après cela, c'est au tour d'Edward d'appeler pour venir aux nouvelles. « Mais qu'est-ce qu'on faisait quand on n'avait pas le téléphone ? » s'écrie Gabrielle qui a déjà annulé tous ses rendez-vous de la semaine.

« Tu te rends compte, Adélaïde, qu'il aurait fallu écrire un mot à chacun et poster tout ça ? Quand j'étais petite, ma mère écrivait toujours un mot de remerciement à l'hôtesse qui l'avait reçue à souper. C'était obligatoire, sans ça on passait pour une sans éducation. Maman faisait de la correspondance tous les matins. Aujourd'hui, on n'écrit plus. »

Sauf les devoirs, soupire Adélaïde. « Comment on va faire si j'ai pas le droit de sortir ? Comment je vais savoir quelle page il faut lire ou quel exercice il faut faire ? »

Gabrielle règle ce problème juste avant qu'un autre ne surgisse et ainsi de suite jusqu'au soir où, épuisée, elle dépose Rose dans le lit de secours installé dans le *den* près de leur chambre. En laissant ouverte la porte de leur chambre, Gabrielle pourra entendre la moindre toux, le plus discret appel ou gémissement. Ça leur fait tout drôle de chuchoter pour se donner les nouvelles de la journée. Après sa nuit blanche, Gabrielle s'endort avant même qu'Edward ne revienne de sa « tournée d'enfants ».

*   *   *

En trois jours, tout le monde est malade. Même Mimi qui en déduit que « finalement, elle avait pas dû les attraper dans son jeune temps ». La maison est devenue une véritable infirmerie et Gabrielle voudrait se voir pousser des ailes, tellement monter et descendre les escaliers l'épuise. Rose est la seule à aller mieux et elle berce ses poupées et les oursons qui ont tous « les oyeillons ».

Le docteur Bédard termine sa visite sur un ton optimiste : « Vous êtes chanceuse, ils vont tous être remis à Noël. Tout juste, mais ça devrait y être. » Il la considère d'un œil sévère et se met à écrire : « Je vous prescris un tonique, vous êtes bien pâlotte et c'est demandant, les enfants malades. »

Demandant ? Gabrielle aurait employé un autre mot ! Dire que d'ordinaire, Germaine est d'un secours exemplaire dans ces cas-là et qu'elle doit s'en passer. Pourquoi faut-il que des disputes pareilles surviennent toujours quand on aurait tellement besoin d'aide ? Épuisée, elle est à deux doigts de pleurer dans sa tasse de thé, quand on sonne à la porte. Certaine d'y trouver une Germaine serviable si ce n'est contrite, elle reste muette devant la jeune fille enveloppée de lainages, les mains cachées dans un joli manchon à l'ancienne, qui se tient devant elle : « Bonjour, vous êtes madame Miller ? On s'est déjà croisées au Centre de la Saint-Vincent-de-Paul. Je suis Paulette Séguin.

— Avez-vous eu les oreillons ? »

Devant l'air effaré de la jeune fille, Gabrielle s'empresse d'ajouter : « Parce que si vous entrez ici sans les avoir eus, vous êtes assurée de les attraper. Ils sont sept en tout à être malades. »

Paulette est certaine d'avoir eu toutes les maladies contagieuses possibles, jusqu'au faux croup. Gabrielle s'excuse du désordre en lui versant une tasse de thé. Paulette ne la laisse même pas finir : « Je vous en prie, je sais que vous devez être débordée. Reine est malade aussi, je suppose ? »

En un éclair, Gabrielle comprend la cause de la présence de sa visiteuse. Elle comprend aussi qu'elle devra faire les frais de la pusillanimité de sa nièce. Elle essaie de tracer un tableau honnête de la situation, décrivant les craintes justifiées concernant la réputation et les enjeux plus vitaux que crée la soudaine pauvreté de Reine.

Paulette ne s'émeut pas : « Je pensais bien que ce serait quelque chose comme ça. C'est déjà arrivé, vous pensez bien. Est-ce que vous me permettez quand même de lui parler ? Je m'engage à respecter votre opinion et à ne pas essayer de changer sa position.

— Elle n'est pas ici et ce n'est pas mon opinion. Pour être franche, je ne partage pas ses vues et je regrette beaucoup qu'elle n'ait pas trouvé bon d'au moins vous faire part de ses réflexions.

— Elle a reculé de peur d'être jugée, c'est tout.

— Ça n'a pas l'air de vous choquer. »

Paulette ne cache pas son amusement : « À ce compte-là, je passerais ma vie choquée ! Non, c'est mon frère qui est le plus désolé… »

Paulette fournit un récit bien différent de ce que furent les réunions et les échanges politiques de Reine. Le frère de Paulette, Armand, fait sa cléricature et il a l'intention de se spécialiser en droit civil. Depuis un an, il a la charge d'assister un des commissaires de la Commission Dorion, Ferdinand Roy. Cette commission est chargé d'enquêter sur les droits civils des femmes et sur les améliorations susceptibles d'être recommandées au gouvernement. Armand a eu accès à tous les documents et il aide sa sœur en lui rendant compte de la réception des mémoires et des témoignages. Le juge Dorion est un ultra-catholique, et le premier ministre Taschereau savait qu'il ne risquait pas grand-chose en le nommant à ce poste : les changements qui seront suggérés au Code civil ne risquent absolument pas d'être révolutionnaires.

En écoutant Paulette, Gabrielle mesure son ignorance des lois et de la politique, mais surtout, elle se rend compte que l'intérêt de Reine était davantage de nature amoureuse qu'intellectuelle.

Un enfant qui pleure interrompt leur conversation. Gabrielle redescend avec Guillaume dans les bras alors que Paulette remet son manteau en s'excusant de « lui avoir volé son seul instant de répit ».

Gabrielle la retient le temps de savoir si la « déception » du frère de Paulette tient à l'absence tout court de Reine ou à ses opinions et à sa soumission aux volontés de sa mère. Paulette avoue n'en rien savoir : « Ce serait quand même dommage qu'un homme qui veut que les choses changent pour les femmes épouse quelqu'un qui n'y tient pas. Il aurait dû vous rencontrer. »

Gabrielle affirme qu'elle est bien ignorante de ces choses et que ses convictions politiques sont, somme toute, minimales : « J'ai bien peur que ça consiste à faire enrager mes sœurs régulièrement. »

Sur le pas de la porte, Gabrielle regrette de voir partir une personne aussi gaie et intéressante. Elle lui remet l'adresse et le numéro de téléphone de Reine et l'invite à revenir la visiter, si jamais elle en ressent le désir : « J'aimerais bien profiter de votre expérience, voyez-vous. Mes discussions avec mes sœurs ont coutume de se limiter à ce qui est convenable ou non, décent ou non. »

Paulette assure qu'elle se fera un plaisir de revenir. Gabrielle oublie tout ça dans une débauche de sirop, d'aspirines dissoutes dans du lait chaud, d'histoires et de berceuses. Elle n'a même pas le temps de préparer à souper pour Edward et elle, tellement les petits bouillons et les compotes apportées au lit lui prennent de temps. Dieu merci, Edward rentre tôt pour l'aider à donner le bain aux enfants et à les garder au lit. Mimi est très malade et, le soir venu, ses cent trois degrés de fièvre inquiètent beaucoup Gabrielle.

Ils s'assoient enfin devant une omelette au fromage, presque étonnés du silence de la maison et de ce tête-à-tête surprise. Edward suggère de prévenir Georgina « pour qu'au moins elle vienne soigner sa fille », mais Gabrielle refuse. Isabelle pourrait croire qu'elle n'a pas de place dans son affection et qu'elle est reléguée au second rang. « C'est son dévouement qui l'a rendue malade, il est normal que je la soigne. De toute façon, Georgina sait très bien que la maladie règne ici, son aînée le lui a dit. »

Le silence de ses sœurs lui donne une bonne idée de leur fâcherie. Elle ne veut pas les voir, n'ayant aucun besoin présentement d'une querelle théorique sur la place des femmes et leur statut.

Edward fait la vaisselle avec elle, comme au temps du début de leurs noces. Il l'entraîne ensuite au salon où, dans la faible lueur de l'appareil radio, il l'enlace pour une valse lente, en regrettant presque que ce ne soit plus péché mortel.

Ce n'est qu'une fois au lit, porte grande ouverte, qu'Edward se demande si, finalement, il a eu ou non les oreillons. « Tu me soignerais, l'estorlet ? Tu garderais le lit avec moi ? » Dans sa prière du soir, elle prie quand même pour que ce ne soit pas le cas.

* * *

Un soleil éclatant sur un froid piquant pénètre dans le vestibule quand, vers onze heures, elle ouvre à Paulette Séguin, venue lui offrir ses services. Quand Gabrielle insiste pour la faire entrer, elle refuse : « Je ne suis pas venue pour des mondanités, mais il fait beau et ma prochaine réunion n'est qu'à midi à deux pas d'ici. Alors, si vous avez besoin que j'aille à la pharmacie ou chez le marchand général… ne vous gênez pas, je vous l'offre. »

Quand elle revient avec les médicaments, elle accepte tout de même une tasse de café et elle raconte comment Reine a répondu à son appel téléphonique, la veille : des événements imprévus la forçaient à espacer leurs rencontres. « J'ai essayé de lui dire que si quelqu'un l'écoutait et l'empêchait de me parler à cœur ouvert, je serais à la Saint-Vincent-de-Paul ce matin et elle a répondu qu'elle était totalement libre, mais qu'elle préférait ne pas donner suite ou s'engager davantage.

— Seigneur Dieu ! Comme si elle avait tant fait !

— Pour beaucoup de femmes, l'idée d'assister aux réunions est déjà un pas de géant. »

S'il y a une chose qui étonne Gabrielle, c'est cette compréhension tranquille, sans hargne, sans aucune violence. Absolument pas le portrait des femmes acariâtres et querelleuses tracé par une Germaine au ton plus agressif que ce qu'il dénonce.

« Je peux vous demander de garder notre rencontre secrète ? Je ne voudrais pas que Reine l'interprète comme une pression indue. »

Gabrielle trouve que Paulette a bien des égards pour une petite mal élevée comme Reine qui ne sait même pas rompre des liens avec civilité. Elle promet parce qu'elle aime bien cette jeune fille.

Dix minutes plus tard, c'est une Germaine drapée dans ses fourrures et dans sa dignité qui sonne à la porte comme si elle avait attendu sur le perron la sortie de l'intruse. Sans autre forme de politesse, elle fonce dans l'entrée, retire ses bottes : « Je suppose qu'ils sont tous malades ? » Et, comme si sa présence risquait d'être mal interprétée, elle avertit sans détour : « Je ne suis pas venue discuter. Je suis venue donner un coup de main. Après, je m'en vais, tu penseras ce que tu veux. »

« J'aurai fait mon devoir », étant lourdement sous-entendu. Gabrielle connaît sa sœur, elle devait se morfondre en grand là-bas, à la savoir seule aux prises avec une maladie contagieuse. « Où est Mimi ?

— Malade. Cent degrés de fièvre ce matin. Ça s'emmieute. Et là, c'est Fabien qu'on entend. J'y vais. »

Elle disparaît pour se donner le loisir de réfléchir à l'attitude qu'elle désire adopter avec son énergique sœur. Elle n'a aucune envie d'une absolution sans condition. Mais le moyen de refuser son aide ? Elle tranche le problème en profitant de la présence de Germaine pour sortir de la maison et faire quelques courses urgentes.

La journée est délicieuse : un ciel limpide, un temps froid sans être glacial, juste ce qu'il faut de neige saupoudrée pour exalter l'esprit des Fêtes sans encombrer les trottoirs en les rendant bourbeux.

En sortant de chez Livernois, Gabrielle décide de se rendre au couvent des Ursulines pour avertir mère Marie-de-la-Compassion qu'Adélaïde ne pourra faire partie du concert de Noël. C'est la promesse ferme que lui a arrachée sa fille en échange de son obéissance. Il semble bien que ce soit la seule personne qu'Adélaïde tienne à informer. Aucune amie n'a succédé à Denise Turcotte. Gabrielle se demande combien de temps durera chez sa fille cette propension à ne s'attacher qu'aux chats errants. Encore des amitiés qui susciteraient la réprobation de Germaine. Les fortes dispositions de sa sœur à la censure n'effraient absolument pas Gabrielle qui, après avoir affronté son père, se sent une solide impudence.

Elle trouve la religieuse à la chapelle. Une odeur de sapinage l'envahit, accompagnée d'un léger relent d'encens. La chapelle est décorée pour Noël, et malgré que les statues soient toutes couvertes du violet expiatoire, la crèche et les branches de conifères procurent une indéniable gaîté à l'Avent. La religieuse est à l'orgue et joue un choral de Bach. Le soleil qui traverse le vitrail sud-ouest trace un oblique où la poussière danse. C'est un endroit empreint d'une telle paix que Gabrielle s'octroie une pause et prend place dans un banc. En écoutant l'exécution très convenable de la sœur, elle observe l'alignement des prie-Dieu et pense à sa toute petite Adélaïde assise ici avec ses compagnes. Bientôt Béatrice viendra la rejoindre et elle peut à peine imaginer Rose, son bébé si tendre, en âge de s'asseoir ici. C'est donc cela que les grands voulaient dire quand ils soupiraient que la vie est courte ? Elle aura trente ans l'an prochain et elle a l'impression que tout est dit de sa vie et de ses réalisations. Ce qui la fait quand même sourire : il n'est pas certain qu'elle n'aura pas encore un ou deux enfants à mettre sur le compte des réalisations.

La musique cesse dans un largo vibrant. Gabrielle se lève et va rejoindre la sœur. Elle est toute petite et les yeux bleus, derrière les verres, sont si pâles qu'on les dirait usés.

« Mère Marie-de-la-Compassion ? »

Elle chuchote et la religieuse sourit en opinant.

Gabrielle se présente et fait le message désolé d'Adélaïde. La musicienne a l'air aussi déçue que sa fille. Elle informe Gabrielle du talent remarquable de la petite et des espoirs artistiques qu'elle suscite. Elle lui demande même si elle est consciente du don d'Adélaïde. Gabrielle hoche la tête : « Ma fille est douée à plus d'un égard, ma sœur. Quelquefois, je l'entends inventer des histoires pour ses frères et sœurs. Nous ne savons pas encore ce qui va prendre le dessus, mais nous n'entraverons pas son talent, c'est entendu.

— C'est une enfant très sensible. Et dévouée. »

Bêtement, Gabrielle voudrait s'en aller, mais elle ne trouve pas le moyen de le faire simplement. La religieuse semble avoir autre chose à lui dire et attendre un signe de sa part. Finalement, après un long silence, la sœur lui dit : « Elle a une bonne mère, courageuse et forte. »

Gabrielle sourit, garde pour elle ses doutes et tend la main : « Au revoir et merci, ma sœur. » Elle a l'impression que la sœur la regarde pensivement partir et elle résiste à l'envie de se retourner pour nommer son malaise.

Le soleil baisse et le ciel s'ennuage. Les lampadaires commencent à s'allumer. Une bande de jeunes gens du Séminaire se bousculent et se chamaillent en faisant beaucoup de bruit. Elle aurait envie d'aller prendre le thé chez Kerhulu avec Edward. Elle a envie de luxe, de sensualité et de chaleur. Mais dès qu'elle pense à ses petits malades, elle a envie de les dorloter, de les bercer et de caresser doucement leurs fronts moites de fièvre.

À son arrivée, elle remercie poliment Germaine et lui tend son manteau. Celle-ci accuse le choc et s'empresse d'expliquer qu'elle a à faire et qu'elle doit vraiment y aller, comme si le geste de Gabrielle était ambigu.

Gabrielle trouve Adélaïde dans le lit d'Isabelle, en train de se faire expliquer une règle de calcul très compliquée. Elle tâte les fronts d'une main rendue trop fraîche par la promenade dehors. L'effet est trompeur. Elle s'assoit sur le lit et refait les tresses d'Isabelle. Adélaïde la regarde faire attentivement : « Maman, tu ne trouves pas qu'Isabelle devrait couper ses cheveux court, court ? Ça bouclerait et on verrait mieux que ses joues sont rondes. »

Isabelle consulte sa tante du regard, sans rien dire. Où est-ce qu'Adélaïde va chercher des choses pareilles ? On croirait entendre Béatrice. Isabelle attend toujours son commentaire. « Ça te plairait, Isabelle ? »

Oh ! que les yeux brillent, que la tête s'incline dans un oui enthousiaste ! « C'est un coup monté, ça ? Adélaïde… dis-moi.

— Ma tante Georgina veut pas… et c'est vrai que les cheveux d'Isabelle friseraient. Ma tante dit que les vraies demoiselles ont les cheveux longs. Dans ma classe, y a plein de pas vraies demoiselles d'abord. »

Gabrielle trouve la tentation bien grande de piquer sa sœur et ses sacro-saints principes, mais provoquer la bisbille est risqué. Elle promet à Isabelle que, dès qu'elle le pourra, elle en parlera sérieusement à Georgina.

« Mais, maman ! Vous êtes fâchées ensemble ! Comment veux-tu ?

— Tut ! Tut ! Adélaïde, sois polie… Tu lui as vraiment demandé, Isabelle ?

— Oui… et c'est non.

— Bon, laisse-moi y penser un peu. »

Après un silence, elle entend la toute petite voix d'Isabelle ajouter : « Papa voulait, lui. »

Papa… Gabrielle surprend la main de sa fille qui prend celle d'Isabelle dans les couvertures. Aurait-elle trouvé un autre chat errant ? Isabelle a donc du chagrin de ne jamais voir son père ? Évidemment, quelle idée de croire qu'il peut en être autrement ! À quoi pensait-elle donc ? se reproche Gabrielle.

« Dis-moi, Isabelle, si tu pouvais voir ton papa à Noël, je dis bien comme une supposition, ça te ferait plaisir ou de la peine ?

— Vous voulez dire parce qu'il repartirait ? Que ce ne serait pas pour de bon ?

— Par exemple.

— Maman dit qu'il est mal en point.

— Financièrement?

— Je sais pas… comme malade. Est-ce qu'il va mourir? »

Là-dessus, elle éclate en sanglots.

« Mais enfin, Isabelle, je ne pense pas qu'il y ait autre chose que des problèmes de chômage et d'argent. C'est bien assez, d'ailleurs. Ma puce… ne pleure pas, il ne va pas mourir. Pas du tout. Tu vas le revoir. Qu'est-ce que c'est que ces imaginations? »

Gabrielle berce Isabelle contre elle et la console en se demandant ce que Georgina a bien pu dire aux enfants… en admettant qu'elle leur ait parlé autrement que par euphémismes!

Pour être certaine qu'elle n'a pas menti à Isabelle en prétendant son père en bonne santé, elle demande à Edward s'il sait quelque chose. Celui-ci l'assure que leur beau-frère est maigre mais pas malade, déprimé mais pas mourant et que les conclusions d'Isabelle sont peut-être davantage le résultat du silence que des discours de Georgina.

« Mais enfin, Isabelle l'imagine mort! Elle devrait lui dire la vérité au lieu de la laisser supposer le pire.

— Es-tu sûre que le pire, pour Georgina, ne soit pas la honte de la faillite? Un mari mort de misère fait mieux dans les salons qu'un pauvre abruti pas capable de se sortir d'un mauvais pas.

— Edward! Je t'en prie!

— Cet homme-là est un homme seul, Gabrielle, un homme fini, pas juste déclassé. Jamais tu ne m'aurais traité de cette façon, toi. »

Interloquée, elle s'aperçoit qu'elle n'a jamais considéré le problème sous cet angle. Edward est une telle évidence d'amour pour elle, un compagnon si nécessaire que jamais, dans aucune lutte, devant aucune adversité, elle ne le laisserait seul pour faire face. « C'est pas pareil, Edward. Nous deux, c'est pas pareil. »

Il la prend dans ses bras : « Non, et je vais t'apprendre autre chose, espèce d'estorlet : ta façon d'éduquer les enfants n'est pas pareille non plus. Penses-tu que ta sœur ou les autres mères écoutent les petits et sont attentives comme tu l'es? Voyons donc! On fait comme la loi est édictée, avec les principes qui nous ont élevés, *that's it!* Qui se bâdre de comprendre ou de faire attention?

— Pourtant, si y en a une qui peut se plaindre de son éducation…

— C'est souvent comme ça : les moins bien traitées ne rouspètent pas et les foins follets comme toi, par contre… »

Il promet tout de même d'essayer de savoir de Georgina ce qu'elle préfère qu'on dise aux enfants. Et d'Hector aussi, puisqu'Edward doit reprendre les « gros chars » pour Montréal en début de semaine.

*   *   *

Edward n'a peut-être rien attrapé de ses enfants, mais à son retour de Montréal, c'est à lui de prendre le lit avec une toux caverneuse à faire peur. Il est dit que Noël ne verra pas la famille au complet dans le banc d'église cette année.

Germaine se manifeste régulièrement, avec une vaillance froide qui clame son sens du devoir et un certain héroïsme : Gabrielle constate que sa sœur se trouve bien de la grâce de persister à aider une inconvenante comme elle. Malgré cette bonne volonté et pour la première fois depuis la mort de son père, Gabrielle cuisine sans sa sœur les beignes et les cretons qui sont, par tradition, confectionnés le même jour et en famille. Cette fois, la famille ce sont tous les enfants qui débordent d'énergie depuis qu'ils sont remis. Fabien retire tous les trous de beignes pendant qu'Adélaïde supervise la découpe de la pâte. Aucun enfant n'a le droit de s'approcher pendant la friture. Seule Isabelle peut donner un coup de main. Une fois cette étape terminée, tout le monde a l'autorisation spéciale de « casser la pénitence » de l'Avent en dégustant un trou de beigne saupoudré de sucre.

Gabrielle les couve du regard pendant qu'ils se régalent, assis bien sagement côte à côte. Béatrice, le petit doigt en l'air, qui prend des airs gourmés, Fabien, la bonne humeur incarnée, qui mange en balançant les jambes pour indiquer que c'est bon. Tout bébé, il gigotait des pieds en tétant. Rose, qui ferme les yeux de volupté et Adélaïde qui trempe la suce de Guillaume dans le sucre pour lui offrir une gâterie acceptable pour son âge. La maladie a changé Isabelle qui devient grande fille, c'est comme si elle avait grandi, le temps qu'elle était au lit. D'ailleurs, sa robe est étroite et compresse sa poitrine de façon bien peu élégante. Gabrielle regrette de ne pas posséder cette taille dans ses réserves, ses robes de jeune fille sont trop démodées, il faudrait demander une ancienne robe à Reine et la faire ajuster pour sa jeune sœur. Mais Reine ne fréquente plus la Grande-Allée, elle a emménagé rue de Bernière avec sa mère et sa tante. « La Sainte Trinité » comme les appelle Edward.

Gabrielle monte, munie d'une pâtisserie et d'un thé chaud, et trouve son mari endormi au milieu du désordre des draps mêlés aux journaux épars et d'une tablette à écrire sur laquelle il a commencé une lettre. Il a encore la plume à la main !

Délicatement, elle débarrasse le plus gros et elle s'assoit près de la fenêtre en buvant le thé prévu pour lui. La journée s'achève, une lune presque pleine s'encadre tout juste dans le carreau supérieur droit de la fenêtre. Gabrielle pense à l'étoile de Bethléem qu'elle a tant cherchée dans le ciel, enfant. Comment ont-ils fait, les Rois mages, pour ne se fier qu'à une étoile alors qu'il y en a tant ? Comment savaient-ils que c'était la bonne ? Et les bergers, finalement, ils ne savaient lire que les étoiles ? Et elle, qui ne savait lire que les livres et pas le ciel, comme cela la tourmentait ! Elle sourit en se rappelant tous ces débats intérieurs qui l'occupaient des heures durant à l'église.

Elle ne sait toujours pas lire le ciel, mais elle a trouvé quelle étoile suivre.

Edward tousse à fendre l'âme. Elle s'approche et constate qu'il fait au moins cent deux degrés de fièvre. Les joues rouges et brûlantes, il frissonne et remonte la couverture. Elle lui tend du sirop qu'il avale en faisant la grimace : « C'est tout ce que tu trouves à m'offrir alors que ça sent si bon ? » Elle lui tend l'assiette où trônent encore les trous de beignes sucrés et il l'éloigne comme si c'était pire que l'huile de foie de morue. « Je viens de finir ton thé. Tu en veux ? Je vais aller t'en préparer du chaud. » Il fait non, prend sa main. Il est brûlant, sa voix est altérée : « C'est Hector qui m'a refilé ça. Il est tellement malade, le pauvre diable, tu ne le croirais pas. C'est mieux qu'il ne se montre pas, Isabelle croirait vraiment qu'il va mourir. J'ai un mot qu'il a écrit pour Georgina, là sur la commode. Tu peux le mettre à la poste ? »

— Pour qu'elle le reçoive après Noël et qu'elle m'en fasse reproche ? Non, non, Edward, j'irai ce soir. Pour Isabelle ? »

Edward soupire et sa main retombe : « Rien. C'est Reine, la sienne. Il ne s'informe que de Reine et de Georgina. Il ne s'inquiète que de savoir si Reine a des cavaliers, si elle va se marier et se tirer d'affaire. Isabelle... on dirait qu'il ne s'en souvient pas. »

Gabrielle se relève, découragée : « Repose-toi, Edward. Tu veux manger ? Une toast et du thé ou du bouillon léger ? »

Il fait la grimace, tousse : « Plus tard. Quand tu reviendras de chez la Sainte Trinité. »

Il peut bien se moquer !

Il fait chaud chez Germaine et le salon a une touche d'ordre qui appartient indéniablement aux maisons sans enfants. Ses deux sœurs sont assises côte à côte, pour ne pas dire coude à coude, sur le sofa. Gabrielle note l'indifférence avec laquelle Georgina prend la lettre et la pose sur la table basse face à elle. Elle prie le Ciel qu'Isabelle ait un peu plus d'importance que cela aux yeux de sa mère. Mais c'est de Reine qu'elle parle présentement. Reine qui semble faire la joie des deux femmes, leur complet bonheur. On lui raconte que Reine est partie patiner avec un jeune homme qui devrait se décider bientôt et faire la grande demande. Elles ont bon espoir. Quand Gabrielle essaie de savoir s'il est estimable et si sa nièce a des sentiments pour lui, elle s'entend répondre : « Là n'est pas la question. Il a un métier et un emploi. De nos jours, que demander de plus ? »

Évidemment ! Gabrielle comprend que, à travers le bon mariage de Reine, c'est l'avenir de sa mère qui se joue. Dès qu'elle aura un mari, la jeune fille invitera Georgina à vivre sous son toit et ce sera enfin le nouveau départ pour elle, la fin de l'exil et de l'errance. Germaine retrouvera ainsi ses amis et ses habitudes. Elle se demande si la date est arrêtée dans leur esprit, mais elle se tait sachant que la moindre question sera jugée impertinente. Elle toussote et commence : « Il y a Isabelle de qui je m'inquiète un peu… »

Les sourcils froncés de Georgina, son air épuisé et lassé, son « quoi encore ? Qu'est-ce qu'elle a fait ? » indiquent clairement que dans cette maison, on ne peut s'inquiéter d'autant de pupilles à la fois. Le temps d'Isabelle est prévu pour dans deux ans.

« Rien ! Elle n'a rien fait. Elle est très aimable, très bien élevée. Seulement, elle demande après son père… enfin, des nouvelles… Et elle grandit, il faudrait voir à sa garde-robe. »

Georgina, la main sur la poitrine, répète : « Sa garde-robe ? », comme s'il s'agissait d'un concept moderne et inquiétant, comme si cela la dépassait totalement.

Gabrielle persiste : « Elle forcit… Comme toute jeune fille qui va sur ses quinze ans. »

Il n'est bien sûr pas nécessaire d'ajouter quoi que ce soit. Elle constate que Georgina n'a aucune hâte de savoir si elle devrait parler à sa fille des choses qui l'attendent avec le mariage. Encore heureux que Mimi soit là et qu'elle ait veillé à fournir du secours à Isabelle le jour où « ses affaires de femme sont revenues » et que la petite « ben énarvée, madame Gabrielle » se soit confiée à elle. Isabelle, encore jeune et irrégulière, n'avait prévu aucune « guenille » et elle n'avait ni sœur ni amie à qui en emprunter. Gabrielle ne se considère pas exactement comme une amie, elle veut bien se charger de parler à ses propres filles, mais Isabelle a une mère et Gabrielle ne peut pas passer par-dessus son autorité. À force de faire attention à ne pas froisser Georgina, Gabrielle se rend compte qu'Isabelle va pâtir et payer pour une autorité parentale absente mais respectée. Devant l'air accablé de sa sœur, elle s'empresse de la rassurer pour ce qui est des détails pratiques : « Si Reine avait une robe ou deux dont elle n'a plus l'usage… je me chargerais de les faire ajuster. »

Georgina soupire, jette un regard de noyée à Germaine qui fait la moue : « Je crains qu'elle n'ait offert aux pauvres tout ce dont elle ne se servait pas. »

Une Georgina soulagée répète : « Ben oui ! Aux pauvres…

— Tu n'aurais rien, toi, qui pourrait… ?

— Germaine, pour l'amour ! Tu sais aussi bien que moi que j'ai donné à Reine tout ce que j'avais. Si je comprends bien, Reine a besoin de plusieurs toilettes ?

— Elle est très demandée et on ne voudrait manquer aucune chance. La chère enfant se conduit admirablement. Tu comprends, Gabrielle, j'ai tout misé ce que j'avais sur ma fille.

— Aînée.

— Oui, oui, ma fille aînée. Pour ce qui est d'Isabelle, nous verrons plus tard, quand elle ne sera plus une enfant. Elle t'aide, j'espère ? Elle s'occupe des enfants, de la maison ? »

Gabrielle admire la finesse du message et conclut qu'elle n'a plus rien à faire dans ce salon où l'obsession du mariage règne. En ce moment précis, elle n'aime plus du tout Georgina et ses airs d'oiseau égaré. Elle lui en veut même de lui donner des pensées malveillantes qui font d'elle une pécheresse qui devra encore se confesser : « Oui, Georgina, si je ne l'avais pas, je ne sais pas ce que je ferais. »

Elle quitte les deux membres de la Sainte Trinité en remerciant le Ciel qu'aucune d'elles n'ait poussé l'impudence jusqu'à dire que, sans Isabelle, elle serait obligée d'engager une autre servante.

En arrivant à la maison, elle saisit le catalogue Eaton, le pose sur les genoux de sa nièce éberluée et lui dit de bien prendre son temps et de se choisir un modèle de robe : « Tu auras quinze ans dans quelques mois, Isabelle, penses-y bien en choisissant ta robe, ce n'est plus une robe d'enfant. Si tu veux qu'on en parle, qu'on discute de l'étoffe et des fantaisies, ça me fera plaisir. »

Les yeux d'Isabelle sont incrédules. Elle caresse la couverture du catalogue en répétant : « Une robe neuve ? Pour moi toute seule, ma tante ? Vous voulez dire pas du tout portée ? »

Gabrielle sait bien que sa sœur n'a jamais été riche à craquer, mais elle a déjà été suffisamment à l'aise pour s'offrir plus d'une toilette par année. Pourquoi n'avoir jamais offert à Isabelle autre chose que les robes de sa sœur ? Pourquoi cette enfant lui brise-t-elle le cœur avec sa reconnaissance fébrile ? Gabrielle comprend bien, à la façon dont Isabelle serre sa main, que pour la petite comme pour n'importe quel enfant, ce soin qu'elle prend d'elle s'appelle de l'amour. Dans cette famille où le silence règne en ce qui concerne les sentiments, une robe neuve est une preuve sinon d'affection, du moins d'intérêt pour sa personne.

« Mademoiselle Lizotte ne pourra la faire pour le jour de l'An, mais je vais essayer de la presser pour que tu l'aies aux Rois. Je n'ai pas parlé à ta mère pour tes cheveux, mais si tu veux, nous irons ensemble chez le coiffeur et on lui demandera ce qui serait le plus approprié. Ce sera tes étrennes, Isabelle. Et si ta mère se choque, on dira que ton oncle Edward a beaucoup insisté.

— Pas besoin des deux, ma tante. La robe, c'est bien en masse.

— Non, Isabelle. La robe, tu en as besoin. Les cheveux et la coiffure, c'est mon cadeau parce que tu es grande fille, maintenant. »

Isabelle est rouge du front au menton. Elle baisse les yeux sur le catalogue, honteuse. Gabrielle est à peu près certaine d'être aussi rouge qu'elle, mais elle prend son courage à deux mains et explique à Isabelle tout le phénomène et son sens pour ce qui est des enfants et des maternités possibles. Elle s'arrête pudiquement aux détails d'irrégularité qui la touchent maintenant et se promet de lui enseigner le comment des enfants un peu plus tard. Elle lui montre comment marquer sur le calendrier et essayer de comprendre son cycle. Avant d'en finir et de la laisser tranquille comme elle a l'air de tant le souhaiter, Gabrielle ajoute que ce n'est ni sale ni honteux, que toutes les femmes du monde entier vivent ce phénomène et qu'il existe des moyens modernes pour absorber le sang qui relèguent les guenilles de coton à la poubelle. Elle lui souffle où, dans la salle de bains, elle peut trouver ces nouveaux produits appelés Kotex et lui demande seulement de ne pas épuiser la réserve sans l'avertir. Elle les commande à Montréal, par catalogue, et elle ne saurait plus s'en passer.

Une fois la cuisine rangée, Gabrielle s'installe sur la grande table de chêne de la salle à manger et rédige les cartes de Noël qui seront postées horriblement en retard et qui vont prouver aux rigoristes qu'elle n'est pas bien éduquée et aux amis qu'elle a été débordée cette année.

Adélaïde adore l'aider et contempler les cartes reçues et commenter les illustrations. Gabrielle trouve qu'il est bien tard pour une petite fille qui a été malade, mais ce sont les vacances et elle est si tranquille.

« Maman, tu envoies quelle carte chez Malvina ?

— Tu choisis. Tu sais ce qu'il préférerait, Florent ? C'est un dessin de toi, une feuille qu'on glisserait dans la carte. Il pourrait le regarder tous les jours. »

Malvina ne sachant pas lire, Gabrielle n'est pas certaine qu'il y ait chez elle, parmi ses neuf enfants, une seule personne en mesure de le faire pour elle. Ils ne restent pas longtemps à l'école de rang, ces enfants et, de plus, ils sont absents dès qu'il y a une corvée à exécuter.

Le dessin est joli, même s'il accuse quelques faiblesses de perspective. Adélaïde est si contente, pas de doute que Florent aura du bonheur lui aussi.

« Maintenant tu te couches, ma grande. Et tu fais tes prières toute seule, d'accord ?

— J'en dis plus pour que papa guérisse et pour que toi, tu ne sois jamais malade. »

Les bras d'Adélaïde l'étreignent. Gabrielle ferme les yeux de bonheur : cette enfant, quand elle aime, est une bénédiction du Ciel.

Gabrielle se couche satisfaite quoique secouée : comparer le sort d'Isabelle à celui d'Adélaïde la fâche beaucoup. Il lui est très difficile d'admettre qu'un enfant soit sacrifié au profit d'un autre. Cela lui semble monstrueux. Elle trouve sa consolation en se disant que Reine ne sait pas encore ce qui lui arrive vraiment à chaque mois et qu'elle porte toujours des guenilles, signe de la mentalité d'ancien temps de sa mère adorée… et elle se reproche immédiatement cette pensée.

Edward râle à côté d'elle et tousse sans arrêt. Pourvu que les enfants n'attrapent pas cette toux à leur tour ! Sinon, elle va passer le temps des fêtes dans les escaliers et l'odeur de camphre.

Le docteur Bédard et Mademoiselle Lizotte arrivent en même temps, ce 23 décembre frisquet. Dès qu'elle a installé sa couturière au boudoir avec ses galons et ses épingles, elle appelle Adélaïde pour son essayage et va rejoindre le médecin et Edward dans leur chambre.

Pâle, les joues bleuies par la repousse de sa barbe, Edward n'a que les yeux de brillants. Il est furieux et regarde Gabrielle avec rancune : le

docteur vient d'interdire la messe de minuit, la bronchite pourrait dégé-
nérer en pneumonie dans ces églises pleines de microbes et crues comme
c'est pas possible. Le médecin continue son ordonnance, impassible : pas
question de se lever avant la tombée de la fièvre qui frise encore les cent
degrés ce matin et pas question de manger grassement tant que « le mauvais n'est pas sorti », les mouches de moutarde demeurant encore le
moyen le plus efficace pour y arriver. Sinon, il reste toujours la pénicil-
line qui est très chère et s'administre par injections. Edward estime que
sa dernière heure n'est pas venue et qu'il se contentera de sirop, d'aspirines et des « maudites mouches de moutarde ».

Gabrielle comprend que tous ses péchés de colère et de jugement
d'autrui de la veille vont être expiés dans l'heure, à seulement soigner son
mari.

Une fois leur père rasé, lavé, le pyjama changé et le lit refait, les
enfants ont le droit de venir dire bonjour, avec l'interdiction formelle de
l'approcher ou de le toucher. Guillaume crée tout un divertissement en
refusant de montrer comme il sait bien marcher. Chaque fois qu'Adélaïde le pose par terre et lui tend les bras, il se précipite à quatre pattes
pour la rejoindre plus vite, au grand bonheur de tous les spectateurs.

Béatrice arrive, rose de plaisir après l'essayage de sa robe de Noël qui
lui donne l'air beaucoup plus grande, « Presque autant qu'Isabelle, beaucoup plus qu'Adélaïde ! », et elle se fâche quand Fabien la contredit.
Avant qu'ils ne fassent tousser leur père avec leurs chamaillages, Gabrielle
les met à la porte et se presse d'aller montrer à Mademoiselle Lizotte une
robe qu'elle désire raccourcir.

La couturière travaille tout l'après-midi pour terminer les robes des
filles. Quand elle retire ses lunettes pour prendre une tasse de thé et
des beignes, ses yeux sont rouges de fatigue. Adrienne Lizotte coud pour
les Bégin depuis plus de trente-cinq ans. C'est elle qui a cousu la robe de
mariage de Gabrielle, c'est elle qui a rafistolé la robe de baptême qui a été
portée par Gabrielle et ses cinq enfants. Adrienne Lizotte ne s'est jamais
mariée et elle remercie le Ciel pour ses « doigts de fée » qui lui apportent
tous ses moyens de subsistance. D'habitude, elle demeure chez Gabrielle
au moins trois jours par saison pour retoucher les vêtements et exécuter
les nouvelles pièces, mais la maladie contagieuse qui a transformé la maison en hôpital a bousculé les horaires et multiplié les aller-retour.

La cinquantaine amorcée de Mademoiselle Lizotte n'est apparente
que par les lunettes qu'elle doit maintenant porter pour « tirer le

moindre fil », son visage est moins ridé que celui de Georgina, qui est pourtant plus jeune. « J'ai achevé hier une fort jolie tenue pour la fille de votre sœur. Une étoffe de laine très légère.

— Ah bon, je voulais justement vous demander une faveur…

— Elle se fiance, c'est ça ? Si j'ai bien compris, la grande demande ne saurait tarder. La pauvre petite est dans un état de nerfs… »

L'espoir forcené de sa sœur semble s'être transmis à sa fille. Gabrielle ne confirme rien et se contente de hocher la tête en ouvrant le catalogue Eaton à la page choisie par Isabelle : « J'ai ici la sœur de la future engagée qui grandit elle aussi. La pauvre petite n'a rien de décent à se mettre pour Noël. Si dès demain, j'allais chez Paquet acheter un coupon et que je vous le faisais porter, pourriez-vous, et je sais que c'est beaucoup demander, pourriez-vous coudre ce modèle pour les Rois ? »

Mademoiselle Lizotte remet ses lunettes et étudie attentivement le dessin : « Ah oui, c'est fin ces petits cols qu'on peut enlever et remettre, ça rend la robe portable en toute occasion. Le plissé de la jupe, on met du temps à le repasser, mais ça allonge tellement la silhouette. Est-ce qu'elle est forte ou mon mannequin "jeune femme" est de sa taille ? Parce que les essayages sont plus compliqués avec les tailles hors norme, c'est sûr. »

Évidemment, un buste de femme sur une taille d'enfant complique-rait tout. Isabelle, toute gauche, est mesurée et déclarée « dans la normale si on considère que le buste prendra son expansion naturelle dès que le corsage sera à sa taille ». Quand la petite est sortie, Mademoiselle Lizotte demande à Gabrielle : « Cette robe qu'elle porte, c'est ce qu'elle a de mieux pour Noël ? »

Devant le regard désolé de Gabrielle, Mademoiselle Lizotte fait de la place, remet son coussinet d'épingles à son poignet : « Allez me la cher-cher. Si je peux trouver un peu de jeu dans les coutures de côté, je vais essayer de faire en sorte qu'elle ne s'évanouisse pas à la messe de minuit. »

Gabrielle lui est si reconnaissante qu'elle lui fricote un souper déli-cat, étant donné que ses travaux vont la garder très tard à la maison.

*　*　*

Edward fortille dans le lit et Gabrielle ne voit pas l'heure d'être prête pour ses courses avec Isabelle. De toute évidence, il va mieux et la pro-chaine étape compliquée sera de le faire se tenir tranquille et au lit. Elle finit ses préparatifs et vient s'asseoir près de lui : « Tu devrais lire un peu. Je vais demander à Fabien de te monter ton journal. Qu'est-ce qui te ferait plaisir ? Tu veux que je t'achète quelque chose de spécial à manger ? »

La main d'Edward essaie d'atteindre la peau délicate du poignet de Gabrielle, il a déjà détaché trois des six boutons de son gant qu'elle a tant de mal à fermer : « Penses-tu… est-ce que ce serait envisageable que tu fasses la sieste avec moi cet après-midi ? Pour une fois… »

Elle éclate de rire : « Tu ne vas pas mieux ! Ça doit être la fièvre, Edward. Nous sommes le 24 décembre et je te ferai remarquer que nous avons quelques enfants assez grands qui ne font pas la sieste. Tu veux voir ma liste de commissions et de choses à faire avant la messe de minuit ?

— *La vraie sagesse est de ne pas sembler sage.*

— Garde tes grandes phrases pour la Cour et laisse-moi y aller, Isabelle doit avoir le manteau sur le dos. Tu veux que je demande à Germaine de venir faire pénitence ici pour une petite partie de dominos ? »

C'est la pantoufle d'Edward qu'elle évite en se sauvant.

En remontant la côte de la Fabrique, après être allées déposer elles-mêmes chez Mademoiselle Lizotte l'étoffe d'étamine de laine bleu profond qui a enthousiasmé Isabelle, elles s'arrêtent devant la vitrine de chez Loewig. Une soie brocart incrustée de perles et de brillants voisine avec une mousseline et une pièce de charmeuse dignes des plus beaux bals, comme il ne s'en donne plus.

« Pour tes noces, Isabelle, tu pourrais porter ce crème. »

Isabelle rit et murmure qu'il serait plus sûr de miser sur les noces de sa sœur que sur les siennes. Gabrielle essaie de savoir si la jeune fille a envie de se marier et elle ne répond que sur son envie d'avoir des enfants. « Maman dit qu'un homme, ça peut être bien encombrant. »

Ce n'est certainement pas avec l'expérience d'Hector qu'elle prouve une telle théorie, se dit Gabrielle, qui trouve que le pauvre n'a guère été encombrant. « Ce sont des phrases toutes faites, ça, Isabelle. Viens, on va s'offrir une soupe au restaurant. »

Pour Isabelle, c'est vraiment une fête. Détendue, contente, elle parle davantage et avec une grande confiance : « Maman dit qu'on ne choisit pas, qu'on prend celui qui demande, et je sais que Reine aimerait mieux quelqu'un d'autre, mais il n'est pas de son milieu et elle le sait. Elle ne dit pas qui, mais je pense que c'est l'avocat du Centre de Saint-Vincent-de-Paul.

— Le frère de Paulette Séguin ? »

Isabelle hoche gravement la tête et parle bas : « C'est dommage parce que moi, j'aurais bien aimé quelqu'un comme mon oncle Edward. Et il est avocat, lui.

— Pourquoi tu ne pourrais pas ? On n'est pas en 1900 ! Qu'est-ce qui fait que moi, j'ai pu et que ma nièce ne pourrait pas ?

— On a reculé de rang avec l'affaire de papa. On a beaucoup perdu. Je m'estime chanceuse de vous avoir comme parente et je sais tout ce que je vous dois. C'est très, très charitable ce que vous faites, ma tante.

— Non. Ce n'est pas par charité chrétienne que je le fais, j'apprécie ta présence et je serais très triste de te voir partir.

— Comme Reine ? Vous avez eu de la peine qu'elle parte ? Mais elle n'avait pas le choix, vous savez. Maman le prenait très mal, ça lui donnait des palpitations.

— Ne défends pas ta sœur comme ça, elle le fait très bien toute seule. J'essaie de te dire que j'ai de l'attachement pour toi. »

Cela semble très difficile à concevoir pour Isabelle. Elle ouvre de grands yeux et murmure un « oh ! » stupéfait, suivi d'une rougeur qui ne ment pas : cette enfant n'a pas été gâtée en déclarations. Le premier garçon qui va la complimenter va la gagner. « Dis-moi plutôt pourquoi tu voudrais épouser quelqu'un comme Edward. »

Ce qui n'est pas pour altérer la rougeur d'Isabelle. Elle hésite, puis se lance : « Parce qu'il est drôle et toujours de bonne humeur. Parce qu'il sourit tout le temps et permet qu'on fasse du bruit. Chez nous, personne riait et, au début, j'étais mal à l'aise chez vous. Je ne pensais pas qu'on avait le droit de s'exciter comme ça. Et puis maintenant, je pense que la maison d'avant était ennuyante tellement on n'entendait rien. Juste l'horloge de grand-papa Bussière. »

Voilà ce qui arrive quand on prend le premier qui le demande, se dit Gabrielle qui se reproche illico ses pensées peu chrétiennes : « Tu pourrais rencontrer quelqu'un de joyeux, tu sais.

— Oui. Mais c'est lui qui doit me voir. Et après, il faut qu'il me choisisse. Et je ne suis pas très jolie. Mon capital n'est pas fort.

— Ton quoi ?

— Mon capital : mon visage. Maman dit que notre face est notre capital à nous, les jeunes filles dépourvues de moyens. Qu'il faut soigner son teint, son apparence.

— Peut-être, mais il n'y a pas que ça : il y a derrière ton visage. Il y a ta tête, qui tu es, ton caractère, tes qualités.

— C'est sûr qu'il faut aussi être obéissante et ne rien exiger. Savoir tenir sa place, mais ça, c'est l'éducation.

— Il y a aussi ton âme, Isabelle. Georgina a dû t'en parler, elle qui est si catholique. »

Isabelle hoche la tête : « Les hommes ne s'occupent pas de ça. »

Tiens, voilà autre chose, s'étonne Gabrielle : « Et ils s'occupent de quoi, les hommes ?

— Maman dit qu'il ne faut pas s'attendre à compter pour un homme, parce qu'après on est déçue. Elle dit qu'ils sont imprévisibles et pas toujours agréables.

— Tu crois que je ne compte pas aux yeux de mon mari ? Tu crois qu'une fois mariée grâce au capital de notre visage il ne reste plus rien entre un homme et une femme ?

— Oh non ! Pas vous, ma tante ! Vous, c'est pas pareil.

— Et pourquoi ce ne serait pas pareil ? »

Isabelle hausse les épaules, à court de raisons.

« Tu sais comment grand-papa Bégin m'appelait, Isabelle ? Tête de cochon ! Et tu sais quoi ? Ça doit être pour ça que je ne suis pas qu'un visage, parce que j'ai une tête de cochon.

— Ma tante ! Dites pas ça !

— Je ne trouve pas ça scandaleux. C'est vrai qu'on doit être obéissante à son mari, soumise, mais ça ne veut pas dire de disparaître le jour de ses noces. La bonne entente, ce n'est pas que de l'obéissance. »

Georgina la tuerait ! Ce discours n'est pas l'éducation qu'elle souhaite pour ses filles, et Gabrielle le sait pertinemment. Pour juguler son envie de rébellion, elle reprend ses gants, ses paquets : « Allez, on a une grosse journée devant nous. On en reparlera. »

Elles s'affairent tout l'après-midi à cuisiner des biscuits et des surprises sucrées et, au crépuscule, à monter et à décorer l'arbre de Noël du salon. Edward a le droit d'assister à l'opération, mais comme chaque effort lui est tarifé au prix d'une quinte de toux, il se contente d'accrocher les boules transparentes et de critiquer si les décorations ne sont pas équitablement distribuées.

Il est décidé que tout le monde ira à la messe du matin. Une fois les enfants couchés, Gabrielle et Edward distribuent les surprises dans les souliers laissés devant la cheminée. Des oranges, quelques bonbons et les biscuits aux épices en forme de sapin constituent les surprises du matin de Noël. Traditionnellement, les présents sont offerts au jour de l'An. Cette année, ils seront plus utiles qu'à l'accoutumée.

Le feu se meurt dans la cheminée. Edward tient Gabrielle contre lui, une Gabrielle presque assoupie dans la pénombre des flammes affaiblies. Il a défait une partie de son chignon et il masse voluptueusement le cuir chevelu. Tout à coup, il aperçoit Adélaïde debout à l'entrée du salon, en jaquette et sans pantoufles. Sans bouger le bras qui tient Gabrielle, il met un doigt sur ses lèvres et lui fait signe d'approcher.

Adélaïde vient le rejoindre et se fait toute petite au creux du bras libre d'Edward.

À son réveil en sursaut, Gabrielle n'est pas contente : non seulement cette enfant a assisté à une intimité déplacée et de mauvais goût, mais elle a été exposée à des microbes qui risquent de lui faire passer le reste de ses vacances au lit.

*   *   *

Quoi qu'elle ait dit, sa trâlée d'enfants, alignés bien sagement dans leur banc à l'église Saint-Cœur-de-Marie, est pétante de santé. Guillaume est demeuré à la maison en compagnie d'Edward qui devra se passer de l'homélie de Noël. Il neige à plein ciel et le trajet pour se rendre à l'église, quoique court, signifie du froid et des pieds mouillés. Gabrielle est formelle, elle ne veut pas de rechute dans cette maison, elle en a assez d'étendre son mélange de moutarde séchée et d'eau sur une flanelle et de supporter les gémissements d'Edward.

La grippe d'Edward permet à Mimi d'assister à la messe. Elle tient Fabien et Béatrice à l'œil, alors que Gabrielle retire sa capine à Rose qui ne supporte rien de piquant sur son front. Dieu sait que ces chapeaux de laine irritent la peau. Bien sage, Rose frotte un front déjà rougi : cette enfant a une peau bien délicate, un rien l'abîme. Elle a le capital fragile… cette pensée fait sourire Gabrielle qui lève les yeux vers la crèche pour ne pas avoir l'air de se moquer, mais d'être sujette à l'extase de Noël. C'est vrai que c'est beau. Les décorations, les personnages, le blanc et l'or qui succèdent à tout le mauve assombrissant. L'église est pleine de gens qui secouent la neige, desserrent les encolures et écartent les étoles de fourrure. Gabrielle salue de la tête et du sourire ces personnes qu'elle connaît quand même bien à travers sa fréquentation assidue de l'église.

Le banc de Germaine est situé de l'autre côté de la travée centrale, deux rangs en avant de celui des Miller. Ce qui permet à Gabrielle

129

d'observer ses sœurs qui, elles, sont empêchées de se retourner par les règles strictes de la bienséance puisqu'elles tourneraient alors le dos à Dieu dans son tabernacle. Rien qu'à observer les épaules de Germaine, Gabrielle sait qu'elle brûle de se retourner pour la regarder. Reine est là, dans un manteau que Gabrielle ne lui connaissait pas. Sa toilette est complétée par un joli chapeau de feutre agrémenté d'une plume faisant office d'aigrette. Elle se trémousse pas mal et en arrache pour réussir à ne pas se retourner : l'élu de son cœur est peut-être au fond de l'église… Gabrielle se met à genoux et murmure un acte de contrition : si elle continue, ses pensées vont la mener droit au confessionnal. En relevant la tête, elle constate que Germaine a quitté son banc. Elle doit donc chanter ce matin. Bien attrapée, Gabrielle se dit que, du jubé, c'est sa sœur qui, maintenant, pourra l'observer.

Enfin, l'office commence et la chorale entonne le premier cantique qui effraie Rose quand l'orgue met toute sa puissance.

Les enfants chantent avec la chorale, tout contents de connaître les mots.

Quand le curé donne les « engagements de Noël » dans son prône, le nom de Reine n'est pas prononcé. Gabrielle espère que la nouvelle lui serait quand même communiquée autrement que par la publication des bans. Il est probable qu'elle le saurait à cause de la crise d'apoplexie que la joie déclencherait chez Georgina.

À la sortie de la messe, les vœux s'échangent, les cols se relèvent et les fourrures se resserrent autour du cou. Les gens s'informent d'Edward, se désolent pour sa santé et lui transmettent leurs vœux. Germaine arrive, prend les deux petits par la main et, après avoir jeté un regard à Mimi, chuchote : « C'est Edward qui cuisine ? J'ai hâte de voir ça ! » Et elle part d'un pas décidé.

Gabrielle n'a qu'à la suivre, Rose dans les bras, Adélaïde et Isabelle de chaque côté : tout semble indiquer que le repas aura lieu chez elle, avec ses sœurs, comme si la tradition effaçait les conflits.

Jusqu'à la mort de leur père, le repas de Noël avait lieu chez Germaine. Ensuite, à cause de l'aria que représentait le moindre déplacement en famille avec les enfants en bas âge, c'est Gabrielle qui a pris le relais et s'est chargée des festivités.

Georgina et Reine emboîtent le pas.

Même si la discorde n'a pas vraiment permis de parler de ce repas et d'en confirmer la tenue, Gabrielle a prévu le coup. Elle connaît ses sœurs : aucun conflit ne pourrait les empêcher d'afficher l'unité familiale. Elles seront là où elles doivent être selon les règles de l'étiquette, un point c'est tout. En dressant la table pour les onze personnes ce matin-là, Gabrielle se disait que ça prendrait toute une révolution pour que ce repas n'ait pas lieu. Déjà, pour en changer l'endroit, ça avait pris bien des discussions et il n'est pas certain que l'épreuve du deuil pour Germaine n'ait pas été déterminante dans la décision. Gabrielle devait admettre que la mort de son père ne l'avait pas tellement chagrinée. Cet homme austère et rigide n'avait jamais faibli en montrant une quelconque affection à qui que ce soit. Même son égarement évident après la mort de sa femme laissait davantage soupçonner un déséquilibre de ses habitudes qu'un ébranlement émotif. Son père avait des émotions pour la colère, le dépit, la rancœur et rien d'autre. La seule fois que Gabrielle l'avait vu avoir un élan, c'était avec Monseigneur Bégin quand, après l'épidémie de grippe espagnole, celui-ci avait remercié tous les médecins du diocèse pour leur zèle en désignant nominalement son père parmi quelques exemples d'héroïsme. S'il avait pu, son père en aurait pleuré ! Mais Philémon Bégin n'avait jamais pleuré de sa vie et s'en vantait régulièrement.

Gabrielle observe Fabien qui marche devant elle et elle n'a aucune envie que ne pas pleurer soit son seul fait de gloire dans la vie. Surtout si c'est au prix d'une dureté et d'une austérité comme celles dont son père a témoigné toute son existence sans faillir ! Seigneur Dieu, faites qu'ils ressemblent à leur père et non à leur grand-père ! Il ne peut pas y avoir d'hommes plus différents que ces deux-là et Gabrielle sait bien que son choix conjugal clamait son désaccord filial. Pauvre Jules-Albert Thivierge, il avait eu le grand tort d'être le candidat du paternel et, à ce seul titre, il devenait suspect.

« Pourquoi tu souris, maman ?

— Je pense que c'est un beau Noël, Adéla, qu'on est une belle famille, qu'on est chanceux d'être en santé et qu'il faut remercier le Ciel d'un tel bonheur en des temps si difficiles. Remercier le Ciel et en profiter, Adélaïde. Rire tout notre soûl pendant que c'est là, sans nous assombrir pour des difficultés qu'on craint de voir venir. Ne pas profiter du bonheur devrait être inscrit sur la liste des péchés mortels que tu viens d'apprendre par cœur. Mais je vous avertis, vous deux, ne répétez jamais ce que je viens de dire à Georgina et à Germaine : elles vont me faire enfermer à l'asile ! »

Edward s'est fait beau et il tient dans ses bras un Guillaume tout fier, aux cheveux soigneusement mouillés et ramenés en houppe qu'ils appellent un « p'tit coq ». Dès que Germaine s'approche, Edward lève une main et l'éloigne : « Pour vous prémunir, chères dames, je ne vous embrasserai pas. » Il leur offre de passer au salon où un petit porto leur sera offert pour célébrer Noël. Gabrielle file à la cuisine où Mimi est déjà en train d'arroser la dinde. La maison sent bon, les enfants rient et courent partout, empêchant les froissements familiaux de créer des silences pesants.

Gabrielle se met en devoir de faire la purée quand Isabelle surgit : « Ma tante, mon oncle Edward vous demande dans le salon. Il dit qu'ils ne boiront pas une gorgée avant que vous ne soyez là. »

Isabelle prend le relais sur le pilon, Gabrielle retire son tablier et arrive au salon où tout le monde tient pompeusement son verre levé pour un toast qui tarde. Germaine s'écrie : « Bon ! La voilà ! Alors ? Qu'est-ce que vous voulez annoncer, Edward, qui exige la présence absolue de Gabrielle ? »

Edward tend un verre à sa femme et se tourne vers ses belles-sœurs : « Rien d'autre que le désir de lever mon verre à mon épouse qui a fait œuvre de garde-malade dernièrement et qui, sans se plaindre, a enduré les microbes et les sautes d'humeur de tout le monde. À Gabrielle, à qui je rends grâce… »

Il regarde Germaine qui, la main crispée autour du fragile pied de cristal de son verre, est à deux doigts de suffoquer et, avec un sourire onctueux, termine : « … et à Dieu, bien sûr. »

Ils boivent enfin et Gabrielle se sent très gênée. Le regard que lui lance Georgina est tout sauf aimable. Reine, qui ne boit pas souvent et qui fréquente peu d'hommes aussi espiègles que son oncle, est subjuguée par la « gentillesse » qu'il témoigne. Sourde au manque d'enthousiasme que suscitent ses commentaires, elle se tourne vers sa mère et insiste : « Trouves-tu, maman ? Il y en a pas gros d'hommes qui savent voir ce que les femmes font de bien ! »

Germaine marmonne un « Heureusement ! » qui est suivi d'une question beaucoup plus audible : « Alors, Edward ! Vous voyagez beaucoup de ce temps-là, vous rencontrez du monde important à ce qu'il paraît. Pensez-vous que Taschereau va nous faire des élections, l'an prochain ? »

Gabrielle laisse tout ce beau monde se débrouiller avec la politique et retourne à ses chaudrons. Adélaïde vient à la rescousse et c'est à quatre qu'elles servent toute la tablée.

De tout le repas, Reine ne lève pas le petit doigt. Même à l'heure de la charlotte russe, quand Fabien échappe sa cuillère, ce n'est pas elle mais sa mère qui se penche et blêmit sous l'impact des baleines de son corset. Edward a jeté son dévolu sur Reine et l'agace beaucoup en lui demandant le récit de ses rencontres et en avertissant Georgina qu'elle devrait être prudente et servir de chaperon, que la moindre inconvenance serait fatale à tout projet sérieux.

« Je sais, mon oncle, que le sérieux d'une dame est jugé à ses manières. Et il n'y a jamais rien de déplacé dans les miennes. Tout est conforme. Je connais mon rang et ma place.

— Mais enfin, Edward, vous pourriez être plus charitable : vous voyez bien que la pauvre petite est morte de timidité. On vous informera en temps et lieu, n'ayez crainte !

— Je me sens une responsabilité de chef de famille, Germaine. Vous me reprocheriez le contraire, non ?

— Vous voilà bien fervent tout à coup, Edward. La pudeur de nos mœurs ne vous a jamais inquiété avant aujourd'hui.

— Il n'y avait pas de jeune fille à protéger. N'oubliez pas que je devrai en marier trois ! Reine me permet de me mettre à jour.

— Ça me surprendrait beaucoup qu'Adélaïde bénéficie du même zèle. De toute manière, si elle ressemble à sa mère, vous n'aurez pas grand-chose à dire dans ses choix ! »

Étonnée, Adélaïde se tourne vers sa mère : « Pourquoi elle dit ça, maman ? »

Edward affiche un grand sourire en fixant Germaine : « Bien oui, Germaine… qu'est-ce que vous voulez dire ? Expliquez ça à Adélaïde !

— C'est seulement que ta maman… que ton papa… Dans l'ancien temps, nos parents choisissaient l'époux qu'on aurait. On obéissait, point à la ligne. »

L'explication semble close. Adélaïde, assez surprise, considère sa mère et sa tante et finit par demander : « Ils vous ont rien choisi à vous ? Ou vous avez désobéi ? »

L'éclat de rire d'Edward est si franc, si sonore, que tous les enfants rient avec lui, totalement indifférents à la cause de l'hilarité et ravis de s'énerver un peu.

Vers quatre heures, les dames quittent pour un thé « qu'elles ne pouvaient pas décommander ». Le jour de Noël s'achève paisiblement, en famille, à rire et à faire des charades que même Guillaume, en bon petit clown, imite.

Les activités des bonnes œuvres sont très intenses entre Noël et le jour de l'An et Gabrielle a beaucoup à faire. Elle emmène tout de même Isabelle chez le coiffeur, qui soupèse avec respect la belle masse de cheveux. Les yeux suppliants de sa nièce viennent à bout des réticences de Gabrielle et le coiffeur s'exécute.

C'est une jeune fille changée, toute légère et joyeuse, presque dansante, que Gabrielle ramène à la maison. Tout le monde est stupéfait. Béatrice réclame une coupe immédiate, ne pouvant imaginer plus jolie chose que ces boucles qui, en effet, comme Adélaïde l'avait prédit, dégagent le cou et les joues avec élégance et exposent un frais visage ouvert.

Même Gabrielle se trouve tentée de faire couper sa tignasse. Edward la menace de se couper la moustache si elle passe à l'acte. Elle est certaine que cela lui irait tout aussi bien.

Pour comble de joie, Adrienne Lizotte s'annonce à la veille du jour de l'An avec la nouvelle robe prête pour les derniers ajustements. Mademoiselle Lizotte ne se consolait pas de laisser cette jeune fille commencer l'année « aussi mal attriquée ».

Quand Isabelle enfile la robe, la couturière se demande s'il s'agit bien de la même petite fille. Parce que c'est une jeune femme qui fait des grâces devant la glace. Une vraie jeune femme aux yeux brillants, aux joues roses de plaisir, avec une poitrine et une délicatesse de taille.

La robe enfin terminée, Isabelle se regarde et éclate en sanglots. Adélaïde a beau faire et lui jurer que c'est très joli, Gabrielle et Mademoiselle Lizotte savent bien que c'est le choc de se découvrir une femme qui émeut tant la petite.

Gabrielle songe malgré tout aux problèmes inévitables qui surgiront chez Georgina. La promotion de sa cadette en fille à marier sera probablement jugée bien précoce.

« Mais on n'était pas pour la laisser étouffer dans ses robes d'enfant sous prétexte que l'heure n'est pas venue de lui consacrer un peu de temps ! Tu nous vois, toi, faire attendre Béatrice parce qu'Adélaïde n'a pas de fiancé ? »

Edward soutient que Béatrice va se marier avant sa sœur. Il supplie Gabrielle d'arrêter de s'en faire prématurément et d'attendre que les réactions surviennent avant de se justifier ou de s'indigner.

« Tu ne comprends pas, Edward, j'ai peur qu'on me l'enlève ! Je me suis attachée à elle, je ne veux pas la voir… surir entre mes deux sœurs fâchées de sa joliesse.

— Surir ? Et tu ne ris pas ? Tu dis ça sérieusement ? »

Voilà, elle rit maintenant. Edward conclut : « Si tes sœurs s'enragent, on s'arrangera pour les faire dérager. »

En ce cas précis, Gabrielle doute beaucoup des qualités diplomatiques d'Edward. D'eux tous, c'est encore Isabelle la plus douée pour ce genre de choses : elle a depuis longtemps appris à se taire et à laisser passer l'orage.

« Puisque te voilà de si belle humeur, Gabrielle, je vais t'offrir ton présent. »

D'ordinaire, leurs cadeaux sont développés au jour de l'An ou au réveillon du 31 décembre. Cette année, avec les enfants et la convalescence d'Edward, ils n'ont gardé à l'horaire des festivités que le traditionnel souper du jour de l'An chez Germaine. Edward préfère de beaucoup l'intimité de la chambre conjugale aux regards envieux des sœurs de son épouse. Il lui tend un tout petit écrin de cuir rouge foncé aux initiales de chez Routhier. Gabrielle lui rappelle qu'ils étaient d'accord pour n'offrir que de petits cadeaux.

« C'est petit. Tout, tout petit. »

Fines, délicates, montées sur platine, les boucles d'oreilles sont ornées de perles d'un très bel orient, placées au-dessus d'un petit diamant qui en fait ressortir l'éclat.

« Elles sont évidemment de la même taille et de la même couleur que les perles de ton collier. Le bijoutier avait tout noté sur fiches. »

Elle les visse à ses lobes d'oreilles et, malgré qu'elle soit en déshabillé, elle ouvre l'écrin à bijoux et se pare du collier qui s'agence parfaitement avec sa tenue crémeuse. Edward est prêt à jurer que les perles devraient être réservées à cette toilette particulière, à cette heure particulière, à cette peau particulière.

*   *   *

Pour un effet, c'est tout un effet : la Sainte Trinité reste bouche bée devant la métamorphose d'Isabelle. Reine a un mouvement impulsif de toucher avec admiration la vague qui donne tout le style à la coiffure de sa sœur : « Que c'est beau ! Trouvez-vous ? »

Georgina murmure un « Ça te change beaucoup » effaré, pendant que Germaine retourne à la cuisine en marmonnant : « La petite coupe à la mode pour les petites fin finaudes. »

Dès qu'elle est seule avec Gabrielle, Germaine lui tombe dessus : « Tu penses à quoi, ma pauvre ? En la traitant comme ça, tu lui laisses entendre qu'elle peut espérer beaucoup dans l'avenir. Alors qu'il est grand temps que ces jeunes filles comprennent leur situation et se mettent en tête que le sacrifice est tout ce qui les attend. Isabelle est beaucoup moins jolie, moins charmante que sa sœur et on a déjà de la misère à caser Reine. Je ne donne pas cher d'une éducation comme celle-là. Si tu ne la gardes pas comme servante, il va falloir qu'elle aille travailler. Le sait-elle ? Je suppose que tu te contentes de la pourrir sans l'avertir des épreuves qui l'attendent. »

Dieu merci, Adélaïde les rejoint à la cuisine, ce qui permet à sa mère d'échapper au sermon. Gabrielle a encore le cœur battant de rage rentrée quand Reine, gracieuse, va demander la bénédiction paternelle à Edward.

Gabrielle a beau être persuadée que Germaine essaie de protéger ses nièces contre d'éventuelles déceptions qui les paralyseraient et les laisseraient sans ressources, elle trouve quand même que la théorie du « capital » est dépassée et que ses sœurs, du moins, ne devraient pas traiter les filles comme du bétail à mariage. Il se trouvera bien assez d'hommes qui penseront comme ça, croit Gabrielle, sans qu'elles aient à y mettre du leur.

* * *

Le 7 janvier 1931, Adélaïde retourne à l'école, Edward à ses clients et à ses dossiers et Gabrielle retrouve ses habitudes avec bonheur. Un des premiers plaisirs de la journée, une fois les enfants nourris, débarbouillés et habillés, consiste à se retirer dans sa chambre avec le journal et un café et à dévorer le feuilleton en toute tranquillité. Ce mercredi, une fois l'histoire lue, elle passe au carnet mondain, deuxième champ d'intérêt, pour terminer avec les décès, qui sont un passage obligé. Quelle n'est pas sa surprise d'y lire le nom de Denise Turcotte. Comme il s'agit bel et bien de la fille de Théophile Turcotte, âgée de dix ans, il ne peut y avoir de méprise. Les funérailles ont lieu ce jour même. Gabrielle décide d'y assister par respect et pour y représenter Adélaïde. En se préparant, elle se dit qu'il est possible que la classe au complet assiste à la cérémonie, que les vacances de Noël ont seulement empêché la nouvelle de leur parvenir.

L'église est quasiment vide. Gabrielle demeure discrètement en retrait dans un des derniers bancs. Elle aperçoit le voile d'une religieuse et comprend que les sœurs Ursulines ont décidé de n'envoyer qu'une seule représentante du couvent. Le père de la petite, entouré de deux colosses, se tient en avant et ne bronche pas de la cérémonie. En dehors du cercueil, du prêtre qui officie et du voile de la religieuse, il n'y a que cette ligne serrée faite des trois hommes impassibles qui s'agenouillent et se relèvent en plaçant d'un même mouvement leurs mains massives derrière leur dos. Gabrielle est la seule à aller communier. Elle remarque les visages fermés des trois hommes et la tête ployée de la religieuse. Comme des hommes dignes de ce nom, ils ont les yeux secs et le regard droit. Gabrielle se sent de trop, mal à l'aise avec ses bons sentiments et elle se demande ce qui a bien pu arriver à cette enfant si déshéritée. Au prêche, le curé ne fait que déplorer qu'une si jeune âme ait retrouvé si vite son Créateur, ce qui lui semble un commentaire des plus convenus.

La religieuse sanglote tellement pendant le *De profundis* et la dernière bénédiction que le père de Denise se retourne, irrité.

Une fois la cérémonie terminée, prise de pitié, et voyant que la sœur demeure prostrée sur son prie-Dieu, Gabrielle s'avance et pose délicatement sa main gantée sur l'épaule secouée de spasmes. Hagard, le visage qui se lève vers elle est celui d'une femme torturée de douleur. Gabrielle reconnaît avec surprise sœur Marie-de-la-Compassion : « Ma sœur, est-ce que je peux vous aider ? Faire quelque chose ? » La religieuse étreint sa main convulsivement et chuchote en pleurant : « Vous êtes venue ! Vous êtes venue ! J'aurais dû le savoir… j'aurais donc dû… » Les sanglots étouffent tout ce qu'elle peut dire d'autre. Gabrielle aperçoit le bedeau qui fait le tour des bancs en les regardant comme des intruses.

« Venez. Venez avec moi. »

Quand bien même la sœur voudrait résister, elle est si brisée de chagrin qu'aucune autre énergie ne l'habite. Ses gestes sont désordonnés, à la fois mous et fous, sans objet, complètement inefficaces.

Sans lui demander son avis, Gabrielle l'emmène chez elle et ne lui parle qu'une fois qu'elles sont assises au salon, portes fermées. Elle lui ordonne de boire son thé bien chaud et constate que l'obéissance a ses vertus quand la sœur obtempère sans un mot. Gabrielle lui tend un mouchoir propre et attend patiemment que la religieuse lui explique ce qu'elle aurait « donc dû savoir » à son sujet.

Le récit haché de sanglots que fait alors la sœur, la voix qui module de l'aigu au plus grave, dépasse tout ce que Gabrielle sait des êtres humains et de leurs turpitudes.

Sœur Marie-de-la-Compassion était la tante de Denise. Sa sœur, la mère de la petite, s'était mariée sur le tard avec cet homme venu la chercher sur sa terre à la campagne. Le promis était veuf, très en moyens, et avait deux fils, alors âgés de quinze et seize ans, issus de son premier mariage. Il était évident que l'homme cherchait une aide familiale qui s'occuperait des enfants jusqu'à leurs noces, du père et du roulant de la maison. Quand sa sœur, deux ans plus tard, s'était trouvée en famille, tout le monde a été surpris : elle avait quand même quarante-trois ans. Denise est née deux mois après une visite que sa sœur avait faite à la religieuse au couvent. Misérable, honteuse, dévastée, elle avait supplié sa sœur de l'aider. Elle ne savait pas jusqu'où la soumission due à l'époux devait aller, mais elle était certaine que ce qui se passait dans sa maison était mal. Non seulement les hommes buvaient ensemble, parlaient fort en sacrant et riaient jusqu'aux petites heures de presque chaque nuit, mais son mari, après avoir usé d'elle, permettait à ses fils d'en faire autant pour se soulager. La mère de Denise ne pouvait pas jurer que l'enfant qu'elle portait était bien de son mari. Ce pouvait être de n'importe lequel de ces trois hommes et elle craignait terriblement le châtiment de Dieu sur l'enfant malvenu, parce qu'elle ne pouvait révéler sa faute à son confesseur qui connaissait évidemment les trois hommes et les respectait et l'aurait donc accusée de mentir. Elle se savait condamnée à traîner son péché mortel et à l'empirer en communiant malgré son âme noircie. Sœur Marie-de-la-Compassion était allée chercher le confesseur des Ursulines qui avait absous sa sœur et l'avait apaisée le temps que l'enfant naisse.

Après la naissance, elle n'a plus eu de visite de sa sœur et elle avait supposé que la famille était repartie sur de meilleures bases avec la venue du bébé et l'obligation dans laquelle ils étaient de respecter la mère. Mais, après deux ans, sa sœur était revenue et avait demandé à revoir le confesseur. Cette fois, elle ne s'était pas confiée à elle, mais elle paraissait très lasse et abattue.

Quand Denise a eu six ans et demi, sa mère avait péché contre l'espoir et commis l'irréparable.

Rendue là dans son récit, la religieuse parle si bas que Gabrielle comprend à peine de quoi il s'agit. Elle finit par lui faire avouer que la mère de Denise a non seulement mis fin à ses jours, mais qu'elle l'a fait d'une atroce façon, en avalant du caustique. Elle n'est morte qu'après deux jours d'horribles souffrances devant sa fille tétanisée. Empoisonnement. Voilà de quoi était officiellement morte la mère de Denise. La religieuse avait alors eu la permission de prendre sa filleule avec elle, le temps que la peine et le dépourvu s'atténuent. Mais Denise n'a plus jamais été comme avant. Muette, riant pour tout et pour rien, on l'aurait crue devenue soudainement sourde. Sœur Marie-de-la-Compassion avait dû la remettre à son père, venu la réclamer après deux semaines.

« Jamais je n'oublierai les yeux de Denise ce jour-là. Jamais. Elle est devenue si pâle, les lèvres sèches, le corps comme déshabité, on aurait dit une poupée de guenilles sans réactions, sauf pour les yeux. Des yeux qui voyaient le Diable. Il a mis sa grosse main sur sa nuque et elle a fermé les yeux. Je revois ce moment-là, je le reverrai toute ma vie. Toute ma vie, je paierai pour ça. Je savais. Je savais et je l'ai laissée partir pour l'enfer. »

Péniblement, les mots sortent, arrachés à la mauvaise conscience : se doutant des horreurs qui pouvaient être commises par ces mécréants, complètement honteuse et déroutée, ne sachant qui appeler à l'aide, sœur Marie-de-la-Compassion s'était tournée vers la supérieure du couvent et vers le confesseur. Sans savoir si le prêtre avait ou non confirmé ses inquiétudes auprès de la supérieure, celle-ci avait été suffisamment touchée par le récit pour transiger. Par charité chrétienne et pour protéger une enfant de Dieu, malgré sa provenance douteuse, malgré la fin peu chrétienne de sa mère, malgré le risque d'âme noircie que représentait Denise à ses yeux, la supérieure avait accepté de la prendre. Les négociations avec le père avaient été difficiles, il refusait de se priver des services domestiques de la petite, mais elles avaient obtenu de l'avoir en externe au couvent.

Dès la première année, Denise s'est mal conduite, refusant d'apprendre jusqu'à ses prières, s'entêtant à « ne pas être là » et, surtout, n'exprimant de gratitude aucune, ni à Dieu ni à la supérieure. Les résultats scolaires étaient nuls et l'exemple pour les autres élèves, extrêmement navrant. Mais parce que l'école représentait le seul abri possible contre la bestialité et l'horreur, sœur Marie-de-la-Compassion n'a cessé de militer pour défendre et sauvegarder la place de Denise. Puis est arrivée Adélaïde, douée d'un cœur pur et d'une générosité sans nom. Sans se soucier du comportement étrange et anormal de Denise, elle lui a parlé, lui a lu des livres et est devenue son amie. Pendant cette courte période de grâce, Denise a souri pour autre chose que pour camoufler son mal-être et, sa tante pouvait le dire, elle allait mieux puisqu'elle a réussi à chanter à la chapelle, chose qui n'était jamais arrivée avant.

Puis, la dernière fois que Denise a été absente, il n'y avait plus eu moyen de négocier. Inflexible, le père trouvait qu'elle en savait bien assez pour ce qu'elle aurait à faire dans la vie. La supérieure, inquiète de la réputation que Denise faisait à son enseignement et au standing de l'école, n'avait pas insisté. Le père de Denise avait offert un terrain à la communauté en échange de la « belle éducation de catholique que la petite a eue » aux Ursulines.

Au premier de l'An, Denise est venue visiter sa tante et lui a parlé de sa mère. Elle a demandé si Dieu lui avait pardonné, maintenant. Quand la religieuse a voulu savoir à qui et quoi, la petite a seulement dit : à maman, le mal. Alors, elle, convaincue que Dieu ne pouvait avoir eu le cœur de condamner sa pauvre sœur, a dit que oui, Dieu avait pardonné tout le mal.

La veille des Rois, Denise a été trouvée pendue dans sa chambre.

Tous les efforts de son père n'ont visé qu'un seul but : qu'elle soit enterrée en chrétienne, dans le cimetière à côté de sa mère.

Il a gagné. Sœur Marie-de-la-Compassion ne sait pas comment et ne veut pas le savoir. Elle est certaine d'avoir envoyé Denise à la mort. De l'avoir encouragée à commettre un acte si atroce, si condamnable en déclarant que Dieu lui-même pouvait le pardonner.

Dans le salon où la clarté baisse, Gabrielle ne bouge pas. Sur le sofa rouge vin en face d'elle, elle revoit la petite fille « comme une idiote » qui tirait frénétiquement sur ses bas et sur sa jupe à chacune de ses questions. Elle n'entend plus les sanglots de la religieuse, elle n'entend plus les bruits des enfants qui dévalent les escaliers, elle ne voit même pas qu'il faudrait allumer la lampe. Elle ne revoit que les yeux de cette Denise à qui ça ne faisait rien de ne pas savoir : « Je sais pas » et le regard protecteur d'Adélaïde qui ne voulait pas qu'on blesse son amie en jugeant trop vite. Dieu ! Elle embrasserait les mains de sa fille pour ce cœur qu'elle a eu, ce cœur de sentir avant de comprendre, ce cœur qu'elle-même n'a pas eu.

« Je sais pas » — à quoi sert, en effet, de savoir ? D'apprendre à écrire les mots qui ne pourront jamais être exprimés, tant ils contiennent d'horreurs et de honte ? À quoi sert l'école pour une petite fille emmurée par trois hommes faits ? Comment la notion de pardon peut-elle pénétrer l'esprit d'une enfant que personne, personne à part Adélaïde, n'a protégée ?

Pourquoi des choses pareilles sont-elles possibles ? Comment Dieu autorise-t-Il cela ? Et la supérieure qui savait et faisait au mieux sans rien dénoncer et en empochant son terrain ? « Pour l'argent », a dit Germaine. Qu'est-ce qu'elle dirait, aujourd'hui, la championne de l'obéissance ?

« Tais-toi ! Ne dis pas des choses pareilles, c'est sale ! » Et elles vont se taire et se féliciter de ce que la petite soit en terre catholique, malgré son cou brisé par sa propre volonté ? Mais sa vie brisée dès le départ, son corps torturé, humilié, personne n'en parlera, jamais.

Une rage tellurique soulève Gabrielle, elle saisit la religieuse par les épaules et chuchote avec violence : « Rien de ce que cette enfant a fait n'est jugeable ou condamnable, vous m'entendez ? Ne dites jamais ça ! Jamais ! Tout ce qu'on lui a fait, tout ce qu'on l'a laissée pâtir, par confort, par paresse, pour ne pas avoir à subir la honte de seulement dire ce qu'elle endurait, tout ça ne la salit pas elle, mais nous. Nous. "Le mal", comme elle disait, ce n'est pas Denise, c'est eux et nous. Pas elle. Le mal, c'est d'avoir caché, camouflé et laissé mourir une enfant en enfer, toute fin seule avec trois bêtes sauvages pour la saccager. Le mal, c'est de ne pas avoir aidé la mère, de l'avoir poussée à endurer son avilissement en offrant au Seigneur ses humiliations quotidiennes. On n'a pas le droit de ne pas savoir quoi faire. On n'a pas le droit de ne rien pouvoir faire ! »

Gabrielle sanglote tellement qu'elle secoue la sœur qui est trop stupéfaite pour se dégager. La pauvre religieuse finit par balbutier : « Mais à qui les dénoncer ? Personne n'aurait cru ça. Même la supérieure avait des doutes, croyait à de l'exagération de ma part. Ce n'est qu'hier, devant les faits, qu'elle a cru ce qu'elle craignait. »

Les bras de Gabrielle retombent, elle s'éloigne vers la fenêtre. Le soir descend et prend des teintes bleutées sur la neige. Les gens qui passent, les gens qui ont leur vie, leurs pensées, leurs secrets, les gens ne veulent pas savoir. Denise ne voulait pas apprendre ce qu'on doit savoir et eux ne veulent pas apprendre que ces choses-là se produisent et existent. Elle se souvient avec dérision du surnom que Denise donnait à sa fille : mademoiselle pourquoi.

Sœur Marie-de-la-Compassion continue à parler derrière elle : « Quand je vous ai vue avant Noël, j'ai failli vous parler, vous demander votre avis parce que j'étais inquiète. Mais je n'ai pas osé, je n'ai pas voulu salir la petite encore plus. »

Qu'aurait-elle fait ? L'aurait-elle crue ? Elle ignorait seulement que l'on puisse avoir des comportements aussi déchus, aussi pervers. Elle a un mari avocat, un homme bon qui connaît la loi et ses limites. Qu'aurait-elle pu faire contre la perdition d'une enfant dans le secret des siens ? Rien, probablement, ou si peu ou juste assez pour ruiner leur réputation à elles sans égratigner la leur, celle de ces trois colosses aux yeux secs dont elle voyait encore les mains semblables et identiquement croisées dans leur dos aux funérailles.

Gabrielle sent une lassitude immense l'envahir. Elle allume une lampe à l'abat-jour corail qui dispense une lumière chaleureuse et faible et elle revient vers la religieuse. Elle pose une main douce sur son épaule : « Denise est bien là où elle est. Il était temps que quelqu'un ait la miséricorde de mettre fin au calvaire. Elle l'a fait. On devrait la condamner, mais vraiment… Comment aurait-elle pu les arrêter toute seule ? La parabole de la première pierre s'applique : je n'aurai jamais le cœur de la juger sans juger très mal mon aveuglement. Maintenant, ma sœur, il faut se dire que, s'il y a un Dieu, Denise est avec Lui.

— Vous blasphémez !

— Vous n'avez pas l'impression quelquefois que Dieu nous en demande beaucoup ?

— Dieu éprouve ceux qu'Il aime. Ses voies sont impénétrables. »

Oui, elle sait, Gabrielle. Elle trouve qu'elles sont plus déloyales qu'impénétrables, ces voies, mais elle n'a pas la force d'affronter une discussion théologique. Elle reconduit la religieuse et va se rasseoir au salon après avoir éteint la lampe. Il fait complètement noir maintenant. Elle entend Fabien s'étouffer de rire et Béatrice hurler : « Tu triches ! »

Denise n'a jamais hurlé, elle. Elle s'est contentée de rire et de ne pas apprendre les mots qui signifiaient le mal qu'on lui faisait.

Gabrielle essaie de reformer les traits de la petite fille dans sa tête, mais sa mémoire refuse de livrer quoi que ce soit.

Elle a triché tout à l'heure, elle le sait. La colère lui a fait croire qu'elle aurait peut-être agi. Ce qui la tient immobile et épuisée dans le noir, c'est de savoir qu'elle n'aurait rien pu faire et, que, à cause de cela, elle n'aurait probablement rien tenté.

∗   ∗   ∗

Gabrielle n'arrive pas à calmer sa colère. Elle demeure si ébranlée par le récit de la vie de Denise qu'elle n'arrive pas à en faire abstraction. Chaque personne qu'elle côtoie, chaque personne à qui elle parle devient un hypothétique confident et, à chaque fois, elle constate que personne ne la laisserait raconter au-delà de ce qui est arrivé à la mère de Denise. Même Edward, même lui à qui elle n'a jamais rien caché, même lui ferait taire les horreurs. Elle ne se demande pas pourquoi, elle se contente de mesurer les acquis de confiance édifiés au cours de sa vie à l'aune de cette scandaleuse histoire. Dans son esprit, personne ne passe l'épreuve. Sauf Adélaïde, pour des raisons particulières, et c'est la seule à qui elle ne voudrait jamais faire ce récit. Parce qu'elle en resterait marquée pour toujours.

Gabrielle revoit les attitudes de piété compassée de ses sœurs pendant le procès d'Aurore, l'enfant martyre. Devant ça, on pouvait se sentir une bonne âme d'éprouver de la pitié, de condamner cette mauvaise femme et un peu, mais si peu, son mari. Une beurrée de savon, la main sur le poêle brûlant, passe encore. Mais le vice, la sauvagerie sexuelle, la brutalité aveugle que tout le monde redoute, l'abjection la plus impensable et la plus condamnable que même le curé n'aurait jamais acceptée comme vérité, ça non. Les gens détournent la tête et les yeux comme devant un « p'tit pas fin » qui a baissé sa culotte et se promène cul nu. Écouter cette histoire est un péché. Voilà la vérité : on ne peut empêcher des actes pareils, parce qu'on n'arrive jamais à l'acte lui-même, on fuit avant de l'entendre. Comment pourrait-on condamner ce qui n'est pas évocable ? Le sexuel est si douteux que, même quand c'est heureux et beau, ce n'est pas avouable. Alors, quand c'est odieux, perverti, répugnant et dégradant… on laisse une petite fille faire face toute seule à trois ivrognes débauchés.

Installée à la grande table de la société Saint-Vincent-de-Paul, Gabrielle plie minutieusement les vêtements pour les pauvres. Elle saisit une aiguillée de fil pour réparer un accroc dans un petit corps. Elle se demande quel homme a porté ce sous-vêtement, qui le portera maintenant ? Elle aurait eu tendance à croire auparavant que la pauvreté et le manque d'éducation présidaient à des comportements scandaleux comme ceux des Turcotte. Maintenant, elle sait que la richesse et le savoir-vivre peuvent aussi dissimuler des brutes. La bonne éducation, si chère à sa mère, permet quelquefois de masquer des tempéraments violents et décadents. Et qui dans ce pays est mieux éduqué qu'un prêtre ? Et pourtant, le confesseur n'avait rien fait d'autre que renvoyer la mère engrossée au cœur du péché.

« Je veux vous faire mes vœux de bonne année, Madame Miller. »

Paulette Séguin lui tend la main. Gabrielle la serre, exprime ses vœux et reprend son ouvrage. Paulette s'assoit près d'elle et reprise un bas sans parler. En réenfilant son aiguille, elle jette un œil à sa compagne de travail : « Êtes-vous contrariée ? Les enfants sont remis, j'espère ?

— Oui. Excusez-moi, je suis distraite ces derniers temps. Vous avez eu un beau temps des fêtes ? »

Elle essaie d'être courtoise et civilisée, mais on dirait que cela ne l'intéresse plus. Elle cherche à retrouver son entrain, mais depuis une semaine que ces funérailles ont eu lieu, elle dort mal, reste songeuse et traîne une langueur « qui n'est pas d'elle », comme dit Edward. Dieu merci, il a dû retourner à Montréal, ce qui lui donnera le temps de se raplomber, de reprendre ses sens. Mais la pente est rude et elle trouve difficilement son humeur d'avant.

Elle observe plus qu'elle n'écoute Paulette lui faire le récit d'une veillée particulièrement joyeuse. Elle se dit qu'elle, peut-être, pourrait entendre l'histoire de Denise. Mais elle n'en est pas certaine. Elle continue son ouvrage en hochant la tête. Tout à coup, la main de Paulette se pose sur sa main besogneuse : « Venez donc prendre une tasse de thé avec moi derrière. »

La voix est si douce, si compréhensive… Si Denise avait entendu une voix comme celle-là, qu'aurait-elle fait ? Aurait-elle avoué, parlé ? Gabrielle se lève et accompagne Paulette, qui demande le plus poliment, le plus discrètement possible : « Quelque chose vous tourmente. Est-ce que je peux être utile ? »

Gabrielle soutient que non, qu'il n'y a rien à faire, qu'elle a des états d'âme, mais que ça va passer.

Pudique, Paulette essaie de l'inciter à se confier : « Le temps des fêtes, ça remue beaucoup de choses et les familles ne sont pas toujours aussi accordées qu'elles le laissent voir.

— Il n'est rien arrivé dans ma famille… Mes sœurs et moi n'avons pas les mêmes opinions en tout, mais ce n'est pas grave.

— Qu'est-ce qui peut bien être assez grave pour vous faire perdre votre sourire ?

— Je vous dirais que je ne le sais pas… un ralentissement, probable.

— Probable… »

Elles boivent leur thé en silence, puis à brûle-pourpoint, Gabrielle demande : « Pensez-vous changer beaucoup de choses pour les femmes en demandant le vote ou est-ce seulement pour le vote ?

— Le vote est symbolique, il ouvre la voie à notre place, à notre parole. On espère plus, bien sûr.

— Avez-vous déjà pensé que les femmes étaient peut-être les premières à ne pas vouloir une plus grande place ?

— Bien sûr.

— Et ça ne vous change pas l'idée ?

— J'étais une petite fille qui n'aimait pas l'école. J'ai fait toute ma première année à reculons. Je détestais les devoirs. Ça ne veut pas dire que l'éducation était mauvaise pour moi. Ça veut dire que je ne voulais pas laisser ma mère, changer d'état, devenir grande.

— Donner le vote aux femmes ne les rendra pas plus grandes ou plus indépendantes. Beaucoup ne voteront pas.

— Ce n'est pas grave : savoir qu'on peut faire quelque chose change tout, même pour celles qui choisissent de ne rien faire. C'est avoir le choix qui est important, avoir la possibilité. La société nous admettrait dans une nouvelle classe sociale, celle des adultes qui prennent des décisions, agissent. Beaucoup d'hommes ne font rien : ni réfléchir, ni agir, mais s'ils le veulent, ils le peuvent, ils ont voix au chapitre.

— Qu'est-ce qui vous a décidée à vous joindre aux suffragettes ?

— Ma mère.

— Elle est si active et si moderne que ça ?

— J'aurais dû dire : le silence de ma marraine et la force de ma mère.

— Pardon, je ne voulais pas être indiscrète.

— Je vais vous le dire : ma marraine est morte, saignée à blanc à cause de son silence. Son médecin ne l'examinait pas "en bas" comme elle disait, parce qu'elle refusait et que lui n'insistait pas. Elle a eu ses maux de femme, puis une maladie de femme qui la faisait saigner sans arrêt. Elle a faibli, elle a pris le lit et elle est morte au bout de son sang. Elle aurait eu mal à un bras, à une jambe ou à la tête, et elle serait vivante aujourd'hui. Cela faisait un an qu'elle perdait, m'a dit ma mère qui l'a appris vers la fin. Elle était la seule à savoir, la seule à insister pour qu'elle parle au médecin. Un an. Ma marraine préférait mourir plutôt que de se montrer, certaine que Dieu la châtiait ou l'éprouvait. C'était dans ses organes, c'est donc que ça devait rester secret. »

Gabrielle revoit son père et son exaspération avec ses patientes : « Que les femmes sont donc lamenteuses avec leurs maux ! » Elle se demande combien de ses patientes à lui sont mortes parce qu'il avait scrupule à les regarder « en bas ».

« Je pense que je vais joindre vos rangs, Paulette. Vous me direz pour les réunions et la façon de faire.

— Je peux vous demander ce qui vous décide ?

— Disons qu'une petite fille de ma connaissance, âgée de dix ans, est morte au bout de son sang. »

* * *

« Il revient quand, papa ?

— Demain, je pense. Pourquoi ? »

Gabrielle referme le livre de lecture d'Adélaïde. Sa fille n'a pas vraiment besoin de son aide, elle lit très bien toute seule, mais c'est un moment qu'elles aiment toutes deux.

« Parce que quand il n'est pas là, tu es triste. »

Gabrielle caresse les cheveux de sa fille. Elle sait qu'elle devrait expliquer du moins que Denise est morte. Pas le comment, pas le pourquoi, mais le fait. Parce qu'Adélaïde a été son amie et, en fin de compte, son seul répit dans une vie de misère et d'humiliations. Parce qu'il faut lui dire que cette charité authentique qu'elle a eue a non seulement compté, mais probablement sauvé Denise du désespoir total. « S'il y a eu une lumière dans toute cette noirceur, c'est elle, ma petite fille, qui l'a fournie. »

Elle n'a pas envie de le lui dire, elle n'a pas envie qu'elle ait du chagrin, mais c'est la vie et Gabrielle préfère être celle qui le lui apprend plutôt qu'un méchant hasard.

« Qu'est-ce que tu dirais si j'allais te chercher demain à la sortie de l'école et que nous allions prendre le thé toutes les deux ?

— Au Château ?

— Si tu veux. »

Un quatuor à cordes joue une musique d'ambiance. Toute l'atmosphère du salon de thé est distinguée et feutrée. Adélaïde prend sa tasse comme une vraie dame et goûte avec délicatesse les sucreries.

Gabrielle n'a pas le cœur d'interrompre le flot de ses paroles par sa macabre révélation. Elle laisse à sa fille le répit de l'heure du thé avant de proposer d'arrêter à la basilique avant de rentrer.

Au lieu de se diriger vers l'allée centrale, Gabrielle entraîne Adélaïde vers l'autel situé à gauche du chœur, celui qui est dédié à la Vierge Marie. Après s'être recueillies, elles s'assoient et Gabrielle prend la main de sa fille dans la sienne. Elle lui explique tout bas que son amie a été mal en point et qu'elle est morte dernièrement. Elle n'ose pas mentir, elle ne veut heurter ni sa fille ni la mémoire de Denise et elle a l'impression que laisser croire à une mort naturelle serait épaissir le mensonge et le mal. Elle laisse planer le comment sans rien dire.

Adélaïde reste longtemps songeuse, puis elle demande de quelle maladie Denise est morte.

« Une maladie triste et difficile à expliquer, Adélaïde. Un peu comme si ses parents s'étaient mal occupés d'elle et l'avaient négligée. Les choses se sont détériorées pour Denise sans qu'on le voie, sans qu'on y prête attention. On ne l'a pas bien soignée et c'est de ça qu'elle est morte. »

Le long silence de sa fille semble donner un sens à ses paroles. Adélaïde finit par murmurer : « Elle n'avait plus de maman, c'est peut-être pour ça.

— Sûrement. Une maman sert à protéger les enfants, à les prémunir. C'est sûr que si elle avait eu une vraie maman, elle aurait été mieux soignée.

— Elle te trouvait belle, Denise… je l'ai bien vu qu'elle aurait aimé ça, t'avoir comme maman.

— Tu sais, Adélaïde, tu as été beaucoup pour elle. Une vraie amie. Et les histoires que tu lui lisais et ton affection ont donné beaucoup, beaucoup de joie à Denise. Je pense que là où elle est, elle te dit merci de ta générosité. Et moi aussi.

— Elle est au Ciel, maintenant ? Avec sa maman ? »

Tous les livres saints, tous les mandements de l'Église répondent non à cette question. Sans doute et sans appel. Gabrielle perdrait la foi s'il fallait qu'un instant elle doute de la possibilité d'un Ciel miséricordieux pour les deux âmes qui ont connu tous les enfers imaginables ici-bas : « Oui, ma grande, elle est au Ciel dans les bras de sa maman qui la berce. Elle est bien. Elle ne pleure pas.

— Elle pleurait jamais. Même en se faisant mal, elle pleurait pas. Pourquoi elle pleurait pas ? C'était pas un garçon.

— Peut-être qu'elle n'était pas triste.

— Elle riait tout le temps, au lieu. Mais c'était pas parce qu'elle trouvait ça drôle. Est-ce qu'elle va apprendre à lire, au Ciel ?

— Je pense que oui. Je pense qu'en arrivant au Ciel, elle savait tout. »

Elles discutent ensemble jusqu'à l'épuisement des questions d'Adélaïde. Elles allument ensuite des lampions et font une dernière prière pour Denise avant de rentrer.

Le froid est vif et elles pressent le pas. Juste avant d'arriver, Adélaïde serre très fort le bras de sa mère : « On ne peut pas mourir quand on a une maman comme toi. Parce que tu prends beaucoup soin de nous. »

C'est avec un bonheur insensé que Gabrielle retrouve sa petite famille et Edward. Une immense consolation lui vient d'avoir réussi à apprendre la nouvelle à sa fille sans la décourager ou lui faire entrevoir l'horreur du destin de Denise.

Ce soir-là, le placotage conjugal les mène très tard. Tout d'abord parce qu'Edward revient de Montréal et qu'il a sa ration de nouvelles à partager et ensuite parce que Gabrielle lui dit comment elle a appris la mort de Denise Turcotte à leur fille. Edward ne comprend pas qu'elle ait voulu informer une enfant d'une telle nouvelle. Pourquoi le dire ? Pourquoi ne pas tenir caché ce qui ne peut être sauvé ? Dieu merci, pense Gabrielle, il ignore de quoi et comment elle est morte. Elle soutient qu'il est préférable pour leur fille d'apprendre que la mort existe par sa mère plutôt que par le détour d'une conversation surprise par hasard. Edward n'est absolument pas d'accord et maintient qu'elle aurait mieux fait de taire cette mauvaise nouvelle, parce que, la petite fille n'étant plus à l'école, Adélaïde n'en aurait rien su.

Ils s'opposent longtemps et personne ne gagne cette bataille. Gabrielle, agacée de ne pas arriver à le convaincre sur un simple principe d'éducation, se voit dans l'obligation de taire les autres sujets qu'elle voulait aborder. Inutile de mettre Edward en furie en lui annonçant maintenant qu'elle fait partie de la Ligue des droits de la femme. Inutile d'essayer d'en savoir plus long sur les dispositions de la loi pour ce qui est des actes répugnants de la famille Turcotte.

Edward, furieux, se tait en regardant sa femme brosser ses cheveux avec brusquerie. Lui qui avait des tas de choses à lui raconter ! Lui qui avait rapporté de Montréal un livre à scandales en anglais qu'il projetait de lui traduire à haute voix. Lui qui s'était procuré des « empêchements de famille » dont lui avait parlé un ami anglophone de Montréal qui, n'étant pas catholique, avait pas mal d'avance sur les Canadiens français en ce qui concerne les joies du mariage sans leurs conséquences. Edward n'est pas fou, il connaît la belle santé de sa femme, mais il sait aussi qu'elle a scrupule à tricher avec l'Église. La convoitise est péché et c'est une tentation constante qu'ils négocient tous deux avec Dieu, sous le couvert du devoir conjugal, mais avoir du plaisir en prenant des moyens mécaniques d'empêcher la famille… voilà un interdit que seule la grossesse a réussi à vaincre chez sa femme. Or, Edward n'a pas envie d'avoir une épouse affranchie comme il l'apprécie tant, seulement quand elle est en famille. Aussi s'est-il mis à jour sur les façons modernes de contourner l'affaire… sans avoir à se retirer d'elle et à se couper le plaisir.

Il s'en veut de leur stupide querelle, mais il ne peut s'empêcher de trouver qu'Adélaïde est trop jeune pour les choses tristes. Il faut la mettre à l'abri et taire ce qu'on peut taire.

Gabrielle se couche sans un mot et se tourne vers la porte, lui indiquant nettement, si doute il y avait, que leur complicité est gâchée pour cette nuit et jusqu'à nouvel ordre.

Il éteint, encore plus furieux.

Il soupire et gigote dans le lit, s'impatiente de ne pas trouver le sommeil, grogne et, au bout d'une heure, demande : « Dors-tu ?

— Comment veux-tu ? Tu bouges tout le temps.

— Tu dormirais si je ne bougeais pas ? »

L'insulte ! Elle aurait le cœur de dormir, alors qu'il pense et repense à tout ça ! Alors qu'il s'en fait, elle, elle dormirait ! « Excuse-moi, je vais essayer de ne plus bouger. »

Elle soupire, se retourne : « On n'est pas d'accord, Edward. On n'est pas pour s'obstiner jusqu'à ce qu'il y en ait un qui casse.

— On s'est jamais couchés fâchés.

— C'est vrai.

— En neuf ans, on s'est jamais disputés de même. »

Là-dessus, elle a ses réserves, mais elle garde pour elle ce qui en est : ils se sont toujours mis d'accord avant la nuit, peu importe l'ampleur du problème.

« Tu vas bouder encore longtemps, Gabrielle ? »

Elle n'en revient pas ! Quel front il a ! « Et toi, Edward ? »

Un temps où tout cela mûrit, puis Edward prend sa voix douce : « Je ne suis pas contre toi, je suis contre une idée que tu as.

— Pareil à moi.

— Comment on va se raccorder, d'abord ? Tu ne me laisseras pas gagner, je te connais.

— C'est pas tellement l'idée de gagner, Edward, c'est l'idée que je ne pense pas comme ça. »

Edward part à rire : « On n'est quand même pas pour aller en cour se soumettre à un jugement !

— Là-dessus, tu gagnerais, je te le dis tout de suite. Avec Germaine aussi tu gagnerais : je ne suis même pas supposée exprimer mon désaccord avec mon mari. De toute façon, les juges aussi trouvent qu'il faut taire et cacher les choses de la vie aux enfants.

— C'est ça qui te choque ? Que les juges soient de mon bord ? »

Gabrielle se tait. Si elle répond, la discussion va recommencer et elle

149

estime qu'ils se sont bien assez affrontés pour ce soir. Une chicane sur son chagrin des derniers jours, cela lui semble trop lourd à porter. Elle n'est pas en état de se passer de sa bonne entente avec Edward. Ce serait trop difficile.

Il tend le bras au-dessus de sa tête, l'invitant en silence à venir dans le creux de son épaule. Tentée, elle ne bouge pas.

« Viens. Viens, on s'obstinera pas. On va juste mieux dormir, malgré qu'on reste en désaccord. »

Elle s'approche et il ferme les bras sur elle. Son cou sent l'homme et le cigare, odeur poivrée qu'elle aime tant. La main d'Edward frotte son dos paisiblement, puis elle descend et flatte plus subtilement le bas du dos. Sa bouche est sur la sienne avant qu'elle ne proteste. Il y a tant de bonheur, tant de sensualité dans ce seul baiser, dans la douceur qu'il y met, la lenteur pénétrante qui peu à peu le transforme en urgence, en appel de tout le reste du corps. Quand les mains d'Edward touchent enfin sa jaquette, la soulèvent, elle s'ouvre comme un animal dompté et va au-devant de lui en l'étreignant violemment, de crainte qu'il ne se retire. Il murmure entre deux baisers : « Je ne m'enlèverai pas, mais je te veux toute. »

Elle ferme les yeux, bouleversée des sens et du sens — « je te veux toute ». Ces mots qu'il a toujours dits pour refuser d'être le seul à toucher la jouissance, ces mots qui disent plus qu'un je t'aime, qui disent sa science du partage, son désir profond de ne céder qu'à partir de son abandon à elle et que pour propulser cet abandon jusqu'à l'ultime extase, la leur.

Ce plaisir-là, cette ivresse qui la gagne en buvant ses caresses, en resserrant leur étreinte jusqu'à la quasi-immobilité, souffle en suspens, corps chavirés, cet accord-là entre eux qui soude toutes les fissures dans une flambée délirante, rien au monde ne la ferait y renoncer. Rien au Ciel, en enfer ou sur terre.

« Edward ? »

Un murmure endormi lui répond. Elle sourit, bien contente de constater qu'ils ne s'endormiront ni fâchés ni raccordés. « Quoi ?

— Bonne nuit. »

Il vient lui souffler son rire dans le cou et elle s'endort paisiblement.

*   *   *

Le samedi, au couvent des Ursulines, l'enseignement se termine à midi. Adelaïde qui est demi-pensionnaire, mange tous les midis au réfectoire sauf le samedi, puisque dès que la cloche a sonné, elle est en congé de fin de semaine.

Selon son habitude, Adelaïde court au bureau de son père, afin de rentrer avec lui à la maison. Elle adore aller au bureau d'Edward. La secrétaire, Mademoiselle Dubé, a toujours une pomme, un bonbon, une gâterie en réserve pour la faire patienter. Les bureaux sont situés rue Saint-Louis, derrière le palais de justice, très près de la rue du Parloir. D'habitude, son père essaie de se libérer pour le moment où elle arrive et ils font le chemin du retour à pied en discutant. Ce samedi, Mademoiselle Dubé l'installe avec une feuille à dessiner : son père est avec un gros client, ça peut durer encore un peu.

Adélaïde reste sagement assise, sans toucher à sa feuille. Son père sort finalement du bureau, accompagné d'un gros monsieur au visage rouge qui parle anglais. Il s'arrête et la regarde en commentant : « *What a sweet little girl. Is she your daughter, Edward ?* »

Edward les présente et le monsieur sort son français pour lui mâcher un « enchanté mamzelle ». Elle exécute son plus joli sourire et va attendre dans le bureau que son père revienne. Une forte odeur de cigare règne dans la pièce. Elle ouvre la fenêtre, malgré le froid.

« Hé ! Tu veux nous faire attraper du mal ? Ferme ça, petite bougresse ! »

Il tripote des feuilles sur son bureau, s'affaire : « Encore deux minutes, Adélaïde, et on y va. »

Elle sait très bien que ce n'est pas vrai, qu'il en a pour dix minutes ou plus. Elle prend des trombones et les attache l'un à l'autre pour faire une chaîne. Edward finit par venir s'asseoir près d'elle : « Voilà ! Ça y est, on peut rentrer. »

Adélaïde murmure sans cesser son jeu : « Je vais peut-être avoir zéro de conduite.

— Ah bon ? »

Edward attend la suite qui ne vient pas d'elle-même : « Je peux savoir pourquoi ?

— Parce qu'il y en a à à l'école qui disent que Denise Turcotte s'est pendue. Et moi je les ai traitées de calomnieuses. J'ai pas dit médisantes, j'ai dit calomnieuses. »

En bon juriste, Edward apprécie la nuance, mais la cause de l'accusation l'intrigue davantage. Pendue ? Sa fille a dit pendue ? Il a du mal à croire qu'elle ait dit ça. Adélaïde poursuit : « J'ai dit que les pendus entraient pas dans l'église, qu'ils avaient pas d'enterrement et que ma mère était aux funérailles. Alors…

— Alors ?

— Elles ont été obligées de se taire. Calomnie : mentir contre son prochain ; médisance : dire du mal sans raison de son prochain. C'était une calomnie.

— Elles n'ont rien dit d'autre ?

— Il y a Georgette Labadie qui a crié qu'elle ne comprenait pas ce qu'une première de classe comme moi faisait avec une sans génie comme la Turcotte. »

Adélaïde laisse son discours en suspens, les joues en feu, le regard batailleur. Edward se dit que la réponse a quand même dû venir : « Et ?…

— C'est tout. »

Adélaïde rejette ses trombones sur la table à café et se lève, prête à partir. Edward ne bouge pas, la regarde aller chercher son manteau, l'enfiler. Elle attache tous ses boutons avant de se planter devant son père : « J'ai dit qu'elle devait avoir beaucoup de peine parce que, depuis que Denise n'est plus là, elle a toujours été la dernière de la classe. Que la simplette ou l'arriérée était peut-être pas celle-là qu'on pense. J'ai dit que d'inventer, c'est pas mentir, c'est calomnier, et que, pour quelqu'un qui est mort, ça compte pour un péché mortel et qu'elle irait pas jusse en queue de classe, mais aussi en enfer. »

Edward se dit que sa fille a de quoi en remontrer aux meilleurs avocats. Il se dit aussi que la fierté n'est pas exactement le sentiment qu'il doit démontrer en cet instant.

Ils quittent le bureau et discutent tout le long du chemin. Ils s'entendent pour trouver qu'effectivement salir la mémoire d'une morte est proche du péché mortel, mais qu'Adélaïde n'est pas l'émissaire de Dieu et n'a pas été envoyée sur terre pour faire le procès des catholiques pécheurs.

« Mais papa, c'est pas pour le bon Dieu que je le fais, c'est pour Denise ! Pourquoi continuer à dire du mal d'elle quand elle peut même plus se défendre ? Déjà qu'en vie il fallait le faire pour elle…

— Et tu le faisais ?

— Ben oui ! »

Ils sont presque arrivés quand elle demande : « Mais elle est au Ciel avec sa maman qui la berce, han, papa ? Elle sait lire et elle a retrouvé sa mère ? »

Ainsi donc, l'assurance démontrée présente quand même quelques failles. Edward rassure sa fille : rien ni personne ne va enlever à son amie sa mère et son Ciel.

Gabrielle, une fois le repas des enfants terminé, monte se préparer pour la soirée. Comme Edward et elle se rendent à une réception très mondaine, elle y met le temps. Isabelle et Adélaïde l'encadrent et suivent tous ses gestes, fascinées par les préparatifs.

Edward survient et les met dehors pour s'habiller lui aussi. Dès qu'ils sont seuls, il tend une feuille pliée en deux à Gabrielle. Le temps qu'elle en prenne connaissance, il s'est agenouillé devant elle.

Moi, Edward Miller, avocat et époux de Gabrielle, née Bégin, avoue, admets, recule et m'incline : ma femme est la plus avisée de nous deux en ce qui a rapport à l'éducation des enfants et ses principes sont non seulement hautement moraux, mais aussi sensibles à l'esprit d'un temps qui change.
Profondes excuses.
Edward Miller.

Elle le considère, étonnée : « Je peux faire encadrer mon diplôme d'éducatrice ?

— Si tu veux.

— Je peux le montrer à Germaine ? Elle a des doutes…

— Pour qu'elle me traite de fou furieux ? Non merci ! »

Elle pose la feuille sur la coiffeuse, embrasse la joue fraîchement rasée de son mari : « Qu'est-ce qui me vaut cet honneur, Edward ? »

Il se relève et s'habille en expliquant que leur fille lui a fait une démonstration assez percutante et qu'il en a conçu des doutes quant à ses principes d'avant la Grande Guerre. Elle est en train de visser les perles à ses oreilles, quand une inquiétude le saisit. « Gabrielle, rassure-moi : la petite… elle n'est pas morte de façon douteuse ? »

Le geste de Gabrielle est arrêté net, il capte son regard dans le miroir. « Tu veux dire… elle, elle a… »

Les yeux de sa femme s'emplissent d'eau, son menton tremble. Edward s'approche, l'enlace : « Attends, attends… tu es allée aux funérailles, non ?

— Ils ont menti, Edward. Ils ont réussi leur coup, je ne sais pas comment.

— Et la petite s'est… »

Gabrielle hoche la tête, incapable de prononcer ou d'entendre le mot. Edward est atterré : « Elle avait quoi ? Dix, douze ans ?

— Dix.

— *What the hell !…* »

Il fait les cent pas, en proie aux émotions les plus contradictoires. Il s'arrête soudain : « Ne me dis pas qu'Adélaïde…

— Non ! Elle ne sait pas ça. Bien sûr que non. Il faut y aller, Edward, viens que j'attache ton col. »

Ils finissent de se préparer en silence et vont embrasser les enfants avant de partir. « Tu sens bon, maman ! » Fabien la décoiffe presque avec son ardeur, ce qui fait enfin sourire son père : « Bien mon fils, celui-là. Pas capable de voir une belle femme sans avoir envie de la décoiffer ! »

* * *

En mars, Edward entreprend une poursuite qui le laisse de bien mauvaise humeur. Un soir qu'il rejette son journal avec impatience, Gabrielle essaie de savoir ce qui l'agace tant. « C'est une femme que je défends, Gabrielle. Une femme d'affaires qui est en train de tout perdre. »

Étonnée, elle écoute Edward lui exposer la cause. Alice Guérin a succédé à ses parents dans l'affaire qu'ils avaient montée à la fin des années 1890. Une boulangerie où elle a travaillé toute sa vie. Seule enfant survivante d'une famille de cinq, elle est devenue propriétaire des Pains Guérin à l'âge de vingt-six ans. Jusque-là, tout est légal. Puis, sur le tard, elle rencontre Alcide Thibodeau qui la fréquente et finit par l'épouser. De ce jour, elle continue à mener sa *business,* mais avec son mari qui s'occupe, lui, de mettre sur pied un service de livraison plus vaste. Le plus souvent, il est parti sur les routes. Ils ont trois enfants et, il y a huit ans, Alice met en marché un nouveau produit : le petit délice d'après-souper, le gâteau au chocolat fait chez elle. Ça marche fort, mais elle se rend compte qu'ils perdent de l'argent, que l'entreprise bat de l'aile, qu'ils doivent de grosses sommes qu'elle croyait avoir réglées. Avec la Crise, avec les entreprises qui périclitent, Alice décide de revoir son système comptable et de vérifier tout ce qui sort de ses coffres. Pour ne prendre aucun risque, elle vérifie la comptabilité des cinq dernières années et… se rend compte qu'il y a eu du coulage pour 4 959 dollars, soit l'équivalent du salaire annuel de sept employés ! Elle découvre ensuite des billets à ordre d'une valeur de 1 500 dollars devant être encaissés sous peu. Son mari, le bel Alcide, jouait et menait la grande vie depuis quelques années. Pire : depuis trois ans, il entretenait une femme de vie. Buveur et beau parleur, Alcide refuse de rembourser la moindre somme ou même de cesser ses activités. Il estime avoir le droit de dépenser comme bon lui semble. Alice déménage avec ses trois enfants et essaie de sauver son commerce. L'ennui, c'est que, depuis son mariage, l'entreprise est devenue un bien commun administré par le mari. C'est Alcide qui, aux yeux de la loi, est chargé de l'affaire familiale, même si elle l'a héritée de ses parents et y a travaillé toute sa vie. Un peu comme si c'était une dot que l'époux avait utilisée selon son bon vouloir.

Gabrielle, effarée, n'en revient pas : « Et le procès, c'est pour lui permettre de ravoir son bien ? Pour qu'il rembourse ce qu'il a joué et dépensé ?

— Il n'est même pas question de remboursement. Elle veut que ses enfants puissent hériter d'un bien familial, elle veut sauver l'entreprise… et travailler pour autre chose que pour payer les dettes de son mari. Ils sont dans la misère, Gabrielle, elle travaille de quatre heures du matin jusqu'au soir, le plus grand a dix ans et travaille avec sa mère et ils n'ont pas de quoi se mettre sur le dos. Pendant ce temps-là, lui fait la grande vie et paye des tournées aux ivrognes du coin.

— As-tu peur de perdre, Edward ? C'est du vol, tu le sais aussi bien que moi. C'est évident pour tout le monde.

— La loi est mal faite. Elle protège le mari. Elle a perdu ses droits en se mariant. Elle est devenue quelqu'un de… comment te dire ? Elle est redevenue mineure. Peu importe qu'avant elle ait tout fait marcher, tout signé de sa main. Une fois mariée, c'est le mari qui signe, qui dépense, qui endosse et qui traite avec les banques. L'argent, tout l'avoir, est au mari.

— Même pour se payer des femmes de vie aux dépens de ses propres enfants, Edward ? L'argent peut servir à ce qu'il veut ?

— Malheureusement, tant qu'elle ne demande pas la séparation de corps, ce n'est pas si important. Et elle ne le demande pas. Ce type est un vrai bandit : j'ai au moins vingt témoins qui prouvent son indignité d'époux et de père, trente si je veux ! Je peux prouver qu'elle a tout administré correctement, qu'elle a fait preuve de son habileté, de sa bonne foi. Je peux prouver qu'il a ruiné sa *business* et qu'il mène une vie pervertie. Il n'y a rien à faire : rien ne peut le forcer à rembourser. La seule sanction qu'elle obtiendra, c'est la séparation judiciaire de biens, mais le mieux serait qu'elle divorce.

— Mon Dieu ! La pauvre ! Elle va le faire ?

155

— Bien sûr que non ! C'est compliqué : il faut une loi privée des deux Chambres. Tu imagines le prix que ça coûte ? Elle n'a plus que des dettes. La seule issue, c'est la séparation de biens.

— Elle va l'obtenir facilement, non ?

— Elle va l'obtenir, oui, tu peux me faire confiance. Mais il va se battre, tu penses bien ! Qu'est-ce qui peut être mieux que sa situation actuelle ? Il ne fait rien et ramasse l'argent que sa femme et son fils se tuent à gagner. Il peut même emprunter sur la foi du chiffre d'affaires. La seule autre solution serait la banqueroute, ce qui n'est pas une victoire. Il va tout faire pour ralentir la procédure. Ça peut prendre un an. T'imagines ce qu'il peut dilapider en un an ? »

Comme tout le monde, Edward n'aime pas perdre, mais chez lui c'est encore plus souffrant. Il marche de long en large et finit par se rasseoir : « On a le juge Allard. »

Reconnu pour son intransigeance ultra-catholique, ce n'est pas ce qui s'appelle une chance. Dépité, Edward explose : « Cette femme n'aurait jamais dû se marier !

— Franchement, Edward, tu déraisonnes ! Elle a droit à une vie de famille. Elle s'est seulement trompée pour l'homme, comme tant de femmes.

— Elle pouvait tout faire sauf se marier. Pourquoi est-ce qu'on n'enseigne pas aux femmes les risques du mariage ? Étais-tu avertie, toi ? Dans vos réunions de la Ligue, vous devriez essayer de voir à faire l'éducation légale des jeunes filles. Qu'elles y pensent à deux fois et qu'elles refusent la communauté de biens. Systématiquement !

— Ah, c'est brillant ! Bravo, Edward ! Comme ça, le jour où nos filles vont vouloir se marier, tu vas les mettre en garde, les en empêcher pour qu'elles ne perdent rien ?

— Pas nos filles, mais les femmes d'affaires devraient savoir cela.

— Ah oui ? Cette femme, si elle avait vécu en concubinage avec cet homme, si elle avait eu des enfants hors mariage avec lui, tu penses que sa fameuse *business* aurait tenu longtemps ? Qui aurait mangé le pain d'une femme à scandales ? Et même si elle avait les moyens de demander le divorce, tu penses que son chiffre d'affaires resterait le même ? Non. Et ce ne serait pas la Crise, Edward, ce serait l'opinion des gens : on n'achète pas d'une divorcée. Tu vois Germaine manger du pain Guérin ?

— Mais son mari la ruine !

— Elle ne peut pas l'écrire sur le pain, Edward ! Même si elle a raison. Les gens pensent ce qu'ils veulent et un divorce, c'est une honte et une honte de femme.

— Elle ne le demande même pas ! Qu'on impose le régime de séparation de biens est ce qui peut arriver de mieux !

— Et au pire ?

— Au pire, le juge va faire un sermon au mari qui va faire semblant d'être bon garçon, qui va produire son confesseur en preuve de son repentir et hop ! il va pouvoir la ruiner complètement. Ça a l'air qu'il a un enfant de l'autre femme.

— Et elle fait quoi, elle ? Comment elle vit ?

— Elle est propriétaire d'un lieu de boisson à la basse-ville.

— Et parce qu'il est marié, elle va avoir la chance de ne jamais perdre son bar et de pouvoir le mettre dehors le jour où il va jouer trop fort son avoir ?

— C'est ça. Il ne pourra pas jouer dans sa caisse à elle.

— Juste parce qu'elle a eu la chance de passer après l'autre ?

— Gabrielle, ce n'est pas moi qui fais les lois. Je n'y peux rien, moi.

— Et changer la loi au lieu d'avertir les femmes qui veulent se marier, ça, tu n'y penses pas ?

— Bien sûr ! C'est exactement là que la Commission Dorion devrait nous emmener. Mais on ne change pas des lois pour un cas d'abus. On change les lois quand elles sont injustes pour tout le monde, pas pour une élite. Il y a bien des femmes qui ont intérêt à être sous le pouvoir légal de leur mari.

— Celles qui n'ont rien ?

— Celles qui n'ont pas de tête, Gabrielle. C'est bien dommage, mais il y en a.

— Et les sans génie de maris qui font pâtir toute leur famille, mais qui ont la loi de leur bord, c'est pas grave, ça ? »

Depuis que Gabrielle fait partie de la Ligue des droits de la femme, les discussions qu'ils ont sont plus vives et souvent, constate Edward, sa femme lui souffle des arguments auxquels il n'aurait jamais pensé. Il se précipite, prend une feuille, écrit frénétiquement.

« Edward, je te parle.

— Attends, attends, j'ai l'idée... »

Trois minutes plus tard, il se redresse en souriant : « Je vais jouer ta carte pour faire plier le juge Allard. Je vais orienter le débat sur l'exaspération légitime des femmes devant des abus flagrants comme celui-ci, sur notre devoir de juristes de condamner ouvertement de tels comportements, et ce, dans le but avoué de ne pas avoir à trop changer la loi sous prétexte qu'on a laissé faire des conduites scandaleuses qui permettent effectivement aux femmes de crier à l'injustice et de réclamer des changements majeurs et mérités. Aider Madame Thibodeau à conserver sa *business* retire aux femmes leur argument principal pour demander une révision de leur statut légal de femme mariée. Voilà qui devrait ébranler même le juge Allard qui s'accroche au statu quo. »

Gabrielle le tuerait ! Il va mettre à profit, et de façon malhonnête, les efforts des femmes. Il a beau lui expliquer qu'il utilise les armes qu'il a pour qu'une femme gagne, elle n'a pas du tout envie de le voir flatter un juge et l'exciter contre les suffragettes et leurs demandes raisonnables, sous prétexte qu'il doit gagner aujourd'hui avec les ruses d'aujourd'hui.

Elle en discute longuement avec Paulette et Armand, dont c'est la spécialité. Évidemment, en tant qu'avocat, il trouve « fichument intéressante » la voie choisie par Edward. Il se rend même au procès. Gabrielle demeure convaincue qu'il y a quelque chose de malsain dans l'utilisation que fait son mari du travail des suffragettes.

Petit à petit, des liens se tissent et une réelle amitié naît entre les quatre qui, sous le prétexte d'un bridge ou d'un souper, analysent et discutent les politiques. Que la Commission Dorion, sur laquelle travaillait Armand, n'aboutisse qu'à un « soupir de papillon » dans ses recommandations n'émeut pas tellement Edward. Ils passent une longue soirée à en parler et Edward les trouve bien rêveurs de croire qu'on va changer le monde à une telle vitesse.

La victoire de Madame Thibodeau et l'obtention de la séparation de biens changent quand même quelque chose pour Edward : il considère d'un autre œil le sort juridique des femmes.

Comme il l'explique ensuite à ses amis : « Entre les femmes et les abus qui leur sont faits et une femme et son histoire personnelle d'abus, il y a toute la différence du monde. » Pour Edward, la loi n'est plus idoine ni conforme à ses buts à partir d'Alice Thibodeau et non à partir d'une date : « Dans mon esprit, ce procès fait jurisprudence pour les droits de la femme. Vous ne gagnerez personne à cette cause si ce n'est à travers les histoires vraies et vécues par les femmes.

— Sauf que les histoires vraies et vécues, même horribles, entachent la réputation des femmes avant tout », se désole Paulette.

Gabrielle soutient que, pour sa part, quand elle essaie d'évaluer si une histoire doit être racontée ou non, elle pense à ses sœurs et au jugement qu'elles porteraient, qui est parfaitement calqué sur ce que l'Église professe.

Edward ne peut s'empêcher de trouver qu'il s'agit là d'un bien pauvre étalon de mesure, surtout depuis leur dernière initiative.

Georgina et Germaine ont entrepris de contrecarrer « les pratiques politiques immorales et honteuses » de Gabrielle en prenant les grands moyens. Celle-ci a eu à subir la visite de son frère Cyril, venu spécialement du Bas-du-Fleuve pour l'évangéliser, dûment mandaté en cela par la Sainte Trinité. Comme Gabrielle ne l'avait pas vu depuis trois ans, le premier changement qui l'a frappée a été sa ressemblance physique avec leur père. Cyril, en engraissant et en perdant des cheveux, est devenu le portrait craché de Philémon. Et le discours a suivi le physique ! Quand, dans un tête-à-tête, il lui a demandé « laquelle de ses filles elle donnerait à Dieu », Gabrielle a dû réprimer un haut-le-corps. En lui répliquant laquelle Georgina, elle, avait choisie pour Dieu, elle s'accordait un temps de réflexion. Mais Cyril avait, de toute évidence, réfléchi à l'affaire : « Peut-être les deux, ma chère. Si aucune ne se marie, je ne vois pas le métier qu'elles pourraient bien exercer et la survie qui les attend est très aléatoire. Notre pauvre sœur n'a plus rien et vit de la charité de Germaine qui elle-même vit indirectement de la mienne. Peux-tu me dire, toi qui t'intéresses si fort aux règles et aux coutumes régissant les femmes, ce qui les attend d'autre que Dieu ? Et ce n'est pas un mince partage, Dieu, qui dans sa miséricorde a toujours accueilli toutes les brebis. »

Évidemment ! Cyril n'a jamais su résister au plaisir de vanter sa générosité, et Gabrielle remarque qu'il la mentionne juste avant celle de Dieu. S'il pouvait faire graver sur les maisons à revenus que sa sœur Germaine administre en son nom et dont elle tire sa survie que ces maisons « sont sa propriété généreusement partagée avec sa sœur célibataire », il le ferait ! Irritée, Gabrielle a fait valoir la nécessité d'un appel de Dieu avant d'embrasser une vocation pareille.

Cyril s'est montré très satisfait de sa conviction religieuse et a demandé à voir Adélaïde seule, afin de constater par lui-même qu'elle était en mesure d'entendre l'appel s'il survenait. L'entrevue a duré à peine cinq minutes et Adélaïde n'a émis qu'un commentaire : « Moi, je ne voudrais pas que ce soit mon oncle Cyril qui me confesse. » Gabrielle a essayé de savoir pourquoi et, après quelques réticences, Adélaïde a révélé que son oncle « sentait le fromage ».

Réjoui, Edward a conclu : « Il y a de l'acide lactique dans la famille : entre tes deux sœurs qui surissent et ton frère qui sent le fromage ! Est-ce interdit de se laver chez les curés de campagne ? L'hygiène corporelle, il n'a pas encore lu ce chapitre dans ses livres saints ? *Mens sane in corpore sano*, non ? Imagine ses pauvres brebis, en effet. »

Edward a eu beau se moquer en privé, il a trouvé le beau-frère pénible et rétrograde. Passe encore pour la messe, les grâces, le bénédicité et autres chapelets dont sa visite les a pourvus, mais ses opinions sur les femmes, l'obéissance, la soumission, ses discours-monologues et sermons interminables sur l'éducation, le devoir, la conscience et les méfiances qu'on doit nourrir envers tout ce qui n'est pas conforme à la règle de Dieu ou de l'Église. L'éternelle obligation de s'en remettre à l'avis de son confesseur qui doit scrupuleusement être tenu au courant de tout. Edward en perdait l'appétit et la jovialité.

Quand Cyril a sèchement ordonné à Adélaïde de se taire à table alors qu'elle racontait une très intéressante anecdote arrivée à son école, Edward a répliqué sur le même ton : « Monsieur, vous êtes dans *ma* maison, et dans *ma* maison, mes enfants ont le droit de s'exprimer. À l'église, ils se taisent. Continue, Adélaïde. »

Mais celle-ci a piqué du nez et murmuré que c'était fini, qu'elle avait tout raconté. La fin du repas a été lugubre, Edward refusant manifestement de faire le moindre effort de conversation et laissant Cyril patauger lourdement dans ses lieux communs. Après le repas, Edward s'est dépêché de filer au billard où il a passé tout son dimanche après-midi, en congé de « l'autorité pontificale ».

À Georgina et à Germaine qui s'inquiétaient tellement pour l'âme de leur sœur, Cyril a confirmé leurs pires doutes : s'il y avait un péril, il venait du côté d'Edward et de son laxisme religieux, pour ne pas dire sa carence de sentiment religieux. Tout comme leur père et mère quand il avait été question de ce mariage, Cyril demeure persuadé qu'un enfant né en pays protestant d'une mère irlando-américaine et d'un père trop pauvre pour sauver sa religion en demeurant au pays de ses ancêtres, qu'un tel enfant ne pouvait avoir été impunément mis en contact avec les protestants et leur façon de penser. Sa conclusion : il faudra prier pour Gabrielle et les enfants.

Dieu merci, on a jugé bon de laisser Isabelle chez Gabrielle « dans le but d'apporter une bonne et pieuse influence dans cette famille menacée d'anticléricalisme ». De là à conclure qu'Edward est un libéral convaincu…

La seule qui a tiré son épingle du jeu et persuadé son oncle de sa piété, si ce n'est de sa sainteté, c'est Béatrice. Rusée, elle a appelé Cyril « mon oncle monseigneur », ce qui a provoqué un frisson de plaisir à peine voilé chez l'intéressé qui en devenait tout rêveur.

« Ce n'est pas l'humilité qui l'étouffe, ton frère. Il se voit déjà diriger le diocèse ! » Edward n'apprécie pas tellement les mines et les grâces de Béatrice, il redoute que son désir de plaire à tout prix ne la conduise à des comportements malhonnêtes. Cyril, lui, n'y a vu que du feu et l'indice d'une vocation.

« Vocation de ratoureuse, oui ! » a grommelé Edward.

Une fois Cyril retourné dans son ministère, tout de même muni d'un substantiel don à ses œuvres qu'il a eu soin d'extraire du pécule de son beau-frère anticlérical, une fois les sœurs calmées et bénies aller-retour, Edward a déclaré que, d'ici à Pâques, il n'entrevoyait pas de grands dîners de famille.

« Nous allons faire carême », a-t-il proclamé en assurant Gabrielle qu'il valait mieux considérer l'affaire sous cet angle plutôt que de céder à l'envie de meurtres en série que ses belles-sœurs excitaient en lui.

Avec leur vie mondaine qui devient de plus en plus active, avec ses nombreux comités, Gabrielle a de toute façon beaucoup à faire. Ils ont à peine le temps de s'offrir de vraies soirées de discussions en toute amitié avec Paulette et Armand, qu'Edward apprécie énormément : « Dommage qu'il ne parle pas anglais, Armand, parce que j'aurais bien aimé retenir ses services au bureau pour certains dossiers. »

Gabrielle se convainc que la coupelle de verre va encore résister à l'impact de la monnaie qu'y jette Edward sans ménagement. Elle soupire en se mettant au lit : « Isabelle est amoureuse, je crois.

— Quoi ? C'est une enfant ! Et de qui ?

— D'Armand.

— Non ? Tu penses ? »

Est-il vraiment aussi naïf, aussi peu observateur ? Ce soir, en passant les amuse-gueules, Isabelle rougissait à chaque fois qu'elle croisait Armand. Elle le mangeait des yeux. D'ailleurs, Gabrielle fait la remarque davantage pour tenter d'estimer ce que son mari observe ou sent que pour l'informer. Il finit de se déshabiller en épiloguant sur l'âge d'Isabelle, celui d'Armand, l'histoire de Reine qui a déjà eu le béguin pour le jeune homme… tout sauf l'essentiel, tout sauf ce qui crève les yeux et cause tant de soucis à Gabrielle : la vénération amoureuse dont Armand l'accable.

Gabrielle n'est pas dupe, elle ne se sent même pas flattée de cette admiration, elle en est même ennuyée. Huit ans la séparent du jeune homme et il est évidemment victime d'un mirage : il ne se rend pas compte qu'elle est vieille et que ses charmes sont ceux d'une femme mûre. La semaine passée, en revenant d'une réunion, Paulette a fait une allusion à son frère et à ses « coups de tête » fréquents. « C'est un passionné qui s'enflamme facilement, il ne faut pas y voir de mal, vous savez. » Gabrielle a joliment conclu qu'Armand confondait la femme et la cause. Paulette a paru soulagée de ne pas la voir prendre trop au sérieux les niaiseries de son frère.

Mais quand Armand a essayé d'embrasser plus que la cause, Gabrielle s'est trouvée en fort mauvaise posture. Seule avec le jeune homme qui, justement, la raccompagnait, elle a sévèrement établi les règles de leurs fréquentations. Malgré son honnêteté brutale et l'aveu très clair de son attachement profond et de sa fidélité inébranlable à son mari, la situation s'est envenimée. Armand s'est mis à déclarer son amour et à faire un éloge de ses grâces. Elle a dégagé sa main qu'il s'entêtait à saisir et l'a fraîchement mis en garde : encore un seul geste, une seule parole déplacée et elle ne le verrait plus. Quitte à ce que la cause des femmes se passe de ses services.

Le dîner de ce soir constituait la première épreuve d'Armand depuis cet incident et il l'a bien passée. Gabrielle se demande quand même si c'est bien prudent. Elle ne se voit pas non plus en train d'avertir Edward qu'il y a un loup dans la bergerie. Elle se dit qu'elle est assez grande pour tenir le loup à distance. Comme tout ça est agaçant ! Elle a bien besoin de ce genre d'assiduités.

« Alors ? Tu dis quoi ? »

Elle n'a pas écouté un mot de ce qu'Edward a dit. Ça concerne d'ailleurs Isabelle puisque son mari, lui, n'a pas laissé sa pensée dériver. Isabelle qui, selon Edward, devrait retourner à l'école, ne serait-ce que pour l'obtention d'un diplôme d'école normale qui la mettrait à l'abri de la vocation obligée, annoncée par Cyril.

« Edward, tu sais combien elles sont payées, les maîtresses d'école ? Pas assez pour vivre. En plus, elles doivent signer un papier qui les engage à ne pas se marier.

— Elle se mariera, alors ! Mais en attendant, cette enfant veut apprendre et on la prive parce que ça coûte quelque chose. »

Et parce qu'elle me seconde magnifiquement avec les petits, pense également Gabrielle avec gêne. Elle ne peut se le cacher, depuis l'arrivée d'Isabelle, son horaire familial s'est allégé. Elle peut partir en toute confiance travailler à ses œuvres. Une fois Isabelle à l'école, les moments de loisirs vont sérieusement diminuer. Et ce n'est pas en se reprochant son égoïsme qu'elle va être excusée d'avoir peut-être profité de sa nièce et de l'avoir laissée faire la servante, comme Georgina avait eu le bon goût de le lui faire remarquer.

Elle s'empresse donc de manifester son enthousiasme : il est plus que temps d'offrir autre chose qu'une robe à Isabelle. Et si cela oblige Gabrielle à restreindre ses activités, cela ne sera pas plus mal et refroidira peut-être les ardeurs d'Armand.

Comme l'année scolaire est passablement entamée, ils décident de lui fournir un cours privé qui servirait de rattrapage. L'enseignante pourrait également commencer l'instruction de Béatrice et de Fabien.

Edward propose que la personne soit en mesure de donner une ou deux leçons d'anglais en fin de journée afin qu'Adélaïde puisse en profiter.

« Et moi aussi », ajoute Gabrielle qui trouve ses conversations assez succinctes lors des réceptions chez les Anglais.

Étonné et ravi, Edward demande ce qui lui vaut un tel revirement de la part de son épouse si prompte à la défense des Canadiens français. « Tu es bien devenu en faveur des droits de la femme, Edward. Je peux bien apprendre l'anglais. La marche n'est pas plus haute. »

* * *

À la grande surprise de Gabrielle, Isabelle se met à pleurer quand elle lui décrit le projet d'éducation qu'elle a établi avec Edward.

Gabrielle console Isabelle, sèche ses larmes et essaie de savoir en quoi le projet est si déprimant. Rien. Isabelle remercie et promet qu'elle va obéir à ce que son oncle et sa tante décréteront de convenable. Ce genre de phrase met Gabrielle en colère et elle a bien du mal à ne pas dire à sa nièce de lui épargner les formules à la Georgina.

« Je ne comprends pas, Isabelle, je pensais que tu aimais l'étude. Tu n'as jamais cessé de lire tes livres d'école depuis que tu es ici. »

Rien à faire, Isabelle refuse d'expliquer ce qui la rend si triste. Avant de mettre fin à l'entretien, Gabrielle essaie de rassurer Isabelle en lui disant que, si les études privées ne lui plaisent pas, elle n'est pas obligée de continuer ensuite à l'école publique.

« J'ai pensé à une chose, ma tante, si Reine ne revient pas, on devrait redonner sa chambre à Adélaïde et moi j'irais coucher avec Béatrice et Rose. »

Déroutée, Gabrielle essaie de faire un lien entre sa proposition et celle d'Isabelle. Elle a beau chercher, elle ne trouve rien : « Peut-être… oui. Tu penses qu'Adélaïde a envie de ravoir sa chambre ?

— Y a pas de raison que j'aie la chambre à moi toute seule. C'est elle, l'aînée de la famille.

— Mais tu es plus vieille qu'elle… »

Silencieuse, Isabelle se contente de se tortiller. « Est-ce que ta sœur Reine te manque ? »

Bon, encore les larmes ! Gabrielle est complètement perdue : « Mais pourquoi tu ne me dis pas ce qui t'inquiète tant ? » À travers ses sanglots, Isabelle hoquette : « C'est fini, c'est ça ? Vous allez m'envoyer pensionnaire et ensuite mon oncle Cyril va me prendre avec maman dans le Bas-du-Fleuve ? Je vais devenir leur bâton de vieillesse aux deux, c'est ça ? »

Gabrielle ferme les yeux : quelle horreur ! Comment Isabelle peut-elle imaginer des choses pareilles, un avenir si terne ? Elle s'empresse de remettre les choses en place, de jurer que jamais il n'a été question de Cyril ou de Georgina, que c'est un projet dont elle n'a même pas encore parlé à sa sœur.

« Elle ne voudra pas ! Maman veut marier Reine et après, c'est le Bas-du-Fleuve avec mon oncle pour me montrer comment faire le service et attendre que je sois en âge d'être toute seule avec mon oncle. Maman pensait vivre au presbytère et chez Reine à tour de rôle. »

C'est ça, pense Gabrielle, elle fournit la servante, elle s'en retourne faire sa vie chez sa fille mariée et revient de temps en temps profiter des générosités calculées de Cyril. Du coup, Germaine et Georgina retrouvent leur vie d'avant ! Quel plan d'avenir exemplaire !

Isabelle a encore des larmes plein le visage : « Vous avez le droit de vouloir être avec les vôtres et de ne pas vous charger de moi, c'est vrai. Je sais ce que je vous dois, ma tante, et ici, c'est vraiment merveilleux pour moi, avec les petits… je savais bien que ça aurait une fin, mais… »

Gabrielle la prend dans ses bras et la berce tendrement. Petite Isabelle à qui on a fait la leçon, petite fille si généreuse qui ne proteste pas, ne lutte pas contre une perspective aussi abjecte : être la servante de son oncle curé à la campagne, qui va se contenter de la loger et de la nourrir. Gabrielle ne dit plus rien, elle berce sa nièce qui finit par se calmer au bout d'un long moment. Sans cesser de la bercer, Gabrielle lui demande, la bouche contre ses jolies boucles : « Isabelle… penses-tu que je pourrais manigancer un projet comme ça pour une de mes filles ? Je veux dire, être servante chez Cyril ? »

Isabelle se redresse en sursaut : « Jamais, voyons ! Pas vos filles !

— Alors, tu vas m'écouter attentivement. Dans mon cœur, tu es ma fille. Je ne pourrais pas l'avouer à ta mère ni à personne. Ça lui ferait sans doute de la peine et c'est notre secret à nous deux, mais tu es ma fille. Et c'est comme ça que tu seras traitée. Je ne laisserai personne t'enlever à moi. Sauf si tu le veux. Et quand ta mère fait des projets comme ceux-là, il faut le lui dire si tu n'es pas d'accord. Doucement, sans te fâcher, mais le dire. Et à moi aussi. Je comprends que tu es obéissante et c'est très bien, mais tu ne dois pas obéir si ça te rend malheureuse et qu'il y a moyen de faire autrement. »

Très bas, Isabelle chuchote : « Maman avait aussi parlé du noviciat…

— C'est Cyril, ça ! Il a décidé qu'Adélaïde ou Béatrice serait religieuse. Penses-tu que je me donne la peine de lui dire qu'il s'est trompé ?

— Dieu peut les appeler…

— Oui, Il peut. Mais Il va devoir crier pas mal fort pour qu'une coquette comme Béatrice renonce aux toilettes et pour qu'Adélaïde fasse vœu d'humilité. »

Ça fait du bien d'entendre Isabelle rire, de la voir se dégager, soudain consciente et gênée de se laisser cajoler… et de l'entendre insister pour redonner sa chambre à sa cousine.

« Je sais très bien ce que tu vas faire, Isabelle, tu vas prendre Rose avec toi tous les soirs et on ne pourra plus la coucher toute seule sans qu'elle ait peur. »

Le rose aux joues de sa nièce indique qu'elle ne s'est pas trompée de beaucoup. Qui ne la comprendrait pas ? Rose est un adorable bébé, qui ronronne presque quand on la prend dans ses bras.

* * *

Les cours d'anglais de Miss Parker sont de vraies fêtes : les enfants sont ravis de retrouver Adélaïde et de voir Gabrielle apprendre avec eux les chansons et les comptines avec lesquelles s'achève chaque leçon.

Un soir qu'ils font la démonstration de leurs talents à Edward, Paulette et Armand arrivent à l'improviste et applaudissent spectacle et interprètes. En revenant de coucher les enfants, Gabrielle surprend la conversation d'Edward qui propose à Armand d'assister aux leçons de Miss Parker pour établir une base d'anglais qui lui permettra d'élargir les possibilités d'emploi. Depuis la fin de la Commission, en effet, Armand a bien des difficultés à s'établir.

En l'entendant accepter, Gabrielle se dit que l'insouciance de ses fins d'après-midi va en prendre un coup.

C'est sans compter sur l'enthousiasme des enfants qui se moquent d'Armand et sont ravis de trouver un cancre comme lui à tourner en dérision. Très vite, l'habitude est prise de servir le thé au salon avec les plus grandes, ce qui épargne à Gabrielle les yeux trop insistants d'Armand. Paulette vient se joindre à eux et ils ont énormément de plaisir à discuter.

Ce jeudi, tout le monde est au salon en train d'étudier une caricature tirée du *Montreal Herald* que Miss Parker leur a apportée. Armand cherche encore à traduire la légende pour sa sœur qui, bien évidemment, a saisi par le dessin, quand Reine fait irruption, sous prétexte de saluer Isabelle en passant. Très élégante dans un ensemble de tricot de jersey vert dont la jupe arbore les plis à la mode, découpés à partir du bas des hanches dans une géométrie seyante que vient accuser la ligne de la veste, il est difficile de croire qu'ainsi « apprêtée » elle n'allait qu'à l'église se livrer à ses dévotions.

Gabrielle lui offre un thé qu'elle accepte en papotant joyeusement comme si Paulette et Armand étaient de très bonnes connaissances qu'elle n'avait pas eu le temps de revoir dernièrement. Paulette est souriante, mais son regard demeure plutôt distant, la chaleureuse légèreté de Reine n'arrivant pas à redémarrer la conversation : « Comme ça, vous avez rencontré ma petite sœur, Armand ? Je ne savais pas que tu apprenais l'anglais, ma chérie. »

Adélaïde se charge de répondre : « Isabelle est la meilleure. Le moins bon, c'est Armand.

— Armand ? »

Le prénom est modulé comme une chanson. Le regard mouillé par l'étonnement coule sur Armand, la tasse finement tenue par une main qui s'immobilise de surprise affectée, la bouche qui reste légèrement entrouverte : tout chez Reine est savamment sophistiqué, à croire qu'elle descend de la lignée des Windsor. Avant qu'elle ne s'étonne avec encore plus de science, Gabrielle explique qu'Armand s'est joint au groupe pour parfaire sa langue seconde.

« Avez-vous l'intention d'ouvrir une école, ma tante? Une école anglaise, en plus? »

C'est Armand qui répond : « Vous qui étiez si partisane de l'éducation des filles à cause de l'ouverture d'esprit que cela provoquait, avez-vous repris vos cours?

— Mon Dieu, Armand, quelle façon de me remettre à ma place! Je ne voulais froisser personne. Votre chevalier servant est bien empressé de vous défendre, ma tante.

— Tu fais erreur, Reine. Armand s'intéressait vraiment à toi et à tes activités. N'est-ce pas, Armand? »

Armand éclate de rire : « Comme on dit en cour, je vais reformuler ma question! Que devenez-vous, Reine? Vous avez l'air en pleine forme! »

Et Reine d'énumérer toutes ses activités, de prendre le plancher (le crachoir, comme a répété Gabrielle à Edward), de roucouler, de faire des grâces et d'essayer de jouer la grande amie de Paulette qui, elle, demeure extrêmement laconique et froidement réservée.

Quand Reine comprend que Gabrielle fait elle aussi l'apprentissage de l'anglais, ses yeux vifs passent de celle-ci à Armand, comme si elle essayait de faire un lien à première vue incroyable. C'est si évident qu'Isabelle s'effraie : « Mon oncle Edward voudrait bien qu'Armand travaille pour des clients anglais. C'est eux qui ont l'argent de toute façon. Et c'était quoi le bal où vous êtes allée, ma tante, et où vous avez seulement pu dire *fine* toute la soirée parce que c'était en anglais? C'est tellement gênant des fois de parler anglais quand on n'a pas fait le cours de conversation. Ça ne te manque pas, toi, Reine? »

Isabelle est rouge tomate, mais rien ne semble pouvoir l'arrêter. Reine soupire, un sourire légèrement excédé aux lèvres : « Non, Isabelle, ça ne me manque pas. Je fréquente des milieux très canadiens-français. On ne t'a jamais dit que c'était impoli de monopoliser la conversation?

— Excusez-moi, j'ai un souper à préparer. J'entends les petits crier. Reine, ma chérie, je te laisse t'occuper de nos invités. »

Mais Reine n'a pas le temps de se réjouir que déjà Paulette et Armand s'excusent d'avoir abusé de l'hospitalité de leur hôtesse.

Adélaïde vient rejoindre sa mère à la cuisine et demande d'un ton excédé : « Pourquoi Reine fait comme ça?

— Je pense qu'elle est jalouse parce qu'elle aurait bien aimé avoir Armand comme fiancé.

— Il voulait pas? »

— Je ne sais pas très bien… je pense que tante Georgina le trouvait un peu trop moderne pour sa fille.

— Mais elle va vouloir pour Isabelle ?

— Tu penses qu'Isabelle est intéressée ? »

Adélaïde la regarde avec son air moqueur et se contente de lancer un « Maman ! » plein de sagesse avant d'ajouter : « Elle s'est disputée avec Reine tantôt et je pense qu'elles sont restées fâchées. »

Fâché n'est pas le mot, une guerre, soi-disant pour les bonnes mœurs, est entamée dès ce soir-là chez la Sainte Trinité. Sentant la soupe chaude, Gabrielle préfère mettre Edward au courant, de sorte que son humour soit aiguisé le jour où Germaine viendra le mettre en garde, pour son bien, contre une trop grande latitude laissée aux épouses.

Elle enveloppe si bien son discours qu'Edward en perd le fil et ne sait plus qui est amoureux et jaloux de qui. Gabrielle résume : « Reine et Isabelle sont amoureuses d'Armand.

— Elles vont se battre, c'est ça ? Je croyais que la Sainte Trinité trouvait le candidat peu reluisant ?

— Ça change pas l'idée de Reine qui le trouve toujours de son goût.

— Et lui, il trouve Isabelle de son goût ?

— Je ne sais pas. Je pense qu'elle est encore un peu jeune. Mais ça peut venir.

— Bon ! On va avoir droit aux visites rituelles pour assurer la vertu de la petite. Une chance que tu assistes aux leçons et que tu chaperonnes tout ça. Tu vois le scandale si on l'avait laissé seul avec les enfants ? »

Elle voit, oui. Et, comme de juste, Reine aussi voit. C'est une Germaine bien sûre d'elle que Gabrielle reçoit le lendemain matin. Selon son habitude, elle attaque le sujet de front. Gabrielle se demande si elle se confesse avec autant d'aplomb. Le prêtre doit recevoir ses péchés comme des boulets. Germaine exprime ses désaccords formels concernant d'abord les cours d'anglais et ensuite la fréquentation assidue dans cette maison de « certains sujets douteux ».

Gabrielle n'est pas d'humeur ce matin et elle commence à trouver que la comédie a assez duré : « Dis-moi, Germaine, trouves-tu ça dur d'avoir à vivre avec Georgina et Reine ? Tes anciennes habitudes ne te manquent pas ? »

Germaine fait celle qui n'a pas d'état d'âme. Elle prétend n'avoir comme tuteur pour sa vie que son seul sens du devoir et refuse tout net de parler de quoi que ce soit d'autre que des sujets déjà établis. Elle répète ce qu'elle a déjà dit et Gabrielle ne répond rien.

Surprise, Germaine ne se démonte pas et recommence à énumérer avec encore plus de détails ce que Reine subodore. Toujours rien de Gabrielle qui remue rêveusement son café.

Un silence dépité suit. Germaine avale le contenu de sa tasse, la repose bruyamment sur la table et pousse un profond soupir : « Franchement, Gabrielle, elle est pire que maman dans ses pires heures ! C'est tout un carême, avoir Georgina et sa fille dans les pattes ! Qu'on n'ait pas de nouvelles d'Hector ne m'étonne qu'à moitié : le pauvre doit être soulagé. Pardon ! je ne voulais pas dire ça ! »

La main secourable de Gabrielle tapote la main dodue de sa sœur qui éclate en sanglots : « On était bien avant toutes les deux, quand on se fréquentait tous les jours. Qu'est-ce qui t'arrive, Gabrielle ? Pourquoi on ne s'entend plus ? »

Gabrielle se met à rire : « Parce que je suis une tête de cochon ! »

Germaine tamponne ses joues avec son mouchoir immaculé : « Et moi, de linotte ?

— J'ai ma vie, Germaine, j'ai mon mari, mes enfants, mes bonnes œuvres. Penses-tu que Dieu est si regardant que ça ? Penses-tu que j'ai besoin que tu m'envoies mon frère avec ses sermons pour me sauver mon Ciel ? Je suis heureuse, Germaine. Des trois, je pense que je suis la plus heureuse. Pourquoi venir m'asticoter avec les niaiseries de Reine qui a seulement peur de ne pas arriver à se marier et qui se fiche pas mal de mon honneur ? Pourquoi voir du scandale et de la malfaisance partout ? Il y a bien assez de misère de par le monde, de discorde et de méchanceté sans avoir à ajouter les contes d'une histoireuse qui jalouse sa sœur.

— C'est pas un bien beau sentiment.

— Non, mais il est fréquent.

— Je ne sais même plus pourquoi on s'est fâchées toutes les deux.

— Moi, je le sais encore : tu te mêles de ma vie, Germaine et j'aime pas ça. Tu veux me régenter et je ne veux pas. T'aimes pas ça te faire dire quoi faire ou quoi penser ? Moi non plus.

— Si tu vivais avec Georgina… elle est bien pire ! Elle est tellement scrupuleuse, tu peux pas savoir. Elle n'est pas rieuse non plus. Faut dire que dans sa situation…

— Sa situation n'a rien de désespéré. Quand j'entends ça ! Tu n'es pas descendue dans la basse-ville où des familles entières cherchent un morceau de pain ? Où des enfants marchent dans la neige avec des souliers percés, sans manteaux, nu-mains ! Tu l'as vu aussi bien que moi, Germaine !

— Penses-tu ! Je ne descends pas là, des plans pour attraper des poux !

— Tu devrais. Tu devrais emmener Georgina qu'elle voie un peu dans quoi vit son mari à Montréal. Elle ne se plaindrait pas longtemps.

— Oh… elle endure son mal en chrétienne, mais je sais ce que tu veux dire. Si je n'y vais pas, c'est que je n'ai pas le cœur de voir ça. J'aime mieux imaginer la misère plutôt que de la voir. Je ne suis pas comme toi, Gabrielle, j'ai le cœur trop sensible… ou, je ne sais pas, tu es plus dure avec toi, plus endurante peut-être. Enfin… dis-moi qu'on est raccommodées. »

Quand Germaine prend Guillaume dans ses bras et le serre contre sa généreuse poitrine, Gabrielle comprend à quel point sa sœur s'est ennuyée des enfants. Elle ne s'est pas trompée en supposant que bien des reproches ne sont proférés que pour lui permettre de venir faire irruption chez elle.

✳   ✳   ✳

Le retour en grâce de Germaine signifie aussi la présence de Georgina et de Reine, puisqu'un élément de la Sainte Trinité ne va pas sans les autres.

Peu à peu, de façon apparemment fortuite, le thé qui suit la leçon d'anglais devient très fréquenté. Sans vouloir la surveiller ouvertement, les sœurs de Gabrielle arrêtent souvent en fin d'après-midi et acceptent volontiers — très volontiers — de se joindre au groupe. Ce qui a pour effet immédiat de faire fuir Armand dès la dernière phrase d'anglais prononcée et d'empêcher Paulette de se présenter.

Du coup, Reine ne reste jamais au salon au-delà du temps que requiert une courte salutation, accompagnée d'un regard circulaire fouineur. Dès qu'elle constate la fuite d'Armand, elle se trouve autre chose à faire et disparaît. Germaine et Georgina, elles, restent et les filles commencent à trouver le rite pas mal moins drôle.

Au bout de deux semaines, Gabrielle se retrouve presque toujours seule avec ses sœurs. La conversation porte principalement sur les autres, les on-dit, les réputations salies, les promesses à venir ou non tenues, bref, l'aliment principal et usuel du thé : le mémérage.

En allant chercher de l'eau chaude à la cuisine, Gabrielle trouve Adélaïde et Isabelle en grande conversation… qui cesse dès qu'elle arrive.

Surprise, elle s'excuse d'interrompre leurs secrets. Elles ont une telle allure de conspiratrices ! Isabelle a même repris son air tourmenté des dernières semaines.

« Maman, où il va Armand après le cours ? Est-ce qu'il a un emploi ? »

Gabrielle affirme que, d'après elle, il n'a pas d'emploi, mais qu'il a probablement autre chose à faire que prendre le thé.

Les deux jeunes filles se consultent du regard, puis Adélaïde poursuit : « À faire comme quoi ? Comme… une autre femme ? »

Gabrielle se mord les lèvres pour ne pas montrer son amusement : « Comment, une autre ? Il n'est pas marié.

— Autre que toi. »

Le coup est porté si ingénument que Gabrielle en reste suffoquée. Elle s'assoit, le cœur battant, et observe les filles à son tour. D'une voix qu'elle espère normale, elle répète : « Comment, autre que moi ? Qu'est-ce que c'est que ça ?

— Mais, ma tante ! Armand est amoureux ! Vous le savez, non ?

— Il nous l'a dit ! »

Alors là, Gabrielle n'en revient pas : quelle indécence, quel toupet ! Comment ose-t-il venir chez elle scandaliser ses propres enfants avec ses rêves imbéciles ! Dans la maison d'Edward ! Sous ses yeux quasiment.

D'une voix blanche, elle essaie d'en savoir plus. Adélaïde hausse les épaules d'un air désabusé : « Tu sais bien : que tu es une femme extraordinaire, hors du commun, que si tu n'étais pas déjà mariée, il serait le premier sur la liste des prétendants…

— Adelaïde ! Tu te laisses dire des choses pareilles ? Vraiment !

— Maman… nous, on le console, c'est tout.

— Le pauvre, il faut qu'il oublie et on aime mieux que ce soit avec nous. »

Gabrielle s'interroge sévèrement sur le sens moral qu'elle a inculqué à ces deux jeunes filles qui non seulement ne s'émeuvent pas de la voir devenir l'objet d'attentions adultères, mais qui s'empressent d'essayer d'attraper le « candidat-au-cœur-brisé » dans leurs filets.

Le seul aspect rassurant de l'affaire est l'indéniable foi en sa fidélité et en son honnêteté que les deux enfants professent. Pas un instant il ne leur est passé par la tête que Gabrielle puisse céder aux soupirs d'Armand, ou encore à la coquetterie d'exciter sa convoitise. Dans leur esprit, il ne fait pas l'ombre d'un doute que le pauvre Armand n'a aucune chance dans sa quête amoureuse.

Gabrielle estime tout de même la morale de l'affaire discutable : « Si c'est vrai, il ne pourra plus venir ici sans qu'Edward soit présent. »

Un « maman ! » et un « ma tante ! » affolés accueillent cette déclaration.

« Mais enfin, vous rendez-vous compte que c'est très mal ? Que c'est déplacé, peu distingué et malhonnête vis-à-vis d'Edward… et à mon égard ? On ne se conduit pas comme ça. Vous ai-je si mal élevées ? On ne doit pas supporter une conduite si inconvenante. Pourquoi vous fait-il de telles confidences ? C'est tellement choquant ! À quoi pense-t-il, Seigneur Dieu ? »

Isabelle l'interrompt : « Il n'a rien dit, ma tante. On a tout inventé. On suppose à cause de sa façon de vous regarder, de vous admirer et de toujours dire après vous : "Ça, c'est vrai !" On… on voulait qu'il vous aime pour être sûres qu'il ne se marierait pas cette année…

— Cette année ?

— Ben oui, maman ! Cette année ! Après, Isabelle va être en âge de faire ses débuts. On va faire une grande réception comme pour Reine, tu veux ? »

C'est l'instant précis que choisissent Germaine et Georgina pour surgir dans la cuisine, inquiètes de savoir si on les a oubliées ou si Gabrielle s'est ébouillantée, sans indiquer laquelle des deux issues est la plus dramatique.

Georgina se méprend sur les paroles qu'elle entend et s'écrie : « Je pense que tes parents ont fait beaucoup pour mes filles et qu'Isabelle serait bien malvenue de demander un iota de plus.

— C'est moi qui demande, ma tante ! L'année prochaine j'aurai presque neuf ans pour la soirée. Est-ce que j'aurai une robe longue, maman ? Et on va inviter Armand aussi ? »

Germaine s'étonne et essaie de savoir pour qui on inviterait Armand. Dans le silence qui suit, Isabelle baisse la tête et on entend la voix flûtée d'Adélaïde : « Je crois que Reine ne l'intéresse plus. Alors, on va l'inviter pour vous, ma tante Germaine. »

Gabrielle considère sa chipie de fille et éprouve presque de la peur : elle n'a que sept ans et demi et un aplomb que sa cousine n'aura jamais.

Ce qu'il y a de bien, c'est que le thé perd de sa popularité. Une fois l'événement déserté par la Trinité, tout le monde se retrouve à la cuisine en compagnie de Rose et Guillaume.

* * *

Pour calmer ses scrupules, Gabrielle a décidé d'en toucher un mot à Paulette, de la charger indirectement d'instruire son frère de ses décisions. Puis, trouvant l'échappatoire trop lâche, elle convoque Armand vingt minutes avant la réunion de la Ligue.

Maintenant qu'il est devant elle, triturant son chapeau mou, les yeux enamourés, elle se sent ridicule. Une mauvaise actrice dans un vaudeville. Comment a-t-elle pu se laisser entraîner dans une situation pareille ?

Elle demande posément à Armand de cesser de venir aux leçons d'anglais, de cesser de chercher à la voir seule aux réunions ou ailleurs, de cesser de penser à elle autrement que respectueusement et de cesser de la louanger devant qui que ce soit, incluant son mari.

« Voulez-vous que je cesse aussi de respirer ? Vous me demandez l'impossible.

— Armand, ne soyez pas mélodramatique. Vous avez brisé bien des cœurs avant de me connaître. Reprenez vos activités de séducteur, mais ailleurs que chez moi. Ce n'est pas de l'hostilité, mais je ne supporte pas que vous mettiez ma réputation en danger. Et vous le faites. J'ai un mari et des enfants qui pourraient en souffrir, sans parler de moi. Si vous m'aimez tant, acceptez que j'aie un mariage heureux, réjouissez-vous-en et trouvez-vous une femme qui soit libre et amoureuse.

— Je comprends, Gabrielle, je vous promets de ne pas vous importuner, de garder ma place aux leçons…

— Non, Armand, vous ne comprenez pas : je ne veux plus vous voir sans être accompagnée de mon mari ou de votre sœur. Je ne veux plus que vous pensiez à moi de la manière dont vous le faites.

— Je ne peux pas, Gabrielle.

— Vous allez pouvoir, n'ayez crainte.

— Vous ne m'avez jamais cru, c'est ça ? Vous ne m'avez jamais pris au sérieux, ni moi ni mes sentiments ? Qu'est-ce qu'il faut faire pour être digne de foi ? Aller se jeter en bas du pont de Québec ? Se jeter devant un tramway ?

— Je vous en prie, Armand, je vous ai dit plus d'une fois que vos déclarations ne m'intéressaient pas et me mettaient mal à l'aise.

— Mon amour ? Mon amour ne vous intéresse pas ?

— Vous me forcez à être brutale, mais non, effectivement, je n'éprouve aucun sentiment de la sorte à votre égard et je vous prierais de garder les vôtres pour vous. »

Il la regarde avec une telle imploration qu'elle se sauve avant de l'entendre supplier pour quelque compromis. Elle rentre chez elle avant que la réunion ne débute.

Le lendemain matin, une lettre est déposée dans sa boîte. Quatre pages de délire amoureux teinté de désespoir qu'elle déchire sans les terminer dès qu'elle comprend de quoi il s'agit. Dire que c'est le rêve de tant de jeunes filles qu'elle met à la poubelle ! Mais Gabrielle n'éprouve qu'une colère de plus en plus exaspérée devant les manifestations d'Armand.

Le jour où elle organise deux tables de bridge et qu'Edward suggère d'inviter Paulette et Armand, elle décide de parler à son mari, avant qu'il ne devienne l'allié involontaire de son soupirant. Elle attend que l'heure du placotage s'épuise et aborde le sujet simplement, avec humour et légèreté. Edward ne trouve pas ça drôle, pas drôle du tout, d'ailleurs.

« Il t'a touchée ?

— Edward !

— Il t'a approchée, il a eu des gestes inconvenants ?

— Je t'en prie, tu sais bien que non. Il a des sentiments, pas de la convoitise.

— Comme si ce n'était pas la même chose ! Et tu l'as laissé faire ? Pourquoi ? Combien de temps ? Ça te flattait, Gabrielle ? »

Elle n'en revient pas : il est furieux et jaloux. Il ne démontre aucune confiance, aucune assurance qu'elle ne commettrait jamais un tel non-sens, qu'elle ne pourrait, même en pensée, se livrer à des tentations adultères ! « Edward, je t'en prie. Je n'ai jamais rien fait qui puisse porter atteinte à mon intégrité. Je ne suis pas une femme comme ça, tu le sais pourtant. Tu perds ton bon sens, ou quoi ?

— Mon bon sens ? Mon bon sens ? *Goddamn*, Gabrielle, dans ma maison, sous mon toit, il vient admirer ma femme en prenant des leçons payées par le mari ! Il a le culot de venir faire sa cour sous mes yeux, à mes frais. Il peut bien parler de libérer les femmes ! Si c'est pour sauter sur la femme d'un ami à la première occasion, si c'est pour profiter de mon absence, de mes déplacements pour te murmurer ses belles phrases d'homme de gauche en avance sur son temps, je préfère être d'archi-droite conservatrice et garder ma femme hors des pattes de cette race de bellâtres qui font les jolis cœurs. Reine et Isabelle, ce n'était pas assez ?

Goddamn, ça lui prend la famille ? Et pour Adélaïde et Béatrice, il n'a pas encore commencé les frais, j'espère ? Et tu trouves ça sans importance ? Qu'est-ce que ça te prend, Gabrielle ? Où il est, ton sens commun ? Tu attends qu'il te saute dessus dans la cuisine ? »

Elle doit presque crier pour qu'il baisse le ton. Ils sont tellement fâchés qu'ils se chuchotent des insultes avec hargne pendant une heure : lui, parce qu'elle a laissé courir le danger, et elle, parce qu'il la traite comme un bibelot-incapable-de-réfléchir lui appartenant.

« Ce qui te fâche le plus, Edward, ce n'est pas que j'aie risqué mon honnêteté, c'est que les autres aient peut-être pu penser que j'avais un autre intérêt que toi dans ma vie.

— Faux ! Ce qui m'insulte, c'est ton silence. Que tu aies laissé durer la situation, que tu l'aies laissée empirer à nos risques…

— Il n'y avait pas de risque, Edward, je n'ai jamais été attirée par quelqu'un d'autre que toi. Jamais. M'entends-tu ?

— Ça t'amusait ? Ça t'excitait ?

— Ça m'ennuyait ! Et maintenant, ça m'ennuie encore plus. Jamais je n'aurais pensé que tu puisses perdre le contrôle pour une insignifiance pareille.

— Ce n'est pas une…

— Oui. C'en est une pour moi. Et c'est bien de moi qu'il s'agit, non ? Cet homme ne m'est rien. Rien. Je n'ai rien fait, rien pensé qui puisse me faire rougir devant toi ou devant qui que ce soit. Rien à confesser. Rien à regretter. Maintenant, Edward, tu vas essayer de te calmer et de voir ce qui est : Armand s'est trompé, s'est illusionné, s'est… ce que tu voudras, mais pas moi. Si tu ne peux pas croire ça, alors moi aussi je vais m'interroger sur notre mariage. »

Edward ne dit plus rien. Il circule dans la chambre en tirant sur son cigare. Elle se couche, éteint la lampe. Elle ne sait plus à quelle heure elle s'assoupit. Le matin se lève quand elle ouvre les yeux et le voit assis dans le fauteuil qu'il a approché de la fenêtre. Il est si immobile qu'elle se demande s'il s'est endormi là. Elle s'approche. Il regarde le soleil se lever, le visage inondé de larmes, complètement abattu.

Envahie de tristesse, elle l'enlace en tenant sa tête contre sa poitrine. Elle ne dit rien et le laisse sangloter éperdument. Elle ne comprend pas l'origine d'un tel chagrin, elle ne saisit pas ce qui a bien pu se passer dans la tête d'Edward pour qu'il aille s'imaginer qu'il y avait eu danger de la perdre.

« Viens, Edward, tu es glacé. »

Elle l'emmène sous les draps, l'enlace et caresse sa tempe où bat une veine affolée. C'est long avant qu'il se mette à parler et il le fait d'une voix sourde, sans la regarder.

« Je sais bien que tu n'as rien fait de mal, que cet homme-là ne compte pas, ne menace rien. Je le sais, Gabrielle. Mais l'idée de te perdre… Depuis que je t'ai vue m'attendre rue Sainte-Famille, c'est la première fois, la première fois que je revis ce que j'ai vécu pendant les semaines où j'ai cru t'avoir perdue. Je ne suis pas un faible, Gabrielle, je n'avais jamais pleuré avant ces semaines-là. Même quand Mummy est morte… Je ne pourrais pas te perdre, Gabrielle, je ne pourrais plus. Si quelque chose arrivait et t'enlevait de ma vie… je pense que je pourrais tuer. Je ne le supporterais pas. L'idée seulement me rend fou…

— Shhh… tais-toi. Arrête de penser comme ça. Je suis là, Edward. Et le jour où je n'y serai plus, je serai probablement morte… et même morte, je vais t'aimer. Alors, s'il te plaît, arrête de te conter des histoires épeurantes. Tu te rends malade avec des peurs sans raison. »

Il relève la tête, l'observe attentivement : « Sans raison ?

— Sans raison. »

Les yeux qui doutaient il y a deux secondes s'attendrissent, la couvent et le feu d'avant le doute, le feu des premiers jours, celui-là même qui l'a embrasée en août 1919 sur un court de tennis de l'Île d'Orléans, ce même feu l'envahit, la jette contre lui, gagnant chaque millimètre d'espace de ce lit, abolissant le doute.

Quand Edward et Gabrielle descendent à la cuisine, les enfants sont déjà tous à table à manger leur gruau, plus sages que d'habitude, le regard inquisiteur. Dès que Gabrielle arrive, Fabien crie à Béatrice : « Ben non ! Elle est pas malade ! Han, maman, t'es pas malade ? »

Gabrielle rassure ses mousses, surveille Adélaïde, qui a des réticences à s'habiller chaudement, parce que c'est un peu le printemps, comme elle dit. Une fois Isabelle et les petits avec Miss Parker, une fois les bébés emmitouflés dans la *sleigh* que tire Mimi, Gabrielle peut enfin savourer son café.

Quand elle trouve une autre lettre d'Armand, bien épaisse, dans son courrier, elle la lui renvoie sans l'ouvrir et écrit ensuite à Paulette pour la mettre au courant de tout et lui demander, en toute amitié, de faire pression sur son frère pour que cessent ses manifestations amoureuses. Elle annonce également que, vu la situation et les conflits qui pourraient en résulter et afin de mettre Armand à l'abri de toute tentation, elle ne fréquentera plus pour un certain temps les réunions de la Ligue des droits de la femme. En cachetant l'enveloppe, elle mesure l'ironie de la situation : parce qu'un homme lui soupire après, la Ligue perd un membre. C'est Georgina et Germaine qui seraient contentes !

Cet après-midi-là, c'est Isabelle qu'elle emmène au Salon Jacques-Cartier du Château Frontenac pour l'heure du thé. Si elle n'y prend garde, elle se dit que sous peu, plus personne n'acceptera de l'y accompagner sans craindre une annonce difficile ou une discussion, mais elle ne se voit pas aborder la répudiation d'Armand devant les enfants ou en risquant d'être interrompue.

Isabelle se contente d'écouter en silence. Gabrielle a beau essayer de lui tirer les vers du nez, de lui permettre d'exprimer ne serait-ce qu'une déception ou un regret, rien. Comme elle n'a aucune envie de gâcher la sortie de sa nièce, Gabrielle poursuit sur d'autres sujets et la conversation reprend avec bonne humeur.

À la fin, alors qu'elle se lève pour partir, Isabelle la retient : « Vous n'étiez pas obligée d'être si gentille. Armand ne m'aurait jamais aimée et je le sais. C'est pas comme s'il y avait eu de l'espoir. »

Gabrielle se rassoit. C'est le ton de défaite acceptée qui la blesse et la choque. Mais pourquoi cette enfant douée et ravissante se couche-t-elle toujours sous le paillasson ?

« Je vais te dire une chose qui va te paraître inconvenante, Isabelle : tu mérites un meilleur mari qu'Armand Séguin. Il professe un grand respect pour les femmes et il clame que nous avons des droits et que la société ne nous rend pas justice, c'est vrai, et c'est tout à son honneur. D'un autre côté, il a fait pleurer beaucoup de jeunes filles, il n'a pas eu beaucoup de courtoisie devant les cœurs qu'il a brisés et il n'en a pas eu non plus quand je lui ai demandé de respecter mon statut de femme mariée et son amitié pour Edward. Sous prétexte qu'il était amoureux, il pouvait ne plus songer à tout ce qu'il prétendait quand je l'ai rencontré : c'est-à-dire qu'une femme a une tête, une pensée et qu'elle a le droit d'être entendue et respectée. Il a peut-être viré capot à cause de ses sentiments, mais il l'a quand même fait : ce que je disais n'avait plus à être respecté. Il y a un nom pour ce genre d'homme : les beaux parleurs. Mon espoir pour toi, ce n'est certainement pas un beau parleur. Tu seras mieux avec un taiseux qui a des pudeurs à dire son cœur, mais qui en a un, et bien placé.

— Vous croyez qu'il se moque des jeunes filles ?

— Je crois qu'il est plus intéressé à avoir du charme qu'à être sous le charme. Ne te fais pas de chagrin, Isabelle, il y en a encore quelques-uns à venir. Et Armand n'était pas le bon. »

Mais à voir comment Reine se donne du mal et n'arrive à rien, Georgina désespère qu'il y ait un jour une seule de ses filles qui lui offre un toit et un couvert. La pauvre en est à sa quatrième neuvaine et aucun candidat ne s'est illustré ou seulement présenté officiellement comme tel. Gabrielle se dit qu'il lui faudra un génie de marieuse pour calmer sa sœur.

Quand Georgina demande une « audience » à Edward, celui-ci est certain d'avoir affaire à une grosse demande financière plutôt qu'à une annonce d'ordre conjugal. C'est une Georgina accablée qui triture son mouchoir nerveusement qu'il a devant lui. Elle attend que Gabrielle ferme bien la porte et se joigne à eux avant de commencer : « J'ai eu des nouvelles d'Hector. »

Elle les fixe comme si ce seul élément méritait de longs commentaires. Devant leur silence, elle glisse la main dans sa manche et en sort une lettre froissée. D'un ton encore plus déprimé, elle ajoute : « Il va bien. »

Edward est à la veille d'éclater de rire : pourquoi cette mine funèbre si c'est pour annoncer de bonnes nouvelles ? Devant leur mutisme, Georgina se lance dans une envolée d'autojustification digne de la femme adultère du Nouveau Testament : « Dieu sait que tous les jours, je Lui ai demandé de l'aider, de faire au mieux, de lui envoyer du courage. Jamais je n'ai cessé de prier pour lui. Et jamais je ne lui ai fait reproche du sort qui était le mien et vous ne m'avez pas entendue me plaindre non plus. J'ai fait un X sur mon ancienne vie et j'ai porté ma croix en silence. Dieu m'en est témoin. »

Gabrielle se sent obligée de la rassurer : « Tout le monde sait ça, Georgina, tu as eu beaucoup de courage et d'abnégation.

— Je suis contente de te l'entendre dire. Je ne veux pas parler contre elle, mais Germaine a tendance à croire qu'être son hôte est un paradis quotidien… je fais ce que je peux pour occuper le moins de place possible, mais Germaine a pris ses habitudes depuis longtemps et partager son espace n'est pas sans problèmes. Mais j'aurais bien mauvaise grâce de me plaindre de quoi que ce soit et je vous suis très reconnaissante de ce que vous faites. Tous. »

Elle va nous demander d'emménager ici, pense Gabrielle avec effroi.

La seule idée la glace. Edward, quant à lui, sent un sérieux ennui le gagner et il réclame des faits avant de sombrer dans le sommeil.

Georgina se redresse comme si elle portait l'univers sur ses épaules et annonce d'une voix atone : « Hector a eu un emploi comme ouvrier des routes. » Et, après un temps, elle ajoute : « À Trois-Rivières. » À l'entendre, c'est comme s'il allait construire la route menant à l'enfer !

Edward s'empresse de trouver cela formidable et de demander où est le problème. La voix étouffée de sanglots, Georgina avoue qu'Hector la réclame, qu'il « la manque », comme il dit, qu'il veut revoir sa femme, maintenant qu'il a repris confiance en l'avenir et qu'il veut recommencer sa vie avec elle à Trois-Rivières. Il projette de laisser les filles à Québec jusqu'à ce qu'ils soient en mesure de les faire revenir et de reconstruire la vie familiale d'avant les événements.

Là-dessus, Georgina se met à pleurer sans réserve. Edward, prudent, demande si c'est l'avenir des filles qui l'inquiète, et l'assure qu'ils garderont Isabelle et, pourquoi pas, Reine, le temps qu'il leur faudra pour s'installer et se refaire une vie. Il se déclare enchanté des bonnes nouvelles et c'est la main de Gabrielle, serrant discrètement la sienne, qui l'interrompt. « Tu ne veux pas y aller, c'est ça ? »

Du coup, tout s'éclaire pour Edward qui écoute Georgina se dépatouiller avec ses bons sentiments, le devoir et l'appel de son époux, sa mauvaise conscience et les sacrifices qu'elle a déjà consentis à un homme qui l'a tant déçue. Sa belle-sœur est d'une volubilité irrépressible. Son discours, entremêlé d'appels à Dieu et à l'indulgence, proclame non seulement que son mariage était terminé dans son esprit, mais aussi que pour rien au monde elle ne souhaitait y remédier.

Au bout de vingt minutes, Edward n'en peut plus : « Mais enfin, Georgina, que voulez-vous qu'on fasse pour vous ? Vous ne voulez quand même pas divorcer parce qu'Hector est sorti de la misère ?

— Seigneur Dieu ! Non, taisez-vous, Edward.

— Alors ?

— Peut-être… peut-être que vous pourriez lui parler, vous, lui expliquer… que… que je me dois aux enfants et que, de mon côté, dans la mesure du possible, je maintiens cette famille si éprouvée et lui garde une… cohérence ? »

Edward n'est pas certain qu'un tel discours soit du cru de Georgina, mais il se voit mal expliquer au pauvre bougre de cinquante-trois ans qui pioche des roches pour construire des routes à longueur de journée que sa femme a mieux à faire que de lui préparer à souper. Et c'est cette femme pieuse qui leur a envoyé le curé de famille pour les ramener à des sentiments plus orthodoxes ! L'envie est grande de lui servir un discours sur ses engagements matrimoniaux. Gabrielle l'en empêche en orientant Georgina vers la seule solution envisageable : écrire elle-même à son époux, discuter avec lui et faire valoir son point. « C'est tellement privé et intime ce qui se passe à l'intérieur d'un couple, nous ne pouvons pas nous en mêler. Et ton sens du devoir ne t'a jamais quittée, Georgina… »

Le visage gonflé et fermé de sa sœur lui indique que, pour cette fois, le sens du devoir vacille beaucoup. Elle est bien fielleuse quand elle sort sa dernière carte : « De toute façon, qu'est-ce qui me dit que ce n'est pas un feu de paille, son travail ? »

Edward est franchement impressionné par le dévouement conjugal dont témoigne sa belle-sœur : « Personne, Georgina. La Providence est votre seul recours. Allez, bon courage et donnez-nous de vos nouvelles. Vous partez quand ? »

L'air de noyée de sa belle-sœur ne lui inspire aucune pitié. Horripilé, il la laisse en compagnie de Gabrielle, incapable de ne pas avoir la tentation de tourner le fer dans la plaie béante qu'il a devant lui.

En rentrant rue de Bernière ce soir-là, Georgina tombe sur le trottoir glacé et se casse la cheville, ce qui l'oblige à un repos d'au moins cinq semaines et diffère d'autant son départ pour Trois-Rivières.

« Ne viens pas me dire qu'elle n'y est pour rien, Gabrielle ! Cette femme va devoir se précipiter au confessionnal dès qu'elle aura l'usage de ses jambes. Elle ne pourra pas faire ses Pâques avec l'âme noire qui est la sienne ! »

Gabrielle supplie Edward de garder pour lui ses jugements téméraires et de penser à ses Pâques à lui au lieu de faire le procès de celles des autres. Elle fait valoir que la perspective d'un tête-à-tête avec Hector à Trois-Rivières n'est peut-être pas ce qu'il y a de plus réjouissant comme avenir. Il pourrait comprendre la situation de Georgina.

« Non, Gabrielle. Elle fait la leçon à tout le monde, elle est assise sur le Livre de la Loi et quand c'est à elle d'agir selon les règles qu'elle nous impose avec tant de zèle, il faudrait faire preuve de compassion ?

— Elle n'a pas fait un mariage d'amour, Edward.

— Et alors ? C'est le cas de quatre mariages sur cinq ! Non, de neuf sur dix. Elle est la première à trouver que tu es mal mariée.

— Elle ne sait pas de quoi elle parle.

— Ça, c'est le moins que l'on puisse dire. Est-ce qu'elle a besoin de Germaine tout le temps ou est-ce que Reine l'aide?

— Les deux, je pense. Tu vois, tu t'inquiètes quand même d'elle. Tu n'as pas un mauvais fond.

— Pas du tout, j'ai un projet et je ne veux pas qu'elle me le fasse rater. »

Il a son air de matou satisfait. Elle se demande ce qu'il mijote, mais il fait le mystérieux et refuse de parler avant le lendemain soir.

L'heure du placotage du lendemain est accaparée par l'annonce d'Edward : pour les trente ans de Gabrielle, le 17 avril 1931, ils prendront le train tous les deux pour Montréal. Ils logeront au Windsor et se paye-ront un deuxième voyage de noces, sans enfants, en tête-à-tête pendant trois jours. Germaine viendra s'installer Grande-Allée, Edward a tout arrangé. Elle est même très soulagée de pouvoir quitter sa malade et ses gémissements.

La proposition est folle — on ne laisse ses enfants que pour cause de maladie ou de mortalité — mais Gabrielle est totalement enthousiaste. Elle qui jalousait Adélaïde de partir seule avec son père à l'automne, elle aura trois jours entiers avec lui. Et puis, si Germaine accepte de s'occu-per des enfants, c'est qu'elle ne juge pas le voyage trop extravagant.

* * *

Edward se sent chez lui à Montréal. Contrairement à Gabrielle qui n'a jamais perdu de vue le cap Diamant, il a beaucoup voyagé. Montréal lui rappelle les États-Unis. Il y a là une activité, une diversité qui l'exci-tent, le rendent presque fébrile tant les idées surgissent au contact de cette vitalité.

Ses meilleurs amis habitent Montréal. Il ne les voit pratiquement plus depuis son mariage, principalement parce qu'ils sont anglophones et qu'ils travaillent à Montréal. Stephen Stern est un de ceux-là. Avocat, juif et anglophone, il a fait la connaissance d'Edward en travaillant avec lui sur certains dossiers. C'est le grand ami d'Edward qui les a mis en relation, Nic McNally. Edward et Nic se connaissent depuis toujours ou presque, ils ont fait les quatre cents coups ensemble, ils ont partagé la pauvreté, le rêve de mettre fin au temps du « pain noir », ils ont même *jumpé* un train pour quitter le Manitoba pour Vancouver.

La réception à laquelle ils sont conviés se tient à la résidence somptueuse des Stern.

Stephen Stern est un bel homme, extrêmement affable et distingué, très attentif aux autres. Un joyeux aussi, qui pratique un humour auquel il faut s'habituer pour le goûter. Gabrielle, qui le rencontre pour la deuxième fois seulement, parle un peu mieux l'anglais et parvient à comprendre les phrases prononcés à voix basse. Contrairement à son oncle Miville qui hurlait ses *jokes* en les riant, Stephen murmure ses commentaires hilarants en ayant quasiment l'air de parler très sérieusement. Plusieurs fois pendant la soirée, son épouse lui touche légèrement la main comme s'il exagérait et proférait des énormités. Priscilla — Prisci, comme Stephen l'appelle constamment — est une petite femme rondelette qui paraît plus âgée que lui. C'est une musicienne accomplie, une violoniste qui reporté sur l'œuvre de l'Orchestre symphonique de Montréal sa passion pour la musique qu'elle a abandonnée lors de son mariage. Dynamique, enjouée, elle mène la soirée tambour battant, l'œil aux aguets, mais sans jamais avoir l'air de ne pas s'amuser. Un souper de trente et un couverts ! Gabrielle aurait bien du mal à prendre ça avec légèreté. Elle observe la maîtresse de maison qui, d'un haussement de sourcil, oriente une servante en livrée vers un invité qui cherche le sel, qui se penche ensuite vers son voisin en faisant une remarque qui déclenche un rire pour finir par faire signe au sommelier de remplir un verre. Gabrielle se dit que pour acquérir ce savoir-faire, ça lui prendra des années… et probablement l'équivalent de la fortune des Stern aussi.

Malgré qu'il y ait quelques Canadiens français comme eux, la conversation se déroule en anglais. Stephen l'a accueillie avec une ou deux phrases en français, et même s'il n'a qu'un très léger accent, il déclare que sa science s'arrête là. À table, Gabrielle est placée à côté du meilleur ami d'Edward qui, lui, parle très bien français. Ils discutent de la Crise et de la misère que celle-ci a provoquée à Montréal. Nicholas McNally est un homme d'affaires dans l'import-export qui a eu le bon instinct de vendre certaines actions juste avant l'effondrement de la Bourse de New York. Il lui explique qu'ensuite, ça a été un jeu d'enfant de placer avantageusement les fonds qu'il avait ainsi récupérés. Gabrielle est sceptique : comment se fait-il que certains aient, comme lui, eu l'intuition de quitter la Bourse et que tant d'autres aient tout perdu ? Ont-ils eu accès à une information à laquelle les autres n'ont pas eu droit ? Nic sourit et son regard balaie la table : « Tous les gens qui sont ici sont des victorieux de la Crise. Je pense qu'il n'y en a pas un, et je dis bien pas un seul qui, pendant la Grande Guerre, n'était pas dans une certaine pauvreté, pour ne pas dire dans la misère. Vous êtes devant des "nouveaux riches", Gabrielle. Ceux qui ont eu de la chance quand le vent a tourné. Vous venez de Québec ? C'est moins pénible là-bas, non ? Avec le gouvernement qui doit agir sur son environnement direct… »

Gabrielle s'empresse de le détromper et ils parlent des gens, de leur difficulté de vivre et de composer avec une misère grandissante, sujets beaucoup plus faciles pour Gabrielle que la politique ou la Bourse. C'est la première fois qu'elle rencontre Nic. Il était en voyage d'affaires lors de son mariage. Tout le long du repas, ils parlent avec animation, avec passion même. Quand vient le moment de quitter la table, Gabrielle est étonnée d'avoir passé tout le repas sans se soucier de qui que ce soit d'autre que de cet homme. Candide, elle le remercie d'avoir consacré tant de temps à améliorer sa connaissance de la chose politique. Nic sourit, la prend par le bras et l'entraîne vers le fond du salon, là où les immenses portes-fenêtres s'ouvrent sur une terrasse en été : « Regardez, Gabrielle, regardez en bas : qu'est-ce que vous voyez ?

— Mais… rien ! Des lumières, c'est tout.

— Ce n'est pas la partie la plus lumineuse de Montréal, c'est Saint-Henri, le quartier le plus pauvre, le plus miséreux de la ville. Juste en bas de Westmount qui est la partie la plus riche. Ironique, non ? Presque cynique. La moitié des gens qui sont ici ce soir viennent de là, ou sont passés par là. Ils sont ici parce que la misère les a tellement fouettés, tellement abîmés qu'ils s'en sortaient ou en mouraient. À part moi, je pense qu'il n'y en a pas un qui avouerait venir de là. La honte, Gabrielle, la honte de la misère et le mépris qu'ils ont pour ceux qui y restent, qui ne s'en tirent pas. Depuis la Crise, il y a ceux qui sont tombés et ceux qui ont eu la chance de se relever. Et ce n'est pas fini, ce sera pire dans les années qui viennent. La Crise va changer le décor. Et les acteurs aussi. Vous dites que vous connaissez la misère des gens, que vous essayez de la soulager et, je le vois, vous possédez bien votre sujet. Alors, excusez-moi, mais vous vous trompez en croyant que vous ne faites pas de politique. Rien au monde n'est plus politique que la misère. Rien n'est plus politique que les êtres humains humiliés et honteux. L'ordre des choses ne peut être changé que par eux. Je crois, moi, que vous êtes plus près de la politique que ceux qui nous gouvernent. »

Il voit bien qu'elle est convaincue qu'il se moque, qu'il fait de jolies phrases pour la divertir. Il insiste et lui fait la démonstration de sa théorie, alors que la musique commence. Un quatuor à cordes joue une valse.

Gabrielle aperçoit Edward qui la cherche. Son aisance, le naturel avec lequel il porte l'habit de soirée, son charme quand il est arrêté par un petit groupe, qu'il répond quelque chose qui fait éclater de rire tout le monde avant de s'avancer vers elle, tout cela la subjugue et la distrait beaucoup des propos de Nic.

Edward passe le bras autour de la taille de Gabrielle : « Nic, mon vieux, n'essaie même pas : elle est mariée et elle est mariée avec moi !

— Dans ce cas, évidemment, j'abandonne ! Mais à quoi a pensé Priscilla ? Elle n'a pas invité de célibataires ?

— Tu comprends, Gabrielle, Nic veut faire de la politique, mais il doit se marier avant parce qu'il est certain que l'épouse, c'est 50 % de la victoire électorale.

— Un député célibataire, ça ne fait pas sérieux. Vous ne pensez pas ? »

Cet homme possède une séduction, un magnétisme époustouflants, Gabrielle ne doute pas un instant de ses capacités de se marier dans l'heure : « Vous savez, un homme marié volage, ça ne fait pas tellement sérieux non plus !

— Tu vois, Nic ? Elle a bien vu à qui elle a affaire.

— C'est bien la preuve qu'elle ferait une excellente compagne de politicien. Tu n'as pas envie de te lancer, Edward ? »

Edward n'aime pas la politique. Le jeu, la discussion politique, oui, mais le droit lui offre un meilleur terrain pour s'amuser, et il le sait.

Il entraîne Gabrielle dans une valse langoureuse et la soirée se termine très tard après qu'ils aient dansé à ne plus se sentir les pieds. Avant de rentrer chez lui, Nic les dépose à leur hôtel : « La prochaine fois, c'est à mon mariage que vous viendrez danser, Gabrielle, même si j'ai raté le vôtre. Promettez-moi d'y être ? »

Elle promet. Elle promettrait n'importe quoi tant elle est fatiguée.

Une fois qu'ils sont dans leur chambre, Edward allume un dernier petit cigare.

« On pourrait lui présenter Reine… Tu les vois ensemble, Gabrielle ? »

Rien au monde n'est plus éloigné de sa nièce que le côté direct et franc de Nic. Ce n'est pas Reine qui ferait l'aveu de ses antécédents de misère ! « Ne me dis pas qu'il a besoin d'aide pour trouver une candidate. »

Edward avoue qu'elles sont plutôt treize à la douzaine à caresser des espoirs matrimoniaux et que Nic n'a pas l'air pressé, quoi qu'il en dise.

« La maison des Stern est un vrai château : je ne savais pas que tes amis étaient si riches, Edward.

— Tu sais d'où vient Stephen ? Son père était tailleur et il a fait fortune dans la confection lors de la Grande Guerre. Un petit tailleur juif qui a su voir venir et qui a compris très vite quoi faire avec une machine à coudre. C'est pas la noblesse de sang, ça. »

Gabrielle s'étonne : Stephen fait beaucoup plus anglais britannique que juif. Edward se moque d'elle, de son petit côté « bourgeoise de Québec » qui ne sait reconnaître un Juif que s'il a des boudins.

Elle est si épuisée qu'elle ne prend même pas la peine de répliquer. Edward l'enlace et murmure dans son cou : « Danser jusqu'à trois heures du matin, c'est tout notre jeune temps, ça. On n'avait pas ceci en plus : pouvoir dormir ensemble. »

À moitié endormie, elle caresse sa joue d'une main molle : « Dors, Edward, les enfants vont nous réveiller tôt demain. »

*   *   *

Le dimanche matin, ils marchent jusqu'à l'église Saint-Jacques, rue Saint-Denis, pour assister à la messe. Gabrielle constate que la pauvreté est encore plus criante qu'à Québec et elle n'arrive pas vraiment à se sentir le droit de profiter sans remords des luxes qu'ils s'offrent.

Quand, en revenant vers l'hôtel, elle voit trois jeunes enfants à peine couverts fouiller dans les poubelles d'un restaurant et porter à leurs bouches des épluchures de patates, elle saisit le bras d'Edward et va leur donner toute la monnaie qu'ils ont en les suppliant d'aller acheter du pain et de ne pas manger ça. Le plus jeune exhibe la rognure de patate et déclare que « c'est du bon, c'est pas comme si y arait pas de patate après ».

Edward entraîne Gabrielle avant qu'elle ne leur offre sa parure de renard. Voilà sans doute ce qui marque le plus le voyage de Gabrielle : la misère si grande qui côtoie l'opulence si ostentatoire. « Ça ne devrait pas être possible » est devenu son leitmotiv. Edward a eu toutes les peines du monde à la convaincre de renoncer à aller voir le refuge où avait habité Hector les derniers mois. Il juge inutile d'empirer le malaise de Gabrielle.

« Il est à Trois-Rivières et il travaille, Gabrielle, tu ne peux pas sauver le monde entier de la misère. Tu ne peux pas corriger le monde à toi toute seule. Il faut profiter de ce que tu as aussi.

— Et partager, Edward. Et ne pas me fermer les yeux devant l'injustice.

— Mais enfin, Gabrielle ! J'essaie de te montrer ce que Montréal a de plus beau et tu ne regardes que ce qu'il y a de plus laid. C'est décourageant ! »

Gabrielle soutient qu'elle a vu et apprécié le beau et le luxueux, mais qu'elle a vu le reste aussi et que ce reste lui demeure en mémoire. Ce n'est pas pour gâcher son plaisir, comme le prétend Edward, c'est sa manière d'être. Elle ne peut pas ne pas être sensible à ces enfants qui vont probablement attraper la typhoïde ou une autre fièvre dangereuse : « Tu te rends compte de l'hygiène qu'ils ont ? Ces enfants-là ne se lavent jamais. Quand je pense à mon père qui, pendant les épidémies, n'arrêtait pas de répéter qu'il fallait se laver les mains entre chaque malade, entre chaque soin et avant de manger. De l'eau et du savon, c'est ça le moyen de contrer les épidémies. Papa disait que, s'il pouvait persuader les gens de se laver les mains deux fois par jour, il aurait fait beaucoup pour la santé publique canadienne.

— Te voilà qui cite ton père, maintenant !

— Pour une fois qu'il a eu raison, Edward, on va le répéter. Ça fait vingt, trente ans de ça et il avait raison. Papa n'a jamais attrapé les maladies de ses patients. Quand je pense que maintenant, les médecins se stérilisent ! Imagine comme il se vanterait de l'avoir toujours dit.

— J'imagine, oui. »

Gabrielle se penche vers lui en souriant : « Parce qu'il n'a pas toujours dit vrai. Il m'avait prédit tous les outrages et toutes les avanies si je t'épousais.

— Attends qu'on arrive à l'hôtel, on va lui donner raison.

— Edward, le train est dans une heure et demie.

— En plein ce que je dis : juste le temps pour une petite avanie ! »

* * *

Ce n'est que dans le train de retour que Gabrielle demande à Edward si ses amis lui manquent beaucoup, et aussi le style de vie qui a été le leur pendant ces trois jours. Edward prend sa main et touche délicatement les surpiqûres et les broderies du cuir : « Mes amis ont tous une vie familiale, Gabrielle, comme nous. Montréal est juste une ville plus rapide que Québec, on n'a pas le droit d'y prendre son temps. Il faut foncer. Je préfère la vie de famille à Québec. Je préfère élever nos enfants à Québec. Je ne sais pas si nous aurions tout le *fun* de notre jeunesse avec mes amis maintenant, mais je sais qu'ils sont là et que j'ai choisi le meilleur. Je vois mes amis chaque fois que je viens travailler à Montréal. Non, je n'ai aucun regret, aucune autre envie que de rentrer à la maison avec toi.

— Je vais quand même continuer d'apprendre l'anglais, il y a des blagues que je rate. C'était… un très beau voyage, Edward.

— Tu sais ce qu'on fera pour tes quarante ans ? Une croisière… »

Gabrielle sourit : ça lui paraît si loin et si vieux, quarante ans — Adélaïde et Béatrice seront alors en âge de se marier. Elle frissonne à l'idée de perdre ses filles : « Tais-toi, Edward, c'est encore loin, Dieu merci ! » Elle n'a plus qu'une envie maintenant : retrouver ses enfants et les serrer dans ses bras.

La vie reprend son cours bien tranquille après les aventures montréalaises et Gabrielle profite de la semaine sainte pour redoubler d'ardeur auprès de « ses pauvres ». Elle a réussi à se créer une sorte de famille d'élection, quelques mères nécessiteuses auprès desquelles elle se dévoue particulièrement, s'informe des enfants qu'elle connaît par leurs prénoms, des époux et même quelquefois des parents. Les liens qu'elle crée et entretient constituent peu à peu une aide morale, intérieure, qui soulage autant sinon plus que l'aide matérielle.

Un matin où elle arrive très tôt au Centre Saint-Vincent-de-Paul pour préparer des en-cas à donner aux écoliers qui partent le ventre vide et sans boîte à lunch pour toute la journée, elle rencontre Paulette Séguin qui est venue exprès dans l'espoir de lui parler. Elles attendent d'avoir fini leur tâche avant d'aller s'asseoir dans un *coffee house*. Paulette retire ses gants et les lisse devant elle en prenant soin de bien réfléchir avant de lancer sa question : « Gabrielle, est-ce que je vous ai déplu ou insulté sans le savoir ? »

Étonnée, Gabrielle qui s'attendait à entendre parler des états d'âme d'Armand répond par la négative. Paulette lui explique alors qu'en se livrant à un examen consciencieux des cinq dernières années, elle s'aperçoit qu'elle a subi la perte de plus de sept amitiés féminines. Quelques défections sont dues à ses engagements politiques, et c'est à ce chapitre qu'elle classe celle de Reine avec qui elle avait d'assez bonnes relations.

Mais trois autres sont liées à un seul facteur : son frère Armand qui, par ses agissements, l'oblige à subir des ruptures prématurées qui n'ont rien à voir avec ses qualités ou ses défauts personnels.

À mesure que Paulette s'explique, Gabrielle se rend compte que celle-ci est totalement limitée par les agissements de son frère. Chaque fois qu'il s'enflamme, il utilise sa sœur comme appât ou comme moyen de fréquenter l'objet de sa passion. Quelquefois, bien involontairement, Paulette va même jusqu'à susciter l'intérêt de son frère en cultivant une amitié qu'il n'avait pas encore convoitée. En ce qui concerne Gabrielle, c'était le cas. Armand avait fait remarquer à sa sœur qu'elle avait beaucoup d'allure, mais ce n'était là que comportement rituel chez lui et non pas l'expression d'un intérêt plus conséquent. Très gênée, Paulette achève son exposé : « Je sais que ça ne se demande pas, Gabrielle, et je sais aussi que mon frère a très mal agi envers vous. Qu'il s'est comporté de façon inconvenante. Mais pourquoi devrais-je payer pour lui ? Pourquoi on ne peut plus se voir comme avant et prendre le thé ? Je ne parlerai jamais d'Armand, je peux le promettre, vous ne le verrez pas non plus, je m'y engage, mais si vous ne m'en voulez pas à moi, pourquoi me mettre à l'écart ? Je n'ai presque pas d'amis et ceux que j'ai n'ont pas votre générosité ni votre élan. Je me suis fâchée avec Armand parce qu'il m'a obligée à me priver de vous par sa conduite. Je l'ai protégé et consolé toute ma vie, mais je crois que j'ai droit à une amie, moi aussi. Armand n'a jamais pensé que ses frasques entraînaient ces résultats. Il ne voit jamais que sa peine et sa solitude. Je n'ai plus envie de sacrifier ma vie à ses histoires d'amour. Je le lui ai dit. Maintenant, je voulais essayer de réparer notre amitié si c'est encore possible et si vous ne m'en voulez pas. »

Gabrielle a beau comprendre la situation de Paulette et l'assurer de son amitié, elle sait par avance qu'Edward ne supportera pas de la voir fréquenter un membre de la famille d'Armand. Elle n'a pas envie de faire des cachettes à son mari et elle sait qu'il est trop tôt pour reparler de tout cela avec lui. Il a mis des semaines avant d'arrêter de faire de douloureuses allusions. Il commence à peine à se moquer d'Armand, ce qui lui semble un bon signe de cicatrisation, elle ne veut pas rouvrir une plaie dont elle connaît et saisit encore fort mal l'étendue et la cause.

« Paulette, vous êtes quelqu'un de très bien et j'ai de l'amitié et de l'estime pour vous. Si j'ai quitté la Ligue, c'est avant tout pour fuir votre frère et son entêtement. Mais j'ai agi légèrement quand j'ai fréquenté Armand, même si c'était bien innocent et que j'étais bien chaperonnée par votre présence. Une femme mariée doit tenir sa place et je n'ai pas tenu la mienne. Ça m'a coûté beaucoup et mon mari commence à s'en remettre. Mon foyer, ma famille est le centre de ma vie. C'est la chose la plus importante pour moi. Même si j'ai de l'amitié pour vous, je ne peux pas risquer la bonne entente qui est revenue entre Edward et moi. »

Paulette hoche la tête en silence et remet lentement ses gants. Elle est si gênée, si humiliée que Gabrielle l'arrête en posant la main sur sa manche : « Paulette… laissez-moi du temps. Laissez passer l'été. Je n'oublierai jamais ce que vous avez fait pour moi à Noël, quand les enfants étaient si malades. Je parlerai à Edward quand je sentirai que l'issue peut être positive. D'accord ? »

Paulette est au bord des larmes et ne peut que murmurer un accord à peine audible. Gabrielle trouve également que la pauvre paye bien cher les galanteries de son frère : « Paulette, vous devriez refuser de servir de chaperon à Armand. Dorénavant, qu'il trouve quelqu'un d'autre. Au moins vous aurez encore vos amies quand il en aura fini avec elles. »

Elle sait que ce n'est pas très délicat, mais c'est le fond de sa pensée. Les yeux de Paulette pétillent de malice : « Est-ce que je vous ai déjà dit qu'Adélaïde vous ressemble beaucoup ? Vous êtes tout comme elle, présentement. Merci, Gabrielle. Et je vous fais confiance, nous nous reverrons. »

En ajoutant le nom de Paulette Séguin dans le cahier contenant la liste des gens à qui faire des vœux à Noël, Gabrielle se dit qu'à ce moment-là elle pourra sans doute évoquer le sujet avec un Edward complètement rassuré.

*   *   *

Comme une enfant gâtée qui n'accepte pas un refus, Georgina ne cesse de tourmenter ses sœurs pour qu'elles interviennent dans ses affaires conjugales. Germaine, déjà passablement éprouvée par le service de garde-malade à plein temps qu'exige sa sœur, ne sait plus comment refréner son agacement. Prisonnière de requêtes incessantes, elle fuit la maison et se réfugie chez Gabrielle qu'elle seconde avec bonheur dans son grand ménage du printemps.

Georgina, qui s'est fait refuser l'absolution par son confesseur tant et aussi longtemps qu'elle n'accédera pas aux demandes légitimes de son époux, élabore une stratégie de repli : faire venir Hector pour que les retrouvailles se passent en famille. Germaine n'est pas dupe : « Tu comprends bien que le pauvre homme ne pourrait venir qu'après son *shift* du samedi. Il repartirait le dimanche après la messe et hop ! la Georgina a fait son devoir et peut remettre son installation à la saint-glinglin ! »

Germaine passe un chiffon énergique au fond d'un tiroir, le remet en place et se tourne vers sa sœur : « Les petits corps de flanellette, on serre ça ?

— Laisse-m'en deux par enfant, on sait jamais… Penses-tu qu'elle va vouloir venir s'installer à l'Île pour l'été ? »

Le soupir de Germaine n'augure rien de bon : « On était si bien, toi et moi. Comme dans le bon vieux temps…

— C'est autant sa maison que la nôtre, remarque. Mais ça va faire du monde à loger. »

Ce que Gabrielle ne dit pas, c'est qu'une maisonnée de Bégin, comme les appelle Edward, a une influence très défavorable sur les traversées de celui-ci. Comme par hasard, Edward se trouve beaucoup de travail en retard quand les fréquentations familiales lui pèsent. Gabrielle se dit que s'il ne s'ennuyait pas tant des enfants, elle ne le verrait pas de l'été. « Elle ne l'aime plus du tout, Germaine ? »

Germaine, à quatre pattes pour retrouver une paire de chaussettes qui a roulé sous l'armoire, relève la tête pour lancer un « Quoi ? » incrédule. « Ma pauvre Gabrielle, ça fait dix-sept ans qu'ils sont mariés ! »

Et alors, se dit Gabrielle, dans huit ans, elle est certaine d'aimer encore Edward… à moins qu'il ne devienne ronchon, grassouillet et qu'il ne sente le fromage !

« Je pense, Gabrielle, que ces deux-là ne se sont jamais aimés, au sens où tu l'entends en tout cas. Mais là, c'est le respect que Georgina n'a plus. Hector est déclassé dans sa tête et elle ne veut pas retourner vivre avec cet homme-là qu'elle ne reconnaît plus.

— Mais c'est épouvantable, Germaine ! C'est un manque total de charité. Je ne parle pas du respect de sa parole. Quel exemple pour ses filles. C'est leur père après tout.

— Si tu savais ce que dit Reine de son père ! Pas très édifiant et là-dessus, Georgina ne la reprend jamais. La petite peut dire ce qu'elle veut, rien n'est punissable. Qu'est-ce que je fais avec ça, Gabrielle ? »

Germaine exhibe un fatras d'objets entortillés dans une ficelle : le trésor de Fabien constitué de trouvailles diverses qu'il a glanées un peu partout : « Tu mets le tout dans une vieille chaussette et tu ne fais pas le ménage là-dedans. *Don't touch !*

— Commence pas à me parler en anglais ! »

Estimant que Germaine a son quota de désagréments, Gabrielle parle en français et de tout autre chose : « La fille des Letarte se marie à l'été. Est-ce que Reine va être invitée au *shower* ?

— Encore des dépenses ! Ça fait deux jours que Mademoiselle Lizotte est à la maison pour les toilettes de Reine. Je plains le pauvre mari qui va avoir à payer pour son goût du luxe. Aucun sens de l'économie domestique. C'est elle qui devrait faire un séjour chez Cyril pour s'instruire.

— C'est vrai, ce projet de placer Isabelle servante chez Cyril ?

— C'était une solution envisagée, énerve-toi pas. Avec Hector qui se met à travailler, peut-être qu'Isabelle va profiter d'un sursis.

— Isabelle retourne à l'école à l'automne. Je l'ai inscrite au cours supérieur à Saint-Dominique.

— Sans avertir personne ? Mais enfin, Gabrielle, ce n'est pas ta fille !

— Tu veux savoir ce que je pense ? Ce sera toujours assez tôt pour être servante chez un curé de campagne radin. Même si c'est son oncle. Isabelle a écrit à son père et il est d'accord. Il est même très content. »

Germaine est suffoquée : « Comment, son père ? Hector et Isabelle s'écrivent ? Depuis quand ? Pourquoi tu ne me l'as pas dit avant ? Georgina ne sait pas ça, c'est évident !

— Tu ne reprocheras quand même pas à une fille d'écrire à son père ? Isabelle n'a pas les mêmes vues que sa sœur et elle ne juge pas son père. Elle ne juge personne, d'ailleurs. As-tu oublié qu'Edward a vu Hector tout le temps de son exil montréalais ? Franchement, Germaine, je me demande quand est-ce que tu vas trouver que ce pauvre diable a tout de même un peu de mérite !

— Après deux semaines de vie avec Georgina, j'y trouvais déjà ben de la grâce, fais-toi-z-en pas !

— Alors pourquoi t'en parles toujours comme d'un désavenant ? Tu en connais beaucoup, toi, des hommes qui se sont désâmés de même pour trouver du travail ?

— Il est cantonnier, Gabrielle ! C'est pas mêlant, la honte me prend à seulement entendre chanter *Sur la route de Berthier* !

— La honte ? La honte de quoi ? Il n'est pas en train de moisir à l'asile de fous, quand même !

— Je le sais bien, c'est plus fort que moi. C'est pas généreux ni rien, mais j'arrive pas à trouver ça ben reluisant comme métier.

— C'est pas dans la Bible qu'on dit : *mieux vaut un chien vivant qu'un lion mort* ? Si tu enlèves aux enfants la possibilité de respecter leur père, où est-ce qu'elles vont prendre l'exemple pour le reste ? Un jour ce sera Georgina, toi ou moi qu'elles vont maltraiter. Et ensuite, ce sera leur mari.

— Si elles en trouvent un !

— Germaine… ne fais pas celle qui ne comprend pas. Georgina a tort de ne pas inciter ses filles au respect. Et, si elle le permet, c'est parce qu'elle-même désobéit et se désavoue dans son mariage. Tu le sais : elle devrait respecter ses engagements et repartir loyalement vers son mari. »

Sa sœur est si changeante ! Alors qu'elle peut prendre la mouche pour beaucoup moins, cette fois, elle se tait et devient piteuse, exactement comme Guillaume quand elle le surprend à faire un mauvais coup. Elle ne doit pas avoir la conscience nette, se dit Gabrielle, ce qui prouve que ses reproches sont justifiés. Elle met un paquet de linge de bébé dans les bras de sa sœur, en saisit un autre et l'entraîne dans la cuisine : « On va donner tout ça à laver à Mimi avant de le serrer et on va se préparer un thé !

— Tu le serres ? Es-tu sûre que t'auras pas à le ressortir sous peu ? Guillaume a eu deux ans. »

Gabrielle rougit tellement que Germaine en conclut que les discussions de bébé la mettent à la gêne.

Pour faire bonne mesure, Gabrielle ajoute : « T'oublies qu'avec Isabelle la famille s'est encore agrandie cette année.

— Oh, c'est pas pour te pousser ! C'est juste que d'accoutume… »

Gabrielle hausse les épaules et se hâte vers la cuisine : elle se trouve si ridicule avec sa tendance à rougir encore à son âge ! Si Germaine savait comment Edward et elle empêchent volontairement la famille ! Elle ne doit même pas être au courant que ces moyens-là existent ! Elle doit se dire que les « articles de caoutchouc » annoncés dans le catalogue Eaton sont des sacs à eau chaude ou des poires à lavement. Dieu merci, parce que Gabrielle a bien assez de ses débats de conscience personnels sans avoir à maintenir un siège sur ce front-là avec Germaine.

*   *   *

Adélaïde fait vibrer le dernier accord, puis détache ses pieds des pédales du piano. Sa mère applaudit avec enthousiasme. Adélaïde se tourne vers elle, ravie : « Et ensuite, je joue la chanson finale avec trois fois l'introduction pour permettre à toute la chorale de revenir sur scène. Le bout en solo finit là. »

Gabrielle se lève et vient rejoindre sa fille sur le banc de piano : « Magnifique, Adélaïde, tu le joues très bien. Je vais être très fière de toi. »

Le concert de fin d'année accompagne la distribution des prix et Adélaïde est une des rares élèves de septième, la classe des plus petites, à se produire sur scène en solo. La religieuse lui a bien expliqué l'insigne honneur qu'on lui faisait. Adélaïde est première de sa classe et obtient plusieurs prix, mais jouer toute seule constitue le plus beau prix à ses yeux. Surtout devant ses parents.

« Tu sais qu'il y aura Fabien et Béatrice aussi. Ton père a insisté.

— Et Isabelle ? »

Elles sont bien liées maintenant toutes les deux. Depuis qu'Adélaïde a préféré aller partager la chambre avec sa cousine, elles partagent aussi leurs secrets. « Maman… tu peux me le dire si c'est vrai, je suis grande… dans le fond, mon oncle Hector, il était allé en prison, c'est ça ?

— Jamais de la vie, Adélaïde ! Où prends-tu des histoires pareilles ?

— À l'école.

— Mais qui connaît Hector à ton école ?

— Personne. Mais il y en a qui racontent que quand on ne voit plus du tout quelqu'un, les grandes personnes disent qu'il est malade et, dans le fond, c'est en prison qu'il est. C'est un mensonge par charité, tu vois ? Pour avoir pitié de ceux qui sont en prison et qui vont avoir honte.

— On raconte des histoires comme ça à ton école ?

— Aussi, maman, il y a une grande de la chorale, une pensionnaire, son père est mort depuis presque un an et c'est maintenant seulement qu'elle le sait parce que l'école finit et qu'elle retourne chez elle. Maintenant, elle pleure tout le temps et, quand elle ne pleure pas, elle fausse. »

Gabrielle trouve que les enfants sont bien mal protégés si les mensonges qu'on leur fait pour les épargner sont si lamentablement révélés.

Adélaïde regarde le clavier, appuie sur le *si* bémol : « Denise aussi faussait. Tu penses qu'elle aurait moins faussé si elle avait pleuré au lieu de rire tout le temps ? »

Gabrielle caresse les cheveux de sa fille : « Je ne le sais pas, Adélaïde. C'est très difficile de savoir ce qui aurait rendu Denise heureuse. Je pense que c'est mieux de pleurer quand on en a besoin et de rire quand on en a envie. Même s'il faut apprendre à se tenir devant les gens et à être distinguée, je pense qu'on est mieux de ne pas trop jouer la comédie.

— Des fois, Béatrice, elle se fait pleurer. Elle croit à une chose triste fort fort et elle pleure. Tu peux lui demander, elle va le faire.

— Béatrice fait du théâtre, c'est pas pareil : elle ne cache pas ses sentiments, elle s'amuse à affecter des sentiments qu'elle n'a pas. »

La porte d'entrée est doucement refermée, Adélaïde se lève, ravie : « C'est Isabelle !

— Bonsoir, ma tante. Je vais me coucher. Bonne nuit. »

Adélaïde regarde sa mère, des questions plein les yeux. Gabrielle fait signe qu'elle ne sait pas. On entend Isabelle monter lourdement. Elle est seulement allée faire un tour rue de Bernière, qu'est-ce qui a pu se passer ?

« Attends-moi ici, Adélaïde, je vais voir si je peux faire quelque chose. »

Quand elle revient au salon, Gabrielle n'en sait pas beaucoup plus. Isabelle a trouvé sa mère très bien, plutôt en forme, malgré qu'elle se plaigne de sa cheville encore raide. Elles ont joué aux cartes et Isabelle est rentrée.

Adélaïde soupire et déclare qu'elle va se coucher elle aussi. En enlaçant sa mère, elle demande : « Si papa était très très pauvre tout à coup, je veux dire on n'aurait plus de maison, plus rien, juste nous. Alors… on resterait ensemble encore plus, non ? Tu resterais avec lui et avec nous ?

— Bien sûr. Tant que ce serait possible, c'est ce qu'on ferait. Il ne faut pas avoir peur, Adéla, c'est arrivé chez tante Georgina, mais c'est pas partout que ça arrive, même si c'est plus difficile de nos jours.

— J'ai pas peur, maman, si on reste ensemble, j'ai pas peur. »

Gabrielle reste pensive. Elle éteint et s'assoit dans la pénombre du salon faiblement éclairé par le cadran lumineux de la radio. Mozart… elle écoute la si belle musique en songeant à ses enfants et à cette imagination qui prend tellement vite le relais quand ils ne savent pas ce qui se passe.

Elle pense à Georgina, à ses enfants qui ont été protégées, mais qui sont malheureuses. Georgina qui soutient que la vision de leur père vieilli et appauvri sera plus dommageable que la séparation. Georgina qui jure qu'elle cherche avant tout à mettre ses filles à l'abri d'une pénible déception, Georgina qui, depuis deux mois, tergiverse et discute au lieu de faire son devoir.

Edward est tout surpris de trouver Gabrielle au salon à une heure si tardive.

« J'aime rester dans le noir et écouter la radio. Ça me permet de réfléchir, Edward. Un peu comme être assise à l'église, mais sans les gens qui risquent de t'observer.

— Et à quoi tu penses si gravement ? »

Gabrielle lui explique qu'il faut parler à Georgina et lui faire entendre raison : Hector n'est pas mort, elle est sa femme devant Dieu, elle a des enfants, il faut qu'elle retourne chez son mari, il faut agir en femme honnête et digne. Si ce n'est pour elle-même, qu'elle le fasse pour lui et pour ses enfants.

Edward éteint la radio en soupirant : « C'est une bien lourde mission, Gabrielle. On peut essayer, mais ce ne sera pas facile. »

Une semaine plus tard, partagée entre la colère et la dépression, Georgina fait ses valises. Il est entendu qu'elle part pour trouver un appartement et qu'ensuite seulement, une fois qu'elle et son mari seront installés, les filles viendront les rejoindre. Il est quand même certain qu'Isabelle reviendra chez Edward pour ses études en septembre. Reine soutient que tout mariage est « hors de question dans une ville comme Trois-Rivières » et milite vaillamment pour un séjour prolongé chez Germaine à l'automne. Georgina la comprend totalement et la promesse de laisser Reine « revenir en ville » n'est pas difficile à lui soutirer.

La veille du départ, Gabrielle organise un thé pour permettre à Georgina de dire au revoir à ses nombreuses amies. Il fait un temps splendide, les lilas sont presque éclos, toutes les fenêtres du salon sont ouvertes sur la Grande-Allée ombragée d'un petit vert acide tout neuf. Les dames, gantées de blanc, arborent enfin leurs tenues d'été sans frissonner. L'ambiance est légère et les conversations vont bon train. Isabelle, délicieuse dans sa robe bleue à l'imprimé foisonnant, passe les plats de sandwiches délicats. Gabrielle pensait permettre à Adélaïde de jouer du piano en rentrant de l'école, mais il lui semble que ce sera très difficile de faire taire tout ce beau monde.

Elle n'a même pas entendu le téléphone sonner quand Fabien vient la chercher.

L'impression est fulgurante : dès qu'Edward lui parle, dès qu'il lui annonce la nouvelle, Gabrielle n'entend plus du tout le vacarme ambiant et, de façon extrêmement détachée, elle voit ses invités circuler dans un épais silence, elle les voit rire, s'incliner, agiter leurs mains… sans bruit. Comme si quelqu'un avait coupé leurs cordes vocales. Comme si tout cela n'était qu'un spectacle.

Elle n'entend qu'Edward qui répète son nom sans arrêt et elle aussi se met à répéter sans arrêt : « Mais elle y va… elle arrive demain ! Elle y va, Edward ! Demain, elle arrive demain… »

C'est Fabien qui tire de façon saccadée sur sa robe qui la fait taire. Devant les yeux affolés de son petit garçon, Gabrielle s'interrompt et, du coup, tout le brouhaha revient à ses oreilles. Elle raccroche, prend Fabien dans ses bras, le rassure, lui murmure que ça va, que ce n'est pas grave, qu'il ne doit pas s'inquiéter et, tant qu'elle le tient contre elle, elle a l'impression que son cœur s'apaise, que les coups qu'il donnait se calment enfin et qu'elle peut profiter du répit, que tant qu'Edward ne passera pas la porte d'entrée, le cataclysme est contrôlable.

Elle monte son fils dans le boudoir, l'installe avec ses soldats de plomb préférés et va chercher une Béatrice furieuse de devoir quitter les mondanités pour jouer avec le bébé et Fabien. Gabrielle rejoint Mimi à la cuisine, lui met Rose dans les bras et lui demande de monter et de garder les enfants dans cette pièce.

« Prenez des gâteaux, du jus, mais, sous aucun prétexte, vous entendez, aucun, je ne veux les voir sortir de là avant que je vienne vous rejoindre. »

Malgré l'insensé de la demande et parce que Gabrielle parle avec une autorité sèche qui lui est si peu coutumière, Mimi obtempère et laisse là les préparatifs culinaires. Gabrielle se poste dans le corridor, entre le téléphone et la porte et, le cœur battant, elle attend Edward.

C'est Adélaïde qui arrive la première et dont le sourire se fige instantanément en voyant la pâleur et l'immobilité de sa mère. Elle n'a pas le temps de se précipiter ou de demander ce qu'elle a qu'Edward entre en trombe et prend Gabrielle dans ses bras.

« Mais qu'est-ce qu'il y a ? Qu'est-ce qui se passe ? Maman ? »

Gabrielle se dégage, pleine d'assurance, presque tranquille. Elle demande à Adélaïde d'aller chercher sa tante Georgina discrètement et de la faire monter dans leur chambre. Avec la salle de bains, c'est la seule pièce déserte de la maison. Adélaïde ne demande même pas pourquoi, elle obéit.

C'est Edward qui annonce à Georgina qu'Hector a fait une attaque et qu'il est mort en début d'après-midi sur le chantier. Son cœur usé par les derniers mois de privations et d'angoisses n'a pas supporté l'exigence physique des travaux routiers.

Gabrielle redescend et réunit Reine, Isabelle et Adélaïde dans la cuisine pour leur annoncer la nouvelle pendant que Germaine, avertie en catastrophe sur le palier, s'occupe de régler la sortie des invités.

Muette, Isabelle regarde sa tante fixement, totalement immobile, comme si la nouvelle ne faisait aucun chemin en elle.

Reine, elle, s'effondre, pleure et réclame sa mère. Gabrielle la conduit auprès de Georgina qui sanglote et se précipite sur sa fille en répétant des phrases sans queue ni tête.

Gabrielle revient dans la cuisine, Isabelle n'a pas bronché. On la dirait paralysée. Adélaïde lui a pris la main, mais elle reste inerte dans la sienne et rien ne laisse soupçonner qu'elle entend les paroles consolantes de sa cousine. Gabrielle s'approche, prend Isabelle par les épaules, l'assoit doucement sur une chaise. Elle lui apporte un verre d'eau, que la petite boit. Ses yeux perdent leur fixité, ils se mettent à se poser un peu partout, affolés, comme s'ils cherchaient à apercevoir quelque chose qu'il est urgent de voir. Après bien des papillonnements, après bien des hésitations, ils plongent dans ceux de Gabrielle et elle ne dit qu'un mot, très bas, incrédule : « Papa ? »

C'est Adélaïde qui éclate en sanglots et c'est parce que sa peine est si aiguë que Gabrielle réussit à contenir ses larmes. Elle prend les deux jeunes filles contre elle et les berce, impuissante à ajouter quoi que ce soit. Germaine survient et les invite à s'asseoir au salon maintenant déserté. Elle se charge de monter chercher les autres. Gabrielle va jeter un œil sur les enfants et Mimi, toujours dans le boudoir.

Quand elle revient au salon, elle constate encore une fois à quel point Germaine est une femme faite pour les temps forts de l'existence. Il ne reste plus une seule tasse ou une miette de gâteau nulle part, tout est impeccablement ramassé et Germaine est en train de distribuer un petit brandy à chacun. Elle insiste pour que les deux plus jeunes prennent chacune une gorgée dans son verre.

Cela fait, c'est elle qui donne la parole à Edward pour les questions en suspens. Elles sont nombreuses et la discussion est longue avant qu'ils n'arrivent aux solutions. Il est entendu qu'Edward prendra le premier train le lendemain et ira à Trois-Rivières récupérer le corps et le ramener à Québec. Le salon des Miller étant plus vaste que celui de Germaine, c'est là qu'aura lieu l'exposition du mort. Cyril officiera aux funérailles et le caveau familial des Miller recevra le mari de Georgina, puisque celui-ci n'a rien acheté à sa fabrique du temps qu'il habitait Sorel et que le lot des Bégin ne contient plus que deux espaces, réservés à Cyril et à Germaine.

Le soleil se couche lorsque Germaine quitte la maison en compagnie de Georgina et Reine. Isabelle refuse d'aller dormir là-bas, « en famille » comme elles disent. Elle n'a versé aucune larme depuis l'annonce de la nouvelle, elle écoute attentivement et ne dit rien. Entre le téléphone qui n'arrête pas de sonner, les enfants particulièrement énervés et l'avis de décès à rédiger, Gabrielle n'arrive pas à trouver le temps de parler à Isabelle. Faire en sorte qu'elle échappe aux questions aussi nombreuses qu'impertinentes d'une Béatrice fascinée par l'ambiance tragique des événements constitue déjà un tour de force.

Ce n'est que très tard que Gabrielle va s'asseoir au bord du lit d'Isabelle. Elle ne pleure pas, ne dort pas et n'a apparemment pas envie de parler. Adélaïde s'est endormie, à bout d'émotions.

Gabrielle caresse tendrement le front d'Isabelle, sans rien dire. Au bout de trente minutes, elle murmure : « Est-ce qu'il y a quelque chose qui te ferait du bien, Isabelle ? Quelque chose qui t'inquiète que tu voudrais me dire, ou quelque chose qui te consolerait un peu et que je pourrais faire ? »

Après un long silence, Isabelle lui dit que ce qu'elle voudrait n'est pas bien et que sa mère serait fâchée.

Gabrielle insiste et la jeune fille demande alors si on enterre les gens habillés ou tout nus. Une fois rassurée sur la décence des morts, Isabelle demande comment on fait quand on n'est pas majeure pour faire un emprunt à la banque. Gabrielle, de plus en plus surprise, lui explique qu'il n'y a pas moyen et qu'elle est le seul recours financier de sa nièce. Elle assure qu'elle se fera un plaisir de lui prêter de l'argent. Mais Isabelle refuse.

Cela prend encore beaucoup de diplomatie à Gabrielle pour découvrir en quoi l'argent est nécessaire.

« Je voudrais acheter des souliers neufs à mon père. » Parce que sa tante ne réplique rien, parce que sa caresse persiste sans hiatus, Isabelle continue, de plus en plus volubile, comme si les mots débloquaient sa peine. « Dans sa dernière lettre, il était si content de me revoir bientôt qu'il a écrit que ce jour-là, enfin, il aurait des souliers neufs. Ceux qu'il portait pour travailler étaient laids, percés et crottés. Vous comprenez, ma tante, pour mon père, les souliers, c'est le signe ou non que quelqu'un est un gentleman. Pour papa, un monsieur mal chaussé n'est pas un monsieur et un monsieur aux chaussettes sales ou trouées n'est pas un monsieur non plus. Au magasin, quand j'étais petite et que je l'aidais, si un client avait une clarté dans le bout du bas ou un trou, même petit, papa me regardait pour que je fasse attention de ne pas montrer que c'était pas bien. Papa disait toujours qu'une chaussette trouée dans une très belle chaussure se voyait plus souvent qu'on ne pensait et que c'était la première hypocrisie d'une longue série. Son histoire préférée, c'était Cendrillon à cause du soulier à la fin. Papa disait qu'il n'exigerait qu'une chose de celui qui me demanderait en mariage et c'était de se déchausser. Il disait que rien ne le rassurerait plus au monde que de savoir que l'homme qui lui prendrait sa fille aurait non seulement de bons souliers, mais des chaussettes propres ni trouées ni même ravaudées. C'était très, très important pour papa. Alors… il faudrait ne pas le dire à maman et essayer de savoir sa pointure… Il me semble que je serais un peu consolée s'il n'était pas enterré avec les pieds nus ou mal chaussés. Je voudrais que les chaussures soient en cuir neuf, un cuir qui sente bon et qui soit souple et que les coutures soient jolies et bien faites, toutes ces qualités qu'il m'a montrées dans le temps du magasin *Chez Hector, chaussures*. Je sais qu'il… qu'il est mort et qu'il ne le saura pas et qu'il ne les sentira pas, mais je voudrais qu'ils soient à sa taille exacte. Papa n'a jamais laissé partir un client avec des souliers trop petits ou trop grands, jamais. Il s'en faisait un point d'honneur, qu'il disait… »

Les larmes coulent enfin sur le visage d'Isabelle. Gabrielle promet que, dès le matin, elle saura la pointure et elles iront en ville et chercheront jusqu'à trouver les bons souliers, ceux qui seront exactement de la bonne taille et de la bonne facture. Elle caresse longtemps les cheveux courts de sa nièce, ses jolis cheveux coupés que jamais Hector n'aura vus.

* * *

C'est grâce à des ruses de Sioux et à la complicité d'Edward qu'Isabelle peut chausser son père dignement avant les funérailles. Le corps veillé au salon sans interruption, les chapelets récités toutes les heures, les trop courtes périodes de repos que s'octroient Reine ou Georgina et surtout la possibilité pour quiconque de soulever le drap et de constater l'état et la tenue vestimentaire du défunt rendent le changement de chaussures très périlleux.

Une fois la mise en bière effectuée, Gabrielle entraîne tout le monde hors du salon, sous prétexte de laisser Edward faire ses adieux à Hector et essayer de convaincre Fabien d'approcher du cercueil de son oncle. Fabien, malgré ses cinq ans, est terrorisé par le dormeur du salon que rien ne réveille et il n'a pu fermer l'œil les deux derniers jours que dans le lit de ses parents, à condition d'être tenu très fort et protégé des deux côtés. Grâce aux terreurs morbides de Fabien, Edward se retrouve seul au salon pour quelques minutes. Isabelle est si tranquille et extériorise si peu son chagrin que personne ne remarque son absence du groupe de pleureuses dans l'agitation générale.

Étrangement, la ruse produit un effet thérapeutique sur Fabien qui observe, depuis les bras de son père, sa cousine qui passe aux pieds d'Hector les très belles chaussures achetées en secret. Une fois les chaussures échangées, elle recouvre les pieds de son père du linceul. En la voyant toucher doucement le visage du mort, Fabien demande à s'approcher et touche aussi, sans toutefois quitter les bras de son père. Après cette expérience, il ne parle plus que de la « statue de mon oncle », refusant de croire que la chose roide quasi minérale qu'il a touchée puisse être une vraie personne, même endormie très fort. Ce soir-là, Gabrielle réussit enfin à le coucher dans son lit où, sans cesser de s'entourer des deux côtés d'oreillers protecteurs, il demeure néanmoins rassuré en ce qui concerne la venue inopinée de son oncle pendant la nuit.

Germaine ignore s'il s'agit du même dérangement que chez son neveu, mais Georgina refuse de dormir seule depuis la mort de son mari. Rongée par un remords d'autant plus grand qu'il n'est jamais exprimé ou admis, Georgina mange et dort de moins en moins. Il faut la présence de Germaine et encore, le sommeil de la veuve est traversé par des fantômes menaçants qui la rendent geignarde, et tire du sommeil une Germaine excédée.

« Partager mon appartement et ma vie avec elle et Reine, passe encore, mais l'avoir dans ma chambre à râler toutes les nuits, je ne peux pas. J'ai enduré les râles de papa parce qu'il était malade et parce que c'était mon père, mais Georgina, je ne peux pas. Il faut faire quelque chose. »

Depuis les funérailles, la famille est sens dessus dessous et la perspective des vacances à l'Île ne cesse de faire surgir des problèmes. Germaine, qui avait eu l'audace de se réjouir intérieurement de la reprise de sa vie d'avant à l'annonce du départ de Georgina, est partagée entre le sentiment d'être punie pour son soulagement peu chrétien et celui d'une colère grandissante à l'idée d'être dorénavant nantie de Georgina.

Gabrielle saisit parfaitement ce qui en est et elle est à peu près certaine que si elle ose parler des semaines qui ont précédé la mort d'Hector, elle se fera fusiller soit par l'une, soit par l'autre. Georgina, terrée dans son grand deuil, s'enfonce dans un état dépressif qui sert d'exutoire à un énorme sentiment de culpabilité qui l'empêche de faire face à une liberté d'autant plus condamnable qu'elle a été follement et secrètement désirée. Elle ne cesse de répéter son « Moi qui allais le rejoindre… dire que nous allions enfin nous retrouver », qui n'édifie plus personne et fait dire à Béatrice : « Mais pourquoi elle répète toujours la même chose ? »

Comprendre le phénomène ne le règle pas. Gabrielle se trouve soudain prise entre ses deux sœurs qui la considèrent comme si elle pouvait leur donner une absolution rétroactive et des problèmes d'intendance domestique, qui risquent fort d'ébranler son harmonie familiale et conjugale.

Dieu merci, Mimi n'aura pas besoin de vacances et les accompagnera tout l'été à l'Île. Avec l'aide de Malvina, elles devraient arriver à maintenir une sorte d'ordre dans la maisonnée.

Germaine n'a jamais eu d'autre servante que Madame Gauthier qui vient chez elle le nombre d'heures nécessaire, mais qui ne reste jamais à coucher. Chaque été, par une sorte de consensus tacite, à cause des enfants et des charges qu'ils entraînent, c'est Gabrielle qui doit voir et payer, s'il y a lieu, la servante de l'Île.

Cette année, avec la mort d'Hector et tous les bouleversements que cela a provoqués, Gabrielle a l'impression de vivre sur un volcan avant même le départ. C'est à croire que chacun réclame autre chose et éprouve des difficultés avec le *statu quo*. Gabrielle court d'une urgence à l'autre sans jamais ressentir d'apaisement. Comme si le chaos total s'était installé parmi les siens.

Quand Béatrice, avertie par une amie du voisinage, exige d'être pensionnaire pour la première année d'école « sinon elle n'ira pas », Gabrielle se fâche et n'explique plus rien : « Tu vas où on te dira et comme on te dira, tu entends, Béatrice ? Laisse ton père et moi nous occuper de l'école. Et je ne veux pas de grande scène de larmes, tu m'as bien comprise ? »

La vengeance ne se fait pas attendre, Béatrice n'ayant absolument pas appris qu'on peut perdre sans rouspéter : « D'abord, je ne veux pas de Florent dans ma chambre cet été. Il y a bien assez de monde dans la maison comme c'est là ! »

Évidemment ! se dit Gabrielle. Le problème va se poser : où mettre tout ce beau monde pour qu'une sorte de paix règne ? Comment répartir les clans sans frustrer qui que ce soit et donner à chacun l'impression qu'il est traité dignement et selon son rang ? Le problème est carrément mathématique : l'espace est ce qu'il est, elle ne peut pas l'agrandir.

« Il faudrait que je donne notre chambre quatre fois, et encore ! Ce ne serait pas assez. Avec Georgina que je ne peux pas réinstaller dans la chambre qu'elle a occupée l'été passé avec Hector, sous peine de la voir faire des insomnies à cause des souvenirs, avec Germaine qui refuse de lui servir d'infirmière de nuit, ce que je conçois fort bien, avec Isabelle que je peux difficilement mettre avec sa sœur, parce qu'elle ne dira rien mais n'aura plus personne à qui se confier, avec Adélaïde qui va retrouver son Florent et à qui je ne peux refuser cette joie… »

Edward l'interrompt, plus amusé que terrifié : « Attends, attends, Gabrielle, tu m'étourdis. Pourquoi tu ne cases pas Georgina avec Reine dans la chambre du fond ? Isabelle, qui ne fera pas de crise si Florent se joint à elles, reste avec Adélaïde.

— Seigneur Dieu, je crains encore plus les commentaires scandalisés de mes sœurs sur le bon sens de laisser Adélaïde mettre l'enfant dans son lit, sous mon toit, presque sans surveillance.

— Hé ! Il a quatre ans ! C'est pas un homme fait, quand même ! »

Le regard de Gabrielle est tout sauf tranquille : « Tu ne connais pas les principes de mes sœurs ? Tu ne sais plus ce que c'est que de vivre avec elles ? Même pas besoin de demander, le commandement tombe sec : elles savent ce que je dois faire et comment je dois le faire, comme papa. »

Edward la prend par les épaules, masse sa nuque avec douceur : « Tu veux que je te dise ? Moi aussi, je peux leur parler des principes de vie qu'elles ont eus il n'y a pas si longtemps, quand Hector vivait. »

Gabrielle relève brusquement la tête, secouée. Il sourit : « Quoi ? Penses-tu qu'elle ne le sait pas, Georgina, que ça l'arrange, la mort d'Hector ? Et Reine ? Et Germaine ?

— On ne peut pas dire que Germaine soit ravie…

— Non, mais Germaine a eu des périodes où sa conscience était moins tranquille. Alors… tes sœurs devraient se calmer. Tu peux aussi les remettre à leur place : tu as une famille à t'occuper, elles devraient t'assister, pas te compliquer l'existence. »

Gabrielle pousse un lourd soupir. Elle prend les mains d'Edward, qui se tient encore debout derrière elle, les croise sur sa poitrine et commence déjà à sentir le manque qu'elle éprouvera les longues semaines sans lui. Et sans le téléphone pour parler au moins un peu.

« Ça va être dur de me priver de toi aussi. Je me plains peut-être de toutes sortes de niaiseries pour te montrer comme ma vie va être compliquée parce que tu ne seras pas là.

— Bon ! Ça, c'est un vrai problème ! Je me demandais quand tu allais le soulever.

— Tu te moques ? Sois franc, Edward, tu ne détestes pas te retrouver garçon… tu profites bien de tes soirées d'été solitaires. »

Il défait son chignon délicatement, en retirant les épingles à cheveux qu'il pose sur la coiffeuse. Elle interrompt son geste : « C'est vrai que tu aimes ça ? »

Il continue, les yeux fixés sur le chignon : « J'aime… pendant deux jours, j'aime être seul et me faire des habitudes : marcher sur la Terrasse, aller jouer au billard avant de rentrer, manger légèrement le soir en lisant mon journal… deux jours et après vous me manquez. Tous. »

Les cheveux retombent, complètement libérés. Il les cueille dans ses mains ouvertes et les soulève. En s'inclinant, il enfouit son visage dans la masse sombre et la respire. En relevant la tête, il croise les yeux de Gabrielle : « Tu veux savoir ? Quelquefois, je rêve que je suis revenu au temps de nos fiançailles et que je vais aller te chercher pour marcher et parler avec toi. Tu te souviens comme on discutait ?

— Regarde-nous : on parle encore ! On a toujours quelque chose à ajouter. À l'Île, le soir, je me parle toute seule tellement ça me manque.

— Tu pourrais laisser tout le monde à Sainte-Pétronille, prendre le traversier et venir me rejoindre. Pour deux jours… je te ferais visiter la maison vide. On resterait dans le *den* toute la nuit si on veut, sans s'inquiéter qu'un enfant arrive et nous surprenne à faire des choses sur le tapis…

— Tais-toi ! Tu es fou !

— C'est pas impensable, Gabrielle. On est bien allés faire un voyage à Montréal.

— C'était une occasion spéciale. Je ne peux pas les laisser tout seuls… enfin, tu comprends.

— Oui, je sais qu'à neuf ou dix, sans toi, ils sont tout seuls. Comme moi, Gabrielle. On a cinq enfants, mais sans toi, je suis tout seul. C'est probablement ce que la mort d'Hector m'a fait comprendre : je pourrais me passer des enfants, je pourrais me passer de tout sauf de toi. Le contraire de Georgina. »

Elle ne dit rien. Elle sait que ce sont des mots inconvenants, que les enfants doivent primer dans leur vie, que la famille passe avant tout.

Elle veut savoir ce qu'il dit, mais elle n'aime pas l'entendre, comme s'ils volaient quelque chose aux enfants. Comme si leur profonde complicité rognait une part du cœur qu'elle devrait offrir aux enfants. Mais, se demande Gabrielle, que feraient ses enfants des excès qu'Edward prend dans ses mains dans leurs tête-à-tête ? Même Dieu, que ferait-Il de cette énergie passionnée qui la jette sur Edward, sitôt la lumière éteinte ? Dieu serait bien insulté, bien choqué, et il vaut mieux ne pas Lui offrir cette part très discutable et condamnable d'elle-même. Elle sait bien que le condamnable est aussi le ciment de leur mariage et la mort d'Hector lui a donné raison : dans cette famille brisée où les enfants primaient et avaient toute l'attention de leur mère, dans cette famille où le cœur n'était pas fractionné, les deux filles n'étaient pas très heureuses et l'idée qu'elles avaient du mariage n'est pas très édifiante. Gabrielle mourrait de honte si ses enfants apprenaient sa vie privée, la nature de ce qu'elle partage avec Edward, mais elle sait que, sans ce secret, ses enfants seraient élevés sans avoir une bonne idée du mariage.

De la même façon qu'elle est profondément convaincue qu'elle ne soumettra jamais au jugement d'un confesseur la convoitise qui règne dans son mariage, de la même façon, elle refuse de départager son cœur entre cet homme et leurs enfants. Leur concupiscence, si mal jugée par Dieu et les prêtres, est quand même à l'origine de cette famille qu'ils protègent tant et à laquelle elle devrait tout sacrifier. Ce que Gabrielle sait de la concupiscence, à ce moment précis où la bouche d'Edward se pose sur la sienne, n'a rien de commun avec tous les discours acrimonieux qu'elle a entendus la concernant. Le sacrifice, la soumission, l'obéissance conjugale ne sont absolument pas les vertus requises en cet instant parfait où ses reins touchent le lit.

En goûtant les baisers d'Edward, les mains déjà affamées de lui, le corps coulant de désir, une dernière impression la traverse avant de sombrer dans ce qui bannit toute pensée : peut-être se convainc-t-elle de la nécessité de leur intimité à l'équilibre de sa famille, pour jouer perfidement avec l'Église et ne pas avoir à confesser cette ivresse dont elle se prive si mal et qui n'est pas engagée pour se soumettre à Dieu ou à son mari, mais au désir pur.

* * *

C'est tout un équipage qui accoste à Sainte-Pétronille : les malles sont si nombreuses que Gaspard doit faire deux voyages avec sa charrette à cheval. Les enfants, fous de joie, se précipitent pour s'asseoir à travers les bagages et Fabien obtient de tenir les rênes et de faire claquer sa langue pour annoncer le départ : « Marche, la belle ! Enwoye à maison ! »

Adélaïde, qui a aperçu Florent depuis le pont du traversier, est partie avec son ami dès qu'elle a posé le pied sur l'Île. Gabrielle a eu le temps de constater que Florent avait grandi sans grossir, ce qui lui donne un air frêle et délicat. Ses cheveux blonds commencent à boucler comme ceux de sa jumelle, Fleur-Ange.

« On passe par la grève et après je reviens à la maison, c'est correct, maman ? »

Comment refuser quoi que ce soit à une Adélaïde surexcitée et contente ?

Près de Gabrielle, Reine et Germaine soutiennent Georgina en larmes qui se remémore la dernière escale qu'elle a faite ici avec Hector.

Gabrielle prend les devants, avec Guillaume trottinant à ses côtés pour rejoindre au plus coupant la charrette qu'il est très fâché d'avoir ratée. Elle se retourne quand même pour voir si Isabelle suit le cortège. Debout parmi les bagages restants, petite silhouette noire effilée, elle lui fait signe d'y aller, qu'elle reste là avec les malles. Gabrielle continue sa route en courant derrière Guillaume : comment faisait-elle avant qu'Isabelle n'arrive chez elle ?

Ils finissent par s'installer, chacun ayant son lit, son coin, ses soucis et ses récriminations. Gabrielle se sent devenir peu à peu la mère supérieure d'un couvent : toutes ces femmes et leurs discussions !

Le premier repas est orageux, tout le monde est susceptible. Georgina qui n'a pas l'habitude d'une telle tablée porte constamment la main à ses tempes et finit par s'excuser d'une voix languide. Germaine se prend des visées d'éducation et s'applique à renoter chaque faute de bienséance que les enfants commettent. Ce qui empêche toute forme de conversation puisque, d'un ton sec et sans appel, elle indique à tout bout de champ la tenue à adopter : « Béatrice, tes coudes ! », « Fabien, ferme ta bouche, c'est impoli ! », « Tu ne sais pas qu'on ne brandit jamais son couteau, Rose ? ».

Il n'y a qu'Adélaïde qui soit sourde à l'énervement général. Elle mange doucement en conversant avec Florent qui, là-dessus, a fait des progrès remarquables. Il l'appelle encore Ada, mais il semble que ce soit davantage un plaisir que l'expression d'une difficulté d'élocution. Il prononce d'ailleurs toutes ses chuintantes sans peine maintenant.

Ce soir-là, en descendant de la chambre de Béatrice qu'elle vient enfin de réussir à mettre au lit, Gabrielle surprend la conversation de ses sœurs et de Reine. Toutes les trois assises sur la véranda, elles discutent d'éducation et de règles de discipline. Au bout de cinq minutes, Gabrielle en sait assez pour conclure que jamais ses principes ne vont correspondre à ceux de ces dames bien élevées.

Elle sort par-derrière et passe à travers champs pour rejoindre la grève. Ses plantations florales de l'été précédent ont donné de belles bordures. Elle constate qu'il reste du travail et que ce sera probablement le grand divertissement et la grande évasion de son été. L'air du soir est d'une infinie douceur, même les abords du fleuve sont assez doux pour que le châle dont elle s'est munie soit inutile. Elle marche sans hâte, trouvant une paix inespérée dans cette pause.

Marchera-t-elle jusqu'à la crique aux Ours ? Le temps des terreurs enfantines est passé maintenant pour Adélaïde. Il lui reste les autres terreurs à affronter. Gabrielle n'est pas inquiète, sa fille a de la vitalité et du répondant (trop, d'après la Sainte Trinité !). Peut-être que l'affection qui la lie à Florent est-elle exagérée, mais comment pondérer le cœur ? Si c'est pour devenir comme Georgina, alors Gabrielle remercie le Ciel d'avoir doté sa fille de cette tendance à l'excès, tant critiquée par ailleurs. Gabrielle marche, accompagnée du clapotis de l'eau et du bruit des cailloux de grève dérangés par ses sandales. Que fait Edward ? Il doit avoir soupé, à l'heure qu'il est. Comme juillet sera long sans lui ou avec de petits bouts de lui seulement.

Elle se souvient quand elle est venue s'asseoir sur ce muret de pierres, un soir de 1919. Jules-Albert l'avait embrassée avant de la quitter (alors que Germaine, son chaperon, faisait semblant de regarder ailleurs) et elle était venue réfléchir ici au lieu de rentrer. Son cœur battait tellement fort depuis ce matin-là, depuis qu'Edward Miller était entré sur le court de tennis, vêtu d'un pantalon blanc, avec cette casquette et des lunettes de soleil qu'il avait retirées pour la regarder un peu trop longtemps, un peu trop canaille. Ce soir-là, elle était restée assise sur le muret, le vent jouait dans les plis de sa longue jupe blanche et elle frissonnait. Elle avait contemplé le fleuve en se demandant avec qui elle était prête à vivre le reste de ses jours. La réponse était si urgente, si violente, qu'elle avait eu peur. Jamais, depuis douze ans qu'elle connaissait Jules-Albert, jamais un tel élan, un tel tremblement ne l'avait saisie à un seul de ses regards ou de ses gestes. Même le premier baiser, le premier vrai baiser qu'il lui avait donné ne l'avait pas ébranlée. Ce n'était pas désagréable, voilà ce qu'elle pouvait en dire. Ce soir-là, en pesant le pour et le contre de ce mariage, sans même savoir encore si Edward Miller l'avait trouvée à son goût ou non, munie uniquement du renseignement que la sœur de Jules-Albert avait des visées précises concernant ce candidat, ce soir-là, à la seule idée de la bouche moqueuse d'Edward s'approchant de la sienne, elle avait manqué défaillir. Et elle avait compris que tout autre baiser serait un mensonge et une fausse promesse à Jules-Albert.

Comme elle avait pleuré, ce soir-là ! Comme elle avait eu du chagrin pour Jules-Albert, pour son adolescence joyeuse et pourtant si sage qu'elle abandonnait pour toujours en l'éloignant d'elle, pour sa mère qui serait si inquiète et si triste. Elle avait cessé de pleurer en imaginant la colère et le refus paternels… et Dieu sait que son imagination était en deçà de ce que cette colère avait été !

Son père était mort sans lui pardonner. « Du gaspillage », voilà ce qu'il pensait de cette union. « Je n'ai pas éduqué mes filles pour les jeter dans des bras indignes ! » Encore heureux que le temps où l'on enfermait les têtes dures au couvent, comme on l'aurait fait du cachot pour un malfrat, était révolu. Mis à part son veuvage et l'âge de Georgina, elle s'interroge encore sur ce que son père trouvait de si digne à Hector.

Quelquefois, Gabrielle se demande en quoi elle appartient à cette famille, par quel gène, par quel trait de caractère. Elle s'est toujours sentie différente des autres et pas seulement des filles, de Cyril aussi. Elle se revoit en train d'affronter son père, la violence de ces joutes, sa rage muette et les menaces proférées par Philémon Bégin.

« C'est à lui que je ressemble, finalement ! » Ce qui l'aurait horrifiée il n'y a pas si longtemps la fait seulement sourire. Voilà ce que c'est que d'être une vieille femme de trente ans. Mais elle a beau essayer de s'en convaincre, elle ne se sent pas vieille et cette soirée passée à remettre en question son avenir, il lui semble que c'était hier. Quel âge avait alors sa mère ? Cinquante-sept ans, puisque c'était deux ans avant sa mort. « Elle n'est pas morte tranquille et c'est de ta batinse de faute ! » Les reproches de son père… Elle entend encore cet homme amer et violent si empressé de lui faire porter à elle tout le poids qui avait pesé sur la vie de sa mère. Elle espère que jamais de sa vie un de ses enfants ne hurlera ce qu'elle avait crié à son père : « Vous l'avez traitée en servante toute sa vie, vous l'avez exploitée, engueulée toute sa vie et vous venez me dire ça, à moi ? Vous ne me traiterez jamais comme elle, je ne me laisserai jamais faire. Jamais ! Votre temps est fini, papa ! »

Son père l'avait frappée en la traitant de dévergondée effrontée. Ses sœurs avaient approuvé leur père, elles ne pouvaient s'associer à un comportement aussi grossier que celui de Gabrielle. Surtout dans la maison où la dépouille de leur mère reposait. Germaine était allée casser de la glace dans la glacière pour faire désenfler le visage boursouflé de Gabrielle, mais pas un instant, sa colère n'avait visé Philémon Bégin, pas un instant une de ses sœurs ne l'avait épaulée dans son siège pour épouser Edward et jamais aucune des deux, malgré ce qu'elles ont partagé avec lui, n'a totalement accepté Edward comme l'un des leurs.

« Nos enseignements ont bien pris sur les trois premiers, mais la dernière… ça laisse fortement à désirer ! » voilà comment leur père estimait les résultats de son éducation, comme une teinture qui se fixe ou non sur la fibre. Elle se trouve à être la seule mauvaise fibre de l'écheveau et elle estime ne pas s'en porter plus mal.

Un bruit de gravier écrasé la fait se retourner. Isabelle, tout intimidée, s'excuse de la déranger : « Maman et ma tante s'inquiétaient de savoir où vous étiez. Je vais aller leur dire que c'est correct, que vous êtes là.

— Attends, Isabelle, tu peux rester un peu, on reviendra ensemble.

— Je ne veux pas vous déranger… vous n'avez pas souvent de temps pour vous toute seule. »

Gabrielle sourit, tend la main et tape sur le muret pour qu'Isabelle vienne la rejoindre : « Comment tu sais ça, toi ?

— Rien qu'à voir ! Ça fait du monde, han ? »

Le silence est tellement impeccable pour l'instant, la paix si grande. Gabrielle observe Isabelle : « Reine t'a aidée pour la vaisselle ? Non, évidemment ! Elle porte bien son prénom, ta sœur. »

Ce qui fait éclater de rire Isabelle.

« Tu as un prénom de reine, toi aussi, tu savais ça ? La reine Isabelle de Castille, c'est elle qui a aidé Christophe Colomb à venir nous découvrir… enfin, découvrir l'Amérique.

— Je ne savais pas. Pourquoi je ne l'ai pas appris à l'école ?

— Je pense qu'ils préfèrent parler des rois. Je ne sais pas d'où je la tiens, d'ailleurs, cette histoire. Peut-être Béatrice, qui est sûre de devenir une reine un jour, ou une histoire de pirates pour Fabien… Tu sais nager, Isabelle ?

— Non, maman a peur de l'eau, vous savez bien.

— Ah oui… Georgina et ses craintes. Tu crois que ce serait mal considéré si je te montrais ?

— Vous les avez entendues, c'est ça ?

— Ne te fais pas de chagrin, Isabelle, mes sœurs sont coriaces, mais je les connais. Ça fait longtemps qu'on n'est pas d'accord sur certaines choses.

— Quand même… maman vous doit beaucoup.

— Raison de plus pour ne pas me louanger ! Viens, on va aller se rapporter. La seule chose qui m'embête, c'est de les voir houspiller les enfants à table. Je n'ai pas envie qu'on prenne mes enfants pour des coussins décoratifs.

— Pourquoi on fait pas deux tables ? Deux services, même. Les enfants à six heures et les grandes personnes à sept ? »

Gabrielle aime beaucoup l'idée. Elle mangera avec ses enfants, comme avant, et elle laissera la Sainte Trinité suivre ses règles de bienséance à son aise.

« Tu mangeras quand, toi ?

— Oh, moi, je suis encore toute petite, ma tante. »

Évidemment, la Sainte Trinité, qui les a entendues depuis la véranda, veut savoir ce qui les fait tant rire.

* * *

Dans la chambre fraîchement installée, Florent ne veut pas dormir. C'est comme s'il avait amassé tous ses secrets de l'hiver et qu'il les livrait du même souffle. Ça fait beaucoup d'histoires, plein de questions et un immense voile d'ennui qui se soulève à mesure qu'il parle.

Il remet à Adélaïde le châle rouge bien plié, intact, et il avoue avoir eu de très grosses difficultés à ne pas taponner les franges douces pour ne pas les abîmer. Il raconte que, le soir venu, il s'enveloppait dans le châle, mais prenait le ruban satiné rose pour sucer son pouce : « Pour ménager la soie du châle. » Il exhibe fièrement un bout de ruban tout effiloché, décoloré, rendu d'un gris approximatif, tout fripé et ne tenant parfois qu'à un fil. Adélaïde considère le ruban en faisant la grimace : « Eurk ! Tu l'as sucé, Florent ?

— Pas eurk ! J'ai sucé mon pouce avec. »

Adélaïde a beau lui proposer les plus jolis bouts de soie cordée, de velours ou de satin, Florent tient à son petit résidu de tissu usé et odorant.

Quand Isabelle monte à la chambre, Florent s'est enfin endormi, le pouce dans la bouche et le ruban enroulé autour de ses longs doigts fins, la tête couvée par le bras d'Adélaïde.

« C'est ton bébé ou ton ami ?

— Les deux.

— Vous parlez ensemble ?

— Ben oui… il est petit, mais on peut parler beaucoup. Il est… pareil à moi. Tu sais ce qu'il m'a dit ? Qu'on s'est trompé de jumelle, sa vraie jumelle, c'est moi.

— Tu es beaucoup plus grande, par exemple. »

Adélaïde explique posément que c'est pire maintenant parce qu'elle va avoir huit ans le 27 juillet et qu'elle a l'air beaucoup plus vieille étant donné que ça fait exactement le double de l'âge de Florent, mais que, dès le mois de mars, quand Florent aura ses cinq ans, elle n'aura que trois ans de plus. Ce qui est quand même beaucoup pour une jumelle, trouve Isabelle. Adélaïde a énormément réfléchi à la question : « Si tu maries Armand, plus tard, il aura huit ans de plus que toi, ce qui serait juste comme si Florent naissait cet été. Et ton père, il était beaucoup, beaucoup plus âgé que ma tante.

— Pas tant que ça, dix ans. Tu veux le marier, Florent ? »

Adélaïde la considère un long moment, puis elle regarde Florent endormi et finit par murmurer : « Je ne sais pas… je pense pas qu'il soit jamais comme papa. »

Ce qui fait consensus puisque les deux s'entendent pour trouver un mari au moins aussi drôle et content qu'Edward. Isabelle se couche et éteint la lumière. Dans le noir, Adélaïde chuchote : « Tu veux encore le marier, Armand Séguin ?

— Je ne sais pas. Je ne sais plus si je veux me marier encore.

— Ah non ? Pourquoi ?

— Je suis sûre que je veux avoir des bébés, mais je sais pas si j'ai envie d'un mari. J'ai peur d'être comme maman qui savait pas quoi faire de papa quand il était dans ses jambes à la maison. Papa, ça lui faisait de la peine. Si je suis pour être comme ça, j'aime autant ne pas faire de peine à mon mari.

— Mais c'est le mariage qui donne des bébés !

— Je sais bien. Toi ?

— Si les bébés sont comme Rose, j'en veux. S'ils sont comme Béatrice, j'aime autant passer mon tour. C'est sûr que j'aurais le goût de rire et de jaser avec mon mari le soir, comme maman fait. Et aussi d'écouter la radio collée.

« — Mes parents faisaient pas ça… collés comment ?

— Comme Florent. Papa étend son bras et maman se colle sur lui. Ils écoutent la radio ou des fois, ils dansent, je les ai vus dans le salon. Ils restent collés, collés et papa embrasse maman sur sa bouche très, très longtemps.

— On n'avait pas de radio… c'est peut-être pour ça.

— Peut-être… »

Elles s'endorment en réfléchissant aux joies du mariage qui ressemblent à une valse lente et langoureuse qui apporte des bébés.

* * *

Au bout de quelques jours, l'organisation quotidienne est enfin stabilisée. Les repas pris séparément, par groupe de résidence, celui de Grande-Allée suivi du groupe de Bernière, sont devenus beaucoup plus détendus.

La tablée Grande-Allée est nettement plus colorée et plus expressive que la tablée suivante, qui mange dans un silence parfois brisé par une ou deux remarques qui ne finissent jamais par enflammer la conversation.

Au début, Gabrielle prenait son thé avec la Trinité, mais très vite, elle s'est empressée de trouver essentiel de lire une histoire à Guillaume et à Rose avant de les coucher. Elle soupçonne Germaine de s'ennuyer ferme entre ces deux vestales en grand deuil et, la connaissant, elle se dit qu'elle devrait trouver sous peu le tour de revenir à plus d'animation. Germaine apprécie et loue la vertu, mais il y a en elle un fonds d'énergie païenne qu'elle ne sait pas comment dépenser. L'Île la prive de ses bonnes œuvres et de ses chorales et elle commence à trouver pesant le deuil qui l'empêche d'organiser un bridge. Gabrielle le voit à la seule façon qu'a Germaine de virailler dans la maison après la sieste. En attendant, Germaine collationne avec une ardeur redoublée et Gabrielle se dit que l'heure du corset de dimanche sera aussi l'heure du dépit.

Le dimanche, Edward est là. Généralement, il arrive le samedi après-midi et reste jusqu'au soir du dimanche ou quelquefois même jusqu'au lundi matin. Dès qu'il arrive, une sorte d'électricité s'installe, les enfants, ravis, sont deux fois plus excités et, malgré cela, la Sainte Trinité ne se plaint de rien et a le rire plus facile.

Avec Edward, il n'est pas question de deux tablées : tout le monde mange ensemble et se tient bien. Aucun commentaire disciplinaire n'est émis et toutes les exclamations et discussions n'aggravent aucune migraine. La joie de vivre règne le temps de la fin de semaine. Dès sa première visite, Edward organise un tournoi de croquet, suivi d'un jeu de balle compliqué dont il invente les règles au fur et à mesure. Il s'amuse autant que les enfants. Il parle d'organiser avant la fin de l'été des « olympiades maison » avec natation, piste et pelouse et différents jeux de balle. Les enfants de Malvina qui ne seront pas aux champs pourraient participer pour augmenter le défi. Et aussi les De Guise, les troisièmes voisins arrivés pour l'été depuis la veille. À l'écouter, toute l'Île pourrait participer.

À cause de la Crise, l'hôtel Bel-Air n'organise plus de thé dansant, au désespoir de Reine qui espérait avoir au moins cette occasion pour rencontrer des jeunes gens. Il ne lui reste que fort peu de chances et son deuil ne lui permet pas de se joindre à des mondanités. Quoique, à l'Île, les mondanités sont assez limitées.

Il lui reste le dimanche à l'église où elle peut briller par sa piété, et les rencontres fortuites sur le perron après la messe quand les conversations vont bon train, surtout avec Edward qui papillonne d'un groupe à l'autre, lance des invitations pour l'heure du thé ou pour des doubles au tennis. Malheureusement, son oncle n'invite jamais le seul candidat attirant à ses yeux, Jules-Albert Thivierge. Il est plus âgé qu'elle et elle trouve cela rassurant. Le jour où elle en glisse un mot à sa mère, celle-ci pousse un profond soupir en lui tapotant la main : « Je crains que ça ne soit pas une bonne idée, Reine.

— Mais pourquoi ? Il est médecin…

— Je sais. Il est beaucoup trop âgé.

— Pas pour moi. Invitez-le à prendre le thé dimanche prochain.

— Certainement pas. Encore moins avec Edward. Non. C'est impossible, n'en demande pas plus. J'ai mes raisons. »

Une fois la phrase tant détestée par Reine et Isabelle formulée, la seule attitude à adopter est le retrait. Inutile d'essayer, quand Georgina « a ses raisons », il n'y a rien à faire pour l'ébranler.

Devant son entêtement, Reine s'essaie avec Gabrielle, qui part à rire : « Jules-Albert ? Tu penses qu'il est intéressé ?

— Je le trouve intéressant ma tante. Pourquoi vous riez ?

— Excuse-moi, ma belle. Viens, on va mettre des tuteurs à certains glaïeuls. »

Le genre d'activité salissante que Reine a en horreur. Mais elle est prête à salir les manchettes blanches de sa robe noire si c'est le prix à payer pour extorquer des informations supplémentaires.

Gabrielle s'active en silence, comme si elle avait oublié leur conversation. Puis elle raconte à sa nièce en quoi Georgina « a ses raisons ». Ce qui laisse Reine abasourdie : « Vous avez rendu votre parole ? Et la bague ?

— Il n'y avait pas de bague. Pas dans ce temps-là.

— Mais vous en portez une !

— Celle-là ? C'est une autre histoire… Dis-moi plutôt si Jules-Albert t'intéresse et en quoi.

— Il est médecin et il n'est pas si mal pour son…

— … son âge ! Dis-le, Reine. Il a trente-deux ans, penses-y. Quand tu auras trente ans, il en aura toujours quinze de plus que toi. Je sais que c'est difficile à imaginer, mais ça compte dans une vie. Il n'y a pas que le jour des noces, il y a la vie après, tous les jours de la vie. Ça prend davantage qu'une belle allure et un bon métier pour faire sa vie avec quelqu'un.

— Pourquoi vous lui avez dit non ?

— Parce que j'ai rencontré Edward.

— Pas à cause d'un défaut ou d'une dispute ?

— Non. Il avait le seul défaut de me plaire moins qu'Edward.

— Ça vous fâcherait si… si j'essayais ? »

Quelle drôle de jeune fille ! Gabrielle a l'impression que la seule urgence de sa vie, le seul défi qu'elle va relever est celui de la demande en mariage. Elle semble si pressée, si désespérée d'aller vers un homme, n'importe lequel, du moment qu'il la prendra en charge : « Non, Reine. Tu peux essayer, comme tu dis. Mais pourquoi n'attends-tu pas d'avoir une attirance, je ne sais pas, un sentiment ?

— Mais j'en ai un, ma tante. J'en ai !

— Tu veux te marier, ça je le sais. Mais avec lui, précisément ? Est-ce que, je ne sais pas, est-ce que tu désobéirais pour lui, est-ce que tu quitterais ta mère pour lui ?

— Bien sûr ! Tout de suite ! »

Évidemment, se dit Gabrielle, la question est mal posée. Reine abandonnerait aisément son état de fille à marier pour la réalisation de ce pourquoi elle a été élevée : le mariage et la famille.

Gabrielle ne pourrait rien dire pour la décourager du candidat, étant donné que Reine le prendrait pour l'expression d'un dépit. Elle arrache pensivement quelques mauvaises herbes et demande doucement : « Reine… tu sais c'est quoi, le mariage ? Je parle de la réalité physique du mariage. »

La jeune fille est rouge vif et regarde l'horizon : « Bien sûr, ma tante. »

Bien sûr que non, pense Gabrielle. Il faudrait quand même lui dire, l'avertir de ce qu'il y a derrière la bague et le voile ! Georgina a assez fait de remarques sous-entendues sur « ce que le mariage a de moins glorieux » qu'elle est certaine que l'éducation de Reine n'est pas allée au-delà et qu'elle aura droit, elle aussi, à la conversation avec le curé dans le confessionnal avant de remonter l'allée centrale de l'église. Conversation d'ailleurs bien mystérieuse puisqu'on n'annonce rien d'autre qu'un devoir d'obéissance. « Faites ce que votre mari vous demande », ce qui est terriblement succinct, considérant l'objet de la demande. Dieu merci, ses longues fiançailles et le désir grandissant lui avaient fait découvrir pas mal d'aspects de la demande conjugale et le discours du curé avait seulement paru à Gabrielle une sorte d'insulte faite à la joie de l'acte conjugal.

Elle observe sa nièce : comme Reine lui en voudrait de lui dire la vérité, comme elle la détesterait de venir salir ses rêves avec des cochonneries qui n'ont rien à voir ! Tout en Reine est refus, Gabrielle le perçoit physiquement. Elle s'empresse de la rassurer : « Bon, tu sais ce que tu fais, Reine. Si tu veux savoir autre chose, tu peux me le demander, d'accord ? »

En balbutiant un « Bien sûr », Reine se sauve à grands pas. Gabrielle se dit qu'entre un avenir coincé entre Georgina et Germaine et les supposées réalités physiques désagréables du mariage, Reine a fait son choix depuis longtemps. Quel que soit l'aspect qu'on lui cache, rien n'égalera l'ennui de se voir vieillir entre sa mère et sa tante. D'ailleurs, qu'est-ce qui lui avait fait accepter la demande de Jules-Albert si ce n'était l'espoir d'échapper à la maison familiale et surtout à son père ? Gabrielle trouve que la parabole de la première pierre revient bien souvent dans sa conscience ces derniers temps.

Elle saisit sa binette et farfouille la terre avec bonheur. Soudain, mue par une impulsion de plénitude, elle prend deux pleines poignées de terre grasse et les hume en les malaxant pour en exalter le parfum. Elle lève la tête et regarde ce ciel si bleu au-dessus des feuilles vertes qui oscillent. La vie lui paraît une telle merveille de perfection ! Le cœur dilaté par la joie profonde d'être vivante, à genoux dans la terre à respirer l'été et la générosité de la vie à son égard, elle murmure un merci qui s'adresse à toute force divine responsable de cet instant de pur et total contentement.

Quand elle voit Germaine s'emparer d'une troisième tranche de gâteau, Gabrielle intervient : « Et si on montrait aux filles à jouer au bridge ? »

Georgina secoue sa léthargique langueur et se redresse : « Ce n'est pas très convenable, nous sommes en grand deuil, Gabrielle… Enfin, ma famille l'est.

— Bien sûr, je ne parle pas d'inviter des gens ni d'organiser un bridge. Isabelle devrait apprendre, non ? On pourrait l'aider, profiter des vacances… Adélaïde aussi peut-être… »

Germaine trouve que c'est une très bonne idée, très convenable, à condition de ne pas s'installer sur la véranda à la vue et au su de tous.

Adélaïde refuse net : s'il y a un jeu qui lui semble ennuyeux, c'est bien celui-là ! Elle se sauve avec Florent, et on ne les revoit pas de la journée. Béatrice, par contre, désire depuis longtemps apprendre ce jeu de grands si sérieux. On décide de commencer par le 500. La table s'organise et, quoi qu'elle en dise, Georgina y prend un grand plaisir. Dorénavant, l'heure de l'apprentissage du 500 est très attendue des deux aînées qui se donnent un mal fou pour entraîner les deux pupilles.

Gabrielle, la conscience en paix, monte à sa chambre pour « son heure à elle », celle où elle lit et écrit.

À la mi-juillet, Edward annonce à Gabrielle qu'il y a des élections provinciales dans l'air et que Nic McNally va venir à Québec, afin de promouvoir son candidat au sein du Parti conservateur. Gabrielle s'étonne qu'il ne se présente pas lui-même.

« Il aime bien mieux tirer les ficelles et être organisateur ! C'est pas dit qu'un jour il ne se présentera pas, mais pour l'instant, il veut voir comment ça marche et organiser la patente à son goût ! »

Gabrielle reconnaît le langage coloré de l'homme qu'elle a rencontré à Montréal. En attendant l'annonce officielle du scrutin, Nic va s'installer à Québec et Edward suggère qu'il vienne chez eux, Grande-Allée. « C'est près du pouvoir et ça me ferait de la compagnie.

— Edward, on n'a pas de servante à la maison. Qui va s'occuper de l'ordre, des repas, du lavage ? Ça n'a pas de sens ! »

Edward rit de ses préoccupations et l'assure qu'ils ne feront qu'y passer, un peu comme à l'hôtel. Ils feront comme les étudiants qu'ils étaient et se trouveront une cantine à proximité. Il est si content, si excité à l'idée de retrouver son ami et de partager avec lui des moments pareils qu'elle n'a pas le cœur de le décourager.

« Promets-moi une chose, Edward : tu ne feras pas de politique toi aussi ? »

Il se moque d'elle, il a tellement de travail que Mademoiselle Dubé n'aura pratiquement pas de vacances. Alors, la politique…

« Mais tu viens nous rejoindre en août ?

— Ça va dépendre des élections, Gabrielle.

— L'anniversaire d'Adélaïde, tu y seras, quand même ? Déjà que tu l'as raté l'an passé ! »

Il fait la moue : évidemment, si elle le prend par les sentiments… il ne peut rien promettre mais il va tout faire pour y être cette année.

« Edward, l'an passé, on pouvait comprendre, c'était les élections elles-mêmes, mais pour une annonce d'élections, me semble que tu peux promettre dès maintenant d'y être. Qu'est-ce qu'ils ont tous à faire des élections le jour de la fête d'Adélaïde ? »

Edward promet que Nic va parler en haut lieu pour que ça ne se reproduise jamais.

« Tout ce qui nous reste à espérer, c'est que Taschereau fasse son annonce le 20 juillet. Et ne viens pas nous dire après que, comme tu es en période électorale, tu ne peux plus quitter Québec !

— Promis. Je pourrais emmener Nic à la fête d'Adélaïde.

— Où on va le mettre ? Il ne reste pas un lit dans la maison !

— L'hôtel, Gabrielle, c'est pas fait pour les cochons.

— Parle pas comme ça devant mes sœurs, elles vont m'excommunier.

— Elles t'ont déjà excommuniée… le jour où tu es entrée dans mon lit. »

Les jours de juillet défilent sans que le premier ministre Taschereau ne se décide à annoncer ce que tout le monde sait.

Quand Gabrielle parle à Edward au téléphone, celui-ci lui annonce que Nic est bien arrivé et qu'il est accompagné de sa sœur qui lui sert aussi d'assistante. Il dit qu'ils s'organisent très bien tous les trois, que Kitty arrive même à leur préparer un repas de temps en temps et qu'elle accompagnera Nic à l'Île pour la fête d'Adélaïde : « J'ai hâte que tu la rencontres, elle est très pétillante, tu vas l'adorer. »

Gabrielle n'est pas sûre d'aimer que sa maison soit tenue par des mains étrangères, même si elles sont habiles. Elle n'aime pas tellement le côté « célibataires en goguette » que prend cette période préélectorale.

Évidemment, Taschereau annonce son scrutin le 30 juillet, trois jours après l'anniversaire d'Adélaïde. À cause de l'effervescence dans la capitale, Edward et ses invités n'arrivent que le vendredi 31 juillet. La vraie célébration de l'anniversaire d'Adélaïde est prévue pour cette fin de semaine.

Dès qu'elle voit Kitty McNally descendre du vapeur, Gabrielle sait qu'elle est jalouse. C'est un sentiment qui ne l'a jamais traversée avant. Ce matin-là, quand elle la voit appuyée au bastingage, longue silhouette rose et blanche entourée de Nic et d'Edward, elle éprouve un pincement au cœur qui n'est pas de la joie. Kitty McNally a vingt-neuf ans, une superbe chevelure rousse, un teint translucide, une bouche pleine et rieuse. Ni mariée, ni fiancée, elle se dévoue à la carrière de son grand frère, comme elle le dit. Le grand frère, lui, est toujours aussi vif et charmant. Il séduit tout le monde. Même Georgina se déride pour lui. Adélaïde, qui n'a pas boudé ou fait des manières à cause du délai, ne ménage aucun de ses sourires, mais elle demeure bien calme dans tout le brouhaha. Les McNally ont apporté une très jolie poupée, presque aussi grande que Rose, qui la considère avec effroi et qui ne cesse de mettre les doigts dans ses yeux de verre. Adélaïde a poliment dit merci.

Il est entendu que tout le monde reste pour le thé avant d'aller s'installer à l'hôtel. Gabrielle et Isabelle s'activent à la cuisine pendant que les invités restent dehors à profiter du grand air.

« Allez les rejoindre, ma tante, je vais apporter l'eau dès qu'elle bout. »

Mais Gabrielle ne veut pas rester à côté de Kitty, sa robe noire sévère lui semble si lourde, si peu élégante à côté du chiffon de soie rose de Kitty. Quand elle pense à la mousseline grise qui attend la fin de son grand deuil !

« Non, je vais couper le gâteau et oh !… »

Le sang gicle de son doigt, la lame est entrée de biais, entamant généreusement la chair. Gabrielle a beau comprimer la plaie, le sang coule toujours. Edward arrive, alerté par Isabelle. « Viens, je pense qu'il faut fermer la plaie. On va appeler un médecin. *Shit !* on n'a pas le téléphone ! »

Il s'énerve et plus le sang coule, plus il est furieux et inefficace. C'est Nic qui suggère de faire asseoir Gabrielle et qui court à l'hôtel demander de l'aide. Une fois que des points ont refermé la plaie, que le pansement est bien en place, Gabrielle invite Jules-Albert à se joindre à eux pour un thé « sans façon ».

Maintenant qu'elle est tenue à l'immobilité, assise au milieu du salon, la tasse de thé régulièrement remplie, elle peut observer ce qui se passe. Edward est nettement secoué. Hâve, son regard revient constamment vers elle, il écoute à peine ce qu'on lui dit. Gabrielle se sent réconfortée malgré elle de voir que Kitty ne retient pas plus son attention que les autres. Dès qu'elle se sent moins écoutée, la jolie rousse tourne ses yeux aguicheurs vers son frère et vers Jules-Albert qui, lui, ne résiste pas et entreprend une longue conversation sur la médecine. C'est évidemment Reine, bien fade à côté de la Montréalaise, bien « province » dans ses broderies de coton noires sur noir, qui ronge son frein. Le regard qu'elle pose sur Kitty est celui d'une femme qui évalue sévèrement les munitions de l'ennemi.

Tout à coup, Jules-Albert éclate de rire. Dieu ! Reine ne sera pas de taille pour ce combat qui plaît infiniment mieux à Gabrielle. Nic se dépense auprès de Germaine et de Georgina, prévenant et affable. Gabrielle le trouve vraiment sympathique et ses manières sont très chaleureuses sans jamais devenir familières. Il plaît à ses sœurs, dommage que Reine ne le voie même pas.

Gabrielle cherche des yeux Adélaïde et ne la trouve pas. La poupée est assise sur le fauteuil, son regard vitreux fixé sur le piano.

« Tu veux une poupée ? Ça te consolerait ? »

Edward lui parle trop près de l'oreille, sa moustache chatouille le lobe et c'est bien le but de l'entreprise, semble-t-il. Gabrielle fait non et lui demande d'aller chercher Adélaïde. Il sort. Il ne voit pas le regard vif, inquisiteur, que lui glisse Kitty qui ne rate aucun de ses gestes. Gabrielle se dit que, pour la première fois de sa vie, elle aura affaire à forte partie : cette femme ne vise pas le mariage, c'est clair !

Malgré qu'elle ne se sente pas du tout armée pour se battre, Gabrielle se convainc qu'il lui faudra être vigilante et trouver la façon de bien marquer qu'Edward n'est ni libre, ni intéressé, ne serait-ce que par une brève aventure, si exaltante soit-elle. Gabrielle n'en est même pas sûre. Et ils ont déjà, quoi ? combien ? dix jours de vie commune à leur actif. Un frisson d'incrédulité la traverse : comment a-t-elle pu être assez sotte pour permettre cela ? Bêtement, en regardant Kitty poser une main légère sur l'avant-bras de Jules-Albert, Gabrielle comprend que, là encore, elle n'avait pas vraiment le choix : sa maison est aussi la maison d'Edward.

Pour trouver sa fille, Edward doit se rendre jusque sur la plage. Toute seule, appuyée contre le muret de pierres, elle fait couler du sable entre ses doigts. Il s'assoit près d'elle sans rien dire. Adélaïde ne parle pas non plus. Elle prend une nouvelle poignée de sable et recommence son manège.

« Où est Florent ?

— Les poules… »

Bien sûr, un enfant de cultivateur, quel que soit son âge, a toujours une tâche à remplir. Nourrir les poules est simple et même un petit comme Florent peut le faire.

« Tu es fâchée parce que je n'étais pas là le 27 ? »

Adélaïde a une façon de hausser une seule épaule qui lui donne beaucoup d'allure.

« Demain soir, on va te faire une jolie fête avec tout le monde.

— Même si maman s'est coupée ?

— Bien sûr ! On va l'aider et on ne la laissera plus toucher aux couteaux. »

Mais ses farces faciles ne dérident pas sa fille qui reste bien morose. Il sait que s'il le lui demande directement, elle ne lui dira pas ce qui l'agace. Il attend l'indice qui devrait normalement venir.

« C'est vrai que le docteur était amoureux de maman ? »

Edward attendait tout, mais pas ça. Il confirme et demande pourquoi. Adélaïde le regarde sans rien dire. Il répète sa question et un sourire franc éclaire enfin le petit visage : « J'aime mieux toi, comme papa. »

Muni de cet insigne compliment, il rentre en tenant sa fille par la main.

Nic et Kitty sont déjà partis s'installer à l'hôtel pour permettre à Gabrielle de prendre un peu de repos. Jules-Albert est également rentré et Gabrielle annonce à Edward qu'il est invité à faire un double au tennis dès le lendemain matin.

« Chez Jules-Albert ? »

L'œil brillant, Gabrielle confirme. Il n'en revient pas : « Moi ? Chez Jules-Albert Thivierge ? Attends, j'ai raté quelque chose ?

— Je crois que Kitty n'est pas étrangère à l'invitation.

— Ah… on serait peut-être mieux de les laisser jouer en simple ?

— Je te ferai remarquer que je ne suis pas invitée : Nic, Kitty et toi.

— Si Reine savait tenir une raquette, elle aurait pu me remplacer.

— Et Dieu sait qu'elle brûle d'y aller ! »

— Ah oui ?

— Elle a décidé d'épouser un médecin. Pourquoi te faire remplacer ? Tu n'as pas envie de retourner au tennis des Thivierge ?

— J'en ai très envie, si tu es invitée. Je ne remets pas les pieds là sans toi. Tiens ! Ils demanderont à la sœur de Jules-Albert de jouer ! Les deux frères et sœurs, ce sera parfait.

— C'est vrai, ça ? »

Edward semble franchement et honnêtement étonné. Rien dans son attitude ne donne prise au moindre doute. Il a l'air aussi fervent qu'avant et Gabrielle n'est pas loin de considérer sa jalousie comme une manifestation de son imagination.

Au souper, dès le premier plat, quand Kitty explique à Edward tous les bons coups qu'il a ratés ce matin-là, Gabrielle sent ses défenses rappliquer au grand galop. Peut-être qu'Edward n'est pas sensible au charme de la dame, mais il doit bien éprouver quelque vanité à être l'objet de tant d'attention. Rien qu'à voir Béatrice observer Kitty, la bouche presque ouverte de fascination, elle peut en conclure qu'on assiste à un grand numéro de séduction. Le visage sévère de Georgina ne laisse planer aucun doute quant à ses pensées. Kitty se tourne vers Reine avec grâce : « Vous ne jouez pas au tennis ? Vous devriez ! C'est un sport tellement élégant. Et ce sont toujours les hommes les plus intéressants qui y jouent, non ? »

Nic vient au secours de sa sœur qui n'a provoqué qu'un tressaillement de réprobation autour de la table : « Pas toujours, Kitty. Ne fais pas ton ultramoderne pour nous scandaliser. Je connais et tu connais des gens très intéressants qui jouent aux cartes.

— Au poker ? Ne me dis pas que c'est plus convenable !

— Jouez-vous au Euchre, Mademoiselle McNally ? »

La question de Germaine est si sèche que Kitty manque de s'étouffer dans son potage. Elle ne produit qu'un « Oh ! » très distingué et des plus anglais et s'empresse de revenir à son sujet : « Vous devriez demander à votre oncle Edward de vous montrer à jouer : il a un revers meurtrier ! » À l'entendre, ces revers sont un délice.

« Comment tu le sais ? Papa y a pas été à matin !

— *Vous*, Adélaïde, on dit "comment vous le savez". »

Malgré son apparente sévérité, Gabrielle est bien contente que quelqu'un ait posé la question.

« Mais non ! Tu peux me dire *tu* et tu peux m'appeler tante Kitty, si tu veux !

— Non, merci, madame. »

Nic s'étouffe de rire dans sa serviette : « Ça t'apprendra à jouer les matantes ! C'est pas ton *casting, darling* ! »

Adélaïde a toujours les yeux fixés sur Kitty et attend sa réponse.

« Parce que ton papa a joué avec moi tous les jours à Québec.

— Et je l'ai battue à plates coutures à chaque fois ! »

C'est Nic qui coupe dans le froid que crée cette bonne humeur : « Tu comprends maintenant pourquoi je n'aime pas jouer avec ma sœur ? Elle n'est pas de mon calibre. Je suis trop fort pour elle ! Edwidge et Jules-Albert, par contre… un massacre. Ils nous ont battus 6-4, 6-2, 6-1. Tout un match ! »

Et comme si tout était revenu à la normale, Kitty conclut : « D'ailleurs, Edward, nous sommes tous invités demain après-midi. Je ne crois pas que ce soit poli de refuser de venir, cette fois. Tu n'avais pas un mot de Jules-Albert pour eux, *darling* ? »

Nic sursaute et sort une petite enveloppe de sa poche : « Désolé, Gabrielle, je devais vous remettre ceci. »

Gabrielle lit rapidement le mot et le passe à Edward sans commenter. Elle se lève et suggère à Béatrice de terminer son potage puisque le rôti va être servi. Elle prend Guillaume dans ses bras en supervisant le changement de couverts. Une fois tout le monde servi, elle prévient : « Je suggère qu'on parle d'autre chose que de tennis et de mondanités puisque c'est pour l'anniversaire d'Adélaïde que nous sommes réunis. »

Florent lève sa petite main et propose de chanter une chanson pour Ada. Il reste debout, face à elle, et lui chante une fort jolie chanson sans la quitter des yeux. C'est si émouvant, si plein d'amour pour la petite fille que Germaine en oublie de proférer son « on ne chante pas à table ». Béatrice, qui ne veut pas être en reste, récite un compliment en anglais appris au cours de Miss Parker. Au grand bonheur de tout le monde, elle hésite et cela devient une charade très drôle parce qu'Isabelle et Fabien font tout pour lui souffler la suite.

Le souper s'achève dans une bonne humeur détendue à laquelle collabore très efficacement Nic qui connaît des tas de jeux et de blagues. Il fait même disparaître des sous et va les récupérer derrière l'oreille d'une Adélaïde subjuguée.

Il obtient un tel succès que les enfants, une fois débarbouillés et vêtus de leurs pyjamas bien propres, insistent pour venir l'embrasser et dire bonne nuit.

Gabrielle sourit de la remarque de Fabien qui trouve que la dame invitée « sent beaucoup fort le savon » et elle en conclut que les parfums français ne sont pas encore de puissants aphrodisiaques pour les petits garçons.

Pour les grands garçons, par contre… Gabrielle ne sait plus quoi penser. Ils sont tous sortis sur la véranda pour fumer un petit cigare, et elle observe Kitty en train de fumer et de papillonner autour de Nic et Edward. Ses rires et ses provocations occupent tout l'espace. Edward est plutôt l'objet de conquête que le conquérant. Gabrielle trouve tout de même sa collaboration assez active. Trop active.

Kitty n'est pas « ultramoderne », comme dit son frère, Gabrielle la trouve plutôt aguicheuse. Jamais vraiment vulgaire, elle pousse la limite des convenances jusqu'à l'extrême et, dès qu'elle la dépasse, elle éclate de rire comme si tout cela n'avait aucune importance. Ce qui ne serait qu'une naïveté charmante chez une très jeune fille devient une affectation étudiée chez une femme aussi avisée que Kitty. Elle offre une cigarette à Reine qui la refuse après avoir regardé sa mère. Kitty s'approche de Gabrielle, en déclarant avoir remarqué que les femmes fumaient beaucoup moins à Québec qu'à Montréal.

« En public, c'est probablement vrai », dit Gabrielle en refusant l'offre de la cigarette.

« Vraiment ? Comme ça, à Québec, on se cache pour commettre ses péchés ? »

Gabrielle lui fait face, un sourire épanoui et tranquille éclaire son visage : « Bien sûr… c'est beaucoup plus agréable ! »

Le sous-entendu est si grossier que Germaine émet un « Gabrielle ! » outré qui fait ajouter à Gabrielle un « Je suppose » des moins sincères. Elle se tourne vers Nic, bien décidée à ne pas laisser tout le plancher à la belle rousse : « Mais dites-moi un peu ce que vous allez faire d'ici les élections, Nic.

— Ça vous intéresse ?

— Certainement autant que les péchés. Privés ou publics. Allez, Nic, apprenez-nous un peu comment fonctionne cette politique à laquelle nous n'avons pas le droit de toucher, nous, les femmes. »

En discutant avec Gabrielle, Nic se rend compte qu'il a affaire à une femme renseignée et convaincue. Quand elle lui pose des questions sur le programme du parti concernant le droit de vote des femmes et qu'elle réfute ses faibles arguments peu fouillés, il n'en revient pas. Quand Isabelle se mêle à la conversation et argumente à son tour, c'est sa mère et Reine qui n'en reviennent pas.

Nic lève les deux mains : « Au secours ! Edward, aide-moi ! C'est un repaire de suffragettes, ta maison !

— Ah, mon vieux, débrouille-toi ! C'est toi qui fais de la politique. »

Sur le fond, Nic est d'accord avec Gabrielle : son parti n'a pas réfléchi à la question parce qu'il n'a pas envie de prendre position : « Politiquement, c'est un sujet risqué. C'est très délicat comme question.

— Raison de plus pour s'y préparer : vous n'aurez pas l'air pris au dépourvu. »

Kitty commence à trouver le débat un peu lourd et moins séduisant : « Voulez-vous vous joindre à moi pour préparer le discours sur la question, Gabrielle ? C'est ma tâche et vous avez l'air tellement renseignée !

— Pour une mère de cinq enfants, vous voulez dire ? Ah, on se tient à jour. J'ai la chance d'avoir un mari très ouvert.

— J'ai eu l'occasion de m'en rendre compte en passant dix jours avec lui à Québec. »

Le silence soudain est rempli d'une tension palpable. Après un battement de cœur, Gabrielle ajoute, sans regarder Edward, avec une grande douceur : « Je vais vous recommander un très bon ami, très versé sur le sujet du vote des femmes, qui devrait pouvoir vous aider à formuler une politique d'avant-garde, comme vous le souhaitez sans doute. C'est un jeune avocat qui a siégé à la Commission Dorion. Armand Séguin, vous connaissez ? »

Kitty sourit, mielleuse : « Non.

— Vous allez l'adorer. Il est très ouvert, lui aussi. Maintenant, vous m'excuserez, j'ai des choses à voir à la cuisine et je suis assez fatiguée. »

Ses deux sœurs se lèvent et quittent la véranda en même temps qu'elle.

* * *

Une fois la cuisine rangée et Mimi partie se reposer, Gabrielle s'assoit à la table pour réfléchir. Elle n'a aucune envie d'aller rejoindre le trio sur la galerie. Aucune envie d'attendre Edward dans leur chambre non plus. Elle fixe son doigt enveloppé de blanc, essaie de se convaincre que rien de sa vie n'est menacé et que, si quelque chose se passe, c'est plutôt positif puisque les voilà, Edward et elle, revenus en grâce auprès des Thivierge qui, pour la première fois depuis sa rupture des fiançailles, les invite à prendre le thé.

« Ma tante ? »

Elle est bien gênée, Isabelle. Il doit donc y avoir danger si elle vient comme ça aux nouvelles.

« Je peux vous aider ? Ça va ? »

Gabrielle se lève, s'essaie à l'humour : « Bien sûr, ça va. Je dormais, je pense. Nos invités ont besoin de quelque chose ?

— Ils sont repartis à l'hôtel. Mon oncle Edward a marché avec eux… pour les reconduire. »

Évidemment, se dit Gabrielle, et ils n'ont pas cru bon de saluer et de remercier l'hôtesse.

« Nic vous dit bonsoir et merci, ma tante. Il voulait venir ici, mais mon oncle Edward a dit que vous étiez probablement montée.

— Je vais d'ailleurs le faire. Ça a été une grosse journée. »

Isabelle reste là, immobile, intimidée. Gabrielle ne veut absolument pas lui permettre de deviner son sentiment de trouble et de doute. Elle l'embrasse, lui souhaite bonne nuit et monte.

La chambre conjugale est un endroit des plus piégés pour quelqu'un d'inquiet. Toutes les affaires d'Edward éparpillées, même sa raquette de tennis, tout soulève une question, une suspicion. Gabrielle ne veut pas devenir une harpie soupçonneuse. Elle essaie très fort de se souvenir de cette nuit où Armand avait semblé un tel danger à Edward, cette nuit où il avait juré que la perdre était impossible pour lui. Mais il ne la perd pas, il gagne quelqu'un d'autre. Ce n'est pas la même joute et elle le sait. Elle n'est tout de même pas pour faire semblant d'être amoureuse de Nic ! De la fenêtre, elle voit Edward remonter l'allée… et elle décide d'aller vérifier que chaque enfant est endormi et bien couvert.

Quand elle revient dans leur chambre, son cœur bat et ce n'est pas d'émoi amoureux. Elle se sent mal armée pour la bataille qu'elle veut mener. Dès son entrée, les yeux d'Edward cherchent les siens, indice évident de son malaise. Ils s'observent en silence. Gabrielle finit par s'asseoir devant sa coiffeuse et commence à défaire son chignon. Edward s'installe au bout du lit : « Tu l'as fait exprès, Gabrielle ? »

Devant son regard interrogateur, il ajoute : « Armand. »

Elle sourit et fait signe que oui. Elle n'arrive à utiliser qu'une seule main pour défaire sa coiffure, l'autre étant rendue gauche par le pansement. Edward s'approche, prend le relais : « Laisse-moi faire. C'est moi qui fais ça ! » Elle se meurt d'envie de demander s'il le faisait aussi pour les chignons roux, pendant les dix jours à Québec, mais elle se retient, sachant que si elle porte une accusation, Edward va contre-interroger jusqu'à la rendre ridicule.

« Tu ne l'aimes pas, c'est ça ? »

Pour Gabrielle cette question n'est pas loin de l'interrogatoire : « C'est ça.

— Tu ne trouves pas que c'est une femme fascinante ? »

Elle ne dit rien et se déshabille difficilement, d'une seule main.

Cette fois, Edward ne l'aide pas. Il marche de long en large : « Elle est différente, non ? Plus… stimulante, plus… je ne sais pas.

— Edward, ajoute assez d'années à Adélaïde pour qu'elle soit majeure et essaie d'imaginer qu'elle agit devant toi comme cette… dame. Qu'elle rit comme elle, qu'elle se penche au bras d'un homme marié, comme elle, qu'elle fume, fait des déclarations provocantes…

— Tu ne vas pas faire ta scrupuleuse, toi aussi ?

— Dis-moi que tu trouverais Adélaïde adorable de se comporter comme ça.

— Ça n'a aucun rapport, aucun.

— C'est le seul exemple que je puisse trouver pour te faire regarder une femme fascinante, comme tu dis, avec des yeux plus… objectifs. Disons que je suis moins sensible que toi à son charme.

— Tu es jalouse ? »

Le cœur de Gabrielle bat si fort, cette discussion faussement légère lui coûte un tel effort de contrôle sur elle-même qu'elle se dit qu'il va le voir, qu'il va comprendre son désarroi. Elle s'approche de lui, le déshabillé ouvert sur sa robe de nuit, souriante, désinvolte, elle effleure furtivement sa bouche, du rire plein les yeux : « Bien sûr ! » et elle va se glisser entre les draps.

Éberlué, Edward la regarde faire ; ce n'est pas vraiment à cette confirmation détendue qu'il s'attendait. Secoué, il se déshabille à son tour, éteint. Après un certain temps, il murmure : « Mais tu as confiance en moi ? »

Non ! hurle intérieurement Gabrielle, pendant que sa main s'allonge vers lui et qu'elle se tourne pour murmurer un « Évidemment » près de sa bouche.

« Attends, attends, Gabrielle ! »

Elle suspend son baiser et ses caresses. Il continue, inquiet, en prenant son visage dans ses mains : « Tu… tu n'es pas fâchée parce qu'elle est restée à la maison à Québec ? Avec nous ? Tu comprends que c'est la sœur de mon meilleur ami, que je ne pouvais pas dire non, qu'ils travaillent ensemble, que je ne savais pas qu'elle serait si… si délurée… »

Nous y sommes, se dit Gabrielle, il en parle et à moi de ne rien demander, de ne pas le braquer. Elle pense très fort à Adélaïde et à tout ce qu'il faut faire comme sparages pour obtenir une réponse quand elle refuse de s'ouvrir. Edward se méprend d'ailleurs sur son silence. Il continue : « Elle fait semblant qu'il s'est passé plus… Elle… elle s'amuse, tu comprends ? Tu me crois qu'il n'y a rien eu d'inconvenant ?

— Je sais qu'elle prétend à plus qu'elle ne prend. »

Ne le provoque pas, s'adjure Gabrielle qui sent le fiel lui monter aux lèvres, laisse-le comprendre tout seul, s'excuser tout seul et promettre — Dieu, aidez-moi —, promettre tout seul.

Edward rit de la formule, désarçonné, presque déjà soulagé : « Oh, elle pourrait… tu sais, elle n'est pas puritaine pour deux sous. Elle est contre le mariage. Très moderne, une femme très, très moderne. »

Gabrielle sent qu'elle va le mordre. Elle se replie sur son côté du lit : « Bonne nuit, Edward.

— Eh ! On n'avait pas notre heure de placotage, tous les deux ?

— Je pense qu'on l'a passée à parler de Mademoiselle Kitty. »

La main d'Edward se pose sur sa joue, fait pivoter sa tête vers la sienne. Elle voit ses yeux briller dans la pénombre : les yeux d'un chat à l'affût. Elle se persuade qu'elle n'est pas une souris mais plutôt une tigresse plus dangereuse que lui.

« Elle non plus ne t'aime pas beaucoup. Mais tu as un ardent défenseur en Nic. Dès que Kitty fait la plus petite remarque sur toi, il rouspète. »

Que Dieu bénisse Nic ! Elle sourit : « Et toi ? Tu ne rouspètes pas ?

— Aucune objectivité. D'après Kitty, je suis partial.

— J'espère bien que tu es partial ! Très partial, même. »

Elle se coule contre lui, le caresse et fait taire tous les autres arguments. C'est la première fois de sa vie que ce qui la motive à approcher son mari n'est pas le désir pur, mais le désir de possession, la rage violente de lui démontrer à qui il appartient et à qui il est marié. Là, au moins, elle peut se livrer au sauvage refus qui l'habite depuis le début de la conversation. Jamais elle n'a amorcé aussi ouvertement l'acte conjugal, jamais elle ne s'y est livrée aussi puissamment. Elle voudrait marquer son corps à tel point que jamais il n'oublie que les plaisirs de cette sorte ne sont vraiment atteignables qu'avec elle.

En entendant sa mère lui refuser de se rendre à l'invitation des Thivierge, Reine fait une scène terrible. Isabelle se contente de comprendre que le deuil exige d'elles qu'elles se retirent « significativement » de la vie publique. Reine demeure boudeuse en voyant partir Edward avec sa raquette pour le match de tennis qui précède l'heure du thé.

Gabrielle, mise en retard par les larmes de sa nièce, crie à Edward qu'elle le rejoint avec Adélaïde, la seule « jeune » à être invitée.

La robe que choisit Gabrielle convient totalement à son genre d'élégance, et le noir est magnifié par le col blanc et les rebords de manches longues tout aussi immaculés. Elle n'enfile qu'un seul gant blanc puisque son pansement empêche l'autre de glisser, et s'empresse de prendre la route avec Adélaïde, très raffinée dans sa robe sans manches.

Elles parlent en marchant, l'après-midi est superbe, les oiseaux criaillent dans l'air d'été, le fleuve répercute les cris des enfants qui courent sur la plage. Elles prennent la route qui bifurque vers l'hôtel. Au moment où elles s'engagent sous les arbres, à l'ouest de la propriété des Thivierge, pour prendre le raccourci qui passe dans le sous-bois, Adélaïde s'arrête brusquement en serrant très fort la main de sa mère. D'un coup d'œil, Gabrielle aperçoit ce qui immobilise sa fille.

Là, devant, à quelques pieds d'elles sur le sentier, une Kitty volubile tourbillonne autour d'Edward en agitant sa raquette. Edward, les bras coincés par sa raquette qu'il tient appuyée contre sa nuque, les coudes en l'air, les poignets accrochés à chaque extrémité, a presque l'air offert et rit de son numéro à gorge déployée. Une mèche de cheveux retombe dans ses yeux. Kitty s'approche de lui, écarte obligeamment les cheveux et demeure à un fil de son visage. Dans la suspension de l'instant, elle se penche, pose un baiser furtif sur sa bouche, s'éloigne en effectuant une virevolte et s'arrête en fixant la réaction d'Edward, un sourire suggestif aux lèvres. Edward est parfaitement immobile, il ne fait ni un pas ni un geste pour dégager ses bras. Gabrielle le voit libérer lentement une main, laisser retomber sa raquette et, avant qu'il ne fasse un geste vers l'ardente jeune femme, elle tire brutalement sur la main d'Adélaïde et rebrousse chemin.

Elle ne veut pas savoir ce que décide de faire Edward. Elle marche vite, malgré les feuillages qui accrochent sa jupe, malgré Adélaïde qui réussit à tenir le rythme de sa mère à cause de l'inquiétude qui l'anime.

Arrivée sur la route, Gabrielle s'arrête, reprend son souffle et regarde sa fille aux yeux soucieux. D'un geste protecteur, elle l'étreint et caresse ses cheveux. Comme elle en veut à Edward de se comporter ainsi devant sa fille ! Voilà bien la seule chose qu'elle peut discerner dans le fouillis d'émotions qui l'habitent : la colère de le voir si tête folle, si inconséquent. N'importe qui aurait pu les voir !

Elle s'accroupit, regarde Adélaïde dans les yeux : « Ça va ? »

Adélaïde fait une drôle de grimace : « Toi ? »

Gabrielle s'ordonne de penser très vite à apaiser sa fille, à rendre léger ce qu'elles ont vu, à faire comme si c'était un jeu permis : « Oui, ça va.

— On va le chercher, maman ? »

Gabrielle considère la situation : que faire ? Elle voudrait bien, comme dit sa fille, aller le chercher. Et par le chignon du cou, en plus ! Elle saurait bien quoi faire si elle était seule, mais avec Adélaïde, c'est plus compliqué. Il ne faut pas l'affoler ou lui faire perdre confiance en son père.

Adélaïde trépigne : « On va le chercher, oui ou non ?

— Je ne sais pas. Je ne sais pas, ma grande. »

Adélaïde se dégage brutalement, manquant de déséquilibrer sa mère qui s'appuie des deux mains sur la route de terre. Adélaïde crie maintenant : « Tu vas pas la laisser faire ?

— La laisser faire quoi, mademoiselle la violente ? » Nic, la raquette à la main, en route pour le tennis lui aussi, aide galamment Gabrielle, demeurée sidérée, à se relever. Adélaïde, hors d'elle, se jette contre Nic et le rue de coups, ce qui l'amuse beaucoup. Elle hurle : « Touche pas à ma mère, toi ! »

Nic essaie de l'éloigner et de se mettre à l'abri sans la heurter. Elle est si fâchée qu'il a du mal et ne rit plus du tout. Gabrielle prend sa fille dans ses bras et réussit à la calmer. La raquette de tennis de Nic est dans le fossé. Il va la récupérer et reste en retrait, attendant que la petite se remette.

Gabrielle s'excuse : « Je crois qu'on va rentrer, Nic, vous nous excu…

— Non !

— Adélaïde, j'ai dit qu'on rentrait à la maison ! »

Adélaïde répète son refus net et, lâchant rageusement la main de sa mère, elle s'enfuit à toutes jambes vers les taillis et la maison des Thivierge.

« Vous voulez que je coure après ?

— Non, elle ne se perdra pas. Elle sait très bien où elle va. »

Nic, mal à l'aise, ramasse le gant blanc tombé dans la poussière du chemin et l'agite pour le nettoyer. Gabrielle tend la main : « Laissez. Ce n'est pas grave, c'est celui que je ne porte pas. »

Nic lui tend le bras : « Vous venez ? »

Comme cet homme est gentil. Sensible, aimable, sans poser d'autre question, il attend la décision qui tarde à venir. Envahie par une immense lassitude, Gabrielle hoche la tête et se contente de dire : « Non, merci. Je vais quand même rentrer.

— Je vous raccompagne, alors.

— Allez les rejoindre, Nic. Ils vous attendent pour commencer la partie.

— Ils m'attendront. Il n'est pas question que je vous laisse rentrer seule. »

Il est trop touchant, trop franc, Gabrielle sent sa peine commencer à franchir la barrière de rage qui la retenait. Elle ne veut ni pleurer ni s'expliquer : « Laissez-moi marcher un peu. J'en ai besoin. Voyez plutôt si ma fille trouve son père. Qu'elle ne s'éloigne pas.

— Gabrielle… excusez-moi, mais… vous avez l'air bouleversée tout à coup. Il n'est rien arrivé de grave ?

— Non. Non, rien de grave. »

Sa voix se casse sur le « grave ». Elle se détourne et part sans demander son reste.

*   *   *

Quand Edward voit arriver Adélaïde essoufflée, furieuse et seule, il comprend que quelque chose s'est passé. Sans un mot, sans une salutation aimable à qui que ce soit, Adélaïde s'empare de la main d'Edward et fixe méchamment Kitty. Celle-ci a beau s'exclamer et se moquer, elle n'obtient rien de la petite fille.

Edward glisse à l'oreille de sa fille : « Où est maman ? »

Adélaïde ne répond pas, elle se contente de l'accuser muettement. Mal à l'aise, Edward se détourne vers le sous-bois d'où émerge Nic. Il n'y a que Kitty qui se réjouit : « Bon ! On la fait, cette partie, maintenant qu'on a tous les joueurs ? »

C'est Jules-Albert qui s'informe de Gabrielle, étonné de ne pas la voir. Tous les regards se tournent vers Adélaïde qui ne dit rien. Nic explique gauchement qu'elle est retournée à la maison.

Tout le monde s'étonne, s'interroge. Les parents de Jules-Albert arrivent à ce moment précis, accompagnés d'Edwidge, et Edward se voit obligé de demeurer un peu et de faire la conversation. Il ne peut quand même pas se sauver alors qu'après douze ans ces gens acceptent de lui reparler ! Edwidge s'informe poliment de son épouse et il a un pincement au cœur en inventant un malaise.

Les Thivierge sont trop bien élevés pour relever le fait et tout le monde suppose que la famille Miller, comme à l'accoutumée, va s'enrichir d'un nouveau membre dans l'année. Quand, après bien des civilités, on suggère de passer au sport, Edward n'en peut plus et demande à tous de les excuser, lui et sa fille.

Ils marchent en silence vers la maison. Adélaïde a lâché la main de son père dès qu'ils n'ont plus été en vue des autres. Edward, inquiet, ne demande rien, il se contente de ralentir le pas pour ne pas mettre Adélaïde hors d'haleine.

Même si la maison est calme et qu'il n'y a personne en vue, Adélaïde entraîne son père par-derrière et le fait passer par la cuisine. Au bout de cinq minutes, ils ont fait le tour de la maison et Gabrielle n'y est pas. Edward continue à chercher dans les alentours pendant qu'Adélaïde part de son côté.

Malgré qu'elle déteste l'odeur des poules, elle va rejoindre Florent qui, au premier coup d'œil, comprend que quelque chose ne va pas. Ils partent ensemble et vont se réfugier dans une de leurs cachettes au bord du fleuve. C'est un dimanche bien ensoleillé et il y a du monde partout. Ils finissent par s'asseoir contre le mur de la grange qui donne sur un champ en jachère.

« Tu veux qu'on la cherche ? »

Adélaïde refuse, sachant que sa mère ne se montrera pas si elle ne le veut pas. Elle va trouver les meilleures cachettes.

« Tu veux me raconter ce qui est arrivé ? »

Là, c'est beaucoup plus compliqué pour Adélaïde. Elle se dit que Florent est bien petit pour comprendre, mais en même temps, elle a absolument confiance en lui et ils n'ont pas de secrets. Pas encore.

« Je ne suis plus un bébé.

— Je sais, mais… je ne sais pas pour de vrai ce qui est arrivé. Papa riait avec l'autre femme. Elle disait des drôleries que j'entendais pas.

— Ah oui ?

— Oui. Et elle bougeait autour, comme pour l'agacer. Et elle s'est penchée et elle l'a embrassé. Pas longtemps.

— C'est bizarre…

— Oui, c'est bizarre. »

Après un long temps, Florent termine sa pensée : « C'est bizarre parce que d'habitude, c'est le coq qui fait les sparages… je veux dire le bruit et aussi le viraillage autour. »

Adélaïde le regarde sans comprendre. Florent hausse les épaules : « C'est peut-être juste bon pour les poules ! »

Ils soupirent et concluent que c'est bien dommage qu'ils aient si peu d'expérience avec les grandes personnes.

Le souper s'annonce mortel avec Edward qui refuse de se mettre à table et part ratisser la route à toutes les heures. Vert, il est vert d'inquiétude. Isabelle a besoin de toute sa patience avec Guillaume qui réclame constamment sa mère, et avec Rose qui, elle, demande pourquoi elle n'est pas là.

Germaine et Georgina, catastrophées, sont réduites à inventer les événements puisque personne ne daigne les éclairer. Ce en quoi Béatrice n'aide pas, puisque les scénarios les plus dramatiques sont suggérés.

Quand, vers huit heures, Nic survient pour s'informer de Gabrielle et qu'il apprend qu'elle n'est pas rentrée, il propose une battue. Edward refuse de se laisser aller à imaginer le pire. Il est persuadé que Gabrielle n'est pas en danger et qu'elle ne se mettra pas en danger. Si ce n'est pour lui — et il est loin de croire qu'il puisse présentement susciter le moindre geste compatissant —, du moins pour ses petits. C'est ce qu'il se répète depuis le début de l'après-midi pour se persuader de rester calme : c'est une mère exemplaire, elle va revenir.

Puis il voit le soleil descendre avec appréhension.

* * *

C'est sans réfléchir que Gabrielle s'est dirigée vers le débarcadère. Sa seule envie était d'être seule, de réfléchir sans avoir à affronter le regard curieux de ses sœurs. Comme la maison lui semble un endroit de plus en plus surpeuplé où pas un racoin n'offre de paix, elle a pris le chemin du fleuve.

Quand elle aboutit au quai, le traversier lance son dernier « pouhh ! » sourd avant le départ. Elle monte, sans penser davantage qu'à l'agrément et au calme de la promenade sur le fleuve. Elle s'assoit à la proue du vapeur et laisse le vent d'été caresser son visage. Elle est presque engourdie et elle refuse de voir encore cette dame rieuse faire des grâces autour d'Edward. Elle sait qu'Adélaïde n'est pas d'accord avec ses stratégies conjugales et elle lui donne entièrement raison : si ne rien reprocher à Edward l'incite à aller plus loin et à risquer plus effrontément son mariage, c'est vraiment bien de la peine pour rien.

Elle se trouvait bien ratoureuse avec ses airs de ne pas y toucher... eh bien, la voilà instruite de ce que donnent ses petites manigances de chatte inoffensive. La Kitty ne s'embarrasse pas de feindre, elle ! Et l'autre, flatté, conquis, ne le lui reproche pas. Elle est saisie d'un haut-le-cœur au seul souvenir de l'immobilité d'Edward, de ses bras presque en croix sur la raquette et de cette femme, le feu aux cheveux, le feu aux yeux et à la bouche... elle la tuerait ! Elle la déchirerait avec ses ongles, elle massacrerait ce teint à jamais.

Elle ferme les yeux et s'essaie à la contrition : un dimanche, être habitée de telles pensées ! Mais Dieu du Ciel, c'est aussi un dimanche qu'Edward s'est laissé embrasser par une autre femme ! C'est aussi un dimanche que cette dévergondée a sauté au cou de son mari ! Qu'est-ce qu'elle va faire, maintenant ? Gabrielle se désole de n'avoir personne vers qui se tourner, personne qui pourrait l'aider d'un précieux conseil. Elle a avoué en riant qu'elle était jalouse, devrait-elle le hurler maintenant ? Y a-t-il une façon de retenir un époux ? Elle ne connaît ni la bataille ni les armes, elle a déjà essayé tout ce qu'elle connaît pour un résultat des plus médiocres. Ce n'est pas en pensant à sa mère ou à ses sœurs qu'elle trouvera des ressources ! Endure ton mal, sera la seule orientation qu'on lui donnera. Endure ton mal ! Jamais. Elle ne consentira jamais à endurer en silence, à se martyriser sans gémir. Il va l'entendre ! Il fera ce qu'il voudra, mais il va l'entendre. Que ferait Dada ? C'est la seule personne qui peut lui indiquer la route à suivre, sa grand-mère Adélaïde à l'humour acide et à la répartie assassine.

Gabrielle sourit : si son arrière-petite-fille lui ressemble, il est certain qu'elle ne laisserait pas Edward agir impunément. Cette détermination à retourner sur le champ de bataille et à ne pas laisser faire Kitty lui semble maintenant la meilleure riposte. Même si elle est trop soumise aux principes rigides qui lui ont été inculqués — une dame se retire dignement —, Gabrielle sait admirer qu'on ose affronter l'ennemi sans vergogne, surtout chez une enfant de huit ans.

Le bateau accoste et Gabrielle n'hésite pas une seconde en descendant.

La maison sent le tabac froid. Le désordre est assez impressionnant. Pour l'œil averti de Gabrielle, la cuisine est faussement à l'ordre, le plancher n'est pas balayé et les torchons sont mal étendus et dégagent une forte odeur d'humidité confinée.

Sans perdre de temps, elle monte dans sa chambre. Sans même retirer son chapeau, elle rabat les draps du lit d'un geste ample et s'incline pour les respirer et y détecter la moindre odeur étrangère. Elle est à peu près convaincue qu'Edward n'a pas touché Kitty, que le baiser auquel elle a assisté est le plus loin que ce flirt l'a entraîné, mais c'est animal et c'est plus fort qu'elle, il faut qu'elle renifle sa maison, sa chambre, son lit pour savoir jusqu'où son territoire a été violé.

Une fois qu'elle a fait le tour de la chambre à coucher, elle s'assoit au bord du lit, soulagée. Elle retire son chapeau et se met à pleurer. Elle se sent si désemparée et si idiote. Elle ne sait même pas si c'est normal, si ce sont des choses qui arrivent nécessairement, si c'est l'aboutissement de l'usure du mariage.

En se mouchant, elle ressent la chaleur de la pièce, la moiteur due au renfermé et elle va ouvrir la fenêtre. Le jardin est magnifique. Les oiseaux, effrayés par le bruit soudain, s'élancent tous hors des arbres, des bosquets, on dirait une volière dont la porte vient de s'ouvrir. Ils font quelques cercles affolés et reviennent se poser dans l'ombre fraîche. Gabrielle souhaite qu'elle aussi ait eu peur pour rien et que tout reprenne sa place, comme pour ces oiseaux.

Dans la salle de bains, le peignoir vert luit comme une invitation. Sur le comptoir, un élégant flacon de verre — *Jicky-Guerlain-Paris* —, Gabrielle n'a pas à le sentir pour savoir. Elle prend le peignoir, y enroule le flacon, les pinces à cheveux, le peigne et se rend dans la chambre des plus grandes. Effectivement, les choses de la dame, les jolies robes, les chapeaux sont là. Gabrielle fourre le tout dans les valises, sans se soucier des plis ou de l'état des soieries, et elle descend le fourbis en bas. Quand toutes les traces de Kitty McNally sont bien rangées à côté de la porte, Gabrielle va vider les cendriers et faire « son » ordre dans la cuisine et le salon. Même les exemplaires de *Soirs de Paris* rejoignent les poubelles.

Une fois le lit d'Isabelle soigneusement refait, les draps propres tirés, Gabrielle referme les fenêtres de sa chambre et considère leur lit ouvert, comme une question emplie de suspicion, et elle part sans y toucher.

Elle attrape le dernier traversier et s'aperçoit qu'elle est apaisée, presque légère. Elle se doute bien que rien n'est réglé, mais elle a l'impression d'avoir agi, de s'être battue, d'avoir refusé net qu'on la traite de cette manière. Elle ignore si c'est efficace, mais elle ressent un immense soulagement à la seule idée de l'avoir fait.

Le soleil se couche dans une splendeur tranquille sur le fleuve. Le soir est presque totalement descendu sur l'Île quand elle met le pied à terre.

Presque tout de suite, elle aperçoit sa fille, petite silhouette fine contre le pilier de ciment. Adélaïde est toute seule et elle vient se nicher contre sa mère, bras autour de sa taille. Gabrielle tapote doucement son dos en faisant des « shhh », comme si un son avait été émis. Puis, Adélaïde lève la tête et observe sa mère. Gabrielle sourit : « Comment tu savais ?

— C'est Florent. »

Quand elle l'avait couché, quand même un peu inquiète, Florent lui avait dit que, s'il avait du chagrin, il irait à la place la plus rassurante : « Ta maman, elle est dans sa maison. Dans sa vraie maison à elle. » Cela a paru plein de sens à Adélaïde. Une fois son allié endormi, elle était partie attendre le dernier vapeur.

Elles marchent main dans la main. Le soir est très doux. Des reflets mauves traînent encore dans le ciel à l'ouest. Quelques engoulevents lancent leur cri aigu, à la recherche d'insectes.

Arrivée au dernier tournant de la route, Gabrielle s'informe : « Ils sont bien énervés ?

— Pas mal, oui.

— Et maintenant, ils doivent te chercher aussi.

— Oh non, pas maintenant… c'est trop tôt. Papa est avec Nic. La rousse est restée au tennis, je crois. Peut-être qu'elle peut marier le docteur Thivierge ? »

Gabrielle rit et confirme que c'est une possibilité.

Son arrivée produit sur les habitants de la maison à peu près le même effet que l'ouverture des fenêtres sur les oiseaux de la cour : tout le monde se disperse et elle reste seule face à Edward. Elle lui dit de l'attendre, le temps d'aller voir les enfants et de changer de chaussures, qu'ils iront marcher ensuite.

En bordant son aînée, elle chuchote pour ne pas réveiller Florent : « Tu as raison, Adélaïde, il faut toujours faire face et se battre. Bonne nuit, ma grande fille. Merci. »

Ils marchent longtemps au bord de l'eau avant de s'asseoir. Edward est si soulagé et si énervé en même temps qu'il ne dit rien. Il ne ressent que l'étranglement d'angoisse qui cède et cela le laisse dans un tel état de vulnérabilité qu'il craint de pleurer au premier mot. C'est Gabrielle qui parle en fixant le fleuve : « Cet après-midi, j'aurais voulu trouver quelqu'un à qui parler, une amie. Il n'y avait personne. Je me suis rendu compte que je n'ai que ma famille et que mes amis sont les tiens. Je ne sais même pas si toutes les femmes se comportent comme ça... je veux dire fermées sur leur petit monde. J'aurais eu besoin d'une amie. Alors, je veux te dire que je vais appeler Paulette Séguin et que je vais la revoir, si elle le veut toujours. »

Edward mesure ce qui lui est dit et sent le pincement de la jalousie revenir : « C'est une vengeance, Gabrielle ? Tu vas le revoir ?

— Non. J'ai parlé de Paulette, pas d'Armand. Je ne ferais jamais une chose pareille, je veux dire jouer avec ses sentiments. Je ne l'ai jamais fait. Je parle de Paulette, Edward, de mon amie.

— Mais c'est sa sœur !

— Et alors ? Penses-tu cesser de voir Nic ? »

Étonné, il la regarde sans comprendre. Il sourit quand le raisonnement de Gabrielle lui devient limpide : « Ce n'est pas la même chose, Gabrielle.

— Je suppose que si j'avais laissé Armand m'embrasser, ce serait la même chose.

— Ne joue pas à ça, Gabrielle. Ce n'est pas, ce ne sera jamais la même chose.

— Tu veux dire qu'un baiser d'Armand et un baiser de Kitty n'ont pas le même sens ?

— Non.

— Edward... tu sais bien que oui.

— Non. Kitty s'amuse, elle ne le fait pas sérieusement. Armand, oui, il sait que tu es ma femme et il veut t'éloigner de moi. Il te veut, Gabrielle.

— Jure-moi honnêtement que Kitty ne te veut pas ! Jure qu'elle n'irait pas jusqu'au bout si tu la laissais faire... si tu y allais avec elle.

— Alors, ce serait moi le responsable, ce serait moi qui aurais profité d'elle.

— De sa naïveté, peut-être ? Voyons, Edward ! Cette femme se vante à qui veut l'entendre qu'elle n'est pas vierge.

— Gabrielle !

— D'accord, excuse-moi... mais elle l'a dit.

— Pour provoquer, pour choquer.

— Je ne pense pas, non. Elle est belle et elle fait la femme libre et je pense que c'est vrai : elle est plus libre et plus affranchie que les autres.

— Pourtant, elle n'est pas suffragette.

— Les autres femmes ne l'intéressent pas, Edward. Les hommes, oui.

— Elle a vingt-neuf ans.

— C'est un an de moins que moi, Edward. L'an passé, je savais faire la différence entre un célibataire et un homme marié. Elle peut et elle la fait. Ce n'est pas exactement une oie blanche. »

Edward ne discute plus, il sait fort bien qu'elle a raison. Il a dû refuser certaines avances un soir… qui lui donnent le frisson rétrospectivement. Cette femme sait jouer avec le désir. Ce n'est pas de l'amour, c'est seulement un sentiment d'exaltation et de danger. L'impression agréable de valoir un gros risque. Il est sûr que Kitty l'aurait invité à aller très loin, aussi loin qu'il l'aurait voulu. Il sait très bien que la tentation a existé fortement. Mais il ne s'est jamais abusé et il n'a jamais pensé que c'était de l'amour. Gabrielle devrait avoir confiance en lui. Il a résisté à la tentation. Il a seulement joué.

« Edward, tu es mon mari et je sais que jusqu'à maintenant, je n'ai rien à te reprocher. Je sais aussi que je devrais me taire et endurer si Kitty… ou une autre… Je vais être honnête avec toi : aujourd'hui, j'ai compris que je ne serais jamais ton épouse s'il y avait quelqu'un d'autre. Je partirais, Edward. Peu importe le scandale, je partirais. Peu importe qu'on me juge, qu'on me condamne, qu'on me traite de tous les noms, je n'endurerais jamais ça. Je prendrais mes enfants et je partirais les élever ailleurs, loin de toi. Et rien de tout cela ne serait de la vengeance. Ce serait pour ne pas en mourir. Et je n'irais pas vers un autre homme, parce que tu serais toujours mon mari pour moi.

« Edward, la nuit où tu as su qu'Armand était amoureux, tu m'as dit que tu ne pourrais pas supporter de me voir m'éloigner de toi. Je peux te dire la même chose ce soir : même pour t'amuser, même si c'est seulement pour rire, pour le plaisir… je ne peux pas. Ça me fait mal, Edward. Et ce mal, je ne peux pas l'offrir à Dieu en silence. Je ne peux pas. Je n'ai pas tant de vertu. On s'est juré fidélité…

— On est restés fidèles.

— Edward, ce midi, quand elle s'est approchée de toi, quand elle t'a touché, tu n'as pas bougé. Je te connais. Je sais comment tu es. Et tu n'as ni reculé ni bougé. Ce n'est pas elle, ce n'est pas son jeu qui m'a fait mal… c'est quand j'ai vu tes épaules et ton immobilité, quand j'ai compris combien le jeu te plaisait. »

Elle ne veut pas pleurer, elle veut s'expliquer, régler la question. Elle ne veut pas avoir des armes de femme sans force. Elle veut sa parole, sa promesse sans que les larmes n'aient rien à y voir.

Ils ont toujours eu ce talent pour se parler, elle veut croire qu'ils ne l'ont pas perdu. Edward la considère avec franchise : « C'est vrai… ça m'amusait. Tant que tu ne le voyais pas. Après, j'étais comme fou. Où t'étais cachée ?

— Edward, il y a beaucoup de femmes dans le monde qui peuvent te regarder comme elle et qui peuvent t'amuser.

— Si ça te fait partir en courant, ça m'amuse beaucoup moins. Où t'étais ?

— Tu veux le savoir pour la prochaine fois ?

— Où ?

— J'ai fait du ménage, Edward… chez nous.

— À Québec ? Tu as fait le voyage ?

— J'ai probablement manqué de manières. J'ai paqueté les affaires de Miss McNally. Elles sont toutes prêtes à être ramassées dans le vestibule. »

Edward ne peut s'empêcher de dire : « Et Nic ? T'as paqueté ses petits, à lui aussi ?

— Non, je n'ai même pas touché à ses affaires. Je suis sûre qu'il sera très gentleman.

— En tout cas, je n'ai pas eu besoin du sermon du curé : il m'a fait un de ces discours ! Il était en beau maudit contre moi, contre sa sœur… Je te jure que tu as un défenseur de première classe avec lui.

— Dis-moi que je n'en ai plus besoin.

— Tu le sais : tu disparais une heure et je perds le nord.

— Une belle femme arrive et tu perds le nord aussi.

— Non. Ce n'est pas vrai : je n'ai jamais fait ça. C'est l'attaque franche qui m'a surpris. Je dois avoir un faible pour les femmes décidées et qui ont des façons… peu conventionnelles.

— Contente-toi de ta femme et de tes filles. Ça te fait déjà quatre non conventionnelles. Quoique Béatrice…

— Gabrielle… Adélaïde, tu lui as dit quoi ?

— Rien. Elle a vu, comme moi. Et elle a refusé de rentrer. Pourquoi ?

— Elle a refusé de me parler aussi. Et elle a jeté aux poubelles la poupée que Kitty et Nic lui ont offerte. Vous vous ressemblez pas mal, je trouve.

— Non, notre fille se bat plus violemment que moi.

— Tu penses ?

— Donne-lui encore quatre ou cinq ans et tu vas me bénir pour ma douceur. »

Le lendemain, Kitty et Nic viennent les saluer avant de partir. Gabrielle est des plus aimables. Moins rieuse, Kitty a l'air de « babouner » et Edward n'en perd pas pour autant son sourire et son entrain. Il a subitement décidé de prendre deux jours supplémentaires à l'Île et a suggéré un ou deux hôtels où ses amis pourraient s'installer à Québec. Nic l'assure qu'ils ont déjà largement profité de son hospitalité et qu'ils vont aménager au Clarendon.

Tous les enfants viennent les saluer, sauf Adélaïde devenue introuvable et Florent qui a dû la suivre.

Nic s'incline devant Gabrielle et parle bas : « J'espère vraiment que je vais vous revoir très vite, Gabrielle, et que nous pourrons reprendre notre conversation sur le droit de vote ou sur le sujet que vous voudrez.

— Ce sera avec plaisir, Nic. Vous êtes le bienvenu chez nous. »

L'œil le plus sévère ne peut reprocher la moindre ambiguïté aux adieux de Kitty et d'Edward. L'empressement qu'elle met à écourter les au revoir n'a d'égal que son plaisir évident de les quitter au bras de son frère. Gabrielle a la désagréable impression de faire partie des plaisirs rustiques de la campagne qu'on quitte avec délectation une fois bien reposé, juste avant que l'ennui gagne.

Dès qu'ils sont partis, Béatrice demande pourquoi elle était si rouge, Kitty. C'est Edward qui répond : « Je pense qu'elle a pris trop de soleil hier, au tennis. Les teints de rousse, c'est délicat, ça se brûle facilement.

— C'est pas beau.

— Disons que c'est moins joli.

— Mais moi je ne viendrai pas rouge au soleil ?

— Non, Béatrice, toi tu as le teint de ta mère : inaltérable. »

* * *

Malheureusement, l'atmosphère familiale n'est pas des plus harmonieuses. Reine est d'une humeur massacrante, pardonnant très mal à sa mère son interdiction de se joindre au thé des Thivierge. Elle estime carrément que cela lui a fait perdre un fiancé. Adélaïde n'est presque jamais à la maison. Toujours partie avec Florent dans une de ses cachettes, elle n'a pas vraiment parlé à son père depuis dimanche.

De plus, Rose a sorti la poupée des poubelles et veut la garder, au grand dépit de sa sœur qui réclame le droit de « faire ce qu'elle veut avec ses cadeaux ! ». Le compromis trouvé par Gabrielle satisfait les parties : la poupée est offerte à Fleur-Ange qui, de sa vie, n'a jamais rien vu d'aussi joli et Rose a le droit de jouer avec elle autant qu'elle le veut.

Adélaïde, qui n'aime pas beaucoup l'enfant chérie de Malvina, considère que la poupée a trouvé une sœur parfaite. Quand son père vient la border ce soir-là, elle se tourne vers le mur et couvre Florent de son bras.

« Tu dors ?

— Chut ! Tu vas le réveiller.

— Je veux te parler.

— Non. »

Edward reste là, décidé à briser les résistances de sa révoltée. Il s'est fait pardonner de sa femme, il ne va quand même pas rester fâché avec sa fille ! Il gratouille son épaule, elle se retourne, l'œil sombre :
« Quoi ?

— Dis-moi ce que tu as, mais ne boude pas, Adélaïde.

— T'aimes plus maman.

— Franchement ! Tu sais bien que je l'aime.

— Pourquoi t'as fait ça, d'abord ? Avec l'autre ? »

Ce qu'il y a de difficile avec Adélaïde, c'est qu'elle n'endure pas les approximations. Elle va droit au but et attend que les gens qu'elle a élus estimables répondent avec la même franchise. Il ne sait plus quoi dire.
« C'était pas pour vrai. C'était pour jouer.

— À quoi ?

— Pour rire, Adélaïde. Pour rien, pour... je ne sais pas.

— Je te crois pas. »

Comment peut-on, à huit ans, être aussi impertinente ? Elle le fixe, un sourcil levé, le défiant de trouver mieux. Il soupire : « Quelquefois, on fait des choses juste pour rire et elles finissent moins drôles qu'on pensait. Ce n'était pas une bonne idée, pas un bon jeu.

— Je l'aime pas, elle.

— Et Nic ? »

Elle hausse une épaule, celle qui ne touche pas à Florent, et formule un « S'il n'est pas avec elle, c'est correct » plutôt minimal.

« Bon ! On va essayer de rester ami avec Nic et de voir Kitty moins souvent, c'est ça ?

— Tu voudrais ?

— Pas pour toi, espèce de petite fille autoritaire. Pour ta maman qui a les mêmes goûts que toi et que j'aime, malgré ce que tu penses ! »

Elle se jette à son cou et le serre très fort. Il la berce et se rend compte qu'effectivement, dans quelques années, son impulsive lui paraîtra peut-être plus exigeante que sa femme.

*　*　*

C'est Gabrielle qui trouve la solution à l'humeur de Reine : elle va « rendre la politesse » et organiser un thé intime pour les Thivierge le dimanche qui vient. Juste les deux familles, pas de quoi appeler ça une réception. Pas de quoi insulter les bonnes âmes qui scrutent attentivement l'observance des règles. « De toute façon, Germaine, on n'est pas en train de casser notre carême. On peut recevoir quatre personnes pour le thé sans passer pour des sans-cœur qui ne savent pas garder le deuil.

— Georgina n'a qu'à monter dans sa chambre si elle trouve ça inconvenant. Quel dommage qu'on ne puisse pas faire un bridge ! Edwidge est une partenaire extraordinaire, tu te rappelles ?

— Non. Je te ferai remarquer que j'ai eu fort peu de rapports avec elle et après ce qui est arrivé avec Edward… tu penses qu'elle va venir ?

— Après dix ans, me semble qu'elle doit s'en remettre.

— Douze ans, Germaine, ça fait douze ans que je lui ai volé son cavalier. De toute façon, on le fait pour Reine et son avenir, pas pour Edwidge et son pardon.

— Tu y crois, toi, à Jules-Albert et Reine ? »

Gabrielle se contente de sourire : elle sait très bien que Jules-Albert ne regarde pas Reine. Mais elle se sent tenue de faire ce qu'elle peut pour sa nièce. Surtout avec Georgina qui ne sait que se lamenter depuis la mort d'Hector. Le plus vite Reine sera mariée, le mieux Georgina va se porter. Et toute la famille avec.

Jules-Albert ne parle que de Kitty, ne se souvient que de Kitty et passe le thé à s'enthousiasmer pour cette jeune femme si vivante. Edward s'empresse de le renseigner et même de lui recommander de la joindre à Québec : Nic et elle sont en ville jusqu'aux élections du 24 août et ils iront sans doute manger avec Jules-Albert avec plaisir. Même le vénérable Ulric Thivierge la trouve « bien ravigotante », cette Kitty.

Le thé s'avère un succès pour Jules-Albert, mais un cuisant échec pour Reine.

Le commentaire d'Edward est fort peu galant, ce soir-là : « Y a pas à dire, Kitty ne se fera pas aimer dans cette famille ! Encore une qui l'a mise sur la *black list*.

— Avoue que Jules-Albert y est allé un peu fort. Tu ne l'as pas freiné non plus, Edward.

— Écoute, je lui devais bien ça, après le coup que je lui ai fait il y a douze ans ! Je suis très fair-play, comme tu sais.

— Dis donc, toi, tu ne serais pas un peu flatté que Jules-Albert suive tes goûts en matière de femmes ?

— Je te ferai remarquer que je n'ai pas « des goûts en matière de femmes », j'ai une femme… que, par le plus grand des hasards, Jules-Albert a aussi appréciée.

— Aimée ! Espèce de monstre ! Ne fais pas ton petit saint avec moi.

— Très bien. »

Il s'approche avec, dans les yeux, des lueurs bien païennes en effet.

Edward allait s'endormir quand Gabrielle lui demande s'il aura la délicatesse de prévenir Jules-Albert des principes modernes de Kitty.

« De quoi tu parles ? Quels principes ? Je n'ai pas réussi à t'endormir, toi ?

— Elle est contre le mariage, non ? Ça pourrait lui donner un choc, à Jules-Albert. »

Edward rit et suggère de laisser le pauvre Jules-Albert s'arranger avec ses troubles. « Viens que je te fasse oublier tes principes. »

*   *   *

Tout de suite après la victoire de Taschereau, Edward s'installe à l'Île pour ses vacances. Il reste à peine une semaine avant le retour à Québec, mais c'est mieux que rien. Nic vient les voir avant de repartir pour

Montréal. Son candidat n'a gagné que onze sièges, mais il se promet une revanche pour dans quatre ans.

La raison de sa visite est l'annonce du prochain mariage de sa sœur et de Jules-Albert Thivierge. Ils sont tous à table quand il leur apprend la nouvelle et à sa grande surprise, il voit Reine se lever et quitter les lieux, immédiatement suivie de sa mère. Adélaïde s'écrie : « Comme j'avais dit, maman ! » et Edward glisse un regard triomphant à Gabrielle. Étonné, Nic se tourne vers Isabelle : « Qu'est-ce que j'ai fait ? Votre sœur est souffrante ou est-ce qu'il y avait quelque chose… ? »

Isabelle le rassure, mais elle ne veut pas avoir l'air de dire que Reine s'était brodé un conte. Edward résume : « Reine est une orpheline bien inquiète de son avenir. »

Nic est certain qu'avec son joli teint elle trouvera un galant sous peu.

« Ça ne te dit rien, mon vieux ? Je te verrais plutôt bien entrer dans la famille. N'est-ce pas, Gabrielle ?

— Laisse-le tranquille, voyons ! Vous devez pourtant avoir brisé bien des cœurs, Nic. Est-ce parce que la politique et les affaires vous animent plus que les dames ? »

Béatrice s'écrie tout attristée : « Oh, non ! Vous allez vouloir vous marier, n'est-ce pas ? Vous ne pouvez pas rester garçon ! »

Nic la rassure et lui promet d'attendre de voir quelle belle jeune femme elle sera. Béatrice, flattée, l'avertit, le petit doigt en l'air : « Mais vous allez peut-être être un peu grand pour moi. C'est peut-être mieux de ne pas attendre. Il reste neuf ans avant mes débuts. Au moins ! »

Nic est sensible à la courtoisie de Béatrice. Tout le monde est très gai et ils finissent tous la soirée au salon à faire de la musique. Quand Adélaïde, qui tient le piano, attaque un fox-trot, Nic se lève, enthousiaste : « Isabelle ! Venez danser. »

Isabelle ne sait pas danser et recule, intimidée. Gabrielle prend la main d'Edward : « Viens, on va lui montrer. Essaie, Isabelle ! »

Nic s'empare de la main de la jeune fille et l'enlace. Isabelle essaie de copier les mouvements de son oncle et de sa tante, mais les enfants se sont aussi mis à danser et interfèrent. Nic prend doucement son menton : « Regardez-moi, Isabelle, et suivez-moi. On ne danse pas en suivant les autres. Voilà, vous voyez bien que c'est plus facile. »

Isabelle retient son souffle, mais petit à petit, en glissant presque, elle se détend et s'ajuste à son partenaire. Quand la danse s'achève, elle commençait à trouver son plaisir.

Nic est enjoué : « Maintenant, une valse, Adélaïde, s'il te plaît. » Et, se tournant vers Isabelle : « Ça, vous savez le danser ? »

Elle fait non en souriant, il l'enlace et commence à la faire tourner, les yeux fixés sur les siens pour que l'envie ne lui prenne pas de regarder ailleurs. À chaque fois qu'ils croisent un enfant qui, gauchement, leur barre la route, Isabelle se tend et Nic resserre son étreinte en évitant le danger d'un pas de côté. L'assurance de Nic, sa maîtrise totale de la valse finit par gagner Isabelle quand Georgina fait irruption, très mécontente. Sa voix couvre le son du piano : « Il me semble qu'à cette heure les enfants devraient être couchés. Reine est vraiment malheureuse, ce soir. Et toi, ma fille, je ne sais pas à quoi tu penses : la danse ne convient pas du tout à ton deuil. As-tu oublié ? »

Gênée, Isabelle prend Rose et demande à Béatrice de dire bonsoir avant d'aller se coucher. Gabrielle lui reprend Rose des bras : « Si tu allais plutôt avec notre invité et Edward sur la véranda, ma chérie ? Je m'oc-cupe des enfants. Georgina, est-ce qu'une infusion ferait du bien à Reine ? Tu veux demander à Mimi de mettre de l'eau à chauffer, Adé-laïde ? Il n'est pas si tard, Georgina, Florent n'est même pas arrivé. Fabien, dis bonsoir aussi. »

En un tournemain, le salon est vidé, Georgina est remontée, drapée dans sa dignité, et Gabrielle borde ses bébés.

« C'est jusqu'à quand, maman, le noir et le pas-le-droit ? »

Béatrice a de ces formules ! Gabrielle explique le temps du deuil, le demi-deuil et les règles d'usage et Béatrice conclut que ce n'est pas néces-saire en ce qui concerne Isabelle parce qu'elle avait déjà changé de papa quand le premier était mort. Bien difficile de faire comprendre à cette petite fille très éprise de son père que sa cousine n'a pas renié Hector en venant vivre avec eux.

Enfin, après tous les rituels, Gabrielle arrive sur la véranda : « Quel-qu'un va vouloir de la tisane ? Edward, tes enfants, Béatrice surtout, veu-lent t'embrasser avant le dodo. Qu'est-ce qui se passe avec Germaine, elle n'est pas encore revenue des vêpres ? »

Edward éteint son cigare : « Elle doit nous faire une fugue ! »

Nic est beaucoup plus près de la vérité : « Elle avait une belle nouvelle à annoncer avec le prochain mariage du docteur Thivierge. »

Gabrielle se moque de sa perspicacité avant de repartir vers la cui-sine.

Finalement, munis de ce qu'il faut pour parler toute la soirée, ils s'installent au frais. Germaine remonte l'allée, accompagnée de Jules-

Albert qui la raccompagne galamment. Gabrielle les écoute rire, avoir du plaisir, on dirait que Germaine a retrouvé sa jeunesse avec Jules-Albert. Jamais Gabrielle n'aurait pensé cette réunion possible. En versant du thé à Jules-Albert qui explique que sa future fait ses préparatifs à Montréal, Gabrielle prend la tournure des événements comme un signe de Dieu, une sorte d'approbation qui la réconforte beaucoup après toutes ces années.

Prétextant qu'il fait bon et que Montréal est surchauffée à cette période de l'année, Nic décide de rester encore quelques jours et de prendre des vacances. Il se retrouve à la table des Miller tous les soirs et la musique résonne au salon, malgré les airs douloureux de Georgina, à tous les soirs aussi.

Nic se met en tête d'enseigner le tennis à Adélaïde et à Isabelle. Edward sert de quatrième et sourit de voir sa fille se débrouiller et frapper énergiquement pendant qu'Isabelle perd tous ses moyens à chaque fois que Nic lui montre comment frapper.

En la voyant courir, il constate combien Adélaïde a grandi. Ses grandes jambes lui donnent l'air dégingandée pour l'instant, mais ce sera une belle grande fille. Le temps qu'Isabelle reprenne son souffle, il se fait plaisir et échange des balles avec sa fille. Le même sens sportif que Gabrielle ! Un service déjà puissant qui ne lui déplaît pas non plus.

Il ne sait pas si c'est l'exercice ou autre chose, mais Isabelle a de bien jolies couleurs en revenant à la maison. Il se rend compte que Nic et elle discutent en anglais. Isabelle explique qu'elle ne veut pas perdre l'acquis de l'année pris avec Miss Parker et que sa mère refuse de l'entendre parler autre chose que français : « Dès qu'on est dehors, Adélaïde et moi, on parle anglais. »

L'après-midi, ils partent tous canoter sur le fleuve. C'est l'activité préférée de Germaine qui y voit les avantages d'un rafraîchissement sans les désagréments de devoir se mouiller. Pilotée par Edward, elle s'embarque avec sa sœur, Reine et Fabien, pendant que l'autre barque est agitée par Gabrielle, Nic, Isabelle, Rose et Béatrice.

Adélaïde reste au bord de l'eau avec Florent et Guillaume. Elle court faire des brasses pendant que Florent joue dans le sable avec Guillaume.

Quand les barques accostent, Adélaïde va chercher sa mère et l'emmène voir la merveille édifiée par Florent : un château avec tourelles, petits ponts et tranchées. Un château de conte de fées, parfaitement équilibré, conçu avec une sûreté de goût comme Gabrielle n'en a jamais vu.

Béatrice, les mains croisées sur sa poitrine, s'exclame qu'il s'agit du château de la Belle au bois dormant. Florent murmure que c'est le château d'Ada.

Nic est si impressionné qu'il prend Florent dans ses bras en lui répétant : « Tu as quatre ans ? Seulement quatre ans et tu as fait ça ? Tout seul ?

— Non, avec Guillaume. Et j'ai quatre et demi. »

Adélaïde est aussi fière que si son propre fils venait de conquérir son diplôme : « Il l'a vu dans le livre de contes de Guillaume, c'est le même château, maman. »

Nic installe tout le monde autour de l'œuvre et prend une photo avec son nouveau jouet, comme il appelle son appareil. Il promet de l'envoyer dès qu'elle sera développée.

La journée s'achève en douceur, alors que la fraîcheur de la fin août se fait sentir. On décide de faire une petite attisée au salon. Voilà exactement le temps de la saison que préfère Edward : chaud le jour, frais le soir. Gabrielle et lui doivent se couvrir pour aller reconduire Nic à l'hôtel Bel-Air. Il est bien triste de partir : « Je n'avais plus eu de vie de famille depuis… plus de quinze ans. »

Gabrielle lui rappelle que quand elle l'a rencontré à Montréal, il parlait de se marier, de fonder une famille.

« Jamais de la vie ! Je parlais de trouver une compagne pour avoir un atout politique supplémentaire. Vous ne voulez pas me voir prendre femme pour une raison pareille ?

— Je préférerais vous voir heureux, Nic.

— On a engagé ma sœur cet été, c'est déjà pas mal… et assez surprenant. Se rendra-t-on au mariage ? *Good Lord, I hope so.* Vous allez venir si ça se fait ? »

La question les prend par surprise. Ils n'ont pas discuté de l'événement sous cet angle. Gabrielle interrompt Nic qui insiste : « Avec les enfants, on ne sait jamais où et quand seront les urgences. Laissez-moi vous promettre une chose : à votre mariage, nous y serons, quoi qu'il arrive, même si la rougeole règne chez nous. »

Nic l'observe, souriant : « Même une petite rougeur et vous restez avec les enfants. Ne changez jamais, Gabrielle… J'ai entendu dire que le fiancé de ma sœur ne vous était pas, comment dire, étranger ? »

Gabrielle lui explique qu'elle a fait des châteaux de sable avec Jules-Albert, qu'elle a couru les champs, toute l'Île avec lui et qu'ils ont confondu cette complicité avec l'amour, jusqu'à ce qu'Edward survienne.

« Je parie que vous ne confondez plus grand-chose, maintenant. Vous êtes une femme rare, Gabrielle. Merci de votre accueil, de votre hospitalité. »

Edward met fin aux adieux avec une boutade sur l'urgence effective de trouver une compagne à Nic. Ils se quittent en se promettant de se revoir tous bientôt.

Pour le bonheur d'être encore seul avec Gabrielle, Edward lui propose de remonter par la grève. Ils parlent de Nic et même de Kitty et de cette association surprenante avec un homme aussi posé et sage que Jules-Albert. Edward soutient que le fiancé a peut-être envie de bousculer ses habitudes de vieux garçon et Gabrielle estime que Kitty possède peut-être plus des allures qu'une vraie nature de femme émancipée. Ils parlent de la notion de femme libre et Gabrielle conclut que, pour la plupart des hommes, la liberté se passe en dessous de la ceinture et que, pour la plupart des femmes qui remettent en question les principes de la société, ça se passe beaucoup plus haut.

Ils ne sont pas d'accord, mais peu leur importe. L'essentiel est dans la discussion pour eux. Dans le fait d'avoir retrouvé cette aisance sans réticences qui leur permet de faire référence à Kitty ou à Armand sans qu'un seul mouvement de dépit ou de malaise ne survienne.

* * *

Les préparatifs du retour à Québec et la fermeture de la maison occupent Gabrielle et l'empêchent de prêter attention au drame qui couve.

Adélaïde recommence à traîner la patte parce qu'elle doit quitter un Florent de plus en plus dépendant d'elle. Béatrice est tellement excitée de commencer l'école « avec Isabelle », c'est-à-dire dans la même institution que sa cousine, qu'elle en rebat les oreilles à tout le monde.

Est-ce parce qu'Edward a pris des vacances et que les tables séparées ne sont plus de mises depuis une semaine ? L'ambiance des repas est de plus en plus survoltée et Georgina quitte bien souvent la table avant le dessert. Gabrielle ne s'en formalise pas et n'en conclut rien d'autre que l'habituelle délicatesse d'humeur et les états d'âme fluctuants de sa sœur.

Quand Reine, pour une vétille, se trouve dans la mire humoristique d'Edward et qu'il fait une remarque à peine insolente, Georgina éclate et, debout, à grands coups de poing sur la table, elle invective Edward en soutenant qu'elle en a assez de supporter ses blagues, son sans-gêne, son manque de respect, ses déplorables manières et sa grossièreté. Dans un silence sinistre, elle continue à déballer son sac de reproches et lui fait même porter l'échec matrimonial de Reine. « Ce n'est probablement rien pour vous, puisque ce n'est pas arrivé à l'une de vos précieuses filles, mais pour Reine et pour moi, c'est épouvantable ! Si vous n'aviez pas traîné ici cette petite délurée, cette… moins que rien, si vous aviez eu la décence de respecter notre deuil et notre peine, rien de tout cela ne serait arrivé et Reine repartirait avec une promesse d'engagement. Vous avez saccagé des années de préparation. C'est aussi Hector que vous humiliez en humiliant sa fille. Quand je pense que le pauvre homme est venu vous demander de l'aide à cette même date l'an passé ! Quand je pense que, grâce à vous et à vos bons soins, ma Reine va se retrouver à tout reprendre à zéro ! Quand je pense que cette grue était chez vous, dans la maison de ma sœur…

— Maman ! Ça suffit ! Tais-toi. »

Rouge cerise, Isabelle saisit le bras et le coude de sa mère avec une telle autorité qu'elle la mène au pied de l'escalier sans qu'un seul mot soit ajouté. Tout le monde est sidéré, en état de choc. Gabrielle a beau essayer de discerner d'où provient une telle hargne, elle ne comprend rien à la sortie de sa sœur. Germaine, abattue et déconcertée, s'essuie la bouche sans arrêt.

Guillaume, le menton sur la poitrine comme si on venait de le disputer personnellement, fait entendre dans le silence figé un timide « Tiens-toi *tan*quille ! » à la fois si piteux et si à propos qu'il produit un deuxième choc sur l'assemblée. D'abord, les enfants partent à rire, suivis par les adultes, incapables de résister au mouvement général. Même Reine, tellement ébranlée qu'elle en avait l'air paralysée, rit à en pleurer.

Dès que le fou rire a l'air de se calmer, quelqu'un se remet à glousser nerveusement et c'est reparti.

Ça prend la figure ébahie d'Isabelle pour apaiser tout le monde : Georgina fait une crise de nerfs et sanglote maintenant à corps perdu, prise de tremblements inquiétants. Reine monte sur-le-champ et Isabelle va préparer une infusion.

Quand Gabrielle la rejoint à la cuisine, elle n'a pas le loisir d'ouvrir la bouche, Isabelle est déjà en train de s'excuser pour sa mère, et de promettre qu'une chose pareille ne se reproduira plus jamais.

« Qu'est-ce qu'elle a ? Qu'est-ce qui est arrivé, Isabelle ? Elle ne voulait même pas que Reine soit présentée à Jules-Albert. »

Isabelle hoche la tête tristement et avoue ne pas savoir, ne pas comprendre les mouvements d'humeur de sa mère : « C'est dur pour Reine parce que maman est comme obsédée. Il *faut* qu'elle se marie, vous comprenez ? À tout prix, sans ça, maman va tomber en neurasthénie. »

Gabrielle lui prend le plateau des mains et décide de monter. Georgina est hors d'elle. Elle pousse des cris, s'étouffe dans ses sanglots, étreint violemment Reine et parle de façon totalement incohérente. Gabrielle tente de la calmer, de parler avec douceur, de lui faire boire sa tisane. Rien à faire, Georgina est à deux doigts de l'accuser de vouloir l'empoisonner.

« Edward ! Va me chercher Jules-Albert ! Vite ! »

Germaine monte à son tour, mais n'arrive pas plus à calmer les exaltations de Georgina. Elle est sûre que c'est le petit mal ou quelque chose dans ce goût-là.

Un Jules-Albert très inquiet sort de la chambre et demande à voir Gabrielle et Edward dans le salon. Germaine, Reine et Isabelle les suivent.

« Je n'y comprends rien ! On dirait une sorte de réaction tardive à la mort de son mari. Mon avis, c'est que le curé peut faire mieux que moi, il peut la comprendre mieux que moi. Elle est très secouée et… avec le retour d'âge qui s'annonce, elle se décourage plus facilement. Le deuil l'a isolée, le manque d'activités, de divertissements… Je ne sais pas quoi vous dire. Elle est fragile, très fragile. Je ne décèle pas d'atteinte mentale, mais elle est instable. »

Il leur laisse des comprimés sédatifs, recommande patience et douceur et propose surtout une ou deux visites au confesseur régulier.

Jules-Albert parti, Gabrielle s'assure que Georgina dort et retourne au salon. Tout le monde est catastrophé. Le plus étrange pour Gabrielle est de constater que la mort d'Hector a produit moins de remous que la perspective alarmante d'une dépression de Georgina. Elle essaie de remonter le moral des troupes, elle maintient qu'il s'agit d'un mauvais moment à passer, dû à la fin de l'été, au déménagement à Québec et au fait que Georgina se voit sans aucun soutien conjugal et seule pour faire face aux années à venir. Elle répète que tout cela va passer avec un peu de compassion et des soins attentifs.

Mais une fois la pente prise, il semble difficile d'arrêter le mouvement de descente : Georgina reste complètement accablée, passant des larmes aux réminiscences agressives ou douloureuses. Reine et le prêtre sont les seules présences admises dans la chambre, les autres ayant tendance à exciter son découragement, si ce n'est son agressivité. Germaine peut, à la limite, lui apporter son repas, mais sa sœur ne la laisse pas lui parler.

Gabrielle voit Isabelle préparer de jolis plateaux, chercher des fleurs fraîches, écrire même un mot ou deux, mais Georgina refuse également de la voir.

En allant coucher Guillaume pour la sieste, elle aperçoit Isabelle assise sur son lit. Elle frappe doucement à la porte. Isabelle est en train de trier le contenu des tiroirs et de faire les valises d'Adélaïde et les siennes. Quand Gabrielle entre, Isabelle contemple une photo ancienne. Devant la maison de Sorel, toute la famille entoure la Vauxhall qu'Hector venait d'acheter. Georgina se prend un air sérieux. Reine est éblouissante et Isabelle tient la main de son père. Elle a l'âge d'Adélaïde là-dessus. Encore un peu enfantine, on sent la jeune fille qu'elle est devenue dans le regard grave.

Isabelle range la photo : « Ça fait longtemps, mais on dirait que c'était presque dans une autre vie. Je ne repense jamais à la maison, à Sorel, à cette vie-là. Je suppose que maman y pense beaucoup et… qu'elle s'en ennuie. Elle ne l'a jamais dit. Je veux dire, même quand papa vivait.

— Quand j'étais petite, ma chambre était celle-ci. Georgina dormait en face, dans la chambre qui donne sur le sud. J'avais un oiseau. Une perruche que j'aimais beaucoup. Chaque matin, ma perruche me réveillait et j'avais pris l'habitude de la laisser en liberté dans ma chambre. Georgina n'aimait pas ma perruche. Elle disait toujours qu'elle la réveillait, qu'elle la dérangeait. Un jour, ma perruche a pris froid et elle a failli mourir. J'ai pensé mettre sa cage dans la chambre de Georgina le jour, parce que c'était plus chaud, plus ensoleillé. Georgina a accepté. Mais ma perruche est morte. Georgina avait laissé la fenêtre ouverte, "pour aérer" qu'elle a dit. Quand ma perruche est morte, elle a pleuré plus que moi, elle a répété que c'était terrible qu'un accident pareil arrive, qu'elle avait oublié pour la fenêtre, qu'elle avait même eu peur que la perruche ait trop chaud. J'aurais eu l'air d'une vraie sans-cœur de lui en vouloir, ou de douter de ce qu'elle disait, ou même de lui reprocher quelque chose. On a fait comme si c'était très triste pour Georgina, parce qu'en plus elle se sentait responsable, la pauvre. Papa avait tranché : il faut avoir la générosité de pardonner. Le lendemain, Georgina prétendait que même si la fenêtre était restée fermée, la perruche serait morte, que ce n'était pas certain qu'elle ait quelque chose à y voir. Ce n'est pas par méchanceté,

Isabelle, mais Georgina n'a jamais pu supporter que j'aie quelque chose qu'elle n'avait pas. Et elle ne supporte pas non plus de savoir qu'elle est comme ça. Ça complique la vie des gens qui l'aiment. Elle voulait que la perruche meure, mais elle ne voulait plus s'en souvenir une fois qu'elle était morte parce que ça la faisait se sentir mauvaise.

— Elle voulait quand même pas que papa meure !

— Mon Dieu, non, ma pauvre enfant, jamais de la vie ! Non… elle voulait qu'il retrouve les moyens d'avant, la réussite, la position sociale d'avant. Elle voulait que les affaires et la prospérité reprennent. Ce que j'essaie de te dire, c'est qu'elle en veut à Edward de réussir là où Hector a échoué et elle lui en veut aussi de t'avoir prise en charge. Comme si ça l'accusait indirectement de ne pas arriver à le faire. Alors… elle fait un peu comme si toi, tu n'avais pas de sentiments pour montrer qu'elle, elle en a et que s'il n'en tenait qu'à elle, elle te garderait à sa charge. Elle fait comme si c'était ton choix et qu'elle n'a plus qu'à se consoler de cette perte. Et je pense que c'est très difficile de voir sa mère oublier qu'on est sa fille. »

Un long silence suit. Puis Isabelle regarde Gabrielle bien en face : « Si je ne veux pas faire comme elle, il faudrait que j'admette tout de suite que je ne regrette pas d'être avec vous. Maman m'inquiète parce que je la trouve très malade, mais je sais que je pleurerais tout le temps si vous étiez malade ou si vous ne vouliez plus me voir. Je l'aime, c'est ma mère, mais… je ne sais pas comment dire ça… peut-être que si j'étais la per-ruche, elle laisserait la fenêtre ouverte aussi. »

Gabrielle la prend dans ses bras, incapable d'entendre une chose pareille : « Non ! Non, Isabelle, jamais, voyons ! Jamais Georgina ne ferait ça. Les mères aiment toujours leurs enfants. Qu'est-ce que je t'ai fait croire, mon Dieu ? Qu'est-ce que je t'ai raconté, là ? Pardonne-moi, Isa-belle. Mon exemple n'était pas bon. Oublie ça. Je ne sais plus ce que je dis. »

Isabelle jure qu'elle a compris le sens de l'histoire. Gabrielle n'est plus certaine du tout de ne pas avoir accusé indirectement sa sœur.

Ce soir-là, Edward est plongé dans un livre alors que Gabrielle fait les malles.

« Si Reine se mariait, Edward, tu penses que Georgina irait mieux ?

— Comment veux-tu que je le sache ? Pourquoi ? Tu as un candidat ? Tu ne trouves pas qu'on en a assez fait ?

— Tu les considères, ses reproches ? Tu penses qu'on a mal agi ? »

Edward dépose son livre. Il se lève, ferme la malle, s'assoit dessus et prend gravement les mains de Gabrielle : « Je vais te dire une chose épouvantable : je n'aime pas ta sœur. Je n'aimais pas ton père et je n'aime pas Georgina. Pire que tout, je n'ai aucun remords. Au-cun. Je la trouve sotte et égoïste. Et ça ne date pas d'il y a un an.

— Ah bon… Et Germaine ?

— Germaine me plaît. Elle est drôle, elle se contredit, elle est enrageante, amusante et elle ne sait pas perdre au bridge, ce que j'estime être une grande qualité. »

Gabrielle se dégage. Elle plie quelques vêtements en silence, songeuse. Edward a un sourire moqueur : « Ça te choque ?

— Je ne sais pas.

— Je ne te dis pas que j'irais le clamer dans le salon. Je ne ferais pas exprès pour qu'on le devine non plus. Mais c'est comme ça. Tu penses que je suis en état de péché mortel ?

— Ne ris pas, Edward. C'est vrai que ce n'est pas très charitable.

— La charité, Gabrielle, est-ce que c'est penser du bien de tout le monde, même de ceux qui ne sont pas bien ? C'est passer un bon coup de pinceau d'indulgence sur eux ?

— Je ne dis pas ça. Mais quand même… ah, et puis, j'ai fait bien pire aujourd'hui ! »

Elle raconte à Edward son entretien avec Isabelle, cette histoire de perruche et la terrible conclusion de la petite. Edward trouve qu'au contraire elle a beaucoup de bon sens et que sa question n'est pas bête. Il voit bien que Gabrielle est découragée, à deux doigts de pleurer. Il se tait, va placer le fauteuil devant la fenêtre, éteint la lumière et la prend dans ses bras. Il l'entraîne jusqu'au fauteuil et, une fois qu'il l'a bien calée contre lui, il caresse son visage avec tendresse. La lune est aux trois quarts pleine, le ciel est criblé d'étoiles. « Tu veux qu'on guette la première étoile filante ? C'est le mois des perséides. Tu te souviens des perséides du mois d'août ? »

Elle se souvient surtout des baisers avides qu'ils échangeaient en guettant les étoiles filantes que, de toute façon, ils n'auraient jamais aperçues, occupés comme ils étaient à se contempler et à s'aimer. « Pourquoi ai-je toujours l'impression que mon bonheur est une injustice, Edward ? Que je n'ai rien fait pour mériter tout ce que j'ai ?

— Je ne sais pas. Pour Georgina, ton bonheur est une insulte et une injustice, ce qui ne signifie pas qu'il le soit. Vas-tu la laisser faire ? Te sentir mal ?

— Non. En plus, ça ne servirait à rien.

— Elle ne sait pas se battre, elle ne sait que se plaindre. Penses-tu que Georgina aurait ostiné ton père sur quoi que ce soit ?

— Jamais ! Elle avait beaucoup trop peur de lui.

— Ce n'est pas parce qu'elle m'énerve, mais ta sœur est une obéisseuse qui cherche une autorité. Ton père et Hector sont morts. Moi, je ne conviens pas. Germaine est une autoritaire qui n'a pas réussi, Cyril est trop loin… Tu vois, il faudrait vraiment que Reine se marie. Georgina trouverait quelqu'un à qui obéir et elle irait mieux.

— Edward !

— Bon, bon !… je ne dis rien d'autre. Tu sais qui je plains le plus ? Germaine. Pas de profession, pas de mari, pas d'enfants, rien qui empêche les autres de la considérer comme une solution parfaite. »

La main d'Edward glisse dans son cou, caressante. Gabrielle se dit qu'elle a une chance inouïe de seulement pouvoir parler à quelqu'un comme son mari tous les soirs. Quand elle pense à la solitude de ses sœurs, elle est prête à leur pardonner tous leurs défauts. Elle murmure à l'oreille d'Edward : « Tu te rends compte que Germaine n'a jamais fait plus qu'embrasser un homme ? À la condition, bien sûr, qu'elle l'ait embrassé pour de vrai.

— Pour de vrai ? Il y a des baisers qui sont pour de faux ? »

En un éclair, Gabrielle revoit la bouche pulpeuse de Kitty sur la bouche d'Edward : « J'espère. »

Le silence qui suit est tendu. Edward prend le visage de Gabrielle, le fait osciller de droite à gauche. Elle ouvre les yeux sans comprendre.

« Essaye pas, l'estorlet. Les baisers sont les baisers. Les regretter ne les fait pas disparaître. On peut juste… ne pas les encourager à nous gâcher l'existence. »

Le baiser qu'elle lui donne vaut la signature d'un pacte.

* * *

Jamais plus Gabrielle n'oublie cette phrase d'Edward : ne pas encourager Kitty à la déranger, à toucher son bonheur. Ne pas la laisser prendre une place qu'elle n'occupe plus. Georgina et ses abîmes nerveux lui enseignent le reste : ne pas céder aux mauvaises pensées qui deviennent des lamentations et des soupirs qui affaiblissent le courage. Elle a pitié de sa sœur, elle se dévoue pour l'aider, la stimuler, mais elle refuse de descendre dans le trou noir où elle est. Et elle met toute son énergie à en écarter Isabelle. Elle essaie également d'être plus patiente et plus généreuse avec Germaine qui vient « lâcher la *steam* » à l'heure du thé. Germaine ne prend même plus ombrage de Miss Parker, elle se présente les mardi et jeudi comme tous les autres jours. Le rituel est invariable. Elle arrive à l'heure où Guillaume finit sa sieste, elle va le chercher et s'en occupe le temps que la leçon finisse, puis elle attend tout le monde à la cuisine avec Mimi. Aucune place n'est laissée aux sombres pensées. Germaine est là pour se distraire et ne parle de sa sœur ou de l'ambiance chez elle qu'au moment de remettre son chapeau et ses gants. Vers la mi-octobre, alors qu'elle ajuste son étole de fourrure sur sa généreuse poitrine, elle annonce qu'il y a du mieux : « Je ne te dirai pas qu'elle chante, mais ça s'emmieute. J'ai bon espoir de la sortir sous peu. Peut-être dimanche en huit. »

Le dimanche, depuis que Georgina n'est pas bien, le repas traditionnel a été remplacé par le thé, afin que la malade ne reste pas seule trop longtemps. Georgina est allée à la messe dès qu'elle a pu, mais les autres activités ont été soustraites de son horaire et Germaine n'a jamais voulu la laisser seule avec Reine pour les repas.

« Parlant sortie, Germaine, j'aimerais bien t'inviter à la conférence du Cercle des femmes canadiennes, vendredi après-midi. »

Germaine est tentée, elle adore aller au Château Frontenac et une sortie comme celle-là est tout à fait dans ses goûts : « Laisse-moi essayer de trouver un amusement pour Georgina. Je t'appelle ce soir. »

Étrangement, la maladie de leur sœur rapproche Germaine et Gabrielle, comme au temps où Georgina habitait Sorel. Elles retrouvent leurs habitudes, leur complicité et leurs fous rires. Alors que Germaine avait tendance à se rigidifier et à devenir un parangon de vertu, la fréquentation des états nerveux de Georgina l'a assouplie. Edward reprend plaisir à l'agacer et, très souvent, il demande à Gabrielle de l'inviter à se joindre à leurs réceptions.

C'est d'ailleurs Edward qui, sans le vouloir, apporte un concours inespéré au rétablissement de sa belle-sœur.

Depuis quelques années, Edward rêve de se procurer une automobile. Comme la proximité de son travail n'exigeait aucun transport en tramway et que ses seuls voyages étaient à Montréal, l'auto n'était pas vraiment utile, les routes n'étant pas du tout entretenues pour ce genre de voyages. Malgré toutes ses promesses, Taschereau n'a pas encore concrétisé le projet du pont de l'Île et la maison demeure accessible uniquement par le vapeur. Il est toujours possible de mettre la voiture sur le bateau, mais la maison Bégin est tout près du quai.

Mais ce mois d'octobre 1931, après la conclusion d'un contrat particulièrement payant, Edward se décide pour une Torpedo grise.

Très excité par sa nouvelle acquisition, il se cherche des commissions et des raisons d'excursion. Quand le médecin recommande à Germaine de distraire sa sœur et de lui changer les idées, Edward s'offre pour installer confortablement Georgina dans la voiture et l'emmener soit à Portneuf, soit à Montmagny ou encore plus près, à Saint-Augustin ou à la plage du Foulon. Finalement, tous les samedis après-midi, il part avec Georgina, Isabelle et les plus jeunes enfants, pendant que Gabrielle organise une ou deux tables de bridge qui permettent à Reine et à Germaine de souffler un peu. C'est d'ailleurs à l'une de ces parties que Germaine se trouve jumelée avec Paulette Séguin, avec qui Gabrielle a renoué depuis son retour de l'Île et qui est venue faire la quatrième pour dépanner.

Par bonheur, Paulette est une excellente bridgeuse. Elle et Germaine emportent la partie haut la main. La discussion qui suit n'a rien de politique ou de féministe, elles parlent stratégie de jeu avec un rare bonheur. Les « Quand vous êtes revenue en pique » et les « Jouer l'atout vous permettait d'économiser votre roi » se succèdent jusqu'à la fin du thé et au retour d'Edward.

Les promenades ont l'immense avantage de permettre à Edward de se dévouer sans que cela lui coûte un effort particulier. Isabelle s'occupe de sa mère et, fine mouche, propose de chanter dès que la mélopée triste du temps d'Hector commence à se faire entendre. Béatrice et ses placotages concernant ses centaines d'amies de l'école font le reste.

Adélaïde vient parfois avec eux, mais Edward la soupçonne de ne pas aimer les groupes compacts. Aussi, pour son plaisir, il invite Adélaïde à venir faire des petites courses, seule avec lui. C'est sur la route du Foulon, alors qu'il n'y a personne, qu'il prend sa fille sur ses genoux et lui montre à conduire. Il lui laisse le volant et s'occupe des pédales. Il lui apprend à écouter le moteur et à dire « Change ! » dès qu'elle sent le passage de vitesse souhaitable. C'est un secret très protégé, Gabrielle trouvant déjà l'engin bien assez risqué à seulement y être assise. Pour sa part, elle refuse d'apprendre à conduire. « Je préfère que ce soit toi et me laisser conduire », ce dont ne se plaint certainement pas Edward.

L'automne est avancé et les excursions de paysages colorés tirent à leur fin quand arrive l'invitation au mariage de Kitty et Jules-Albert. La cérémonie aura lieu à Montréal, et Nic invite Edward et Gabrielle à demeurer chez lui, à Westmount. Leur ami Stephen Stern organise un grand cocktail le jeudi soir. Le vendredi, le dîner est chez Nic et le mariage a lieu le samedi matin, suivi d'une réception au Ritz-Carlton.

« Un mariage en novembre, quelle idée ! Sont-ils si pressés ? Il est certain que *The Gazette* va leur consacrer toute la rubrique mondaine ! Qu'est-ce qu'on fait, Edward ? C'est si rapide… il faut se décider parce que Mademoiselle Lizotte va avoir du travail si on accepte. »

Edward ne sait pas. Il a très envie de revoir Nic. Son passage à Québec, l'été passé, les a rapprochés et il lui manque beaucoup plus maintenant. Mais il n'a pas du tout le goût de réveiller les anciens problèmes. Quoi qu'il maintienne toujours qu'il ne s'est rien passé de « conséquent », Kitty est sans doute la seule autre femme qui l'ait aguiché et suffisamment amusé pour le tenter. Il n'aime pas repenser à cet épisode. Il est fidèle à sa femme non par principe, mais par désir. Kitty, dès le jour où Gabrielle l'a surprise en train de lui tourner autour, lui semble un souvenir dégradant… et il n'est pas certain qu'il ne juge pas la sœur de son meilleur ami « dégradée », pour ne pas devoir se juger lui-même indigne. Revoir Kitty en train de se marier avec l'ancien prétendant de sa femme ne lui semble pas divertissant. Retourner à Montréal avec Gabrielle, passer une ou deux soirées à s'amuser avec Nic, aller s'encanailler en sa compagnie au Gayety ou dans des clubs encore plus défendus lui paraît follement gai et tentant.

« Comment tu te sentirais, toi, d'aller voir Jules-Albert au pied de l'autel ? »

Gabrielle cesse de brosser ses cheveux et le regarde, surprise : « Mais… heureuse pour lui ! Pourquoi ? Tu penses qu'après neuf ans de mariage je peux souhaiter autre chose que son bonheur ? J'aurais pu aller à ses noces le lendemain des miennes à ce compte-là. Je ne l'aimais plus, mais je souhaitais qu'il se marie et ait des enfants. Tu vois Kitty avoir des enfants, toi ?

— Pas du tout et je suis à peu près certain qu'elle n'aura pas la soumission catholique facile.

— Elle est catholique, pourtant.

— Élevée dans une école anglaise, là où la religion est pas mal moins présente.

— Mais leurs parents n'ont pas insisté pour les éduquer dans l'esprit de la religion ?

— Leurs parents sont morts quand ils étaient très jeunes. Ils n'ont pas été élevés par des catholiques, mais par des protestants. Dans des *homes* et par la bienfaisance anglaise de Montréal. Rien à voir avec nos œuvres. Il y a un autre frère… Alex, oui, Alexander McNally qui est plus vieux que Nic. C'est probablement lui qui va servir de père à Kitty.

— Mais enfin, Edward, tu ne fréquentais pas les *homes* de Montréal ? Comment tu l'as connu ? Tu m'as dit que c'était un ami d'enfance.

— À Providence, Rhode Island. Quand j'avais dix ans, Nic est arrivé. Il travaillait avec mon père.

— Voyons donc ! Quel âge il avait ?

— Dans ce temps-là, on commençait de bonne heure. Ça a pris toute la volonté de ma mère pour que je ne travaille pas là à dix ans, moi aussi. Nic disait qu'il avait douze ans, mais il avait mon âge. Comme il était grand, bâti et qu'il avait vécu, il paraissait plus vieux. Bref, mon père a su que c'était un orphelin qui s'était enfui de Montréal. Il était parti faire sa vie et sa fortune aux États, c'est comme ça qu'il disait. Mon père l'a emmené un soir à maison après l'ouvrage : sale, affamé, maigre comme un clou, les épaules larges mais pas de viande après. Si t'avais vu Mummy ! Elle pouvait pas croire qu'on laisse un enfant tout seul dans la vie comme ça. Elle l'a ramassé et pris sous son aile.

— C'est comme ton frère, alors ?

— Oui et non. Il parlait plus avec mon père et mes frères plus vieux. Il travaillait tout le temps. C'est au Manitoba qu'on s'est rapprochés. Quand on est remontés au Canada, mon père voulait l'emmener et il a refusé. Il est parti travailler pour rien dans le port de Boston, comprendre les mécanismes de l'import-export, voir les gamiques. Il a appris. Ce gars-là, tu répètes ça à personne, Gabrielle, il me tuerait de te l'avoir dit, ce gars-là n'écrit pas une phrase sans faire de fautes, il sait à peine lire et écrire en français et c'est pas le diable mieux en anglais, mais il sait compter. Pour les affaires, il a l'instinct le plus extraordinaire que je connaisse. En quinze ans, il a monté une vraie petite fortune. Je suis certain que c'est lui qui a installé Kitty, son trousseau, tout le barda. Quand il est arrivé au Manitoba, il n'avait pas encore commencé, mais plus tard à Montréal, vers dix-neuf ans… l'argent s'est mis à rentrer et à fructifier. Ce gars-là a travaillé dans sa vie, Gabrielle, tu ne peux pas savoir.

— Pourquoi aller au Manitoba s'il ne vivait plus avec vous autres ?

— Mummy… pour revoir ma mère. C'était comme sa mère. Il l'aimait comme… je ne sais pas, comme Florent aime Adélaïde. Il la faisait rire tout le temps. Mummy était grosse, une grosse Irlandaise solide, pas mal sévère. Quand il arrivait, lui, le party pognait. Il la faisait chanter, il la faisait boire et il la faisait rire. Mum riait à s'étouffer, elle mettait sa main sur sa poitrine et criait *"Oh, my God! Stop it, Nicholas, I'll die!"* et elle pleurait de rire. Il racontait toutes sortes d'histoires, ce qu'il avait vu, entendu, tu le connais, tu sais comment il raconte… *"Good boy! You're such a good boy."* Ma mère disait ça en le prenant dans ses bras. C'était drôle de les voir ensemble : elle, grosse, courte et lui, grand, bâti, avec des épaules comme personne en a dans ma famille. Mummy avait un *soft spot* pour lui. À partir du soir où mon père l'a emmené et qu'elle l'a pogné par les ouïes, qu'elle l'a mis dans une cuve avec de l'eau chaude et l'a frotté et lavé comme on étrille un cheval, à partir de ce soir-là, Nic a été son fils. Il lui envoyait toujours des chocolats à Noël. On n'avait pas le droit d'y toucher. Des chocolats Russell Stover. C'était pas loin de la sainte communion pour Mummy : elle les laissait fondre dans sa bouche sans les mâcher, les yeux fermés, l'air recueilli. En fermant la boîte, en remettant le papier en place comme quand elle avait reçu le cadeau, elle répétait son *"Good boy"*. C'est vrai, en plus, que c'est un bon garçon. Sauf le jour où on a *jumpé* un train pour Vancouver. Mais Mum était morte, elle l'a pas su. Tu sais que ma mère l'a attendu avant de mourir ? On pensait jamais qu'y arriverait à temps. On aurait dit une vue avec l'enfant prodigue qui arrive à la dernière minute. Il y avait de quoi entre ces deux-là, une sorte de connivence. Il l'a même fait rire avant qu'a meure. Il pleurait plus que tout le reste de la famille en suivant sa tombe. Il se fichait complètement de ce que les gens pouvaient penser d'un grand gars qui pleure.

— Quel âge il avait quand sa mère à lui est morte ?

— Deux ans ?… oui, Kitty était un bébé d'un mois et ils ont dix-huit mois de différence. Même pas deux ans.

— De quoi ils sont morts ?

— D'une histoire qui a pas d'allure : un cheval fou qui s'est emballé et qui a tué quatre personnes avant qu'on réussisse à l'arrêter. C'était au marché Bonsecours, ils achetaient des patates ou ce que tu voudras et bang ! d'un coup, les deux sont morts la poitrine écrasée par la voiture que tirait le cheval. Cet été, Nic m'a dit à un moment donné : c'est fou, je suis plus vieux que mon père depuis ce matin, j'ai ses trente ans huit mois plus un jour.

— Trente ans… c'est jeune. Et elle ?

— Sa mère ? Je ne sais pas. Un peu moins, je suppose. Il en parle jamais. C'est Mummy qui m'a dit comment ils étaient morts, pas lui. Pour Nic, sa mère de cœur est morte au Manitoba en 1914.

— Je comprends maintenant pourquoi il a tant apprécié notre vie de famille, comme il a dit. Pourquoi il n'en fonde pas une ?

— Parce que tu es déjà mariée, l'estorlet.

— Niaiseux !

— Je te jure ! Je pense qu'il attend Adélaïde, il trouve que c'est ton portrait craché.

— Adéla ? Pas du tout, c'est toi. Elle est toute pareille à toi.

— Je ne sais pas… secrète et indépendante, c'est toi, ça.

— Charmeuse et buckeuse… c'est qui ?

— Buckeuse ?… ça, je ne sais pas. Charmeur, oui. Tu donnerais ta fille à marier à un *tramp* ?

— Un *tramp* qui habite Westmount, je te ferai remarquer.

— C'est tout un numéro, Nicholas McNally.

— Tu l'appelles jamais Nicholas.

— Nic fait plus français. Sa mère était une Bolduc et les McNally, c'est aussi irlandais que Mummy. Ça fait pas mal de mélange, mais comme Kitty et Alex sont restés dans le milieu francophone après leur passage dans les *homes* et les écoles anglaises, je pense qu'il tient beaucoup à ne pas se différencier d'eux. Finalement, il a opté pour la *business* et l'argent anglais, mais pour le cœur français.

— *A good boy*… ta mère avait raison. Tu sais, c'est pour le revoir, lui, que j'irais au mariage. Parce que Kitty, la famille Thivierge… à part Jean-Pierre qu'on ne voit jamais…

— Jean-Pierre a huit enfants et il pratique à Saint-Vallier de Bellechasse. Tiens ! on pourrait faire l'excursion en voiture.

— Huit ? T'es pas sérieux ?

— Huit enfants en treize ans de mariage, c'est ce qu'on appelle des bons catholiques. Il n'a pas les contacts que j'ai, on dirait.

— Comment, les contacts ?

— Prendre le contrôle de la famille sans perdre les plaisirs, ça s'apprend chez les Anglais, ça.

— Tu veux dire… Nic ? »

Elle est toute rouge, aussi intimidée que si Nic l'avait vue nue. Edward fait signe que oui : « Rougis pas, ça te donne des airs de jeune fille vierge. C'est affolant !

— Mon Dieu Seigneur, je ne pourrai jamais plus le regarder en face.

— Voyons, Gabrielle, Nic n'est pas un enfant de chœur. Loin de là. Si y a un homme qui est affranchi et ouvert, c'est bien lui.

— Quand même… c'est mal et tu le sais.

— Nic prétend qu'après avoir goûté aux *homes* de bienfaisance, le seul vrai péché est de mettre des orphelins au monde.

— C'est quand même égoïste comme pratique. »

Edward part à rire, la prend dans ses bras : « Tu le feras pour moi, alors.

— Tu veux vraiment que j'ajoute un mensonge à la liste de mes péchés ? »

« Alors ? On y va ou pas ? » Gabrielle l'entend, comme étouffé dans un coussin ouaté. Elle ne peut pas croire qu'il a encore tant d'énergie. Elle veut dormir, elle est bien, il est tard, les enfants vont se lever tôt pour l'école et elle aime par-dessus tout s'endormir comme ça, sans remettre sa jaquette, blottie dans les bras d'Edward. Il répète sa question en jouant avec les doigts parfaitement détendus de la main de Gabrielle. Elle n'entend plus, elle dort.

*　*　*

Gabrielle choisit et fait livrer un magnifique plateau d'argent de chez Birks pour les futurs mariés et elle écrit une lettre très aimable à Nic pour lui expliquer qu'ils refusent à regret son invitation, mais que le déplacement n'est pas possible en ce moment de l'année.

Quelques jours plus tard, elle est très étonnée d'entendre Nic au téléphone : « Vous êtes à Québec, Nic ?

— Non, non, j'appelle de Montréal pour vous faire changer d'avis.

— La décision a été assez longue à prendre ! Nous avions très envie de vous voir.

— Pourquoi pensez-vous que je vous appelle ? J'en ai envie aussi. Je n'ai qu'une sœur à marier, quelle sorte d'excuse je vais pouvoir trouver ensuite ? »

Malgré que ce soit un « longue distance » et que cela coûte cher, Nic lui parle un bon dix minutes. La semaine suivante, sous prétexte de s'informer d'une ou deux règles d'étiquette, il la rappelle et ils parlent un quart d'heure. Edward explique à Gabrielle, qui ne comprend pas qu'on fasse tant de frais sans avoir à annoncer une nouvelle de première importance, que Nic est un homme moderne pour qui le téléphone est un instrument de travail très usuel. « Il serait bien en peine d'écrire et il tient à garder le contact. Le téléphone est parfait pour lui. Imagine s'il avait eu ces moyens-là du temps de Mummy ! »

Gabrielle ne pense qu'à la fortune que ça lui aurait coûté.

C'est en constatant la persévérance de Nic que lui vient l'idée de l'inviter pour les Fêtes. Georgina va assez bien pour supporter un « étranger » et ça risque d'améliorer l'ambiance, de détendre tout le monde et de varier les sujets de conversation. « On pourrait enfin parler d'autre chose que de maladie et de deuil. Les enfants l'adorent. Germaine le trouve drôle et il est seul, maintenant que Kitty est à l'Île. D'ailleurs, peut-être qu'il pourrait en profiter pour aller la visiter. »

Edward est enchanté de l'idée et l'invitation est lancée dès l'appel suivant de Nic. Le programme des festivités ne cesse de s'allonger et Gabrielle a bien du mal à retenir son monde pour laisser un peu de « loisirs personnels » à Nic. Il est entendu que, malgré l'inconfort, Nic couchera dans le *den* où on dépliera le sofa-lit. Fabien est prêt à lui céder son lit, mais Nic est trop grand pour y dormir.

Gabrielle trouve le temps de souffler et d'écrire ses vœux grâce au Père Noël qui, tous les soirs, parle à la radio et réussit à garder les enfants un peu tranquilles.

Mademoiselle Lizotte est bien curieuse de la venue de ce « mon oncle pas pour de vrai », comme Rose l'appelle, et qui provoque chez Béatrice des souhaits de dentelles dignes d'une promise. Adrienne Lizotte reste trois jours entiers à la maison pour coudre les robes de Noël de toutes les dames et elle revient après le troisième dimanche de l'Avent pour les derniers ajustements. Cette fois, Gabrielle insiste pour qu'Isabelle porte une couleur. La robe est bien taillée, le tissu, un crêpe de soie violet, tombe à la perfection et lui fait de bien jolies jambes. À cause de la maladie de sa mère, à cause du deuil, il n'a même pas été question de débuts pour Isabelle et Gabrielle le regrette beaucoup. « Mais je n'ai même pas fini mes études et Reine n'est pas mariée. Ça ne peut pas être mes débuts, ma tante.

— Tu as presque seize ans. Regarde-toi dans cette robe : tu es une jeune fille très élégante, tout à fait un bon parti. »

Isabelle éclate de rire et soutient que son trousseau sera bien mince et qu'elle veut être amoureuse pour se marier, elle ne veut pas seulement se caser. À ce compte-là, elle préfère travailler comme Paulette qui vient de commencer à la Poste canadienne : « La seule chose que je ne voudrais pas, c'est finir dans le Bas-du-Fleuve chez mon oncle Cyril. M'éloigner de vous et des enfants, ce serait trop dur. »

Gabrielle promet que, de tous les avenirs envisagés, celui de servante ne le sera jamais.

« Ma tante ! Que c'est beau ! »
Gabrielle tourne lentement devant la glace, l'œil sévère, guettant le moindre pli, la couture la plus secrètement défectueuse. Sa robe est une merveille de simplicité qui représente quand même un casse-tête pour la coupe. Le détail des empiècements et coutures crée tout le chic : la jupe, très ajustée aux hanches, ne prend de l'ampleur qu'à partir du genou et encore, une ampleur qui est l'effet d'un savant biais. Le tissu est d'une légèreté inouïe, un crêpe de soie dans un ton gris acier, presque bleu. Gabrielle a l'air encore plus grande et si mince. Cette mode convient parfaitement à sa structure. Mademoiselle Lizotte est très fière de sa réussite et Isabelle ne cesse de s'extasier sur la ligne fluide de l'ensemble.

Les préparatifs de Noël vont bon train et, cette année encore, Gabrielle essaie de donner beaucoup de temps aux œuvres qui sont assaillies de demandes de la part des paroisses, la Crise ayant frappé encore plus durement que l'année précédente. En compagnie de Paulette, qui vient la rejoindre dès son travail terminé, elle passe tout son temps libre à la basse-ville à essayer de rendre le Noël des pauvres moins triste, surtout celui des quelques familles qui sont « les siennes » et dont elle s'occupe même en dehors des heures du Centre. Gabrielle a renoncé au bridge, aux thés, aux conférences et aux divertissements pour tout l'Avent et elle se demande comment elle faisait avant pour arriver à terminer ses journées.

Edward est mis à contribution et sert de chauffeur aux deux femmes pour les distributions de vêtements chauds et de nourriture. Gabrielle a demandé à chacun des enfants de céder un jouet ou un livre aux petits enfants moins gâtés qui n'ont pas de cadeaux, et ils ont tous été généreux. Quand Adélaïde revient à la maison avec une boîte remplie de livres usagés, mais en bon état, elle ne se tient plus de joie. Elle explique à sa mère comment elle a obtenu ces dons : dans sa classe toutes les petites filles ont beaucoup de livres. Comme elles ne sont pas toutes très fortes en composition française, elle a proposé d'écrire un compliment de Noël spécialement pour les parents de celles qui voulaient offrir un cadeau accompagné d'une carte vraiment personnelle. En retour, l'écolière lui donnait un livre en bon état, mais pas nécessairement neuf. « De toute façon, maman, quand elles ne sont pas bonnes en composition, elles sont faibles en lecture aussi. Alors, je ne les prive pas… c'est pas mal ? »

Gabrielle ne peut que remercier sa fille. Il y a vingt livres dans la boîte : « Adéla, tu as écrit vingt lettres ? Toutes différentes ?

— Ben oui ! C'était facile : à la récréation, la fille me raconte comment ils sont ses parents et qu'est-ce qu'elle veut leur dire et moi j'écris le midi et je le rends à l'autre récréation. Il leur reste juste à le copier au propre avec leur main d'écriture. J'aurais voulu en faire plus parce que des filles d'autres classes étaient intéressées, mais j'ai pas eu le temps. »

Complètement mystifiée, Gabrielle raconte le sens des affaires de leur aînée à Edward qui ne s'étonne pas de la débrouillardise de leur fille. Quant à la moralité de l'affaire… il se moque de Gabrielle qui y voit une forme de mensonge : « Tu te rends compte ? S'il fallait que je reçoive une carte de Noël avec un bouquet spirituel et que ce ne soit pas vraiment un message de mon enfant !

— Ça ne risque pas de t'arriver à toi, c'est ta fille qui les écrit.

— Ça ne change pas la question.

— Voyons Gabrielle : elle prend la peine d'écouter ce qu'elles veulent dire, de capter et d'imiter la personnalité de l'écrivain supposé, qu'est-ce que tu veux de plus moral ? Qu'est-ce que tu penses qu'ils faisaient, ceux qui ne savaient ni lire ni écrire dans le temps ? Ils demandaient aux autres !

— Mais leurs parents ne savaient pas lire ou écrire.

— Je parle pour les autres courriers, les contrats, les affaires. Adélaïde met son talent au service des autres et te donne son salaire *entier* pour tes œuvres et tu chipotes encore ? Je te dénonce à Georgina si tu continues. Je te fais excommunier. J'envoie ton frère te parler ! »

Réjouie, elle admet, se repend, s'excuse et demande à Edward de l'emmener porter les livres au Centre dès que les petits seront couchés.

— Ce soir ? Il neige à plein ciel !

— Tu sais qui arrive demain ? Qui nous allons chercher à la gare du Palais ? C'est le 23 décembre demain, Edward, Nic arrive et nous n'aurons plus le temps de courir au Centre. On devrait emmener Adélaïde avec nous d'ailleurs. »

Ce qui réconcilie Edward avec l'idée de jouer au chauffeur. Comme souvent, Gabrielle en profite pour faire une course supplémentaire. Edward arrête la voiture devant chez Paulette et attend avec Adélaïde que sa femme coure chercher une autre boîte.

Quand elle revient, elle trouve Adélaïde assise à la place du conducteur et Edward à ses côtés : « Ça va prendre des coussins ou des années avant qu'Adélaïde nous conduise, Edward. Allez, on va au Centre, maintenant, il neige, c'est effrayant.

— Pourquoi elle vient pas avec nous, Paulette ?

— Parce qu'elle travaille le jour et qu'elle doit aider sa mère le soir pour les préparatifs de Noël. Sa mère est malade, elle ne peut pas bouger comme elle veut. Ce soir, Paulette fait des cretons, des tartes, une bonne partie du menu du réveillon.

— C'est quoi, sa maladie ?

— Une sorte d'arthrite… rhumatoïde que ça s'appelle. »

Adélaïde fait un gros « Yeurk ! » en reculant sur le siège arrière. Gabrielle essaie de ne pas rire, ce qui épargne la leçon de bonne tenue qui, normalement, devrait suivre une telle réaction. Adélaïde ne semble pas découragée des réponses puisqu'elle continue son interrogatoire : « Et Armand ?

— Armand quoi ?

— Il fait quoi ? Il aide pas ?

— Pas dans la cuisine, certain. Ça serait du trouble plus qu'autre chose.

— Je pense que finalement, il mariera pas Isabelle. »

Le coup de freins donné par Edward les fait presque déraper. La main de Gabrielle retient tout de suite sa fille qui est projetée vers l'avant, entre les deux sièges : « Mon Dieu, Edward, ça va ? »

Adélaïde est tout énervée : « C'est un accident ? C'est ça ? On a eu un accident ? »

Edward est furieux : « Non. On a glissé, c'est tout ! C'est quoi, cette histoire d'Armand et d'Isabelle ? »

Adélaïde explique qu'elles en parlaient le soir, dans le temps des cours de Miss Parker qu'Armand suivait, mais que depuis très longtemps Isabelle ne parle plus d'Armand.

« Et elle parle de quelqu'un d'autre ?

— De l'école, c'est tout. Pourquoi ? Elle va pas se marier tout de suite ?

— Je ne pense pas, non. Adéla, veux-tu t'asseoir convenablement ?

— Je veux qu'on se marie le même jour, elle et moi. Un mariage double, tu sais ? »

Gabrielle laisse Adélaïde expliquer le principe à Edward, qui se remet de la sombre perspective de voir Armand entrer dans la famille.

* * *

L'arrivée de Nic provoque une avalanche d'activités, de plaisirs et de surprises. Les vacances s'installent à la maison. Avec Nic, c'est une suite d'initiatives qui incluent tout le monde, même Guillaume.

Pour soulager Gabrielle et lui permettre de se livrer à ses préparatifs, Nic emmène tous les enfants glisser sur les Plaines. La neige tombée la veille rend la promenade extraordinaire. Nic traîne deux toboggans : un pour les bébés et un pour les plus grands qu'Isabelle insiste pour tirer à chaque remontée.

Vers trois heures, Nic rentre en trombe déposer un Guillaume endormi et une Rose aux joues rouge brique qui pleure parce qu'elle jure qu'elle n'a pas froid et qu'elle veut rester dehors. Nic repart faire un bonhomme de neige monstrueux dans la cour.

Germaine s'occupe de libérer Guillaume de toutes les épaisseurs de laine qui l'emmaillotent et elle le garde contre elle, enfoui dans son châle, profondément endormi contre sa poitrine.

« Monte-le, Germaine, il ne se réveillera pas, tu sais. Il est à deux doigts de ronfler. »

Rose s'inquiète : « Mais pas moi ? Moi, j'ai grande !

— Tu es grande, oui. »

Elle ramasse le petit manteau au col de fourrure laissé par terre par la « grande » qui sait se déshabiller toute seule et lui sert un chocolat chaud.

Germaine n'a pas bougé, elle berce son trésor tendrement. Il y a tant d'amour dans son geste protecteur que Gabrielle ne lui répète pas d'aller le coucher et va embrasser la joue de sa sœur. Ce qui étonne autant Rose que l'intéressée : « Pourquoi tu fais ça ?

— Parce que c'est ma sœur. Tes sœurs te donnent des becs à toi, non ?

— Oui, mais j'ai petite ! »

Gabrielle sort la dernière fournée de biscuits quand la cuisine est envahie par la troupe gelée, affamée et excitée.

Ils s'assoient tous à table, chocolat chaud fumant devant eux, et la principale activité de Gabrielle est d'empêcher les enfants — incluant Nic — de dévorer la totalité de ses provisions. Elle a beau soutenir que c'est encore pénitence, que Noël n'est là que dans deux jours, pour les enfants, l'arrivée de Nic signifie la fin de l'Avent et l'arrivée de Noël. De concession en concession, Gabrielle se voit obligée de refaire une recette complète de biscuits. Elle met tout ce beau monde en dehors de la cuisine et Germaine les accompagne au salon. En mélangeant sa pâte à biscuits, Gabrielle entend toute la compagnie entonner les chants de Noël. Dès les premiers accords du piano, elle peut dire si c'est Germaine ou Adélaïde qui joue.

Quand Edward rentre, il les trouve encore à chanter, un feu bien vivace dans la cheminée et Rose endormie dans les bras de Nic qui ne la réveille même pas avec sa puissante voix de baryton. Edward prend sa fille, ce qui n'empêche pas *Mon beau sapin* d'être entonné, et il passe dans la cuisine : « Qu'est-ce qu'on fait avec les petites filles endormies à l'heure du souper ? »

Gabrielle écarte une mèche bouclée par la chaleur qui lui tombe dans l'œil : « Si tu la montes, elle est partie pour la nuit et elle ne mangera pas. Les horaires sont pas mal chambardés. Même toi, tu arrives plus tôt, non ? » Edward se penche, l'embrasse sur la nuque : « Tu t'es trompée, tu es supposée dire : quoi ? Déjà, chéri ? Quel bonheur ! »

Un accord final, plaqué avec autorité, provoque un éclat de rire au salon. Nic surgit : « Je peux aider ? Salut, Edward, tu m'as volé ma Belle au bois dormant. »

Edward lui tend Rose : « Ça va prendre tout un baiser pour la réveiller ! » Dès qu'elle se retrouve dans les bras de Nic, Rose se réveille. Elle met un petit temps à le reconnaître et lui fait ensuite un de ses sourires enjôleurs irrésistibles. Gabrielle éclate de rire : « Bon, demandez aux filles de mettre la table dans la salle à manger, j'ai pas fini ici. Et, Edward, invite donc Germaine à rester… je ne pense pas que tu aies à insister. »

Germaine est effectivement très heureuse d'appeler chez elle et de donner à Reine toutes les instructions nécessaires pour le souper. Elle revient à la cuisine en se plaignant des talents extrêmement relatifs de sa nièce en ce qui concerne les arts ménagers.

La conversation est un feu roulant. La tablée est d'une humeur très gaie, et la cacophonie aide à tenir les enfants réveillés. Ils ont tellement joué et sont restés si longtemps dehors qu'ils ont les joues rouges et les yeux brillants.

L'Heure du Père Noël à la radio non seulement les calme, mais les endort carrément. Gabrielle et Nic trouvent les plus jeunes assoupis dans les bras des plus grandes : Béatrice avec Isabelle et Fabien avec Adélaïde. Gabrielle a bien du mal à débarbouiller ses petits qui titubent de fatigue.

Elle retrouve Nic au salon, en train d'écouter la fin du *Père Noël* avec Adélaïde et Isabelle : « Il va bien falloir raconter aux enfants ce qu'il a dit ! » Gabrielle est certaine qu'il va parodier la moitié de ce qu'il a entendu et que ce sera encore plus drôle que le « vrai Père Noël ».

Quand Germaine s'habille pour rentrer, elle trouve Nic tout fin prêt à l'accompagner. Ses arguments ne tiennent pas longtemps devant l'enthousiasme de son cavalier. Ce qui fait dire à Edward que même Germaine est amoureuse du grand châtain. Gabrielle admet que les enfants en sont fous et que Germaine a ri au souper comme elle ne l'a pas vue rire depuis belle lurette : « Elle peut être tellement chaleureuse et drôle… Sa vie avec notre sœur a dû être un enfer ces derniers mois. »

Edward est en tout cas fort soulagé de ne pas avoir eu à endurer Georgina plus qu'une semaine à l'Île. Il prétend qu'il l'aurait « *dumpée* à Mastaï, l'asile des fous à Beauport ». Il ajoute une bûche et prend Gabrielle contre lui : « Tu dors déjà ? On n'attend pas notre invité ?

— Il a dû se perdre. Ça fait trente-cinq minutes qu'il est parti ! »

Il n'est pas loin de onze heures quand Nic secoue ses bottes et son paletot dans le portique. Gabrielle, assoupie contre l'épaule d'Edward, sursaute et se dégage : « Est-ce que vous faisiez la cour à Germaine ? Elle doit être gelée à l'heure qu'il est ! »

Nic étend ses grandes jambes près du feu : « Comment, gelée ? Vous doutez de mes capabilités à tenir une femme au chaud ?

— *Capacités*, Nic. Comme ça, t'as tenu ma belle-sœur au chaud ?

— Non, je suis allé présenter mes hommages à Georgina et à Reine. Germaine y tenait beaucoup. J'ai trouvé Reine très chic… pour un mercredi soir. »

Le regard est à peine moqueur, mais tout y est : l'homme habitué à être courtisé, le « projet de mariage » typiquement alléchant que les mères s'arrachent et se disputent. Edward se lève : « Je pense que tu as mérité un brandy, mon vieux. Faire la conquête de Germaine en si peu de temps, c'est champion.

— Edward, c'est encore l'Avent.

— Comme disent les enfants : c'est déjà Noël parce que Nic est arrivé.

— Bon, il va tenir le rôle de l'Enfant Jésus, maintenant ! »

Nic lève son verre à Gabrielle : « J'irai me confesser demain. De tous mes péchés.

— On ne t'attend pas pour souper, alors ? »

— Edward, tu vas me faire passer pour un polisson aux yeux de Gabrielle.

— C'est bon, elle était à la veille de te sanctifier. Si Germaine te regarde d'un œil indulgent et si Reine se met en frais, t'es aussi bien de montrer tes côtés *rough* tout de suite. Elles ne t'ont pas invité dans leur banc, pour la messe de minuit?

— Bien sûr que oui… le vôtre va être tellement plein! »

Gabrielle est outrée : « Mais voyons! On va mettre les petits avec elles. Pas vous! Vous n'y pensez pas? »

Nic ferme les yeux : « Mmm… je vais réfléchir… mais j'ai promis à Béatrice d'attendre qu'elle soit grande et de l'épouser. Elle pourrait mal interpréter mon changement de banc.

— Je ne peux pas croire que mes sœurs font ça! Vous allez trouver qu'on est d'horribles marieuses, Nic. Vraiment, j'ai envie de m'excuser pour elles.

— Gabrielle, calmez-vous! J'en ai vu bien d'autres. De nos jours, avec ma *business,* je représente un joli *catch.* Les femmes de Montréal sont bien inquiètes de leur avenir et la chasse au mari est ouverte depuis bien longtemps en ce qui me concerne. Ça ne me dérange plus. Deux soirées sur trois, je suis invité en tant que "futur gendre". Les temps sont durs, la Crise est dure, c'est normal.

— Pas très romantique, tout ça.

— C'est pas vous cet été qui m'avez fait un sermon sur le sort légal réservé aux femmes? Moi, je vais vous dire une chose, je ne connais le sort des femmes que du côté de l'homme à attraper et c'est pas joyeux. J'ai rencontré des jeunes filles que leurs mères poussaient à me séduire. J'ai vu des choses que vous trouveriez très déplacées. J'ai été l'objet d'avances qui vous scandaliseraient. Une jeune fille de dix-huit ans, issue d'un très bon milieu, m'a supplié de la prendre, de… de… d'aller trop loin, parce que toute sa famille attendait son mariage avec moi pour sauver la *business* de son père. Quand elle m'a littéralement et assez gauchement sauté dessus, je l'ai questionnée et elle m'a dit textuellement : "Ma mère me demande de le faire pour papa et pour toute la famille." Vous seriez étonnée des sacrifices que la misère entraîne. C'est la panique pour tellement de gens.

— Mais! C'est de la prostitution à peine déguisée!

— Est-ce qu'il n'y a pas une femme qui a dit que le mariage a été pour beaucoup de jeunes filles un acte de vente où toutes les clauses du contrat ne profitent qu'à l'acheteur? Une chose est certaine, ce qu'une jeune fille peut faire de mieux pour sa famille de nos jours, c'est se marier et bien se marier.

— Et t'as fait quoi avec ta jeune fille prête au sacrifice ultime ?

— Edward ! Franchement ! Comme si ça se demandait !

— J'ai engagé son père dans une de mes entreprises.

— *Very convenient !* Vous cherchez de l'emploi ? Mettez votre fille en contact avec le *boss*. Tu en profites jamais ? T'es un maudit bon gars !

— Quoi, Edward ? Viens pas me dire que tu en profiterais ?

— Probablement pas… à cause du prix à payer qui est le mariage avec quelqu'un qu'on n'aime pas.

— Tu me scandalises. Tais-toi !

— Il le fait exprès, Gabrielle. Plus vous vous fâchez, plus loin il va aller. Il ne sait même pas de quoi il parle. Il ne connaît pas l'ennui des longs dîners de famille où on fait l'étalage des mérites et des talents de la jeune fille. *La Sonate à la lune,* je ne peux plus l'entendre, je le jure. Maintenant que Kitty est mariée, je vais devoir trouver quelqu'un qui m'accompagne sans attendre de rétribution matrimoniale. »

Gabrielle n'en revient pas : elle a vu tous les efforts déployés par Reine pour trouver un mari, mais jamais ne l'avait effleurée la pensée du candidat qui est pourchassé par plusieurs jeunes filles pressées de se caser : « Vous ne voudrez jamais vous marier après toutes ces expériences. Vous ne croirez plus personne.

— Ne soyez pas désolée, Gabrielle, ce n'est pas mal vu pour un homme. Et je subviens à mes besoins. Largement.

— Non. Ce n'est pas… je parle du bonheur, Nic. Je parle d'être amoureux et heureux. On dirait que ce n'est même pas pensable pour vous. Ce n'est pas nécessairement un contrat plus ou moins rentable, le mariage. C'est, je ne sais pas, c'est… »

Edward s'approche et la prend par les épaules : « Elle veut dire une union, elle veut dire quelqu'un en qui avoir une confiance absolue, à qui parler le soir, avec qui il n'y a pas une saison sans allure. »

Gabrielle le regarde : « Tu te moques encore ? »

C'est Nic qui répond : « Non… il essaie de me dire ce que je sais : qu'il est amoureux et heureux. Et moi, ce que je sais, c'est que c'est rare. Très, très rare. Et ce n'est pas le genre de *business* qu'on organise. »

Ils restent à parler longtemps. Il est très tard quand ils se couchent et Gabrielle sait d'avance que la journée du lendemain sera dure avec les enfants surexcités et son manque de sommeil.

C'est sans compter sur l'énergie et le plaisir qu'a Nic avec les enfants. Grâce à ses talents et à ses initiatives, elle peut régler une bonne partie des courses et des commissions dans sa seule matinée. Edward quitte le bureau vers une heure et c'est tous ensemble qu'ils décorent l'arbre de Noël en fin d'après-midi.

Chaque enfant veut placer sa décoration, chacun a sa boule de Noël préférée et, évidemment, comme chaque année, l'entreprise n'est pas sans bris. Quand Fabien recule pour considérer l'effet d'une étoile de papier et piétine malencontreusement la boîte à souliers contenant le petit Jésus de cire de la crèche, c'est le drame. Malgré les nombreuses couches de ouate au cœur desquelles Jésus repose, sa tête s'est détachée du corps, ce qui horrifie Rose qui se joint au concert de larmes de Fabien.

Isabelle se charge d'aller réparer le « Jésus cassé » pendant qu'on console la marmaille.

Nic propose de l'aider et il tient le petit corps dodu de la figurine pendant qu'Isabelle amollit la cire délicatement. L'ouvrage est difficile et ils travaillent en silence. Puis, en tenant fermement la tête contre le corps de Jésus, Nic commence à parler avec Isabelle et à s'informer de ses études. Il est très étonné d'apprendre que, dès la fin de l'année, elle obtiendra son diplôme d'études supérieures. Il cherche à savoir quel métier elle veut exercer, si elle ira ensuite à l'université, ce qui fait bien rire Isabelle qui lui explique que l'université est réservée à celles qui font un cours privé dans un collège de religieuses. Adélaïde pourra y aller si elle le désire, mais pas elle. C'est déjà très beau qu'elle puisse passer le diplôme d'études supérieures. Elle sera très heureuse de pouvoir enseigner à lire et à écrire à des petits et rapporter un peu d'argent à sa mère. Là se résument ses ambitions, affirme-t-elle à Nic qui fait la grimace à l'idée d'une carrière passée à enseigner : « J'ai pas du tout aimé apprendre à l'école !

— Justement ! On peut rendre l'apprentissage intéressant. »

Devant l'air dubitatif de Nic, elle explique tous les trucs, les moyens qu'elle prendrait pour stimuler l'imagination des enfants.

« Vous savez, si jamais j'ai des enfants, je vous engagerai pour leur donner des cours. »

Doucement, Isabelle prend la figurine réparée des mains de Nic : « Je vais avoir le temps de perfectionner mes méthodes.

— Pourquoi ? Vous pensez que je n'aurai pas d'enfants ? »

Surprise, elle hoche la tête, rouge de gêne : « Ben… je pensais qu'il fallait attendre qu'ils aient au moins cinq ou six ans. »

Nic se trouve tellement idiot qu'il s'empresse de raconter sa méprise à tout le monde au salon. Fabien est enfin consolé de voir que le petit Jésus ne sera pas décapité par sa faute. Après une légère collation, Gabrielle met tout son monde au lit pour un « dodo d'avant minuit », et s'enferme avec Mimi à la cuisine. Elle a un réveillon à préparer cette année.

Couchées dans la pénombre, Isabelle et Adélaïde ne dorment pas.

« Isabelle… ça t'a fait de la peine qu'il pense à t'engager pour ses enfants, Nic ?

— Non.

— Pourquoi tu le regardes comme ça, alors ?

— Je le regarde pas. Dors. »

Après un temps, Adélaïde demande : « Mais Armand, tu n'es plus amoureuse de lui ? »

Isabelle semble trouver cela très drôle : « Voyons donc ! J'étais jeune, je savais pas ce que c'était !

— Maintenant, tu sais ?

— Dors, Adélaïde. »

Isabelle reste les yeux grands ouverts jusqu'à ce que Gabrielle vienne frapper à la porte, vers onze heures. Elle pense au coup stupide qu'elle a reçu en entendant Nic parler de cours privés pour ses enfants. Elle pense comme elle a été présomptueuse et idiote. Une chance qu'Adélaïde est discrète et même secrète. Si Béatrice avait eu son regard, toute la maisonnée pourrait rire d'elle. Ce n'est pas l'humiliation possible qui fait le plus mal à Isabelle, c'est de voir cet homme si beau, si rieur, si solide, être également charmant avec tout le monde. Germaine, Georgina, Reine et même Béatrice — tout le monde reçoit le même sourire, le même enthousiasme. Elle aurait tellement aimé qu'il la regarde différemment, que la bienveillante attention qu'il avait eue en s'informant de ses études, quand ses doigts touchaient les siens et la faisaient trembler, que ce réel intérêt dans ses yeux demeure et lui fasse encore ressentir cette impression de vivre un grand moment et de ne plus être l'insignifiante personne qu'elle se sait être.

Mais Nic n'octroie aucun sourire ou regard appuyé à qui que ce soit. Sa seule et évidente faiblesse est pour Gabrielle, qu'il n'est pas loin de vénérer. Ils ont ensemble une complicité immédiate et l'humour d'Edward que Gabrielle a toujours partagé et apprécié est si semblable à celui de Nic qu'elle ne peut s'empêcher de prévoir ses blagues et d'y répondre du tac au tac.

Ce que Reine, qui n'est pas rieuse, tant s'en faut, trouve extrêmement déplacé. Mais comme le fait d'obtenir un vote en défaveur de Gabrielle risque d'entraîner la critique ou, pire, la condamnation de Nic, Reine fait mine de trouver tout cela spirituel. Elle essaie de soutirer des renseignements d'ordre privé à sa sœur qui la reçoit très fraîchement. Mettant cela sur le compte de la jalousie, Reine s'empresse auprès de l'élu lui-même : « Et comment se fait-il que vous ne soyez pas marié, Nic ? Un homme de votre prestance… »

Béatrice lève la tête de son assiette et déclare avec un rien de prétention : « Il m'attend », ce qui provoque une telle hilarité que Reine se trouve empêchée de remettre avec naturel sa question sur la table.

Le thé de Noël chez Germaine est la première occasion où Georgina participe à une fête. Depuis le mois d'août, elle a bien maigri et son teint un peu jaune présente des signes de vieillissement prématuré. Nic se montre particulièrement irrésistible. Il organise des charades et ses mimiques sont si drôles que même Georgina rit. Germaine a, bien sûr, toujours le mouchoir au coin des yeux. Nic propose de préparer un spectacle avec les enfants pour le jour de l'An. Une ou deux saynètes pour le plaisir de faire du théâtre et de divertir les invités de la prochaine réunion de famille.

Tout le repas du soir de Noël se passe à discuter du projet, à projeter une distribution, à noter les goûts et préférences de chacun. Fabien veut être le chevalier et Béatrice, la princesse. Une fois cela entendu, il y a quand même un peu de latitude laissée au metteur en scène. Reine s'offre pour n'importe quel rôle d'adulte et Nic se demande si la sorcière qu'il a en tête va lui plaire. Il lève les mains pour faire taire la troupe : « Laissez-moi réfléchir. Demain avant-midi, première répétition. »

Une fois le chevalier et la princesse couchés en compagnie de leurs subalternes, Edward et Nic partent reconduire les « trois grâces », comme les appelle Nic depuis qu'il connaît le vocable de Sainte Trinité accordée par Edward.

Ils retrouvent leurs « trois vraies grâces à eux » à moitié endormies au salon. Edward tape dans ses mains : « Comment ? Comment ? C'est le soir de Noël et vous dormez ? Attendez ! »

Il se met au piano et se lance dans une *Sonate à la lune* sirupeuse. Adélaïde fait la grimace : « Papa ! Toutes les filles jouent ça au cours de piano et tu es pire que la pire ! » Elle le pousse et attaque un petit *one-step* des plus enlevés. Edward entraîne Gabrielle et Isabelle se trouve de nouveau la partenaire de Nic. Quand, après trois morceaux, ils se rassoient essoufflés, Nic s'incline devant Adélaïde : « Et toi ? Tu joues, mais tu ne danses jamais. Viens ! Quelqu'un peut nous jouer quelque chose ? »

Gabrielle se met au piano et joue la valse qu'elle exécute le mieux. Adélaïde, malgré ses longues jambes, n'arrive pas tout à fait à la poitrine de Nic. Il doit se pencher de façon ridicule pour cueillir sa taille. Elle se dégage en riant : « Je ne suis pas assez grande, Nic. J'aime mieux avec papa. »

Elle se tourne vers son père et Nic la rattrape, la hisse dans ses bras, l'appuie contre son torse et lève la tête vers elle qui la dépasse ainsi d'un bon dix pouces. Il prend sa main : « Et maintenant, madame, on peut danser ? »

La valse achevée, il la dépose comme une fleur sur le sofa : « Tu aimes encore mieux avec papa ? » Adélaïde coule un regard attendri à Edward : « Oui. On est presque la même grandeur tous les deux. »

Gabrielle quitte le piano : « Moi, je parie que tu seras plus grande que lui et je parie aussi que ça va l'insulter beaucoup.

— Qu'est-ce que c'est ? Je ne suis pas petit ! Je suis normal. C'est lui, l'espèce de géant. Tu te souviens comment Mummy t'appelait ? Mon lumber jack. Ça, mon père était jaloux !

— Qu'est-ce que tu racontes ? N'écoutez pas.

— T'as vu Germaine, cet après-midi ? Avec son mouchoir quand tu la faisais rire ? Encore un peu et elle criait *"Stop it, Nicholas, I'll die !"* ».

Nic part à rire, heureux du souvenir. Ils se relancent avec les souvenirs du temps ancien du Manitoba et de celui, plus ancien encore, de Providence.

Blottie contre Edward, Adélaïde s'est endormie et Gabrielle n'est pas loin d'en faire autant. Il n'y a qu'Isabelle, parfaitement éveillée, qui suit passionnément la conversation. Edward fait « chut ! », se penche vers Gabrielle et effleure sa tempe du bout des lèvres. Elle frémit, ouvre les yeux, s'inquiète : « Mon Dieu, quelle hôtesse je fais !

— Regarde comme ta fille suit tes traces. »

Edward prend Adélaïde dans ses bras : elle l'enlace, toute détendue, ferme ses bras autour de son cou, les cheveux de son père presque dans sa bouche. Gabrielle écarte la mèche et les accompagne.

Isabelle ne saurait dire laquelle des deux émeut plus sûrement Nic. Elle sait seulement qu'Edward possède, aux yeux de Nic, tous les trésors du monde. Et elle est bien d'accord avec lui.

* * *

Les répétitions vont bon train et occupent une partie des journées. Comme Nic tient à aller au rond de patinoire, aux glissades de glace du Château Frontenac et même à inviter ces dames au cinéma pour admirer Claudette Colbert, Gabrielle a du mal à faire tout son ouvrage.

En sortant du cinéma Classic au coin de Salaberry, Nic s'informe de l'équipement sportif de Gabrielle pour le ski. Gabrielle se récrie, l'assure que c'est un sport beaucoup trop dangereux pour une mère de famille et qu'elle n'a certainement pas le temps d'apprendre à skier. Même pas sur les Plaines, derrière la maison.

« Vous ferez ça avec les jeunes, Nic, ou alors avec Edward. »

Pour son mari, l'aventure est intéressante parce qu'elle permet l'excursion en voiture jusqu'aux pistes du lac Beauport et que rien ne le réjouit autant que ces randonnées.

En rentrant à la maison, tout le monde va au lit malgré qu'il soit tôt, les activités au grand air ayant un effet radicalement soporifique.

En raccrochant le téléphone dans l'entrée, Nic aperçoit Adélaïde assise en haut des marches de l'escalier, les pieds abriés dans sa jaquette tout étirée. « Qu'est-ce que tu fais là, toi ? »

Elle lui fait signe de parler bas. Il monte la rejoindre et s'assoit dans l'escalier, son grand corps occupant au moins quatre marches. Adélaïde chuchote : « Tu vas y aller, voir ta sœur ?

— Je ne sais pas encore. Pourquoi ? Comment tu sais que c'est à elle que je parlais ? »

Adélaïde garde ses secrets : « Je le sais, c'est tout.

— Pourquoi tu veux savoir ça ? Tu as envie que j'y aille ?

— Oui. »

Nic essaie de deviner si sa présence la dérange ou empêche une quelconque harmonie familiale, la petite fille ne le laisse pas voir grand-chose. Il sait que s'il pose la question directement, elle va se fermer, ses beaux yeux posés sur lui sans aucune réponse à y trouver.

« Tu sais ce qu'est le pont de glace ? C'est le seul moyen d'aller à l'Île, en hiver. Kitty dit qu'il n'est pas sûr, pas encore assez solide pour traverser. Tu ne voudrais pas que je me noie pour te débarrasser de moi, quand même ? »

Adélaïde fait non. C'est fou, Nic n'arrive jamais à savoir s'il lui déplaît ou non. « On va se coucher alors ? Tu veux que je te porte ?

— Non. Si tu y vas, j'aurais un service à te demander. Un cadeau à apporter.

— À Jules-Albert ? »

Elle hoche la tête négativement.

« Pas à Kitty ? »

Adélaïde recule presque, tellement le nom lui répugne. Nic se dit que sa sœur aura beaucoup à faire pour rentrer dans les grâces d'Adélaïde.

« Tu es encore fâchée contre Kitty ?

— C'est pour Florent. Il reste à l'Île, en hiver.

— Mais pourquoi tu le postes pas, ton cadeau ? »

Adélaïde se contente de hausser une seule épaule, de dégager ses pieds nus et de remonter. Nic la suit en murmurant : « Tu veux que je te prête les sous pour le poster ? On ira en secret. Personne ne le saura. »

Il l'accompagne jusqu'au deuxième étage. Adélaïde s'arrête à la porte de sa chambre, réfléchit à la question.

« Je vais y penser, Nic. Merci. » Elle referme sa porte avant même qu'il se soit penché pour l'embrasser.

Au premier étage, Nic passe devant la chambre d'Edward et l'entend murmurer. Le rire de Gabrielle fuse, vite étouffé.

De tout ce que ses amis lui ont dit du bonheur d'une union réussie, de tout ce qu'il a vu et apprécié des joies familiales, ce rire qui suit une phrase d'Edward, ce rire étouffé, si gai, si impulsif, ce rire est le symbole même du bonheur.

*   *   *

Entre Noël et le jour de l'An, Gabrielle décide d'organiser un thé en l'honneur de Nic afin de le présenter à leurs amis. C'est à cette occasion que Paulette le rencontre.

Isabelle, chargée d'accueillir les invités, aide Paulette à retirer son manteau. Elle aperçoit Nic dans l'embrasure de la porte. Il suit Gabrielle des yeux, alors que celle-ci vient embrasser Paulette. Isabelle sent la tension dans le dos de Paulette, le choc qui traverse sa colonne vertébrale en voyant Nic s'approcher d'elle. Alarmée, Isabelle vérifie si l'effet est réciproque chez Nic. Elle ne constate que l'habituelle et invincible aisance.

Gabrielle fait les présentations et entraîne son amie au salon en tenant Nic par le bras.

Isabelle remonte lentement vers la chambre pour y déposer les effets de Paulette.

Depuis deux ou trois jours, Isabelle se juge vilaine. Elle se sent devenir méfiante, guettant le moindre regard, la plus petite approche à la faveur d'une tasse de thé, d'un manteau tendu, d'un enfant endormi qui passe de l'une à l'autre. Elle s'assoit sur le lit au travers des manteaux qui le couvrent, envahie par une multitude de parfums qui émanent des fourrures qui gardent tellement les odeurs. Elle joue avec un renard et fixe les yeux morts de la bête. Elle est certaine que jamais Nic ne la regardera comme il regarde Gabrielle. Mais elle n'est pas sa tante. Elle n'aura jamais ces yeux gris, pétillants, cette bouche si bien dessinée, ces pommettes hautes, souvent roses d'animation et surtout, surtout, elle n'aura jamais cet humour fin et cette facilité de parler et de rire en public. Cette autre femme, cette Paulette va vouloir Nic, elle aussi. Comme Reine. Comme toutes les femmes. Elle n'arrive pas à comprendre ce qu'il faut faire pour que Nic, si habitué au désir des femmes, en considère une seule. Elle soupire et rejette le renard : son seul espoir n'est pas de conquérir Nic, mais d'être là le jour où il aura besoin d'être consolé. D'être là si jamais ce vainqueur-né perd une bataille, que ce soit avec une femme, avec une *business* ou avec quoi que ce soit. Isabelle doute qu'un tel jour arrive. Nic, contrairement à elle, lui semble totalement bâti pour la réussite et le succès.

Béatrice la surprend alors qu'elle arrange ses cheveux devant la coiffeuse de Gabrielle. « La princesse » est venue se parer des fourrures et Isabelle la regarde se faire des mines dans la glace. La fourrure noire d'un vison contre son teint pâle lui donne des airs de princesse, effectivement. La petite vaniteuse se contemple, ravie, le nez dans les poils doux, et elle coule un œil triomphant vers Isabelle : « C'est beau ! On dirait que je suis grande ! »

Elle tend la main vers le coffre à bijoux de sa mère, l'ouvre, en retire des pendants d'oreilles brillants et les visse à ses oreilles : ses yeux scintillent plus que les faux diamants : « Tu vois, Isabelle, quand je serai une dame, j'aurai tous les bijoux et toutes les fourrures pour me rendre encore plus jolie. J'ai tellement hâte ! »

Isabelle se demande si elle pourrait conquérir tout cela en affichant l'assurance de Béatrice. Cette certitude qui rend la chose possible. Qui peut imaginer que Béatrice n'obtiendra pas effectivement tout ce qu'elle désire ? Qui peut croire qu'Adélaïde se laissera contrarier par la vie ? Isabelle se convainc qu'il faut se sacrifier pour les autres, tenir sa place et avoir de la gratitude pour ce qu'on lui donne. Elle se sent devenir tellement mesquine depuis quelque temps qu'elle se dit que cette attirance pour Nic doit être vicieuse et malsaine pour engendrer des comportements si peu charitables.

Elle retire ses joyaux à la princesse en herbe et l'emmène rejoindre les autres en se jurant qu'elle ne pensera plus à Nic de façon inconvenante, en promettant à Dieu de ne plus désirer être dans ces bras si forts qui tenaient Adélaïde et la faisaient danser.

Il lui est par contre bien difficile de ne pas voir Reine surveiller de près son « beau prospect » et se placer en travers de sa route pour un rien. En observant les manigances flagrantes de sa sœur, Isabelle a honte à la seule idée qu'on puisse deviner ses sentiments et elle se contraint à se rendre dans la cuisine et à passer les plateaux de sandwiches sans un regard pour Nic et pour cette Paulette qui discutent de façon si animée près du piano.

Le thé s'étire jusqu'à assez tard. Isabelle a fait manger les enfants et les a mis au lit. Elle fait la vaisselle avec Mimi quand Gabrielle survient. La robe de sa tante est d'un gris foncé qui fait ressortir son éclat et les perles qu'elle porte ont la même matité laiteuse que son décolleté. Elle prend Isabelle par le bras et refuse de la voir continuer à travailler : « Tu m'as bien assez aidée. Viens te joindre à nous au salon. Il ne reste que les gens les plus intéressants. »

Ne voient-ils pas combien Paulette est sous le charme de Nic ? Isabelle fixe l'arbre de Noël, essaie de se sentir heureuse d'être là, dans la chaleur du foyer de sa tante. Demain, le dernier jour de l'année. Elle va écrire ses résolutions du Nouvel An et elle va jurer d'être meilleure et de ne plus rêver à des impossibles. Elle a échappé au service domestique dans un presbytère, si elle peut enseigner un jour aux enfants de Nic, ce sera très bien. Elle regarde Paulette et sait qu'à un moment donné cette femme voudra revoir Nic et qu'elle n'en aura plus la possibilité. Elle, si elle réussit à garder son secret, elle pourra toujours le voir parce qu'il ne s'éloignera jamais de Gabrielle ou d'Edward.

C'est en pensant à cette possibilité qu'elle arrive enfin à s'endormir ce soir-là.

* * *

Gabrielle referme doucement la porte de leur chambre : « Elle dort, Edward, j'ai dû me tromper. »

Elle a senti Isabelle bien distante, ce soir, bien réservée et elle est allée la voir, certaine de la trouver éveillée. Elle dormait et Adélaïde avait, comme d'habitude, rejeté ses couvertures. Gabrielle l'a tendrement abriée et elle est passée voir ses bébés avant de revenir dans leur chambre. Edward est déjà au lit, les couvertures tirées jusqu'au menton : « C'est pas de toi que tient Adélaïde, elle dormait encore sans ses couvertures.

— On gèle ! Viens vite ! »

Elle éteint, se blottit dans ses bras et il lui frotte le dos vigoureusement. « Hé ! Je ne suis pas réchappée d'un banc de neige !

— T'as pas froid, toi ?

— Non. Je suis juste bien. Je pense que Paulette est tombée amoureuse de Nic.

— Gabrielle… ils viennent de se rencontrer.

— Combien de temps tu penses que ça m'a pris pour toi ?

— Un jour.

— Dix secondes. Au bout de trois heures, j'étais au bord du fleuve à me demander comment je rendrais sa parole à Jules-Albert. »

Il rit, ravi. « Je t'ai bien eue, han, mon estorlet ?

— Tu penses que Nic aussi… avec Paulette ?

— Il a dit que, pour une fois, une femme lui parlait d'autre chose que de mariage. Un discours critique très intéressant, voilà son commentaire.

— Évidemment que Paulette est intéressante.

— Je ne sais pas pour le reste. Je ne l'ai jamais vu amoureux.

— Non ? Même pas à quinze ans ?

— Non. Il a toujours pu avoir les femmes qu'il voulait en claquant des doigts. Je ne l'ai vu se soucier que de deux femmes dans sa vie : Mummy et Kitty.

— Sa sœur ? Tu ne veux pas dire…

— Je veux dire comme sa sœur, espèce de croche !

— Ça s'est vu, tu sais. Et sa sœur n'est pas… disons, conventionnelle.

— Disons. Elle doit trouver le temps long, l'hiver à l'Île.

— La pauvre… j'espère qu'elle aime le bridge. Elle aura bientôt un enfant et ça va changer sa vie.

— Quoi ? Elle est ?

— Non, je dis ça comme ça, parce qu'elle est mariée et que je sais que Jules-Albert veut une famille. Nic ne t'a rien dit ?

— Ce genre de choses, c'est à toi qu'il les dirait, Gabrielle.

— Alors… non.

— Nic m'a proposé quelque chose… une association.

— De travail ? Pour sa compagnie ?

— Oui. Je serais son avoué exclusif. Je n'aurais que lui comme client. »

Elle ne dit plus rien. Elle imagine tout ce que cela signifie pour elle, pour les enfants. Elle se voit forcée de recommencer toute sa vie, de reconstruire ses relations, ses œuvres, les familles qu'elle protège, ses sœurs, Isabelle… Montréal, cette ville affolante pour des petits. « Hé ! J'ai dit qu'on en parlerait, c'est pas fait.

— C'est ta décision, Edward, et je le sais. Si tu as besoin de ça pour travailler, pour gagner ta vie, il va falloir que je m'y fasse. Comme Georgina et bien d'autres.

— Ma *business* va très bien et je n'ai pas besoin de Nic pour gagner ma vie. C'est seulement pour le plaisir de travailler ensemble. Et je ne suis pas prêt à déménager à Montréal si ça te bouleverse autant.

— Mais ce n'est pas à moi de discuter, Edward. Moi, je te suis, je te suivrai de toute façon. Je ne discuterai pas et tu le sais.

— Par contre, si j'acceptais certains contrats au lieu de l'exclusivité, ça m'obligerait à aller à Montréal une fois par mois pour les conseils d'administration. Ce serait compliqué, mais faisable. J'ai pensé que, pour la première année, on pourrait essayer comme ça. Quatre jours par mois à Montréal et le reste à Québec. Tu dis quoi ? »

Elle le serre dans ses bras et se met à pleurer. Il n'en revient pas de sa réaction. Il frotte son dos, essaie de dégager son visage pour la regarder, elle refuse et se cache dans son cou : « J'ai eu peur, c'est tout. J'ai vu tout ce que j'aurais dû quitter. C'est rien, Edward, la fatigue, la peur, je ne sais pas. »

Elle se mouche, soupire : « Excuse-moi. C'est idiot, j'ai paniqué. J'ai vu ma vie m'échapper… C'est fou, je comprends mieux la réaction de Georgina quand il a été question de Trois-Rivières. Ça lui avait pris toutes ces années avant de revenir à Québec et voilà qu'il fallait repartir. Elle n'a jamais aimé Sorel.

— Mais Montréal, c'est pas Sorel ! Et de toute façon, il n'en est pas question pour l'instant. Tu me crois, Gabrielle ? Si tu veux essayer comme j'ai dit, on essaie. Si tu ne veux pas, je dis tout sec à Nic que ce n'est pas possible.

— Mais voyons, Edward, ça n'aurait aucun sens ! Depuis quand je me mêlerais de ton travail ? Ce n'est pas à moi de décider.

— Non, c'est à moi, mais je te consulte. Alors ? Tu dis quoi ?

— Je dis que j'ai le meilleur mari au monde et que, quoi que tu décides, je resterai à tes côtés. Et que je promets de ne jamais rouspéter pendant les quatre jours par mois où tu ne seras pas là.

— Essaie quand même de trouver que je vais te manquer. Ne sois pas si soulagée.

— Tu vas me manquer… gros comme le ciel, comme dirait Rose. »

Il l'embrasse et elle résiste à ses avances en murmurant ce que la veille, déjà, elle a murmuré : « Edward, non. Nic est juste à côté dans le *den*. Il pourrait nous entendre. »

Edward argumente encore avec les mêmes éléments que la veille et il obtient les mêmes réponses. Il allait s'endormir en souhaitant que le pont de glace de l'Île se solidifie dans les prochains jours, quand Gabrielle lui chuchote quelque chose.

Finalement, il s'avère que tenter de contraindre toute expression de plaisir est une entreprise des plus excitantes.

*   *   *

Le « pextacle », comme l'annonce Rose, obtient un tel succès qu'il est repris le soir même du jour de l'An. Fabien, qui trouve enfin son aisance lors de la seconde représentation, cabotine tellement qu'il en fait perdre sa dignité à une Béatrice très irritée qui, de dépit, se mélange dans son texte. Edward assisterait à ce genre de théâtre tous les soirs. Lui et Germaine s'amusent comme des fous.

On parle même d'une reprise possible pour la dernière soirée de Nic à Québec, juste avant les Rois.

Comme le pont de glace est déclaré solide, Nic décide d'aller visiter sa sœur pour deux jours. La soirée est très avancée quand il finit de ranger ses affaires pour le départ. Adélaïde, pieds nus et en jaquette, arrive alors qu'il se met au lit : « Adélaïde ? Il est minuit passé ! Qu'est-ce que tu fais debout ? »

Elle lui tend un paquet bien enveloppé avec une feuille de papier soigneusement pliée.

« C'est le cadeau ? Je l'aurais pris demain matin. Je ne t'avais pas oubliée.

— J'aime mieux que personne le sache. »

Elle se dandine. Il n'a jamais rien vu de plus touchant que ses deux petits pieds nus qui sont presque couverts par la flanellette blanche. Il ouvre ses draps : « Viens te chauffer les pieds, tu vas prendre du mal. »

Elle s'assoit sur le lit et il replie la couverture sur ses pieds. Il se lève, passe sa robe de chambre et vient s'installer près d'elle : « Alors, dis-moi. J'apporte cela chez Florent et je dis que c'est de ta part.

— Oui, mais ça, il va le savoir tout de suite. Regarde, le papier, c'est une histoire que j'ai écrite pour lui. Faudrait lui lire. Malvina sait pas et je pense que ses grands frères ont jamais le temps. Si tu pouvais lui lire une fois, lentement, ça lui ferait très plaisir. »

Elle le considère gravement avant d'ajouter : « Et à moi aussi. »

Nic déplie la feuille. D'une écriture bien appliquée, c'est écrit *Conte pour Florent*. « C'est toi qui l'as inventé ? »

Elle hoche la tête.

« Tu veux me le lire ? »

Elle le regarde sans comprendre. Il insiste : « Je voudrais le lui lire comme toi, tu le ferais. Alors, je t'écoute. »

Elle a l'air plutôt contente. Elle prend la feuille et lit l'histoire en marquant des pauses et en interprétant bien les passages d'une humeur à l'autre. Nic est totalement envoûté, l'histoire est belle et, en plus, elle est bien lue.

Il promet de lui raconter en détails les réactions de Florent. Cette fois, c'est elle qui l'embrasse avec élan.

« Et dans le paquet, qu'est-ce qu'il y a ?

— Un long, long foulard que j'ai tricoté tout l'automne à l'école, en classe d'arts ménagers. Il est rouge. Pour mettre son nez dedans quand il va jouer dehors.

— Tu l'aimes tant que ça, Florent ? »

Elle se contente de se lever et d'agiter légèrement la main avant de repartir vers sa chambre. Pendant une bonne heure, Nic s'applique à relire la feuille et à apprendre les passages plus difficiles, afin d'être digne de sa mission.

* * *

Les nouvelles de Kitty que rapporte Nic sont désolantes. Elle s'ennuie dans la neige de l'Île, elle s'enlise à force de ne rien faire et Nic a eu bien du mal à partir, tant elle insistait pour le garder. Gabrielle le voit angoissé, soucieux, pour la première fois depuis qu'elle le connaît.

« Je lui avais dit que ce mariage était un coup de tête, qu'elle s'ennuierait pour mourir avec son docteur. Elle ne parle plus de rien, ne rit jamais. Son mari a l'air très amoureux d'elle, mais c'est un irritant supplémentaire, on dirait. Il est appelé sans arrêt auprès de ses malades. Le 24 décembre au soir, dix minutes avant de partir pour la messe de minuit, il a été appelé. Il l'a rejointe après la communion. Pour Kitty, c'est le *nec plus ultra* de la goujaterie.

— Mais c'est la vie d'un médecin de campagne, Nic ! Encore heureux qu'il ne l'oblige pas à l'attendre dans la cuisine à peine chauffée, comme mon père faisait avec ma mère.

— Ah oui ? Je ne comprends pas ces mœurs-là.

— C'était dans l'ancien temps… mais c'est sûr que Jules-Albert ne refusera pas d'aller voir un malade parce qu'il a une activité personnelle, même si c'est la messe de minuit. Il faut qu'elle soit patiente, Nic, ça prend un peu de temps pour s'adapter à sa nouvelle vie.

— Elle ne l'aime pas. »

La déclaration fait l'effet d'une bombe. Gabrielle et Edward le fixent, sans voix. La constatation est probablement vraie, mais non seulement ça ne se dit pas, mais ça ne doit jamais se laisser soupçonner.

Gabrielle parle avec précaution, consciente que le sujet est très déchirant pour Nic : « Ne dites pas ça, Nic. Il faut l'aider, l'encourager à voir les bons aspects de sa nouvelle vie. Il ne faut pas céder au découragement qu'entraîne l'adaptation. Il faut qu'elle trouve à s'occuper en attendant qu'un enfant… »

Le mot fait bondir Nic qui l'interrompt en grondant, fâché contre lui de devoir avouer : « Vous ne comprenez pas, Gabrielle, elle ne veut pas d'enfant, elle ne veut pas qu'il la touche seulement. Elle veut partir, le quitter, revenir à Montréal avec moi.

— Mon Dieu ! »

Catastrophée, Gabrielle ne dit plus rien. Edward se lève, verse trois brandys sans demander l'opinion de quiconque et il prend le temps d'avaler sa première gorgée avant de parler : « C'est une décision très grave, Nic. Elle ne peut pas quitter son mari comme ça. Il a des droits. Elle pourrait le payer très cher. Sa réputation, sa vie… Ça peut faire un mal irréparable… pas seulement à Jules-Albert, le scandale serait pour elle… effrayant !

— Je lui ai dit tout ça, qu'est-ce que tu penses ? Elle m'a fait une crise épouvantable. Je ne sais pas… Je ne crois pas qu'elle puisse se faire davantage de mal qu'en restant là-bas.

— Oh oui, Nic ! Beaucoup, beaucoup plus de mal. On ne pardonne pas ce genre de "caprices", tout le monde va la condamner, même l'Église. Elle sera excommuniée. Ce qui veut dire que bien des salons vont lui être fermés. En fait, il n'y aura personne parmis les "gens bien" qu'elle fréquente maintenant qui va accepter de la recevoir. Elle peut même nuire à vos affaires en faisant cela. On n'est pas aux États-Unis, Nic. Ça prend de sérieuses raisons pour divorcer ici. Sans parler du prix que ça coûte !

— Alors, j'irai aux États-Unis. Je ne peux pas la laisser là-bas. Elle menace de se jeter dans le fleuve… elle est dans un état pitoyable. Elle ne m'a rien dit au téléphone parce qu'elle avait trop peur que je ne vienne pas. Elle m'a joué la comédie de la jeune épouse heureuse, mais une fois rendu à l'Île, ce n'était plus la même chanson.

— Voulez-vous que j'aille là-bas lui parler ? Voulez-vous que j'essaie ? »

Nic estime à sa juste valeur l'offre généreuse de Gabrielle. Il soupire, marche de long en large dans le salon, en proie à une angoisse poignante.

Il revoit Kitty briser un à un les verres de son service de noces, sa violence, sa méchanceté et le regard triste, défait de Jules-Albert. Il sait très bien que c'est foutu. Qu'il n'y a que les délais et non l'issue qui peuvent changer. Kitty s'est mariée pour le punir, lui. Pour se venger, parce qu'il avait eu l'audace de la contester et de discuter son comportement. Peut-être aussi à cause de ce vague projet de mariage qu'il avait eu. Il sait très bien que ses fréquentations du printemps avec une jeune fille de bonne famille et les possibilités d'un engagement plus sérieux avaient provoqué une véritable crise chez Kitty. Elle en avait été malade. Comme il n'était pas amoureux, il avait mis fin au projet. Kitty en avait conçu un ressentiment féroce. Son assaut de charme sur Edward, cette conquête volontariste — et il se doutait qu'elle n'avait pas lésiné sur l'audace — était à classer parmi les effets pervers et les représailles à la suite de la peur qu'elle avait éprouvée à l'idée qu'il se marie avant elle. La séduction de Jules-Albert, cette façon de se jeter à sa tête, de précipiter le mariage, tout cela n'était que sa manière de le coiffer au poteau et de lui clamer que, s'il allait par là, elle irait encore plus vite que lui.

Depuis le début de l'été, il sait qu'il aurait dû arrêter Kitty, lui parler davantage. Mais l'entreprise lui semblait si compliquée qu'il avait reculé. En se taisant, il devenait responsable du gâchis de Kitty et il en est parfaitement conscient. Il était soulagé de sa décision de se marier, même s'il la savait mauvaise à longue échéance. En se rapprochant des Miller, il éprouvait un bonheur comme il n'en avait pas ressenti depuis long-temps, depuis le Manitoba. Et cela, Kitty l'avait vu tout de suite.

Nic se rassoit, considère ses amis un long temps avant de parler : « Je ne pense pas que vous puissiez comprendre. Kitty est différente des autres femmes. Elle... pour elle, il n'y a que moi qui existe. Quand nos parents sont morts, Alexander a été placé chez un oncle dans une famille de sept enfants de Saint-Henri, et nous deux, Kitty et moi, on est allés au *home* et après, pendant quatre ans, dans trois familles différentes. Deux anglaises et la dernière, c'était celle de Saint-Henri où Alex vivait déjà, chez notre oncle. Ma tante et lui avaient perdu entre-temps trois enfants dans l'épidémie causée par le lait et ils ont décidé de reformer notre famille. Je me suis sauvé peu de temps après être arrivé chez eux. Quand je suis parti, Kitty a fait une sorte d'attaque, elle a refusé de manger, de boire. Alex n'arrivait pas à la convaincre que j'allais revenir un jour. Elle a failli se laisser mourir. Moi, je ne l'ai pas su à ce moment-là. J'étais occupé à me débrouiller, je voulais juste faire fortune et vivre ailleurs. Quand j'ai revu Kitty, elle avait seize ans, elle était belle et violente. Elle était tellement fâchée contre moi que j'ai pensé qu'elle allait me tuer. » Il rit tristement. « Elle a bien failli, d'ailleurs. La rencontre a été une confrontation infernale. Je pense que, pendant toutes ces années, elle avait attendu ce moment-là. Elle ne l'a pas raté. C'est là que je lui ai juré que je ne l'abandonnerais plus jamais. Solennellement, je veux dire. Sur la tête de nos parents. C'est seulement à partir de ce moment-là que Kitty est devenue vivable pour les autres. Elle peut être adorable, vous savez... Quand, au printemps passé, j'ai considéré, rien de plus, l'idée de m'en-gager avec quelqu'un, elle m'a dit après coup que, selon elle, c'était un bris de serment.

— Mais enfin, Nic ! Vous n'avez pas juré le célibat. Vous marier n'est pas l'abandonner.

— C'est donner à une autre femme la place qu'elle occupe dans ta maison, c'est ça, Nic ? »

Edward voit bien que Nic n'ose pas le regarder. Malgré la présence de Gabrielle, au risque de la blesser, Edward continue : « Un soir, ici, en juillet, elle m'a ouvertement fait des avances. C'était bizarre parce qu'elle ne me regardait pas, c'est toi qu'elle fixait, Nic. Elle voulait te scandaliser, te provoquer, se faire interdire mon lit, mais pas par moi, par toi.

— Kitty a toujours fait ça. Pour tester les limites. Je m'excuse de t'avoir mis dans une situation pareille. À vous aussi, Gabrielle, je dois des excuses. J'aurais dû savoir qu'elle serait jalouse de mon amitié avec Edward, elle a toujours été jalouse de qui m'approchait. Ou elle le détruisait ou elle se l'appropriait. Edward… elle a essayé de le mettre autour de son doigt. »

Un long silence suit. Gabrielle a la gorge serrée de chagrin. Le monde dans lequel Nic évolue, cette société aux lois spéciales édictées par la fortune et le laisser-aller, elle ne le connaît pas. Elle connaît ses règles, ses principes, ce qui lui fait honte ou pas, elle ose à peine comprendre ce que Nic dit sans le formuler. « Nic, excusez-moi, mais êtes-vous en train de dire que Kitty désirait être votre femme ? »

D'un mouvement sec, Nic relève la tête. Saisi, il inspire profondément et se laisse retomber contre le dossier du fauteuil. Le regard au plafond, son grand corps abandonné dans le fauteuil, il cache son visage dans ses mains. Gabrielle s'aperçoit qu'il est incapable de parler. D'une voix étouffée, brisée, il parvient à dire : « Je lui ai fait tant de mal, Gabrielle… C'était un bébé, elle avait déjà tant perdu. Il ne lui restait que moi… et je l'ai abandonnée. Alex n'a rien pu faire, c'était un inconnu quand elle est venue vivre avec lui. Je représentais la totalité de l'amour qui lui restait. Je l'ai massacrée sans le savoir. Tout ça est de ma faute. Je l'ai vu trop tard. J'ai tout vu trop tard. *Anyway it's always too late.* »

Rien de ce que peuvent dire Gabrielle ou Edward ne l'apaise ou ne change son idée. Il n'en démord pas, c'est à lui de sortir Kitty de son mauvais pas et de la ramener à Montréal avec lui. Gabrielle l'exhorte au moins à attendre au lendemain avant de prendre une décision aussi importante qui risque de faire autant de mal à tant de gens.

Il est très tard quand ils vont se coucher.

* * *

En entrant dans sa chambre, Nic trouve la veilleuse allumée. Dans le fauteuil, près de la bibliothèque, Adélaïde est endormie. La joue sur le bras du fauteuil, ses longs cheveux tombant sur son visage, sa main abandonnée presque tendue vers lui, elle a l'air si fragile, si confiante. Il s'assoit par terre, à ses pieds, et ressent un intense réconfort à seulement la contempler. Elle a dû venir l'attendre pour avoir des nouvelles de sa mission et, au bout d'un certain temps, s'endormir.

Il prend un chandail et la recouvre précautionneusement, il écarte les cheveux qui chatouillent son visage. Elle bouge un peu, mais ne se réveille pas.

Il reste là, assis par terre à la regarder, et il pourrait s'endormir enfin, tant il y a quelque chose de pacifiant dans cette petite fille de huit ans.

Kitty était rousse et elle avait les joues marquées de taches de rousseur et elle avait exactement cet âge-là quand il était parti. Moins sérieuse, moins grave qu'Adélaïde, Kitty était une petite fille sauvagement colérique que lui seul savait calmer. Adélaïde, c'est un petit mystère qu'il ne sait ni atteindre ni calmer. Il ne sait qu'en être fasciné.

Il pose sa joue contre le fauteuil, près du visage apaisant, il est si fatigué, si démuni devant ce qui lui arrive. Il n'a jamais su en quoi l'attachement de sa sœur était si particulier, parce qu'il n'a jamais accepté de le savoir. Il ne voulait pas du problème parce qu'il n'avait pas de solution. En l'éludant, il l'a laissé prendre de la place jusqu'à ce qu'il lui explose dans le visage.

Ce soir, il voudrait repartir loin, très loin des amours exclusives qui ne laissent rien dans le cœur pour vivre. Partir, un sac sur l'épaule, le passé dans le fossé et rien que la route devant lui et rien que son envie de se battre et de vaincre en lui. Se battre contre des systèmes, des hommes, non pas contre l'amour jaloux d'une femme. Il ne sait pas quoi faire, comment tranquilliser ces sentiments qui rongent sa sœur, la rendent avide, possessive, lui retirent son goût de rire. Ce soir, il voudrait trouver Mummy, la faire rire comme c'était si simple à faire, la faire devenir fondante comme les chocolats qu'elle aimait tant. Il voudrait se blottir contre son opulence et pleurer parce que jamais plus Kitty ne le laissera partir, parce que jamais plus il n'aura cette liberté de *jumper* un train, de chercher à voler une pomme dans un marché bondé et de la savourer, assis au soleil, sur le bord d'une route qui mène à demain. Il donnerait sa fortune pour avoir le droit de repartir sans porter le fantôme d'une femme brisée par ses soins, d'une femme incapable de vivre sans lui et qu'il devra à jamais porter sur son dos.

Cette nuit, pour la première fois de sa vie, il renonce à se libérer d'une prison et déjà, tout semble étroit pour son corps trop long, tout semble écrasant et mutilant.

Les femmes ne sont plus ces raffinements exquis qui frémissent quand il cueille leurs tailles pour les faire tourner le temps d'une valse, les femmes ne sont plus que cette femme effarée, au souffle syncopé de rage qui réclame le paiement de sa promesse.

Il se recroqueville sur le tapis et appelle l'amour de Mummy, cet amour généreux qui sent le pain chaud et le savon, cet amour puissant qui consolait toutes les peurs, toutes les angoisses, Mummy, qui le berçait la nuit venue, quand ses cauchemars le taraudaient et que, terrifié, il donnait des coups aux autres enfants dans le lit en essayant de fuir. Mummy qui, dans un seul « chut », éloignait tous les démons, toutes les atrocités du monde et faisait régner la sécurité, comme la neige recouvre tout d'un blanc apaisant. Si son bras miséricordieux pouvait un seul instant se poser sur sa poitrine et soulever l'indicible fardeau qui l'oppresse. S'il pouvait prendre sa main et la presser contre sa joue et trouver le courage de traverser sa nuit. Mais même Mummy, il a l'impression de l'avoir soustraite à Kitty, de l'en avoir privée.

C'est la main d'Adélaïde qui le fait sursauter, cette petite main qui se pose sur ses cheveux et les caresse avec légèreté, lui fait relever la tête et chercher à cacher son désarroi.

Elle ne dit rien, elle n'a pas l'air d'avoir peur de ses larmes ou même de sa tristesse. Ses beaux yeux gris sombres fixés sur lui avec compassion, elle continue de caresser ses cheveux. Quand elle fait un tout petit « chut », il s'effondre en pleurant, le front contre le cuir du fauteuil. Adélaïde ne bronche pas jusqu'à ce qu'il se calme et prenne un mouchoir.

Quand il relève la tête, elle a tiré sa jaquette sur ses pieds et noué ses bras autour de ses genoux relevés. Elle ne semble même pas curieuse, seulement patiente et calme.

« Il était content, Florent. »

Dieu ! Ce sourire qu'elle a, cette lumière qui la tend vers lui ! Il ne comprendra jamais le mystère du visage des femmes que les émotions éclairent ou assombrissent, comme des nuages opaques jouent sur le soleil.

« J'ai dû lui lire trois fois. Et après, il a caressé la feuille en la regardant comme s'il comprenait chaque mot. Il a écouté l'histoire tout emmitouflé dans son foulard rouge. Tu sais, il est très beau, ce foulard, il va le garder chaud. Comment tu sais déjà tricoter sans faire d'erreurs, aussi régulièrement ? »

L'épaule droite se hausse. Ce petit air désabusé que ça lui donne ! « Facile !

— Ouais, facile ! En tout cas, il était fou de joie. Je l'ai trouvé à côté du poêle, à tresser des guenilles pour faire une catalogne. Malvina dit qu'il est très efficace et qu'il tresse aussi vite qu'elle, maintenant. Tu savais ça ?

— Non, mais ça me surprend pas. Il est très habile, Florent. »

Il lui répète tout par le menu et, à la fin, elle se lève pour aller au lit : il est quatre heures du matin.

« Je t'accompagne. »

Elle refuse, elle l'assure qu'elle va monter toute seule, qu'elle ne se perdra pas dans sa maison, ce qui le fait rire. Elle prend sa main et lève les yeux vers lui. Il s'assoit pour lui éviter de se tordre le cou. Elle ne laisse pas sa main : « Tu vas dormir, maintenant ? » Il fait oui.

« N'y pense plus jusqu'à demain… ça va aller mieux. »

Il soupçonne que cette phrase appartient à Gabrielle. Il soulève sa petite main jusqu'à ses lèvres et l'embrasse : « Merci. »

Elle effleure sa joue encore une fois puis elle s'en va en prenant bien soin de refermer la porte derrière elle.

La dernière pensée de Nic avant de s'endormir concerne les elfes et leur supposée blondeur. Il est certain qu'il y en a qui se promènent pieds nus, en jaquette blanche et qui ont les yeux gris et les cheveux sombres.

*   *   *

Gabrielle et Nic partent vers dix heures trente pour rejoindre Edward à son bureau. Une neige fine tombe et rend les rues malcommodes. Nic tient le bras de Gabrielle qui a pourtant l'air bien capable de se débrouiller. Ils ne parlent pas, concentrés sur le problème du sort de Kitty.

Mademoiselle Dubé les fait passer au bureau et leur apporte du café. Dès qu'elle a fermé la porte, Nic expose son plan. Il doit aller rencontrer des acheteurs en Angleterre et à Paris. Il a décidé de prolonger le voyage et de se rendre également en Allemagne et en Italie. Il prendrait le bateau à la fin de janvier et, à la condition qu'Edward se charge de certains dossiers litigieux qu'il préfère ne pas laisser à d'autres, il reviendrait fin avril ou début mai. Kitty l'accompagnerait. S'il est possible d'expliquer à Jules-Albert que c'est temporaire, pour la distraire ou lui permettre de passer le premier hiver, ou même de prétendre qu'il a besoin d'une assistante et qu'elle est habituée à ce genre de tâche, ce serait une solution de première urgence.

Gabrielle réfléchit et dit qu'ensuite ce sera le printemps, donc, une saison moins difficile à l'Île. À l'été, Nic pourrait revenir plus longtemps et se partager entre la maison de Kitty et la leur. De cette façon, la menace du divorce serait écartée : « Elle pourra peut-être alors envisager son mariage avec plus de calme. »

Nic doute beaucoup de cette éventualité, il ne fait que repousser l'issue qu'il sait inévitable.

Gabrielle est chargée de parler à Jules-Albert pour préparer le terrain, Nic va s'assurer que sa sœur ne lui balance pas son départ par la tête comme une décision de rupture définitive. Selon la réaction de Jules-Albert, Nic va piloter la diplomatie conjugale de Kitty, ce qui semble à Gabrielle une réforme fondamentale et… hasardeuse.

Elle les quitte pour les laisser discuter affaires.

Il neige toujours et les murs gris de la vieille ville sont tout tachetés de blanc, la neige se logeant dans les moindres cavités. Gabrielle est fatiguée, sa nuit a été courte et mauvaise. Quand elle dort peu, elle a moins de patience avec les enfants et elle s'en veut beaucoup. Ce matin, elle a eu l'admiration bien chétive pour la dernière construction de Fabien. Elle n'a pas envie de rentrer. Elle marche jusqu'à la Terrasse où un nordet souffle et soulève la neige en tourbillons. Ses joues brûlantes sont giflées par le froid. Elle ne voit pas l'Île. Elle aperçoit à peine Lévis.

Gabrielle reste là, à contempler le fleuve blanc de glace et noir par endroits. Elle se revoit en août, prendre le vapeur après avoir rangé sa maison et l'avoir nettoyée de la présence de Kitty. Elle ne comprend pas cette femme, elle ne pourra jamais y arriver et elle le sait. Il y a une limite précise à ce qu'elle peut imaginer. Quelquefois, les histoires des gens pauvres qu'elle essaie d'aider sont si saugrenues qu'elle renonce à comprendre ou à juger : de toute évidence, il y a une partie des événements du monde à laquelle elle n'a pas accès et elle n'y tient pas.

Elle se souvient avec horreur de Denise Turcotte, de son grand rire niais qui était sans doute sa façon de hurler au secours, elle se souvient d'avoir essayé de percer le mystère des comportements pervers de cette famille et ses efforts ne lui ont rien donné. Rien d'autre qu'un profond sentiment s'impuissance. Elle ne peut ni comprendre ni juger et encore moins condamner. Elle ne peut que souhaiter égoïstement que cette partie de la vie n'effleure jamais ses petits, qu'ils ne soient jamais livrés au désordre mental, au chaos des émotions dissoutes, à un monde d'où la politesse la plus élémentaire et le respect d'autrui ont disparu.

Ce ne sont pas les codes stricts que cherche à protéger Gabrielle, ce sont les sentiments des gens sensibles et fragiles. Elle voit bien que Nic va sacrifier une partie, si ce n'est la totalité de son existence à sa sœur. Elle est convaincue que Kitty est profondément malheureuse, mais pourquoi cela la rend-il si violente à l'égard du moindre bonheur d'autrui ? Le sien, celui d'Edward et de Nic, celui d'Edwidge ou de Jules-Albert sans doute. Il y aurait donc toujours deux ordres dans le monde ? Celui de ceux qui donnent et celui de ceux qui reçoivent et exigent sans cesse davantage ? Non. Gabrielle sait, pour l'avoir vu, que tant de gens reçoivent et donnent, les plus pauvres étant souvent les premiers à le faire. Elle a froid. Le vent cinglant traverse l'étoffe de son manteau. Elle fait demi-tour. En allumant un lampion à la basilique, elle conclut qu'elle ne saura jamais tracer de ligne nette entre le Bien et le Mal et que là sera son Golgotha. Elle prie pour Nic qu'elle apprécie tant et qui s'embarque pour une longue et dure traversée. Elle voudrait pouvoir l'aider, lui être d'un quelconque soutien. Elle sait fort bien que la totalité de son apport consistera à prier et à rencontrer Jules-Albert.

* * *

« Tu t'en vas ? »

Adélaïde se tient dans l'embrasure de la porte du *den*. Nic a presque fini ses bagages : « On ne peut pas toujours être en vacances. Toi aussi, ton école recommence. »

Elle s'approche de la fenêtre, souffle sur la vitre pour faire de la buée. Elle gratte le givre qui commence à se former au bas du carreau. On dirait qu'il ne l'intéresse plus. Il ferme une valise et l'entend dire à la vitre : « Est-ce que c'est l'amour qui te fait pleurer ?

— *What else ?* »

À son grand étonnement, elle se met à lui parler anglais. Il savait qu'elle avait des notions, mais pas qu'elle le parlait aussi bien. Elle lui explique que son papa et elle parlent souvent anglais quand ils sont seuls, que toute petite, il lui parlait seulement anglais et qu'elle sait plein de comptines dans cette langue.

C'est fou ce que cette conversation de vingt minutes lui apporte de réconfort. Il ne saurait dire si c'est la langue ou l'interlocutrice, probablement un mélange des deux. Il lui demande de l'accompagner au thé chez Germaine, qui veut lui dire au revoir. Adélaïde court demander la permission à sa mère.

Gabrielle suggère qu'Isabelle se joigne à eux, mais celle-ci refuse net en prétextant un mal de tête. C'est la première fois que Gabrielle l'entend ajouter un commentaire sur les nerfs de Georgina trop difficiles à supporter. Elle n'insiste pas et essaie de consoler Béatrice et Fabien qui veulent bien sûr y aller.

Nic prend la main d'Adélaïde qui placote joyeusement jusqu'à la rue de Bernière. Arrivée devant le perron, elle s'arrête et secoue sa main : « Maintenant, il ne faut plus parler anglais, sinon c'est sûr qu'on se fait disputer. »

Il trouve très drôle que ce soit Adélaïde qui lui fasse la leçon.

Reine est bien surprise de voir sa cousine et Germaine s'inquiète de la santé d'Isabelle alors que Georgina, dans un jour dolent, n'a pas l'air de s'apercevoir que Nic lui fait ses adieux.

Il annonce son départ prochain pour l'Europe, parle affaires, cite les pays qu'il visitera et fait rêver toutes ces dames. Adélaïde, impassible, croque son biscuit en l'observant. Toutes ces nouvelles n'ont pas l'air de la surprendre du tout. Nic se demande si elle a écouté la conversation de la veille au soir et à quelle heure exactement elle s'est endormie. Le lui demander est bien inutile, aussi évite-t-il le sujet sur le chemin du retour. Contrairement à l'aller, elle ne dit pas un mot. Il respecte son silence et savoure le soir tranquille avec la neige fraîche qui brille sous la lumière des lampadaires. Avant de rentrer, il lui demande si elle le déteste un peu moins. Elle lui fait un grand sourire joyeux et hoche la tête pour dire non, avant de se sauver dans la maison. Nic se dit que, celle-là, on ne lui arrachera aucun aveu et que c'est bien fait pour lui.

* * *

Jules-Albert est tellement bouleversé et énervé qu'il reprend le tutoiement de leur jeunesse, sans même s'en rendre compte. Quand Gabrielle lui a proposé ce rendez-vous, il n'a demandé ni pourquoi ni comment et s'est contenté d'accepter avec empressement.

Il est dans un état navrant. Lui qui était déjà maigre a les joues creusées, les yeux cernés. Il se mord les lèvres sans arrêt et sa main, qui tient la tasse de thé, tremble. Gabrielle a pitié de tant d'accablement. Sachant qu'il ne peut aborder le sujet délicat de son mariage sans qu'elle lui indique qu'elle est au courant de certains de ses aspects difficiles, elle ne le laisse pas épiloguer sur son union « heureuse, mais nécessitant des ajustements » et attaque en toute franchise : « Jules-Albert… Nic est demeuré chez nous à Noël et il nous a donné des nouvelles de l'état de Kitty. Je sais qu'elle n'est pas bien… qu'elle éprouve de sérieuses difficultés d'adaptation. »

Jules-Albert se mord la lèvre, le regard désolé. Cet homme est rongé par l'inquiétude et le remords, Gabrielle le voit bien. Elle décide d'en finir avec les périphrases.

« Tu dois trouver ça bien dur, Jules-Albert. Toi qui te maries enfin et qui n'as pas le bonheur que tu attendais. Tu dois être déçu.

— Je peux te parler franchement ? On dirait une autre femme. C'est comme un tour de magie. On dirait qu'elle ne savait rien des choses du mariage. Et pourtant, elle se donnait des airs assez affranchis. Je ne comprends pas, Gabrielle. Je sais que je suis gauche, mais quand même, j'ai… Écoute, j'ai dû la mener au curé au retour du voyage de noces. Elle ne me laissait pas coucher dans la même chambre qu'elle.

— Kitty ?

— Je sais. J'ai presque honte de l'avouer et je n'en ai d'ailleurs jamais parlé à qui que ce soit d'autre qu'au curé Moisan. Elle hurlait si je l'approchais. Elle devenait démente.

— Et le curé lui a parlé ?

— Oui. »

Le regard rivé au fond de sa tasse, Jules-Albert n'a pas l'air prêt à en dire beaucoup plus. C'est Gabrielle qui insiste : « Jules-Albert, es-tu vraiment marié ?

— Oui. »

Gabrielle voit s'envoler la mince chance d'annulation par Rome qui aurait finalement été moins dramatique que le divorce qui se dessine.

Rouge de honte, Jules-Albert chuchote à sa tasse davantage qu'à Gabrielle ce qui est arrivé. Après la conversation avec le prêtre, Kitty lui a demandé de préparer un repas spécial avec des chandelles et du champagne. Ce que, fou de joie, il a fait. Ce soir-là, il l'a vue se soûler systématiquement avant de tituber jusqu'au lit conjugal et de l'inviter à faire toutes les saletés que lui et le prêtre avaient imaginées. Elle s'en foutait et a proclamé qu'elle haïssait tous les hommes de la terre, son merveilleux frère inclus. Elle a juré qu'elle ne souhaitait plus qu'une chose : qu'ils crèvent tous et au plus vite.

Sans lever les yeux vers Gabrielle, Jules-Albert avoue qu'il a consommé son mariage ce soir-là, que Kitty n'était pas vierge, et que jamais plus il n'a eu accès à la chambre conjugale.

« Quand Nic s'est annoncé, j'étais très heureux, parce qu'elle avait l'air de revivre. Elle faisait des projets, me parlait normalement. Elle a toujours été parfaite devant ma famille, elle n'a jamais laissé personne soupçonner quoi que ce soit. Tant qu'il y a des gens autour, elle est gentille, affectueuse même, à mon égard. Dès qu'on se retrouve seuls, on dirait qu'elle perd toute vitalité, tout goût de vivre. Elle a des crises de larmes sans raison, des colères où elle veut tout casser et cet abattement où il ne se passe plus rien. Je suis médecin, Gabrielle, mais je ne sais plus quoi faire. Je sais que c'est moi qui provoque ça. Je sais qu'elle me hait. Elle a accueilli Nic comme un sauveur : elle ne le lâchait pas d'une semelle, se pendait à son bras, les yeux brillants, enfin redevenue celle que j'ai rencontrée l'été dernier. La nuit où il est parti… je veux dire la nuit qui a suivi son départ, j'ai pensé qu'elle mourrait. Elle était comme évanouie mais avec les yeux ouverts.

— Tu as pu parler à Nic ? »

Jules-Albert hoche la tête, déprimé : « Elle ne l'a pas laissé une seconde. Elle s'endormait avec lui à côté du lit, en tenant sa main. Et elle se réveillait dès qu'il se levait. Il a dormi dans le fauteuil, à ses côtés, tout habillé, les deux soirs. Il a enduré tous ses caprices après avoir essayé de lui faire entendre raison. Je le sais, j'ai essayé avec lui. »

Après un long silence, Jules-Albert dit très bas : « Je pense que ma femme est folle, Gabrielle. »

Elle ne peut pas l'accuser de manquer de charité, elle est à deux doigts de penser la même chose que lui. Elle voit bien peu d'espoirs pour ce couple.

Avec le plus de subtilité possible, elle lui soumet le plan de Nic pour tenter de guérir Kitty. La croisière et le voyage seraient vus et présentés aux gens comme un projet qu'ils avaient avant le mariage de Kitty, alors qu'elle agissait comme assistante. Elle explique que Nic essaierait peu à peu de raisonner sa sœur et de l'amener à comprendre ses devoirs d'épouse. Ensuite, au retour, grâce aux plaisirs qu'offre l'Île en été, elle se ferait probablement mieux à l'idée d'y vivre.

Jules-Albert a l'air si soulagé, si incroyablement allégé d'un fardeau, qu'il se redresse d'un coup, les yeux pétillants : « Tu crois ? On pourrait ? Mon Dieu, Gabrielle, ce serait… ce serait inespéré. Je t'avoue que je ne savais plus quoi faire. J'ai pensé consulter à Mastaï.

— Nic ne laissera jamais personne enfermer sa sœur chez les fous. Jamais. Mets-toi ça dans l'idée tout de suite.

— Mais moi non plus ! C'est seulement difficile à croire pour lui ou pour les autres, parce qu'elle est si parfaite en société, si joyeuse, une vraie actrice ! Mais dès que je suis seul avec elle, je le jure, c'est une autre personne. Une femme furieuse, haineuse. Penses-tu que j'aime dire des choses aussi abominables ? Penses-tu que je ne rêvais pas de dire autre chose de ma femme ?

— Je le sais, Jules-Albert, et Nic aussi puisqu'il a vu qu'elle avait besoin de s'éloigner.

— Elle a tout cassé. Et il était là. Je suis revenu de consultations et elle avait tout cassé, toute la verrerie de son *shower* et tout le Limoges. Ça m'arrive d'avoir peur d'elle. Elle ne me supporte pas. »

Gabrielle essaie de l'encourager, mais il est évident que seul le départ imminent de Kitty le soulage et fait luire un espoir de paix de trois mois.

Ils s'entendent donc sur le fait qu'il ne parlera de rien à Kitty, qu'il la laissera lui annoncer l'invitation de son frère et qu'il lui accordera la permission en disant dans la famille et partout ailleurs que l'arrangement est pris depuis les fiançailles.

Jules-Albert lui étreint les mains frénétiquement, la remerciant et la bénissant de sa « miraculeuse intervention ». Il lui assure son immuable fidélité et Gabrielle s'enfuit avant d'être sanctifiée.

Ce soir-là, elle a une longue conversation téléphonique avec Nic, qui la remercie encore pour tout.

Deux jours plus tard, Kitty est de retour à Montréal, elle a récupéré sa femme de chambre et prépare ses effets pour le voyage.

De ce jour, les appels de Nic ne se produisent plus jamais le soir, mais le matin, au début des heures de bureau. Gabrielle en conclut que la surveillance de Kitty s'est resserrée et que Nic n'aura pas beaucoup de loisirs personnels dans les mois à venir.

Elle essaie de faire comprendre à Paulette que, finalement, cet ami de son mari n'a qu'une épouse : son travail. Paulette, qui n'a jamais fait de mystère sur l'attirance qu'elle éprouvait pour Nic, la rassure tout de suite : jamais elle n'a cru que ce beau Viking aurait envie d'autre chose que d'une conversation avec elle. C'était déjà bien du bonheur que d'être près de lui et Paulette Séguin n'a pas rêvé plus loin. Elle le jure.

Gabrielle se demande comment faire parler Isabelle, qu'elle sent aux prises avec le démon des amours impossibles. Que Reine rêve de Nic et qu'elle se construise un mariage fabuleux de prince charmant dans sa tête ne l'inquiète pas. Le prochain soupirant déclassera celui-là. Mais Isabelle est d'une nature plus secrète et plus ardente. Elle risque de se faire beaucoup de mal.

« Mais enfin, Edward, qu'est-ce qu'il a à séduire tout le monde ? Il fait exprès ou c'est plus fort que lui ? »

Edward soutient qu'il n'a jamais vu une femme résister à Nic… sauf sa femme.

Elle sourit, moqueuse : « Je pense que tu te trompes. Je pense qu'Adélaïde a quelques réserves.

— Adélaïde a le sens de la famille : c'est Kitty qu'elle déteste. Ça lui donne des doutes sur le frère. »

Ce qui, estime Gabrielle, a quand même beaucoup de sens.

* * *

Janvier s'enfonce dans la neige et le froid. Les enfants sortent peu et Gabrielle se désole de constater que cet hiver est encore plus rude que le dernier et que la situation des mères nécessiteuses empire. Elle voit des enfants de neuf ou dix ans partir le matin chercher une petite *job*, pour arriver à rapporter dix ou vingt-cinq sous chez eux le soir. Pas d'école pour ces petits. Pas de dîner, pas de vêtements chauds, seule la rue et ses dangers. Gabrielle essaie de faire en sorte que les enfants qui continuent l'école aient au moins un morceau de pain en partant pour la journée. Pour les autres, ceux qu'elle voit dans la rue, elle voudrait être sûre qu'ils apprennent quand même à lire.

« Vous vous rendez compte, Paulette ? Ce sont les garçons qui quittent l'école. Les filles réussissent à rester et apprennent au moins à lire et à écrire. Qu'est-ce qui va arriver à ces mariages-là ? Des hommes humiliés de ne pas savoir ce que leurs épousent savent ? Des hommes qui demandent à leurs femmes de signer pour eux des papiers qu'ils ne savent pas lire ?

— Vous voulez sauver les mariages en plus des gens, Gabrielle ? Ça a toujours été comme ça. J'ai vu des femmes lire des nouvelles du journal à leurs maris qui ensuite leur expliquaient ce qu'elles avaient lu, comme si elles ne comprenaient pas ! L'humiliation ? Même analphabète, un homme ne doute pas de sa supériorité. Le papier que sa femme signe pour lui, même veuve, elle n'aurait pas le droit de le signer pour elle-même. C'est le père de cette femme ou son fils majeur qui en aurait le droit.

— Vous me dites que je ne sais pas de quoi je parle ? Que je suis loin de ces réalités ?

— Probablement… Je pense que vous jugez les gens selon ce que vous vivez et je crois que votre union est heureuse et que ce n'est pas fréquent. Ici, Gabrielle, les gens se battent pour autre chose que pour être heureux. Ils se battent pour vivre.

— Un enfant a toujours droit à un peu de bonheur, Paulette. Il n'a pas choisi son milieu. Ne me dites pas que c'est un faux combat !

— Non, c'est un combat perdu, si c'est selon vos critères. Un enfant heureux dans la basse-ville, cet hiver, Gabrielle, selon leurs critères à eux, c'est un enfant qui mange *une* fois par jour, une fois. Selon vos critères, c'est bien autre chose.

— Dites-moi tout de suite que je ne suis qu'une rêveuse !

— Oui, peut-être. Je ne vous le reproche pas, mais votre aide est mal ciblée si vous voulez leur apporter le bonheur. Nécessiteux dit bien à quoi on a affaire. Les secours directs qui viennent d'être instaurés, le mot le dit : du secours, Gabrielle, du monde en train de mourir qu'on secourt. Même le curé, quand il vient ici, il ne parle plus de l'indulgence ou de la parole de Dieu, il voit au plus pressant. On pensera au bonheur ou à l'état d'esprit ou à l'état de grâce des gens quand ils auront les pieds au chaud, Gabrielle. C'est de la fantaisie, pour l'instant.

— On dirait que ça empire tout le temps. Il y en a de plus en plus, j'en vois des nouveaux chaque matin !

— C'est vrai, vous avez raison, ça rempire. Alors, si vous voulez aider, il faut vous endurcir un peu plus à la misère.

— M'endurcir, Paulette ? Vous ne parlez pas sérieusement ?

— Ah ! Gabrielle, on dirait que vous sortez encore du couvent ! Vous pouvez être si naïve, parfois. Les temps sont durs, il faut être un peu plus dure. Dites-vous que chaque enfant qui mange, c'est déjà ça de gagné, c'est déjà une bouche de moins à nourrir pour les parents et probablement une taloche de moins pour le petit.

— Pourquoi ? Il serait battu parce qu'il a faim ?

— Parce qu'il demande à manger et qu'on ne peut rien lui donner. Un enfant qui pleure de faim, ça peut devenir ben enrageant. Quand on n'a rien à offrir, une raclée, ça défoule.

— Ne venez pas me dire que vous approuvez ça ! Pas vous ! »

Paulette sourit : « Je fais exprès de vous scandaliser. Vous mélangez tout, Gabrielle, et vous prenez trop les choses à cœur. Vous êtes moins efficace quand vous avez le cœur lourd.

— Je pense que vous vous trompez, c'est avec du cœur qu'on doit faire la charité. Je n'ai pas envie que mes enfants s'endurcissent. Même avec le cœur lourd, j'aime mieux qu'ils voient la misère. Je serais triste de les voir l'ignorer ou qu'ils puissent passer à côté sans avoir mal. Je suis probablement ancienne ou même candide, mais je ne ferais rien pour les pauvres s'ils ne me faisaient pas mal à voir.

— Vous allez souffrir, Gabrielle…

— Vous le faites pourquoi, vous ?

— Parce que la province a dépassé 20 % de chômage et que le chiffre à lui tout seul indique un sérieux lot de problèmes sociaux. Parce qu'un homme qui chôme accuse les femmes de le voler en travaillant. Parce qu'un homme qui chôme trouve que les étrangers deviennent trop nombreux et lui arrachent le pain de la bouche.

— Voyez-vous, ça ne m'intéressera jamais de regarder le problème sous cet angle : 20 % ou 26 %, ça ne me dit rien. Un enfant qui pleure, je cours.

— Vous êtes une missionnaire de l'ancien temps. À nous deux, on fait une bonne paire. »

À elles deux, elles créent un refuge pour les enfants qui traînent dans la rue en attendant leurs parents, partis chercher du travail journalier. C'est une seule pièce du Centre qu'elles essaient de convertir en un endroit chaud et agréable pour attirer les enfants. La tâche n'est pas simple, les enfants préférant traîner dans l'espoir de décrocher quelque chose : une course, un homme soûl à reconduire chez lui, n'importe quoi. Comme Paulette travaille, il faut que Gabrielle assure une certaine permanence et elle doit confier à Germaine le retour à l'école de ses propres petits, ce qui provoque bien des remous. Germaine trouve que Gabrielle en fait trop et Edward, lui, trouve que Germaine devrait assurer la permanence de trois à six heures au Centre, pour permettre à Gabrielle d'être à la maison. Mais Germaine n'est pas prête à aller « attraper des poux ». Elle veut bien emballer des effets, organiser une kermesse, des parties de cartes payantes pour les œuvres et se dévouer pour toutes les campagnes de financement possibles, mais là s'arrêtent ses élans charitables. « Je ne critique pas, Edward, je ne condamne pas, je fais mon gros possible. Alors, n'exagérez pas. Si Gabrielle veut se frotter à la racaille et risquer de ramener Dieu sait quel germe de maladie à la maison, c'est son affaire. Ne me demandez pas d'en faire autant. »

Edward peut terminer la pensée qu'elle ne formule pas : et comme vous êtes assez flanc mou pour la laisser faire et ne pas faire un maître dans la maison, endurez-vous !

C'est ce qu'il dit à Gabrielle qui, épuisée, se couche dès que les enfants sont au lit.

« Bon ! Paulette me reproche de mal faire la charité et Germaine me reproche de trop donner ! Tu as des reproches à faire, Edward ? C'est l'heure ! »

Edward n'a pas envie de chipoter sur des détails. Il part quatre jours à Montréal avant que Nic ne s'embarque pour sa croisière, et il y a beaucoup de choses à régler.

« Tu vas voir Kitty ? »

L'œil d'Edward est très vif à saisir l'inquiétude de Gabrielle : « Je ne pense pas, non. Mais, même si je la voyais, tu crois qu'il y a lieu d'être inquiète ?

— Non. Après ce que Jules-Albert m'a confié, je sais que, même aguicheuse, elle ne va pas loin. Et que Nic la remettrait à sa place.

— C'est bien que tu aies autant confiance en moi ! »

*   *   *

Adélaïde a à peine mis le pied dans le portique que Germaine surgit en agitant une enveloppe : « Tu as reçu du courrier ! Ce matin. Ça vient de Montréal. »

Sa tante ne lâche pas facilement l'enveloppe : « Tu crois qu'on devrait attendre que ton père ou ta mère soit là ? »

Son père est parti pour encore trois jours, franchement ! Adélaïde sait très bien que si elle insiste pour ouvrir la lettre, sa tante va résister ou alors insister pour le faire avec elle. Elle préfère négocier son courrier avec sa mère. Elle enlève son manteau et prend l'air le plus indifférent pour dire : « On va attendre maman. »

Dépitée, Germaine remet l'enveloppe sur la console de l'entrée. Guillaume se jette dans les pattes de sa sœur, ravi de la retrouver, et ils vont tous à la cuisine collationner.

Dès qu'elle en a la chance, Adélaïde s'échappe, prend l'enveloppe et monte en vitesse à sa chambre. Elle y trouve Isabelle, la face enfouie dans son oreiller pour étouffer ses sanglots.

Adélaïde cache vivement son enveloppe et fait un peu de bruit pour avertir sa cousine qui sursaute violemment et se mouche sans rien dire. Adélaïde s'assoit près d'elle : « Tu peux me le dire à moi. Je le sais déjà.

— Tu sais rien. Y a rien. J'ai juste mal à la tête. »

Découragée, Adélaïde se relève et retire son uniforme d'école. Elle passe sa robe de tous les jours qui commence à être courte tellement elle grandit vite. Une fois l'uniforme bien rangé, elle se tourne vers sa cousine : « Moi, je serai jamais amoureuse. C'est toujours pareil. Ça fait pleurer tout le monde.

— Non. Pas tes parents.

— L'été passé ? Quand maman a pris le bateau ?

— Bon, un peu. Mais pas longtemps. C'était une petite chicane. Qu'est-ce que tu vas faire, si tu te maries pas ?

— Je vais voyager. Je vais aller dans le monde entier.

— Ça te ferait pas peur ? »

Adélaïde ne comprend même pas qu'on puisse craindre quelque chose du monde entier. Que les gens soient différents d'elle lui semble la chose la plus intéressante qui soit. « Imagine, Isabelle. Quelqu'un te parle et tu ne comprends rien de ce qu'il dit ! Et il faut que tu comprennes, parce que le danger est là, tu dois trouver le port pour prendre ton bateau. Alors, tu fais des gestes, comme pour une charade... »

Isabelle ne peut s'empêcher de rire devant la démonstration de l'aventure. Adélaïde passe son temps à inventer.

« Et tu sais quoi, Isabelle ? Fabien, il va vouloir piloter des avions. Des avions ! Et il va m'emmener un jour. Et on va voir la terre de loin, loin, on va faire des bye-bye du haut du ciel. Tu veux que je lui parle de t'emmener aussi ?

— Ça se peut même pas. C'est très rare, les pilotes d'avion.

— Mais Fabien, il veut faire quelque chose de très rare. Et moi aussi. Pas toi ? »

Isabelle ne répond rien. Elle est certaine que la vie d'Adélaïde ou de Fabien ou de n'importe quel enfant de Gabrielle sera follement intéressante, comme elle est certaine que la sienne ne le sera pas.

« Pas toi, Isabelle ? »

La main d'Adélaïde force le visage d'Isabelle à se tourner vers elle. Sa tante Gabrielle dit que, toute petite, elle faisait comme ça pour imposer sa volonté aux gens.

« Je ne sais pas, Adélaïde. Tout le monde ne peut pas faire quelque chose de rare, parce que ce ne serait plus rare. »

La main retombe devant l'implacable vérité du raisonnement : « Tu vas faire quoi, d'abord ?

— M'occuper des enfants en enseignant et après, si je me marie, en fondant une famille. »

Le projet semble assez terne à Adélaïde. Elle n'ose pas en demander davantage de peur de faire pleurer sa cousine. Elle aurait bien voulu savoir si Nic restait un espoir ou non pour Isabelle. Et aussi, comment on renonce à un espoir.

Dès qu'Isabelle est descendue, Adélaïde ouvre l'enveloppe. C'est un livre, un livre en anglais. En l'ouvrant, elle trouve un mot de Nic, écrit très gros et assez mal.

Little Addie, Here is a story to keep you dreaming, sleeping or not sleeping. I'm leaving soon for Europe. I'll be away for a long time. If you want to, if it doesn't bother you, please write to me. Send it to my office in Montreal, they'll send it to me right away. Please do it. If you write I'll answer even if writing is absolutely not my way of keeping in touch.

Now the real gift is on page 13. I took it for you on January 2nd. God bless you, my dearest.

Nicholas.

C'est drôle, en écrivant en anglais, il utilise tout son prénom pour signer. Adélaïde ouvre le livre : le visage de Florent remplit la page 13. Debout devant la porte de la grange, de la neige jusqu'aux genoux, la tuque enfoncée jusqu'aux sourcils, le foulard enroulé autour du cou, la main levée pour lui faire « un tata » avec un sourire incrédule. Elle éclate de rire, embrasse la photo comme une folle, ne pouvant s'empêcher de la serrer contre elle en sautant de joie.

Gabrielle attend que les devoirs et les leçons soient finis, que Béatrice soit au lit et ait reçu sa ration de baisers pour la nuit avant de demander à sa fille qui lui écrit et pour quelle raison. Elle mesure le bienveillant intérêt de Nic seulement en constatant comme l'écriture est peu fluide et malaisée. En regardant la photo, les larmes lui montent aux yeux. Comment a-t-il pu deviner que, de tous les présents, celui-ci était le plus précieux pour sa fille ? Comment Nic peut-il être si délicat ?

Elle remet le tout à Adélaïde : « Tu es contente ? Comment il sait que Florent te manque ?

— Il a bien vu que je l'aimais beaucoup.

— Et il est allé prendre cette photo pour toi au jour de l'An ? On peut dire que lui aussi t'aime beaucoup. »

Adélaïde ne dit rien, les yeux fixés sur le visage de Florent. Gabrielle insiste : « Adéla… tu vas le remercier ? Lui écrire une lettre ?

— Voyons, maman, c'est sûr ! Mais par exemple, s'il répond, je ne veux pas que ma tante Germaine lise avant moi.

— On va l'avertir. Tu me la liras à moi ? »

Adélaïde la prend par le cou et l'embrasse doucement sans répondre. Elle s'assoit sur les genoux de sa mère et, le visage dans son cou, elle se laisse bercer en silence.

Gabrielle adore ces mouvements d'affection si rares chez son aînée. Souvent, c'est vers son père qu'elle va pour se faire prendre et câliner. Et il est bien inutile d'insister, Adélaïde choisit son heure et son monde et ne change pas d'idée.

« Maman, est-ce que ça se peut, marier son frère ? »

Gabrielle a un haut-le-corps. Comment sa fille peut-elle poser une telle question ? Et après avoir parlé de Nic, en plus ? Calmement, elle répond que non, que c'est interdit par l'Église, par la société, par tout le monde. Que ce serait très mal.

« Pourquoi Kitty fait un voyage de noces avec Nic, s'ils se marient pas ?

— Mais enfin, Adélaïde, tu sais très bien que Kitty a marié Jules-Albert Thivierge ! Ce n'est pas un voyage de noces. C'est un voyage d'affaires. »

Gabrielle constate avec soulagement que l'explication semble convenir et que la question redoutée de l'absence de Jules-Albert n'est pas formulée.

Le lendemain matin, elle est très surprise de recevoir un dernier appel de Nic. Surprise aussi de l'entendre s'offusquer : « Comment, pas le temps de vous appeler ? Vous savez combien de temps je pars ? »

Elle lui annonce qu'Adélaïde a reçu le cadeau, qu'elle est ravie et qu'elle va lui écrire.

« Parce que sa maman l'élève très bien et qu'elle sait qu'il faut dire merci ?

— Entre autres. Vous vous inquiétez que ce ne soit que bienséance ?

— Je ne vois pas Adélaïde seulement polie. Ça ne lui ressemble pas. »

Elle le sent tourmenté et fébrile. Elle se dit que c'est la perspective de partir si longtemps, mais elle sent aussi qu'il y a autre chose. Elle finit par demander comment va Kitty.

« Très bien. Elle est dans une forme… exceptionnelle.

— On dirait que ça vous ennuie. Elle est contente de partir sans doute.

— Contente n'est pas le mot, Gabrielle. Une fois embarquée, elle va probablement se calmer… »

Gabrielle essaie de lui faire promettre de se reposer pendant les douze jours de traversée et Nic lui rit au nez, jurant qu'il va potasser ses dossiers, envoyer des télégrammes et danser.

Rassurée, Gabrielle met fin à la conversation, mais Nic la retient : « Gabrielle… si vous avez le temps, si vous en avez envie, mettez-moi un mot de temps en temps. Écrivez-moi. Je vous répondrai par télégramme, si ça ne vous fait pas faire une crise cardiaque à chaque fois. »

Elle promet qu'elle saura tenir son cœur.

*   *   *

Les voyages d'Edward à Montréal se multiplient pendant l'absence de Nic. Gabrielle doit faire des miracles pour que le Centre des enfants ne ferme pas, même si elle n'assure pas tous les jours la permanence. Pendant les absences d'Edward, Gabrielle reste chez elle afin que les enfants ne soient pas trop déstabilisés et qu'ils aient l'assurance de trouver leur mère en rentrant. Paulette ne pouvant laisser son travail pour être au Centre, c'est Georgina qui, un soir, sortant de sa torpeur, déclare qu'elle ira. Germaine croit avoir mal entendu, tellement sa sœur est habituellement étrangère à ce qui se passe en dehors d'elle-même. Mais Georgina insiste, le chapelet enroulé autour de la main à longueur de journée, elle pense que Dieu voudrait la voir faire quelque chose pour les pauvres.

La proposition n'est pas loin d'être reçue comme un miracle. Georgina a même, sans le savoir, causé de profonds troubles de conscience à sa sœur qui s'en veut de ne pas l'accompagner.

Pour éviter tout incident ou tout choc, Isabelle rejoint sa mère dès la fin de l'école et demeure avec elle au Centre jusqu'à six heures. Ses études n'en souffrent pas puisqu'elle apporte son travail là-bas. Gabrielle peut donc remonter chez elle tranquille : Georgina n'est seule qu'une demi-heure, le temps pour sa fille de ramener Béatrice à la maison et de descendre à la basse-ville en tramway.

La première fois, Germaine se tient nerveusement à proximité du téléphone, attendant l'appel lui annonçant la mauvaise nouvelle. Non seulement aucune alarme ne sonne, mais Georgina s'anime, prend du mieux, s'intéresse et commente ses activités.

Gabrielle est bien un peu inquiète des commentaires de sa sœur qui sont loin d'être charitables ou respectueux, mais elle se convainc qu'il s'agit là d'une étape d'adaptation. Quand Isabelle confirme que les places auprès du poêle sont octroyées « aux vrais Canadiens français » et non à ces « petits émigrés qui se ressemblent tous », Gabrielle se dit que l'heure est venue d'avoir un conversation avec sa sœur.

Georgina lui explique simplement que son engagement tient avant tout à perpétuer la parole du prêtre qui met en garde les fidèles contre des doctrines malsaines, comme le communisme. Qui peut importer de telles horreurs, répéter de telles insanités ? « Des étranges, des plus pauvres que nous, venus rempirer notre misère en jetant nos hommes à la rue, en les remplaçant pour moins cher à l'usine. »

Gabrielle renonce à endiguer le flot haineux que la foi autorise Georgina à cracher, elle se contente d'essayer d'obtenir une justice pour les enfants du Centre : égalité des places, de chaleur et de nourriture.

« Pourquoi ? »

La question de Georgina est aussi sincère et naïve que si Béatrice la posait. Gabrielle a beau expliquer qu'un enfant chinois est avant tout un enfant et que Dieu ne fait pas de différence, Georgina estime qu'il faut en faire une et ralentir ces gens qui réussissent à économiser sur un salaire hebdomadaire de vingt-cinq cents. Ce qui serait admirable pour quelqu'un de sa race devient scandaleux et quasi démoniaque pour un Chinois. De l'avis de Georgina, les Asiatiques sont aussi dangereux et menaçants pour l'économie que les Juifs qui sont, comme chacun sait, une plaie : « Hector est mort à cause des Juifs, je sais de quoi je parle, ma petite fille ! »

Gabrielle n'en croit pas ses oreilles. Elle refuse d'en entendre davantage ou de discuter, elle refuse d'entrer dans un débat sur la cause de la mort d'Hector : il est clair pour elle qu'en un an et demi sa sœur a refait le tricot des événements afin que l'ensemble témoigne de sa vertu et non de ses manques ou de la plus simple réalité. Elle est même prête à ne pas critiquer si cela peut affermir la santé mentale de Georgina. Mais le croire, ça non ! Le répéter et l'admettre comme un fait, ça jamais.

Gabrielle peut comprendre que l'esprit fatigué et miné par le remords de sa sœur ait trouvé un apaisement dans un coupable venu de l'extérieur, dans une cible que tout le monde s'entend à rendre malfaisante et nuisible. Elle peut comprendre que la hargne et la violence soient un remède pour l'intolérable sentiment d'incompétence et de manque qui a rendu sa sœur malade l'été passé. Mais ce que Georgina dit des Chinois et des Juifs n'est pas moins haineux que les propos qu'elle avait tenus à Edward sur « ses enfants » et le ton n'est pas moins acerbe.

Le soir où, revenue faire un compte rendu des activités, Georgina reste à souper avec eux et excite le sectarisme chez ses enfants, Gabrielle se fâche : « Dans cette maison, Georgina, on ne parle pas des immigrants ou des Juifs sur ce ton-là.

— Ah bon ! Est-ce que dans cette maison on tolère n'importe quoi ? On invite des bannis, des divorcés, des fraudeurs, de la graine de bolchevik et des suppôts de Satan ?

— On invite ceux qui ont essayé et qui ont échoué, oui. Même si c'est vu comme une faillite aux yeux des autres, pour nous, un failli n'est pas condamnable. »

Georgina est sourde à l'allusion, il est clair qu'elle ne fait pas partie de ces gens, que le passé d'Hector a été rajusté par sa mort et qu'aucune faillite n'est à l'ordre de ses souvenirs.

Gabrielle souhaite vivement que la discussion cesse, d'autant plus qu'Edward n'est pas là pour faire valoir son autorité et clouer le bec à sa sœur.

« Mais on a le droit de dire "va-t'en chez vous" à une Chinoise à l'école ? »

Béatrice, la fourchette en l'air, n'est plus du tout sûre du règlement. Georgina lui tapote la main en riant : « Bien sûr, ma chérie ! » et Gabrielle provoque une commotion en déclarant fermement et sans colère : « Non, Béatrice. C'est un manque de charité et c'est méchant.

— Mais elle est chinoise ! »

Lâchant sa fourchette, elle étire ses deux yeux vers les tempes et grimace un sourire niais qui fait mourir de rire toute la tablée.

« Béatrice, arrête !

— Mais pourquoi, maman ? Tout le monde le fait à l'école !

— Pas ici. Finis ton assiette, je vais chercher le dessert. »

Si Georgina ne comprend pas, comment va-t-elle expliquer à Béatrice, qui est si affamée de complaire à tout le monde et qui ne supporte pas d'être le moindrement différente ?

C'est d'ailleurs ce que la petite explique à sa mère le soir, à l'heure de la prière.

Béatrice ne voit pas pourquoi elle ferait attention à quelqu'un que tout le monde s'accorde à trouver contestable. Gabrielle essaie encore doucement : « Mais toi, pourquoi tu ris d'elle ? Qu'est-ce qu'elle t'a fait ?

— Rien, maman ! Tout le monde rit d'elle, tout le monde fait la face à grimaces. Si je le fais pas, les autres vont rire de moi après. Je veux pas faire à part des autres !

— Alors, si tout le monde trouve bien de lui donner une tape ou un coup de pied, tu vas le faire aussi ? »

Béatrice regarde ailleurs, évasive et mal à l'aise.

Gabrielle insiste : « Si un jour on rit de moi parce que mon chapeau n'est pas convenable ou parce que j'agis drôlement, tu vas être gênée de moi ? Même si tu me connais suffisamment pour dire que le chapeau n'est pas fou, seulement original ?

— Mais tu le feras pas ? Tu ne te promèneras pas dehors avec un chapeau comme tu dis ?

— Béatrice, je te demande si tu rirais. Honnêtement. »

Un silence bien lourd suit. Béatrice la regarde, torturée : « Mais pourquoi tu ferais ça, maman ? T'en as même pas de chapeau comme ça ! »

Gabrielle renonce à son exemple : « Veux-tu me promettre une chose, Béatrice ? La prochaine fois que tu auras envie de faire comme tout le monde et de rire de quelqu'un ou de le traiter différemment, méchamment, veux-tu te poser la question : est-ce que c'est juste ? Est-ce que cette personne mérite ce traitement-là et qu'est-ce que tu penserais si on te le faisait à toi ?

— Mais moi, ils n'ont pas le droit !

— Et la petite Chinoise, on a le droit ?

— Oui ! T'as compris, maman. C'est pas pareil, c'est pas méchant, on a le droit. Même pas besoin de le dire à confesse. »

Elle se glisse dans ses draps, soulagée que sa mère ait enfin compris, et elle lui fait un sourire ravissant de petite fille vertueuse.

Gabrielle se sent bien seule ce soir-là.

Sept semaines passent avant que n'arrivent des nouvelles de Nic. La lettre, avec les jolis timbres exotiques, trône sur la console. Dès qu'Adélaïde arrive de l'école, Béatrice et Fabien lui sautent dessus en exigeant les timbres. Fabien parce qu'il veut les collectionner et Béatrice parce qu'ils viennent de Nic, qu'ils sont jolis et qu'elle veut quelque chose elle aussi. Gabrielle tend la lettre intacte à sa fille : « Laissez-la tranquille. Elle discutera des timbres plus tard. »

La lettre, écrite en anglais, est très courte. Nic fait le récit d'un thé très *British,* offert par un lord dans un château glacial. Il dit qu'il part pour Paris, que le temps est doux, mais qu'il s'ennuie d'aller glisser sur les Plaines avec elle et les autres.

Adélaïde relit deux fois pour être certaine de n'avoir rien laissé de côté dans sa hâte. La lettre lui laisse une impression de tristesse, même si rien n'est à proprement dit triste. Et ce n'est pas seulement parce que Nic parle de glisser sur les Plaines.

Elle montre la lettre à sa mère et attend de voir sa réaction. Elle ne dit rien d'autre qu'il va falloir lui répondre. Adélaïde reprend la lettre et la cache sous son oreiller sans commenter.

Ce soir-là, Isabelle attend que la lumière soit éteinte pour lui demander si Nic va bien. Adélaïde lui montre la lettre et sa cousine la lit avec lenteur, presque piété. Elle la lui redonne sans un mot. Adélaïde n'ose pas demander ce qu'elle en pense. Elle fixe Isabelle avant de poser la question qui l'inquiète le plus : « Est-ce que tu crois que tu l'aimes pour de bon ? Pour toujours ? »

Les larmes arrivent tout de suite et coulent sur les joues d'Isabelle qui se contente de faire oui de la tête.

« Est-ce que tu veux que je lui dise qu'il ferait aussi bien de te marier ?

— Es-tu folle, Adélaïde ? Fais jamais ça ! Jure-le. Jure-le sur la tête de ton père, de ta mère. Jure-le sur la tête de Florent. Jure ! »

Adélaïde jure tout et promet tout. Elles se recouchent, éteignent.

« Tu sais, Isabelle, c'est pas sûr qu'il soit si content que ça d'être avec Kitty. »

Isabelle se tait, fait semblant de dormir. Elle est certaine d'une autre chose : Nic ne serait pas plus content que ça d'être avec elle non plus.

* * *

Edward, débordé de travail, rentre de plus en plus tard et Gabrielle l'attend maintenant pour manger en sa compagnie et discuter. L'absence de Nic apporte un surcroît de travail, mais le bureau marche de mieux en mieux. À cause de la Crise, d'ailleurs, qui met tant de gens en faillite. L'engorgement est tel qu'Edward songe à prendre un associé qui se chargerait de certains dossiers qui l'ennuient.

« Est-ce que ce sont les dossiers de Québec que tu trouves plates, Edward ? »

Il la voit s'inquiéter et se moque de ses craintes montréalaises. Il lui suggère de l'accompagner pour un de ses séjours, question d'y vivre un peu, d'apprivoiser la grande ville. Gabrielle rit de lui : apprivoiser une ville en demeurant dans la maison cossue de Nic, bien à l'abri des problèmes et de la misère, bien à l'abri de ce que serait leur vie, voilà toute une expérience !

« Qu'est-ce qui te fait croire que nous n'aurions pas une maison à Westmount, nous aussi ? »

Elle le fait taire et jure que ce n'est pas son rêve de se retrouver dans une maison comme celle des Stern. Elle débarrasse la table et il en profite pour l'arrêter, l'enlacer et l'attirer à lui. Il pose la tête contre son ventre : « Ce serait quoi, ton rêve ? »

Elle caresse ses cheveux en souriant : « Ça. Ce que j'ai. C'est mon rêve. Vivre ici, avec les petits et toi, les élever, t'aimer… et remercier le Ciel chaque soir de m'avoir accordé autant. »

Edward se lève, la prend dans ses bras : « L'associé… c'est pour les dossiers de Montréal que je le veux. C'est pour ça que j'attends Nic, on va le choisir ensemble. »

Mais Nic l'avise qu'il doit différer son retour : les discussions en Allemagne sont plus nombreuses et plus longues que prévu et il désire toujours se rendre à Milan ensuite. Jamais, ni dans ses télégrammes à Gabrielle, ni dans ceux à Edward, il ne parle de Kitty. Pas un mot. « Pas de nouvelles, bonnes nouvelles », déclare Edward, ce dont Gabrielle n'est plus du tout certaine.

Les choses vont assez mal à Québec pour qu'ils n'aient pas à s'inventer d'éventuels problèmes. Après plusieurs discussions, parfois orageuses, Georgina est allée trouver le curé à la basse-ville et l'a convaincu de regarder d'un peu plus près les « influences néfastes » qui régnaient dans ses œuvres. Son regard a indiqué nettement le Centre Saint-Vincent-de-Paul et, plus précisément, la pièce où sa sœur s'occupe des enfants. Le sermon ne se fait pas attendre et Gabrielle, heureuse de pouvoir parler de charité authentique avec un prêtre, soutient fermement ses positions.

Cette fois, après une discussion où le prêtre s'est montré suspicieux et fort peu enclin à la charité non ciblée, Gabrielle se fait avertir de se méfier de son grand cœur qui pourrait accueillir sans le savoir des éléments pernicieux. Le Démon a, semble-t-il, des chemins bien détournés pour régner sur les individus emplis des meilleures intentions. On lui explique que, tout comme un étranger peut transporter des microbes ou des bacilles dangereux pour la population où il s'installe, les idées qu'il emmène avec lui, les croyances païennes et les convictions politiques contraires au bon ordre peuvent contaminer les esprits. La Crise rend les sans-emploi dans un état de grande fragilité face à la tentation et la tentation s'appelle le communisme. Devant l'incrédulité de Gabrielle, le prêtre l'exhorte à écouter ce qu'il dit : malgré les apparences, il vaut mieux pour l'instant favoriser la méfiance vis-à-vis des étrangers et leur faire porter une partie du poids du chômage. Sinon, une alliance des chômeurs avec ces gens venus on ne sait d'où et ayant on ne sait quelles convictions politiques risque d'échauffer les esprits et de conduire à la contestation. Cela peut mener à la condamnation de l'Église et à la révolution. Qui sait de quels agissements ces immigrés ont été responsables dans leurs pays d'origine, qui sait s'ils n'ont pas été obligés de partir ?

« Que ma fille de sept ans ne fasse pas la différence entre étranger et danger, je peux le comprendre, mais qu'un prêtre, en plein carême, vienne me demander de mettre des enfants à l'écart parce qu'ils sont peut-être des éléments anticatholiques, je n'en reviens pas ! C'est odieux ! C'est tout, sauf religieux. »

Gabrielle est tellement en colère que Paulette ne réussit même pas à la faire asseoir. Elle traverse le salon de long en large en triturant la magnifique écharpe de soie qui se marie divinement avec l'imprimé de sa robe.

« Et c'est ma sœur, ma propre sœur qui a tout provoqué ! Vous allez refuser de voir cette famille sous peu. Vous allez nous détester, Paulette, et vous aurez raison. Je suis tellement fâchée que je pourrais ne plus la voir pendant six mois sans que ça me dérange. »

Paulette essaie de la calmer, de lui présenter les choses sous l'aspect des bonnes intentions, mais le regard de Gabrielle n'est pas très compréhensif.

Ce soir-là, Edward rentre vers sept heures, fourbu. Paulette est restée avec Gabrielle et prend un sherry avec Edward pendant que Gabrielle termine les devoirs, les leçons, le débarbouillage et la mise au lit des enfants.

« Edward, si tu fais la tournée des becs, le souper sera prêt quand tu redescendras. » Gabrielle dresse la table dans la cuisine pour laisser Adélaïde faire ses exercices de piano en paix au salon.

« Edward me disait qu'il avait des nouvelles de Nic…

— Oh, vraiment, Paulette, je suis impardonnable ! J'étais si furieuse que j'ai oublié de vous le dire. Il revient le 17 mai.

— Ça a été long. Il va bien, on dirait.

— Je ne sais pas vraiment… ses télégrammes sont joyeux, mais Nic est toujours joyeux, enfin…

— Je sais : il n'y a jamais rien qui va mal avec Nic. »

Gabrielle le revoit, défait, totalement découragé au retour de l'Île en janvier. Elle entend sa voix brisée, altérée par le chagrin. Elle ne peut même pas dire à Paulette en quoi cet espoir qu'elle entretient pour Nic est illusoire, mais elle est convaincue qu'après cette soirée de janvier Nic a renoncé à prendre femme.

Paulette continue son bavardage : « Sa sœur va manquer à son mari, non ? Madame Jessop en parlait au thé des Bernier.

— Vraiment ? »

Les couverts sont posés délicatement, sans bruit, Gabrielle ralentit son mouvement, espérant des détails qui viennent effectivement. Paulette a un petit rire gêné : « Vous connaissez Madame Jessop, pas toujours très diplomate. Elle soutient que le docteur Thivierge a engraissé et semble mieux se porter depuis le départ de sa femme. Elle… elle a l'air de croire que le mariage ne va pas bien. Que Kitty Thivierge aurait de… de drôles de comportements…

— Tiens ! Comme quoi ? Quel genre de comportements ?

— Vous ne savez pas ? Une tendance à la neurasthénie. Ce serait pour ça, le voyage, pour la distraire de ses états de nerfs. Est-ce que c'est vrai, Gabrielle ?

— C'est sûr qu'après la vie mondaine de Montréal elle s'ennuyait, elle trouvait les activités sociales de l'Île un peu calmes. Ça se comprend, je pense. Et comme le voyage était prévu avant les fiançailles et le mariage, il a eu lieu. Avec le consentement de Jules-Albert, bien sûr.

— Vous pouvez me le dire à moi… Il n'y a rien d'immoral entre Nic et sa sœur, n'est-ce pas ?

— Jamais ! Mon Dieu, mais qui dit une chose pareille ?

— Madame Jessop a laissé entendre que ce ne serait pas plus mal qu'il leur arrive ce qui est arrivé au *Titanic*. Qu'un naufrage comme celui-là est moins terrible que d'autres naufrages… que des catastrophes d'un autre ordre. »

Gabrielle est estomaquée : elle qui avait eu du mal à demander à Nic si sa sœur avait des pensées malsaines, voilà qu'on leur prêtait des comportements déviés et condamnables.

« Mais enfin, Paulette, comment peuvent-ils prétendre des choses pareilles ? Sur quelle base ? C'est épouvantable ! Que dit Jules-Albert ? Il doit être effondré, le pauvre ! »

Edward, qui arrive sur ces entrefaites, s'étonne : « Bon ! un pauvre effondré, maintenant ! C'est qui ? ». Gabrielle refuse de répéter cette histoire et préfère de beaucoup revenir à leurs problèmes du Centre.

Il est entendu que, d'ici la fin de l'année scolaire, Paulette et Gabrielle vont tenter de le garder en activité le matin, c'est-à-dire jusqu'au départ des enfants pour l'école. Le Centre fermera en fin de journée puisque ni l'une ni l'autre ne peut s'en charger et surveiller les enfants. En proposant cette demi-fermeture ou cette demi-ouverture, elles espèrent toutes deux éloigner Georgina et calmer les principes religieux de tout le monde, sans pour autant priver les enfants d'une attention et d'un repas toujours criants de nécessité.

Malheureusement, deux semaines plus tard, la fabrique décide de mettre fin à cette activité, « par manque de ressources financières », déclare-t-on.

Edward explique à une Gabrielle de plus en plus révoltée que ce sont les communautés religieuses et l'Église qui détiennent le pouvoir sur la charité et qu'elle ne peut rien y faire étant donné que ce sont elles qui ont l'autorité légale pour décider.

« Tu veux dire que je me désâme pour mettre le Centre sur pied, que j'organise des parties de cartes pour le financer et que je n'ai aucun droit de décider si l'argent servira à cette activité ou non ?

— Tant que tu es dans un local appartenant à l'Église, oui, c'est ça.

— On va déménager.

— Tu veux dire que tu vas agir sans le parrainage de la fabrique ? De ton propre chef ?

— Avec Paulette, oui.

— Tu sais que tu ne peux pas signer un bail si je ne signe pas ?

— Ne m'énerve pas. Tu vas signer.

— Et mon âme ? Le salut de mon âme si l'Église te met à la porte pour insubordination ?

— Pour le meilleur et pour le pire, Edward ! Tu seras damné avec moi.

— Tu sais ce que ça veut dire pour la paix familiale ? Georgina va encore partir en guerre sainte.

— Ça l'occupe et ça l'empêche de déprimer, très bon pour elle. Qu'elle médise sur sa sœur qui fait la part belle aux étrangers !

— … parce qu'elle en a marié un !

— Edward, je pense que mes sœurs sont devenues folles. Elles étaient prêtes à marier Reine à un McNally, tout ce qu'il y a de plus Irlandais, tout ce qu'il y a de plus proche de l'Anglais, et elles m'accusent, moi, d'avoir épousé un Miller qui ne parle jamais anglais devant elles !

— L'argent, Gabrielle… l'argent n'a pas d'odeur, pas de race, pas de langue. L'argent peut même acheter le Ciel.

— Tu blasphèmes !

— Tu veux qu'on essaie ? »

Comme il a l'air de s'amuser soudain, comme il se prend des airs de matou qui a trouvé la souris sous le buffet : « Quoi ? Ne me regarde pas comme ça ! Quoi ? Tu veux prouver quoi ?

— Que le Ciel s'achète. »

Elle n'est pas sûre de vouloir cette preuve. Elle a l'impression qu'elle va se faire plus de mal que de bien si elle va par là. Elle se souvient de la déception de Fabien quand, le mois passé, il a appris que le Père Noël était un leurre. Il a pleuré trois jours. Elle ne veut pas prendre ce risque avec le Ciel qui guide tous ses actes depuis sa naissance… ou presque.

Edward lui soumet son plan. À mesure qu'il parle, il s'enthousiasme, improvise des idées. Comme le plan inclut Nic, il faudra attendre son retour. Gabrielle est tentée pour une seule raison : le Centre ainsi conçu serait autonome et financé « à l'anglaise » par des *big shots* comme Nic qui ne se mêleraient pas des faits et gestes quotidiens des bénévoles, mais seulement de l'établissement de la charte. Elle serait libre d'y faire ce qu'elle veut, selon ses normes de charité à elle, et elle serait soutenue par une communauté moins pointilleuse et moins portée à l'ingérence que celle des prêtres catholiques.

« En quoi ça achète le Ciel ?

— Tu vas faire la même chose, avec les mêmes principes et cette fois, l'Église et tes sœurs vont te bénir et t'applaudir.

— Pourquoi ?

— Parce qu'elles vont vouloir y entrer et la contrôler. Parce que c'est un instrument de pouvoir, la charité.

— Et pourquoi Nic accepterait de mettre de l'argent là-dedans ?

— Parce que c'est toi. Parce qu'il est joueur et que, comme moi, il n'aime pas se faire imposer des lois contraignantes et inutiles.

— Et Paulette ? Tu y penses ? La faire s'allier à Nic alors qu'elle essaie de l'oublier.

— Gabrielle… je pense que Paulette n'attend rien de Nic et que ce sera déjà quelque chose à recevoir et à faire avec lui. S'il fallait que toutes les femmes qui l'ont aimé lui en veuillent !

— On devrait l'appeler Casanova.

— Ça le peinerait beaucoup. Il n'a jamais abusé de personne, jamais joué avec les sentiments d'une femme.

— Bon ! Arrête de le défendre, Edward ! Je ne l'ai pas accusé.

— On fait quoi ?

— Laisse-moi y penser, parler avec Paulette, laisse-moi voir les tenants et les aboutissants. De toute façon, Nic ne sera pas là avant deux semaines. »

Edward est d'ailleurs bien soulagé de le voir revenir. La double charge et les aller-retour le fatiguent. Avec le printemps, il n'a qu'une envie : prendre son auto et emmener sa famille en balade à la campagne, chez des connaissances, organiser des pique-niques, s'amuser, quoi. Toutes choses qu'il ne peut faire s'il passe son temps à Montréal.

Et puis, Nic lui manque. Ce projet qui vient de germer pour braver les ecclésiastiques, il aimerait en parler tout de suite, faire un souper et qu'ensemble, tous les trois, ils retrouvent cette connivence qu'il apprécie tant.

« Tu crois que Kitty va retourner sagement à l'Île chez Jules-Albert ? »

Le soupir qui lui répond n'augure rien de si parfait. Gabrielle lui fait le récit des commérages rapportés par Paulette et Edward en conclut que, quoi que Kitty décide de faire, la réputation de ce couple exigera une tenue exemplaire.

Les Stern organisent un grand dîner pour célébrer l'arrivée de Nic et de Kitty, ce qui pose de nombreux problèmes à Gabrielle. Non seulement elle est invitée à s'y rendre, mais elle doit aussi transmettre l'invitation à Jules-Albert qu'on attend également à Montréal.

Jules-Albert a effectivement « repris du poil de la bête » et il offre à Gabrielle un de ses plus beaux sourires, comme si ce rendez-vous était galant et avait un tout autre objet que celui de discuter des problèmes conjugaux.

Jules-Albert n'a eu aucune nouvelle de Kitty depuis janvier, cinq mois de silence au total. C'est d'ailleurs Gabrielle qui lui apprend la date de son retour, ce qui affaiblit son sourire.

Gabrielle transmet l'invitation que Jules-Albert refuse poliment : il n'a ni le temps ni l'envie d'aller à Montréal accueillir une épouse qui va le bouder. Gabrielle prend son courage à deux mains et l'informe des racontars qui circulent à leur sujet, de la gravité des faits que l'on prête à Kitty. Pas très ému ou ébranlé, Jules-Albert hausse les épaules avec fatalisme et prétend ne rien pouvoir faire pour inciter les gens à « penser droite ». Il n'a pas du tout l'air de craindre ces racontars !

« Jules-Albert… veux-tu dire que tu penses comme ces gens ? »

Il ne nie pas, il ne confirme pas. Il se contente de lui saisir furtivement la main et de lui déclarer qu'elle a encore des naïvetés après tant d'années et que cela a toujours du charme.

Gabrielle retire sa main comme s'il la brûlait. Choquée, elle se lève et laisse ce mal marié en plan avec une réflexion à méditer : « Si tu penses qu'en te comportant de façon abjecte avec moi, tu vas prendre une quelconque revanche sur ton mariage désolant, tu te trompes. J'étais ici pour t'aider et tu te conduis comme le dernier des vauriens. Quoi qu'elle t'ait fait, je ne laisserai personne traiter ta femme et Nic de la sorte. Ressaisis-toi, Jules-Albert, tu perds le sens commun et tu risques d'y perdre plus que ta femme ! »

Quand Edward lui demande comment s'est passé l'entretien, elle rougit et se contente de dire que, d'après elle, le monde tourne à l'envers.

« Je pensais que le mariage était sacré, qu'il s'agissait d'une vocation, d'une entreprise sérieuse dans laquelle on met toute sa bonne volonté et son ardeur. Regarde autour de nous : Georgina qui manque à sa parole,

Kitty qui refuse le sacrement à son mari et qui s'enfuit avec son frère et Jules-Albert qui a l'air de s'en ficher… où est ce qu'on m'a enseigné ? Pourquoi j'élève mes enfants dans le respect de la parole donnée si tout le monde se trouve de bonnes raisons d'être déloyal ? Même l'Église qui voudrait que, sous prétexte d'éviter le pire, je sélectionne mes œuvres et mes protégés ! »

Le choc est grand pour Gabrielle, et Edward a beau militer pour les valeurs qui sont celles qu'ils ont choisies, sa femme ne croit pas pouvoir tenir à elle seule le bateau : « Comment veux-tu que j'oblige Béatrice à penser correctement si même les religieuses l'autorisent à rire des étrangers ? Le monde est tellement perverti, Edward, tellement changé ! Quand j'étais petite, tout le monde s'entendait sur le Bien et le Mal. Il n'y avait pas, comme maintenant, de petits intérêts vicieux qui faisaient changer le vent de bord. »

Edward lui rappelle en souriant que, selon son père et sa mère, elle a mal agi en l'épousant et que, selon les codes qu'aucun vent ne variait, se présenter à la sortie des cours de l'université, toute seule et furieuse, ce n'était pas non plus béni par l'Église ou les gens.

« On a parlé dans la basilique, tu m'accorderas au moins ça ! »

Elle finit par se moquer d'elle-même et vient le rejoindre au lit : « Tu lis quoi ?

— Encore un livre à l'index : *Le Nœud de vipères,* de François Mauriac. Tu aurais encore des découragements à lire ce qu'il dit de la famille.

— C'est un Français, c'est normal ! Ils n'ont aucune moralité.

— Bon, un peu de Georgina, maintenant ! Parle-moi contre les étrangers, ma belle, dis-moi tout le mal que tu penses des Chinois, des Juifs et des Anglais.

— Ce sont les Irlandais que je déteste le plus… ils sont séducteurs, buveurs, paillards, de faux chrétiens, quoi !

— Paillards ! Tu penses que Nic est paillard ?

— Qui parle de Nic ? T'as pas une Mummy venue directement d'Irlande ?

— J'ai jamais vu l'Irlande.

— J'ai jamais vu la France non plus… et c'est de là que je viens.

— Tu aimerais y aller ? Voir les vieux pays ?

— On va attendre de voir ce que Nic va nous en dire et peut-être que quand les enfants seront mariés… dans vingt ans.

— Vingt ans ? On a le temps d'économiser une première classe sur le bateau.

— Tais-toi, ça me donne le vertige, je ne peux pas penser que mon Guillaume va se marier un jour.

— T'as le temps de t'y faire, espèce de mère couveuse ! »

Le lendemain, des fleurs magnifiques sont livrées avec toutes les excuses de Jules-Albert qui prie Gabrielle de le rappeler parce qu'il n'osera jamais après ce qu'il a fait. Edward demande en riant si elle a dû subir les derniers outrages et Gabrielle le regarde partir, insouciant, heureux, en pensant qu'elle n'aurait pas cette légèreté d'esprit, elle.

Jules-Albert ne sera pas sur le quai à Montréal pour la simple raison que son père n'est pas très bien et qu'il doit demeurer à son chevet. Edwidge sera l'émissaire de la famille. De son côté, Gabrielle ne laissera pas la maison alors que le concours de fin d'année d'Isabelle réclame toute la concentration de la jeune fille et que, la connaissant, elle sacrifierait son diplôme aux enfants si Gabrielle n'était pas là.

Cette fin d'études pèse beaucoup sur la santé d'Isabelle qui a maigri et s'est creusée pendant les derniers mois. Elle est devenue plus secrète aussi, plus réservée. Gabrielle essaie de savoir ce qui l'inquiète et, comme les raisons ne manquent pas entre Georgina, la fin des études et la crainte de l'avenir, elle ne peut insister et sonder si la peine d'amour est toujours là. Par contre, prononcer le nom de Nic en sa présence provoque toujours une sorte d'immobilité : Isabelle se fige, ses épaules se coincent et elle regarde ailleurs. C'est le seul prénom qui ait un tel effet sur sa nièce.

Edward se rend donc seul à Montréal accueillir son ami et associé.

Gabrielle a fort à faire avec la préparation des examens des enfants. Béatrice n'en peut plus de joie de faire sa première communion avec le voile de marié. Elle en oublie toutes les réponses du catéchisme et Gabrielle a beaucoup de peine à lui expliquer que cela s'appelle de la vanité et non l'envie de recevoir le corps de Jésus. Béatrice est prête à pactiser avec Satan si sa mère lui achète les jolis souliers à brides qu'elle convoite depuis qu'elle les a vus dans la vitrine de chez Paquet.

Comment refuser cette joie à sa coquette ?

La première communion sera immédiatement suivie du service anniversaire de la mort d'Hector, étape délicate pour Georgina et, par ricochet, pour toute la famille.

Germaine multiplie ses visites Grande-Allée et vient partager les bulletins de santé et ses angoisses avec sa sœur. Elle a une nette tendance à la corpulence et son appétit pour les sucreries ne diminue pas. Elle prétend qu'il n'y a que Gabrielle à tenir de leur mère et à avoir la taille si fine. En avalant biscuit sur biscuit, elle maintient que le gabarit est dans la construction interne des gens et qu'on n'y peut rien.

« De toute façon, pourquoi je ferais attention ? Pas pour me marier, certain, mon tour est passé. Alors, pour qui ? Si on peut lâcher le noir, ça sera déjà une belle amélioration. »

Gabrielle refuse de s'engager sur ce terrain glissant et se contente de ramener Germaine à son sujet principal : la messe anniversaire et l'après-messe.

Comme c'est le premier anniversaire, ils garderont l'événement modeste, inutile de faire des flaflas. Gabrielle est formelle : elle reçoit, mais ne veut pas entendre un mot sur le Centre ou sur le curé Béland et sa politique étrangère. Germaine balaie la condition comme elle le fait des graines de biscuits sur sa jupe de lainage noire, rapidement, du revers de la main.

Une demi-heure après l'arrivée du dernier train de Montréal, Gabrielle couche les enfants, déçue, mais convaincue qu'Edward doit l'être aussi de ne pas avoir réussi à revenir à Québec ce soir-là.

Elle s'installe dans son fauteuil préféré au salon et allume la radio : une lumière glauque nimbe la pièce pendant qu'un concerto pour cor de Mozart se fait entendre. Parce qu'Edward lui manque, Gabrielle renonce à ravauder la pile de chaussettes qui attend, elle va chercher le chandail brun de son mari et, les pieds ramenés douillettement dans le fauteuil, elle écoute le concerto, le nez dans la laine qui sent Edward.

Quand Edward rentre, elle s'est endormie. Il n'est pas si tard, mais la musique est trop douce, le calme trop apaisant.

Edward s'avance vers le fauteuil, sans bruit. Nic reste au pied de l'escalier et regarde son ami se pencher vers Gabrielle et la contempler en silence.

De toutes les fortunes offertes de par le monde, celle-ci est celle que choisirait Nic. Pouvoir respirer près de la joue de cette femme assoupie, poser sa bouche sur la sienne et la faire tressaillir en la réveillant. Entendre, entendre une seule fois son prénom prononcé avec tant de bonheur, tant de plaisir surpris et sentir des bras se nouer autour de son cou, l'attirer pour un baiser sans pudeur… Nic se détourne et s'assoit au bas des escaliers. Il entend le « Oh ! Edward ! Qu'est-ce que t'attendais pour le dire ? » indigné de Gabrielle qui arrive : « Nic ! » et elle lui tend les bras. Nic se dit qu'il faudrait être bien mesquin pour s'apitoyer sur son sort devant un accueil si chaleureux.

Ils vont à la cuisine pour ne pas réveiller la maisonnée. La table est mise pour le petit déjeuner : huit assiettes bien rangées, huit bols en place, l'ordre et la sécurité. Gabrielle leur prépare un chocolat chaud pendant qu'ils expliquent que le train avait du retard et qu'une fois arrivés ils ont dû reconduire Edwidge chez des amis, ce qui les a encore retardés.

Nic est superbe : légèrement bronzé, ses cheveux ont encore pâli et sont un peu plus longs, la coupe de son veston est impeccable et sent le tailleur français ou anglais. Il arbore un irrésistible sourire et Gabrielle se dit qu'Isabelle n'a pas fini de souffrir. Elle s'informe de Kitty, supposant qu'elle a pris le train avec eux et a rejoint les amis de la famille Thivierge.

Ce n'est pas un voile de tristesse qui traverse les yeux de Nic, c'est une chape de plomb qui semble accabler ses larges épaules : « Non… elle est restée à Montréal. Je vous expliquerai. Donnez-moi des nouvelles des enfants, plutôt. Kitty, on en parlera plus tard. On est si bien. »

La revue de la chronique familiale est vite achevée et celle du voyage, des pays visités, des gens rencontrés entame largement la nuit.

Gabrielle prépare le lit de Nic dans le *den* pendant qu'il ouvre ses bagages et en sort une petite boîte : « Il y a à Paris, rue Cambon, une femme qui dessine des vêtements, on les dirait faits pour vous. J'ai rapporté ceci et le parfum qu'elle a créé pour la femme moderne, comme elle dit. »

Chanel est inscrit sur la boîte qui contient une broche exquise de délicatesse. Gabrielle n'en revient pas que Nic sache ce qui lui plaît comme ça. Il lui offre également une longue écharpe de soie de Paul Poiret, pure merveille de texture et de teinte. Gabrielle a à peine le temps de remercier que survient Edward, portant une Adélaïde triomphante, le bras passé autour du cou de son père qui la tient d'un seul bras, bien appuyée contre sa hanche : « Il y a une petite fille qui se réveille dès que je m'approche d'elle, tout comme sa mère.

— Edward ! Tu l'as réveillée. Tu ne peux pas t'en empêcher. T'as vu l'heure qu'il est ? »

Edward rit et prétend que c'est pour faire une surprise à Nic. Adélaïde se penche vers Nic sans lâcher le cou de son père et lui donne un baiser sur la joue puisqu'elle est à la bonne hauteur. Il tend les bras, mais elle se redresse et reste bien blottie contre son père : « T'es venu pour la communion ou la messe de mon oncle ? »

Nic, qui trouve le choix assez mince, déclare qu'il est venu les voir, qu'il s'était ennuyé d'eux tous.

« Si tu restes assez longtemps, tu pourrais venir à ma distribution de prix. Et aussi à celle d'Isabelle qui a son diplôme.

— Bon, ça suffit, les mondanités. Edward, recouche-moi cette enfant qu'on aille tous dormir ! »

Une fois au lit dans les bras de son mari, Gabrielle pose la question qui lui brûle les lèvres : « Et Kitty ?

— Kitty est complètement folle, je pense. Dors, c'est trop long à raconter. Demain. »

*   *   *

La première communion de Béatrice prend des allures dramatiques et semble être une prémisse fort alarmante de ce que sera son mariage. Elle affole tout le monde, se désole de la moindre imperfection de sa tenue, critique ses frères et sœurs et envoie même promener son père.

Enfin, quand, calme et frisant apparemment la béatification, elle remonte l'allée centrale de l'église avec son voile tombant divinement et qu'elle fixe l'autel dont elle s'approche comme si l'assemblée n'en avait que pour sa performance et la manière dévote dont elle penche la tête, Gabrielle se dit qu'elle n'est pas au bout de ses peines avec celle-là.

En dehors du fait que Béatrice refuse de retirer son voile, la réception qui suit la communion est parfaite : la table dressée dans le jardin derrière la maison avec les petits bouquets de fleurs roses et blanches marquant chaque place, l'humeur des convives, les airs de dame que se donne la communiante et qui font la fierté de ses tantes et, enfin, la présence de Nic qui confère à l'événement une importance incontestable, tout, jusqu'à la température enfin douce, tout est réussi.

C'est une Béatrice ivre de bonheur que ses parents mettent au lit ce soir-là et le petit Jésus dans son ventre compte pour le poids de l'hostie dans cette allégresse.

« Loretta Young dans ses meilleurs moments ! Je crains que Béatrice ne me force à la fiancer sous peu tant elle raffole des grands événements. Combien d'années avant la communion solennelle ? »

Gabrielle s'effondre dans le Chesterfield en soupirant : « Taisez-vous,

Nic ! On a un bon six ans devant nous. Et il faut arrêter cette histoire de mariage, on ne sait pas à quoi cette enfant peut rêver. Si elle vous prend au sérieux, Nic, ce n'est pas un petit chagrin que nous allons essuyer le jour où vous ne voudrez pas la marier, ce sont les chutes du Niagara.

— Qui vous dit que je refuserais ? »

Le regard de Gabrielle est si dubitatif qu'il arrête de se moquer : « Vous savez bien qu'elle va collectionner les cavaliers comme on le fait des timbres. Attendez que je l'emmène voir Shirley Temple au cinéma, elle va vous jouer l'enfant encore quelques années.

— Je vous en supplie, Nic, ne l'exaltez pas. Elle a déjà beaucoup de dispositions. Shirley Temple ! Elle va vouloir aller auditionner à Hollywood ! »

Nic marche de long en large dans le salon. Ses longues jambes provoquent des voltes tous les trois pas. Gabrielle commence à le connaître : « Quelque chose vous tracasse, Nic ? »

Il s'arrête brusquement, surpris : « Oui. Je pars demain et nous n'avons pas parlé de Kitty. »

Par Edward, Gabrielle sait que le voyage a été à la fois un enfer et un enchantement, Kitty faisant régner ses humeurs. À Londres, elle s'est entichée d'un couple d'hurluberlus qui leur ont fait visiter tous les bouges possibles. À Berlin, ça a été les cabarets et la vie nocturne pendant la totalité du séjour. Il n'y a qu'en Italie que Nic a pu enfin se reposer parce que l'hôtel possédait le bar le plus fréquenté de la ville et que Kitty pouvait trouver sa chambre toute seule à l'aube. Elle a d'ailleurs conquis une sorte de baron italien qui la réclame depuis son départ. Kitty songe maintenant à s'installer en Italie, tout près de Turin.

« Kitty veut demander l'annulation du mariage par Rome. »

Gabrielle relève brusquement la tête : impossible, le mariage est consommé, ils le savent tous. Nic poursuit, péniblement : « Elle… elle veut invoquer certaines circonstances… Par exemple, que son mari l'a soûlée pour lui arracher un consentement contre nature. »

Gabrielle n'ignore pas que l'alcool est devenu un problème criant chez Kitty et que Jules-Albert n'a certainement pas instauré le penchant qu'elle a pour la bouteille. Elle ne peut pas parler de cela ouvertement, aussi se contente-t-elle de demander s'il y a un risque qu'elle obtienne une annulation sur une telle base.

« Je ne sais pas, Gabrielle. De toute façon, ce serait un mensonge.

— Elle veut se remarier ? »

Nic hoche la tête, découragé : « Elle voit le mariage comme un moyen d'obtenir ce qu'elle veut. Elle refuse de comprendre qu'il s'agit d'un engagement sérieux.

— Pensez-vous qu'elle puisse partir pour l'Italie et y être heureuse là-bas, loin de vous ?

— Non. Elle va vouloir que je m'installe là-bas. Son soupirant est le roi de l'exportation du tissu fait main. Kitty trouve que cela pourrait devenir un secteur clé de mon entreprise, malgré la baisse énorme des textiles sur le marché mondial. Pour l'instant, les chiffres m'aident à contester ce changement d'orientation qu'elle souhaite me voir faire. »

Gabrielle n'en revient pas : non seulement Kitty va gâcher la vie de Jules-Albert et celle de Nic, mais elle va aussi exiger l'exil et orienter les priorités commerciales de son frère. Incapable de se contrôler, d'un ton sec, elle laisse tomber : « Bon ! En plus d'exiger de vous un célibat intégral, elle va vouloir diriger votre affaire, prendre les décisions commerciales et votre argent. Il vous reste quoi, Nic ?

— Elle est malade, Gabrielle.

— Ah oui ? Faites-la soigner. Pourquoi serait-ce à vous de payer pour sa maladie ? Pourquoi sacrifier votre vie, alors qu'elle ne s'en préoccupe même pas ? Pourquoi son malheur serait-il plus important que celui dans lequel elle vous fait vivre ?

— Je ne suis pas malheureux.

— Ah non ? Vous étiez heureux là-bas, Nic ? Vous aviez du bonheur dans les bouges de Londres, à boire dans les cabarets de Berlin ? C'est ça, la vie que vous espériez ? Changer d'hôtel à toutes les semaines, prendre des trains, des bateaux et escorter votre sœur qui se soûle ? Excusez-moi, je sais que je ne devrais pas dire ça, ni parler sur ce ton. Je suis inquiète, Nic. J'ai de l'affection pour vous et je ne comprends pas pourquoi vous briseriez votre vie alors que Kitty… »

Elle laisse sa phrase en suspens, elle ne peut pas dire ce qui lui vient. Nic pose la main sur son épaule, avec douceur et fermeté : « Alors que Kitty ne verra pas de différence et gâchera sa vie de toute façon ? »

Un profond soupir lui répond. Gabrielle se mouche : « Excusez-moi, je ne peux pas m'empêcher de prendre tout cela très à cœur. »

Après un long temps, elle demande : « Vous allez le faire ? »

Nic reprend sa marche, chaque pas vrillant un aspect de la question en lui.

Finalement, il s'accroupit aux pieds de Gabrielle et plante son regard dans le sien : « Non. »

Le sourire de Gabrielle est ce qui le soutiendra lors des interminables affrontements qu'il aura avec Kitty. Ce sourire lumineux et sa main tendue qui cueille et caresse sa joue.

*   *   *

La procession de la Fête-Dieu, la distribution des prix, les longues conversations avec une Béatrice acrimonieuse qui jalouse les premiers prix de piano et de français d'Adélaïde, les mélopées désolées de Georgina occupent Gabrielle qui n'a qu'une seule vraie distraction : faire son grand ménage en compagnie d'une Germaine presque redevenue jeune fille. Depuis le début mai, le notaire Duquette, qui avait déserté les rangs des habitués de la rue de Bernière, est revenu jouer au bridge chez Germaine et, depuis, il honore ses parties de son assiduité. Gabrielle n'en croit pas ses oreilles : sa sœur est quasiment pâmée d'émotions, on la dirait la veille de ses noces.

« Elle est amoureuse, je te le jure, Edward. C'est agréable, elle rit pour rien, dit des niaiseries, oublie de sermonner. Elle a même parlé de ses toilettes d'été et des nouveautés qu'elle pense se faire coudre. Tout en demi-deuil qu'elle soit, comme elle a dit ! »

Edward s'amuse comme un fou à essayer d'imaginer le délicat et frêle Hubert Duquette avec la… très présente Germaine. « Lui qui ne dit jamais un mot, ce sera parfait pour Germaine. Tu crois qu'elle pourrait se marier, à son âge ? Ça va encourager Reine… »

Gabrielle le fait taire mais elle aime beaucoup la perspective. Un peu de bonheur dans cette famille ferait le plus grand bien.

« Comment, un peu de bonheur ? Tu n'es pas heureuse et tu ne le dis pas ? Tu as un mauvais mari ? Allez, confesse-toi, l'estorlet. C'est quoi le malheur de notre famille ? »

Elle se dégage et refuse d'entrer dans son jeu. Alors qu'elle est encore à sa coiffure, à brosser ses cheveux, il éteint toutes les lumières. « Edward, allume, je t'en prie. Ed… », sa bouche lui coupe le sifflet. Il la soulève, l'enlace et, sa joue contre la sienne, il la fait valser très lentement : « C'est la nouvelle façon de confesser les épouses. Dis-moi, Gabrielle, les manquements de ton époux. »

Elle ferme les yeux, inutile d'argumenter avec Edward quand il est comme ça. De toute façon, elle préfère entrer dans le jeu : « Il me manque, c'est tout. Il est très occupé et moi aussi. Nous avons cinq enfants plus une nièce adorable. Notre bébé vient d'avoir trois ans et il peut dire tout le prénom d'Adélaïde correctement. Mon mari me donne tous les bonheurs… y compris ceux auxquels je n'osais pas rêver.

— Lesquels ?

— Edward !

— Non, non, madame. Lesquels ?

— Il me fait danser dans la pénombre de la chambre en robe de nuit légère. Sans musique. »

La main d'Edward glisse sur la soie, caresse le flanc de Gabrielle. Sa bouche descend le long de son cou, s'arrête là où la veine palpite. Il murmure contre sa gorge : « Et…

— Je crois que si nous voulons un autre enfant, ce serait le temps. »

Du coup, Edward se dégage et arrête la danse. Gabrielle part à rire. Edward n'est plus certain du tout : « Tu es sérieuse ? Tu veux un autre enfant ?

— Tu ne sais plus sur quel pied danser, maintenant ? »

En effet, il est secoué : « Tu es sérieuse ? Dis-moi.

— Je ne sais pas. Je pense que… que c'est ma façon d'ouvrir les draps du lit. »

Il la reprend dans ses bras en riant : « Tu as vu trop de vues américaines avec des stars qui fument et qui font des invites aux hommes.

— Ça te choque ?

— Non… pas tant que c'est moi qui décide et tant que ce n'est qu'à moi que tu fais les invites. Viens, Miss Swanson, je vais les ouvrir les draps du lit, moi. »

*   *   *

Les doux temps de l'espoir auront été de courte durée : Germaine, indignée, blessée, se tient devant Gabrielle et tord son mouchoir entre ses doigts agités. Hubert Duquette a fait sa demande… à Georgina. Celle-ci a non seulement été émue, mais elle a dit qu'elle réfléchirait. Ce qui pousse Germaine à des sommets de grogne. Gabrielle la laisse dire, estimant qu'il faut bien que « le mauvais sorte » et qu'un peu de médisance fera sans doute du bien à la brûlure d'orgueil. La mémoire de Germaine est longue et remonte jusqu'à l'enfance, jusqu'avant la naissance de Gabrielle. Le chapelet des doléances et des reproches est infini et Germaine ne semble pas prête à pardonner quoi que ce soit.

Gabrielle essaie tout de même de limiter la rancune aux dernières années, invoquant le pardon pour l'enfance. « Je pardonne, c'est entendu, mais je n'oublie pas pour autant. Je n'oublie rien. »

Gabrielle n'a pas le temps de s'appesantir sur la notion de pardon sans dissolution de la faute qui lui semble mériter une discussion de fond, et elle passe au plus urgent : où Germaine ira-t-elle dormir, si elle refuse de partager son toit avec l'impie qui ne voulait plus d'Hector et qui est prête à marcher sur sa tombe tant célébrée pour se remarier « en plein demi-deuil, comme si elle était obligée » ?

Une fois la porte du *den* refermée, une fois le lait chaud parfumé à la vanille servi à une Germaine éplorée, Gabrielle regagne sa chambre et raconte les événements à Edward. Elle ne peut s'empêcher de trouver que Germaine a raison : « Tu te rends compte qu'elle a accueilli et soigné Georgina et qu'à l'heure actuelle elle dort dans le lit d'invité ici, alors que notre sœur réfléchit à la proposition du notaire confortablement installée sous le toit de Germaine ? Avoue qu'il y a de quoi se lamenter… »

Edward avoue et s'inquiète beaucoup du mariage à venir : « Georgina va accepter, tu crois ? Il a des revenus, le notaire, une maison… ça veut dire un avenir assuré pour Georgina. »

Gabrielle n'en revient pas : un mariage a beau être un accord entre deux personnes, il est censé y avoir un peu d'amour à sa base. Edward soutient que non, pas nécessairement, qu'il y a un temps pas si lointain où les gens épousaient qui leurs parents choisissaient et qu'aucune discussion n'était possible.

« Oui, d'accord, dans l'ancien temps, ça marchait comme ça. On n'a qu'à regarder nos parents pour voir combien c'était efficace et heureux comme mariages.

— Les miens étaient… bon, pas totalement malheureux, mais pas heureux non plus. C'était pas un bon *match*.

— Veux-tu me dire, Edward, pourquoi des femmes qui désertent le mariage et qui en sont sorties insistent pour s'y jeter encore ? Qu'est-ce qu'elles ont ? Georgina, Kitty… elles savent très bien qu'elles n'aiment pas l'état du mariage.

— Non, elles n'aiment pas l'état du mariage, mais ont-elles le choix ?

Si Georgina veut sortir de chez Germaine, avoir un toit, un revenu… peut-on lui en vouloir ?

— Et Kitty ?

— C'est autre chose… Elle veut surtout…

— Nic. »

Edward n'a jamais commenté cette possessivité, cette exclusivité de Kitty. Encore maintenant, il reste songeur mais ne dit rien. Gabrielle se demande s'il se sent humilié d'avoir été un instrument dans les mains de Kitty. Edward a l'air à mille lieues de cette pensée : « Nic a peur qu'elle se tue. Et moi, j'ai peur qu'elle le tue avant.

— Tu veux dire… moralement ? Comme elle a eu Jules-Albert ? Le détruire ?

— Le ruiner, ça oui. Elle déteste cette fortune venue du temps où il l'avait abandonnée. Mais sa personne aussi. Non, je veux dire vraiment le meurtre passionnel. »

Comme Gabrielle n'a pas revu Kitty depuis un an, elle peut difficilement juger : « Tu ne trouves pas que tu fais ta Béatrice, Edward ? Les fins dramatiques, c'est bon pour les vues.

— Il faut se méfier de Kitty, Gabrielle. Ce n'est pas à toi que je dois dire ça. »

Gabrielle est d'accord en principe. Pour l'instant, Germaine et son problème occupent davantage ses pensées. Épuisée, elle se couche : « Tu te rends compte de ce que sera l'Île dans trois semaines, avec les deux ennemies face à face et le notaire qui va venir chercher Georgina pour une petite promenade romantique ? »

Oui, Edward se rend compte.

Germaine refuse de mettre le pied à Sainte-Pétronille si Georgina s'y rend. Elle refuse également de laisser sa sœur « dans sa maison et dans ses affaires » lorsqu'elle-même sera à l'Île. De toute façon, ce serait inconvenant.

« Il n'est pas question que cet homme-là vienne courtiser qui que ce soit sous mon toit ! »

Georgina se retrouve à la rue avec sa fille Reine et Germaine voit avec détresse son été se profiler : isolée dans son appartement trop chaud pendant que Georgina ira s'exhiber au bord du fleuve en tenant le bras du notaire.

Elle implore Gabrielle de refuser d'abriter sous son toit une liaison pareille.

« Mais c'est sa maison, Germaine ! Je ne peux pas lui refuser sa maison sous prétexte que ça ne te plaît pas. »

Germaine ne veut rien entendre, elle veut punir tout le monde : Georgina, Reine et le notaire.

« Qu'elle se marie, elle en aura une maison et bon débarras ! Que le bon Dieu les bénisse et que le Diable les charisse ! »

Pour éviter l'éclatement du conflit, c'est Edward et Isabelle qui sont délégués à la délicate tâche de s'enquérir des projets immédiats de Georgina.

Ils la trouvent effondrée, incapable de se consoler de peiner la « pauvre Germaine », incapable de résister aux propositions du « si cher Hubert », et incapable de ne pas songer à se sacrifier pour « ses si bonnes filles » qui l'ont tant soutenue en des temps difficiles.

En clair, elle veut bien se marier et préfère avoir l'air de le faire pour les autres tout en reconnaissant que son choix est soulageant. Reine, quant à elle, trouve fort peu généreuse sa tante qui rend les choses compliquées en faisant intervenir d'égoïstes prétentions. Ce qui met le feu aux poudres. Piquée au vif, Isabelle invective sa sœur avec une véhémence comme Edward n'en a jamais vu. En quinze minutes, elle lui reproche un tel manque de cœur, de manières et de souci d'autrui qu'Edward est obligé de la sortir de la pièce et de la ramener Grande-Allée en faisant un grand détour par les Plaines pour la calmer.

Germaine interprète cette colère comme une prise de position en sa faveur et parle maintenant de garder Isabelle avec elle rue de Bernière pour tout l'été pendant que l'indigne Georgina, chaperonnée par Reine, se fera courtiser.

Tout s'envenime lorsque Germaine apprend que non seulement le mariage se planifie, mais qu'il aura lieu cinq semaines plus tard, au tout début de juillet, de façon à permettre aux jeunes mariés de profiter des vacances de juillet pour s'installer. Georgina va ainsi à l'encontre de toutes les règles de son monde. Le deuil de sa mère qui a empêché Gabrielle de se marier avec Edward sous peine d'être écartée de toute la bonne société et de tuer ses sœurs de honte prend une tout autre allure aux yeux de Georgina qui va jusqu'à prétendre que « nécessité faisant loi », la société n'est plus aussi ancienne qu'il y a dix ans.

Gabrielle serre les dents : ce mariage retarde son installation à l'Île et la réception « intime, quand même », lui incombe. De plus, avec Germaine qui décide de partir « dans l'heure » pour l'Île et qui refuse net d'assister à cette cérémonie de mauvais goût, le scandale menace.

Pour tout arranger, Germaine met sa sœur et sa nièce dehors, en exigeant qu'il ne subsiste rien, aucun reliquat de leur passage chez elle. « Pas un atome, tu entends, Gabrielle ? Dis-lui de se bouger pour une fois dans sa vie et d'emporter ses traîneries chez son notaire. »

Le schisme semble totalement accompli le jour où Germaine, accompagnée d'Isabelle, sort dignement pas la porte d'en avant afin d'emporter ses pénates dans ses quartiers pendant que Georgina et Reine entrent les leurs par la porte arrière de chez Gabrielle. Les enfants de la maison observent ce branle-bas avec un intérêt des plus vifs.

Mais quand Adélaïde doit changer de compagne de chambre et faire face à Reine, la musique est tout autre.

La rotation du sofa-lit est vite effectuée : Gabrielle installe sa sœur et gagne le salon où, allongée sur le Chesterfield, Adélaïde semble vouloir s'endormir.

« Va dans ton lit, Adéla, tu dors déjà. »

Adélaïde lui annonce qu'elle ne couchera pas dans sa chambre avec Reine. Est-ce qu'elle peut rester dans le salon ? Ou alors aller avec Rose qui, contrairement à Guillaume, ne bouge pas beaucoup en dormant ?

Gabrielle considère sa fille. Elle pourrait discuter, demander pourquoi, argumenter, mais elle sait pertinemment que, si Adélaïde est remise ce soir dans son lit, elle n'y restera pas jusqu'au lendemain matin. Elle ira dormir où elle veut, dès que les autres seront couchés. Elle a ce don de vivre la nuit depuis qu'elle est petite et le sommeil ne semble jamais lui manquer. Gabrielle la borde auprès de Rose et se contente de remettre au lendemain la discussion.

C'est une Reine froissée et dépitée qui aborde la question à table le lendemain matin. Elle demande si elle doit considérer l'attitude peu engageante d'Adélaïde comme une prise de position hostile et si elle est devenue *persona non grata* chez sa tante Gabrielle.

Adélaïde la regarde sans dire un mot et retourne à son gruau sans manifester la moindre émotion. Edward décrète que chez lui, le matin, il n'y a pas de discussions de fond et que Reine devra attendre le soir pour ramener le sujet.

« Mais !... c'est quand même important. Si je dérange, il faut le dire. »

C'est Fabien qui, candidement, lui répond : « C'est sûr que tu

déranges. On est habitués à Isabelle, nous autres. Et tu fais pas le gruau…
Ben quoi ? Qu'est-ce que j'ai dit ? »

Reine s'est brusquement levée, suivie de très près par Georgina, et on peut entendre leurs sanglots depuis la cuisine. Edward rassure Fabien et reste sans réponse quand Rose et Guillaume réclament Isabelle.

Adélaïde et Béatrice sont chargées de faire jouer les plus jeunes dehors et Gabrielle, avec fort peu de patience, va expliquer aux deux princesses éplorées qu'elle n'a pas que ça à faire et que le mariage exige des préparatifs qu'elle est seule à assumer.

Reine, avec l'air compassé de quelqu'un qui a du mérite et qui se gardera de le faire valoir, explique qu'elle comprend fort bien et qu'elle logera chez une amie dès ce soir.

« C'est à ton goût, Reine. Va où tu te sentiras le mieux. »

Gabrielle est bien consciente que ce n'est pas exactement la réaction espérée, mais elle est très près d'offrir de faire les bagages elle-même, Reine étant une jeune femme assez désagréable, finalement. Le téléphone empêche Gabrielle d'envenimer les choses.

Nic, fidèle à ses habitudes, s'informe de ce qui se passe puisque Kitty a annoncé qu'elle se rendrait au mariage. Gabrielle ferme les yeux et invoque tous les saints de sa connaissance : en effet, pour plus de commodité, il a été entendu que le mariage une fois célébré de façon intime dans la chapelle de Sainte-Pétronille, le repas de noces se tiendrait à la maison de campagne, en espérant que le beau temps sera de la partie et permettra de dresser les tables autour de la maison, sur la véranda. La famille Duquette étant plus nombreuse que celle des Miller, les invités ont été triés sur le volet, mais il a été impossible de ne pas convier les Thivierge. Gabrielle en déduit que Kitty a parlé à son mari.

« Qu'est-ce que vous me dites, Gabrielle ? Vous ne m'annoncez plus les nouvelles ? Un mariage ? Georgina ? *My God !* Si vite ? »

Gabrielle explique la nouveauté et la précipitation du projet ainsi que ses effets malencontreux sur l'harmonie familiale. Elle parle bas, ne voulant pas empirer les choses avec sa sœur et sa nièce. Nic comprend à peu près de quoi il retourne : « Si Kitty y va… vous en pensez quoi ?

— Je pense qu'une apparition publique avec son mari ne peut vraiment pas faire de tort. Ça va clouer le bec à certains. Vous êtes invité, Nic, vous n'en doutez pas ?

— Mais Germaine n'ira pas ? Et Isabelle ? Quel camp choisira-t-elle ? »

Alors là, Gabrielle peut difficilement répondre. Comme il s'agit du remariage de leur mère, les filles devraient faire un semblant de paix.

« Laissez-moi réfléchir à la meilleure tactique, Gabrielle. Je vous en reparlerai. Dites-moi plutôt si vous allez bien malgré tout. »

La conversation se termine sur un mode très gai, Nic comprenant que Gabrielle ne peut pas parler ouvertement et profitant de son silence forcé pour dire des impertinences sur les urgences matrimoniales de Georgina.

Une fois Reine partie chez une amie, l'atmosphère de la maison se détend. Gabrielle peut enfin vaquer aux nombreuses tâches qui s'additionnent au rituel passage à la maison d'été. Avec Germaine qui appelle six fois par jour, Gabrielle sent que son auréole n'est pas loin.

« Maman ? »

Adélaïde a son air de coupable qui a fait un mauvais coup. Gabrielle lève la tête des « menus de prestige » qu'elle finit de consulter avec Georgina.

« Je peux te parler en particulier ? »

Une fois dans sa chambre, Adélaïde ne s'assoit pas : « Tu penses qu'Isabelle ne voudra pas revenir de l'été, à cause de Reine ? On peut-tu laisser Reine chez son amie et emmener Isabelle avec nous ? »

Rien de bien étonnant pour Gabrielle, les enfants ne cessent de réclamer Isabelle, il est normal que la plus grande vienne s'informer officiellement. Elle avoue à sa fille avoir un problème diplomatique : dès que Georgina sera en voyage de noces, Germaine arrivera à l'Île avec Isabelle. Tout le monde pourra alors essayer de les raccommoder, elle et sa sœur, et faire la paix pour l'été.

« Mais *après,* maman. C'est après qui nous inquiète. Isabelle va devoir rester fâchée si elle ne veut pas aller chez le notaire Duquette. »

Gabrielle comprend surtout qu'il y a des conversations parallèles et qu'il lui manque des informations sur cette guerre-là. « Tu es allée voir Isabelle ? Vous avez parlé ? »

Le petit air coupable et piteux n'augure rien de bon : « Dis-moi, Adélaïde.

— Tous les jours, on va jouer avec Isabelle chez ma tante Germaine. On part tous d'ici et on se rejoint sur les Plaines. Sinon, Rose et Guillaume pleurent à tout bout de champ. »

Gabrielle en conclut qu'une conversation avec Isabelle s'impose. C'est Béatrice qui, avant de se coucher, présente la meilleure solution :

« Maman, peux-tu marier Reine ? On serait débarrassés et Isabelle reviendrait. »

Marier Reine ne sera pas une mince affaire, non plus.

Isabelle est si gênée de causer tant de problèmes qu'elle refuse presque d'en parler. Gabrielle insiste et lui dit qu'il y a des solutions à tout pour autant qu'on sache la nature du problème.

« Isabelle, je comprends que tu n'as pas envie de parler contre ta sœur ou ta mère, que tu t'en veux de t'être emportée, mais entre nous, qu'est-ce que tu aimerais faire, maintenant que tes études sont terminées ?

— Enseigner.

— N'importe où ? Je veux dire dans une campagne éloignée ?

— S'il le faut, oui. »

Elle a un air si malheureux, si triste, Gabrielle n'a pas le cœur de la laisser envisager un avenir aussi terne : « Isabelle... tu sais combien d'écoles n'ouvriront pas en septembre prochain à cause du manque d'argent ? Ils disent cent ou deux cents dans les journaux. Ce sont des écoles de paroisses éloignées, celles qui engagent les nouvelles institutrices pour moins cher. L'emploi va être très difficile à trouver. Fabien rentre à l'école, mais il y a Rose et Guillaume encore à la maison. Qu'est-ce que tu dirais de remplacer Miss Parker l'année prochaine ? On te paierait le même prix.

— Et l'anglais ?

— Tu le parles, maintenant, tu vas pouvoir leur enseigner les rudiments. Et Adélaïde peut t'aider. Edward aussi, d'ailleurs. Non, l'anglais n'est pas un problème.

— Miss Parker va se retrouver sans emploi.

— Oui. Mais on ne peut pas sauver tout le monde et, chez nous, on choisit Isabelle. Les enfants sont déjà tannés de se cacher pour venir te voir. Et tu me manques à moi aussi. »

Une Isabelle en larmes échoue dans ses bras. Une Isabelle reconnaissante qui jure de faire de son mieux et d'aider et d'être à jamais au service de Gabrielle. Ce que celle-ci refuse de tout cœur. « On engagera Miss Parker pour enseigner à tes enfants, Isabelle, ce sera notre paiement de retour. »

Devant le visage qui se ferme, Gabrielle insiste : « Isabelle... il y a plus qu'un homme dans le monde. Il y en a un pour toi.

— Mais ce ne sera pas lui.

— Non, ma belle enfant, ce ne sera pas Nic. Tu crois que tu pourras vider cette peine-là et te faire le cœur neuf pour un autre ?

— Bien sûr, ma tante. Il n'était pas pour moi, c'est tout.

— Il aurait pu, Isabelle. Ce n'est pas toi qui es en cause, ce ne sont pas tes qualités, c'est que Nic a d'autres préoccupations, des problèmes qui l'empêchent de voir que des jeunes filles comme toi sont mariables. »

Gabrielle rentre chez elle bien pensive. Isabelle va revenir à la maison, mais il n'est pas certain du tout qu'elle se marie : son cœur est bien entamé par les charmes de Nic. Et plus elle prétend qu'elle va l'oublier et plus Gabrielle en doute.

Comme s'il l'entendait réfléchir à distance, Nic l'appelle le lendemain matin : Kitty accompagnera son mari au mariage et demeurera à l'Île pour un mois. Lui-même ira aider à l'emménagment de sa sœur, mais il n'assistera pas à la noce. D'abord, pour éviter la curiosité malsaine que sa présence auprès de sa sœur pourrait susciter et ensuite pour tenir compagnie à Germaine qui n'en mènera pas large ce jour-là à Québec. Il se propose ensuite d'accompagner Germaine à l'Île et de l'aider à s'installer à son tour. Il fera œuvre de déménageur !

« Et vous restez avec nous… ?

— Trois jours. Le temps de réapprendre à Adélaïde ses bases de tennis. »

Gabrielle doute beaucoup que Kitty laisse son frère s'éloigner, mais ne connaissant pas leurs arrangements, elle ne dit rien. Ce qui est certain, c'est que Germaine est infiniment soulagée d'être invitée au Château Frontenac le soir du 2 juillet, dûment protégée de toute atteinte à sa réputation grâce à la présence de Paulette Séguin, également invitée à se joindre au repas luxueux offert par Nic à la santé des mariages *at large*.

* * *

D'après Béatrice, la mariée n'est pas à la bonne place. Dès l'entrée de Kitty dans la chapelle, Béatrice a secoué fortement la main de sa mère afin d'attirer son attention sur la jeune femme. Inutilement d'ailleurs, puisqu'à elle seule Kitty fait littéralement exploser tout ce qu'il y a de bien-pensant dans cette église. Vêtue d'un chiffon vert clair d'une luxueuse transparence, les épaules pudiquement recouvertes d'une jaquette extrêmement ajustée et s'arrêtant net à la taille fine et soulignée, Kitty s'avance au bras d'un Jules-Albert intimidé. Elle porte un chapeau très simple, dans les mêmes tons que sa robe, mais agrémenté d'une voilette parsemée de points de velours blancs, affolante de légèreté… et aussi blanche qu'un voile de mariée. Posé sur son opulente chevelure ondulée et rousse, l'effet n'est pas des plus discrets ni des moins avantageux. Kitty semble sortir directement des studios de Hollywood, on la dirait arrachée à une scène avec Veronika Lake pour venir s'ennuyer à faire de la figuration dans un patelin perdu au bout du monde.

Le regard qu'elle lance à Edward en se glissant dans son banc fait se retourner la rangée entière devant eux. Béatrice ne manque pas de souffler : « Quoi ? Qu'est-ce qu'elle veut ? Elle est drôlement belle, han, maman ? »

Gabrielle a bien du mal à calmer l'excitation de Béatrice qui surveille sans arrêt les faits et gestes de Kitty, la bouche ouverte tant sa concentration est grande. Et ce n'est pas l'arrivée de la pauvre Georgina, très correctement vêtue d'un tailleur gris sans aucune fioriture et d'un chapeau d'un ton plus clair dont les bords, très près des frisettes, ne portent aucune voilette, qui incite Béatrice à cesser son manège.

Tout se passe merveilleusement bien et le temps est d'une clémence exemplaire.

Quand, après le dîner, les invités se mettent à danser au son du gramophone, les effets des toasts aux mariés se font légèrement sentir. Kitty, dans un geste dramatique quelque peu ralenti par l'alcool, retire la jaquette de sa toilette et semble presque nue dans ce corsage ne tenant qu'à deux minces bretelles roulottées et qui expose généreusement ses épaules et son dos blancs.

Languissante, elle s'approche d'Edward et le saisit par le bras. Adélaïde, qui achève avec lui cette danse, se contente de la regarder sans rien dire et de s'éloigner dignement. Kitty la foudroie du regard et laisse tomber : « Demande à Jules-Albert, ma chérie, il dansera avec toi ! » et elle se place d'autorité vis-à-vis d'Edward qui ne bronche pas. La bouche fardée s'éclaire d'un large sourire et Kitty pose une main lourdement baguée sur l'épaule d'Edward.

« Excusez-moi, mais après Adélaïde, c'était mon tour. »

Béatrice, sûre de son bon droit, pousse délicatement la hanche vert clair de Kitty. Déséquilibrée, Kitty s'accroche au bras d'Edward, constate à qui elle a affaire et se penche vers la petite, lui offrant, du coup, une vue plongeante sur sa poitrine décharnée. Ce qui fait immédiatement tendre l'index de Béatrice vers la béance en criant : « Attention ! On voit tes choses ! » Ce cri du cœur provoque l'hilarité de toute l'assemblée qui se soulage de l'embarras en riant à gorge déployée. Béatrice, ravie de son succès, n'en peut plus de fierté.

Edward la fait valser avec toute sa science et son élégance, et ce n'est pas rien, pendant que Jules-Albert récupère épouse et jaquette et s'empresse vers la sortie.

Enfin, tous les invités finissent par quitter la maison, les enfants sont couchés et Reine se met à pleurer, apparemment sans raison.

Gabrielle s'occupe de consoler le mystérieux chagrin pendant qu'Edward marche jusqu'à l'hôtel pour donner des nouvelles à Germaine qui a juré qu'elle ne pourra dormir sans savoir tout ce qui s'est passé.

C'est un Edward fort réjoui qui allume un petit cigare en s'allongeant sur leur lit et en relatant le rire de Germaine devant le « tes choses » de Béatrice. Même Nic a beaucoup ri. Gabrielle s'étonne de ce que Nic soit encore chez Germaine à une heure aussi tardive et Edward la rassure en expliquant que Paulette les chaperonnait toujours. Un coup d'œil sur la pendulette indique près d'une heure du matin et Gabrielle se demande bien qui chaperonne qui. Edward suit sa pensée : « Inquiète-toi pas, Paulette est bien assez grande pour prendre soin de ses choses. »

Gabrielle sourit mais reste préoccupée.

« Hé ! C'est pas ta fille, arrête de t'en faire !

— Elle a du sentiment pour lui, Edward, ce n'est pas anodin.

— Et ils sont de grandes personnes. Et Nic n'est pas une brute sans éducation. Alors, laisse-les choisir en paix.

— Choisir ?

— Mais oui : choisir ce qu'ils vont faire de l'attirance.

— Tu veux dire que Nic pourrait être attiré par Paulette ? Que le mariage serait possible ?

— Ne fais pas ton oie blanche, Gabrielle. La semaine passée, j'ai vu Nic acheter un somptueux cadeau de noces à une de ses maîtresses.

— "Ses" maîtresses ? Quand même pas Paulette ! »

La moue d'Edward est bien gourmande soudain : « J'en sais rien. Tu veux que j'enquête ? Je peux le savoir, mais tu devras me promettre de ne rien dire, de ne rien montrer.

— Non. J'aime mieux pas. J'aime autant ne jamais penser à Paulette comme ça. C'est très mal, Edward. Si une de mes filles faisait ça avant le mariage, sans promesse de mariage même… »

Edward la tranquilise : ses filles font partie du même monde qu'elle et se marieront vierges et rien ne prouve que Paulette ait commis l'irréparable. C'est probablement le fruit de son imagination dépravée.

Il a bien du mal à calmer sa femme et quand il la tient endormie dans ses bras, il se demande s'il devra se confesser d'un puissant mensonge, sachant pertinemment que, sous leur toit, Grande-Allée, Nic et Paulette vont discuter très tard du côté souhaitable et des désavantages du mariage pour une suffragette ardente et convaincue.

* * *

Grâce aux préparatifs et à la noce, Adélaïde a évité les discussions sur son droit de dormir avec Florent. Leurs retrouvailles se sont passées à l'abri de toute argumentation. Mais Adélaïde connaît son monde, dès demain, dès le retour de Germaine, ils auront affaire à une dure adversité.

Elle explique à Florent qu'il est très grand maintenant pour dormir encore avec elle et qu'il faut trouver une solution par eux-mêmes s'ils ne veulent pas être victimes de celle des autres.

Florent s'en fout : il est si heureux d'avoir retrouvé son Ada, si bien, si satisfait que rien ne peut assombrir sa vie. Il préfère parler des toilettes des dames au mariage, de la façon dont bougeait le tissu de la robe de Kitty. Adélaïde n'en revient pas de la précision de sa mémoire. Il peut même lui dire que le chapeau de la mariée n'allait pas : « C'était pas la même couleur. »

Adélaïde s'obstine, lui expliquant que le gris n'avait pas la même force, mais que c'était bien gris. Qu'on appelle cela un autre ton dans la même nuance. Florent refuse tranquillement son explication et s'entête : les gris n'étaient pas la même couleur. Il est tellement sûr de lui qu'Adélaïde se met à douter.

« Tu comprends, Ada, c'est comme pour le rouge ou pour le noir. C'est jamais seulement rouge ou noir. Surtout le noir.

— Tu veux dire qu'il y a noir pâle et noir foncé ?

— Non. Noir vert, noir violacé, noir bleuté… tu sais ? »

Non, elle ne sait pas : « Comment tu sais ça, Florent ?

— Les catalognes. C'est moi qui choisis les bouts de tissus parce que maman voit pas bien les couleurs. C'est toujours moi qui le fais et ça fait longtemps que je sais qu'y faut pas mettre ensemble certaines couleurs qui ont l'air pareilles. Une à côté de l'autre, elles sont plus du tout pareilles et c'est pas beau. Comme le chapeau gris à côté du gris pas pareil du tailleur. »

Émerveillée du don des couleurs de son protégé, Adélaïde se rend compte qu'elle ne sait rien de la vie « d'hiver » de Florent. « Tu vas me montrer demain ?

— Quoi ?

— Les catalognes, les couleurs. Comment on fait la différence.

— Fleur-Ange, elle voit pas la différence, j'explique, mais ses yeux voient pas.

— Je vais voir, moi. Je ne suis pas Fleur-Ange. »

Le lendemain, ils se promènent toute la journée et Florent lui indique les tons, les couleurs. Sur la plage, il lui montre comment observer l'ensemble de la couleur et ensuite, en prenant chaque galet, il lui montre l'infinité des gris, des beiges, des blancs qui donnent l'ensemble apparemment d'une seule couleur. Parce qu'il la force à porter attention, Adélaïde se rend compte que pas une planche du mur de la grange, pas un brin de blé vert dans le champ n'a la couleur exacte de son voisin… et que l'harmonie provient de la parenté, mais aussi de la différence.

Florent est fou de joie de la voir s'intéresser, écouter, regarder avec lui. Il caresse un chat gris en parlant et le retourne doucement sur ses genoux : le ventre dodu exposé, le chat ronronne benoîtement.

« Regarde, on dit un chat gris, regarde les couleurs sur sa bedaine, le côté à l'abri du soleil. Ça c'est beige, ça c'est rose, ça c'est blanc crémeux, blanc rosé comme son nez. Tu vois les lignes que le gris foncé trace et comme la douceur vient aussi de la couleur ? Tu vois le commencement du poil ? Il n'est pas la même couleur que la fin du poil. »

Il s'incline et enfouit son nez dans la chaude fourrure. Le chat, heureux, pattes molles, tête renversée, se fout bien de sa couleur, tant que la caresse persiste.

Pour Adélaïde, c'est comme si on lui ouvrait un livre neuf. Chaque chose qu'elle voit revêt un nouveau sens, une nouvelle définition, même le ciel qu'ils observent, étendus dans le champ, le ciel n'est pas seulement bleu et les nuages, pas seulement blancs.

Quand ils rentrent vers cinq heures, Germaine est arrivée, accompagnée de Nic, et ils sont tous très joyeux à prendre le thé sur la véranda.

Nic se lève et leur fait signe, alors qu'ils sont encore loin sur le chemin. Florent, ravi, fait de grands signes et se met à courir vers lui. Adélaïde continue d'avancer du même pas, intriguée que Nic ait éveillé tant d'amitié chez Florent lors de son passage en janvier.

Florent juché dans ses bras, Nic vient à sa rencontre. Florent est si excité, si fier qu'elle sourit de sa joie.

« Bonjour, mademoiselle pas pressée. »

Il se penche, effleure sa joue et Florent adore le mouvement de va-et-vient qui le fait rigoler.

« Quoi ? Qu'est-ce qui te fait rire, mon lascar ?

— Je suis pas un Oscar ! »

Nic répète le mouvement, au grand bonheur de Florent qui hurle de plaisir en criant qu'il n'est pas un Oscar.

« Arrête, Nic, tu vas le rendre malade. »

Nic se redresse et garde Florent dans ses bras. Il prend la main d'Adélaïde et remonte vers la maison : « Tu sais que tu es une mère poule ?

— C'est pas ma maman !

— C'est quoi ? »

Florent coule un regard d'amour total, dévoué, émerveillé vers la petite fille qui s'est arrêtée et l'observe en attendant la réponse. Florent tend la main vers elle en murmurant : « C'est Ada. »

Pour Florent, tout est dit. Il s'agite pour descendre et, dès que Nic le pose par terre, il saisit la main d'Adélaïde et marche avec elle. Nic les regarde prendre les devants, si indépendants, si insouciants des autres, tellement leur entente est puissante et instinctive. À part Edward, il ne connaît personne qui gagne autant l'affection d'Adélaïde. Il sourit : comment un si petit bout d'homme a-t-il réussi son compte ?

Germaine s'étonne de voir combien Florent a grandi et est devenu mince : « Malvina, cet enfant-là est maigrichon. Rachitique. Est-ce qu'il mange ? »

Malvina l'assure qu'il mange son content et que, comme de la mauvaise herbe, il pousse en orgueil. Elle s'empresse d'ajouter que sa jumelle, Fleur-Ange, est beaucoup plus petite et pas maigre du tout. Dès que Malvina est partie avec la théière, Germaine décrète : « Le petit est sûrement trop grand, maintenant, pour partager le lit d'Adélaïde. »

Nic observe Adélaïde qui s'éloigne en douce, Germaine insiste : « Gabrielle ! Tu ne leur permets quand même pas…

— Oh, écoute, j'ai eu autre chose à faire dernièrement que de m'occuper de ça. Tu les connais, si Florent a une vraie jumelle, c'est Adélaïde. Ils ne font aucun mal.

— Comment le sais-tu ? »

Nic a envie d'aider un peu Gabrielle et il offre un biscuit à Germaine : « Comment pouvez-vous avoir de telles pensées, Germaine ? Ils ont encore l'âge des anges.

— Adélaïde a neuf ans ce mois-ci, c'est bientôt une jeune fille.

— Vous êtes en retard, Germaine, c'est déjà une jeune fille. »

Son regard suit Adélaïde à l'autre bout de la galerie. Elle fait marcher une poupée vers une Rose éblouie qui, à chaque approche de la poupée, tend les bras.

« Bon ! Qu'est-ce que je disais ? Il faut mettre de l'ordre là-dedans, Gabrielle.

— Attention, Germaine, c'est une jeune fille, mais Florent est un enfant. Regardez-les, Germaine, regardez, et si vous voyez quelque chose d'indigne ou d'impur entre eux, je vous accuse d'avoir de mauvaises pensées. »

Ils sont effectivement bien candides. Florent place toutes les poupées contre Rose, l'entourant totalement de « ses bébés », comme elle les appelle, et place ensuite Adélaïde pour former un tableau magnifique d'ingénuité. Nic court chercher son appareil photo et leur demande de ne pas bouger. Adélaïde accepte si Florent se joint à eux. Il s'étend devant les jeunes filles et pose sa joue sur la dentelle de coton du jupon qui est exposé sur le mollet d'Adélaïde qui, tendrement, place sa main sur l'épaule du petit garçon.

Une fois le cliché pris, Germaine arrive et insiste pour en faire un avec Nic au milieu de ce « beau petit groupe d'enfants ».

Nic prend Rose dans ses bras, case ses grandes jambes parmi les poupées et tend l'autre bras vers Adélaïde qui ne s'avance pas. Elle se contente de se retourner vers lui, l'œil interrogateur, pendant que Florent, à quatre pattes dans les poupées, vient s'asseoir entre Ada et Nic.

Béatrice, qui les rejoint plus tard, est très déçue d'avoir raté la séance photo. Gabrielle se félicite au contraire, Béatrice s'admire et se commente pendant des heures quand elle a une photo d'elle, tellement elle n'en peut plus de joie et de fierté.

La valse des chambres recommence et Gabrielle monte avec Malvina pour changer les draps et faire une nouvelle distribution de lits.

Nic insiste, il peut aller à l'hôtel si c'est plus simple. Gabrielle ne le laisse même pas finir : « Vous savez très bien que je préfère vous garder. Surtout que vous avez pris goût au sofa-lit. Vous serez seulement responsable des fréquentations déplacées d'Adélaïde et Florent. Je laisse ça à votre conscience. »

Même s'il n'en a pas très envie, Nic se rend souper chez Kitty et Jules-Albert. Comme c'est un repas familial, il n'aura pas à subir la maigre conversation remplie de sous-entendus haineux de Kitty et de son mari. La présence de la famille élargie ayant pour effet habituel de calmer sa sœur et de la faire jouer gentiment à l'épouse convenable.

Mais Kitty n'aime plus ce jeu, on dirait. Elle chipote dans son assiette et ne cache pas qu'elle s'ennuie à périr. Il faut dire que Jules-Albert a instauré le régime sec et que la maison en entier a été vidée de toute substance contenant le moindre degré d'alcool. La tempérance forcée assombrit énormément l'humeur de Kitty.

Nic fait de son mieux pour s'intéresser, relancer la conversation, animer un peu la soirée, mais c'est effectivement mortel, guindé et quand, vers neuf heures et demie, les parents Thivierge quittent la maison en prétextant des raisons de santé, Nic voudrait bien avoir le cœur affaibli pour en faire autant.

Dès qu'ils ont franchi la porte, Kitty saisit le bras de son frère et annonce qu'ils vont à l'hôtel s'amuser un peu. Le regard inquiet de Jules-Albert force Nic à refuser, à prétendre la fatigue, Kitty n'écoute plus, elle s'empare d'une longue écharpe diaphane et sort sans même saluer son mari. Nic se sent comme un imbécile, debout dans le salon entre le sévère Jules-Albert et Kitty qui l'appelle depuis la galerie.

« Quand vous la ramènerez, sa chambre est en haut des escaliers, à droite. Comme elle ne s'en souviendra pas, je préfère que vous évitiez de la laisser venir me réveiller. La salle de bains est contiguë, très pratique dans son cas, vous verrez. »

Nic sait déjà très bien combien la proximité de la salle de bains est une chose utile en fin de soirée avec sa sœur.

« Jules-Albert…

— Non. Nous parlerons plus tard. Pas quand elle vous crie après comme ça. Allez-y. »

Dès le deuxième verre, Kitty mène le bal. Un groupe de jeunes hommes s'agglutinent autour d'elle, lancent des boutades auxquelles elle répond avec verdeur. Il y en a bien un qui glisse des regards inquiets à Nic, mais Kitty se moque de lui et lui annonce que ce n'est que son chevalier servant.

« Par contre, il danse comme un dieu. Vous voulez voir ? »

Elle se lève, traîne Nic dans la grande salle où des couples épars dansent et, dès qu'elle fait face à son frère, elle attaque la danse. Nic connaît Kitty : quand elle veut impressionner la galerie, quand elle veut voir les gens s'étouffer avec leur envie, elle danse avec lui. Partenaires depuis qu'elle a dix-sept ans, ils sont totalement accordés, ils glissent sur la piste, éclipsant tous les autres couples, infiniment coulants, sans hiatus, sans hésitations, sans même avoir à se consulter. Leurs corps reçoivent la musique de la même façon, avec la même ardeur et le même abandon.

Danser avec Kitty a longtemps été un grand plaisir. Depuis le voyage de l'hiver passé, l'harmonie est fausse et Nic doit piloter sa sœur et même parfois la soulever légèrement pour que le rythme soit respecté et que la danseuse ne trébuche pas. Nic n'a plus cette sensation d'abandon qu'il a déjà connue. Il se sent encore une fois piégé, comme ces nombreuses fois dans sa vie où il a eu à dire à une femme que la flamme qu'elle nourrissait s'était éteinte en ce qui le concernait. On ne dit pas à sa sœur qu'elle est devenue lourde et embarrassante. On ne dit pas à Kitty combien elle peut peser.

Malgré que Nic essaie de limiter ses consommations, Kitty finit la soirée dans un état lamentable et le retour à la maison sous un ciel de juillet pourtant clément et magnifique est assez laid. Il n'y a pas beaucoup de fossés au-dessus desquels Kitty ne s'incline. Dès que sa maison est en vue, Kitty lâche le bras de son frère et se met à l'invectiver, à le traiter de lâche et de peureux, de petit-bourgeois et de catholique rétrograde. Comme sa voix monte, il essaie calmement de pondérer l'attaque. Quand elle s'aperçoit qu'il est indifférent à ses injures, elle s'arrête et le regarde sans parler. Nic s'arrête aussi, intrigué.

« J'ai parlé à Jules-Albert. Je lui ai dit la vérité. »

Nic est perdu : « Quoi ? Quelle vérité ?

— Que tu m'aimais. Que tu n'arrivais pas à te l'avouer et que c'est pour ça qu'un aussi bel homme que toi ne se mariait pas.

— Tu veux que je me marie, Kitty ? Tu veux voir ça, tu es sûre ? C'est toi qui m'as fait jurer de ne jamais me marier. Si c'est pour t'en servir de cette manière…

— Espèce de salaud ! Tu m'as vendue à un catholique dégoûtant et tu viens m'accuser de t'avoir fait promettre quelque chose ? Dis-le que tu m'aimes. Dis-le que tu ne peux pas aller vers quelqu'un d'autre que moi ! Dis-le ! »

Il connaît par cœur le numéro : dans deux minutes, elle sera en larmes, l'implorant de ne pas la haïr, et il promettra et il ira la mettre au

337

lit et elle voudra qu'il se couche contre elle, même habillé, et elle s'endormira enfin. Et lui, dégoûté de lui-même autant que de cette relation malade, ira questionner les heures restantes de la nuit, sans trouver de solution.

Il n'a plus de pitié, il n'a plus de honte, il est certain de ne pas aimer et il redoute de ne plus jamais en être capable.

Kitty s'est tue et le fixe, presque dessoûlée.

« Tu t'en fous. Tu vas me laisser chez cet imbécile et tu vas aller rejoindre ta grande dame si élégante avec son écharpe de Poiret. À t'entendre, cette écharpe devait être pour ta secrétaire. L'écharpe que moi, j'ai aimée et désirée dès que tu l'as déballée et que tu m'as refusée. Tu la touches, c'est ça ? Tu lui fais à elle ce que tu me refuses à moi ? Comme pour le Poiret ? »

La gifle l'atteint si brusquement, si fort, qu'elle recule sous l'impact, s'enfarge et tombe. Il la relève, incapable de s'excuser, se concentrant uniquement pour ne pas recommencer et la battre à mort. Il éprouve une telle colère qu'un goût amer de bile envahit sa bouche.

Dès qu'elle est sur ses pieds, elle le repousse sauvagement et, sans un mot, se détourne et titube vers sa maison.

Il la regarde s'éloigner sans bouger.

Il reste là, au milieu de la route, un long moment. Vidé, la colère enfuie, presque engourdi, il ne sent plus rien, ni pensée ni envie.

Un chien qui aboie au loin le fait enfin tressaillir et il reprend sa route. Sur l'allée qui mène à la maison endormie, la dernière remarque de Kitty revient avec acuité. Il reste planté là, à se demander s'il s'est abusé à ce point, s'il désire effectivement la femme de son meilleur ami.

Il ne sait pas. Il ne sait plus. Il jurerait que ce n'est pas du désir, qu'il s'agit d'autre chose d'aussi troublant mais de moins sexuel. Gabrielle… il chérit chaque instant passé avec elle, il pense souvent à elle, à sa façon de voir les choses chaque fois qu'un problème surgit et il n'est pas insensible à son charme affolant. Mais il est certain que la pensée de Gabrielle est propre, que rien de dégradant ou d'avilissant ne la touche. Rien en lui, même caché au plus profond, rien ne corrompt leur complicité. Lui qui désire des femmes sans les aimer sait très bien que Gabrielle est une des rares femmes qu'il aime sans la désirer. Ou alors, qu'il s'interdit de désirer.

Non, ce n'est pas du désir, cette envie constante de vivre dans l'aura de générosité qui l'entoure, dans cet apaisement affectueux qu'elle génère. Ça marche avec les enfants, pourquoi pas avec lui ?

Même si Edward n'était pas là, même s'il se trouvait en position de séduire ou de chercher à séduire Gabrielle, Nic est persuadé qu'il ne le ferait pas. Il s'admet à lui-même que la joute ne serait pas inintéressante, qu'elle serait même palpitante, mais là n'est pas l'essence de son rapport à cette femme. La phrase de Kitty l'a révolté, parce qu'elle salissait tout, rendait sordide la seule relation vraiment lumineuse de sa vie. Il connaît Kitty pourtant, il sait qu'elle frappe fort et uniquement là où ça peut compter. Kitty ne perd jamais de temps avec les broutilles amoureuses, son œil aigu ne cherche que les lames de fond. Nic l'admet, Kitty a encore une fois tapé dans le mille : Gabrielle est un lieu essentiel qu'il ne sacrifiera à rien ni à personne. Même pas à son propre désir s'il survenait.

* * *

Ce samedi matin est décrété premier vrai jour de vacances. La chaise longue de Germaine est installée à l'ombre, Gabrielle remue ses plates-bandes et planifie ses transplantations. Reine, Isabelle et Adélaïde se rendent au tennis avec un Nic décidé à en faire des championnes pendant qu'Edward entraîne sa jeune marmaille à l'eau pour un cours de natation qui finit plutôt en séance d'arrosage et de criaillages.

Quand le *tennisman* et les *tenniswomen* les rejoignent, Edward ne peut offrir aucune démonstration de progrès notoires : ceux qui savaient nager nagent toujours et les autres se contentent de barboter. Florent, lui, n'essaie même pas et s'occupe plutôt à monter une sculpture de sable. Adélaïde le prend par la main, le force à patauger et à remuer pieds et mains en cadence. Après un bouillon ou deux, Florent jure qu'il sait nager et demande de retourner au sec.

Vers midi, Gabrielle, Germaine et Mimi arrivent avec un énorme pique-nique et de larges couvertures pour s'installer sur la plage.

La journée est exquise, les enfants sont parfaits, animés sans être agités, et Germaine rit à gorge déployée des facéties de Nic. Même Isabelle se détend et placote avec légèreté. Gabrielle regarde tout son monde en essayant de déboucher le thermos de thé et elle est si captivée par chacun qu'elle ne se rend pas compte qu'elle s'acharne en vain.

« Gabrielle ? Où êtes-vous ? Donnez-le-moi ! »

Elle sursaute et s'aperçoit que Nic a pris le thermos qu'il ouvre sans difficulté et qu'il verse le thé chaud dans les tasses : « Où étiez-vous ? Vous rêviez ?

— Non… oui, je ne sais pas. J'étais bien. Edward ! Va me rattraper Guillaume ! Il va manger des cailloux, je le sais. Qu'est-ce que je disais, Nic ?

— Que vous étiez bien. »

Elle tend les bras vers un Guillaume en larmes qui refuse de lâcher les cailloux bien serrés dans sa main. Elle le berce tendrement, prend un peu de lait qu'elle verse dans un gobelet rouge et offre la tentation à Guillaume qui, pour s'emparer du lait, se débarrasse brusquement de ses trésors dans la tasse de Gabrielle. Il boit goulûment et une grosse goutte blanche coule sur son menton.

« Hou la la ! des larmes, du lait, c'est beaucoup sur une si petite face ! » Elle essuie le visage de Guillaume qui se tortille et lui échappe : « Adéla ! Jette un œil sur les cailloux ! »

Quand elle se tourne à nouveau vers Nic, il n'a pas bougé. Il lui tend sa tasse : « Un petit thé de grève aux cailloux, Gabrielle ?

— Je l'aurais bu, vous savez ! Adélaïde me faisait manger de la terre quand elle était petite. Elle en mettait partout ! Parlez-moi plutôt de votre souper d'hier.

— On disait qu'on était bien, Gabrielle… on en parlera plus tard et on va rester bien.

— Alors, donnez-moi du thé sans cailloux. »

Vers le milieu de l'après-midi, Edward et Gabrielle emmènent les plus jeunes faire la sieste et investissent Nic de la responsabilité de surveiller les autres pour les empêcher de se mettre à l'eau avant les trois heures réglementaires d'écart avec le dîner.

Germaine va s'étendre à l'ombre en compagnie de Reine et Nic se retrouve à somnoler en écoutant vaguement les histoires de Fabien et de Béatrice. Quand il ouvre les yeux, Florent, tout étendu sur la couverture, est à la veille de s'endormir et dessine mollement, du bout du doigt, sur le sable. Plus loin, les trois enfants s'amusent à monter sur un rocher et à sauter dans la flaque d'eau que la petite marée a laissée. Il les entend crier et rire en se lançant des défis.

Il agite le pied de Florent : « Tu t'endors, mon lascar, Oscar ?

— Non, je suis trop grand pour les dodos d'après-midi.

— Tu sais, ça m'arrive encore d'en faire. »

Nic s'étend à plat ventre sur la couverture et rejoint Florent. Dans le sable, un visage se dessine. En quelques lignes, Florent a presque réussi à rendre le contour de la mâchoire carrée et la forme des yeux d'Adélaïde.

Stupéfait, Nic regarde Florent qui se contente de passer un doigt sur le sable en murmurant : « Ada. »

Nic saisit la petite main, de peur que le dessin ne soit abîmé : « Non ! »

Pendant un instant, Florent ne bouge plus, puis, avec détermination, il efface tout le dessin, agite le sable et fixe Nic sans rien ajouter.

« J'ai compris, mon bonhomme, j'ai compris. C'est ton Ada. Pas la mienne. »

Florent sourit avec tant de candeur qu'il serait idiot de lui en vouloir. De toute façon, Nic ne sait pas expliquer à sa propre sœur que la possession est mauvaise pour elle, comment le pourrait-il à un enfant de cinq ans ?

« Dis-moi, mon Oscar, tu dessines des fois avec un crayon ? Tu as fait des portraits d'Ada ailleurs que dans le sable ?

— Non. Juste dans la neige. »

Florent se lève et va rejoindre les autres. Nic est certain que c'est faux et que le petit rusé ne veut même pas partager son amour sur papier.

Nic termine l'après-midi à l'eau avec les enfants. Il tient Florent pendant qu'Adélaïde lui démontre comment remuer ses jambes et ses bras. L'excitation d'Adélaïde, quand un Florent à moitié englouti réussit à faire deux brasses, est à son comble. Nic s'oppose à la poursuite du cours et enveloppe le petit grelottant dans une serviette.

« Adélaïde, il a les lèvres bleues, laisse-lui une chance. C'est son premier jour. Va nager, on te regarde. »

Il frotte le dos de Florent, bien emmailloté dans sa serviette et qui, peu à peu devient plus pesant. Quand Adélaïde sort de l'eau, Florent est profondément endormi dans les bras de Nic.

« Il disait qu'il était trop grand pour les dodos d'après-midi ! » Adélaïde ramasse tout pour Nic, ses sandales, ses vêtements, la couverture : « Mais je ne peux pas rentrer en brèguet de bain ! Prends-le, je vais m'habiller. »

Adélaïde refuse en soutenant que Florent va se réveiller. Ils décident de tous rentrer en costumes de bain pour le dégêner. C'est Adélaïde qui explique les raisons à Germaine, qui a les yeux grands comme des trente sous en voyant arriver l'équipe des tout nus ou presque.

* * *

Alors que Nic achève de se couvrir le visage de mousse, Florent gratouille à la porte de sa chambre. Nic entrouvre la porte et Florent entre sans rien dire. Il le regarde se raser, puis alors que Nic verse de l'eau dans le bassin de porcelaine pour rincer son visage, il extirpe de sa poche un papier qu'il déplie. En s'approchant, Nic reconnaît la feuille sur laquelle Adélaïde a écrit son histoire, il peut même lire des mots ! Florent retourne la feuille, et la serviette de toile avec laquelle Nic épongeait son visage est immédiatement posée sur le lit. Au crayon de plomb gras, avec une force que rien dans la fragile stature de l'enfant ne laisse deviner, le visage d'Adélaïde, non pas rendu dans les détails, mais dans ses grandes lignes. Le visage et plus encore, la nature d'Adélaïde, son côté mystérieux, sauvage, sa vitalité grondante, presque souterraine, toute la force indomptée de la si jeune fille éclate dans chaque trait noir et atteint Nic.

Florent contemple le dessin, un mince sourire flottant sur les lèvres. Nic caresse les cheveux blonds si fins : « Tu en as d'autres ? »

Le petit vide ses poches : sur des morceaux de papier journal déchirés sans soin, en incorporant carrément les caractères noirs à ses lignes, on peut voir l'illustration de l'histoire d'Adélaïde. Ce qui émane le plus manifestement des dessins, c'est la sûreté du trait qui, jamais, n'est doublé ou repris, pas plus qu'il n'est hésitant ou faible. Un tracé entraîne une signification et on reconnaît tout de suite un chat, un poisson et une petite fille qui a une rondeur de joues toute pareille à celle de Rose.

Nic reste longtemps à contempler les dessins. Il revient toujours à celui d'Adélaïde. Il donnerait une fortune pour s'en emparer, mais il sait bien que Florent ne s'en séparera jamais.

« C'est magnifique, Florent. C'est très, très beau. Tu peux être fier de toi. »

Nic va chercher une enveloppe dans sa serviette de travail : « Tu devrais en prendre bien soin parce que c'est très précieux. Ça vaut une fortune. »

Florent part à rire et plie soigneusement ses trésors qu'il met dans sa poche sans toucher à l'enveloppe. Nic comprend qu'ils ont chacun leur façon de préserver ce qui est essentiel.

« Florent, si jamais je te le demandais, tu voudrais en faire un pour moi ?

— Un dessin ?

— Ada… je pourrais l'acheter, je veux dire le payer. »

Florent a l'air de réfléchir. Il va à la table de toilette, prend le blaireau plein de mousse et en met un peu sur son menton. Il trouve cela très amusant. Juste avant de partir, il jette : « Tu serais mieux d'acheter une catalogne à maman ! »

À onze heures précises, Jules-Albert est arrivé et Gabrielle peut observer Nic qui arpente la véranda en hochant la tête alors que son beau-frère reste figé dans sa chaise, le chapeau de paille sur les genoux.

Vingt minutes plus tard, Jules-Albert remonte l'allée et Nic marche toute la longueur de la véranda avec rage.

Gabrielle le rejoint, pose ses mains sur les bras de Nic pour l'arrêter : « Vous deviez rejoindre Edward au tennis. Allez-y, courir va vous faire du bien. »

Nic a ce rictus désabusé que seule Kitty fait apparaître. Soudain, dans une impulsion irrépressible, il saisit Gabrielle, la serre contre lui avec fièvre et ses bras se referment sur son dos mince. Il ne dit rien, mais Gabrielle entend son cœur cogner sauvagement, son souffle devenir plus court, comme s'il avait déjà couru. Elle se dégage, mais il faut pour cela qu'il y consente et Nic l'étreint encore plus fort : « Nic ! Laissez-moi. »

Confus, hébété, il la lâche, recule et s'assoit : « Elle a gagné, Gabrielle. Jules-Albert préfère passer pour un goujat, une brute, n'importe quoi plutôt que de vivre avec "cette furie", comme il l'appelle. »

Gabrielle s'assoit à son tour.

Au bout d'un long moment, Nic s'excuse d'avoir fait subir à Gabrielle l'effet de sa colère.

« Nic, dites-moi, est-ce que d'après vous il y a quelque chose de déplacé, je veux dire d'inconvenant entre Kitty et vous ?

— Oui.

— Est-ce aussi déplacé que ce que les gens disent ? Avez-vous été jusqu'à l'irréparable ? »

Nic a un sourire triste, presque méprisant : « L'irréparable… toujours le péché, n'est-ce pas ? Toujours le Mal qui corrompt, le sexuel vicieux. Rendre quelqu'un fou de désir et ne pas calmer ce qu'on excite, ça, ça s'appelle le Bien. Refuser la douceur d'un geste à quelqu'un qui tombe dans le petit mal devant vous serait encore le Bien. À ce compte-là, j'ai toujours bien agi. Mais je ne suis pas certain que ça ne s'appelle pas de la cruauté. J'aurais mieux fait de commettre l'irréparable, comme vous dites. Kitty serait peut-être mieux à l'heure qu'il est.

— Ne dites pas ça. Agir contre nature ne peut pas faire autre chose qu'exalter les forces maléfiques. Ça n'aurait pas aidé, Nic, j'en suis sûre.

Ne faites jamais une chose pareille pour sauver Kitty. Vous allez vous damner tous les deux, c'est tout.

— Vraiment ? Et maintenant, dites-moi, comment appelez-vous ce que je suis ? Sauvé ? »

Gabrielle le regarde s'éloigner à grands pas sur le chemin. Quand elle rentre, elle trouve Adélaïde assise bien sagement au salon. En un éclair Gabrielle comprend que sa fille peut avoir tout entendu. Elle essaie de savoir depuis combien de temps elle est là, mais Adélaïde a l'air très calme, très sereine, ce qui dissipe ses soupçons.

Cette fois, Kitty repart pour Montréal sans aucune fausse excuse. Folle de joie, elle prétend seulement retrouver sa vie d'antan, ses multiples activités et ses mondanités.

Nic, fermé et buté, ne décolère pas. Cette dernière journée à l'Île, il la passe sans rien dire, sans sourire. Il demeure assis, pensif, et même Rose et ses charmes ne le dérident pas.

Germaine est catastrophée et le souper est plutôt lugubre. Les enfants, avec ce sens aigu de la vérité qu'ils ont, sont exemplaires, et on n'entend rien d'autre que les couverts frapper la porcelaine.

Edward fait ce qu'il peut pour animer le repas, mais avant la fin de la soupe, il se tait. C'est juste avant le dessert qu'Adélaïde brise le silence : « Maman, est-ce qu'on peut inviter Nic pour mes neuf ans ? Je veux dire, pas comme l'an passé, mais tout seul ? »

Gabrielle ne prend pas la peine de répondre. Il n'y a que Florent pour applaudir sans réserve, les autres, tournés vers Nic, attendent sa réaction avec inquiétude. Tout ce qu'ils voient, c'est le débat muet entre la petite fille et Nic. La tension est telle que Béatrice finit par dire : « Mais… pourquoi ça fait ça ? »

Enfin, Nic sourit à Adélaïde : « Je serai là. Je jure que je serai là. Et tout seul. »

Un frisson de soulagement traverse la table et les conversations reprennent. Ce n'est pas que le problème soit réglé, mais Gabrielle a enfin l'impression que quelque chose a été accompli vers la résolution. Cette promesse, c'est au moins la certitude que Nic ne se damnera pas totalement, qu'il échappera à l'enfer, le temps d'un anniversaire.

En bordant sa fille ce soir-là, Gabrielle reste un peu plus longtemps et caresse ses cheveux en silence. Florent dort, blotti contre son alliée. Au bout d'un long moment, Adélaïde chuchote : « Tu sais, le châle de ta maman, c'est toujours ce qui console Florent quand je pars. On aurait bien voulu en trouver un pour Nic avant qu'il parte, han, maman ? »

Gabrielle l'embrasse : « Tu l'as trouvé. Il sait qu'il va revenir maintenant. Tu es un brave petit soldat, ma grande fille, tu sais bien te battre. »

Le lendemain matin, Gabrielle tient à accompagner Nic au traversier avec Edward. Nic connaît la valeur de ce cadeau : aux yeux des gens de l'Île, aux yeux de cette société qui va sauter aux pires conclusions, ce couple de frère et sœur mérite l'opprobre sous toutes ses formes. Même Jules-Albert, se prétendant pourtant attristé, n'est pas à la maison pour dire adieu à sa femme, il a couché chez ses parents la veille. La condamnation sociale sera sans appel et Nic le sait. Il n'y a que dans les milieux anglophones montréalais que le scandale n'entraînera pas l'ostracisme, et encore, les milieux protestants libres et non pratiquants.

Voir ses amis assister à l'embarquement exacerbe à la fois la honte et le chagrin de Nic.

Le pitoyable geste d'au revoir qu'il leur fait atteint Gabrielle en plein cœur et elle se demande, en effet, vers quelle damnation s'en va leur ami.

Les conséquences de la prise de position amicale des Miller ne tardent pas à se faire sentir : ils ne sont pas invités au thé annuel des Paquet qui réunit chaque année toute la *gentry* estivante de l'Île. Germaine ne le croit pas et prétend que l'invitation a dû s'égarer quelque part. Gabrielle sait très bien ce qu'il en est et elle sait aussi que ce n'est que le premier événement mondain d'une longue série où leur absence sera commentée avec le fiel que l'horreur de ce qu'ils légitiment autorise. Le pire n'est pas d'être exclue, le pire pour Gabrielle est de subir les doléances de Germaine sans le soutien d'Edward qui travaille encore à Québec et se fiche bien des mondanités.

Mais le jour où les parents refusent que leurs enfants assistent à la fête organisée pour Adélaïde, Gabrielle craque : que les adultes paient pour leur allégeance de mauvais aloi, soit, mais pas leurs enfants. « Maudit sois-tu et tes enfants aussi », dit la Bible, et Gabrielle éprouve dans ses tripes l'atrocité de cette calamité. Ne peut-on mettre ses enfants à l'abri du jugement chiche et hâtif des prudes et des prudents ? Ne peut-on accorder à la progéniture une absolution du poids des actes des autres, même si ces autres sont les parents ? Comment une société si cruelle peut-elle se féliciter d'agir sans compassion ? En quoi Adélaïde a-t-elle à voir avec les agissements de Nic et Kitty, avec le divorce de Jules-Albert et sa honte ? La ruine morale entraîne le même résultat que la faillite personnelle : tout le monde est atteint et la misère morale est un héritage aussi certain que la misère physique.

Effondrée, Gabrielle ne remet pas en question sa prise de position vis-à-vis de Nic, mais la santé d'une société aussi peu charitable. À son grand étonnement, c'est Germaine qui part en guerre et milite pour leur retour en grâces. Il n'y a pas une messe, pas de vêpres où elle ne se présente, escortée par ses nièces, et où elle ne fait le tour des groupes sur le perron de l'église en passant par-dessus le léger mouvement de recul qu'elle perçoit et en faisant étalage du « malheur » qui oblige à la compassion. Le débat semble se concentrer sur une notion théorique, mais Germaine essaie vaillamment de vendre l'idée que s'occuper d'une femme égarée, profondément atteinte mentalement et qui scandalise tout le monde, est un fardeau bien lourd à se mettre sur les épaules. Elle enchaîne toujours avec l'admirable sacrifice que cela représente pour celui qui a choisi de ne pas se défiler. Petit à petit, par touches fines, et hautement secondée en cela par Isabelle, Germaine bat la campagne en soumettant au jugement sûr de chacun combien prendre en charge sa sœur en lieu et place du mari, qui se dérobe à ses premiers devoirs, est digne de respect et combien le fait d'avoir une sœur scandaleuse est aussi pitoyable que d'avoir une épouse scandaleuse.

Peu à peu, à force de finasseries, les cartons désertent la maison du « pauvre Jules-Albert » pour revenir dans le vestibule des Miller qui ont eu la générosité de ne pas juger les actes et les prétentions d'une femme en perdition.

« Évidemment, si Nic nous la ramène, je ne peux pas jurer du résultat. Elle serait enfermée à Mastaï et ce ne serait pas plus mal, tant qu'à moi. Il faut lui dire, Gabrielle, de ne pas sursauter quand on parle de la maladie de Kitty. Appelons ça comme ça et qu'on en finisse, mon Dieu ! »

L'activité a échauffé Germaine qui, de toute évidence, n'a pas eu autant de plaisir depuis longtemps. Ses qualités de stratège ont été mises à l'épreuve et, comme elle remporte le combat, sa satisfaction est éclatante. « Le curé m'a bien aidée. Il m'en devait une de toute façon. C'est sûr qu'Edwidge et Jules-Albert sont moins contents, mais il n'avait qu'à faire preuve d'autorité et à la tenir, sa femme. Je ne vois pas pourquoi j'aurais à subir les conséquences de sa mollesse. Il s'est mal débrouillé quant est venu le temps de te garder et il ne s'est pas plus dégourdi quand est venu le temps de dompter sa femme : c'est normal qu'on doute de son autorité sur la maladie à l'heure qu'il est.

— Germaine ! Vraiment, tu exagères ! »

Mais Germaine se berce avec allégresse et repousse l'indignation de sa sœur, comme elle le ferait d'un moucheron. Elle fixe le fleuve au loin et murmure : « Ce qui serait bien, maintenant, ce serait de marier Nic. »

L'anniversaire d'Adélaïde est un succès incontestable. En premier lieu, Edward est présent, ce qui compte beaucoup aux yeux de la « jubilaire ». Dès son réveil, un Florent trépignant d'impatience lui offre son présent : les dessins faits à partir de l'histoire d'Adélaïde ont été refaits sur des feuilles blanches « seulement usées d'un côté », comme dit Florent qui les a demandées à Gabrielle.

Adélaïde est émerveillée et cache soigneusement son trésor, certaine d'être en présence d'un talent inestimable qu'elle ne veut partager avec personne.

Le goûter avec les enfants qui ont finalement accepté l'invitation de Gabrielle se passe très bien, mais Adélaïde y prend moins de plaisir que Germaine et Béatrice. La nature secrète d'Adélaïde l'incite à moins de mondanités et sa sœur est ravie de faire toutes les simagrées à sa place. Gabrielle n'insiste pas quand Adélaïde décide de jouer du piano et de se soustraire à la fête tout en l'animant. Tout le monde y trouve son compte et c'est assez drôle de voir toutes ces petites personnes s'initier au papotage et à la danse.

Après le goûter, Edward propose d'aller accueillir Nic au bateau et Florent est le premier debout, tout content de revoir son ami. La famille au grand complet est au quai et voit descendre Nic qui pousse une bicyclette.

Edward prend la main d'Adélaïde et s'approche : « Bonne fête, Adélaïde ! » La surprise est totale, aussi réussie que l'escomptait Edward, qui a monté le coup avec Nic. C'est tout un succès, Adélaïde ne cesse de répéter : « Et j'irai où je veux ? Toute seule ! », comme si ses jambes l'avaient jusqu'à maintenant bien déçue.

Tout le monde veut essayer, tous les enfants veulent la permission d'y toucher et Edward a bien du mal à faire régner un peu de discipline et à faire comprendre que le cadeau est celui d'Adélaïde. Fabien insiste pour que tous les intéressés saisissent bien qu'il ne veut pas d'autre cadeau que celui-là à son anniversaire. Ce qui fait bien rire Nic qui conclut qu'Edward aurait pu en acheter cinq tout de suite. « T'aurais pu faire un bon *bargain,* Edward ! »

Il fait presque noir quand ils se mettent à table. Les petits sont couchés, épuisés après avoir tant joué. Il n'y a que Florent qui reste à côté d'Adélaïde pour toute la fête, incluant le souper.

L'atmosphère est légère, heureuse. Nic, dans une forme splendide, fait mourir Germaine en racontant ses aventures de jeunesse. Edward en rajoute et la pauvre manque de s'étouffer.

Gabrielle ramène l'ordre et constate que Florent est à deux doigts de tomber dans son assiette tant sa tête est lourde de fatigue.

« Adélaïde, va mettre Florent au lit, il dort debout. »

Avant qu'elle ne se lève, Nic prend Florent dans ses bars : « Viens, mon lascar, on va t'éviter les escaliers pour ce soir. » Tout content, Florent se blottit affectueusement. Adélaïde les suit dans sa chambre. Une fois Florent au lit, Nic reste là et lui demande ce qu'il a offert à Adélaïde. Les yeux du petit garçon se fixent sur Adélaïde, attendant la permission de révéler le secret. Adélaïde répond : « Des dessins. Mais ils sont cachés.

— Et c'est quand ton anniversaire, Florent ?

— C'est passé, c'était au printemps. J'ai presque cinq et demi maintenant.

— C'est au mois de mars, le 27 mars », précise Adélaïde.

Nic glisse sa main à l'intérieur de son veston : « Alors, je l'ai raté. C'est bien ce que je pensais. »

Il pose sur le lit une boîte rectangulaire que Florent touche respectueusement. Adélaïde sait tout de suite ce que c'est et elle se jette au cou de Nic, folle de joie. Reconnaissante, elle murmure un merci, avant même que Florent n'ouvre la boîte de couleurs et ne demeure muet devant les petits ronds de couleur. Il effleure délicatement chaque pastille, prend les deux pinceaux, en éprouve la douceur sur sa joue et ferme les yeux, ébloui de bonheur.

« Il y a plein de papier dans ma valise. Je te le donnerai demain. Tu sais comment faire ? Il faut mettre de l'eau. »

Florent fait oui en silence, toujours fasciné : « Je sais. J'ai vu des gens faire. » Les yeux qu'il lève vers Nic sont pleins d'une joie si authentique qu'Adélaïde le prend dans ses bras et l'étreint : « On lui montre mon cadeau ? »

Florent est d'accord et Nic peut constater les progrès rapides de l'enfant, au seul souvenir des esquisses sur les lambeaux de papier journal. Il remet les dessins à Adélaïde : « C'est ton histoire ? Celle que je lui ai lue ? »

Adélaïde confirme. Florent est en train de s'endormir, son cadeau serré contre lui et son bout de ruban sale enroulé autour des doigts.

En sortant de la chambre, Nic fait asseoir Adélaïde en haut des marches, près de lui : « J'ai un cadeau pour toi, Addie. » Parce qu'il l'appelle Addie, elle lui répond en anglais qu'elle a déjà eu son cadeau, que c'était son rêve d'offrir cela à Florent un jour. Nic insiste et pose une toute petite boîte dans sa main, en déclarant que neuf ans, c'est le début de la dixième année. Elle ouvre l'écrin : une chaîne très fine, très délicate en or brille sur le velours bleu sombre. Nic se contente de lui dire qu'il ne supporte pas l'idée qu'un autre homme lui offre son premier bijou.

« J'ai dû faire vite. Ils vont être nombreux, tu sais. »

Cette petite épaule qui se soulève avec nonchalance est un des atouts les plus sûrs qu'elle ait, pense Nic.

« Qu'est-ce que vous mijotez, en haut ? On vous attend pour le gâteau ! »

Nic prend la main d'Adélaïde, l'aide à se relever et il est tout surpris de pouvoir la garder dans la sienne jusqu'en bas des marches.

Le lendemain matin, le ciel lourd, pesant, règne sur un jour d'une chaleur accablante. Même au bord du fleuve, l'air est rare et brûlant. Les enfants sont insupportables et Gabrielle voit Edward et Nic partir à regret. Le vapeur les mène à Québec en fin de matinée pour de nombreuses réunions et Nic repartira en soirée pour Montréal. Gabrielle n'a même pas eu l'occasion de s'informer de la vie avec Kitty. Peut-être qu'Edward en saura davantage lors de leur prochaine conversation téléphonique. Gabrielle se sent de mauvaise humeur et elle sait que le téléphone de l'hôtel y est pour quelque chose. Inutile d'essayer d'obtenir une quelconque intimité de cette façon. Il va falloir faire installer une ligne à la maison s'ils continuent à y venir tous les étés, ce qui n'est pas certain avec Georgina et sa nouvelle alliance.

Gabrielle secoue sa mauvaise humeur et va préparer le dîner avec Malvina. Adélaïde entre faire panser un genou écorché qui ne sera que le premier d'une longue série que l'apprentissage intensif de la bicyclette va provoquer.

« Où t'as mis Florent ? »

C'est Malvina, toute fière, qui lui apprend que Gaspard a « lâché le train » pour une heure et a emmené les bessons faire un tour de barque sur le fleuve.

L'orage éclate alors qu'ils sont tous à table et Adélaïde court mettre sa bicyclette à l'abri. Au bout de vingt minutes, Gabrielle s'impatiente : « Va me la chercher, Fabien, c'est l'heure du repas, pas de la bicyclette. »

Et Fabien ne revient pas non plus. Inquiète, sachant combien Fabien déteste le tonnerre, Gabrielle sort à son tour. Personne autour de la maison et il pleut à torrents. Elle a beau appeler, crier, rien, aucun des enfants ne répond. Elle rentre pour prendre un parapluie et son regard reste accroché à une irrégularité du paysage : là-bas, sur la plage, il y a du monde, beaucoup trop de monde pour cette pluie.

Quand elle arrive, le corps de Gaspard Gariépy est traîné sur le bord de la grève par deux hommes trempés. Le bruit des cailloux râpés par les grosses chaussures qui laissent un sillon sinistre est tout ce qu'on entend avec la pluie et le tonnerre. Affolée, Gabrielle cherche Adélaïde, bousculant tout le monde. Elle aboutit à trois pieds du corps de Gaspard et s'arrête net : Fleur-Ange gît dans un amas de tissu blanc détrempé, ses blonds cheveux collés sur le visage inerte. Le cœur de Gabrielle cogne tellement fort qu'elle ne sait plus si elle va hurler ou s'effondrer. Une douleur aiguë lui barre le ventre, elle pivote, complètement égarée, et un filet de voix sort de sa bouche au lieu du hurlement qu'elle sent croître en elle : « Adélaïde ! Florent ! »

Une main ferme la saisit, l'entraîne en courant hors du groupe : Fabien ! Il l'emmène près du rocher de la crique aux Ours où, appuyée contre la pierre, ruisselante, Adélaïde berce sauvagement Florent. Gabrielle pousse un gémissement sourd et se rue sur le petit cadavre. Sa fille l'arrête en serrant d'encore plus près le corps chétif. En un éclair, Gabrielle s'aperçoit que Florent vit, que ses yeux clignotent et qu'il claque des dents. Ce qu'Adélaïde fait avec tant de violence, c'est essayer de le réchauffer. D'un ton presque calme, mais trop cinglant pour être habituel, elle intime à Fabien l'ordre de courir à la maison chercher des couvertures : « Passe par le côté sud : il ne faut pas que Malvina te voie. Tu entends ? » Fabien part en flèche et Gabrielle abrite du mieux qu'elle peut sa fille et l'enfant tétanisé par le froid et par la peur. Elle se met à murmurer, comme une mélopée rassurante : « C'est fini… ça va aller… c'est fini, vous êtes sauvés. »

Fabien arrive avec les couvertures dont elle enveloppe les deux enfants. Elle demande à Fabien de veiller sur eux deux et de les ramener pendant qu'elle va avertir Malvina. Mais elle est interrompue par un hurlement inhumain. Un long cri à la fois perçant et guttural, comme si on avait tranché la gorge de quelqu'un et que tout l'air sortait dans une seule giclée. Florent se crispe d'horreur. Gabrielle place Fabien en écran devant lui : « Protège-les ! »

Sur la plage, pliée en deux au-dessus de son enfant, les bras tendus vers le sol, mais sans pouvoir la toucher, Malvina pousse des cris de bête abattue. Les gens font cercle autour d'elle, immobiles, muets, incapables de quelque geste que ce soit.

Gabrielle fend la foule, s'agenouille et prend le corps dégoulinant de la petite fille, elle se relève et la pose contre la poitrine de Malvina qui, enfin, dans un geste jaloux de possession absolue, referme les bras et étreint son bébé.

Devant l'insondable douleur de Malvina, Gabrielle n'arrive pas à dire que Florent est vivant. De la même façon que la pauvre femme ne s'est pas tournée pour chercher le corps de son mari, de même Gabrielle sait d'instinct que la survie de Florent ne sera d'aucune consolation pour l'instant.

Elle laisse les gens conduire Malvina chez elle avec son petit fardeau inerte et elle rejoint Fabien. À eux deux, ils relèvent Adélaïde et Florent, que prend Gabrielle. Fabien entoure les épaules de sa sœur et l'aide à marcher vers la maison en poussant la bicyclette.

Tout le monde est sur la galerie, affolés, et Germaine a bien du mal à faire régner son autorité. Elle a interdit à quiconque de bouger de cette galerie et elle tient sa marmaille fermement en main. C'est d'ailleurs elle qui prend le contrôle des opérations. Mimi est dépêchée à la cuisine pour se charger du thé brûlant. Isabelle court à l'hôtel appeler le bureau d'Edward : « Dis-lui ce que tu veux, mais qu'il revienne ! » Reine est renvoyée à ses quartiers, « les pleureuses, en haut ! », suivie de Béatrice.

C'est d'une main experte que Germaine déshabille Florent, le frotte énergiquement à l'huile de camphre, l'enroule dans des couvertures et lui fait boire du brandy. Gabrielle suit en tous points la recette pour Adélaïde qui proteste et veut protéger Florent de l'approche thérapeutique de Germaine. Malgré tout, il semble que la méthode ait du bon : Florent réagit et se met à pleurer à gros sanglots. Germaine le serre sur sa poitrine et lui frotte le dos en silence. Gabrielle est infiniment reconnaissante à sa sœur de ne pas sortir l'habituelle rengaine sur les grands garçons qui ne pleurent pas. Elle force sa fille à boire du thé très sucré, très chaud et, une fois Isabelle revenue, elle la charge d'aller s'occuper de Fabien qui s'est conduit bravement et qui est tout mouillé.

« Vous aussi, ma tante, vous êtes trempée. »

Fermement, Germaine l'envoie se changer : « C'est pas le temps de prendre du mal, on va avoir besoin de nos forces ! »

L'argument convainc Gabrielle qui monte se changer. De la fenêtre de sa chambre, elle aperçoit le convoi sombre qui remonte la route avec le cadavre de Gaspard. Elle se presse, va constater l'état des enfants qui, très sages, la regardent avec de grands yeux apeurés et elle leur annonce qu'elle doit se rendre chez Malvina, mais que leur père s'en vient et que Germaine reste avec eux.

Quand elle arrive dans la cuisine des Gariépy, Gabrielle trouve tous les enfants debout, alignés contre le mur de la cuisine, les bras ballants, l'air égaré, stupéfait. On dirait qu'ils veulent faire reculer les murs, agrandir cette cuisine où Malvina, tenant le cadavre gluant de Fleur-Ange contre sa poitrine, marche de long en large en chantonnant une berceuse. Personne d'autre ne bouge. Personne ne pleure. Ils sont tous hébétés, totalement ahuris devant ce comportement quasi dément.

Gabrielle s'interpose et arrête la marche de forcenée de Malvina qui la regarde sans comprendre : « Ça va mieux, on va la réchapper. Elle se réchauffe, ça va aller. »

Doucement, mais fermement, Gabrielle l'empêche de reprendre son manège : « Non, Malvina. C'est fini. Elle est morte. Ta petite fille est morte. »

C'est un des grands qui se met à pleurer, suivi de tous les autres enfants. Malvina fait entendre un minuscule non, mais elle laisse Gabrielle reprendre le cadavre : « Nous allons la laver et l'habiller ensemble, Malvina, veux-tu ? Nous allons lui mettre sa robe du dimanche pour son voyage vers le Ciel. Viens, viens, Malvina, il faut t'asseoir. »

Elle demande aux plus vieux d'aller s'occuper de leur père, pendant qu'elle fait la toilette funèbre de Fleur-Ange. Une des filles fait chauffer de l'eau dans de grands chaudrons et demande timidement si Florent est perdu dans le fleuve.

Gabrielle étouffe un cri : « Ma pauvre petite, non ! Il est vivant. Il est à côté, chez nous, au chaud. Va le dire à tes frères. Malvina, Malvina, écoute : Florent est vivant. Florent est avec Adélaïde. »

Malvina sourit pauvrement : « Elle aurait dû aimer ma Fleur-Ange et aller me la chercher aussi. L'avoir aimée, Ada l'aurait pas laissée mourir. »

Renonçant à argumenter sur le pouvoir salvateur de l'amour, Gabrielle continue sa tâche en silence.

Lorsqu'elle revient chez elle, la pluie a cessé et une brise légère souffle sur le soir qui descend. Elle a laissé Malvina, ses enfants et la parenté faire la veillée aux deux corps étendus sur les planches dans le salon qui sentait le confiné.

Elle cherche de l'encens, vide ses glacières de la glace qui s'y trouve et, aidée d'Edward, va porter le tout dans la maison d'à côté.

En plaçant la glace sous les tréteaux portant les corps, la décomposition est freinée et l'encens réussit à masquer les odeurs que, dès le lendemain, les gisants vont dégager.

Germaine les attend avec un repas frugal, mais chaud. Le thé sucré est versé bouillant, mais Gabrielle s'inquiète de ses petits. On lui répète qu'ils vont bien, qu'ils sont couchés, qu'Adélaïde et Florent sont avec Nic qui a refusé de partir pour Montréal et est accouru avec Edward. Gabrielle se lève péniblement : « Je vais les voir. »

Un par un, elle se penche au-dessus des petits lits et respire la douceur des joues de ses enfants. Un par un, elle les embrasse, les borde malgré la chaleur, les contemple avec reconnaissance et, devant chacun d'eux, elle remercie fébrilement le Ciel de lui avoir épargné ce qu'elle vient de voir Malvina vivre.

La chaise berçante a été approchée du lit d'Adélaïde. Nic, les pieds reposant sur le couvre-lit de chenille, tient Florent endormi dans ses bras et le berce avec douceur. Sur son lit, réfugiée dans le bras protecteur d'Isabelle, Adélaïde ne quitte pas l'enfant des yeux, comme une mère oiseau affolée qui a vu son petit tomber du nid.

Sans un mot, Gabrielle s'assoit sur le lit. Au bout de trois minutes, Adélaïde se laisse glisser et se blottit contre sa mère, le visage sur ses genoux tout en fixant encore Florent. Gabrielle caresse les cheveux de sa fille et attend patiemment qu'elle s'endorme.

Une fois qu'ils sont redescendus après avoir confié le sommeil des deux rescapés à Isabelle, Edward insiste pour les faire manger. Gabrielle y arrive péniblement et ne cesse de s'inquiéter des détails.

Sa tension ne se relâche pas et elle répète fréquemment qu'il faut penser à commander de la glace pour le lendemain. Chaque fois, comme un rappel implacable, tout le monde imagine ce salon surchauffé où les corps se décomposent.

Tous les détails, tous les problèmes sont classés et organisés par Germaine qui, à minuit, déclare que tout le monde va se coucher, qu'on verra au reste le lendemain.

C'est à ce moment que survient Florent dans le salon. Effrayé, le front couvert de sueur, il a un regard vide et court dans tous les sens. Gabrielle s'approche, mais Nic l'arrête : « Il dort. Il est somnambule. »

Inquiète, Gabrielle appelle doucement l'enfant, mais celui-ci tourne en rond en gémissant et en émettant des paroles incompréhensibles. Dès qu'elle le touche, il se débat et essaie d'échapper à ses bras. Nic le saisit et le garde contre lui en faisant des « Chut ! Chut ! » et en marchant vivement, prenant à son compte le mouvement initial de somnambule de Florent qui finit par se calmer.

À grandes enjambées, Nic continue de bouger jusqu'à ce que le petit se détende et se rendorme. Ralenti, Nic chuchote : « Je vais le garder près de moi cette nuit. »

Son lit est un canapé du salon placé près de la fenêtre. Déjà étroit et pas trop long pour ses grandes jambes, Gabrielle refuse de le voir partager une couche si inconfortable. Nic la met à la porte et se couche avec Florent pelotonné contre lui.

Quand, à l'aurore, Gabrielle descend, elle trouve Nic endormi de guingois dans le fauteuil, les deux pieds sur le canapé où, lovés l'un contre l'autre, Adélaïde et Florent dorment.

* * *

Un soleil radieux se lève sur le matin frais et il semble presque incroyable qu'un si beau jour porte tant de drames. Gabrielle s'attelle à la tâche et prépare du café pour toute la maisonnée de Malvina en plus de la sienne. Germaine vient la rejoindre et, ensemble, elles se répartissent les tâches. Malvina est beaucoup plus qu'une servante : toutes petites, elles jouaient ensemble et ce n'est qu'à l'âge de douze ans que leur amie est devenue leur bonne, tout comme sa mère l'était.

À la maison d'à côté, les plus grands sont partis faire le train, les plus jeunes sont restés avec la parenté et on se relaie au salon pour veiller, dire des Ave et des Pater.

Malvina est assise dans la berçante de la cuisine et elle reste immobile, caressant le chapeau de laine angora rose de Fleur-Ange qu'elle a dû sortir des boules à mites. Ça fait une petite balle soyeuse dans sa main et une des filles, inquiète, explique à Gabrielle, espérant sans doute la voir répéter le miracle de la veille et rendre sa mère normale : « Elle voulait lui

mettre à cause que Fleur-Ange l'aimait beaucoup son tit-casse. Mais…
c'est l'été et on n'a pas voulu. »

Gabrielle s'agenouille près de Malvina, accroche son regard et lui
demande si elle veut venir voir Florent, si elle veut venir prendre son
déjeuner avec son petit garçon. Malvina a un sourire d'une tendresse
infinie, elle effleure la joue de Gabrielle et fait non : « Ça serait Fleur-
Ange, je dis pas… »

La dureté du constat ne semble impressionner personne. Aucun
enfant ne réagit avec une sensibilité quelconque à cette vérité : Fleur-
Ange était la préférée de Malvina et ça ne se discute pas. C'est seulement
dommage que ce soit elle, la morte, parce qu'elle aurait pu consoler sa
mère de la mort de n'importe quel autre enfant.

Comme il est inutile d'essayer d'organiser les funérailles avec la
mère, c'est le plus vieux, Jocelyn, qui discute avec Germaine et Gabrielle
qui rentrent tout de suite après.

Adélaïde attend sa mère sur la galerie. Elle porte encore sa jaquette
blanche de coton. Elle prend la main de sa mère et Gabrielle l'entraîne
dans le coin ensoleillé de la véranda où elle l'assoit avant de lui apporter
des toasts et du lait. Gabrielle ne dit rien, elle connaît Adélaïde, elle
attend.

Ce n'est que quand Gabrielle se met à brosser les longs cheveux et à
les tresser que sa fille raconte ce qui est arrivé.

Quand elle est sortie sur la galerie, on criait depuis la plage. Elle a pris
sa bicyclette et est partie voir ce qui se passait. Au large, même pas très
loin, la barque avait chaviré et des bras s'agitaient. Elle est entrée dans
l'eau et a crié à Florent comment bouger, elle a crié de ne pas oublier les
pieds, de battre bien fort, elle a crié jusqu'à tant qu'il s'approche enfin, à
demi noyé, suffocant, épuisé, mais vivant. Elle est allée le tirer de l'eau dès
qu'elle a pu, en avançant aussi loin qu'elle avait pied. Gaspard ne savait
pas nager et il a coulé, comme Fleur-Ange, en un instant. Quand elle a
relevé la tête, Adélaïde n'a vu que la barque renversée et la pluie qui battait l'eau. Florent a « vomi tout le fleuve qu'il avait avalé », comme dit
Adélaïde, et elle l'a tenu fort pour ne pas qu'il voie les corps qu'on reti-
rait de l'eau.

« Maman, pourquoi les gens sont allés dans l'eau chercher les noyés
et pas avant, pour les sauver ? »

Gabrielle ne sait pas, elle ne peut pas dire s'il était possible ou non de
sauver les vies : « Tu as sauvé Florent, c'est déjà beaucoup.

— Non, maman. Je l'ai pas sauvé. Il a nagé tout seul jusqu'à moi. Tout seul ! »

Est-ce cette fierté ? En un instant, Gabrielle revoit les premiers pas d'Adélaïde. Elle refusait d'avancer, elle se tenait debout et restait là, immobile sur ses jambes qui ne pliaient pas. Elle se contentait de faire le piquette. C'est Edward qui, à force de ruses et d'appels, l'avait fait avancer vers lui. La même fierté, le même orgueil habitait Edward qui déclarait à qui voulait l'entendre que la petite n'avançait que vers lui.

« Ils ne reviendront jamais, Gaspard et Fleur-Ange ?

— Non, jamais.

— Ils sont au Ciel ? Comme Denise avec sa mère ?

— Oui, au Ciel. »

Elle prend sa petite fille contre elle, sa si petite fille qui peut déjà compter ses morts. Elle voudrait tellement la protéger de la mort, du malheur, de la douleur. Elle sait qu'elle ne pourra jamais la mettre à l'abri du pire de la vie. Elle peut seulement l'armer pour y faire face. Rien d'autre.

« Pourquoi je ne peux pas consoler Florent ? Pourquoi c'est Nic qui peut ?

— Peut-être qu'aujourd'hui ça prend les deux, Adélaïde, parce que c'est son papa et sa jumelle qui sont morts. Il a dit pourquoi la barque s'est renversée ? »

Adélaïde fait non et Gabrielle se demande si Florent s'en souvient seulement. Edward remonte le chemin vers la maison ; il est allé s'occuper de la glace pendant que Germaine est chez le curé.

« Regarde qui arrive. »

Adélaïde se redresse, saute par terre et se met à courir vers son père. Voir la petite jaquette éclatante au soleil s'emplir de la brise provoquée par la course, voir Edward se pencher et attraper sa fille et la hisser vers le ciel en la faisant tourner pour ensuite la poser comme une fleur sur la terre battue et la prendre par la main dans ce matin glorieux, fait monter les larmes aux yeux de Gabrielle. Elle a cette peur idiote que Dieu guette si on est suffisamment reconnaissant de ses bienfaits et que, à défaut, Il nous les arrachera sauvagement. Elle a envie de se prosterner et de jurer qu'elle est consciente d'avoir beaucoup reçu. Elle se répète qu'elle a eu peur et seulement peur et que rien de mal n'est arrivé à ses enfants, mais la crainte demeure vissée en elle, comme si la mort des autres constituait un sévère avertissement la concernant.

Encadré par Nic et Adélaïde, suivi d'Edward et de Gabrielle, Florent entre dans la cuisine de sa mère. On entend le murmure incessant des prières dites dans le salon. Florent s'approche de la berçante et touche la main de Malvina posée sur la laine douce. Malvina lève des yeux vides vers lui et, sans qu'aucune émotion ne les traverse, elle retourne à la contemplation du chapeau de Fleur-Ange. Florent reste là, muet, les mains derrière le dos, comme en punition. Adélaïde vient se placer près de lui, sévère, tendue, et elle fixe Malvina. Ils restent tous là, figés dans leur attente. Puis, Malvina soupire et dit au petit chapeau : « Il faut se résigner. Il faut accepter que le bon Dieu me l'enlève. »

Le regard que lance Adélaïde à sa mère est nettement incrédule et très éloigné du moindre consentement. Gabrielle n'a pas le temps d'empêcher sa fille de tendre la main pour toucher Malvina : « C'est Florent, Malvina, c'est le cadeau du bon Dieu : il est pas mort, lui. »

Elle n'obtient qu'un chuchotement : « Il faut se résigner. »

Florent, comme s'il avait tout compris, retourne prendre la main de Nic en regardant le plancher, honteux. Adélaïde le regarde attentivement puis revient à Malvina, inerte. Gabrielle, qui sent la rage bouillir dans le regard de sa fille, s'avance, mais Adélaïde saisit le petit chapeau, l'arrache des mains de Malvina et la secoue sans ménagement : « C'est Florent ! Arrête de faire ça ! C'est Florent ! Dis que t'es contente, dis que tu le vois ! T'es pas fine, Malvina ! »

Malvina se contente de se dégager sans hâte pendant qu'Edward s'empare d'Adélaïde et l'entraîne dehors.

La crise qu'elle lui fait oblige Edward à marcher jusque dans le champ à l'abri des oreilles et des regards. Adélaïde est si fâchée, si insultée que son père décide de la laisser se défouler : qu'elle dise tout ce qu'elle a sur le cœur, ça ne peut pas faire de tort. Adélaïde ne s'en prive pas. Dans toute cette colère, l'amour exclusif, l'amour fou de sa fille pour le petit garçon malingre éclate avec véhémence.

Edward arrive enfin à l'asseoir dans l'herbe, à prendre ses mains dans les siennes et à lui parler : « Si on t'avait dit que Florent s'était noyé, si on t'avait annoncé ça et que tu sois assise pas loin de lui, à penser à lui, à te faire à l'idée que jamais plus tu ne le reverras vivant, si Malvina était arrivée avec Fleur-Ange vivante et t'avait demandé d'être contente... tu crois que tu aurais fait autre chose qu'elle ? Tu crois que tu l'aurais embrassée, Fleur-Ange ? »

Interloquée, elle réfléchit un long moment. Elle arrache une fleur de trèfle et l'écrabouille pensivement. Quand elle l'a bien réduite à néant, elle jette les particules et respire sa main en fermant les yeux. Puis, elle tend la main sous le nez d'Edward qui sent à son tour. Il sait que, pour toujours, la mort aura l'odeur du trèfle pour eux deux.

Adélaïde fixe le ciel où à peine un voile blanc balafre le bleu : « Où Il est, Dieu ?

— Tu voudrais Lui parler ou L'engueuler ?

— Je veux savoir pourquoi on meurt. »

Il la relève, époussette sa jolie robe : « Je ne suis pas sûr que même Dieu le sache. Peut-être que tout ce qu'on peut trouver, c'est pourquoi on vit. »

Les complications domestiques s'accumulent et le fait d'être privé de Malvina n'arrange rien. Georgina, revenue de voyage de noces, annonce son arrivée pour les funérailles, Nic propose de partir, Germaine fait pareil pour des raisons différentes et moins nobles. Gabrielle a amplement de quoi s'occuper pour se remettre de la commotion du matin chez Malvina.

Georgina a le bon goût d'arriver seule, son mari ayant préféré laisser les trois sœurs ensemble. Elle récupère le lit d'Adélaïde et peut s'occuper de ses deux filles. Germaine, parce qu'elle est dans l'urgence du drame, est presque aimable avec elle. Évidemment, Georgina ne peut s'empêcher de « comprendre » la douleur de Malvina qui perd son mari, et de pleurer avec elle.

Sauf que Malvina ne pleure pas.

Les funérailles se passent sans émotion apparente et sans larmes, avec cette retenue et cette économie émotive des humbles devant les événements imparables de la vie. Cette résignation sans amertume qui choquait tant Adélaïde, tous les membres de la famille la ressentent.

Florent, qui assiste aux funérailles depuis le banc des Miller, ne lâche la main de Nic et d'Adélaïde que pour leur permettre d'aller communier.

Georgina ne sait plus sur quoi elle pleure, sur le pauvre Hector ou sur le souvenir récent de la bénédiction nuptiale qu'elle a reçue en cette même chapelle.

Au cimetière, où le petit cercueil de Fleur-Ange est placé tout à côté de celui de son père, la même rigueur austère règne : ni larmes, ni plaintes.

Gabrielle regarde Malvina et s'aperçoit qu'en trois jours cette femme de trente-quatre ans est devenue vieille. Elle ressemble maintenant à sa mère, comme si l'accablement moral dévoilait la vérité génétique qui attendait son heure, tapie sous l'apparente jeunesse.

Le repas est lugubre et personne ne parle. La chaleur est intense et de tout ce noir émane une odeur de tristesse et de ranci.

Les décisions concernant l'avenir et la possibilité de demeurer sur la terre se prendront en conseil de famille, le lendemain. Edward est chargé de parler avec Malvina, et Gabrielle rentre à la maison avec tout son monde.

La veille, Nic a expliqué à Adélaïde qu'il emmènerait Florent au fleuve avant de repartir, afin qu'il n'aie pas toute sa vie la frayeur de l'eau.

Ils partent donc tous les trois et Florent s'arrête pile, quand il voit la plage. Nic lui répète tout ce qu'il a expliqué à Adélaïde, mais Florent ne trouve pas important de ne pas craindre l'eau. Il préfère retourner à la maison. Nic insiste et réussit à s'approcher du bord de l'eau, Florent accroché à son cou, ses deux bras maigres le serrant à l'étouffer. Nic reste là, à un pied du bord, jusqu'à ce que l'étreinte se desserre. Au bout d'un quart d'heure, il propose d'avancer un peu, de mettre ses pieds dans l'eau : « Mais toi, tu n'y toucheras pas. Tu restes à l'abri dans mes bras et je sais nager. On y va, Florent ?

— Oscar.

— On y va, mon lascar. »

Adélaïde les regarde avancer, pouce par pouce, jusqu'à ce que Nic ait de l'eau à la taille et que les pieds de Florent soient mouillés.

Florent, agrippé au cou de Nic, se tortille pour grimper plus haut et mettre ses pieds à l'abri.

À chaque fois que Nic propose de retourner au bord, le courage en personne répond « Oscar ! » et Nic s'enfonce un peu plus.

En tenant le petit bien serré contre lui, il appuie une seule de ses grandes mains sur le dos tremblant et descend doucement dans l'eau. Florent est secoué de frissons, mais il agite tout de suite les jambes pour nager, en gardant les bras frénétiquement accrochés au cou de Nic.

Ils reviennent vers une Adélaïde blême qui enveloppe son protégé dans une serviette. Florent est tellement fier de lui qu'il sautille sur place : « T'as vu, Ada ? T'as vu ? » et, à la grande surprise d'Adélaïde, il saisit une poignée de cailloux et court au bord de l'eau les lancer en criant : « Tiens ! Ça t'apprendra ! » Et il continue son manège jusqu'à l'épuisement total.

Une fois bien vengé, il revient s'asseoir près de Nic, se cale confortablement contre lui et lui demande quand il va pouvoir apprendre pour la bicyclette.

« Ça, c'est Adélaïde qui va te montrer. »

Ce soir-là, au souper, Adélaïde porte la chaîne offerte par Nic.

*   *   *

Ce qui résulte du conseil de famille est assez dramatique : Malvina ne pourra continuer à garder la terre avec la seule aide des enfants. Ils ne sont pas assez vieux pour tout faire, ils ne peuvent employer personne et, comme les temps sont déjà difficiles, aucune épargne ne peut leur permettre de durer. La maison et la terre retourneront au propriétaire, certains enfants seront placés dans la famille à travers la province et Malvina gardera les trois plus jeunes. Au moins, Malvina réussit à épargner l'orphelinat à ses enfants. Gabrielle propose de prendre Florent avec elle, ce que Malvina refuse. Enfin soulagée de voir ressurgir une forme d'attachement maternel, Gabrielle entend avec horreur Malvina ajouter : « Vous comprenez, c'est le seul qui sait faire la catalogne aussi vite et aussi bien que moi. Va *fouloir* en vendre si on veut payer le loyer et le manger. »

Gabrielle se tait et comprend qu'il ne sera pas question d'école pour Florent ou pour aucun des enfants.

C'est rue Arago, dans un deux-pièces exigu, que Malvina s'installe avec les enfants. Adélaïde est ravie, elle se propose d'aller visiter Florent, mais Gabrielle ne peut se résoudre à la laisser aller dans ce sordide appartement où la lumière doit rester allumée toute la journée tant il y fait sombre et où Florent travaille sans arrêt, triant et tressant les bouts de chiffons répartis dans d'anciens sacs de farine qui prennent tout l'espace autour de lui.

Pendant que Malvina fait des ménages avec sa plus grande, Florent reste avec sa sœur âgée de sept ans. La petite Mireille est encore plus maigre que son frère et elle reste étendue, toussant et tressant, dans la pièce où Florent travaille. Quand Gabrielle vient le visiter et apporter des fruits, des biscuits et des nouvelles de tout le monde, Florent ne se plaint jamais. Patiemment, il montre à sa sœur à enfiler l'aiguille et à coudre ensemble les tresses de tissus. Il écoute Gabrielle sans cesser de tresser, de reprendre l'ouvrage de Mireille et il s'informe gentiment de chacun.

Un jour, pressée par Adélaïde qui ne comprend pas ses réticences, Gabrielle attend Malvina pour lui offrir de prendre Florent chez eux le dimanche après-midi. Elle arrive rue Arago vers cinq heures et le soir commence à tomber. Le mois d'octobre est froid et l'appartement est glacial. Le poêle ne chauffe pas et Florent explique raisonnablement que ce n'est pas tout de suite, qu'il faut attendre et ne pas gaspiller le bois de chauffage. Mireille tousse sans arrêt et Gabrielle l'observe attentivement. Cette toux emplit Gabrielle de terreur. Si Mireille a une « infection des poumons », si jamais cette maladie affreuse et insidieuse est entrée dans la famille, Gabrielle devra renoncer pour toujours à venir rue Arago. Ce serait la peste que ce ne serait pas moins angoissant.

À six heures, Malvina n'est pas encore rentrée et Florent met à chauffer sur un petit rond de propane une soupe claire de patates qu'il donne à sa sœur. Il est huit heures quand Malvina et Doris, sa plus vieille, arrivent. Épuisée, pâle, elle regarde Gabrielle comme s'il s'agissait d'une apparition.

« Malvina, êtes-vous allée au presbytère vous informer et prendre des bons pour le bois, du pain, du lait ? Tout le monde y a droit. Voulez-vous que je m'informe ? Il faut chauffer, c'est cru, ici, et Mireille est malade.

— Y a mon gars aussi qui est malade. Mon grand gars qui est dans Charlevoix. »

Quand Gabrielle entend que c'est une infection des poumons que le plus grand a attrapée, elle n'a plus aucun doute. Il s'agit de la tuberculose. La maladie honteuse. Elle insiste pour faire voir Mireille, pour apporter des vivres, des bons de la Saint-Vincent-de-Paul. Malvina s'assoit, comme vidée de toute énergie, et ses mains se mettent à tresser mécaniquement. Elle explique qu'elle fait au mieux, que Gaspard aurait eu trop de fierté pour quêter la charité publique et qu'elle essaie de faire pareil à lui.

Le lendemain, Gabrielle fait livrer une corde de bois « pour qu'au moins ils aient chaud » et elle s'arrange pour que du lait pasteurisé et du pain leur soient régulièrement portés.

En compagnie de Paulette, elle est en train de mettre sur pied leur centre pour les enfants miséreux et elles ont déjà beaucoup à faire. Entre deux leçons, c'est Isabelle qui fait les courses et porte la nourriture rue Arago.

Gabrielle aurait dû s'en douter, Adélaïde tire les vers du nez à sa cousine et, dès le congé de la Toussaint, elle disparaît tout l'après-midi, alors qu'elle était censée jouer dehors.

Il est plus de huit heures quand Adélaïde rentre. Elle vient elle-même s'asseoir devant sa mère qui l'attend au salon et elle la regarde avec une telle colère que Gabrielle n'ose même pas la disputer. D'un ton sec, Adélaïde avoue qu'elle s'est perdue et qu'elle a erré en tramway jusqu'à Charlesbourg où elle a cherché la rue Arago et, quand, enfin, elle a pris le bon tramway et qu'elle a reconnu la rue des Érables, elle est descendue et a marché pour rentrer. Elle poursuit en menaçant de ne plus faire ni devoirs ni leçons ni piano jusqu'à ce qu'elle soit autorisée à voir Florent. « Et si les Ursulines me renvoient, je vais aller trouver Florent et m'occuper de lui.

— C'est bien ! Comme ça, ça fera une petite fille ignorante de plus dans le monde. Tu sais pourquoi Malvina ne va pas chercher les bons distribués aux pauvres ? Parce qu'elle ne sait pas lire dessus si c'est pour le pain, le beurre ou le bois et qu'elle a honte.

— C'est même pas vrai !

— Tu veux aider Florent ? Tu veux vraiment l'aider ? »

Adélaïde, le regard furibond, attend la suite sans rien dire. Gabrielle continue : « Tu vas à l'école, tu étudies bien fort, tu pries et tu me laisses aller rue Arago tous les jours. Moi ou Isabelle. Mais pas toi. Florent va avoir besoin d'apprendre quand on va le sortir de là et c'est possible qu'il soit trop vieux pour aller à l'école. Ce sera toi qui vas lui montrer. Et si tu ne sais rien, tu vas lui montrer quoi ? »

En silence, Adélaïde évalue l'ampleur du projet, estime sa science actuelle et se dit qu'il lui faudrait encore une année ou deux de travail scolaire. Elle finit par acquiescer : « Je veux quand même y aller le samedi après-midi et le dimanche. »

Gabrielle se résout à lui parler de la maladie de Mireille, du risque de contagion, de la gravité de ces choses-là.

« Je ne veux pas que ma petite fille finisse dans un hôpital.

— Mais si moi je peux l'attraper, Florent aussi ? »

Gabrielle, qui doute beaucoup de la santé de Florent, hoche la tête.

Adélaïde prend le temps de réfléchir longtemps : « Elle va mourir, Mireille ?

— Je ne sais pas, Adélaïde. Peut-être, mais ce n'est pas sûr.

— Mais, maman, pourquoi c'est toujours les mêmes qui meurent ? »

Dieu merci, elle éclate en sanglots et la question peut rester sans réponse. Gabrielle la berce en se répétant cette phrase qui lui fait aussi mal qu'à sa fille : pourquoi ce sont toujours les pauvres qui meurent ? Pourquoi y a-t-il tant de gens dont on ne se préoccupe pas, qu'on laisse tousser dans le froid humide d'un appartement éclairé avec une ampoule nue ?

Quand Edward rentre de Montréal ce soir-là, il demande à Gabrielle pourquoi elle n'apprend pas à conduire la voiture « pour venir le chercher à la gare ». C'est sa rengaine préférée à chacun de ses retours : se plaindre de devoir prendre le tramway alors que la voiture est stationnée dans la rue. À sa grande surprise, Gabrielle affirme qu'elle est d'accord et qu'elle va apprendre dans les mois qui viennent, mais qu'elle se servira de la voiture pour ses œuvres.

Ils discutent longtemps des problèmes de Malvina, d'Adélaïde, de ce qu'ils peuvent faire ou non. Edward propose de mettre Isabelle chez Germaine et de prendre Florent avec eux.

Gabrielle hoche la tête, pessimiste : « Tu ne te rends pas compte que, sans lui, Malvina est perdue. Il garde Mireille et tresse toutes les catalognes. Il travaille toute la journée.

— Mais, enfin ! Faire travailler un enfant de cet âge-là ? Franchement, Gabrielle, on n'est pas pour les laisser faire, c'est interdit ! Et puis, pourquoi surveillerait-il sa sœur plus vieille que lui ? Ça n'a aucun sens !

— C'est de ça qu'on parle, Edward, calme-toi ! On n'ira pas dénoncer cette pauvre Malvina à la police quand même ! Et on ne peut pas envoyer Isabelle chez Germaine alors qu'elle a refusé d'aller chez sa mère pour rester avec nous.

— Tant qu'à ça… on va déménager dans plus grand. On va les prendre tous les quatre. »

Voilà ce que Gabrielle aime dans cet homme : pas de mesquinerie et beaucoup d'emportement. Il lui fait penser à Adélaïde avec son refus de continuer l'école si on ne la laisse pas faire à sa tête.

Précautionneusement, Gabrielle parle de ses doutes concernant Mireille et de la possible atteinte à ses poumons. L'attitude d'Edward change du tout au tout : « Depuis quand ? Depuis quand elle tousse ? Et tu continues d'y aller ? Es-tu folle, Gabrielle ? Es-tu complètement irresponsable ? Sais-tu avec quoi tu joues ? Baptême ! »

La dispute qu'ils ont est violente et ne se calme que parce que

Gabrielle jure qu'il ne s'agit peut-être pas de « ça », que Mireille l'inquiète, mais qu'elle n'est pas condamnée, qu'il faut la faire voir par un médecin compétent, dans un endroit approprié, et qu'elle a besoin des relations d'Edward pour ce faire, qu'elle a déjà essayé, mais que l'hôpital Laval, spécialisé dans les soins pulmonaires, est plein.

« Jamais ! Je n'ai aucune envie que quelqu'un sache que je fréquente des gens qui risquent d'être contagieux. Tu sais ce que ça signifie, Gabrielle ? La fin de mon cabinet, la fin du travail ! Je ne demanderai certainement pas à un médecin de me faire une faveur pareille. Ce serait un de mes enfants, je ne dis… Gabrielle, si jamais un des enfants a attrapé ce mal-là, si jamais tu en souffres… je ne réponds pas de moi. Penses-tu qu'elle l'avait cet été ? Penses-tu qu'en entrant dans la maison on a pu se contaminer, toi ou moi ou les enfants ? Mon Dieu, c'est épouvantable ! »

Seulement à regarder Edward se battre avec la panique devant une éventuelle contagion, Gabrielle peur évaluer la tâche qui l'attend avec ses sœurs si jamais le moindre doute venait à les effleurer. Impossible de faire fléchir Edward, ses relations ne sont pas pour soupçonner qu'il connaît quelqu'un d'atteint.

Gabrielle se tourne donc vers son Comité de dames qui constituent avec elle le Centre. Elle réussit, en réclamant un secret et une confidentialité extrêmes, à faire voir Mireille et Florent par le grand spécialiste de l'heure, qui est l'époux d'une dame du Comité.

Mireille est diagnostiquée tuberculeuse et envoyée immédiatement à l'hôpital Laval. Gabrielle ne sait pas comment elle va payer cette hospitalisation en cachant la dépense à son mari, mais elle ne peut pas se résoudre à envoyer Mireille à Lac-Édouard ou à Thetford Mines où c'est moins cher, mais où la petite sera totalement isolée, sans visites, sans rien. Déjà, le fait d'avoir accès à l'hôpital Laval est une faveur qu'elle doit à l'épouse du médecin qui œuvre avec elle.

À son grand soulagement, Florent est indemne. Par contre, il est hautement à risque à cause de son rachitisme et de l'évident épuisement dont il est victime.

« Si cet enfant ne mange pas un peu, s'il ne dort pas davantage, s'il ne prend pas l'air, je vous garantis qu'il sera tuberculeux avant l'année prochaine. C'est une proie idéale. Faites-lui comprendre les risques et éloignez-le de sa sœur. Il y a d'autres membres dans cette famille ou ils sont seuls ? Les autres sont atteints ? »

Que deux enfants si petits puissent être seuls au monde et que cela ne semble pas plus surprenant pour le médecin horrifie Gabrielle. Il lui dit que des familles entières ont été décimées, que c'est une maladie plus puissante que la guerre, parce qu'il n'y a pas d'armes pour se battre contre elle. « Restez loin ! N'approchez plus cette famille, ne permettez à personne de vos connaissances de la fréquenter. On ne peut rien faire pour eux. Mais vous, vous pouvez fuir. Faites-le. Je vous assure que l'avenir est très compromis quand on est atteint. C'est une maladie impitoyable. »

Gabrielle veut le payer, mais il refuse : « Ce sera ma contribution à votre œuvre. Maintenant, promettez-moi d'être très prudente. Vous avez des enfants ? Vous êtes une bonne mère, alors vous comprendrez que, pour eux, vous devez mettre beaucoup de distance entre cette petite et vous. Le temps n'est plus à la pitié ou à la charité, vous ne vous pardonneriez jamais de tuer vos propres enfants, n'est-ce pas ? Pensez-y et ne risquez rien.

— Mais il y en a quand même qui s'en sauvent, non ? »

Il retire ses lunettes, pince la racine de son nez en soupirant : « Les plus forts, les charpentés, les tenaces. Je dirais, ceux qui ont de la santé et de la combativité avant, risquent de se battre avec succès. La petite… l'autre, le garçon, s'il l'attrape… ils sont bien maigres, bien faibles de constitution. Et vous n'êtes pas vous-même très forte. Soyez prudente, mieux vaut être trop prudent. »

Gabrielle conduit Mireille et la laisse dans une grande salle blanche, emplie de lits cordés. Le cœur serré, elle revient rue Arago expliquer à Malvina tout ce qu'elle doit faire pour sa santé, en devinant que c'est une peine inutile : Malvina n'a plus la combativité dont le médecin parlait.

* * *

Depuis septembre, Fabien a commencé l'école et « les petits », Rose et Guillaume, ont instauré leurs cours privés avec Isabelle. Comme ils sont encore très bébés, la charge est légère et Isabelle, pour soulager Gabrielle, prend en main les devoirs et les leçons des grands dès leur retour de l'école. L'ennui, c'est qu'ils n'ont pas du tout la même attitude. Adélaïde est totalement indépendante et fait ce qu'elle a à faire avec ou sans la surveillance d'Isabelle ; Béatrice considère l'école comme un endroit où, prioritairement, on rencontre des gens et on se fait des relations pour l'avenir et où, accessoirement, on apprend. Quant à Fabien, il s'ennuie rapidement avec la religion et la grammaire et ne s'amuse qu'avec le calcul et les aspects techniques des choses.

Isabelle montre les cahiers d'exercices à Gabrielle et explique que, pour Béatrice, le fait que ce soit joli, bien propre, suffit amplement. Peu importe que ce soit truffé d'erreurs. Le cahier de Fabien, tout cochonné, écrit sans soins, est par contre brillant par son contenu et on ne peut y déceler une seule erreur. Gabrielle regarde les pages en souriant : « Si on pouvait échanger un peu des qualités de l'un à l'autre, on aurait une bonne moyenne.

— Vous savez, j'essaie, mais il faudrait leur parler, peut-être rester avec eux pendant une semaine... ils vous écoutent tellement, ma tante. »

Gabrielle entend bien le reproche subtil, ou plutôt l'opinion que partage Germaine : pourquoi tant s'occuper des enfants des autres si elle n'est pas capable de voir aux siens ? Où est l'utilité de se dévouer pour les pauvres si c'est pour priver ses propres enfants de son attention tout aussi essentielle ? Pourquoi aller dépenser ailleurs une énergie et une bien-veillance qui seraient si bien investies dans sa famille à elle ?

Gabrielle sait bien et elle entend les reproches polis, susurrés avec un sourire acide par les dames de la bonne société, quand elle essaie de trouver des moyens et des volontaires pour son Centre : « Encore ? Vous voulez entreprendre une nouvelle œuvre ? Mais, ma pauvre amie, votre famille doit se trouver bien délaissée ! »

Elle se souvient avec une honte cuisante de la façon dont Madame juge Ernest Brunet l'a présentée à des amis, lors de son dernier bridge : « Et voici notre bonne âme nationale qui fait beaucoup pour nos péchés, Gabrielle Miller, l'épouse de l'avocat Edward Miller. Attention, mes-dames, Gabrielle est en croisade et elle va vous détrousser comme le petit Robin des Bois qu'elle est. Mais comme c'est pour les œuvres et les enfants miséreux, que pouvons-nous lui reprocher ? »

Gabrielle caresse le cahier de Fabien avec douceur : « Tu trouves toi aussi que je devrais renoncer au Centre ? Comme ta tante et ta mère ? »

Isabelle s'empresse de la rassurer, jamais elle n'a trouvé que l'idée était folle ou saugrenue : « C'est juste que c'est tellement de travail pour vous... des fois je trouve que vous devriez prendre ma place et moi la vôtre. J'ai pas d'enfants, comme Paulette, et je ne priverais personne.

— Je suis là à leur réveil, le midi et le soir... je ne les accueille pas au retour de l'école, mais la plupart des femmes font la même chose, elles sont au thé ou au bridge, c'est la seule différence. Le temps que je donne à l'organisation du Centre, c'est le temps que je soustrais aux mondanités, pas aux enfants.

— Je sais bien, ma tante. Et les enfants sont bien, je le sais aussi. Surtout si on les compare à Florent ou à Mireille…

— Shhh ! Il ne faut plus parler d'eux, surtout devant ton oncle. C'est notre secret. Mais… les gens jasent, c'est ce que tu veux dire ? Ils ne sont pas d'accord avec le Centre ni surtout avec mon indépendance. Le curé voit ça d'un mauvais œil, alors évidemment… tout le monde est d'accord pour dire que c'est néfaste de ne pas se mettre sous la protection de l'Église. Toi aussi, tu penses que c'est maudire mon entreprise et prêter flanc à la réprobation divine ?

— Non. Je pense que vous avez vraiment envie d'aider les enfants selon votre conscience et non pas selon ce qui est édicté par l'Église. C'est ce qui est difficile. »

Là-dessus, Gabrielle est bien de son avis : avoir une conscience personnelle dans cette Église qui tient toujours à penser pour tout le monde est de la présomption. Elle n'ignore pas qu'on lui pardonne mal son désir d'autonomie et non son désir d'action. Elle ne s'en veut que d'une chose : priver Isabelle des mondanités où elle pourrait faire des rencontres susceptibles d'entraîner un mariage. Isabelle hausse les épaules et refuse de parler de cet aspect de sa vie, elle parle plutôt de Florent, qui est un allié sûr quand elle veut détourner la conversation. Gabrielle s'assure encore une fois qu'Isabelle ne fait que déposer la nourriture sans entrer dans l'appartement, qu'elle reste à la porte, son foulard sur le nez, et qu'elle ne s'attarde pas à converser et, surtout, qu'elle ne touche pas Florent, qu'elle se contente de lui rendre l'énorme service de la remplacer les jours où elle ne peut le faire.

« Je ne sais même pas s'il mange ce qu'on lui porte, ma tante, il est tellement maigre. Il n'a plus l'air d'un enfant. Vous pensez que c'est de son père mort qu'il est si triste ou d'être seul à journée longue ?

— Non, c'est sa vie d'avant qui est morte, Isabelle. Et c'est Adélaïde qui lui manque. »

*   *   *

Le plus difficile n'a pas été de faire entrer Mireille à l'hôpital Laval, mais d'empêcher Adélaïde de se précipiter rue Arago pour visiter

Florent. Gabrielle se désole de ne pas avoir encore assez avancé le projet du Centre pour avoir un lieu où elle pourrait accueillir Florent avec d'autres enfants de son âge. Au Centre, Florent serait surveillé, il mangerait et il aurait chaud. Mais elle n'est plus certaine qu'il voudra y venir et elle aura encore à expliquer à Adélaïde qu'elle ne verra pas son ami. Le projet est si compliqué à mettre en place et les délais sont si longs. Elle et Paulette sont arrivées à présenter un projet, incluant la location d'un sous-sol dans Limoilou, entre deux établissements scolaires qui risquent de fournir la majeure partie de leur clientèle. Le recrutement des bénévoles est commencé et, en janvier 1933, elles devraient procéder à l'ouverture avec une sorte de kermesse-bénéfice où, dans chaque kiosque, on vendra des babioles pour financer une partie des activités.

Mais d'ici janvier, Florent restera rue Arago et ne recevra que les visites de Gabrielle ou celles d'Isabelle selon une procédure rigoureuse.

Finalement, pour éviter une désobéissance fatale et pour en finir avec les interminables discussions, Gabrielle choisit de dire la vérité à Adélaïde. Elle lui brosse un portrait à peu près véridique de Mireille et de l'état de santé de Florent contre la promesse formelle que sa fille n'ira pas se contaminer et risquer la santé de toute la famille. La discussion est longue et pénible, mais Adélaïde obéit et se résigne à préparer de petits paquets pour son protégé.

La notion de secret à l'égard de son père est beaucoup plus difficile à faire comprendre que les risques d'infection d'un milieu contaminé. Avant de jurer qu'elle n'en parlera ni aux enfants ni à son père, Adélaïde demande à sa mère si cette infection ne touche que les enfants.

« Alors, toi aussi, tu pourrais devenir très très malade et avoir à rester très longtemps loin de nous ? C'est pour ça que papa veut pas ?

— Oui. Mais il faut que quelqu'un le fasse, Adéla, et je suis très prudente et je ne reste pas longtemps. Si on le dit à papa, j'ai bien peur que Florent soit tout seul pour lutter contre cette maladie. »

Bien sûr, devant de tels arguments, Adélaïde jure.

Discipliner Florent, lui enseigner les règles d'hygiène élémentaires, le forcer à se reposer et à lâcher le tressage et la couture des catalognes pour deux heures est un travail quotidien qui exige énormément de constance et de patience.

« Il faudrait toujours être là, Paulette. Pour chauffer, être sûre qu'il mange, être sûre qu'il arrête de travailler. Seulement sortir dans le corridor glacial pour se rendre aux toilettes en arrière dans la cour, c'est assez pour faire une pneumonie. Et il protège Malvina, il ment sur tout, les bons, les heures de travail, les heures où elle rentre. Je suis sûre qu'il ne mange pas la moitié de ce que je lui apporte : il garde tout pour sa mère et Doris. Si au moins on avait eu les secours aux mères nécessiteuses, Malvina ne serait pas obligée de travailler comme ça. L'aide de l'État, c'est pas de la charité, elle la prendrait. Voulez-vous me dire ce qu'on attend pour passer cette loi ? On attend que les enfants soient tous morts de tuberculose ou de misère au bord d'un chemin tapé dans la neige qui mène aux *back houses* ? Et on est supposé être une province catholique ? Voulez-vous me dire ce qu'ils font au gouvernement s'ils ne s'occupent pas de la seule chose importante au monde, habiller et nourrir les enfants ! »

Paulette ne dit rien, elle sait que même abonder dans le sens de son amie ne freinera pas sa colère. Gabrielle se désintéresse totalement de la chose politique sauf en ce qui a trait aux lois qui concernent les femmes et les enfants. Malgré l'énergie et les sommes importantes qu'elle investit dans sa campagne contre la misère et surtout contre le recours à l'orphelinat pour des enfants qui ont toujours leur mère, elle n'arrive pas à combler toutes les carences. Savoir qu'au Manitoba, depuis déjà seize ans, une femme comme Malvina aurait droit à une somme versée par l'État pour continuer à garder et à élever ses enfants la rend malade d'injustice. Elle a même essayé de convaincre la pauvre Malvina de s'exiler là-bas.

« Pourquoi un enfant qui perd son père devrait tout perdre et se retrouver en institution ? Pourquoi une femme qui perd son mari devrait perdre aussi ses enfants ? Expliquez-moi ça, Paulette. Expliquez-moi pourquoi la loi fait des choses pareilles ? En quoi les enfants y gagnent ? À quoi les hommes de loi pensent ? »

Paulette a toujours la même réponse laconique : « Ils pensent en hommes qui n'ont jamais eu à justifier l'emploi du moindre dollar accordé par l'État. Ils pensent entre eux pour les autres qui devront leur être reconnaissants de leur aide. Que "les autres" soient leurs épouses et leurs enfants ne les dérange pas. Un pauvre sera toujours un "pas dégourdi", alors imaginez une pauvre… surtout une pauvre qui ne risque pas de rapporter un vote ! »

Gabrielle ne peut s'empêcher de comparer le sort de Malvina à celui d'Hector. Tant qu'il a été vivant, Hector a reçu des secours de l'État et il a pu profiter, maigrement mais quand même, des plans de fortune pour assurer le minimum. Jamais, dans aucune loi, sa disgrâce n'aurait entraîné le retrait de ses enfants et leur placement. Hector, bien que damné d'être dégradé, demeurait le père responsable de ses enfants devant la loi. Malvina n'a rien. Rien que les bons de la Saint-Vincent-de-Paul et la bonne volonté des gens. Et cela, uniquement parce que le gouvernement doute qu'une femme veuve puisse être capable d'utiliser de l'argent qu'on lui remet sans le gaspiller ou en faire mauvais usage.

« Bon, d'accord, je comprends qu'on exclue les divorcées, les femmes séparées ou celles dont le mari est en prison. Mais les veuves mères de famille ont fait leurs preuves en administrant le ménage du temps du mari ! Je suis même prête à admettre qu'on exclue les immigrantes de moins de trois ans de résidence, même si je trouve ça injuste, mais pas les Canadiennes françaises qui n'ont rien fait au bon Dieu, sauf de perdre leurs maris ! Ils n'ont qu'à nous demander de certifier la bonne conduite de ces femmes s'ils doutent tant que ça ! Je ne sais pas, moi, deux femmes qui signent pour assurer que cette veuve-là est fiable. Ou un homme. Mon mari pourrait signer pour Malvina, j'en suis sûre.

— Gabrielle, arrêtez ! Vous vous épuisez à prêcher des converties : les gouvernements n'ont plus d'argent, la Crise est effrayante dans l'Ouest et même en Ontario. Il y a des émeutes, il y a des menaces de révolution, les sans-travail sont furieux, ça fait trois ans que ça dure et c'est de pire en pire. À Montréal, les gens parlent de devenir communistes. On parle aussi de grèves. »

Gabrielle se fout bien de la Crise et de la révolution, c'est Malvina, Florent et les autres qui l'inquiètent. Toutes ces femmes exsangues, abattues, qui tiennent debout grâce à leur foi, leur détermination et leur volonté de ne pas laisser tomber leurs enfants. Elle les connaît par leurs prénoms, elle sait chaque misère qui s'attache à chacune d'elles et elle n'espère changer rien d'autre que la guerre quotidienne à laquelle chacune se livre pour survivre.

« Si au lieu de dire "les pauvres", chacun avait un visage, une personne à sauver, je vous jure que la misère se réglerait plus vite que ça !

— Gabrielle, ne faites pas votre Jeanne d'Arc.

— Jeanne d'Arc se battait contre les Anglais et je vous ferai remarquer que c'est avec l'argent des Anglais que le Centre va ouvrir. »

Le sourire de Paulette est toujours très joyeux dès que Gabrielle parle du principal investisseur du Centre. Nic a bien l'air d'avoir totalement acquis le cœur de Paulette, ce qui laisse Gabrielle songeuse. Sans oser en parler ouvertement, elle s'inquiète de ces sentiments qui ne trouveront jamais un écho matrimonial.

« Vous savez qu'il habite avec sa sœur ? Qu'il doit en prendre soin, d'une certaine manière… »

Paulette répète qu'elle sait tout ça et ramène l'attention de son amie à leur travail.

Tout le mois de décembre est employé à l'administration et à la planification de la première année du Centre. Tous les soirs, après le souper, Paulette vient rejoindre Gabrielle et elles s'installent sur la grande table de chêne de la salle à manger et travaillent jusqu'à dix heures et demie. Tous les soirs, Edward fait sa part en se chargeant de l'histoire à lire aux enfants et en allant reconduire Paulette chez elle pour lui éviter le tramway à des heures indues.

Certains soirs, Germaine reste et fait la conversation à Edward dans le *den*. Elle dissimule bien mal sa désapprobation, mais le mariage de Georgina et le déménagement de Reine rue des Érables ont beaucoup augmenté sa solitude. Elle ne tient pas à se brouiller avec Gabrielle et elle se tait, se contentant de se désoler pour sa santé qu'elle abîme et pour ses enfants qu'elle néglige.

Quand elle apprend que Madame Levasseur, la femme du réputé pneumologue, et que Madame Smith, épouse d'un des rares millionnaires de la capitale, ont accepté de siéger au Comité de fondation du Centre des enfants, elle commence à douter. Par petites questions plus ou moins directes, par allusions, elle finit par en apprendre davantage grâce à Edward qui s'amuse beaucoup à la voir fafiner. Quand, dans un dernier effort de sape, elle fait allusion de façon fort critique à la Solidarité féminine, un groupe fondé par des femmes à Montréal et soupçonné d'accointances avec la doctrine communiste, Edward se moque ouvertement d'elle : « Votre directeur de conscience vous a mal renseignée, Germaine. Ce que font ces femmes vous plairait à coup sûr. Elles bataillent, elles discutent, elles exigent, c'est vrai. Mais elles font un vrai travail sur le terrain. Imaginez-vous que lorsqu'une éviction et une saisie sont annoncées, elles se mettent à quinze et se rendent à l'appartement menacé dès cinq heures du matin. Elles attendent l'huissier. Voyez-vous, la loi stipule qu'on peut tenir un encan à partir du moment où on a une assistance de quinze personnes. Elles obligent l'huissier à tenir l'encan sur place et le pauvre bougre repart avec trois dollars en poche, résultat très maigre de la vente totale des biens : une table à cinq cennes, un bahut à dix cennes, jamais plus ! Ainsi, l'occupant peut rester dans ses meubles. Vous appelez ça du communisme ? J'appelle ça de la jarnigoine. »

Peu à peu, au lieu de monter dans le *den* et de tricoter en regardant Edward lire son journal, Germaine offre ses services en spécifiant à sa sœur « qu'elle ne pense pas pouvoir s'engager plus avant dans son Centre ». Gabrielle lui confie une tâche ou deux que Germaine a tôt fait de terminer à la perfection.

C'est Paulette qui, candidement, fait le plus bel effort de recrutement. En examinant un bilan anticipé présenté par Germaine, elle s'extasie sur la mise en pages, la clarté et la finesse de la présentation : « Comment pouvez-vous supporter de mettre une telle intelligence au seul service du bridge ? C'est vraiment désolant ! Vous savez combien de temps m'aurait pris un tel résultat ? Ne me dites pas que la religion vous interdit d'utiliser vos dons ! Pensez à la parabole des talents. »

Flattée, Germaine prétend qu'il n'y a que Dieu d'indispensable.

« C'est vrai, mais si on ne comptait que sur Lui… Madame Smith va applaudir votre bilan anticipé.

— Vous la rencontrez quand ? »

Gabrielle, l'air de ne pas y toucher, annonce que le thé des dames fondatrices aura lieu le lendemain chez elle et qu'il sera suivi dans deux semaines de la signature officielle des papiers : « Dès que le gouvernement nous accordera notre passe-droit, Nic viendra de Montréal et j'organise un dîner de gala, avec grand menu, pour souligner le début de la Fondation et pour qu'on en parle dans les *Échos mondains*. À propos, Paulette, Mademoiselle Lizotte a-t-elle été en mesure de vous aider ? »

La discussion « couture » laisse à Germaine le loisir de ruminer son dépit de ne pas pouvoir s'associer à la victoire à la face de Madame Smith et de rater le dîner. « Ça fait longtemps que je n'ai pas vu Nic. Comment va-t-il ? »

Gabrielle se contente d'un « bien » très succinct et revient à un problème technique avec Paulette. Finalement, elle se tourne vers sa sœur : « Si tu pouvais, Germaine… Ça me gêne de te le demander, je ne veux pas ambitionner, juste m'aider pour le menu, les cartons et tout. Paulette a son travail et j'ai tant à faire.

— Mais avec plaisir !

— Tu sais que tu es invitée, mais je comprends que ça ne soit pas possible, que tu ne veuilles pas donner publiquement ton aval à ce Centre. Enfin… de façon officielle. »

Germaine se contente de dire qu'elle va y penser : « Pour l'instant, laisse-moi t'aider, ça va me permettre d'user mon intelligence ailleurs qu'autour d'une table de bridge. »

* * *

Les préparatifs pour Noël sont en retard et Gabrielle n'arrive pas à rattraper ses délais quand arrive l'invitation de Georgina : pour le soir de Noël, afin que chacun fasse plus ample connaissance avec Hubert, elle invite Cyril, Germaine et toute la famille Miller à dîner.

Germaine déteste l'idée. Elle a toujours rouspété dès qu'on dérange ses habitudes, alors la tradition de Noël, le repas du réveillon chez Gabrielle, le thé de cinq heures chez elle, suivi du souper chez Gabrielle sont des événements intouchables.

Gabrielle, soulagée à l'idée de s'épargner le repas du 25 décembre, essaie quand même de convaincre Germaine, qui l'assure qu'elle préfère manger seule plutôt que chez cette ingrate.

Ce n'est qu'en faisant valoir que Georgina fait toutes ces manières afin de faire la paix avec Germaine que Gabrielle obtient une petite réaction : « Qu'elle travaille, alors ! », qui la met hors d'elle.

« Paix aux hommes de bonne volonté, Germaine, c'est pour toi aussi. Arrête de faire la leçon à tout le monde et de t'octroyer des passe-droits. Ça fait six mois qu'elle est mariée, reviens-en ! C'est pas comme si Hubert t'avait fait la grande demande avant de la marier. Il faut en finir avec ces histoires. J'ai envie de t'envoyer réfléchir dans ta chambre, comme les enfants. Tu l'as assez punie en ne te montrant pas au mariage, me semble. »

Sans ajouter un mot, Germaine accepte l'invitation de Georgina.

Gabrielle n'en revient pas. Edward trouve qu'il est plus que temps de gagner de l'autorité, « maintenant qu'elle est madame la présidente ».

« Pas encore, Edward.

— Oui ! »

Il exhibe le papier qui la relève, elle et ses amies membres du conseil d'administration, de son incapacité juridique. C'est Edward qui s'est chargé de faire la demande au Parlement du Québec, afin que toutes les femmes du Centre puissent signer de bon droit les papiers de l'incorporation.

Ce soir-là, en tête-à-tête, ils lèvent leur petit verre de sherry à une victoire, celle de la charité sans autre dogme que l'aide véritable et généreuse. Le seul salut que poursuit ce Centre étant celui du corps, celui de la première urgence et des premiers besoins en espérant que celui de l'âme suivra.

Quand Edward lui dit combien il est fier et heureux, Gabrielle se met à pleurer sans pouvoir s'arrêter.

« Ce n'est rien, Edward, c'est juste que… en presque trente-deux ans, c'est la première fois de ma vie que quelqu'un est fier de moi ! »

*　*　*

« Florent, j'ai une surprise pour toi ! »

Enfin ! Un peu d'enfance, un peu de lumière dans les yeux creusés. Les mains fines arrêtent leur labeur mécanique : « Ada ?

— Non. Elle ne peut pas venir, pas encore. »

Gabrielle se retourne et ouvre la porte : Nic est presque trop grand pour l'espace, il a l'air d'un géant. Il pose son chapeau sur un sac de laizes, s'accroupit : « Salut, Oscar ! »

Sans un mot, Florent se lève et va se blottir contre la large poitrine. Nic se relève en le gardant dans ses bras. Sa tête heurte l'ampoule qui se balance pendant longtemps, faisant osciller la lumière crue comme un couteau tranchant à larges coups dans le sombre de la misère.

Instinctivement, Nic se promène, mais l'exiguïté des lieux ne lui permet de faire que deux pas. Florent porte un chandail très grand, d'un bleu passé dont les manches roulées forment un épais rebord encombrant. L'encolure est si lâche qu'elle expose jusqu'à l'épaule et laisse le cou gracile subir les moindres courants d'air : « T'as mis le chandail de ta maman, Florent ? » Nic ouvre son manteau de cachemire et commence à le retirer pour en recouvrir Florent convenablement, mais le petit se démène et cherche à redescendre. « Attends ! Je veux juste couvrir tes épaules !

— Non. Mets-moi par terre.

— O.K., reste là. Juste l'écharpe pour ton cou, alors.

— Non ! »

Il hurle, s'agite pour descendre. Nic ne comprend pas cette subite panique. Il le pose par terre, lève ses deux mains devant lui pour montrer sa bonne volonté et attend. Florent, honteux, murmure qu'il a de la graine et il saisit l'écharpe rouge qu'Adélaïde lui a donnée et l'enroule autour de son cou.

Nic, mystifié, fait « Ah bon ! » comme s'il comprenait et il reste à distance comme Florent semble préférer. Il discute un peu, lui offre du papier neuf, mais Florent n'a plus le temps de dessiner, il ne peut que tresser et coudre. L'aiguille qu'il reprend est si vivement manipulée, si habilement maniée que Nic n'en croit pas ses yeux.

« Demain, je viendrai te porter un présent pour ton jour de l'An. Dis-moi ce que tu aimerais. »

Florent hésite et réfléchit longtemps avant de dire : « Des bottes chaudes ou pour maman ou pour Doris. Ou peut-être des bottes pour maman avec des gros bas pour Doris qui pourrait les mettre quand maman en a pas besoin. »

Il semble réfléchir encore : « Pour le papier, je vais le garder, finalement.

— Et tu vas dessiner ?

— Non. Je vais le découper pour faire une poupée et des vêtements de papier pour Mireille à l'hôpital. On dessine la robe, on la découpe et on change la poupée en posant une autre robe sur le *frame*. »

Il tâte les feuilles : « Je vais pouvoir lui faire plein de costumes.

— Si tu veux, je viendrai te chercher et nous irons ensemble à l'hôpital. »

Mais Florent refuse. L'hôpital est un endroit triste et dangereux, il ne faut pas y aller si ce n'est pas nécessaire. Nic insiste pour le conduire et l'attendre dehors dans la voiture.

« Tu vas rester longtemps ? Tu vas aller passer Noël avec Ada ?

— Juste Noël, après je retourne à Montréal. Florent, qu'est-ce que je peux faire pour t'aider ?

— Mais ça va bien ! »

Nic suit des yeux le mouvement hypnotique de l'aiguille. Florent ne dit plus rien et travaille, concentré.

Quand Nic s'approche pour l'embrasser avant de partir, le premier mouvement de Florent est de reculer, puis de tendre sa joue. Juste avant que Nic et Gabrielle ne sortent, il ajoute : « Finalement, c'est mieux que Fleur-Ange a sait pas nager. »

Nic et Gabrielle reçoivent la phrase comme un boulet. Dehors, sous la neige épaisse qui tombe sans arrêt depuis la veille, Nic relève la tête et voit Florent lui faire un petit signe d'adieu de la fenêtre. Il agite la main en souriant, dans un effort méritoire.

Une fois assis dans la voiture, le moteur lancé, bien à l'abri du froid, il se tourne vers Gabrielle. Elle pose sa main gantée sur la manche de l'élégant manteau : « Avoir de la graine… c'est de la vermine, des poux, Nic. J'ai acheté le goudron, mais Malvina n'a pas le temps. Elle est trop fatiguée quand elle rentre. Je voudrais le faire, mais Florent a honte. Et puis, il faudrait tout laver et jeter le matelas infesté de punaises, les objets qui en contiennent le plus. Le chandail de Malvina qu'il porte, ça n'a pas de prix pour eux. L'eau, qu'il faudrait faire bouillir, ça prend du bois ou du propane, c'est du gaspillage dans leur idée. Rien n'est à la mesure de ce que vous connaissez, Nic. C'est un autre monde, celui de la misère. Bizarrement, la graine le gêne plus que le danger de contagion des poumons. Je ne sais pas s'il peut comprendre ce qu'est la maladie de sa sœur. Mais je vais vous avouer que les poux qui l'empêchent d'approcher les autres — sa sœur incluse — sont ce qui pouvait arriver de mieux pour l'abrier du pire. »

Nic ne peut même pas parler tant sa gorge est serrée. Il aurait l'air ridicule de se mettre à sangloter dans les bras de Gabrielle. Il tapote nerveusement le volant en bakélite, essayant de se ressaisir. Gabrielle voit bien qu'il est secoué : « Dites-vous qu'il n'a pas été habitué à beaucoup. Il faut l'aider, mais il faut faire attention à ne pas lui enlever ce qu'il lui reste. Vous avez vu comme il est responsable de Malvina et de Mireille ? C'est sa fierté : grâce à lui, grâce aux catalognes vendues, ils paient le loyer.

— Je vais toutes les acheter. Toutes. Il faut le sortir de là. Laissez-moi l'emmener à Montréal, je m'en occuperai comme si c'était mon fils. Arrangez ça pour moi, Gabrielle.

— Vous voulez tuer Malvina ?

— Ne me faites pas rire ! Vous oubliez que j'étais là quand Fleur-Ange est morte ?

— Je ne parle pas d'amour, ils n'ont pas les moyens de s'attacher. Et encore, Florent est très attaché aux siens. Le seul endroit où il accepterait d'aller, c'est chez nous avec Adélaïde. On ne peut pas le prendre, évidemment. Sur le coup, peut-être que Malvina serait soulagée qu'on lui enlève des bouches à nourrir, mais après, elle n'aurait plus rien. C'est une mère, Nic, et elle va chercher ses petits si on les lui enlève tous. Pour traverser ce qu'elle traverse, il faut un but. Son but, c'est Doris, Mireille et Florent. Les autres comptent déjà moins parce qu'ils sont loin, perdus pour elle. Mais ces trois-là, c'est son combat, sa vie. »

Elle essaie de faire comprendre à Nic qu'on ne tranche pas comme on veut dans les vies les plus déshéritées, il y a un code d'honneur là aussi. Et c'est ce code que Florent essaie de préserver. Qu'il n'ait pas tout à fait six ans ne change rien à l'affaire, il lui incombe de tenir avec les siens, de faire reculer chaque jour les pires obstacles. Être mis à l'abri du combat, alors que les siens y demeurent, le détruirait.

Gabrielle demande à Nic de garder leur visite secrète. Elle lui explique également dans quel pétrin elle s'est mise face à Edward. Nic n'en revient pas : non seulement elle a menti, mais elle continue de le faire et elle a fait mentir Adélaïde. Il est sans voix. La main de Gabrielle secoue son bras : « Nic ! Vous n'allez pas me trahir ! Vous n'allez pas le lui dire ? Ce n'est pas comme si Florent avait la maladie. Ce n'est pas comme si je m'approchais de lui. Je ne peux quand même pas abandonner un enfant comme Florent ! Qui va y aller, si je n'y vais pas ? Qui ? Tout le monde a peur, tout le monde recule, se couvre le visage et fuit. S'il ne mange pas, s'il ne dort pas assez, la maladie va l'atteindre, et alors, je ne pourrai plus rien faire pour lui. Dites que vous comprenez, Nic, jurez que vous ne direz rien à Edward. »

Nic est soudain frappé par l'absurdité de la situation : « Arrêtez ! À vous entendre, je viens de vous prendre en flagrant délit d'adultère ! »

Choquée, Gabrielle se défend : « Ce n'est pas une trahison semblable ! Je ne vous demande pas de me protéger uniquement, mais de protéger Florent. Et ce n'est pas comme de mentir pour… pour des choses immorales ! Vous savez bien que je ne vous demanderais jamais une chose pareille, que je ne commettrais jamais une chose pareille ! Edward a une telle peur de cette maladie… il n'y connaît rien, il pense que c'est la mort qui frappe à la vitesse de l'éclair, que quand quelqu'un est touché, tout le monde y passe.

— C'est ça aussi.

— Mais !… Vous êtes venu avec moi chez Florent !

— Je sais, mais Edward a quand même raison : c'est un mal épouvantable. Je ne suis pas sûr qu'il ne préférerait pas l'adultère à ce que vous faites. »

Interloquée, Gabrielle fait un petit « Oh ! » très anglais, très *shocking*. Nic part à rire : « Gabrielle ! Ne soyez pas si prude et si audacieuse en même temps, c'est un mélange explosif. Non, je ne dirai rien à Edward, mais je pense qu'il faut considérer ses arguments et revenir à une plus grande prudence.

— Je suis prudente ! »

Honteuse, elle ajoute : « Je garde mes gants, chez Florent, je me lave les mains, comme mon père me l'a enseigné pour contrer les épidémies, je fais porter des présents à l'hôpital Laval, mais je ne suis plus remontée à la salle des tuberculeux depuis l'entrée de Mireille. Vous savez comme moi que toute la basse-ville est infectée et qu'à ce compte-là on n'a plus qu'à oublier le Centre et les enfants. Parmi ceux dont on va s'occuper, il y en aura de malades dont on va s'approcher, sans le savoir. On ne peut pas arrêter toute tentative charitable sous prétexte que la maladie est sournoise !

— Mais Edward, et moi aussi, on ne veut qu'une chose : vous préserver. La terreur d'Edward est justifiée, croyez-moi.

— M'enfermer chez moi et jouer au bridge à l'année longue me tuerait plus vite qu'autre chose.

— Vous êtes une femme étrange. »

Mal à l'aise, elle regarde ailleurs, ce qui n'empêche pas Nic de poursuivre : « Vous possédez une grande délicatesse et, en même temps, une grande force. Vous donnez l'impression de pouvoir vaincre à peu près tout. J'espère que c'est vrai, parce que je ne me pardonnerais pas qu'il vous arrive quoi que ce soit. Sans compter qu'Edward me tuerait ! On y va ?

— Il y a autre chose… »

Inquiet, Nic attend la suite. Gabrielle avoue avoir emprunté une somme aux fonds du Centre pour les frais d'hospitalisation de Mireille. Elle ne pouvait pas tout prendre sur son budget familial, la somme était trop élevée. Nic sort son carnet de chèques et règle le problème en déclarant que cet aspect des choses est le moins difficile à gérer pour sa conscience. « Quoi que vous pensiez de ma conscience, Gabrielle ! »

Devant son air piteux, il éclate de rire : « Venez, on va aller acheter des bottes chaudes à tout ce beau monde ! »

Quand les paquets sont empilés sur le siège arrière de la voiture, Nic lui offre de prendre le thé. Gabrielle refuse sa proposition du Château, où ce serait trop long pour le temps dont elle dispose. Ils finissent attablés à un petit *coffee shop* de la rue Desjardins, tout à côté des Ursulines où ils iront chercher Adélaïde ensuite.

Lorsqu'ils arrivent à la porte cochère du couvent, Gabrielle arrête Nic : « Une seule chose, Nic, n'expliquez pas à Adélaïde où habite Florent. Je veux protéger ma famille et, malgré sa promesse formelle, elle ira si elle sait tout de sa condition.

— J'imagine qu'il n'y aurait pas un pou qui résisterait à Adélaïde !

— Pas une punaise, pas une coquerelle, pas une poussière. Mais la tuberculose… ça, je ne sais pas. »

Quand Adélaïde aperçoit Nic et sa mère, elle leur fait un petit signe et se précipite à l'intérieur du couvent. Surpris, ils se dirigent vers le grand hall quand elle revient, les bras chargés de livres : « Vite ! Je ne veux pas que la neige les abîme ! »

Ils la débarrassent et Adélaïde explique son petit commerce de « cartes de vœux personnalisées » pour le bénéfice des œuvres de sa mère. Nic n'est pas loin de penser que cette enfant a du génie.

Quand elle voit les paquets pour Florent, elle implore sa mère de la laisser aller le visiter avec Nic, mais Gabrielle reste ferme et refuse, dûment appuyée par Nic.

Ce soir-là, Nic propose à Adélaïde de se charger de son présent pour Florent, mais elle ne veut pas : « Il en a toutes les semaines, des paquets. J'en envoie avec des histoires que maman lit. Ça ne fera pas très spécial… »

Il est très tard. Elle est venue l'attendre dans le fauteuil du *den*, comme à leur habitude. Elle porte une jaquette de flanellette, une robe de chambre, mais elle a encore laissé ses pantoufles dans sa chambre. Il lui enveloppe les pieds d'un chandail : « Tu sais, ton foulard rouge, il le porte tout le temps.

— J'ai fait des mitaines cette année. Quatre broches à tricoter, c'est beaucoup plus compliqué. Tu connais ça, toi, la tuberculose ?

— C'est une maladie très grave, très sérieuse.

— Ça dure longtemps ?

— Ça dépend.

— Pourquoi personne en parle ? J'ai demandé à l'école et c'est comme si j'avais dit un gros mot. Ils m'ont regardée comme si j'avais été indisciplinée. C'est où, la tuberculose ?

— Aux poumons.

— Ah… »

Elle réfléchit et Nic sourit en pensant à tous les endroits intimes où elle a dû placer la maladie.

« C'est pas juste les gens sales qui l'ont ? Pas juste les "crottés de pauvres" ?

— Qu'est-ce que tu racontes ?

— Une fille à mon école, c'est ça qu'elle dit. Florent est pauvre, mais pas crotté. Mireille non plus. Et Malvina, elle a toujours tenu la cuisine très propre, très "érutilante", comme elle dit.

— Je pense que ton amie ne connaît rien à la tuberculose.

— C'est pas mon amie. Elle m'a regardée comme si j'étais puante. »

Rien qu'au ton péremptoire, Nic se dit que la jeune fille n'a pas dû insister pour devenir une amie.

« C'est Florent mon ami, mon seul ami. Laisse-moi le voir, je t'en supplie.

— Addie, je ne peux pas. Si je trouve un moyen qui te mette à l'abri, vraiment à l'abri, alors je t'en parlerai. Laisse-moi réfléchir, mais pour l'instant, c'est non.

— O.K., mais comme tu ne restes pas longtemps, réfléchis vite et ne dis rien à maman.

— Et si j'avais fait une promesse à ta maman ?

— C'est sûr que tu l'as faite ! Va falloir choisir entre les deux : maman ou moi.

— Pourquoi tu souris ? Qu'est-ce qui te fait croire que tu vas gagner ? »

Elle rit et ses pieds émergent du chandail qu'elle pousse vers lui. Elle se lève, se plante devant Nic : « *You may kiss me good night !* » Il s'exécute, elle passe ses bras autour de son cou, frotte sa joue contre la sienne : « Tu piques plus que papa ! Tu vas la marier, Paulette ?

— Paulette ?

— Hier, quand t'es descendu dans ton habit de gala, elle te regardait comme maman regarde papa.

— Tiens ! C'est comment ? »

Elle lui fait des yeux doux, mi-fermés, et elle incline la tête vers l'arrière, langoureuse.

« Espèce de ratoureuse, va te coucher ! »

Juste avant de fermer la porte, elle se retourne et chuchote : « Mais toi, c'est la robe de maman que tu aimais le plus. Avec elle, tu danses presque aussi bien que papa ! »

Dieu merci, elle sort. Avec ses yeux qui ne manquent rien, elle l'aurait fait rougir. Il doit s'avouer que Gabrielle était bien belle, hier, d'une élégance classique, extrêmement raffinée, comme il aime tant. Cette longue robe de satin blanc qui laissait voir ses épaules, cette boucle de matière vaporeuse attachée sur les reins qui soulignait sa taille et la finesse de ses hanches, et surtout, ces yeux d'un gris dense quand elle les levait vers lui.

Il se souvient que lorsqu'il l'a vue la première fois chez les Stern, ce sont ses yeux à la couleur indéfinissable, toujours changeante, qui l'avaient attiré. Adélaïde a les yeux gris de sa mère, mais ils ne varient jamais. Pour éviter de se demander s'il est ou non décent, si ses sentiments pour Gabrielle dépassent la norme de l'honnêteté, il réfléchit plutôt à Paulette et à son attachement trop offert, trop dévoué qui lui donne mauvaise conscience de ne pas l'aimer davantage. Maintenant que le voilà principal donateur et président d'honneur du Centre, il va la revoir plus souvent et il devra être très clair sur ses intentions. Cette honnêteté lui a toujours rapporté et jamais il ne s'est inquiété de la probité de ces mises au point qui lui ont habituellement fourni des maîtresses ne nourrissant aucun faux espoir de l'épouser.

Si Gabrielle savait… un flot de honte l'envahit. Si Gabrielle savait, elle ne le mépriserait pas parce que c'est un sentiment indigne d'elle, mais elle refuserait d'admettre un tel comportement. Cette seule pensée le convainc de cesser toute relation tendancieuse avec Paulette et de mettre les choses au clair au plus tôt avec elle.

Le matin est presque levé quand il s'endort enfin. Le bruit que font Mimi et Gabrielle en remuant des casseroles à la cuisine, puis les voix enjouées de Guillaume et Rose qui discutent à sa porte ne troublent aucunement son lourd sommeil.

Béatrice le réveille en frappant à sa porte avant de partir pour l'école. Elle veut lui montrer sa tenue de « jour de fête », puisque aujourd'hui est le dernier jour avant les vacances de Noël. Edward la suit avec une tasse de café : « C'est Gabrielle qui trouve que la séduction de Béatrice subie à jeun risque de te perturber ! »

Béatrice est vraiment le portrait de sa mère, mais avec les yeux sombres de son père. Comme elle a plutôt des affinités de caractère avec ses tantes, il lui manque un petit zeste de révolte pour être tout à fait séduisante. Sa tenue est parfaite, déclare Nic, mais il voudrait bien se lever et passer sa robe de chambre.

Elle s'assoit dans le fauteuil, presque grande dame : « Gêne-toi pas, je ne suis qu'une petite fille. »

Nic lui indique gentiment la porte. Il s'habille en se disant qu'Edward aura du mal à tenir ses filles.

Il a enfin trouvé la solution pour Adélaïde et Florent et, dans le brouhaha des départs pour l'école, il lui souffle qu'en fin de journée il stationnera rue du Parloir et qu'elle pourra voir Florent, assis dans la voiture, la vitre relevée. Il lui fait jurer qu'elle ne demandera pas à faire baisser la glace ou à monter dans la voiture. Pas de contacts, juré. Adélaïde jure tout ce qu'il veut.

Après la visite à Mireille, qui lui donne un second coup, Nic emmitoufle Florent, cachant sa maigreur dans l'épaisseur des étoffes, et il lui expose son plan. Le petit a les yeux brillants de joie, l'air d'un véritable enfant, même s'il murmure sans arrêt, comme pour se convaincre de l'importance de s'y conformer : « Faut pas ouvrir la vitre. Faut pas qu'Ada finisse à l'hôpital. »

Rue du Parloir, ils n'attendent pas longtemps avant qu'une Adélaïde ravie se rue contre la vitre du côté passager. Elle essuie la glace avec sa mitaine et ses yeux se fixent sur Florent. Nic sent le choc la traverser, il la voit ciller et sourire un peu plus et poser ses lèvres sur la vitre, ce qui l'embue. Florent trépigne de joie, pose ses deux mains à plat de chaque côté du visage aimé. Il s'approche lui aussi de la vitre et pose un baiser. À tour de rôle, ils effacent la buée que la chaleur de leur visage produit jusqu'à ce qu'ils reposent, front contre front, et laissent la buée s'accumuler. Puis, Adélaïde fait un petit signe de la main et laisse la voiture s'éloigner. Florent se retourne et, à genoux sur le siège, il essaie de ne pas perdre Adélaïde de vue. Dans le rétroviseur, Nic la voit agiter la main avec constance.

Une fois qu'il a laissé Florent rue Arago, Nic prend un chiffon et essuie méticuleusement la glace où le petit a posé sa bouche et son visage. Il revoit les yeux d'Adélaïde et se répète que jamais il n'aurait dû faire une chose pareille.

En rentrant à la maison, il trouve Gabrielle préoccupée et débordée de travail à cause des préparatifs de Noël. Béatrice annonce qu'Adélaïde fait des manières et s'est enfermée dans sa chambre. Gabrielle ne dit qu'une chose : « Vous le savez, vous, ce qu'elle a ? »

Nic essaie de nier avec toute la vigueur possible, mais Gabrielle se détourne vers le poêle. La voir aussi sévère, aussi fâchée, lui fait perdre tous ses moyens. Il balbutie qu'il va monter voir, malgré les avertissements de Béatrice : « Même maman peut rien faire ! »

Il frappe à la porte de la chambre d'Adélaïde et s'annonce. Il doit attendre longtemps avant qu'elle n'ouvre. Elle va se rasseoir sur son lit et reste là, le regard sec, le visage fermé. Elle ne pleure pas, elle a le même air pétrifié que Malvina l'été dernier.

Nic s'agenouille au pied du lit : « Addie… Addie, écoute-moi. »

Elle lève les yeux, il reste sans voix. De sa vie, c'est la deuxième fois qu'il doit affronter un tel regard. S'il faut que celui-ci pèse le poids qu'a pesé celui de Kitty, il se préfère mort.

« Mais qu'est-ce que tu vas penser, Adélaïde ? Il n'est pas malade. Il va bien. Il est un peu maigre, mais il fait très attention. »

Elle se contente de donner un coup de pied dans sa direction et d'aller se recroqueviller vers le mur.

« Addie, dis-moi quelque chose, ne reste pas comme ça. Dis-moi au moins ce qui t'inquiète. Florent n'est pas atteint. Juré. »

Elle lui fait face brusquement. Son visage est celui d'une adulte. D'une adulte haineuse. Elle ouvre la bouche pour lui jeter un « Menteur ! » glacial, et sans plus se soucier de lui, elle se retourne vers le mur.

Nic la laisse tranquille.

Il est en train de faire ses bagages quand Gabrielle le rejoint dans le *den*. Elle ferme la porte avant de lui dire qu'elle préfère le voir partir avant l'arrivée d'Edward, qu'elle s'expliquera elle-même et verra à ne pas l'incriminer : « Je dirai que Kitty avait besoin de vous. De façon urgente. »

Il est si mal à l'aise devant elle, si honteux. Il ne veut plus nier, mais il ignore ce qu'elle sait : « Gabrielle, quoi que j'aie fait, je vous garantis que je l'ai mise à l'abri de la contagion. »

Gabrielle fulmine : « Ah oui ? Et la misère et la détresse qu'elle a vues, vous ne pensez pas que c'est de la contagion, ça ? Elle n'a pas dix ans, Nic, elle est encore une enfant et elle a droit à de l'enfance. Et ce n'est pas parce que Florent n'en aura plus jamais qu'il faut faire sacrifice de la sienne. Vous saviez ce qu'est Florent pour elle, vous saviez qu'elle lui donnerait sa vie si elle le pouvait. Je suis vieille, aguerrie et la vision de Florent me hante la nuit. Florent, sa sœur, Malvina, tous englués dans une misère sans nom, dans une humiliation qui n'a pas de fin. Vous lui avez montré ça et elle ne l'oubliera plus jamais. À quoi avez-vous pensé, pour l'amour du Ciel ? Vous pouvez me faire mal à moi, à Edward, à Paulette, à Kitty si vous voulez. Vous pouvez me faire des reproches, m'accuser de prendre des risques pour Florent, vous pouvez me dénoncer, mais je ne vous laisserai jamais faire du mal à Adélaïde ni à aucun de mes enfants. Ne touchez jamais à mes enfants, Nic. C'est là que mon pardon s'arrête. Ni à Adélaïde ni à aucun autre. Mes enfants sont sacrés. »

Elle s'arrête, le souffle court, les joues en feu. Il lui dit qu'il comprend, qu'il ferait la même chose, qu'il a agi en idiot irresponsable, inexcusable, qu'il espère qu'un jour elle pourra lui pardonner. Elle se contente de conclure froidement : « Peut-être vouliez-vous me faire comprendre que je risquais gros en soignant Florent, mais la leçon fait trop mal à ma fille pour m'être profitable. Pour m'atteindre, il aurait mieux valu passer directement par moi. Et si vraiment c'était pour faire plaisir à Adélaïde, alors c'est encore pire. Ça signifie que vous avez oublié que c'était une petite fille et que vous risquez de l'oublier encore. Partez vite, Edward rentre dans moins d'une heure. Je vous promets de m'arranger pour qu'il ne vous croie pas responsable de ce qui arrive à notre fille. »

Qu'elle sorte sans rien ajouter le jette dans une angoisse atroce. Il est certain qu'elle gardera le secret et n'altérera pas son amitié avec Edward. Il est certain d'avoir perdu son amitié à elle.

*　*　*

Quand Edward entre dans la chambre de sa fille, elle est toujours immobile sur son lit, le regard fixe. Il s'assoit près d'elle, prend sa main et se contente de la tenir. Au bout d'un long moment, il prend son visage et la force à le regarder : « On a un contrat tous les deux. On ne se cache pas les choses importantes. Nous deux, c'est pas pareil, tu te souviens ? »

Elle fait oui et se tait. Edward sonde du côté des représailles, quoique sa fille n'ait jamais craint grand-chose. Rien encore.

Il s'assoit plus confortablement, s'appuie sur le mur et conclut : « On va attendre. Tu sais que je suis aussi entêté que toi, Adélaïde. Tu finiras par trouver le tour de me dire ce qui t'inquiète tant. »

Et il reste là, sans parler, sans bouger.

Au bout d'un certain temps, Adélaïde prend son bras et le met sur ses épaules pour ensuite se serrer contre lui. Dans son cou, le visage enfoui, elle dit nettement : « Florent va mourir. »

Edward se tait, il sait que s'il parle, elle n'ajoutera plus rien. Voilà, elle se soulève, le regarde : « Ses yeux, papa. Ses yeux sont comme ceux-là d'un raton laveur. Il n'a plus de joues rondes, son nez est comme une ligne. Papa, il va mourir, il ne le sait même pas. Il était si content, si heureux de me voir. Papa, va le sauver, va le chercher, s'il vous plaît, vas-y. Je jure de faire tout bien, je jure de ne jamais désobéir de toute ma vie, même de faire une sœur, mais guéris-le vite ! C'est sûr qu'il va mourir. En plus, Malvina ne fera rien, à cause que c'est pas Fleur-Ange. Mais c'est mon Florent. Dis que tu vas l'empêcher de mourir. Dis que c'est pas trop tard. Ses yeux, papa, ses yeux… c'est trop tard. Lui aussi va mourir. C'est trop tard. »

Elle sanglote enfin et Edward la berce en frottant son dos. Il laisse passer le trop-plein et contraint sa voix à être très douce : « Tu l'as vu où ?

— Mais dans la rue !

— Il t'a vue, lui ?

— Il m'a fait son petit tata, comme j'aime tant. Son petit tata de loin. J'aurais tellement voulu l'embrasser, le prendre dans mes bras. Mais j'avais promis. »

Soulagé, Edward continue de consoler sa fille avec un calme qu'il est loin de ressentir : cette enfant est si sensible, si à fleur de peau, comment Gabrielle a-t-elle pu oublier ça ?

Quand il descend avec Adélaïde dans ses bras, Gabrielle est en train de mettre les enfants au lit. Fabien prend le livre d'histoires des mains de sa mère : « Je vais lire, moi, va t'occuper d'Adélaïde, maman. » Ce n'est qu'en l'entendant commencer à lire qu'elle se rend compte des progrès effectués par son fils. En quatre mois d'école, il a beaucoup avancé, il lit avec fluidité.

Cette jolie surprise provoque un autre serrement de cœur : peut-être qu'effectivement elle n'a pas su s'occuper suffisamment de ses enfants, peut-être Germaine avait-elle raison. La peine d'Adélaïde pouvait-elle être évitée ? Et celle de Florent ? À quel âge est-on supposé cesser de croire au Père Noël ? Y a-t-il une façon de mettre des enfants à l'abri de la dureté du monde ? La dureté n'est même pas identique pour chacun de ses enfants. Ce qui détruit Adélaïde effleurerait à peine Béatrice. Et ce qui tue Béatrice ferait rire sa sœur. Gabrielle n'a qu'une certitude : aucun de ses enfants ne pourrait supporter l'épreuve de Florent, de Doris ou de Mireille. Aucun. Et aucun enfant au monde ne devrait avoir à la supporter.

Dans la cuisine, Gabrielle s'assoit tout près d'Adélaïde en évitant le regard d'Edward. Sa fille mange sagement sa soupe, mais il y a encore des sanglots subits qui soulèvent sa poitrine. Elle pose sa cuillère, de grosses larmes coulent sur ses joues. Gabrielle prend son mouchoir, essuie les larmes.

« Je ne veux pas qu'il aille au Ciel, maman ! »

Gabrielle ne peut pas jurer qu'il n'ira pas. Elle soupire, déchirée : « On va se battre pour que ça n'arrive pas.

— Il va guérir ?

— Il faut prier, Adélaïde. Il faut beaucoup prier.

— Mais on fait autre chose ?

— Oui, on en prend soin et toi tu pries. »

Ça semble bien mince comme tâche de secourisme aux yeux d'Adélaïde. Elle prend le temps de bien réfléchir avant de demander qui décide de quand on meurt. Edward et Gabrielle répondent à l'unisson : « Dieu.

— Penses-tu qu'Il voulait le prendre dans l'eau au mois d'août ? Penses-tu que Dieu voulait Florent et qu'Il est fâché de pas l'avoir parce que j'y ai montré à nager dans son dos ? Penses-tu que Dieu a dans la tête de l'avoir ? »

Gabrielle explique que Dieu ne sait ni se venger ni s'entêter, mais Adélaïde a beaucoup de mal à la croire : « Je t'avertis, maman, si Florent meurt, je pardonnerai jamais ça au bon Dieu. Jamais. Fleur-Ange et Gaspard, c'est en masse. Pourquoi y changerait pas de famille ? »

Edward réprime un sourire et Gabrielle renonce à argumenter parce que la colère de sa fille la réjouit trop, cette combativité augurant enfin un retour à la normale.

Dès qu'Adélaïde est au lit, la discussion éclate entre Edward et Gabrielle.

Edward est dans une telle colère, une telle fureur qu'il ne crie même pas, il gronde. Il l'accuse d'avoir menti, dissimulé, joué avec sa confiance. Il l'accuse de se moquer de la santé de sa famille, de celle de ses propres enfants. Elle ne peut même pas protester, il a raison, elle a désobéi, elle a agi contre son avis. Elle le laisse parler, humiliée et repentante, mais toujours persuadée d'avoir été prudente, ce qu'elle se garde de dire.

Par chance, dans sa lancée, Edward lui fournit les éléments d'information qui lui manquaient et elle comprend comment Adélaïde a pu voir Florent. Edward, lui, est convaincu du pire : même de loin, dans la rue, Adélaïde a vu la mort sur le visage de Florent, c'est donc qu'il est atteint.

« Non ! Non, Edward. J'ai vu le médecin, il y a eu une radiographie de prise, Florent n'a rien. Rien de rien.

— Quel médecin ? Son nom !

— Le docteur Gervais de l'hôpital Laval.

— Ah oui ? Et il a dit quoi ? Gabrielle, si tu me mens encore une fois…

— Il a dit que c'était une proie parfaite pour la maladie, mais qu'il ne l'avait pas encore. Mireille… Mireille est à l'hôpital Laval… elle est tombée en langueur. »

En faisant les cent pas, Edward réfléchit. Il est en proie à une telle agitation que Gabrielle s'étourdit à essayer de le suivre des yeux. Enfin, il s'appuie des deux mains au cadre de la fenêtre et fixe la nuit, dos à elle. Sa voix est profondément altérée quand il parle : « Tu as continué à le voir ? À t'approcher de lui ?

— Le voir, oui, pour lui apporter des provisions et veiller à ce qu'il chauffe le loyer et qu'il arrête un peu de travailler. L'approcher, non.

— Tu ne l'as pas pris dans tes bras ? Pas embrassé ?

— Edward, non. Je le jure. Il ne m'aurait pas laissée faire.

— Malvina ? Doris ? Elles sont atteintes ?

— Je ne sais pas.

— Qui paie pour Mireille ? Nous ? Comment peux-tu me cacher des choses pareilles ? Comment veux-tu que j'aie confiance ?

— J'ai pris de l'argent dans les fonds du Centre. Après tout, c'est pour un enfant. Je… je vais remettre la somme.

— Tu veux dire que le Centre paie sans le savoir ? Tu as faussé quoi, cette fois ? Les livres ou les rentrées d'argent ?

— J'ai dit à Nic ce que j'avais fait pour l'argent. Il a fait un chèque pour rembourser la somme. Il est au courant pour les fonds, je n'ai pas menti.

— Sauf à moi.

— C'est vrai, Edward.

— Et qu'est-ce qu'il a dit, Nic ? »

Il se tient toujours dos à elle, elle ne peut le voir et elle ne comprend pas de quoi il parle : « Nic ?

— Oui. Nic McNally a dit quoi en apprenant que tu payais pour une enfant malade des poumons ?

— Mais… je ne comprends pas, Edward, qu'est-ce que tu voulais qu'il dise ? »

Edward se retourne, blême de rage : « Il aurait dû m'avertir ! Il aurait dû t'obliger à te sauver, à te mettre à l'abri, à fuir ! »

Elle jure qu'il l'a fait, qu'il l'a longuement sermonnée, qu'il lui a fait prêter serment d'une grande prudence avec Florent.

« Où est-il ?

— Il est reparti pour Montréal, Kitty… »

Dieu merci, Edward ne demande aucun détail. Il va s'asseoir au bout du lit, accablé, la tête dans les mains. Gabrielle s'approche : « J'ai eu tort, Edward, et rien ne peut m'excuser. Je te demande pardon de t'avoir caché une chose pareille. Mais… tu es tellement emporté quand on parle de ça, tellement effrayé.

— J'ai raison.

— Mon père était médecin, je sais bien que c'est une maladie grave… »

Edward l'interrompt : « Non. Non, tu ne sais pas. Si tu savais, tu n'agirais pas comme tu l'as fait. »

Elle se tait et attend, accroupie au pied du lit. Elle espère qu'il va la regarder et lui pardonner enfin. Mais Edward ne bouge pas pendant un long moment. Puis, il se laisse glisser par terre près d'elle. Il a l'air tellement triste qu'une bouffée de remords la saisit : « Edward, pardonne-moi, je t'en prie, je ne peux pas supporter de te voir comme ça. »

Il pose sa main sur le visage de Gabrielle et caresse tendrement sa joue : « Ça va…

— Tu me pardonnes ?

— Tu ne pouvais pas savoir…

— Viens te coucher, maintenant. Il fait froid par terre. »

Dans la chaleur des draps, il la prend contre lui : « Gabrielle… je t'ai menti, moi aussi. En 1914, ma mère n'est pas morte de pneumonie, elle est morte de… de tuberculose, une forme de tuberculose très grave, très vicieuse, on appelait ça galopante. Elle est morte très, très vite. Ça a créé comme une panique de mort. Nic est arrivé, elle est morte et le lendemain, on aurait dit qu'un cataclysme nous était tombé dessus. Ma sœur Évelyne, qui l'avait soignée, l'a attrapée et quand Winnie l'a eue à son tour, le médecin a seulement dit qu'on était perdus, que la famille y passerait et qu'il ne fallait pas compter sur lui pour revenir. Cette nuit-là, Nic et moi, on a *jumpé* notre premier train. On s'est sauvés. Quand j'ai revu mon père, trois ans après, des huit enfants qu'il a eus, il en restait quatre… et dans la ville, on les fuyait comme la peste. Impossible de t'expliquer ce que c'était. Dès qu'on savait tes histoires de famille, t'avais même pas besoin de prononcer le mot, tu perdais ta *job,* tes amis, tout. Moi-même, je les avais plantés là, j'étais parti. Mon père m'a raconté pour lui et pour mon frère, et c'était épouvantable. Des lépreux mis à part. Ils auraient été des voleurs, ils auraient été mieux traités. J'ai forcé mon père à s'en venir à Québec et je lui ai fait jurer de ne plus jamais en parler à personne. Mummy était morte de pneumonie, c'est tout. Tu es la première personne à qui je le dis. Je pense que j'avais fini par croire ma menterie.

— Vous étiez huit ?

— Je sais… j'ai dit quatre quand je t'ai rencontrée. Il fallait effacer, Gabrielle… il ne fallait pas laisser des traces pareilles. Je voulais me faire une vie. Comme Nic. Comme les autres.

— Mais ton frère, Edmond ?

— Edmond est mort en 1919, de la grippe espagnole. Non, des quatre survivants, cinq avec moi, aucun ne l'a eue. Il y avait Edmond, les deux plus vieilles qui étaient déjà mariées quand Mummy est tombée malade, et moi.

— Et les autres ? Dis-moi leurs noms.

— Évelyne, Winnifred, Éloi et Daniel. Daniel avait l'âge de Florent.

On peut tout perdre avec cette maladie-là, Gabrielle. Mon père a tout perdu. Edmond est pas arrivé à se refaire avant de mourir. Nic avait décidé de ne jamais laisser gagner le malheur depuis la mort de ses parents. C'est lui qui m'a pogné par le pleumas et qui m'a sorti de force de la maison. Je serais jamais parti tout seul. J'aurais pas eu le *guts* de les abandonner de même. Pas longtemps avant de mourir, mon père a dit : "Y a ben faite, le petit *tramp* de te faire sauver ! Mummy aurait été contente. Elle serait contente de te voir à l'heure qu'il est."

— Il ne me l'a pas dit. C'est ce que tu voulais savoir, tantôt ? Nic n'a rien dit. Il a tenu parole. Il m'a bien avertie de faire attention, mais il ne me l'a pas dit. Si j'avais su…

— Quoi ? Si tu avais su, tu ne m'aurais certainement pas épousé. Alors, inutile de parler de ça.

— Tu penses ? C'est pas sûr. Penses-tu que mon père l'a su ? Que c'est pour ça qu'il était tellement contre notre mariage ?

— Jamais. Il te l'aurait dit tout de suite. C'était au Manitoba en 1914. Et je t'ai épousée huit ans après. Non, ton père haïssait déjà mes origines irlandaises. Tuberculeuses en plus, il me tuait lui-même d'avoir osé t'approcher.

— Oui, probablement.

— Quand Adélaïde m'a dit que Florent allait mourir, qu'elle l'avait vu, je ne peux pas te dire la panique qui m'a pris. Je t'ai vue malade, les enfants un après l'autre, la fin de ma vie… comme si la maladie m'avait rattrapé, comme si sa vengeance arrivait.

— Chut ! Edward, arrête, c'est pas ça. C'est la misère, le rachitisme et la tristesse qu'Adéla a vus, pas un enfant rongé par la maladie. Et regarde comme elle est secouée. Tu avais cinq ans de plus qu'elle et tu as tout perdu, comment veux-tu que ça ne soit pas impossible à regarder en face pour toi ? Comment voudrais-tu rester calme ? Mais ça ne signifie pas que Florent va mourir. On va le sauver, Edward. Peut-être qu'on ne peut rien faire pour Mireille, mais pour Florent, oui. Et on va le faire.

— Gabrielle ?

— Oui ?

— Je t'aime. »

Il ne les dit presque jamais, ces mots-là, et Gabrielle en a rarement senti le besoin. Mais ce soir, sur toutes les injures démesurées et blessantes qui ont été dites, sur toutes les douleurs et les déchirements qui ont été les leurs, ces mots apaisent et réconcilient. Parce qu'ils sont vrais, réciproques et qu'elle le sait.

*　*　*

Dans ce train empli de voyageurs heureux, excités de passer Noël à Montréal, Nic a l'air d'une statue. Dès son arrivée à Westmount, il s'enferme dans sa chambre et écrit une première lettre d'excuses à Gabrielle. Mais les mots se refusent, bloquent comme toujours quand vient le temps d'écrire. Il sait très bien que Gabrielle ne lui parlera plus le matin au téléphone, qu'elle ne l'écoutera plus raconter ses projets, qu'il ne pourra plus revenir vers elle après ses déplacements. Même Adélaïde, il ne pourra plus la voir, discuter avec elle dans le *den*.

Il regarde sa maison, cette chambre qui, à elle seule, avec ce qu'elle contient, pourrait apporter le nécessaire et le luxe à Florent et à sa famille. Il regarde toutes ces preuves de réussite auxquelles il tenait tant et il sait qu'il vient de tout perdre. Sans Gabrielle, sans Adélaïde et même sans Florent, il ne pourra plus trouver aussi amusant d'empiler de l'argent, de grimper à cette fameuse échelle sociale. Le sens de sa vie tenait à cette femme et il ne s'en est même pas rendu compte avant d'en être éloigné.

Gabrielle, la pure, l'élégante du cœur, comme il l'appelle dans son for intérieur, la forte déguisée en mince roseau, Gabrielle qui rit en marchant sur le chemin de grève, les soirs d'été, Gabrielle qui caresse les cheveux d'un bébé endormi, Gabrielle qui cuisine, les pommettes rouges, les cheveux lui barrant les yeux, Gabrielle qui l'attend au pied de cet escalier de la Grande-Allée, le renard de son large col frissonnant dans la bise d'hiver, aussi noir que sa peau est lumineuse, Gabrielle qui danse, ivre de musique et d'amour pour son mari, le sourire de Gabrielle quand elle vient vers lui, prend sa main et prononce « Nic », ce sourire et ces yeux qu'il ne peut plus revoir. Nic a si mal qu'il se demande s'il est malade.

Il se remet à écrire et, cette fois, comme c'est pour Paulette, les mots viennent plus vite, plus simplement.

Une fois sa lettre achevée, il s'essaie à nouveau pour Gabrielle, et sa main tremble tellement il a peur de ne plus jamais la revoir rieuse et amicale, chaleureuse et aimante à son égard. Il rejette sa plume : il faudrait demander à Addie d'écrire pour lui, comme pour les petites filles de son école. Mais il a aussi blessé Adélaïde, parce qu'il voulait offrir ce que les autres refusent, le « mon oncle » miracle par qui tout est possible. Il sourit, désabusé, marche jusqu'à la haute fenêtre centrale : une neige lourde, compacte, tombe dans le halo ambré du lampadaire. Il se sent si seul qu'il hurlerait comme une bête.

Il se met au lit et chacun de ses gestes le ramène Grande-Allée, au *den,* à Adélaïde qui cache ses pieds sous le bord de sa jaquette, chaque geste sonne le glas d'une joie qu'il a massacrée de ses propres mains. Dans la pénombre, il reste assis contre ses oreillers. Le silence est implacable. Vers quatre heures du matin, il entend Kitty claquer la porte, réveiller sa femme de chambre et se coucher.

Il ne sait même plus si, sans Gabrielle, il pourra encore supporter Kitty et ses excès.

Quelques heures plus tard, à l'aube, mal rasé, les yeux rouges d'insomnie, il s'habille chaudement et sort.

Il marche dans Montréal embourbée de blanc où la vie agite à peine les masses de neige fraîche encore vierges. Il descend la côte maudite qu'il a réussi à remonter pendant ces années de labeur et, arrivé à Saint-Henri, il se dirige vers l'église où le prêtre clame : «*Sanctus ! Sanctus ! Sanctus !*» Il s'assoit dans un banc du fond, un banc pour les pauvres venus se réchauffer davantage que pour prier.

Nic ne sait plus prier depuis longtemps, il a perdu cette foi avec son enfance quand il est parti aux États-Unis. La seule prière qu'il ait jamais formulée ensuite était dirigée vers des femmes qui, par leur amour, témoignaient de l'existence d'une miséricorde quelconque. Ce regard où il se sentait pardonné et aimé devenait pour lui un regard d'autorisation à vivre. Et la quête de ce regard était sa quête de Dieu. Celui de Mummy, celui de Gabrielle, des regards qui devinent et comprennent, des regards qui absolvent.

En rentrant chez lui, il profite de la paix qu'il est parvenu à arracher pour écrire une lettre où, enfin, il accepte le verdict de Gabrielle et avoue comprendre qu'elle mette ses enfants à l'abri de gens inconséquents et irréfléchis comme lui. Il y met ce qu'il peut de raison et garde pour lui ses sentiments. Il se dépêche d'aller poster cet accord tacite à un non-retour Grande-Allée et il passe la nuit du réveillon dans une soupe populaire à servir des gens démunis, humiliés, mais pas sans dignité. C'est la seule façon qu'il a trouvée de se sentir près de Gabrielle.

*   *   *

Adélaïde demeure extrêmement fragile et inquiète. Quand Gabrielle part pour la rue Arago, elle la voit se placer dans la grande fenêtre du salon et c'est toujours là qu'elle la retrouve en rentrant, les yeux comme deux questions lancinantes.

La seule surprise du repas de Noël chez Georgina est la nouvelle attitude de Reine. Posée, presque grave, elle fait attention aux autres, s'intéresse au Centre dont Gabrielle expose la nature à son frère Cyril, plus que dubitatif. Cyril essaie de lui reprocher de s'être détachée de l'Église qui est la mère des œuvres, et Gabrielle reconnaît tout de suite que son but est peut-être de glorifier Dieu et Son amour, mais sans passer par cette mère-là.

De la même manière qu'elle a retourné Germaine à ses devoirs et à ses examens de conscience quand elle a voulu empêcher ce repas familial, elle renvoie son frère à l'esprit de la charité et lui demande si, finalement, condamner son œuvre parce qu'elle n'est pas sous l'autorité directe de l'Église n'est pas s'accuser d'orgueil et de soif de pouvoir, toutes choses pourtant condamnées par l'Église.

« Il y a quelquefois des raisons supérieures à certains préceptes de l'Église que le simple fidèle ne peut comprendre. Question de foi et de confiance, Gabrielle. Question de s'en remettre à Dieu. »

Au lieu d'argumenter, elle se contente de sourire. Son frère ne l'impressionne pas du tout et sa foi lui semble fortement liée aux possibilités d'avancement que l'Église fait miroiter depuis peu. D'après Germaine, Cyril serait nommé curé de Kamouraska.

Reine, par contre, revient à la charge et discute avec son oncle. Gabrielle l'écoute et se demande ce qui a bien pu lui arriver.

Quand Reine s'offre pour faire quelque chose, « ce qu'elle voudra, la tâche la plus insignifiante », pour la kermesse de janvier, Gabrielle s'empresse d'accepter de tout cœur : « Le recrutement des jeunes filles pour tenir les kiosques n'est pas fini. Demande à toutes tes amies de venir, si tu peux. »

Le 3 janvier, Reine arrive avec cinq autres jeunes filles et la kermesse a lieu dans le nouveau local décoré et animé. Un succès fantastique : près de cent cinquante dollars sont amassés.

Gabrielle s'aperçoit qu'il n'y a pas que Reine qui change. Paulette travaille dans un état de tension proche de la colère, elle bardasse même une jeune fille qui s'y prenait mal pour emballer le sucre à la crème dans du papier ciré. Gabrielle apporte une tasse de thé à Paulette et termine le cours ménager de la jeune fille sur un ton beaucoup plus amène que celui de Paulette.

Elle rejoint son amie qui dispose des « petites pattes » pour bébé, en laine bleue et rose, tricotées par des mains bénévoles. Paulette refuse de parler de quoi que ce soit et continue de travailler en tournant ostensiblement le dos à Gabrielle.

Elle refuse également de venir prendre le thé du succès Grande-Allée, en compagnie d'Isabelle, de Reine et de Germaine.

C'est Reine qui, posément, comme s'il s'agissait d'une évidence, déclare que Paulette a un chagrin d'amour. « C'est évident, voyons ! Elle a tous les symptômes. »

Comme Germaine ne voit pas de qui il pourrait s'agir, elle refuse l'hypothèse : « Du surmenage pur et simple. Prends-en avis, Gabrielle, ça pourrait t'arriver. Tu es pâle et tu as les traits tirés. »

Adélaïde, toute blottie contre sa mère, répond pour elle : « Demain, on prend congé. On va glisser sur les Plaines et papa vient aussi. Mais juste si on se tient tranquille pendant la grasse matinée de maman. »

Guillaume saisit une branche basse de l'arbre de Noël et l'agite en criant que lui aussi ira glisser.

Gabrielle tente de savoir si Reine a un chagrin d'amour, mais celle-ci demeure très discrète et ne cite que le changement majeur de sa vie : vivre chez son beau-père qui, comme tout homme ayant vécu des années en solitaire, a des habitudes et des manières qui sont devenues de strictes règles de vie. Descendre un escalier rapidement, en faisant claquer ses pas, fermer une porte sans la retenir, heurter ses couverts dans la porcelaine de l'assiette : tous ces bruits l'irritent au plus haut point. Économe, il ne supporte aucune lumière allumée dans une pièce où il n'y a personne, ne serait-ce que le temps de se préparer une tasse de thé. Le poste de radio n'est allumé que pour *L'Heure catholique à la radio* du dimanche soir, aucune musique autre que le piano n'est autorisée et encore, à l'heure précédant le souper et uniquement pour des morceaux agréés par le notaire. Il est évidemment interdit de laisser quelque chose dans son assiette, de donner à la quête une somme différente de celle qu'Hubert juge convenable et de s'acheter avec son propre argent le moindre vêtement jugé de fantaisie.

Effarée, Gabrielle écoute le chapelet de règlements de toutes sortes, quelquefois d'ailleurs assez farfelus, instaurés par son beau-frère. Germaine est aussi surprise qu'elle d'apprendre qu'une feuille sur laquelle les tâches et les souhaits de la semaine sont inscrits et dûment répertoriés par jour et période de la journée est remise à Georgina le dimanche soir après les vêpres. « Il y a même une pensée du jour. On peut se compter chanceuses que ce ne soit pas tout écrit en latin. »

Reine avoue avoir déchiré devant son beau-père les trois premières feuilles qu'il lui a remises, refusant de se plier à cet horaire digne de l'usine.

« Je veux bien cirer ses chaussures, mais pas tous les soirs à la même heure et pas tous ses souliers non plus. Et épousseter chaque livre de son étude à chaque semaine prend au moins quatre heures ! Parce qu'après il vérifie si c'est fait correctement et dans les règles. Comme il dit toujours : *Labor omnia vincit improbus*. Un travail opiniâtre triomphe de tout. »

L'auditoire écoute ces nouvelles surprenantes, muet de stupeur. Évidemment, Georgina ne s'est pas vantée de ces nouveautés. Gabrielle est estomaquée : « Mais ta mère… est-ce qu'elle est bien ? Ça va ?

— Maman adore être prise en charge, elle apprécie avant tout l'autorité de son "cher ami", comme elle l'appelle. Non, pour maman, ça va. »

Germaine conclut énergiquement qu'il va falloir trouver un mari à Reine pour la sortir de là. Gabrielle croise le regard attentif de Reine. La jeune femme secoue la tête : « J'aimerais mieux… si c'est possible, si vous pensez que je peux apprendre, j'aimerais mieux travailler au Centre avec vous, ma tante. »

Gabrielle promet d'y penser et de lui faire parvenir une jolie feuille avec un horaire détaillé des heures où sa présence serait souhaitée.

« Vous riez, mais ça me serait très utile pour obtenir la permission d'Hubert. »

Quand, ce soir-là, Germaine retire son corset tout en écoutant la belle musique de *L'Heure du concert,* elle éprouve un double soulagement : elle a échappé à pire que la solitude, elle a échappé à l'ingérence domestique du tyran. Elle s'assoit dans son fauteuil préféré, enveloppée confortablement dans sa robe de chambre en flanelle de laine, et sirote sa verveine avec un contentement plein d'entrain.

Le lendemain matin, une religieuse de l'hôpital interrompt la grasse matinée de Gabrielle : Dieu est venu chercher Mireille pendant la nuit. Il faut que quelqu'un se rende prévenir la famille et voie à enterrer le corps. Edward insiste pour reconduire Gabrielle rue Arago, l'attendre et la reconduire ensuite à l'hôpital.

Le *Libera* est chanté dans la chapelle de l'hôpital où quatre personnes seulement accompagnent le cercueil : Malvina, Doris, Florent et Gabrielle.

Quand la religieuse remet à Malvina l'ancienne boîte de Pablum contenant tous les effets personnels de sa fille, elle hoche la tête et quitte l'hôpital sans un mot, ses deux enfants sur les talons.

*　*　*

Gabrielle étale le contenu de la boîte sur son lit et y découvre une surprise : parmi les scapulaires et les bouts de ficelles auxquels des médailles pendent, elle trouve une enveloppe contenant un jeu de poupées de papier. Trois corps de poupées et des vêtements pour chacune. L'ensemble est vif, coloré à l'aquarelle et vibrant de précision. On voit presque les robes onduler. Les lignes des vêtements sont absolument parfaites, les détails recherchés et très chic. Edward s'approche et prend une des figures. Sans un mot, il la dépose à côté des deux autres : sur le couvre-lit, Adélaïde, Gabrielle et Nic le regardent fixement. Une des robes de la petite fille est la réplique exacte de la robe que portait Adélaïde lors du mariage de Georgina.

Éberlué, il examine un à un les vêtements dessinés, colorés et découpés avec un art étonnant. L'ensemble est si riche, si varié… la plus réussie étant la copie du vert dégradé de la robe de Kitty, celle qui laissait voir « ses choses ».

« Ne me dis pas que Florent…

— Oui. Il a tout fait ça en une semaine. Nic lui a rapporté le papier de Montréal quand il est venu à notre souper de gala, le 23 décembre. Florent a dû offrir ce cadeau à sa sœur au jour de l'An.

— Mais !… il y a vingt-cinq vêtements différents ! Plus les trois figurines. C'est pas possible, Gabrielle.

— Il n'a pas dû dormir… je ne sais pas, Edward. Quand je pense qu'il a refusé de prendre la boîte sous prétexte que Mireille n'avait rien… Tu te rends compte ?

— Il a oublié, peut-être. »

Elle ramasse avec soin les dessins, les range et reste immobile, l'enveloppe contre sa poitrine : « Tu veux que je te dise, Edward ? Florent aurait aussi bien pu les coudre, ces vêtements. Si on arrive à le tirer de là, il faut l'envoyer à l'École des beaux-arts, je suis sûre qu'il a un don. »

Edward la prend par les épaules : « Il va falloir lui apprendre à lire, avant. Il est tout petit encore. »

Gabrielle hoche la tête et va ranger l'enveloppe dans la garde-robe : « Non, il ne sera jamais plus un petit enfant et tu le sais. Comme toi à quatorze ans. Ce qu'on pourra faire de mieux sera de lui permettre d'être jeune, mais pour l'instant c'est un vieillard et j'ai peur, Edward. J'ai peur de retourner dans cette chapelle pour lui. »

Isabelle frappe légèrement à leur porte et demande s'ils savent où est passée Adélaïde : « Ma tante Germaine vient d'appeler pour savoir si elle est bien là. Ça fait une heure qu'elle est partie de chez elle. »

Une panique foudroyante saisit Edward et Gabrielle. La négociation a été dure et longue avec Adélaïde. Il a été convenu qu'elle demeurerait avec Germaine et qu'elle irait prier avec elle à la basilique pendant qu'ils iraient, eux, aux funérailles de Mireille.

Ils se précipitent et partent en voiture ratisser les rues avoisinantes. Ils se rendent ensuite rue Arago où Gabrielle trouve Florent en train de faire chauffer la soupe aux gourganes cuisinée par Mimi, mais aucune trace d'Adélaïde. Gabrielle invente une excuse pour son arrivée intempestive, mais ni Malvina ni Doris n'ont l'air de prêter attention à autre chose qu'à la catalogne. Gabrielle repart en courant. Ils visitent le Centre, vont sonner chez Paulette, chez Georgina et appellent à la maison où Germaine s'est rendue en vitesse : elle parle maintenant de prévenir la police. Edward l'adjure de se contenter de les attendre et revient en trombe Grande-Allée. Il repart à pied avec Fabien et Isabelle et ils refont le parcours entre les deux maisons en appelant à pleins poumons.

Germaine refait pour la troisième fois le récit de sa journée avec sa nièce. Elle qui était si sage, si pieuse à l'église, pas du tout impertinente ou colérique. Elles ont joué aux dominos et, vers cinq heures, Adélaïde est rentrée. Gabrielle étouffe les questions et les reproches qui lui viennent. Elle marche comme une furie dans le salon. Edward est tellement nerveux qu'on dirait qu'il va se faire éclater les jointures à force de les faire craquer.

« Oh ! Arrête, Edward ! C'est insupportable ! »

Personne n'ose émettre la moindre remarque sur le ton excédé de Gabrielle. Les enfants sont tous assis sur le Chesterfield, en rang. Inutile de vouloir les coucher, ils sont trop inquiets. Edward finit par décider de retourner dehors pour chercher encore.

L'air est toujours aussi coupant et le ciel est rempli d'étoiles qui ont un éclat que seul le froid polaire leur donne.

À peine a-t-il descendu les marches qu'il voit une silhouette noire venir vers lui. La silhouette tient Adélaïde par la main. Edward hurle le prénom de sa fille et court la saisir dans ses bras en mélangeant la joie et les reproches dans ses exclamations.

Ils rentrent en hâte dans la maison.

Après le brouhaha provoqué par le retour et la mise au lit des plus jeunes, après le thé offert avec un en-cas, le père Thibault raconte ce qui s'est passé. Il a trouvé cette jeune fille en prière devant les lampions de la chapelle de la Vierge. Il l'avait remarquée vers cinq heures trente. Puis, après les vêpres, il a constaté qu'elle était encore là et semblait prête à y passer la nuit.

« Ça m'a pris une bonne trentaine de minutes à comprendre que ce n'est pas tellement la piété, mais le doute qui la gardait là. Votre fille craignait que quelqu'un, par mesure d'économie, vienne éteindre les lampions qu'elle avait payés et allumés pour un de ses amis malade. Elle était prête à rester toute la nuit assise devant les lampions pour être certaine que la mèche brûlerait jusqu'au bout et qu'on ne la volerait pas d'un quart de pouce de cire. Je dois dire qu'il y a beaucoup de Thomas dans cette jeune âme… mais la foi fragile a encore plus de mérite aux yeux de Dieu que la foi forte, n'est-ce pas ? »

Après le départ de l'abbé, Adélaïde s'attend à une longue discussion, mais son père se contente de lui demander d'avertir avant de déserter.

« C'était pas pour les sous, papa, c'était pour être sûre que Dieu entende. Tu comprends, ça se peut qu'Il regarde juste vers la fin des lampions, parce qu'Il était occupé ailleurs avant. Alors, si quelqu'un éteint avant la vraie fin, on ne sait pas, Dieu peut manquer son coup sans le savoir. La preuve, c'est que j'ai mis un lampion pour Mireille après Noël et, tu vois : quelqu'un a dû l'éteindre avant que Dieu le regarde. Il est venu la chercher pareil et j'avais demandé de ne pas le faire. Je voulais être très certaine qu'Il entendrait pour Florent. »

Edward essaie de lui expliquer qu'on ne fait pas de marché avec Dieu, que le troc n'existe pas avec le Ciel, rien n'y fait, Adélaïde nourrit un sérieux doute.

Gabrielle admet à Edward qu'elle a négocié la totalité de sa vie et de ses œuvres avec Dieu pendant l'heure et demie où ils ont cherché Adélaïde.

« Espèce de païenne ! Ne lui dis jamais ça ! Elle est déjà bien portée à argumenter avec l'Au-Delà.

— Si jamais Florent meurt, Edward, Dieu va perdre Adélaïde… et j'espère qu'Il le sait ! »

*　*　*

Gabrielle n'a pas répondu à la lettre de Nic. Elle s'est contentée de lire et relire son mot lui disant qu'il s'éclipserait de leur vie et attendrait un signe d'elle avant de revenir. *À moins que des circonstances exceptionnelles ne le commandent,* a-t-il écrit.

Elle ne sait pas quoi faire. Ce n'est plus de la colère, ni même le sentiment d'être trahie qui l'emporte, plutôt un doute. Peut-être Nic a-t-il été trop tôt obligé de se débrouiller et de faire face aux duretés de la vie, mais elle ne veut pas qu'on expose ses enfants à ces réalités insupportables. Elle sait que Nic l'a protégée et s'est montré son allié, malgré tout ce qu'il savait des bonnes raisons d'Edward de l'éloigner de Florent. Le malaise qu'elle ressent concerne uniquement les enfants et cette propension qu'a Nic à les traiter en adultes. Surtout Adélaïde. Sans le savoir et, elle en est persuadée, sans le vouloir, il lui a fait beaucoup de mal. Il a surtout pris des décisions sans la consulter et ainsi abusé de sa confiance qui était totale. Gabrielle se reproche également de la lui avoir accordée aussi entièrement. Nic n'est pas un homme moralement irréprochable, elle le sait, « il tourne les coins rond avec Dieu », et il les a tournés un peu rond avec elle aussi. Le fait qu'il lui manque terriblement, qu'elle sursaute quand le téléphone sonne tôt en matinée, comme au temps où c'était lui, ne l'incite qu'à demeurer sur ses positions. Quand elle s'ennuie de lui, elle l'offre en pénitence pour l'inquiétude qu'Adélaïde ressent constamment maintenant. Elle ne lui écrit pas la nouvelle de la mort de Mireille, jugeant que ce serait s'accorder un plaisir détourné. Elle charge Edward de l'en informer à l'occasion d'un de ses voyages. Mais même si elle voulait l'oublier, l'attitude de Paulette l'inquiète et lui rappelle constamment Nic.

Depuis le début de l'année, Paulette a un comportement pour le moins surprenant. Agressive, secrète jusqu'à en être taciturne, elle ne répond presque jamais gentiment aux enfants et elle reste à peine polie avec les dames qui animent le Centre avec elles.

C'est Madame Smith qui, en prenant des gants blancs et des périphrases sans fin, demande à Gabrielle d'intervenir et d'obtenir un peu plus de « coulant » de la part de Paulette.

Vers six heures, Paulette est occupée à ranger le local pendant que

Gabrielle fait des comptes dans le petit bureau. Un bruit de verre brisé suivi d'un long silence amène Gabrielle à aller voir ce qui se passe.

L'encrier cassé fait une large tache bleu sombre sur le prélart aux pieds de Paulette qui, assise au petit pupitre, sanglote. Gabrielle lui touche délicatement l'épaule, lui tend son mouchoir et ramasse le verre brisé pendant que son amie reprend contenance. Une fois qu'elles sont face à face, Gabrielle lui rappelle comme, il y a quelques années, alors qu'elle ne se remettait pas de la mort de Denise Turcotte, Paulette l'avait aidée en la forçant presque à parler, à se vider le cœur. « Pourquoi n'en faites-vous pas autant avec moi ?

— Ce qui m'arrive est entièrement de ma faute.

— Pensez-vous vraiment qu'on a autorité sur nos sentiments, Paulette ? »

Paulette l'observe longuement en silence, puis elle murmure : « Qu'est-ce que vous savez ?

— Que vous aimez Nic.

— Et que Nic ne m'aime pas.

— Non, Nic vous aime beaucoup. Seulement, il vit une situation particulière et assez dure. »

Paulette se contente de sourire : « Ça ne vous étonne pas de ne pas le voir revenir ? Vous avez remarqué, quand même, qu'il n'a pas bougé de Montréal ? »

Mal à l'aise, Gabrielle affirme qu'en effet Nic se fait plus rare depuis le gala.

« Ce ne sont pas ses affaires ou sa sœur, c'est moi. Il a rompu, Gabrielle. J'ai lu sa lettre au moins mille fois. Je l'ai reçue entre Noël et le jour de l'An. Il prétend ne pas vouloir me faire de tort et être certain qu'il ne se mariera jamais. Mais je l'ai toujours su qu'il ne m'épouserait pas ! Pourquoi fait-il cela ? Je lui ai écrit des douzaines de lettres, je lui en ai envoyé trois. Rien. Aucune réponse. Dites-moi, Gabrielle, lui avez-vous demandé de protéger ma vertu ? D'être irréprochable avec moi ? Lui avez-vous parlé de moi ? »

Gabrielle ose à peine comprendre : « Paulette, est-ce que j'aurais dû ?

— Vous n'admettrez probablement jamais cela, Gabrielle, mais du jour où j'ai vu Nicholas McNally chez vous, j'aurais abandonné ma vertu, ma famille, l'Église, ma réputation, la moralité, tout pour pouvoir seulement l'embrasser. Je n'ai jamais eu honte ou peur. Jamais. Et j'ai toujours su qu'il ne m'aimerait pas. Enfin… jamais comme moi je l'aime.

— Et vous lui avez tout offert ? »

L'agressivité revient dans le regard de Paulette qui la toise, farouche :
« Tout ce qu'il a voulu. Je le lui ai donné. Vous pouvez me juger, Gabrielle,
ça ne changera rien au fait que je n'ai aucun regret. Sauf que, maintenant,
il ne sera plus là.

— Comment voulez-vous que je juge de cela, Paulette ? Je le jugerais
mal, lui, s'il avait abusé de vous, s'il avait profité d'un grand sentiment
pour de petits besoins. Mais je vous jure que je ne suis jamais intervenue
auprès de Nic à votre sujet.

— Pourquoi me demande-t-il pardon, alors ? Gabrielle, pourquoi
m'a-t-il demandé pardon pour la chose la plus belle de ma vie ? Comme
s'il regardait ça avec remords ? Comme si, tout à coup, cela devenait une
erreur ? Comme s'il jugeait de ses actes à travers vos yeux ? »

Peinée, Gabrielle ne peut rien dire. Elle regarde son amie s'abîmer
dans les conjectures les plus affolantes et elle ne peut que la laisser se torturer. Comment lui dire que la première rupture a été son fait ? Que c'est
elle qui l'a chassé, condamné à s'éloigner parce qu'indigne de confiance ?
Elle s'aperçoit que Nic a procédé à un sérieux examen de conscience et
qu'il a profondément essayé de s'amender. Mais au prix d'un tel chagrin
pour Paulette.

Elles quittent le Centre, bras dessus, bras dessous, comme cela ne
leur est pas arrivé depuis longtemps. Soulagée d'avoir parlé, Paulette
retrouve au moins une humeur apaisée.

Gabrielle, songeuse, essaie de se rappeler les mots exacts qu'elle a
employés dans sa colère, la veille de Noël. Elle ne sait plus exactement,
mais elle pourrait jurer que l'attaque de probité morale de Nic ne vient
pas d'ailleurs.

Elle n'en éprouve aucune forme de reconnaissance, seulement une
certaine admiration : cette rupture aussi a dû lui coûter et elle soupçonne
que c'est la façon de Nic de lui répondre qu'il réfléchit en quoi il est ou
non digne de confiance. Gabrielle voudrait le convaincre qu'elle n'exige
rien de ce genre, que son pardon n'est pas celui de Dieu, qu'il est plus
facile à obtenir et que son affection lui est toujours acquise, mais ce sont
des choses difficiles à expliquer. Toute sa prudence actuelle n'est guidée
que par sa volonté de protéger ses enfants. S'il n'en tenait qu'à elle seule,
elle appellerait Nic dans l'heure et s'offrirait la joie de parler de tout sans
réserve, de rire et de s'amuser avec lui.

Qu'il lui manque tant ne fait que la conforter dans sa prudence et la
tenir dans son silence. Souvent, à certaines heures de la journée, elle

pense : « Je vais lui dire », ou « Il faut que Nic », et s'étonne de constater à quel point il est lié à sa vie.

Edward commence à montrer des signes d'impatience et d'épuisement : le nouveau comportement de Nic l'oblige à multiplier les voyages et à délaisser certaines causes de son cabinet. Il bougonne et trouve que les horaires sont devenus invivables.

« Tu savais, toi, que Nic a rompu avec Paulette et qu'il préfère ne plus venir ici pour laisser les choses se tasser ? »

Gabrielle acquiesce et déclare que Paulette n'en mène pas large.

« Lui non plus, si tu veux mon idée. Il a maigri, il est distrait et je l'ai même entendu se fâcher contre Kitty. Si ça le met dans un tel état de se passer de Paulette, qu'il l'épouse et qu'on arrête ces simagrées ! »

Gabrielle reste pensive et n'ose s'informer davantage. Nic distrait, impatient avec Kitty ? Est-ce que cette rupture pourrait enfin être salutaire au frère si elle ne l'est à l'homme ? Comme elle le souhaiterait ! Nic est un homme qui mérite tellement mieux que ce que sa sœur lui impose.

Paulette pose de nombreuses questions à Gabrielle et essaie régulièrement d'en apprendre un peu plus sur les mobiles profonds de la rupture de Nic. Gabrielle a beau répéter qu'elle ne sait rien, Paulette ne lâche pas prise.

Peu à peu, elle se lie d'amitié avec Reine qui fréquente le Centre régulièrement. Elles partagent une passion pour les vues animées et se rendent souvent au cinéma Empire, côte de la Fabrique. Le beau-père de Reine professe un mépris non déguisé pour cette nouvelle perversion inventée par les Juifs et les communistes, mais Reine passe outre à son avis qu'elle juge ancien et rétrograde : « Est-ce qu'il croit vraiment qu'on ne fait pas la différence entre la vie et les vues ? Je sais bien que leur comportement est parfois immoral et que je ne serai jamais Jean Harlow… mais tout est tellement beau, les toilettes, la musique et les histoires d'amour. Ça permet de penser à autre chose qu'à notre vie. »

Gabrielle la considère en souriant, certaine que Béatrice fera les mêmes remarques dans quelques années. Sauf qu'elle se croira aussi bien que Jean Harlow, elle !

Le Centre s'est vidé, plus aucun enfant ne s'attarde pour un peu de chaleur supplémentaire. Reine et Gabrielle ramassent leur tasse et les rincent.

« Vous savez, ma tante, je… je dis souvent que je vais chez vous quand je sors avec Paulette. C'est plus simple pour maman et pour son cher ami. Ça vous fâche ? »

Gabrielle essuie sa tasse consciencieusement : « Tu as le droit de te distraire, Reine. Veux-tu que je parle à Georgina ?

— Oh ! Maman, ça va. C'est lui… Pourquoi on ne laisse pas les choses comme ça ?

— Parce que c'est un mensonge.

— Vous ne mentez jamais, vous ? Sur rien ?

— Non. J'ai déjà menti et… je l'ai payé cher. »

Et je mens encore, se dit Gabrielle en enfilant ses bottes, son manteau. Elles sortent dans l'air encore si froid d'avril. On dirait que le printemps n'arrivera jamais, encore des Pâques sans joli chapeau de paille.

Gabrielle laisse Reine au tramway et se rend en vitesse rue Arago. Elle trouve Florent assis à la table bancale en train de crayonner à la mine de plomb. Elle reconnaît son visage dans le dessin, mais il y a mis un peu de la sauvagerie d'Adélaïde dans le regard. Elle s'étonne de se voir prise comme modèle.

« Pourquoi ? Vous êtes belle ! »

Florent a l'air tout à fait sérieux, grave même. Il touche l'arête du nez sur son dessin, les lignes pleines et fermes de la bouche : « Vous êtes belle comme la Sainte Vierge. »

Gênée, Gabrielle demande si elle pourrait acheter le dessin pour Edward. Florent promet de lui en faire un autre, si elle lui apporte la feuille de papier.

« Pourquoi pas celui-là ?

— C'est un cadeau.

— Mon portrait, un cadeau ? Pour Ada ? »

Sans répondre, Florent demande si, à l'été, ils retourneront à l'Île. La question torture Gabrielle depuis un bon mois. Comment faire pour retourner là-bas sans Florent ? Et si elle emmène Florent, comment laisser Malvina et Doris crever de chaleur dans le loyer de la rue Arago ? Adélaïde qui refusera de partir sans Florent, Florent qui aurait tant besoin de l'air de la campagne pour se fortifier, Edward qui interdit encore toute approche… Gabrielle ne sait pas, elle n'arrive pas à trouver de solution. Sans compter que Georgina et Hubert désirent y passer le mois d'août et que Germaine a déjà annoncé son retour rue de Bernière, le 31 juillet.

« Je ne sais pas encore, Florent. Ça te manque beaucoup, n'est-ce pas ?

— Oh non, plus maintenant. C'est surtout pour voir Ada. Je sais que c'est ici maintenant notre vie. »

Gabrielle balaie du regard la pièce encombrée de sacs, les meubles rares, usés, dépareillés et cette lumière crue, violente. Comment un enfant aussi doué, aussi capable de dessiner l'harmonie peut-il supporter de vivre là-dedans ? Elle n'arrive pas à se faire accroire que Florent ne voit pas la décrépitude des murs et de son environnement.

« Laisse-moi réfléchir à tout ça encore un peu, Florent. »

Dans la rue, le bourbier de neige fondue dans le jour s'est cristallisé et ses bottes glissent dangereusement. Gabrielle ralentit, essoufflée. Une clarté bleutée, dernier résidu du jour, enveloppe le quartier dans une brume presque jolie. Les cloches de l'église sonnent pour la messe de carême.

Impulsivement, Gabrielle entre dans l'église et s'assoit. Elle n'écoute pas vraiment l'office, elle réfléchit. Puis, profitant de l'anonymat de l'endroit, elle entre au confessionnal et parle de Nic. Elle révèle tout ce qui s'est passé, ses mensonges et sa réaction quand Nic a profité de sa confiance pour la tromper.

« Dites-moi, ma fille, y a-t-il du dépit dans votre attitude, y a-t-il matière à s'inquiéter de vos sentiments concernant cet homme qui n'est pas marié, je crois ? »

Gabrielle est franchement surprise : de quoi parle-t-il ? « Je vous demande si c'est montrer une rigueur trop exigeante que de ne pas lui pardonner en acte, mon père. Je veux dire, lui permettre de revenir à la maison.

— Et moi, mon enfant, je vous demande si vous n'avez que d'honnêtes sentiments vis-à-vis de cet homme.

— Évidemment, mon père.

— Sondez bien votre cœur avant de clamer votre innocence. Votre vivacité cache peut-être un sentiment malhonnête et impie. Vous avez menti à votre mari à cause de cet homme. Il a accepté d'être de connivence avec vous. Ce ne peut être sans raison.

— L'enfant, mon père, l'enfant malade que nous aimons tous les deux. Ces mensonges le protégeaient, lui.

— Je crois que cet homme jette le trouble dans votre cœur et que vous devriez en rester éloignée. Ce n'est qu'à cette condition que je vous donnerai l'absolution. Vous devez obéissance et totale soumission à votre époux. Cet homme vous entraîne bien loin de vos devoirs. Le démon et ses tentations prennent de surprenantes voies. Tenez-vous au foyer et craignez-le. »

Mécontente d'elle-même, Gabrielle rentre chez elle. Pour la première fois de sa vie, elle a l'impression d'être jugée et condamnée à tort par un confesseur. Le prêtre ne la connaissant pas, il l'a soupçonnée comme il l'aurait fait de n'importe quelle femme. Elle n'ira certainement pas exposer son cas à son propre confesseur si c'est pour recevoir le même traitement de non-confiance. Énervée, elle malmène la pâte à crêpes et Isabelle lui offre de terminer le souper pour elle.

Gabrielle va au salon écouter Adélaïde jouer un Chopin, mais le nocturne l'emplit d'une telle nostalgie qu'elle est au bord des larmes. Elle monte s'étendre dans sa chambre. Incapable de rester sur le lit, elle circule nerveusement, sans comprendre d'où lui vient une telle sensation de vide et de colère.

Bientôt quatre mois qu'elle a signifié à Nic de partir, quatre mois où sa vie n'a pas été différente, n'a pas varié d'un iota, comment le prêtre peut-il la soupçonner d'entretenir de dangereux sentiments ? Comment peut-il regarder cette amitié d'un œil soupçonneux ? Est-ce elle ? Est-ce l'Église et son éternelle faute originelle imputable à Ève ? Comme elle est fatiguée de porter cette faute et cette supposée tentation du mal en elle ! Pourquoi a-t-elle l'impression que c'est le regard du prêtre qui salit son affection pour Nic ? Ce doute du péché dissimulé, tapi dans le moindre sourire tentateur des femmes, cette crainte d'elle et, en même temps, ce déni de ce qu'elle est, de sa probité. Jamais de repos, toujours prouver sa bonne conduite, ses bonnes intentions, toujours se justifier parce que, sans le savoir, toute femme est danger de péché, toute femme est morbide tentation.

« Vous êtes belle », quelle chose étrange que Dieu lui envoie le même jour une déclaration limpide d'innocence et un jugement suspicieux de souillure. Où est le vrai ? Belle comme le Diable ? Belle comme cet archange le plus beau et qui a été le plus orgueilleux, le plus fatal ?

Elle observe son visage dans le miroir : trente-deux ans accomplis, des rides, un éclat enfui, c'est sûr. Mais le nez est fin, la bouche bien dessinée et les yeux… verts-gris aujourd'hui, sans doute l'effet de la colère. Non, elle n'est pas en colère, elle est fatiguée sans doute. Sa main essuie la poussière sur les objets de toilette. Pas beaucoup de poussière, elle peut être fière d'elle, malgré ses multiples occupations, elle ne néglige pas ses devoirs de ménagère. Elle prend le flacon de parfum, l'ouvre, respire : Nic et sa suprême élégance, la façon dont il admirait l'écharpe de Poiret, son œil toujours gourmand pour les raffinements de la toilette, sa main si belle qui replace une mèche de son chignon après avoir valsé. Nic et son attentive délicatesse. Pas étonnant qu'il se sente proche de Florent, ils ont des affinités. Elle aime Nic comme elle aimerait un de ses enfants, seulement celui-là aurait grandi. Rien de répréhensible ne l'habite, elle le saurait, elle aurait eu des coquetteries, Edward s'en serait aperçu. Peut-elle se tromper et s'abuser au point d'entretenir de coupables pensées et de les trafiquer en amicales pensées ?

En toute conscience, elle admet que Nic lui manque. Ensemble, ils ont toujours eu cette tenue correcte, des plus modestes. Aucun sous-entendu déplacé. Enfin, comment ce prêtre ose-t-il semer le trouble en elle, la faire douter, la rendre inquiète ? N'est-ce pas lui qui se livre à l'œuvre du Diable ?

Elle pose le flacon, respire son poignet où le n° 5 laisse un léger effluve. Elle est si contrariée qu'elle doute de son honnêteté : elle est allée chercher une absolution qu'on lui a refusée. La voilà dans la même position que Nic vis-à-vis d'elle, voilà ce qu'il en coûte de se prendre pour le bon Dieu ! C'est tout ce qu'elle mérite, elle en est convaincue.

Non. Elle fixe à nouveau son image dans le miroir, elle voudrait ne pas payer si cher une mauvaise action. Ne plus rien cacher à Edward de ce que Nic a fait et ne plus rien cacher de son désaccord avec lui. Elle voudrait que quelqu'un lui donne le droit de se réconcilier et de cesser de mentir. Edward ou alors le prêtre. Elle qui se voulait toujours droite et honnête, elle s'est jouée de Dieu en se faisant complice d'Edward sur les empêchements de famille et elle se joue d'Edward en lui cachant sa complicité avec Nic au sujet de Florent et de ce qu'il a fait à Adélaïde. Mais ce qu'elle a avoué à Edward, ce qu'elle a pris à son compte concernant Adélaïde, Edward le lui a pardonné à elle. Et elle, elle refuse toujours de pardonner au vrai responsable qu'elle continue néanmoins de couvrir. Si ce n'est pas de la duplicité… si elle était Dieu, elle aussi se refuserait l'absolution !

En sortant de sa chambre, elle surprend une conversation entre Fabien et Adélaïde dans le *den*. Fabien négocie la remise d'une composition contre deux devoirs de mathématiques. Adélaïde hésite et finit par être d'accord à une condition : « Tu trouves les idées de ta composition et moi, je fais le premier devoir de mathématiques. Après, je rédige tes idées et tu corriges mon devoir. » Fabien trouve que c'est bien du trouble pour rien et finit par avouer qu'il n'a aucune idée sur le printemps. Adélaïde est formelle : elle n'écrira que ses idées à lui, qu'il les trouve !

Gabrielle se demande si sa propre malhonnêteté contamine à ce point son éducation. Elle ne peut s'y tromper : l'arrangement d'Adélaïde est un parfait subterfuge alliant ruse et tricherie, mais avec un vernis de droiture. Elle serait curieuse de soumettre son problème à l'esprit hautement moral et libre de sa fille.

Doit-elle sévir, intervenir ? Elle descend en se souvenant du nombre de devoirs que Germaine et elle ont échangés. Elle se souvient entre autres d'un devoir si mal fait par Germaine qu'elle avait eu vingt sur cent. La honte ! Alors qu'elle aurait mieux fait toute seule. Elle décide de laisser le problème scolaire à la conscience des enfants et de Dieu, la sienne étant bien assez lourde et encombrée avec ce prêtre qui sème le malaise en son esprit.

Ce soir-là, comme si un péché valait mieux que l'autre, elle entraîne Edward sur le dangereux sentier de la tentation. Cette prise de position agressive et volontaire face à Dieu, comme pour Le mettre au défi de Se mieux comporter avec elle, l'horrifie et la stimule en même temps. La loi de Dieu est de se soumettre à son mari ? Fort bien ! Dieu va voir comme sa totale allégeance affective est vouée à Edward et à Edward seul.

Il est très tard quand Edward remonte le drap sur le dos moite de Gabrielle. Épuisée, le visage enfoui dans ses bras repliés, elle l'écoute la traiter de tous les noms en posant des baisers légers sur ses épaules et son dos. « Concupiscente… instrument de tentation… envoyée de Satan… en plein carême… à dix jours de la semaine sainte… c'est du joli ! Gabrielle, tu dors ?

— Non. Je compte mes péchés.

— Tu seras damnée… et moi aussi. À moins qu'on fasse nos Pâques ensemble ? Tu sais, on devrait attendre à la dernière minute pour ne pas avoir à les refaire.

— Mmm… bel esprit chrétien, Edward !

— C'est mon sens pratique ! »

Comme toujours quand ils ont fait l'amour, Edward refuse de lui tendre sa jaquette et l'enlace, nue, bien lovée contre lui. Quand elle murmure son rituel « les enfants », à moitié endormie, il répète ce qu'il a toujours dit : « Ça sera plus long avant d'être debout, c'est tout. Si tu as froid, tu le dis, je te serre plus fort. »

Elle marmonne un « j'ai froid » juste avant de sombrer dans le sommeil.

*   *   *

La fin de l'hiver est marquée par une période d'activités intenses. Rue Laurier, à quelques centaines de pieds de chez Germaine, une maison presque neuve est à vendre. Edward s'est mis en tête de l'acheter afin d'avoir plus d'espace pour toute la famille et une vraie chambre d'amis, qui est vite dénommée la « chambre de Nic ». Les menus travaux qu'Edward veut y faire exécuter avant leur entrée retardent le déménagement qui aura lieu la deuxième semaine de mai.

Malgré l'aide de Germaine et de Reine, Gabrielle a fort à faire et court continuellement d'une maison à l'autre. Edward lui rappelle qu'elle a promis d'apprendre à conduire l'automne passé et que, si c'était chose faite, elle pourrait s'éviter bien des embarras. Débordée, Gabrielle refuse de faire ses classes dans un tel état d'énervement. C'est Reine qui s'offre pour apprendre, assurant que savoir conduire est un vieux désir et que cela pourrait être utile aussi pour les activités du Centre.

« … et pour aller au cinéma le soir », ajoute Edward qui accepte.

Le 25 avril, il est plus de cinq heures trente quand Gabrielle se précipite rue Arago, les bras chargés de vivres pour Florent. Elle est si pressée qu'elle manque de heurter quelqu'un qui descend l'étroit escalier sombre. Surprise, elle s'excuse et reste bouche bée : dans la pénombre glauque, Nic se tient devant elle. Enfin, la stature de Nic puisqu'elle ne peut distinguer son visage. Mais les épaules sont si carrées, la chevelure mal disciplinée, elle murmure « Nic ? » et il se contente de répondre « Oui », très bas, très sourdement. Le silence est oppressant. Quelque part, dans un appartement, un enfant hurle un « maman » avant de se mettre à pleurer. Ils ne bougent ni l'un ni l'autre. Gabrielle, visage tendu vers lui, incapable de dire quoi que ce soit, en attente de sa réaction. Lui, totalement bouleversé, la contemple avidement, ne se rendant même pas compte qu'il bloque la moindre échappée.

L'odeur est si affreuse dans cet escalier, la pénombre si malsaine, si humide, que Gabrielle met le frisson qui la traverse sur le compte de l'insanité des lieux.

« Vous allez bien, Gabrielle ?

— Oui. Oui, bien sûr, je vais très bien. »

Ils restent muets, à se regarder sans pouvoir discerner les traits ou l'humeur du visage. Seule la voix fournit un indice de leurs sentiments. Gabrielle voudrait qu'il parle encore, sa voix est toute rauque, presque essoufflée, quand elle articule : « Et vous ? »

Son rire un peu cassé l'étonne, la question n'est pourtant pas incongrue. Nic se contente de cette moquerie sans joie et ajoute : « Bien sûr que non, Gabrielle. »

Choquée d'agir avec si peu d'élégance, Gabrielle s'écrie : « Mais qu'est-ce qu'on fait là ? Ça pue, ici ! On n'y voit rien ! »

Nic bouge enfin, descend les deux marches qui le séparaient d'elle. Il tient son chapeau à la main. Il s'incline vers elle, elle est à peu près certaine qu'il veut prendre sa main, mais elles sont empêtrées dans les paquets. Le temps d'essayer d'en libérer une, il a appuyé son visage près de son oreille et chuchote : « Je vous attends. »

Elle ne peut protester ni répondre, il dévale les escaliers.

Florent est très excité : Nic est venu lui porter des cadeaux d'anniversaire. En retard, puisque son anniversaire était le 27 mars, mais ça « allonge sa fête », comme le prétend Florent. Nic a apporté un gâteau au chocolat. Gabrielle reste plus longtemps que prévu, étire le temps du mieux qu'elle peut, mange du gâteau avec Florent et regarde chaque photo bien rangée dans le livre relié cuir que Nic vient d'offrir à l'enfant. L'Île, l'été, le passé heureux illumine chaque page. Florent ne semble pas mélancolique, mais ravi de contempler inlassablement les photos. Celle où, étendu parmi les poupées de Rose, il s'appuie sur Nic qu'Adélaïde regarde sans aménité est sa préférée.

« Regardez comme Rose est jolie, on dirait une poupée, elle aussi. Et la dentelle de sa robe est la même que celle du jupon d'Ada. »

Tous les détails, tous les raffinements sont analysés, observés avec patience et délectation.

Le cœur battant, elle scrute la rue, puis, soulagée de ne pas voir Nic, elle s'engage sur le boulevard Charest. Elle enfile ses gants et poursuit sa route en se traitant d'illuminée : qu'aurait fait Nic une heure de temps dans le froid humide à l'attendre ? Peut-être n'a-t-il même pas dit cette phrase.

Une main s'empare de son coude par-derrière elle et l'arrête. Nic la fait pivoter vers lui, mais, encore une fois, le soir l'empêche de pouvoir l'observer à loisir. Elle ne dit rien, un grand calme l'envahit. Un grand calme heureux. Elle sourit. Dans un élan, il la saisit et la serre à l'étouffer contre sa poitrine. Il répète sans arrêt : « Dieu ! Dieu que vous m'avez manqué ! Que vous m'avez manqué ! »

Le nez dans son cou, elle retrouve cette odeur délicate de fougère, elle ne comprend même plus ce qui l'a fait se tenir loin de lui si longtemps. Elle rit et le repousse : « Vous m'étouffez, Nic ! »

Ils marchent ensemble jusqu'à la haute-ville, sans cesser de parler, de rire, leur complicité immédiatement retrouvée. Ils n'abordent aucun des sujets délicats qui les ont éloignés. Ce n'est que sur Grande-Allée, à quelques maisons de chez elle, que Gabrielle s'arrête : « Je crois que nous devrions nous laisser ici. »

Il sourit, se moque : « Ça commence à prendre des allures d'intrigue…

— Nic ! Qu'allez-vous penser ? Je ne sais pas quoi faire concernant Adélaïde, c'est tout.

— Je sais. »

Le ton est grave maintenant, il n'y a plus de rire dans ses yeux, plus de fantaisie du tout. Gabrielle propose de lui en reparler plus tard.

« Attendez ! Je veux que vous sachiez… j'ai réfléchi, Gabrielle, j'ai compris la leçon, vous le savez, j'ai été faible avec Adélaïde et je mérite encore votre méfiance. Si vous voulez, si vous préférez, je ne la verrai pas. Je n'essayerai pas de la rencontrer ou de lui écrire, si vous jugez mon influence néfaste. Seulement, ne me privez pas du plaisir de vous voir, de prendre de vos nouvelles, de marcher avec vous…

— Sans les enfants ?

— Oui.

— Seuls ? C'est impossible, Nic. Ça ne se fait pas.

— Avec Edward, bien sûr. Qu'est-ce que vous allez penser ? Combien de fois j'ai eu envie de dire à Edward de venir en votre compagnie pour dîner avec moi au Château ? Combien de fois j'ai voulu vous inviter à Montréal avec lui. Je savais que vous refuseriez, je ne l'ai même pas proposé.

— Vous êtes venu souvent à Québec ?

— Non, pas assez pour Edward que j'ai épuisé, le pauvre. Non, Gabrielle, je suis venu deux fois. »

Il ne dit pas que la première fois, il a failli l'appeler à vingt reprises, qu'il a rôdé autour du Centre pour l'apercevoir et qu'il a failli être surpris par Paulette, qu'il a erré Grande-Allée pour la voir, que chaque seconde de ce séjour a été un enfer.

Il ne dit rien de ce qu'il sait depuis Noël et qu'il va cacher et nier aussi longtemps qu'il vivra si seulement Dieu ou le Diable lui permettent de la revoir, de respirer son sourire, d'attraper des parcelles de sa vie.

« Vous avez froid, Gabrielle. Rentrez.

— Il est tard, surtout. Laissez-moi réfléchir et je vous écrirai. Ça vous convient ? »

Il ne marche pas, il gambade jusqu'au Château. Il est glacé, mais il se plante sur la Terrasse et regarde le fleuve charrier ses glaces, Lévis qui brille et l'Île au loin, l'île de Gabrielle, petite lueur tenace au creux de la nuit, petite lueur d'été qui réchauffe tous les hivers, tous les printemps ingrats qui vous soufflent un nordet en pleine face.

Pour la première fois depuis quatre mois, il respire à l'aise et mange avec appétit. Il est si soulagé qu'il réussit à attendre d'être à Montréal pour admirer le dessin de Florent.

* * *

Québec, le 5 mai 1933.

Cher Nic,

Je suis une égoïste. C'est ce que mon père a toujours prétendu et je crois que je vais lui donner raison. Ce qui, je vous l'avoue, ne m'est pas arrivé souvent le concernant. Mais il avait raison : je suis une égoïste. Je vous ai éloigné de cette maison davantage parce que je m'en voulais d'avoir mal agi que pour vous punir de vos actes. Les Grecs punissaient les messagers de mauvaises nouvelles ? Moi, je punis les complices de bonne foi de mes actes répréhensibles. Il faudra me pardonner cette inutile et fausse sévérité à votre égard.

Pendant ces mois où vous avez été absent de ma vie, j'ai beaucoup réfléchi. Nous avons, je crois, une entente extraordinaire et j'éprouve pour vous une réelle affection qui n'a rien à voir avec des sentiments troubles ou déplacés. Je ne sais pas, par contre, si tout le monde peut faire la différence entre ces deux sentiments : l'affection et l'amour. J'ai cru comprendre, à travers les propos de mon confesseur, qu'éprouver de l'affection pour un enfant ou pour une femme n'a rien de dangereux ou de suspect, mais que, concernant un homme fait, mature, c'est beaucoup plus mal vu et plus risqué. Que n'êtes-vous un enfant, Nic! Mon confesseur ne trouverait rien à redire à mon sentiment. Est-il possible que Dieu et sa compréhension infinie de l'amour n'inspire pas avec la même générosité ses représentants? J'ignore même si mon doute est un blasphème ou un sacrilège!

J'essaie, je crois, de vous expliquer en quoi mes intentions sont honnêtes et pures. Adélaïde va mieux, elle est moins angoissée et je crois que c'est dû en grande partie à la santé de Florent qui se maintient. Elle obtient de bons résultats scolaires et est une bonne fille pieuse et vaillante.

Je sais qu'un jour ou l'autre vous réapparaîtrez chez nous et j'en serai heureuse. Si je m'aperçois que vous rappelez des souvenirs trop durs à Adélaïde, nous aviserons. Mais je crois que le temps a fait son œuvre et que votre présence ici sera toute une fête.

Cher Nic, je dois vous parler de Paulette. Le temps n'a pas eu le même effet apaisant sur son chagrin. Je la trouve bien triste, bien loin de la personne animée et enthousiaste que vous avez connue. Quoique je le devine, j'ignore ce qui s'est vraiment passé entre vous. Je sais seulement qu'elle n'arrive pas à prendre le dessus et je ne sais pas en quoi votre retour à Québec (et donc aux réunions du Centre pour son administration) pourra ou non lui être néfaste. Je vous demanderais d'y réfléchir et de déléguer encore quelqu'un d'autre si vous jugez préférable de laisser Paulette mieux guérir sa peine avant de vous revoir.

Cette lettre est interminable, je le crains, mais il devient clair, à mesure que j'écris, que j'en ai toujours long à raconter avec vous.

Cher Nic, ce moment passé à écrire m'a fait un grand plaisir. Et cette amitié enfin réconciliée apaise un remords qui ne me quittait pas: j'avais profité de votre soutien et de votre dévouement sans jamais vous en dire merci et vous auriez le droit de m'en vouloir.

Je vous en prie, ne le faites pas, j'ai trop de joie à vous avoir retrouvé.

Vôtre,

Gabrielle.

Nic lit et relit la lettre, retrouvant Gabrielle à chaque tournure de phrase, considérant chaque argument pour le plaisir de discuter en imagination avec elle. La lettre rejoint le dessin de Florent et les photos dans son coffre-fort personnel au bureau. Les allusions malveillantes de Kitty concernant la « grande échasse grise du bel Edward » lui indiquent nettement ce que la possessivité de sa sœur aurait pour effet sur ces « archives de Gabrielle ».

Depuis qu'il a retrouvé Gabrielle, Nic est non seulement heureux, mais chanceux. Ses affaires connaissent un bond florissant. Nic voit avec frayeur son ami Stern combattre des difficultés qui sont liées à la Crise, mais aussi à son statut de Juif. Stephen est inquiet, morose, et il prétend qu'une ambiance malsaine règne dans le milieu financier canadien et mondial. Nic est conscient que les marchés sont bousculés, mais ils le sont depuis le krach. À eux d'avoir l'intuition de laisser de côté ce qui décline et d'opter pour ce qui remonte.

Depuis deux mois, Nic sait qu'il devrait retourner en Europe et conclure des ententes amorcées l'an passé. Tant que Gabrielle se tenait loin de lui, il n'arrivait pas à partir, prisonnier d'un éventuel signe de retour en grâce. Ce n'est que maintenant qu'ils sont réconciliés qu'il peut enfin songer à s'occuper du marché européen et surtout à aller voir ce qu'il en est de la crise du textile là-bas.

Kitty, qui est hors circuit dès l'heure du thé, pose un problème de taille. Comment partir sans qu'elle soit du voyage et comment la laisser seule à Montréal sans aucune surveillance ? Nic a depuis longtemps pris l'habitude de se lever en pleine nuit pour conduire sa sœur aux toilettes ou la ramasser alors qu'elle titube vers sa chambre. Il n'est aucun aspect dégradant de la vie de Kitty qu'il ignore. Pour lui préserver un reste de dignité, Nic a ordonné aux domestiques de ne plus l'attendre la nuit et de ne pas se lever pour elle. Après minuit, Lionel et Barbra ont aussi le droit de se reposer.

Nic craint terriblement que Kitty n'aille jusqu'au chantage le plus vil pour l'accompagner. Depuis qu'il se rongeait et s'inquiétait pour Gabrielle, la présence de Kitty avait perdu de son acuité. Il ne la percevait plus que de loin, dans le brouillard épais du chagrin et du manque. Maintenant que l'entrain lui revient, Kitty, de plus en plus maussade et méchante, cherche « la garce qui te met de si bonne humeur ». À l'époque où, à ses retours de Québec, Kitty avait soupçonné Paulette d'être la source de son bonheur, il l'avait surprise à fouiller dans ses affaires pour trouver le numéro de téléphone ou l'adresse de Paulette. Délicatement, il avait fait comprendre à Paulette que les problèmes de sa sœur risquaient de l'atteindre brutalement et celle-ci lui avait complaisamment remis les lettres non décachetées de Kitty à chacune de leurs rencontres.

Nic n'a aucune idée de ce que Kitty a pu faire devant son évident chagrin d'amour qui coïncidait avec la rupture d'avec Paulette. Peut-être une lettre de félicitations. Il ne s'en est pas soucié. La seule évocation de ce manque d'égards, associée aux propos de Gabrielle et à sa réelle inquiétude pour Paulette jette Nic dans un trouble profond. Gabrielle se traite d'égoïste (à tort, selon lui), que pourrait-il alors dire de lui-même ? Il n'a pas traité Paulette avec la considération qu'elle mérite, il ne l'a pas aidée, il n'a jamais répondu à ses lettres, il s'est contenté de dire « c'est fini » et de disparaître. Il a totalement donné raison à ceux qui préviennent les jeunes filles de ne jamais céder aux privautés demandées par un homme avant le mariage, sous peine d'être traitées ensuite avec la disgrâce que ces actes entraînent inévitablement. Il n'a pas respecté Paulette, comme on dit pour évoquer des actes sexuels. Elle semblait si délurée, si libre d'esprit et si peu attachée aux conventions. En agissant comme il l'a fait après la rupture, il lui a laissé comprendre que seules les privautés, et non sa personne, l'intéressaient. Ce qui est faux.

Pour la première fois depuis quatre mois, Nic prête à Paulette la même détresse qui a été la sienne pendant les jours d'agonie sans Gabrielle. Est-ce possible que cette même torture de l'absence ait habité Paulette ? A-t-elle, elle aussi, hanté les moindres parcelles du souvenir pour supporter les jours vides où la question lancinante du courage de continuer sans l'autre se posait ?

De la fenêtre de son bureau, il considère la rue Saint-Jacques avec ses édifices sombres que la pluie rend luisants. Comment aider Paulette sans lui redonner espoir ? Il ne veut plus utiliser son amour, parce qu'il n'est pas aussi léger que le sien. L'amour de Paulette est grave et profond, trop envahissant pour lui, malgré qu'il sache que c'est une femme remarquable et qu'elle ait toute son admiration. Comment lui dire sans risquer d'empirer les choses ?

Malgré son aversion pour cette forme d'expression, il prend une feuille de papier et s'astreint à écrire.

« J'ai reçu une lettre de Nic. »

Gabrielle relève brusquement la tête. Paulette semble calme, ni heureuse ni désespérée, ce qui augure bien. Paulette a ce sourire timide : « Ce n'est pas vous, Gabrielle ? Je veux dire, vous ne le lui avez pas demandé ? Je ne supporterais pas qu'il l'ait fait pour vous. »

Gabrielle constate à quel point son amitié avec Nic peut paraître blessante à Paulette en ces jours difficiles où tout la porte à se sentir exclue et rejetée. Gabrielle affirme avoir seulement mentionné qu'elle était triste et manquait d'entrain, rien d'autre.

« Comment voulez-vous que j'intervienne, Paulette ? Je ne sais même pas vraiment ce qui vous a éloignée de lui.

— Vous voulez dire ce qui l'a éloigné de moi ? Jusqu'à sa lettre, je croyais qu'il s'était suffisamment amusé. »

Gabrielle ne peut réprimer un sursaut d'horreur devant une telle liberté de langage : « Paulette !

— Vous oubliez, Gabrielle, que mon frère Armand a fait le numéro à tant de femmes ? Mon frère m'a enseigné ce que pèsent les "femmes faciles" sur la conscience d'un homme tenté. Il m'a aussi appris que le refus est le meilleur moyen d'attiser un homme. Ils sont comme ça. C'est plus fort qu'eux, ce qui leur échappe, ce qui résiste devient essentiel à prendre et gagne un intérêt considérable. L'instinct de chasseur, je suppose. Je n'ai jamais eu beaucoup de considération pour les amours de mon frère. Sauf pour vous. Parce que c'était totalement naïf chez vous, sans aucun calcul féminin. Votre charme vous échappe, Gabrielle. Vous l'avez d'ailleurs avec tout le monde. Regardez comme les enfants s'approchent de vous avec confiance, comme ils ont le désir fou de vous plaire. Reine et moi, nous devons insister, nous fâcher pour obtenir un peu de discipline. Vous, vous le demandez, c'est tout.

— Vous parliez de Nic, vous disiez que vous avez cru qu'il s'était moqué de vous…

— En dix ans chez les suffragettes, j'en ai entendu des insultes et des accusations. Vous le savez, les gens peuvent devenir très violents et j'ai été traitée de tous les noms. Vraiment, Gabrielle, jamais ces mots ne m'ont salie ou… détruite. J'ai été insultée, fâchée, irritée ou même amusée, mais jamais je n'ai perdu confiance en moi ou en la justesse de mes choix. Vous savez ce que je veux dire ? Quand Nic est parti, quand il m'a laissée, j'ai tout perdu. Je n'étais plus rien. À partir du moment où il me rejetait, tous les mots hideux du passé qui m'étaient restés indifférents se sont mis à compter, à me définir, à m'avilir. Je me suis sentie une pauvre femme, une déchue et une moins que rien. Ne me regardez pas avec ces yeux-là, Nic n'avait rien dit de tel, mais parce qu'il ne voulait plus de moi, c'est ce que j'entendais. Je ne valais ni une attention, ni un regard, ni une réponse à mes lettres. C'était un tel enfer, j'ai eu si mal, je ne pourrais même pas le décrire. J'ai travaillé à m'en arracher les yeux pour ne plus sentir cette peine et ce mépris de moi-même. Un jour, vous avez dit en voyant un rapport : "Oh, Paulette, vous avez déjà fini ? Quelle femme remarquable vous êtes !" Vous l'avez dit légèrement, sans appuyer, et je crois que ces mots-là m'ont aidée tout un mois à tenir. Je vous en ai beaucoup voulu d'avoir seulement encore accès à Nic, de pouvoir lui parler. Je sais combien il vous admire et j'étais jalouse à devoir m'en confesser. J'ai tout imaginé : que vous tombiez malade, que je devais appeler Nic de toute urgence, ou un accident et alors Nic arrivait et je pouvais enfin le voir, le toucher. J'ai pensé abandonner le Centre cent fois et cent fois j'ai renoncé parce que le Centre, c'est Nic. C'est la possibilité de le voir. J'embrassais sa signature sur les courriers qu'il envoyait au Centre. J'étais folle, presque bonne à enfermer, et j'avais perdu toute dignité.

— J'imagine que si je perdais Edward, beaucoup de choses perdraient leur sens. Tout, en fait.

— Mais vous ne perdrez jamais la certitude que vous êtes quelqu'un.

— Je ne sais pas, Paulette… je n'en suis pas si sûre. L'été avant que nous nous revoyions, j'ai eu peur qu'une femme ait séduit Edward. Je vous le confie, même si c'est assez gênant. J'ai perdu confiance en lui pour… je ne sais pas, vingt heures ? Même pas. J'ignore ce qui serait advenu de moi s'il ne m'avait pas rassurée. Je ne peux pas jurer que j'aurais la certitude d'être encore quelqu'un. Et si je l'avais, je crois que ce serait à cause des enfants. Les enfants ont un pouvoir extraordinaire de vie. Ils vous empêchent de sombrer.

— Excusez-moi, mais qu'avez-vous fait quand vous avez eu ce doute ? Une scène ? Des menaces ? Des larmes ? »

Gabrielle sourit au souvenir de son escapade : « Je suis partie sans dire un mot et je l'ai laissé s'inquiéter. »

Paulette éclate de rire : « Combien de femmes auraient fait ça ?

— Je n'ai même pas réfléchi !

— C'est ça, Gabrielle, avoir la certitude d'être quelqu'un. Je voudrais tellement vous ressembler.

— Vous êtes quelqu'un, Paulette, et vous le savez. Si j'ai pris de l'assurance, vous y êtes pour beaucoup. Je viens d'une famille où les femmes étaient traitées en servantes. J'ai eu la chance d'épouser un homme ouvert et très en avance sur son temps. Et j'ai eu la chance de vous rencontrer. Et si Nic vous a fait douter de votre valeur, c'est qu'il a mal agi envers vous.

— Sa lettre m'a fait du bien. Je crois que c'est son silence qui a été le pire. Son silence m'a permis de croire que j'avais été un jouet, un simple petit objet de conquête. »

Gabrielle ne connaît pas cet aspect de Nic et tout en elle se révulse à l'idée d'en être informée. Elle se doute bien qu'il n'est pas sans taches ni sans reproches, mais tout ce qui concerne la vie sexuelle ou privée et même les rapports de Nic à Kitty, provoque son retrait. Ce n'est pas de la pudeur, c'est une sorte de dédain, elle ne veut pas savoir. Elle préfère ignorer jusqu'où il est allé avec son amie. Elle ne pourrait plus le regarder de la même façon, si elle savait. Elle n'ignore pas qu'il peut être libertin et qu'il n'a pas la même moralité que la sienne, elle fait ce qu'elle peut pour l'oublier parce que, si elle y pensait trop, elle aurait de sérieux doutes quant à la pertinence d'une fréquentation « familiale » de Nic. Elle préfère l'imaginer aussi gentleman avec les autres femmes qu'il l'est avec elle. Et jamais Nic n'a été déplacé avec elle.

« Je vais le revoir. En toute amitié.

— Vous êtes sûre que c'est une bonne idée, Paulette ? Pouvez-vous être son amie sans vous blesser ?

— Tout ce qui m'éloigne de lui me fait mal. Alors, de la façon dont il voudra, je serai avec lui. »

* * *

Paulette est aussi tremblante et nerveuse que lors de leur premier rendez-vous. Nic ne peut s'empêcher de la trouver touchante. Ses mains saisissent la serviette de table et la lissent sur ses genoux : elle a l'air d'un animal aux abois. Nic tend la main au-dessus de la table : « Paulette, si c'est une rencontre trop difficile pour vous, on s'en va et on la remet à plus tard. »

Elle refuse net et insiste pour rester, malgré que tout cela la bouleverse. Nic ne sait plus s'il a bien agi. Il lui est toujours si difficile de ménager ses sorties. Il a plus de panache dans la conquête, il ne peut le nier.

Nic aime le pouvoir, il ne s'en cache pas. Toutes les formes de pouvoir lui plaisent, l'excitent, et le pouvoir de séduire une femme, de l'emmener à lui offrir ce qu'elle refuse aux autres, fait partie des aventures qui l'exaltent. Et son pouvoir ne s'arrête pas à la reddition de la dame, mais à sa conquête totale, absolue.

Il se souvient avec affection de la première femme qu'il a touchée. Il avait quinze ans, c'était à Boston et, ironiquement, elle s'appelait Kathryn. Elle était beaucoup plus âgée que sa sœur, par contre. Elle avait presque le double de son âge à lui : vingt-neuf ans. À l'époque, il se mourait pour un baiser et l'étreinte se résumait à sa jouissance. Le plus rapide était le mieux. Il ignorait tout des femmes, du plaisir et des plaisirs. Kathryn a été sa maîtresse et son maître. Elle lui a tout enseigné : comment gagner une femme, la faire trembler, la faire crier et comment le plaisir réfréné pouvait se doubler d'intensité. Nic sait des choses que les femmes ignorent sur elles-mêmes. Souvent, dans un lit, il a offert à ces femmes candides les richesses de leurs corps, les possibilités de plaisir infini qu'elles recelaient sans le savoir.

Peu à peu, à mesure qu'il constatait le pouvoir que confèrent la science et la patience des gestes de l'amour, la poursuite de l'abandon des femmes à la jouissance le troublait presque autant que sa propre extase. Les femmes mariées qu'il avait fréquentées lui avaient dressé un portrait assez morne du devoir conjugal. Nic ne comprenait pas comment un homme pouvait résister à l'appât de cette victoire, comment un homme le moindrement viril pouvait uniquement se satisfaire sans chercher l'emprise que la sexualité triomphante permettait, sans se délecter du bonheur d'attendre l'abandon total d'une femme pour se laisser couler au fond de son plaisir.

Paulette avait eu des gestes si prudes, si réservés. Elle tremblait tant qu'il avait mis presque la nuit à seulement la déshabiller. Il ne l'avait pas prise la première nuit. Ni la seconde, d'ailleurs. C'était à Montréal, chez lui, pendant ce temps très court et très heureux pour lui du mariage de Kitty. Ils avaient soupé chez lui, dans le salon, en discutant d'une théorie quelconque concernant les femmes et, probablement parce qu'elle avait raison, le désir de la soumettre autrement l'avait saisi. Plus le discours de Paulette était juste, plus il éprouvait de désir. Il n'y voyait rien d'autre que la séduction de la pensée d'une femme intelligente. Quand il l'avait posée sur le lit, il en était presque froid de détermination. Il l'avait caressée ; une à une, il avait écarté ses prudes objections, comme une ivresse qui gagne à chaque baiser, il avait vu fondre sa conscience, s'évanouir ses inhibitions et il avait provoqué sa totale capitulation, celle qui exclut la honte qui vole au plaisir son éclat. Ce n'est qu'au petit matin, alors qu'épuisée de caresses, fébrile, elle l'avait supplié de la prendre, qu'il l'avait dépucelée.

Il préférait les vierges, parce que la difficulté était plus grande. Faire perdre la tête à une femme comme Paulette n'était pas une mince victoire et il n'y voyait aucune malice. Il n'ignorait pas qu'il n'était pas amoureux d'elle, mais il l'aimait quand même à sa manière. Comme il estime qu'il a aimé chaque femme qu'il a conquise. Et son honnêteté préalable à la séduction, sa mise en garde franche contre toute idée de mariage lui semblait un honnête bouclier dont il munissait la dame.

Maintenant que ces quatre mois de détresse ont secoué ses certitudes, il ne peut que s'avouer qu'il ne savait rien de l'amour, ne comprenait rien à ce sentiment avant Gabrielle. Le plus absurde étant sans doute qu'il n'a jamais osé rêver de la séduire. Aucun geste inconvenant, aucun désir direct de la mener sur les sentiers de la sexualité débridée. Plutôt un interdit total et irrévocable. Sensible à sa chaude sensualité, il sait que c'est une femme révélée à l'amour et, parce que c'est Edward ou parce que c'est elle, il bloque tout velléité intérieure de cet ordre. Gabrielle est exclue des continents à conquérir. Une île à part, intouchable, même pas désirable ou alors, de façon détournée, si perfide qu'il ne peut plus le déceler. Le sentiment qu'il voue à Gabrielle dépasse, et de loin, les urgences physiques. Il ne s'y incarne même pas. Il flotte au-dessus de la chair, au-dessus des interdits, au-dessus de l'étriqué habituel de la vie. Le sentiment qu'il porte à Gabrielle ressemble à l'art ou à la foi : une forme de sublimation du tangible qui l'élève au-delà de l'esprit et du corps, même si c'est là qu'il y prend source.

Il ignore si Paulette lui porte les mêmes sentiments, mais il reconnaît dans son regard la blessure qui était la sienne une semaine plus tôt.

Pour la première fois de sa vie, il écoute Paulette attentivement, sans essayer de couper court. Pour la première fois de sa vie, il comprend que les hommes et les femmes ne sont peut-être pas aussi différents qu'il le croyait et que toutes ses victoires passées avaient probablement eu ce parfum d'échec dans l'après qu'il n'avait jamais attendu de respirer avant de fuir.

« Vous auriez dû me haïr.

— Ne me dis pas "vous", Nic, ne fais pas ça. »

Il s'excuse et lui rappelle combien ils avaient de la difficulté à revenir au vous après certaines escapades. Une fois, devant Gabrielle, il avait oublié et l'avait tutoyée avec affection. Paulette rit au souvenir : « Tu as dit *sweetie* et Gabrielle a fait comme si de rien n'était. Je me suis souvent demandé ce qu'elle savait exactement.

— Des doutes, rien de certain. Elle est très discrète, très réservée là-dessus. Par contre, Edward sait. »

La nuit du remariage de Georgina. Cette nuit, dans le *den*, à deux pas de la chambre désertée d'Edward et Gabrielle. Le troublant besoin d'entendre une femme gémir à proximité du royaume privé de Gabrielle… Il se souvient de la chaleur qu'il faisait, du rideau de voile qu'un filet de brise agitait. Il se souvient des yeux adorateurs de Paulette et du petit cri de surprise qu'elle avait émis quand il avait saisi son sein au bout déjà dur, déjà avoué.

Il se souvient comme elle était pantelante, étourdie quand il l'avait ramenée chez elle à trois heures du matin. Paulette avait eu l'extrême délicatesse de remettre son bas de soie qu'il avait massacré. Elle n'avait fait aucune remarque, alors qu'il savait bien le prix de ces choses. Quand il lui avait offert de nouveaux bas, elle avait divinement rougi.

« Nic, tu peux me dire pourquoi ? Pourquoi ça se termine ?

— Je te l'ai écrit en décembre.

— Non, Nic. Ce que nous ferions ce soir serait aussi mal que ce que nous avons fait l'an passé, mais pas plus mal. Ta conscience s'est réveillée tout d'un coup ? Pourquoi ? Tu aimes quelqu'un ?

— Non. Il n'y a personne d'autre. J'ai eu peur de ton attachement. J'ai… un malaise à sentir que je ne peux pas te donner ce que tu m'offres.

— Je t'aime trop ?

— Non, disons plutôt que je ne t'aime pas comme tu m'aimes.

— Ça ne m'a jamais dérangée. Comme de savoir que tu ne m'épouserais pas. Tu n'as jamais menti. »

Elle est si forte devant lui, si digne. Il éprouve une honte indescriptible à l'obliger de lui poser des questions. « Paulette, tu es quelqu'un de trop bien pour que je supporte ça. Je m'en veux d'avoir été si peu attentif, de n'avoir pas vu que je te blesserais tant. Je me suis menti à moi, Paulette et j'ai mal agi.

— Tu vas faire quoi ? Tu ne vas plus toucher à aucune femme avant de te marier, c'est ça ?

— Je ne pense pas jamais me marier.

— Alors quoi ? Tu vas rester pur et chaste, toi ?

— Je t'en prie, Paulette.

— Ce n'est pas pour te juger. C'est pour te dire que, tant que tu continues, tu peux aussi bien le faire avec moi.

— Non.

— Pourquoi ? Je ne suis pas en sucre. Je sais ce que je fais. J'ai plus de trente ans. Personne ne voudra plus m'épouser de toute façon, ce n'est pas comme si tu bloquais mon avenir.

— Je ne pourrais pas. Je sais qu'on n'a pas les mêmes sentiments maintenant, je ne pourrais pas.

— T'imagines-tu que je suis la seule à t'avoir aimé et à avoir souffert ? Vraiment, Nic, tu m'étonnes ! Tu ne sais pas encore que les femmes vont au lit avec leur cœur ? Qu'un cœur n'est pas une paire de bas qu'on laisse sur le tapis du salon ? »

Piteux, il se tait en fixant la flamme de la chandelle. Une longue coulée de cire dégorge et se fige le long du bougeoir, comme une larme longtemps retenue. La douleur de Paulette est palpable, vibrante, ou alors ces quatre mois l'ont laissé dans un état de vulnérabilité extrême. Il ne peut que chuchoter qu'il sait en ce qui la concerne. Que les autres ne l'ont pas atteint comme elle et que, oui, vraiment, il est profondément désolé, d'autant plus désolé qu'il voit bien qu'ils ne pourront pas devenir amis.

Paulette prend ses gants, son sac, les place devant elle. Ses mains se posent calmement de chaque côté de son petit bagage.

« J'avais pensé pouvoir t'offrir mon amitié, Nic. Je t'aurais offert n'importe quoi pour être certaine de te revoir. Je t'aime à un point que tu ne peux imaginer. Ça me brûle la poitrine, ça m'essouffle sans avoir à faire un geste. Jusqu'à maintenant, j'ai refusé de renoncer à toi. Je ne l'ai même pas envisagé. Tu m'obsédais et je te laissais m'obséder. Je vais te quitter, maintenant, et te demander de ne pas essayer de me voir, me parler ou m'écrire. Parce que je m'accrocherais à n'importe quelle brindille de présence. Je ne sais pas si je pourrai, Nic, mais je vais essayer de guérir. Il va falloir m'aider. »

Paulette ne se souvient même pas de s'être levée, d'avoir laissé le maître d'hôtel l'aider à mettre son manteau. Elle se souvient des mains de Nic sur la table, ces longues et puissantes mains, et de la torture de se répéter que plus jamais elles n'effleureraient sa peau.

Dehors, le soir de mai est enfin clément. Elle marche sans même faire attention à la direction qu'elle prend. La terre amollie et encore gorgée des eaux printanières exhale une forte odeur de pourriture et de fumier qui imbibe la douceur de la nuit. Ce parfum unique d'été à venir, allié à l'écho de ses pas dans le silence solitaire des rues désertées, détruit toutes ses résistances et elle sanglote, le visage à l'abri dans son mouchoir, elle sanglote sans plus savoir où aller et s'il faut vraiment encore avancer.

* * *

C'est pour parler de Florent que Gabrielle, le sachant en ville, a demandé à rencontrer Nic. Aucune décision n'a encore été prise concernant l'été et les vacances. Le déménagement rue Laurier absorbe tous les efforts de concentration de Gabrielle.

Nic la rejoint au Centre, après la fermeture. Il promène sa grande carrure entre les petits pupitres, les tables pour jouer, dessiner, et il fait glisser les boules de couleur d'un boulier compteur.

« Pourquoi Florent ne vient pas ici, le jour ? »

Gabrielle explique que Malvina a besoin de son labeur, que les ménages diminuent et que les salaires sont encore coupés. Pour le même travail, le même nombre d'heures, Malvina gagne vingt pour cent moins d'argent que quand elle a commencé, il y a dix mois. Les catalognes représentent leur survie à tous trois.

Gabrielle ne sait plus comment faire : cet été, si elle va à l'Île, elle devra se passer des services de Malvina à cause d'Edward qui refuse qu'aucun membre de la famille, contagieux ou non, ait un contact avec les enfants. La mort de Mireille a scellé le sort de Malvina, plus jamais elle ne sera au service des Miller. Germaine, entièrement d'accord avec Edward, a déjà parlé d'engager quelqu'un pour seconder Mimi. Quant à Hubert et à Georgina, ils estiment que Reine et Isabelle devraient assumer le travail puisqu'elles n'ont que ça à faire quand elles sont à l'Île. Georgina s'est inclinée devant la volonté d'économie d'Hubert, admettant avec lui qu'il s'agit d'un principe d'éducation. Une fille doit savoir tout faire dans une maison, c'est le seul moyen de trouver un mari. Gabrielle ne peut s'empêcher d'ajouter : « La bonne vieille méthode, vous savez ? L'éducation des filles comme prétexte à des services domestiques non payés. »

Adélaïde aura dix ans cet été et si elle ne peut plus voir Florent, Gabrielle ne répond pas de ses actes : « Vous savez comme elle est entêtée, Nic. Vous l'avez vécu. Elle va manigancer pour le voir avec ou sans la permission de son père. Il faut trouver une solution. Pour Florent aussi, qui a tant besoin d'un peu d'air et de repos pour sa santé. Vous ne m'écoutez pas, Nic ? »

Nic sursaute, avoue qu'il écoutait d'une seule oreille, préoccupé par l'aveu qu'il doit lui faire : « Je vais repartir en Europe, Gabrielle. Je ne serai pas là de l'été. »

Catastrophée, Gabrielle lui demande si c'est pour Kitty ou pour lui-même qu'il doit s'absenter.

« Pour mes affaires. J'ai retardé le départ tout l'hiver et négligé certains contrats. Si je pouvais ne pas emmener Kitty… mais c'est peu probable.

— Elle est toujours… »

Gabrielle n'ose pas s'informer directement et Nic s'empresse de confirmer que l'excentricité de sa sœur est toujours aussi lourde à porter et aussi peu de bon ton que possible. Il a l'air franchement découragé. Gabrielle déclare qu'elle va s'organiser avec ses problèmes : « Vous avez vu Doris, Nic, lors de vos visites à Florent ?

— J'y suis allé deux fois, Gabrielle. Trois fois si je compte ma visite de tout à l'heure. Je ne l'ai jamais vue, non. Pourquoi ? »

Il sait que l'état de santé de Doris détermine plusieurs aspects de l'avenir de Florent.

« Gabrielle, je pars deux mois, juin et juillet. En août, je passerai par Québec et nous essayerons de faire en sorte que je puisse m'occuper de Florent. Je veux dire, l'emmener à Montréal, l'inscrire à l'école, faire quelque chose pour lui assurer un avenir. Je sais ! Sa mère, sa famille, son milieu, je sais tout ça. Nous y verrons, mais je vous en prie, réfléchissez à mon projet, aidez-moi à le réaliser. J'aimerais beaucoup que Florent ait autre chose à dessiner que les perspectives de la rue Arago. »

Nic accompagne Gabrielle et ils marchent encore une fois jusqu'à la Grande-Allée. C'est une longue promenade, rendue agréable par la conversation. Nic ne souffle pas un mot de sa rencontre avec Paulette, et Gabrielle respecte sa discrétion : après tout, elle n'est pas censée savoir qu'ils avaient un rendez-vous. Mais elle sait que Paulette n'est pas allée à son travail aujourd'hui, qu'elle s'est fait porter malade. Et elle ne s'est pas montrée au Centre vers cinq heures.

Nic parle de l'Europe, de Paris, Vienne et Berlin qu'il faut absolument qu'elle voie. Paris, surtout, les musées, les jardins, le mode de vie raffiné. Il la fait rire avec ses descriptions des mœurs françaises. Il continue à parler de ce qui l'amuse pour le seul bonheur d'entendre son rire, de voir ses yeux briller derrière la voilette qui s'arrête net au-dessus de sa bouche, la rendant encore plus désirable, isolée du reste du visage, rehaussée par le voile obscurcissant les yeux et le nez, sa bouche et l'éclat de ses dents qu'électrisé il contemple avidement.

La main de Gabrielle se pose sur son bras : « Vous êtes distrait, Nic ? Je vous demandais si je pouvais continuer à vous écrire ?

— Cette fois ce sera vous, mon lien avec le pays. Vous vous souvenez qu'Adélaïde m'écrivait lors de mon dernier voyage ?

— Ne vous désolez pas, Nic, vous allez la revoir. Vous savez que les enfants appellent déjà la chambre d'amis de la nouvelle maison la « chambre de Nic » ? Adélaïde m'a d'ailleurs demandé ce que vous faisiez et elle m'a fait un reproche direct à propos de vous. Elle s'est formellement accusée de vous avoir incité au mensonge à mon égard et elle m'a demandé de punir la bonne personne, c'est-à-dire elle et non pas vous.

— Adélaïde et son code d'honneur ! Elle vous ressemble, Gabrielle.

— À certains égards, oui. Je la trouve par contre bien sévère avec elle-même.

— C'est ce que je dis : elle vous ressemble ! Écrivez-moi, je vous en prie. De longues lettres remplies de détails, de vos pensées. De longues lettres que je pourrai relire. Et je vous enverrai de tout petits télégrammes pour vous tenir au courant de mes courtes réflexions.

— Vous pouvez bien me trouver sévère… Nic ! Vous êtes encore dans la lune ! Qu'est-ce que vous avez, ce soir ?

— Rien. Je vous regarde. Je prends des réserves de votre visage parce que, déjà, je ne vous reverrai plus pendant deux mois.

— Vous allez regarder des choses autrement plus passionnantes. Allez, faites un bon voyage et revenez-nous en forme. »

Elle s'éloigne de son pas vif, tête haute. Il veut la voir encore, il faut qu'elle se retourne encore une fois. Juste une.

« Gabrielle ! »

Voilà. Elle se retourne, les mains passées sous le large col de sa veste *swagger,* le sourire magique aux lèvres. Il a l'impression d'être déjà sur le bateau. Il lui fait signe qu'il l'appellera, elle agite la main, joyeuse, et repart. Nic reste là, à fixer l'ourlet dansant de sa jupe qui effleure ses mollets à chacun de ses pas.

* * *

Le Centre doit fermer en juin, tout de suite après l'école, et Reine est chargée de presque tout le travail à la place de Gabrielle qui n'en finit plus de déménager et de ranger.

Selon son habitude, Reine s'arrête rue Laurier à la fin de sa journée pour « faire son rapport ». Gabrielle vide des boîtes de livres qu'elle range dans la bibliothèque, Reine boit son thé en racontant les événements par le menu.

« Il y a Paulette aussi qui m'inquiète… elle ne va vraiment pas bien, ma tante. Elle n'arrive pas du tout à prendre le dessus. Il s'est passé quelque chose d'autre ?

— D'autre que quoi, Reine ?

— Que Nic ! Pensez-vous que je ne sais pas qu'elle était très amoureuse ? C'est moi qui vous ai appris qu'elle avait un chagrin d'amour. On dirait qu'elle est retombée dans sa peine, que c'est pire qu'avant. Vous savez pourquoi ?

— Elle a revu Nic l'autre semaine. Je sais qu'il repart pour l'Europe. Mais, de toute façon…

— Oui, de toute façon, ce n'est pas elle qu'il aime ! Je peux vous poser une question indiscrète, ma tante ? »

Gabrielle attend, les mains pleines de livres.

« Étiez-vous certaine d'aimer mon oncle Edward avant de l'épouser ?

— Oh oui ! Je ne l'aurais pas épousé sinon.

— Et… pensez-vous qu'il est nécessaire d'aimer ? Je veux dire, maman, par exemple, Hubert n'est pas comme un amoureux pour elle. Et même papa… c'était pas comme vous et mon oncle. Les jeunes filles que je connais et qui se marient, jamais elles n'auraient une peine comme Paulette si leur mari partait ou mourait. Même maman, quand papa est mort, ce n'était pas une souffrance comme celle de Paulette. Je ne sais pas comment dire… »

Gabrielle vient s'asseoir près de sa nièce. Elle admet qu'il y a deux formes d'amour conjugal : celui prescrit par l'Église qui se base sur un mutuel respect et une soumission. C'est un amour qui peut durer long-temps pour autant que chacun honore ses engagements qui sont pour l'homme de subvenir aux besoins de la famille et pour la femme de prendre soin de cette famille, de s'y dévouer totalement. L'autre sorte d'amour conjugal n'est pas mentionné par l'Église, sauf quand il survient dans le péché, et c'est l'amour qui dépasse la bonne entente, c'est une attirance, un besoin incontrôlable d'être avec quelqu'un et avec lui seul. L'intimité qu'autorise le mariage ne fait que renforcer l'attirance, l'en-tente et l'amour. Ces mariages-là sont souvent moins calmes parce qu'il y a beaucoup d'imprévus dans cette force. Gabrielle conclut que cette forme d'amour n'est pas essentielle à un bon mariage, mais que, quand elle arrive entre deux époux, c'est un grand bonheur. Quand elle advient pour un seul partenaire et qu'il n'y a pas union, comme pour Paulette, c'est extrêmement souffrant.

« Vous souvenez-vous, ma tante, quand je suis arrivée à Québec, comment je refusais que vous me parliez du mariage et des devoirs du mariage ? Je ne voulais pas le savoir. L'an passé, pas cet hiver-ci, mais l'autre, celui de 32, il est arrivé quelque chose à une de mes amies. Elle voulait tellement se marier, ma tante, tellement ! Elle aurait dit oui à n'importe qui. Elle ne voulait pas coiffer la Sainte-Catherine. Il est arrivé… elle devait se marier, il lui avait dit que oui, il l'épouserait, sauf qu'il ne l'avait pas demandée officiellement. Il était très insistant pour des privautés et elle refusait, bien sûr. Un soir, il… il l'a forcée et elle n'a pu rien faire. Il l'a traitée très mal, très bassement. Je l'ai vue, elle est venue chez moi après. Il était deux heures du matin, elle a lancé des cailloux dans ma fenêtre. Elle n'avait nulle part où aller. Ma tante… son visage, ses lèvres tout enflées, coupées, l'œil gauche qui suintait, les marques sur son cou, ses bras… jamais j'aurais pensé qu'un homme puisse faire une chose pareille pour… je ne sais pas, pour des gestes comme ça… pour les faveurs du mariage.

— Elle a eu un enfant ? »

Reine fait oui, gênée pour son amie.

« Elle l'a eu chez les sœurs de la Miséricorde, à l'orphelinat ? C'est ça, Reine ? Et ça s'est su quand même ?

— Ses parents l'ont mise à la porte. Son père l'a traitée de tous les noms. Ils ont eu très honte de son déshonneur.

— Où est-elle ?

— Au couvent. Elle est bien. Elle va mieux. De toute façon, elle aurait fini là. Elle ne voulait plus se marier. Elle prononce ses vœux à l'été. »

Gabrielle comprend un peu mieux le changement draconien survenu dans le comportement de sa nièce. Ce n'est pas seulement le remariage de sa mère et la personnalité de son beau-père qui ont agi sur son humeur.

« Par chance que tu as été là, Reine. Imagine comme elle se serait sentie seule sans toi.

— Elle était seule quand même. On aurait dit qu'une bulle de plastique enveloppait sa tête, qu'elle n'était plus vraiment là. Un peu comme Paulette. Nic… Nic n'aurait pas…

— Jamais ! C'est peut-être la même réaction, mais ce n'est certainement pas le même mal. »

Après un long silence, Reine finit par dire qu'on l'a demandée en mariage. Devant la joie de Gabrielle, elle s'empresse de lui avouer qu'elle n'en a encore parlé à personne, qu'elle ne veut pas que sa mère ou son beau-père ou qui que ce soit l'apprenne.

« Tu n'est pas certaine de tes sentiments, Reine ?

— Oh oui, je suis certaine. Je ne l'aime pas, ça c'est sûr. Il y a deux ans, j'aurais dit oui tout de suite. C'est un bon parti, il a un emploi, il est bien mis, bien à sa place. Maman l'aimerait beaucoup.

— Et moi, est-ce que je l'aimerais ?

— Il n'est pas comme mon oncle. Encore moins comme Nic.

— Tu crois que c'est le seul genre d'hommes que j'apprécie ?

— Il… il parle lentement et il explique tout deux fois. Il aime que les choses soient selon les règles. Par exemple, le Centre, il trouve que j'y donne trop de temps. Vous savez, il est très pieux, très porté sur la religion. Quand on va au cinéma avec Paulette, il n'aime pas les mêmes choses que nous, il discute beaucoup et s'indigne vite. Je lui ai parlé de mon amie qui prononce ses vœux. Je vous avoue que je lui ai dit ce qui était arrivé… pour voir, pour être sûre que je ne le jugeais pas mal. Il a dit que c'était entièrement sa faute à elle. Qu'elle s'était mise elle-même dans cette situation puisqu'elle n'avait pas imposé le respect. Que si c'est arrivé, c'est qu'ils étaient sans chaperon. Il trouve inconvenant que j'assiste à ses vœux.

— Inconvenant… tu veux dire que Dieu peut pardonner à ton amie, mais que nous devrions continuer à la juger, à la condamner ?

— Voyez-vous, ma tante, avant ce qui est arrivé à mon amie, je ne me serais même pas posé de questions, j'aurais accepté ce fiancé et je l'aurais épousé. Si je le dis à maman, elle va me pousser au mariage parce que mes chances diminuent et qu'elle tient beaucoup à nous marier, Isabelle et moi. Bien sûr que penser rester rue Des Érables avec eux jusqu'à la fin de mes jours n'est pas très drôle…

— Que dit Paulette ? Elle le connaît puisqu'elle vous chaperonne.

— Elle dit qu'il est prompt à juger et aussi prompt à condamner. Que c'est un homme qui ne connaît pas le doute.

— Tu aimerais me le présenter ? Que je vous invite tous les deux ? »

Reine refuse poliment. Gabrielle ne comprend pas bien ce qu'elle attend d'elle. Elle voudrait l'aider, mais elle ne sait pas comment. « Reine, il faut un minimum de confiance pour se marier. De la confiance et du respect. Mutuel. Si tu ne sens pas ça, ce n'est pas le bon. Rien ne t'oblige à accepter.

— Vous savez bien que non. Plein de choses m'obligent à accepter. Ce n'est pas pour rien que je ne le dis pas à maman. Qu'il m'ennuie au bout de dix minutes n'a pas d'importance pour Hubert ou maman. Au contraire, c'est signe que c'est un bon mariage raisonnable. Je pense que rien ne fait plus peur à maman qu'un coup de tête amoureux, comme elle appelle ce qui vous est arrivé. »

Gabrielle sourit : l'éternelle crainte de Georgina que ce mauvais mariage qu'elle a fait contre la volonté quasi divine de leur père ne se retourne contre elle et sa famille et n'entraîne les pires représailles de Dieu. Combien de fois tout le malheur qui survenait a été qualifié du « résultat de son entêtement amoureux », selon Georgina ?

« Si je comprends bien, mes onze ans de mariage fidèle et heureux ne l'impressionnent pas favorablement ?

« — Maman ne comprend pas comment vous êtes. Et quand maman ne comprend pas, elle rejette. Vous lui faites un peu peur, vous savez.

— Oui, je sais, Georgina craint tout le monde, elle aime ça, je pense. Excuse-moi ! »

Reine part à rire et déclare qu'une petite effronterie fait du bien. Elle remercie sa tante en disant que, même si aucune solution n'est trouvée, ça soulage de pouvoir parler.

Ce soir-là, Gabrielle appelle Paulette et essaie de savoir comment elle va. Paulette est d'une discrétion exemplaire et prétend tenir le coup. Elle refuse de sortir, de voir des gens. Elle préfère rester seule et estime qu'elle est sur la bonne voie depuis qu'elle a pris deux semaines de congé de la Poste.

La nouvelle maison est magnifique, et ce, malgré que la rue soit « celle des Anglais », comme le souligne Germaine qui, bien évidemment, habite celle des Français. Le hall d'entrée avec son vestibule deux fois plus grand que sur la Grande-Allée, le large escalier très chic, le salon-salle à manger pouvant recevoir cinquante personnes, avec une cheminée haute et surmontée d'un grand miroir biseauté, tout dans cette maison clame la réussite d'Edward. Pour comble d'ironie, c'est le 24 juin qu'ils donnent la réception pour l'inaugurer. « Question de niaiser Germaine. Une réception chez un Irlandais le 24 juin avec des petits drapeaux fleurdelisés partout ! »

Edward rit en se déshabillant. Il arpente la chambre beaucoup plus grande. Il distribue généreusement chaque pièce de vêtement un peu partout, puis il s'assoit dans le fauteuil de cretonne *chintz*, fraîchement acquis. « Ah ! le luxe des luxes : un fauteuil confortable dans notre chambre. Quand on sera vieux, on en aura deux et on lira face à face. En attendant, viens t'asseoir puisqu'on est encore jeunes et qu'on y tient à deux. Viens, l'estorlet ! »

Gabrielle se bat avec ses épingles à cheveux, son peignoir ouvert sur sa jolie robe de nuit d'été. Edward se lève, glisse un doigt entre la soie et le sein : « Attention, on voit tes choses ! »

D'après Edward, leur réception a été le clou des mondanités de Québec. Qu'il y en ait eu peu à cause des temps difficiles n'y change rien. Il commente les tenues des dames, continue à prétendre que Gabrielle était la plus belle et finit en s'inquiétant de l'aspect décharné de Paulette :

« Ne me dis pas que Nic aime les femmes si maigres ! C'est comme si elle était malade ! »

Gabrielle lui fait remarquer qu'elle était moins décharnée avant que Nic ne rompe.

« Sapré Nic ! Jamais vu un tombeur pareil !

— Je t'en prie, pas Paulette ! Ce n'était pas de cet ordre.

— Ah non ? De quel ordre, alors ? Tu imagines le grand Nic se contentant de serrer sa main tendrement en dessous de la table et d'aller la reconduire en tout bien, tout honneur ? Es-tu encore si innocente ou tu penses que tout le monde sauf tes amis commet des péchés mortels ? »

Gabrielle se dégage et retourne à sa coiffeuse : « Changeons de sujet, veux-tu ?

— Enfin, Gabrielle ! Ce n'est pas lui manquer de respect ! C'est reconnaître que ces choses-là existent.

— Ça ne nous concerne pas.

— Je t'en prie ! C'est rendu que les journaux nous informent des liaisons des acteurs de Hollywood et ça ne nous regarderait pas quand ça se passe entre nos amis ? »

Gabrielle brosse énergiquement ses cheveux sans répondre.

« Dis-moi au moins pour qui ça te choque : Paulette ou Nic ?

— Les deux, Edward ! Ce sont nos amis, ce sont des sentiments difficiles et des actes privés. J'essaie d'enseigner à Béatrice d'éviter ce genre de commérages qui font tant de tort.

— Bon ! Bon ! Ça va. Donne-moi cette brosse, tu arraches tous tes cheveux tellement tu es fâchée. »

Doucement, il brosse les longs cheveux, les faisant couler contre sa main. Peu à peu, Gabrielle se détend, elle se met à sourire, amusée : « Dis-moi, Edward, comment as-tu trouvé Hubert ? Il t'a parlé un bon vingt minutes, il me semble ?

— Ah, tu te moques ? Tu ris de ton pauvre mari obligé de tenir le crachoir à quelqu'un de si pénible ? Il est mortel, Gabrielle, il est capable d'être plus prévisible que Cyril, c'est tout dire.

— C'est bien ce que je pensais. Ma sœur a encore fait un mariage raisonnable. Tu sais comment elle appelle notre mariage ? Un coup de tête amoureux.

— C'est joli… »

Il embrasse sa nuque en écartant le rideau de cheveux doux, l'épaule se trouve presque offerte et il continue son chemin, lèvres fouineuses, jusqu'à l'omoplate, jusqu'au frisson qui traverse Gabrielle. D'une main lente, il descend jusqu'au bas des reins, le vêtement de nuit glisse sans résistance.

« Ça aussi, c'est joli… »

*   *   *

Québec, le 30 juin 1933.

Cher Nic,

Je n'ai pas été une correspondante bien fidèle et je m'en excuse. Les événements se sont succédé à une telle vitesse que j'ai du mal à en faire une chronique ordonnée. Il y a bien sûr de bonnes et de mauvaises nouvelles. Je vais les écrire dans l'ordre, ce qui m'empêchera de choisir si je vous assomme ou non.

Le Chronicle Telegraph *et* Le Soleil *ont commenté en termes fort élogieux notre réception du 24 juin. Vous nous avez manqué à tous. Adélaïde m'a même fait une petite remarque de son cru, prétendant que, quand vous êtes là, les femmes ont les joues plus roses et les hommes dansent mieux. Cette enfant a un sens de l'observation assez remarquable. Elle sent beaucoup de choses. Vous voilà donc tenu de venir inaugurer la « chambre de Nic » dès votre retour. Les roses du jardin seront probablement en train de faner, mais si vous vous dépêchez…*

Ce qui m'amène au second sujet : je ne suis pas à l'Île. Après la réception, Germaine, accompagnée de Mimi et d'Isabelle, est partie avec les enfants pour la maison d'été. Je suis demeurée à Québec tout d'abord pour fermer le Centre et mettre les livres à l'ordre avec Reine qui m'est d'un grand secours et ensuite pour m'occuper de Florent.

Sa sœur Doris et Malvina sont atteintes des poumons. La nouvelle est dure et je suis désolée de vous l'annoncer aussi brutalement. L'Île pour les enfants, comme vous le devinez, est la condition expresse d'Edward pour que je puisse au moins les aider à faire leurs paquets et à vider l'appartement. Doris et Malvina seront ensemble au sanatorium de Thetford Mines, près de Québec. Florent sera placé à l'orphelinat de Limoilou si je ne peux pas le garder et il semble que cette solution soit totalement exclue pour Edward. Germaine et Georgina refusent également. Personne ne veut courir de risques avec Florent. Je n'ai pas encore réussi à lui faire avoir une radiographie — jusqu'à maintenant, il n'a eu qu'une radioscopie, vous savez, cet examen où le médecin regarde directement le poumon. C'est

429

moins précis qu'une radiographie, mais pour l'instant on le dit sauf — pour établir avec certitude son état de santé. Quoi qu'il en soit, Edward refuse de le voir s'installer avec nous. Alors, vous devinez sans doute que vous devenez mon dernier espoir. Si Florent est confirmé hors de danger, pouvez-vous le prendre à Montréal ? Pensez-y bien, Nic, ce n'est plus comme avant que vous partiez. L'avenir est beaucoup plus sombre à envisager pour Florent, avec sa mère et sa sœur atteintes. Il peut être porteur du bacille. Vous savez tout ça, mais je tiens à vous libérer de votre promesse de mai passé, parce que les données ne sont plus les mêmes. Et puis, je dois vous dire aussi que Florent est très changé : replié sur lui-même, quasiment muet. C'est très préoccupant. Le médecin m'a demandé s'il était simplet et il a parlé de Mastaï, cet endroit près de Québec pour les retardés et les fous. Je ne vous dis pas l'angoisse qui m'a envahie en entendant cela. Adélaïde en mourrait. Je ne sais pas encore si je pourrai trouver un endroit où le placer en attendant le mois d'août, quand vous serez de retour (est-ce confirmé ?). Peut-être ne serez-vous même pas alors en mesure de le prendre en charge, je veux dire, en excluant qu'il soit malade. Edward prétend que vous n'aurez jamais assez de temps pour tout. C'est délicat et je me sens tenue de vous en parler, mais avant de me donner votre réponse, pouvez-vous m'assurer que Florent ne sera pas soumis à des influences néfastes ? Vous avez fort à faire avec votre sœur. Et s'il est seul avec elle tout le jour… quel bien cela lui fera-t-il ? Vous me direz qu'en regard de l'orphelinat bien peu de possibilités sont plus dramatiques. Mais, vraiment, Florent est dans un triste état. Je voudrais tant lui offrir un petit répit.

Edward travaille sans arrêt et voyage beaucoup entre Montréal et Québec. Aujourd'hui, pour la première fois depuis les premiers mois de mon mariage, je suis seule. Totalement seule. C'est donc la deuxième fois de ma vie que je me retrouve seule face à moi-même — le soir s'entend, puisque le jour je vais au Centre et chez Malvina. Oserai-je dire combien cette solitude m'est douce ? Vous connaissez la solitude et peut-être en avez-vous trop pour l'aimer. Mais pour une mère de famille accoutumée à guetter les moindres pleurs la nuit, à régler des dizaines de petits problèmes sans importance, le silence de la nuit est une belle chose. Hier, je suis sortie sur le balcon de notre chambre à coucher, il donne sur le jardin, et je m'y suis assise dans le noir. J'ai contemplé le ciel et les étoiles pendant plus d'une heure. C'était si beau, si calme. Je n'avais jamais pris le temps d'admirer la nuit aussi longtemps, même à l'Île où le ciel peut devenir si grandiose. J'ai même eu l'impression que Dieu avait le temps d'être attentif et d'écouter ma prière pour Florent. J'agis avec l'exigence d'Adélaïde et, je le crains, son impatience.

Si Florent est atteint… Non, je refuse de penser à cela, je refuse de l'écrire. Revenez vite, que je me sente moins seule à lutter pour lui. Edward, malgré sa générosité, n'arrive pas à vaincre une peur maladive (et justifiée, je le sais) et ça rend les choses très difficiles.

Enfin — je vous dis tout parce que vous m'en voudriez de cacher ces faits — la mère de Paulette, qui souffre depuis longtemps, est entrée à l'hôpital avant-hier et il y a fort peu d'espoir de la sauver. Vous le savez, je crois, c'est pour Paulette une grande épreuve, puisque son père est mort. Paulette la soigne avec le même dévouement depuis si longtemps. Je la trouve bien vaillante mais aussi bien triste. Elle montre un courage inébranlable et force mon admiration.

Cher Nic, je me sens horrible de venir vous accabler avec tous ces soucis, mais pouvons-nous attendre ? Je ne crois pas. J'espère de tout mon cœur que ce voyage est un succès et que vous avez plaisir à revoir ces villes. J'espère que Kitty se porte bien et vous de même. Les enfants sont dans une forme splendide et Béatrice est affolée d'avoir perdu « une dent du devant » et d'être obligée de fermer sa bouche pour camoufler « le gros trou épouvantable » qui semble menacer la totalité de son avenir d'actrice.

Amicalement vôtre, Nic.
Gabrielle.

Début juillet, parce qu'Edward est retenu à Montréal, c'est Reine qui conduit Malvina et Doris au sanatorium de Thetford Mines. Doris, le regard perdu dans le paysage qui défile, ne dit pas un mot de tout le voyage. Elle semble indifférente. Quant à Malvina, elle pleure tout le temps, affaiblie et vaincue.

Gabrielle, restée avec Florent, l'aide à faire son petit bagage et à quitter le logement où sa vie s'est résumée à tresser des laizes de tissus colorés et à voir sa famille souffrir.

La solution au problème d'hébergement de Florent est apportée — temporairement — par Paulette, qui accepte de prendre l'enfant jusqu'à ce qu'une issue soit trouvée. Gabrielle attend avec impatience la radiographie, presque certaine de faire fléchir Edward si celle-ci garantit un Florent indemne.

Malgré la présence de Nic, elle ne voit pas comment Florent pourrait être heureux dans une grande ville comme Montréal. La façon de vivre, les édifices, la pollution, tout lui semble si nocif pour un petit garçon aussi triste et affaibli. Et triste, il l'est. Il s'assoit dans la cuisine de Paulette et demeure immobile, les jambes ballantes tellement il est encore petit.

Paulette s'assoit en face de lui et l'observe un long moment.

« Florent ? On ne se connaît pas et on va vivre ensemble tous les deux pour quelques jours. Je sais que tu préférerais être avec ta maman. Mais elle est à l'hôpital. Je comprends très bien ce que tu sens, parce que moi aussi, je vivais avec ma maman et qu'elle est à l'hôpital. Tu vois, tous les deux, on a le même chagrin. Peut-être que ça peut te montrer que je comprends.

— Elle a mal aux poumons ?

— Non, elle a mal à son cœur et à tous ses muscles.

— Elle va revenir ? »

Paulette regarde ailleurs, cherchant une réponse douce ou appropriée. À court de périphrases, elle se contente de dire non.

« Il te reste qui, après ?

— Personne. Mais je suis grande. »

Gravement, Florent hoche la tête : « Il me reste Ada, mais je dois la protéger. Même si elle veut me voir, il faut être plus raisonnable qu'elle. »

Gabrielle retrouve ses propres paroles comme un *Credo* répété pieusement. Florent ajoute : « Y a la maman d'Ada et puis après aussi, il y a Nic. »

Un voile de tristesse s'abat sur le visage de Paulette qui tend la main et caresse la joue que Florent, instinctivement, lui soustrait en reculant. Gabrielle l'a débarrassé de sa « graine », mais la nouveauté de vivre intact est trop grande pour empêcher les vieux réflexes.

Florent observe attentivement Paulette. Il reprend sa main, la pose sur sa joue, sourit bravement : « Après, il te reste moi. »

Cette phrase s'avère la pure vérité. Florent permet une sorte de transition à Paulette. Après le travail, elle revient très vite chez elle pour le trouver et lui faire à manger. Ils marchent au bassin Louise et Florent discute avec elle, lui raconte les promenades qu'il a faites avec Gabrielle dans la journée. Puis, Paulette va voir sa mère à l'hôpital et quand elle revient, il y a un petit lit au-dessus duquel elle peut se pencher.

Le jour où sa mère reçoit les derniers sacrements, Paulette revient vers Florent et s'oblige à lui cuisiner un repas. Ce qui la force à manger elle aussi.

Aux funérailles de sa mère, elle tient Florent par la main et il demeure près d'elle tout le long de l'office.

C'est l'occasion, pour Gabrielle et Edward, de revoir Armand qui est accompagné de sa fiancée. Même Reine le trouve aussi un peu trop avide de plaire, l'œil aux aguets pour remercier avec pathos toute personne importante qui lui présente ses condoléances. Au repas qui suit l'enterrement, le discours d'Armand porte davantage sur l'assemblée présente que sur sa mère.

Florent suit Paulette partout, le regard inquiet. Gabrielle se demande comment il réussit à être si présent pour son amie malgré son jeune âge et les malheurs qui l'accablent.

D'après Reine, c'est la générosité naturelle de Florent, alliée à un sens aigu des autres, qu'ont toujours ceux qui ont vécu dans une misère morale ou physique.

« Les enfants gâtés comme moi apprennent beaucoup plus tard que les autres existent et que leurs problèmes sont peut-être importants. »

Gabrielle s'insurge contre une telle sévérité, mais Reine insiste : « Pensez-vous que je ne sais pas quelle petite peste j'étais ? Avec mes rêves de grandeur et ma certitude d'être importante ? Papa nous traitait… non, papa *me* traitait comme une princesse. Isabelle était davantage une enfant avec des défauts et, vous voyez, c'est elle qui a le plus de cœur. »

Tous les jours, elles se retrouvent chez Paulette, afin de permettre à Gabrielle de voir Florent, Edward interdisant la présence du petit dans leur maison. Reine conduit Gabrielle et toutes les trois prennent le thé en compagnie de Florent. La discussion sur la disposition à la charité reprend. Paulette remue pensivement son thé : « C'est un peu vrai, Reine, les gens qui ont été démunis n'oublient pas ce que c'est, alors que les autres doivent faire un effort d'imagination. Regardez Nic avec ses donations au Centre. »

Gabrielle manque d'en échapper sa tasse : en deux mois, c'est la première fois que le prénom est prononcé. Reine continue comme si de rien n'était et Gabrielle se dit qu'elles ont l'habitude toutes les deux de parler à cœur ouvert, elles sont devenues très amies pendant cette dernière année.

Quand Gabrielle revient à la conversation, elle entend Paulette demander des nouvelles de Jean-René, le prétendant qui attend la réponse de Reine.

« Je ne le vois plus. J'ai refusé. Il m'écrit beaucoup, me demandant de reconsidérer ma décision, et mon beau-père a fait une scène épouvantable. Je crains que maman ne vienne vous en parler, ma tante. »

Paulette s'étonne et Reine doit expliquer que son courrier est lu d'abord par Hubert, ensuite par Georgina et qu'enfin, si tout est convenable, on le lui remet.

« Je pense que Jean-René l'a fait exprès. Il savait qu'envoyer une lettre à la maison trahirait nos fréquentations. Il a cru faire pression sur moi en agissant de la sorte. La pression est là, mes parents veulent absolument que j'accepte. Mais, c'est étrange, on dirait que ses lettres me rendent plus déterminée à refuser. Je ne sais pas… je lui trouve de la disgrâce à agir de la sorte. Je ne suis peut-être pas très généreuse…

— Et qu'est-ce qui t'a décidée à refuser, Reine ? Tu le sais ? »

Reine tourne les yeux vers Paulette : « C'est Paulette. Non, non, vous n'avez rien dit, mais vous avez vécu des choses très difficiles dernièrement. Et je vous observais et je me disais que vous aviez beaucoup de courage. Ce n'est pas de la complaisance. Vous avez fait des choix et vous vivez en conformité avec vos règles à vous. Quand Jean-René m'a demandé de ne pas assister aux vœux de mon amie, je savais qu'il me demandait davantage. Une promesse d'obéir à ses règles à lui. Ça a été déterminant. Quelque chose en moi résistait, une envie de refuser, de critiquer, même. Alors, j'ai pensé que si je me mariais avec lui, j'aurais le devoir de faire taire cette rébellion et ce manque de respect. Ça peut sembler un entêtement enfantin, un caprice, mais je voulais assister aux vœux de mon amie. La cérémonie était si belle, si émouvante. Je sais que, pour elle, me voir là, alors que personne de sa famille n'y était, c'était… vous allez rire… enfin, c'était beau.

— C'était quoi ?

— C'était comme de devenir l'instrument de Dieu pour lui prouver qu'elle a été pardonnée. C'est très présomptueux de ma part…

— Non, c'est vrai. Votre beau-père ne comprendrait jamais cela, mais pourtant je suis sûre que c'est vrai. Et si mes choix vous ont aidée à faire les vôtres, eh bien, peut-être que Dieu essaie de me dire que tout n'était pas que mauvais agissements et perte de mon âme.

— Vous doutez ? »

Paulette se dit que Gabrielle doit avoir l'âme bien blanche et la conscience bien tranquille pour poser une telle question. « La première fois que je me suis approchée de la sainte table depuis plus d'un an, c'était aux funérailles de maman. C'est elle qui m'a donné son pardon pour Dieu. Ma mère n'était pas une femme forte physiquement, mais c'est elle qui a fait de moi une ostineuse qui n'accepte pas les choses uniquement parce qu'elles ont toujours existé de cette façon. Dans son lit, ma mère lisait beaucoup, et pas seulement des livres, elle épluchait les journaux et, quand je rentrais, nous discutions de tout. Vraiment de tout. Et quand on a eu la radio, on l'écoutait ensemble et on discutait encore. L'état de ses muscles ne lui permettait plus depuis longtemps de se déplacer et elle avait coutume de dire que Dieu et elle s'entendaient mieux depuis que le curé n'était pas entre eux deux. Il venait, bien sûr, une fois par semaine, mais ma mère me faisait souvent remarquer que le curé était bien ancien et qu'il devait décourager Dieu plus souvent qu'à son tour. "Je ne voudrais pas l'avoir dans mon armée, qu'elle disait, c'est le genre à tirer sur les siens et à protéger l'ennemi. Pas par conviction, mais par aveuglement, le pauvre !" Vous imaginez votre mère dire une chose pareille ? »

Reine et Gabrielle éclatent de rire en répondant : impossible !

*   *   *

Georgina est effectivement révoltée qu'un si bon parti soit répudié sans aucune bonne raison. « Son pedigree est exemplaire », soutient-elle, reprenant sans doute là une expression d'Hubert. Gabrielle déteste ce genre d'assaut aux premières heures de la journée. Il était à peine huit heures quand Georgina est venue interrompre sa lecture du feuilleton du *Soleil,* alors qu'elle était confortablement installée dans le jardin avec son café.

Le ton de Georgina est si plaintif, si lancinant, qu'elle se surprend à penser à autre chose en plein milieu de la diatribe de sa sœur : Cyril a ces accents-là quand il prêche et Edward a toujours soutenu qu'il perdait dix pour cent de ses fidèles en traînant le ton de cette façon. Georgina est loin d'être convaincante et ses arguments sont d'un ennui aussi pénible que les années de mariage que propose Jean-René.

Gabrielle essaie de temporiser, de plaider pour un sage retrait, une patience et des prières, mais Georgina trouve qu'elle a bien assez patienté comme ça : « Il faut qu'elle se place, Gabrielle. Elle est en âge !

— Tu ne peux quand même pas l'obliger !

— Hubert dit que oui.

— Georgina… je pensais que tu aimais ta fille.

— Écouter ses moindres caprices n'est pas une façon de l'aider. Il faut qu'elle se plie aux règles.

— Pour l'amour de Dieu, veux-tu réfléchir un peu ? Le mariage n'est pas une règle, c'est un sacrement. Arrête de n'y voir qu'une consécration sociale et essaie de comprendre que Reine n'éprouve rien pour ce jeune homme.

« — Et alors ? La vie n'est pas une partie de plaisir. On ne fait pas toujours ce qu'on veut et il est grand temps que Reine l'apprenne. »

C'est plus fort qu'elle, Gabrielle souligne intérieurement toutes les phrases d'Hubert à mesure qu'elles lui sont servies. Elle se tait pour ne pas nuire davantage à Reine. Favorablement impressionnée par son silence, Georgina est convaincue d'avoir réussi à faire changer d'idée Gabrielle. Elle remet ses gants et amorce le départ : « Je compte sur toi pour lui parler. Edward est encore parti ? Ma pauvre, ne reste pas toute seule comme ça, c'est très éprouvant. Viens chez nous ce soir, c'est à la bonne franquette, mais ça nous fera plaisir.

— C'est impossible, j'ai déjà un engagement.

— Sans ton mari ? Tu n'y penses pas ?

— J'y pense, j'y pense ! Je vais au cinéma avec Reine, si tu veux tout savoir. J'en profiterai pour lui parler sérieusement. »

Ce qui semble faire passer la « pelule ». Mise en retard par sa sœur, Gabrielle se précipite : elle doit aller chercher Florent pour se promener sur le Bastion du Roi et apercevoir l'Île de loin.

* * *

Le télégramme de Nic arrive le lendemain matin : il revient par le premier bateau, il prendra Florent quoi qu'il arrive.

Gabrielle, atterrée, se dit qu'il faut parler à Paulette dès aujourd'hui. Elle l'avait évidemment prévenue de l'aspect temporaire de son gardiennage, mais il est si évident que la présence de Florent a aidé son amie à surmonter ses chagrins qu'elle se doute que la séparation risque d'être difficile. Et puis, Florent s'épanouit, il parle davantage et sort de sa torpeur, grâce aux soins et à l'attention de Paulette. Montréal, Nic et Kitty paraissent aux yeux de Gabrielle un changement de vie assez périlleux.

Paulette n'est pas étonnée : « Je savais qu'il reviendrait dès la réception de votre lettre. Il est très attaché à Florent. »

Pour ce qui est des mesures à adopter, elle suggère d'attendre deux choses : l'arrivée de Nic et la radiographie qui doit être prise le lendemain.

« Nous essaierons de faire ce qu'il y a de mieux pour Florent. Mais je ne vous cache pas que je le garderais si Nic acceptait. Je pense que le choc serait moins grand pour Florent de rester à Québec et de ne pas s'éloigner de vous. Vous êtes presque la Sainte Vierge dans son esprit. Ses prières le soir sont toutes pour Adélaïde et pour vous.

— Rien pour vous ?

— Il est très poli : il y en a pour Nic et pour moi aussi. Voulez-vous parler à Nic, Gabrielle, lui expliquer ? Je ne veux pas avoir à débattre de ceci directement avec lui. Je risque de perdre quelques arguments en sa présence. De toute façon, il faut attendre la radio.

— Vous vous rendez compte de ce que vous risquez si la radiographie montre des traces d'infection ?

— Vous avez risqué tout autant.

— Taisez-vous ! Si Edward vous entendait ! Et Georgina à qui j'ai juré que Reine n'était jamais en contact avec Florent ! Je n'ose même plus penser à mes enfants tellement j'ai peur d'avoir mal agi.

— Vous n'avez presque pas de contacts physiques avec Florent, ça devrait aller.

— Pourvu que vous disiez vrai. »

Il y a une lésion. Fine, mais quand même clairement présente au poumon droit. Hypnotisée, Gabrielle suit le doigt du médecin sur la grande photo noire où une petite cage thoracique blanchâtre apparaît. Il faut isoler Florent. Le plus tôt sera le mieux. Il y a un sanatorium pour nécessiteux et enfants orphelins en dehors de Québec où il reste peut-être des places.

Gabrielle explique que la mère et la sœur de Florent sont à Thetford Mines. Le médecin ne peut rien promettre : « Vous savez, il ne serait pas nécessairement placé avec elles. Il faut voir, faire les démarches. »

La mort dans l'âme, Gabrielle sort de l'hôpital avec Florent. Ils prennent le tramway et, comme toujours quand elle se sent perdue, Gabrielle se dirige vers la basilique. Florent, ébloui, admire les richesses et les beautés de l'endroit. Au bout d'une longue prière, Gabrielle s'assoit et lui pose directement la question : où veut-il aller ?

« Tu dois aller te reposer dans un hôpital. » Et Gabrielle explique que, même si c'est comme pour Mireille, l'issue ne sera pas nécessairement semblable. Il va guérir s'il se soigne, s'il se repose et s'il prie bien fort. Elle donne les explications nécessaires concernant chaque endroit et termine avec la possibilité que Nic veuille l'emmener à Montréal.

« À l'hôpital aussi ?

— Ça, j'ai bien peur que tu ne puisses pas éviter le sanatorium. »

Il prend le temps de réfléchir, puis il annonce à Gabrielle qu'il choisit l'endroit le plus près d'elle : « Maman est avec Doris et elle a moins besoin. Je sais que je ne pourrai pas voir Ada, mais peut-être vous allez m'apporter des mots, des histoires. Et puis aussi Paulette et Reine vont peut-être venir. Et Nic… comme dans le temps de la rue Arago. J'aimerais mieux ici, si c'est possible. »

Gabrielle promet de tout faire pour que ce soit comme il désire et elle promet aussi de ne pas le laisser sans visites au sanatorium. Ils allument des lampions : un pour Mireille, un pour Doris, un pour maman et, le plus joli, pour Ada.

Ensuite, chez Kerhulu, c'est Florent qui choisit les gâteaux qu'ils rapportent chez Paulette. Gabrielle se félicite de ce que Florent soit trop petit pour comprendre ce qui lui arrive jusqu'à ce qu'il lui dise en descendant du tramway : « La maman de Paulette, elle la protège dans le Ciel. Elle donne du courage. On aurait peut-être dû allumer un lampion pour elle, parce que ça marche, Paulette est beaucoup moins triste maintenant. Je vais peut-être avoir besoin de la maman de Paulette. »

Gabrielle promet d'aller en allumer un en revenant chez elle.

Ce qu'elle fait scrupuleusement, après avoir prié le Ciel qu'il fasse un effort pour Florent.

En arrivant rue Laurier, elle aperçoit Edward qui descend du taxi. Elle court vers lui, heureuse de le voir un jour avant la date prévue. Il a reçu un câble annonçant la date du retour de Nic : « Je suppose que tu sais tout ça avec son télégramme ? Il arrive le 20 au lieu du 30 juillet. Il a eu un mal fou à trouver une place, les bateaux sont pleins l'été. »

Gabrielle attend qu'ils en soient au dessert avant de parler de la santé de Florent. Si elle avait su, elle aurait attendu le lendemain. Edward est fou d'inquiétude. Il se met à parler comme si Florent allait mourir, comme si Adélaïde ne s'en remettrait pas, comme si Gabrielle était déjà à l'agonie, il ne voit que des catastrophes à l'horizon. Il l'assaille de reproches. Il est plus difficile de calmer Edward que de faire entendre raison à Georgina. Après des heures de discussion, Gabrielle réussit à obtenir sinon une attitude raisonnable, du moins une évaluation plus réaliste des problèmes en cause.

Mais le ton monte tout de suite quand il est question du sanatorium où Florent devra séjourner. Pour Edward, sans aucune discussion, ce sera Thetford Mines.

« Laisse-le avec sa mère et sa sœur. »

Gabrielle argumente en faveur du choix de Florent, puisque c'est de lui qu'il s'agit. Elle énumère les amis sur lesquels il peut compter en demeurant en ville, l'importance d'un bon moral pour guérir, l'importance du soutien des êtres chers. Rien à faire, Edward n'en démord pas : Thetford Mines, et c'est sans appel.

Cette fois, Gabrielle se fâche et continue son laïus sans égards pour Edward, son humeur de plus en plus sombre et son refus de discuter plus avant. Même la proposition de Nic et l'éloignement à Montréal ne l'ébranlent pas : Thetford Mines, point à la ligne.

« De toute façon, Nic est ridicule de s'imaginer pouvoir visiter un enfant une fois par semaine. Il a à peine le temps de poser ses valises qu'il repart.

— Laisse-lui au moins le droit de choisir ses priorités.

— Je vais tout faire pour le décourager, tu peux y compter. Florent chez Nic ! Et Kitty pour le bercer, peut-être ? Tu n'y penses pas, Gabrielle !

— Bon ! Très bien, Kitty n'est pas idéale. Nous parlons de sanatorium, pas de déménager Florent chez Nic. »

Edward se tait et se contente de marcher nerveusement dans le salon. Il finit par se planter devant Gabrielle : « Si Florent reste à Québec, n'importe où, s'il reste ici, Adélaïde entre pensionnaire en septembre. C'est l'un ou l'autre, Gabrielle. Pas de discussion. Et tu sais pourquoi et tu sais que j'ai raison. Réfléchis et donne-moi ta réponse quand tu seras prête. Et je ne changerai pas d'avis. Alors, inutile de discuter. »

Pour la première fois en onze ans, Gabrielle se met au lit avec un étranger. Fâchés, isolés dans leur position respective, ils se couchent raides, tendus, chacun de leur côté. Gabrielle entend le souffle faussement tranquille d'Edward. Elle sait très bien qu'il fait semblant de dormir. Profitant de sa ruse, elle se lève, passe son peignoir et sort sur le balcon qui domine le jardin sous la lune.

Il a raison, elle le sait. Mais le choix est cruel. Sa fille aînée, son Adélaïde absente, toute seule au pensionnat ou plutôt, entourée de petites filles trop pareilles pour l'intéresser, dans une promiscuité que son dédain des familiarités lui rendra insupportable. Adélaïde sans ses frères et sœurs, sans cette manière très particulière qu'elle a d'en prendre soin, de les protéger. Comme elle va souffrir ! Gabrielle a tant fait pour lui épargner le pensionnat. Et maintenant, si elle y va, ce sera à cause d'elle et de son entêtement.

C'est comme si on lui demandait de choisir entre deux de ses enfants. Florent n'a eu que des bribes de bonheur, si peu de confort, si peu d'amour. L'affection d'Adélaïde est la lumière de sa vie. C'est son courage et sa boussole. Mais Florent a besoin de contacts avec Nic, Paulette, Reine, Isabelle et elle-même. Lui retirer cela, c'est lui retirer ses raisons de lutter. Gabrielle ne compte ni sur Doris ni sur Malvina pour se soucier de Florent. Elles ont déjà beaucoup à faire avec leur propre santé. Elle sait par avance que si Florent va là-bas, il va protéger Doris et Malvina, se dévouer et s'en faire pour elles, et il ne trouvera pas de repos. Remettre Florent dans sa famille, c'est assurément l'achever ou alors retarder sa guérison. Elle ne peut s'y résoudre. Elle est persuadée que si elle le laisse partir loin d'elle, elle le perdra. Elle ne pourra jamais se rendre à Thetford Mines, elle va perdre le contact avec lui et il va s'étioler et redevenir un enfant vieux, un enfant muet et étranger à tout.

Elle ne peut même pas accuser Edward de mauvaise foi. Elle ne peut pas non plus se résigner à laisser Florent tout seul pour se battre. Elle comprend qu'elle devra demander ce sacrifice à Adélaïde. Elle revoit l'alignement de lits blancs de l'hôpital Laval et le corps malingre de Mireille, elle l'assimile au dortoir des Ursulines avec Adéla, sa secrète et mystérieuse Adéla, assise sagement au bord du lit bien fait. Elle imagine Florent et Adélaïde, chacun à sa place, dans la rangée infinie de lits, chacun loin de ses bras, loin de son amour protecteur, et elle se voit rentrer de ses visites à l'un ou à l'autre, écartelée entre ces deux pôles, essayant tout de même de maintenir l'espoir pour tout le monde. La tâche lui semble insurmontable.

Quand Edward ferme ses bras autour de ses épaules et la serre contre lui, elle se met à pleurer dans la lumière douce de la lune. Elle pleure sur l'enfance de sa petite fille qui s'achève, sur le temps si court des enfants qu'on garde dans ses bras, sur Florent si peu gâté par la vie et à qui elle veut donner au moins une petite chance d'avoir un jour dix ans. Elle pleure le dos abandonné contre le corps solide de cet homme qu'elle aime et qu'elle approuve, même si sa décision est dure.

Il la berce tendrement, la bouche contre son cou, il la berce et la tient si fort qu'elle a peur de perdre l'équilibre : « Gabrielle… jure-moi que je ne te perdrai pas. Je ne peux pas te mettre pensionnaire, tu comprends ? Jure-moi sur la tête de chacun de nos enfants que tu seras prudente, que tu ne feras rien qui te mette en danger.

— Comment sais-tu déjà ce que je vais décider ? »

Il la fait pivoter et tient son visage dans ses mains. Ses longs cheveux dansent dans la brise du soir, la lune fait briller les larmes sur ses joues. Du bout des lèvres, il embrasse chaque parcelle mouillée.

« Parce que tu as un tel sens de l'équité. Parce que Florent… Depuis Mireille, depuis l'instant où elle est tombée malade, il n'y a pas un jour qui s'est passé sans que je pense à la possibilité que tu sois infectée. Pas un jour, Gabrielle. Ça me réveille la nuit, je me penche sur ton visage, j'écoute ton respir et j'essaie de me raisonner. Alors, je devine comment tu peux t'inquiéter pour Florent rien qu'à voir combien je suis ravagé. Et j'estime que tu as de meilleures raisons que moi de t'inquiéter. »

Elle sourit et il la reprend dans ses bras : « J'ai eu si peur que tu m'en veuilles et me combattes à cause du pensionnat.

— Chut ! On n'en parle pas maintenant. On va essayer de faire reculer les petits lits blancs de toutes les sortes. »

*   *   *

Debout sur le pont du traversier, Gabrielle et Edward aperçoivent les enfants qui s'agitent et font de grands signes. Ils sont là tous les cinq, presque en rang de grandeur, tout joyeux et excités. Edward serre le bras de Gabrielle qui se mord les lèvres d'émotion : ses bébés, ses enfants, enfin ! Ils sont si beaux : Rose, habillée d'une robe à fleurs avec un nœud sur chacune de ses épaules déjà dorées par le soleil, tient la main de Guillaume qui se trémousse pour venir les rejoindre. Son bébé de quatre ans est déjà petitement dans sa barboteuse, Gabrielle le voit depuis le bateau. Fabien fait l'homme entre ses deux sœurs ; pour la première fois, Gabrielle lui trouve une ressemblance avec Edward. Béatrice est apprêtée comme Shirley Temple avec son costume de petit marin et Adélaïde fait contraste avec sa robe à pois toute simple. Isabelle se tient un peu en retrait avec Germaine.

Dès que le bateau accoste, Gabrielle se précipite et les prend dans ses bras. Son chapeau est malmené et elle perd pied, tellement l'assaut est total et enthousiaste. Elle rit et distribue des baisers au hasard, tombant sur une joue, un bras, une épaule.

Ça fait deux semaines qu'elle ne les a pas vus. Depuis leur naissance, c'est le plus long temps que Gabrielle a passé loin d'eux. Ils parlent tous en même temps, ils veulent tous être près d'elle, elle croit entendre qu'ils ont maintenant deux grenouilles et un chat adopté récemment par Rose, qui ramasse tout ce qui a l'air abandonné.

Germaine est presque aussi excitée que les petits, elle s'exclame, rit avec bon cœur et elle a trop chaud dans sa robe de coton pongé qui la serre à la taille.

Les nouvelles leur arrivent en vrac : la bicyclette que Fabien a presque cassée mais qu'il a réparée tout seul, les exploits de Béatrice au tennis, Guillaume qui a enfin compris et qui accepte de ne plus manger de cailloux, il se contente de les ranger dans des pots en verre pour les admirer et il dit des pots que « c'est des bedaines qui digèrent les cailloux pas comme ma bedaine », Rose qui a ouvert une bibliothèque publique avec leur réserve de livres pour tous les enfants de Sainte-Pétronille.

« Et toi, Adélaïde ? Raconte. »

Béatrice s'empresse de remplir le silence de son aînée : « Elle déserte tout le temps et on ne la trouve jamais. Par chance que Fabien en a le tour, parce que sinon, on la verrait pas de la journée !

— Béatrice, veux-tu laisser ta sœur parler ? Elle me le dira bien toute seule. »

Mais Adélaïde, à cheval sur la rampe de bois de la véranda, se contente d'agiter ses jambes et de contempler l'horizon. Germaine trouve que la position risque d'entacher ses qualités d'éducatrice : « Adélaïde, veux-tu te tenir, s'il te plaît ? »

Gabrielle intervient en faveur de sa fille et reporte l'attention générale sur Isabelle qui lui semble bien sage et discrète. Elle non plus n'a rien à dire… ou plutôt préfère ne rien dire, parce que Gabrielle la connaît, quand elle regarde comme ça, c'est qu'elle a un secret.

Germaine la presse de lui donner les dernières nouvelles et surtout ce qu'il en est du mariage de Reine. Edward se lève en annonçant qu'il connaît trop le sujet et qu'il va se changer en prévision de la baignade. Le temps que le brouhaha provoqué par cette annonce s'apaise, Adélaïde a disparu et Gabrielle rattrape Isabelle par le bord de la jupe : « Reste un peu, toi. Tu vas me dire ce que vous avez concocté comme mauvais coup ! »

Isabelle ramène habilement le sujet sur sa sœur et ses projets matrimoniaux. Comme les échos qu'en a Germaine viennent de Georgina, le mariage a l'air certain, si ce n'est imminent. Gabrielle essaie de faire valoir que des incertitudes planent, mais Germaine ne saisit pas ce qui peut causer le moindre doute. C'est Isabelle qui apporte la réponse : « Reine a changé, ma tante, elle ne veut plus se marier absolument.

— Mais pourquoi donc ?

— Peut-être que le remariage de maman lui donne à réfléchir. »

Là-dessus, Germaine ne peut qu'être d'accord. De prétendant hautement désiré, Hubert est devenu à ses yeux une engeance domestique dont pas une autre femme que Georgina n'aurait pu vouloir. Gabrielle étouffe le rire que suscitent les commentaires acides de Germaine qui prétend voir beaucoup d'attraits au célibat. « Il faudrait quand même qu'on cesse de considérer les célibataires comme des laissées-pour-compte. Il y en a de plus en plus qui restent filles, il faudrait qu'on cesse de déconsidérer ce choix.

— Tu devras faire campagne auprès de Georgina alors : elle est décidée à marier Reine, avec ou sans son consentement. »

Isabelle a l'air catastrophée. Elle essaie de savoir comment Reine prend la situation et se montre bien peinée pour sa sœur. Elle s'éclipse à la première occasion. Gabrielle y perd son latin : « Mais enfin, tu peux me dire ce qu'elle a ? En quoi le sort de Reine l'émeut autant ?

— Ah ! Elle est en âge, elle aussi ! C'est ce qui l'attend. Hubert n'a pas envie de faire vivre ses deux belles-filles indéfiniment.

— Je te ferai remarquer qu'il n'a pas à s'inquiéter beaucoup du prix que lui coûte Isabelle. Qu'il la laisse tranquille. C'est Edward qui en a la charge.

— On s'est remis à jouer au bridge chez les Thivierge, dernièrement.

— Ah bon ? Comment va Jules-Albert ?

— Fort bien. On lui a écrit de la Riviera italienne. Je crois que le célibat lui convient à lui aussi.

— Vraiment, Germaine, ne sois pas mauvaise langue.

— En tout cas, il regrette son coup, c'est pas assez de le dire !

— Bon ! Aboutis ! Germaine…

— Je soupçonne que Jules-Albert… ah ! je ne sais pas, c'est vraiment une intuition…

— Germaine…

— D'accord. Je te donne les faits, tu jugeras par toi-même. Mardi passé, Jules-Albert et Edwidge sont venus pour un bridge. J'attendais aussi Madame Thivierge, leur mère, mais elle n'était pas bien. Tu sais qu'elle a mal vécu la mort de son mari et l'échec du mariage avec Kitty ? Cette pauvre femme est morte de honte, Gabrielle, ni plus ni moins. Je pense que c'est pire pour elle que pour son fils.

— Oui, Germaine ?

— Isabelle a accepté de faire la quatrième… et quand elle jouait avec Jules-Albert, elle perdait tellement sa concentration qu'elle a contré une enchère qu'il faisait ! Il avait un valet de…

— Attends, attends ! Es-tu en train de me dire qu'Isabelle a du sentiment pour Jules-Albert Thivierge ?

443

— Elle s'est beaucoup améliorée au tennis. C'est pas pour rien que Béatrice a fait des progrès pareils : elle la traîne au tennis tous les jours. Adélaïde refuse d'être son esclave, mais Béatrice a beaucoup de plaisir.

— Il n'oserait quand même pas ! Germaine, c'est insensé, Jules-Albert n'a rien à y voir, quand même ? Il n'oserait pas ! Un homme marié ! Le double de son âge ou presque ! C'est scandaleux ! Tu m'étonnes : tu laisses faire une chose pareille, toi ? Mais où est ton bon sens ?

— Écoute, il n'y a peut-être qu'une rêverie de jeune fille là-dessous. Jules-Albert est irréprochable, comme tu sais. Il n'a jamais eu un geste ou un regard déplacé. Tu ne trouves pas qu'il est temps qu'Isabelle cesse de rêver à Nic ?

— Si c'est pour rêver à Jules-Albert, non, je ne trouve pas. Qu'est-ce que c'est que cette histoire de Nic ?

— Ma pauvre sœur, quand il s'agit de Nic, tu deviens aveugle, je pense !

— Quoi ? Qu'est-ce qu'il a encore fait ? Qu'est-ce que je n'ai pas vu ?

— Rien ! Rien… disons qu'il a tendance à faire rêver toutes les femmes et qu'il s'acharne sur la seule qu'il ne fait pas rêver.

— Kitty ? Il ne s'acharne pas, ce serait plutôt elle. Et qui te dit qu'elle n'en rêve pas ?

— Passons. Mais si tu ne sais pas qu'Isabelle avait un faible pour Nic, tu es très, très naïve. Dangereusement naïve.

— L'autre année ? Évidemment, mais elle avait quinze ans, presqu'une enfant !

— Gabrielle, tu es choquante ! Elle en a dix-sept maintenant et ça devient dangereux qu'elle rêve à Jules-Albert ?

— Mais enfin, Germaine, tu ne peux pas penser que c'est raisonnable. Il est marié, divorcé et il a été mon fiancé, ce n'est pas un parti souhaitable. Même Hubert serait d'accord, il me semble.

— N'en sois pas si sûre. Jules-Albert est médecin, il a du bien, il est établi et c'est encore un bel homme. Qu'y aurait-il de mal à lui donner une chance ?

— Qu'il la prenne avec une divorcée, sa chance, pas avec une vraie jeune fille qui a gardé sa réputation intacte. Germaine, je t'en prie, reviens au bon sens : un divorcé de trente-deux ans ! Ça ne se fera pas dans ma famille, je t'en passe un papier !

— Bon, très bien ! Je te pensais plus évoluée. La petite n'a rien à offrir, comme tu sais, elle devra se contenter de ce qui passe. Au moins,

Jules-Albert vient d'une bonne famille qu'on connaît et respecte, une famille de médecins de père en fils. Tu sais combien papa regrettait que notre tradition médicale s'achève à cause de ton refus d'épouser Jules-Albert. »

Gabrielle ne dit plus rien. Elle se contente de regarder Germaine et de faire les liens qui lui manquaient. Encore ce mariage raté, encore sa faute, comme si la destinée misérable de Jules-Albert lui était imputable à elle plutôt qu'à lui-même. Elle a la triste impression d'être revenue aux temps de la Bible où on devait réparation jusqu'à la septième génération. Sa sœur peut bien la traiter de non évoluée ! Encore heureux qu'elle n'ait pas décidé de réparer l'affront fait à Jules-Albert en lui promettant Adélaïde. À cette seule pensée, un frisson la traverse. Ses enfants, et Isabelle en est maintenant, ses enfants ne seront jamais du bétail à mariage. Jamais. Ils seront éduqués et ils auront le choix. Pas question de traiter les filles différemment parce que c'est du gaspillage en attendant le mariage.

Gabrielle se garde d'exprimer ses convictions à Germaine, mais elle a une envie furieuse de retrouver les enfants. Surtout Adélaïde.

Elle la trouve appuyée contre le mur gris de la grange, un livre sur ses genoux relevés. Adélaïde a l'air si concentrée qu'elle n'entend pas sa mère venir. Gabrielle s'assoit près d'elle et lui fait remarquer qu'elle va se gâter le teint à lire en plein soleil. Adélaïde ferme le livre : « Florent est malade, maman ? C'est pour ça que tu ne peux pas me regarder sans avoir de la peine ? »

Gabrielle soupire : cette enfant la connaît tellement ! Même si, depuis sa naissance, Gabrielle a l'impression qu'un lien spécial l'unit à sa fille, qu'elle peut décoder le moindre de ses appels, exprimé ou muet, elle est toujours étonnée que la réciprocité de cette connaissance puisse exister.

Malgré les réticences d'Edward, Gabrielle a décidé de tout dire à Adélaïde. Depuis le choc de Noël, elle demeure convaincue que la vérité apprise avec ménagement vaut toujours mieux que la brutalité du réel sur le rêve entretenu. Adélaïde aime trop Florent pour qu'on lui cache quoi que ce soit. Et même si Nic ne risque plus d'être manipulé par la petite fille, Gabrielle sait que rien n'empêchera Adéla de trouver une ruse pour désobéir et atteindre Florent. Elle préfère demeurer le principal lien entre les deux que d'être flouée parce qu'elle entretient un mensonge que sa fille combattra.

Elle lui raconte tout ce qui s'est passé, incluant Malvina, Doris, Paulette et Reine, et elle termine avec le problème posé par le choix du sanatorium et la décision d'Edward de mettre sa fille à l'abri de la contagion si jamais Florent reste à Québec.

Gabrielle attend patiemment la réaction de sa fille. Elle n'ajoute plus rien, estimant avoir tout dit. Adélaïde regarde au loin en réfléchissant. Le champ de blé s'incline sous la brise d'été, on dirait un bras invisible qui caresse les têtes chevelues qui jaunissent. Le mouvement est si onduleux, si frémissant qu'on le croirait issu des tiges. Un merle s'époumone près du toit de la grange. Toute la splendeur de l'été dans cet instant de perfection. Adélaïde pose la main dans celle de sa mère : « On va le faire pour lui, maman. Si on veut qu'il guérisse, il faut avoir un peu de courage, nous aussi. »

Gabrielle attire sa fille contre elle et la serre dans ses bras. Elle caresse les cheveux fous et embrasse son front haut et si racé. Sa fille n'est plus une enfant, sa première décision d'adulte est prise et les premières conséquences de celle-ci seront totalement assumées.

Gabrielle se sent à la fois triste et fière. Elle se promet de passer un mois d'août de vraies vacances avec Adélaïde.

Les enfants ont un plaisir fou à retrouver leurs vieilles habitudes. Déjà, avec les nouveaux occupants de la maison des Gariépy, les rapports n'étaient pas très chaleureux et ils ont trouvé l'adaptation à l'Île difficile sans leurs parents, ou du moins sans la présence constante et rassurante de Gabrielle. Cette semaine de retrouvailles est tout à fait gaie et, comme tous les enfants sont maintenant assez grands, ils se retrouvent en groupe pour tout entreprendre : nager, canoter, jouer au tennis, au croquet et même au théâtre. Béatrice a pu faire l'école à tout le monde sur la véranda à l'abri de la pluie pendant une longue journée, et sa plus grande victoire a été d'avoir le droit de punir Edward « pour insubordination avec Rose ».

Fabien n'a plus de peau saine sur les genoux tellement il est souvent tombé de bicyclette. Edward comprend d'où vient cette maladresse quand Fabien lui explique les tests de décollage et de freinage qu'il fait subir à l'engin pour mettre en pratique ses conclusions concernant la vitesse motrice et la force que requiert un avion pour décoller. Interloqué, Edward se fait enseigner les multiples problèmes de physique que pose le fait de voler.

Il n'y a qu'Isabelle qui s'arrange pour ne jamais se retrouver en tête-à-tête avec Gabrielle. Adroitement, dès que le risque d'une conversation privée se dessine, Isabelle trouve autre chose à faire, une urgence quelconque. Gabrielle lit clairement dans cette attitude qu'il y a tout lieu de s'inquiéter.

Edward trouve que les imaginations de Germaine ne devraient pas troubler le sommeil de Gabrielle. L'idée d'un tel mariage est si saugrenue qu'il faudrait être fou pour l'accepter.

« Qu'Isabelle trouve agréable d'être regardée langoureusement par ce grand niaiseux, je peux le comprendre. Mais jamais ta sœur ne va laisser sa fille se marier avec un divorcé. Jamais ! *No way.* »

Gabrielle a de sérieux doutes, le moindre n'étant pas le bon sens supposé de Georgina.

« Tu veux savoir, Edward ? Ce qui m'inquiète le plus là-dedans, c'est la pitié qu'éprouve Isabelle pour ce pauvre Jules-Albert. C'est plus dangereux que bien des regards langoureux. Isabelle est une dévouée et elle va vouloir consoler ce "grand niaiseux", comme tu l'appelles. Je te ferai remarquer qu'il t'a précédé dans mes fréquentations, alors un peu de respect !

— Avoue que tu l'as échappé belle et que tu veux rendre le même service à Isabelle. »

Il tourne autour d'elle, l'agace, lui vole sa brosse à cheveux et court dans la chambre pour lui échapper. Il s'enfarge dans la moquette, glisse et se tord le pied. Il rit et grimace en même temps : « C'est cassé, Gabrielle, je te jure. Va me chercher le grand niaiseux ! »

Il tient sa cheville en se berçant de douleur sur le plancher. Gabrielle essaie de le relever, mais il rit encore en protestant et en geignant. Au bout du compte, elle ne sait plus s'il a vraiment mal ou s'il se moque d'elle.

« Arrête de faire le cabotin ! Relève-toi. Tu as mal, oui ou non ? Edward ! »

Il se traîne jusqu'au pied du lit, s'y hisse difficilement, considère un instant son pied : « Je crois qu'un peu de glace ne me ferait pas de tort. »

Au bout de trente minutes, le pied enflé lui fait de plus en plus mal et Gabrielle commence à craindre de devoir vraiment aller chercher le grand docteur niaiseux. Elle sangle la cheville dans une bande de coton et l'attache avec des épingles à couches. Edward jure que ce n'est qu'une petite foulure et qu'on n'y verra plus rien le lendemain.

Jules-Albert diagnostique une vilaine entorse avec une possibilité de luxation ou de ligaments très malmenés. Quand il demande comment c'est arrivé, un silence subit suivi d'un fou rire partagé entre Gabrielle et son mari est tout ce qu'il obtient. Froissé, il fait ses recommandations à Edward et prie Gabrielle de lui accorder un entretien privé.

Gabrielle trouve beaucoup moins drôle le réel intérêt et le dévouement dont Jules-Albert témoigne à l'égard de sa nièce. Plutôt fraîche, elle le laisse parler un bon moment avant de lui demander de but en blanc quelles pourraient être ses honnêtes intentions, étant donné qu'il est marié.

« Mais ! Gabrielle… tu sais bien que mon mariage n'en est pas un.

— Ce qui ne fait pas de toi un célibataire aux yeux de l'Église ou de la loi. L'oublies-tu, Jules-Albert ?

— Non ! Non, bien sûr, mais… »

Il lui fait ses yeux d'épagneul fidèle, ce qui la rend légèrement plus coupante : « Mais ? »

Il déglutit avec peine : « Il me semble avoir fait preuve de tolérance et de patience avec Kitty. Est-ce que mes erreurs ne peuvent m'être pardonnées ? Tu penses que je suis condamné à la solitude pour expier un bref moment d'aberration ?

— Tu sais comme moi que des hommes mariés à des femmes enfermées à Mastaï restent mariés et qu'ils n'ont rien à expier. Tu as fait un choix malheureux, Jules-Albert, il n'est pas question de punition ou d'expiation, mais bien de vivre selon tes choix. Je ne vois pas en quoi Isabelle serait mêlée à cela.

— Non, bien sûr.

— Je suis certaine que je peux compter sur ton sens de l'honneur et des responsabilités.

— Évidemment !

— Une jeune fille de dix-sept ans peut ne pas mesurer le poids de certains gestes. Tu es un homme respectable et jamais tu n'encouragerais le moindre égarement, j'en suis convaincue. Sans parler de le solliciter. Peu importe ce qu'il t'en coûtera, je sais que je peux te faire confiance, n'est-ce pas ? »

Jules-Albert ne dit rien et semble calculer misérablement le prix qu'il lui en coûte déjà.

« Jules-Albert, souviens-toi de cette rencontre l'autre hiver et de ton chagrin d'alors. Je ne veux pas voir Isabelle peinée ou désolée à cause de promesses impossibles à tenir. Jure-moi que tu te tiendras loin d'elle, que tu ne joueras pas avec son cœur. »

Des yeux éblouis d'espoir la fixent : « Tu penses qu'elle éprouve quelque chose ? »

Imbécile ! ne peut s'empêcher de penser Gabrielle : « Quoi qu'elle éprouve, cela n'est pas envisageable, tu devrais être le premier à le dire. Jure-moi ! »

Ce qu'elle arrache comme serment lui semble bien apathique.

Gabrielle s'embarque avec un Edward claudicant et gauche qui bougonne à chaque fois que son élan est freiné. De la passerelle, elle se retourne et fait des signes joyeux à sa petite bande dépitée. Les enfants la voient partir à regret, même s'ils savent que l'absence sera de courte durée, et Gabrielle a le cœur gros de les laisser, même pour seulement cinq jours.

Les cinq jours passent très vite, d'ailleurs, parce qu'elle a beaucoup à faire et à organiser. Reine doit pratiquement leur servir de chauffeur à cause de la cheville d'Edward. Le médecin a décidé de faire un plâtre, ce qui rend Edward furieux : il déteste dépendre des autres et encore plus d'être ralenti. Comme descendre l'escalier lui prend à peu près dix minutes, Gabrielle est heureuse d'être le seul témoin de ses exploits et de ses écarts de langage.

Elle apporte à Florent les cadeaux d'Adélaïde. Le châle est immédiatement étreint comme s'il s'agissait de sa propre fille. Il l'embrasse, le caresse tendrement. Adélaïde a envoyé des histoires de son cru et des livres en expliquant que, même si Florent ne sait pas lire, les images sont très jolies et distrayantes. Rien qu'à voir Florent tourner les pages et demeurer de longs moments à examiner chaque illustration, Gabrielle sait que sa fille avait raison. Enfin, elle lui tend le kaléidoscope, jouet de sa petite enfance à elle : « Je sais que tu l'aimes depuis longtemps. Tu le regarderas si tu trouves les murs trop tristes. »

C'est un Florent courageux et muni de tous ses gris-gris que Paulette, Reine et Gabrielle vont conduire à l'hôpital Laval.

Gabrielle essaie de ne pas s'appesantir sur la tristesse de la salle, sur l'alignement infini des lits, sur les yeux si graves de Florent, sagement assis dans son lit, les épaules entourées du châle coloré, seule tache vive de toute la salle.

Il a l'air d'un petit oiseau exotique perdu dans l'hiver, se dit Gabrielle. Dieu merci, Adélaïde ne verra jamais ça.

Au retour, dans la voiture, le silence pesant n'est interrompu que par le bruit rythmique des essuie-glaces.

Elles sont presque à la porte de chez Paulette, quand celle-ci demande si Nic arrive bien le lendemain.

« Son bateau arrive aujourd'hui à Montréal et il a câblé qu'il serait à Québec dès demain. »

Reine arrête la voiture et se tourne vers ses compagnes : « Bon ! Ça suffit ! On ne l'a pas enterré, on l'a emmené se faire soigner. C'est le début de la guérison, pas la fin. On ne se permet plus d'être aussi pessimistes, sinon on va lui porter malheur. D'accord ? S'il y en a un de la famille Gariépy qu'on va sauver, c'est bien celui-là. »

Étonnée de cette belle autorité, Gabrielle applaudit et promet, tout comme Paulette, de tabler sur un avenir heureux.

* * *

Gabrielle devait attendre Nic à la gare en compagnie de Reine, leur chauffeur attitré. Hubert, toujours sévère depuis le refus de sa belle-fille d'accepter son candidat au mariage, interdit à Reine de quitter la maison ce matin-là, sous le prétexte d'une discussion urgente. Gabrielle saute dans un taxi et arrive tout juste à l'heure à la sortie des passagers.

Nic ne pouvait rêver d'un retour plus magnifique : immobile dans un trait de lumière oblique qui tombe de la rotonde, Gabrielle lui fait signe. Longiligne dans sa robe en tissu léger joliment ligné aux couleurs des bonbons forts, elle s'avance vers lui en ajustant son gant. Les yeux gris acier, abrités par le bord du chapeau de paille, se lèvent vers lui.

Le cœur fou, il la boit quasiment du regard en se répétant que ça y est, il y est, il est arrivé à bon port. Depuis qu'il a lu sa lettre, il n'a eu de cesse qu'il revienne et qu'il lui parle enfin.

Son sourire le chavire : « Ne soyez pas si inquiet. Venez, je vais vous expliquer. »

Il la suit, envoûté. Il s'arrête brusquement à la sortie : « Attendez ! Ma valise. J'en oublie ma valise ! »

Une fois qu'ils sont installés dans le taxi, elle lui fait un résumé des événements qu'elle ne termine qu'en arrivant rue Laurier.

Ce n'est que plus tard, une fois assis dans le jardin avec un bourbon qui risque de causer des problèmes de mobilité à Edward, que Nic reprend le sujet qui les préoccupe. Malgré son envie furieuse d'emmener Florent visiter les plus grands spécialistes de Montréal ou de New York, Nic est d'avis de le laisser là où il est, certain que la proximité de Gabrielle va accélérer le rétablissement.

« Il n'y a pas que moi, Nic, Paulette aussi s'y est attachée. Et Florent l'apprécie beaucoup. Je crois que ces deux-là sont d'un grand secours l'un pour l'autre. »

Gabrielle lui apprend le deuil de Paulette, l'accueil que celle-ci a réservé à Florent, les soins dont il a été l'objet.

« Comment va-t-elle ? Mieux ? Je ne peux même pas lui écrire une lettre de condoléances, c'est ridicule ! »

Edward soutient que oui, que la bienséance l'exige d'ailleurs, mais Gabrielle est d'accord avec Nic : le moindre signe de sa part est bien risqué. Paulette se remet lentement et la rechute menace toujours.

Edward est bouche bée : « Eh bien ! Mon vieux, t'es une infection du cœur à toi tout seul !

— Et Adélaïde ?

— Tu vas faire le tour du harem en plus ? On en a pour la nuit ! »

Gabrielle explique le choix du pensionnat et elle guette du coin de l'œil la réaction d'Edward devant son récit. Nic ne dit rien et Edward demande à Gabrielle de tout révéler. Devant l'air étonné de celle-ci, Edward ajoute : « Dis-lui aussi ce qui est arrivé juste avant Noël, quand tu as eu cette brillante idée d'emmener notre fille voir Florent de loin. Raconte comment elle était, combien de larmes et de peine on a bercées, consolées. Vois-tu, Nic, Adélaïde fait ce qu'elle veut de sa mère… et de moi. Si elle est ici, elle va trouver moyen de nous enfirouâper pour aller voir Florent. »

Nic se tait, mal à l'aise, incapable de regarder Gabrielle.

« Edward, on ne va pas en parler deux heures, quand même ? C'est entendu, le pensionnat en septembre pour Adélaïde et vous allez voir que Béatrice va trouver le tour d'être jalouse et de vouloir y aller aussi. Parlez-nous de l'Europe, Nic. C'était beau ? Et Kitty ? Comment va-t-elle ? »

Nic répond que Kitty est restée en Europe, mais qu'il préfère ne pas en parler, qu'il est possible que des changements surviennent. Outre Kitty, son périple lui laisse une drôle d'impression. Un malaise. L'ambiance a changé, les gens sont nerveux, la reprise économique attendue n'arrive pas. Il décrit une sorte de frénésie inquiète. Plusieurs entreprises avec lesquelles il avait des projets ont fermé ou changé de propriétaires. En Allemagne, c'est flagrant : un homme d'affaires sur deux avec qui il avait des contacts est parti. Ou il a vendu ou il a été rétrogradé. Les changements politiques font très mal aux Juifs, ils sont écartés systématiquement des postes de pouvoir.

« Je ne sais pas ce qui se passe, ce n'est rien de précis, mais le marché est encore plus fragile qu'il ne l'était en 32, plus fluctuant. Les gens sont devenus plus suspicieux, ils veulent savoir à qui ils auront affaire, à quels types d'intérêts financiers ils s'allient. On ne m'a jamais demandé auparavant la nationalité des hommes d'affaires avec lesquels je transigeais. Jamais. Là… j'ai vite compris que j'étais aussi bien de ne pas citer le nom de notre ami Stephen. Ils ne le disent pas, mais dès qu'ils entendent le nom de Stern ou n'importe quel nom à consonance juive, ils reculent.

« Il m'est arrivé quelque chose d'étrange à Hambourg. J'avais fini mes négociations et nous étions tous allés dîner dans un restaurant réputé, près du quartier juif. Je suis sorti très tard du restaurant et… plutôt de bonne humeur. J'étais seul. J'avais décidé de marcher jusqu'à mon hôtel, question de faire passer l'effet de l'alcool. J'ai entendu des pas derrière moi, mais je n'ai vu personne. J'étais rendu dans une impasse sombre, un vrai coupe-gorge, quand quelqu'un m'a saisi par la veste. J'ai failli le tuer, le pauvre. C'était un ancien client, le directeur d'une grosse firme exportatrice de diamants. Il m'a expliqué qu'il devait fuir Hambourg, qu'il avait peur, qu'il était l'objet de harcèlements de toutes sortes, que des choses graves et dangereuses le menaçaient, lui et sa famille. Il était manifestement terrorisé. Il parlait bas et vite et il tremblait. Il avait l'air à bout. Il voulait de l'argent. De l'argent américain, pas des marks. *Cash.* Il voulait me vendre des bijoux anciens, montés par son grand-père et restés depuis dans la famille. Il a sorti une pochette qu'il m'a tendue : elle contenait des parures de diamants et saphirs. Je ne pouvais pas distinguer grand-chose, mais c'était lourd. Il savait où j'étais descendu et il m'a dit que si j'acceptais, il viendrait le lendemain à la nuit avancée derrière l'hôtel pour me rencontrer. Il aurait les bijoux qu'il me remettrait si j'avais la somme. Et la somme… c'était ridicule si les bijoux valaient vraiment ce que je pensais. J'avais l'impression de le voler. Comme je le connaissais, je lui ai offert de lui prêter l'argent. Qu'il garde les pierres précieuses pour une urgence et qu'il me signe un papier. Je ne peux pas vous décrire le visage de cet homme. On aurait dit qu'il allait pleurer, il a serré mon bras convulsivement en disant : "Mon ami, mon ami, vous ne savez pas ce qui se passe ici. Jamais je ne vous ferais prendre un tel risque. Votre nom sur un papier signé par moi ? Ce serait vous embêter pendant des années, vous bloquer des contrats avec l'Allemagne. Je ne sais pas si je vivrai dans six mois, mais si je vis, ce sera grâce à vous et à ces bijoux. Je ne veux pas d'argent si vous ne prenez pas les bijoux." Je me suis entendu avec lui et je lui ai apporté la somme. Il y avait beaucoup de pierres et j'ai refusé de tout prendre. Je lui ai laissé tout ce qui n'était pas monté. Il devait s'embarquer avec ses enfants pour New York. Il pourra se débrouiller avec les pierres pour son arrivée là-bas. Je lui ai donné ma carte pour qu'il me joigne en cas de difficultés. Il l'a déchirée après avoir appris son contenu par cœur, m'assurant qu'il n'oublierait pas. Je ne sais pas si la peur de cet homme était maladive ou justifiée, mais pour moi, elle décrit absolument l'ambiance qui règne là-bas. Les gens sortent du pays par centaines et… je ne sais pas, je préfère savoir Stern ici. »

Il sort une pochette et la dépose sur la table de fer forgé. C'est à Edward qu'il s'adresse : « Comme tu sais, mon vieux, je n'ai pas d'épouse et j'ai une sœur à qui je n'ai plus envie de faire de cadeaux. Je voudrais bien que Gabrielle accepte ceci. Aussi, si c'est toi qui le lui offres, ce sera plus facile. »

Gabrielle repousse la pochette vers Nic en décrétant qu'il n'en est pas question. Edward se dépêche de dire que ça ne le regarde pas.

Nic ouvre la pochette : « Alors, faites-moi une faveur, Gabrielle. Quand je les ai vus, j'ai pensé immédiatement que ces bijoux étaient faits pour vous. Mettez-les un instant que je voie si je me suis trompé. »

Dans ses mains, deux magnifiques pendants d'oreilles scintillent. Des diamants très purs entourent des saphirs d'un bleu rare et profond. Une bague splendide, de forme oblongue, très fin XIXe, contient à elle seule au moins quatre carats de diamants finement taillés.

Gabrielle porte la main à sa bouche : « Mon Dieu ! Quelle merveille !

— Prenez-les, Gabrielle, vous êtes la seule à pouvoir porter autant de pierres sans perdre votre élégance. Montrez-nous au moins. »

Elle glisse la bague à son doigt et prend les pendants d'oreilles. Le soir tombe et, dans la lumière rosée du jardin, les yeux gris, magnifiés par le bleu des saphirs et l'éclat des diamants, prennent une luminosité irréelle. Les deux hommes se taisent et la contemplent en silence. Gênée, Gabrielle se lève : « Je vais aller voir par moi-même puisque vous êtes si bavards. »

Edward prend la pochette et joue avec : « Je ne sais pas ce que valent ces bijoux, mais je te les achèterai.

— Ils sont à toi, Edward. Ces pierres ont peut-être sauvé la vie de quelques personnes. J'aurais mauvaise conscience de les vendre, leur valeur est au-delà de l'argent. C'est une sorte d'œuvre d'art et je voudrais que ce ne soit que donné, jamais vendu. S'ils le sont un jour, il faudrait encore que ce soit pour sauver des vies. Si j'osais, je te les donnerais à la condition expresse qu'ils soient remis plus tard à Adélaïde. C'est la seule qui a les yeux de sa mère. »

Ce soir-là, quand Gabrielle trouve la pochette sur son oreiller, elle explique à son mari que le cadeau est évidemment hors de prix et qu'il ne peut l'accepter pour elle, que ce serait déplacé.

« Gabrielle, je connais Nic depuis mon enfance, il a acheté ces bijoux pour sauver un homme, pas pour faire de l'argent. Il fait une grosse différence entre ces deux choses. C'est un homme d'affaires impitoyable, méconnaissable quand on ne l'a vu que dans des salons, mais c'est aussi un ami des plus fidèles, des plus loyaux. Si tu refuses ces bijoux, personne ne les aura jamais, il n'en fera rien parce que, pour lui, sauver une ou des vies te ressemble. Pour Nic, c'est une générosité qui t'appartient, qui ne va qu'à toi. Convenable ou pas, ce cadeau est pour toi. Je le sais. Il me les a remis pour que tu puisses les accepter. Fais-le. »

Les pierres luisent dans ses mains, admirables d'éclat et de raffinement : « Tu n'as pas peur que ce soit… mal interprété ?

— Mais on ne le dira pas ! C'est moi qui t'ai offert les diamants, l'estorlet. Pas Nic ! »

Elle glisse la bague à son doigt : évidemment, elle ne peut nier qu'elle lui va à merveille.

« Tu n'es pas jaloux ? Tu n'es pas froissé par une pensée pareille ? »

Il admire les reflets changeants de la bague : « J'étais le préféré de Mummy. Quand Nic est arrivé, j'ai eu envie qu'elle l'aime, qu'elle le protège, sans avoir peur qu'elle cesse de m'aimer ou qu'elle m'aime moins. Pour Nic et toi, ça a été pareil. Je sais que j'ai reçu beaucoup plus que Nic… Quand je te regarde avec nos enfants, quand tu fais ton chignon le matin devant le miroir, je sais que nous n'aurons jamais autant d'argent que Nic et que je serai toujours plus riche que lui. Pour moi, Gabrielle, notre union est une certitude. »

La bague reste au doigt de Gabrielle.

* * *

À peine Nic et Edward sont-ils partis pour le bureau que le téléphone sonne. Gabrielle entend la voix énervée de Paulette et ressent immédiatement un pincement d'angoisse. Ce n'est pas Florent, c'est Reine qui inquiète son amie.

Tard la veille au soir, Reine l'a appelée d'une cabine publique en pleurant et en murmurant qu'elle ne pouvait pas faire autrement et qu'elle épouserait Jean-René.

« Je suis au bureau, Gabrielle, et de toute façon, je ne peux pas me présenter chez elle. Allez aux nouvelles et donnez-m'en, voulez-vous ? Je suis très inquiète. »

Au téléphone, Georgina explique posément que Reine ne peut servir de chauffeur à sa tante aujourd'hui : « … ni d'ailleurs jusqu'à la fin du mois. Nos préparatifs pour le départ à l'Île vont la retenir à la maison. De toute façon, tu as amplement les moyens de te payer un taxi. »

Irritée, Gabrielle raccroche : ce ton, ces façons ne sont pas de Georgina. La volonté d'Hubert commence à faire corset sur l'esprit de sa sœur et le pire est à craindre.

En fin de matinée, Gabrielle s'arrête « en passant » chez sa sœur. Quand elle monte voir Reine, qui a un malaise selon Georgina, elle la trouve assise dans son lit, les yeux rouges et enflés et l'air amorphe, résigné. Georgina, comme une teigne, ne bouge pas de son chevet.

Gabrielle essaie de capter le regard de Reine, mais celle-ci fuit son insistance et fixe le crucifix sur le mur devant elle.

Seule avec Georgina, Gabrielle essaie d'en apprendre davantage, mais elle n'obtient que le silence buté de sa sœur. À la fin, n'en pouvant plus, Georgina explose : « Elle se marie, Gabrielle, et il n'y a pas à revenir là-dessus ! Elle se fiance à l'Île pas plus tard que dans dix jours et elle se marie en décembre. Toutes les dispositions sont prises et Jean-René est parfait pour elle. Je te prierais de ne pas t'en mêler. Pour ce que tu sais des bons mariages, de toute façon ! Échauffer l'esprit de mes enfants et les inciter à la désobéissance est une faute grave que j'aimerais te voir éviter.

— Tu es sûre que Reine est heureuse de ce mariage ?

— Elle a aussi un devoir. Ça suffit, les discussions sur le bonheur ! Tu sais combien Reine a coûté à Hubert depuis un an ? Il a fait les calculs précis et on n'a pas les moyens d'attendre le bonheur ou des fadaises pareilles. Avec les idées de cette… Paulette, elle va rester ici toute sa vie. Hubert ne m'a pas épousée pour entretenir deux vieilles filles incapables de se montrer aimables et serviables à son égard, et je le comprends. Il est grandement temps que l'autorité familiale se fasse sentir. Ces enfants ont été gâtées pourries ! Et ne viens pas lever le nez sur le candidat. Il a un emploi et ce n'est pas de la charité publique. De nos jours, un emploi et de la tempérance, c'est tout ce qu'on peut rêver. T'aurais l'air fin si ma fille finissait par épouser un "vingt cennes" à cause de tes arguments de génie sur le bonheur ! »

Un vingt cennes ! Gabrielle se dit que sa sœur ne l'a pas trouvé toute seule, son argument ! Ces pauvres garçons enfermés à Valcartier, qui gagnent vingt cennes par jour à même les fonds publics sont évidemment l'exemple même que ça prenait pour pousser Reine au désespoir. Gabrielle quitte cette maison avant d'entendre l'intégralité du discours que Reine a subi et qui l'a convaincue d'accepter Jean-René. Elle va attendre Paulette à la sortie de son travail et la raccompagne chez elle. Paulette craignait ce genre de chose, elle sentait la tension monter chez Reine et elle savait que le beau-père tenait des comptes exacts. Elle croit qu'Hubert a présenté les choses simplement : ou elle rembourse et paie dorénavant l'exacte somme qu'elle leur coûte, ou elle se marie et il considère cette année de dépenses comme la raison majeure de l'absence de dot.

Gabrielle est outrée, scandalisée, ce qui fait sourire Paulette : « Vous êtes une batailleuse, Gabrielle, vous n'imaginez pas comme les femmes ont du mal à trouver les ressources intérieures pour s'opposer aux abus dont elles sont victimes. Pour elles, ça fait partie du sacrifice exigé par Dieu. On n'empêchera pas ce mariage parce que c'est Hubert qui l'a décidé. Ce serait sa mère… »

Elles arrivent dans la 4e Rue. Des enfants jouent à la balle et crient. Les fenêtres ouvertes laissent voir des pans de vie, des gens qui, appuyés au rebord de la fenêtre, les coudes sur un oreiller, observent ce qui se passe.

« Vous n'avez pas le temps pour un thé, je suppose ? »

Gabrielle n'a pas le temps, c'est vrai, elle devrait préparer le souper pour Edward et Nic qui vont revenir dans une heure et demie, mais elle n'a pas le cœur de laisser Paulette rentrer seule dans son appartement : « J'en meurs d'envie, même si je n'ai pas le temps ! Venez. »

Un long silence a précédé la question timide de Paulette : « Nic est encore à Québec, ce soir ? », et Gabrielle comprend d'un coup ce qu'est l'enfer. « Vous voulez en parler ?

— J'ai pensé que ce serait aussi bien de le savoir par vous que par Florent. Je ne veux pas qu'il s'empêche de me parler de ses joies. Il en a peu et Nic est une de ses joies.

— Il repart demain. Il ira voir Florent ce soir… enfin, maintenant. »

Paulette se contente de répéter « maintenant » et elle se tait.

Gabrielle pose sa tasse et Paulette est distraite de ses pensées : « Cette bague est splendide. Je ne vous l'avais jamais vue. »

Stupidement, Gabrielle se sent intimidée, comme si elle avait volé le bijou. Elle tend la main et laisse son amie l'étudier.

« C'est un bijou ancien, non ? Je suis certaine que Reine n'aura pas le dixième des pierres qu'il y a sur cette bague pour ses fiançailles.

— C'est un cadeau d'Edward pour notre anniversaire de mariage, il l'a acheté à… à un client en difficulté. »

Paulette a un sourire triste : « Je vais vous obliger à aller à confesse si ça continue. Ne soyez pas si délicate, Gabrielle. Edward a demandé à Nic de vous la rapporter. C'est un bijou fait dans les vieux pays, c'est évident. Et ça ressemble au goût de Nic.

— C'est vrai. Edward l'a demandée à Nic.

— Ne m'épargnez pas comme ça, vous me donnez l'impression d'être une faible femme. »

Sans aller jusque-là, Gabrielle se dit qu'il y a moyen d'épargner la sensibilité de son amie. Ce n'est d'ailleurs que devant Paulette que Gabrielle ressent l'extravagance du cadeau de Nic et l'impossibilité d'expliquer la nature si unique de cette relation.

« Paulette, vous pensez qu'un jour vous pourrez le voir sans avoir mal ?

— Il va falloir qu'un jour je puisse le voir à cause de Florent. Sans mal, ça je ne sais pas. Sans espoir serait déjà une belle réussite. Ne soyez pas si désolée, Gabrielle, les risques étaient les miens, les conséquences aussi. Nic n'a pas mal agi.

— Vous êtes certaine ? Je ne pourrais m'empêcher de lui en vouloir s'il avait mal agi. »

Paulette contemple un instant l'idée de cette vengeance terrible pour Nic, le rejet de sa précieuse Gabrielle. Dès que la pensée l'effleure, elle ferme les yeux de dégoût vis-à-vis d'elle-même, vis-à-vis de cette jalousie incoercible qui la submerge : « Non, Gabrielle, Nic n'a pas mal agi. Il ne m'a pas aimée, c'est tout.

— Vous préférez être prévenue quand il est en ville ?

— Oui, parce que je n'irai pas voir Florent à ce moment-là. Je ne veux pas risquer de le rencontrer par hasard. Le jour où on se verra, ce sera une décision.

— Paulette… vous ne vous sentez pas trop seule ?

— Oui, je me sens trop seule sans maman et sans Florent. Mais, vous savez, je pense que c'est moins dur que ce que vit Reine. »

Elles ont beau en débattre et analyser l'affaire sous toutes ses coutures, elles ne voient pas comment aider Reine.

Et la décision lui revient.

Les jours qui suivent sont fous. Edward doit partir à Montréal avec Nic afin de régler de graves problèmes de personnel. Depuis que la Crise a affecté l'emploi, les Canadiens français sont plus sensibles aux licenciements effectués à leur détriment et au profit des étrangers ou des Anglais. Non seulement la xénophobie est en recrudescence, mais un fort mouvement d'exaspération gronde dans la population francophone : à Montréal, il est plus facile de trouver du travail si on est anglophone unilingue que si on est francophone bilingue. Edward a souvent essayé d'alarmer Nic, mais celui-ci ne voit ni n'entend le problème. Pendant son absence, un *manager* a licencié dix personnes et les dix étaient francophones. L'entreprise de Nic a perdu à cause de cette initiative vingt pour cent de ses effectifs francophones, ce qui évidemment crée des remous graves. Cette fois, la menace de mesures d'intimidation est flagrante : le *manager*, furieux d'être remis en question, veut continuer son ménage et mettre dehors tous ceux qui rouspètent et même tous ceux qui osent lui répondre uniquement en français. Nic a enfin compris qu'il était temps de prendre en considération les multiples avertissements qu'Edward lui a servis.

Gabrielle, de son côté, s'emploie à faire fléchir Georgina, mais l'endoctrinement conjugal a été sérieusement mené et chaque argument est réfuté par une Georgina intraitable. Bien sûr, inutile d'essayer de voir Reine. Même l'obligation pour Gabrielle de se rendre à l'hôpital en tramway si Reine ne la conduit pas ne fléchit pas Hubert : les risques de contagion lui interdisent de jouer avec la santé de sa belle-fille, surtout pour le bénéfice de l'enfant de la bonne. « Ce serait quelqu'un à qui on doit des politesses, je ne dis pas. Mais risquer sa santé pour la valetaille, non, pas chez moi. » Cela dit, Hubert considère le sujet clos.

Gabrielle n'en peut plus de ces entêtements rigides et elle reporte son attention sur Florent, toujours si heureux de la voir, toujours si touchant. Il lui remet des dessins pour Adélaïde et lui demande d'écrire pour lui le message d'anniversaire qu'il souhaite lui faire parvenir.

Le problème de l'éducation de Florent tracasse Gabrielle. On peut espérer qu'il sortira du sanatorium dans deux ou trois ans, il aura alors presque dix ans et ne saura ni lire ni écrire. Les longues heures à rester couché dans son lit à ne rien faire, à attendre une visite ou à penser seront très éprouvantes. S'il pouvait lire au moins, Gabrielle lui fournirait des moyens de s'éduquer. Florent lui a montré les livres d'images et de dessins apportés d'Europe par Nic. De vraies merveilles, des œuvres d'art que Florent examine des heures durant. Gabrielle constate qu'encore une fois Adélaïde et Nic ont eu la même intelligence de Florent.

Si Nic n'avait pas promis de revenir avec Edward pour assister à l'anniversaire d'Adélaïde à l'Île, Gabrielle aurait invité Paulette. Elle déplore tellement que ces deux-là ne se soient pas entendus.

Ce soir-là, seule dans sa grande maison, Gabrielle prépare les quelques effets pour l'Île. Une fois les cadeaux d'Adélaïde enveloppés, elle écoute de la musique à la radio et s'endort presque dans le sofa du salon. Avant de coiffer ses cheveux pour la nuit, elle essaie les pendants d'oreilles et s'examine dans le miroir. L'effet des pierres sur la couleur de ses yeux est vraiment remarquable. Soudain, elle repense à la robe de chiffon gris perle qu'elle portait lors de la réception chez les Stern. Elle la sort et la passe en vitesse.

Voilà. Elle en était sûre. Voilà ce que Nic a recherché : l'harmonie totale, chantante des gris et des bleus, tout s'accorde, se répond, se correspond, tout vibre du même éclat sourd d'élégance. Elle retire les bijoux et se regarde attentivement. En un éclair, elle comprend ce que le regard de Nic apportait de lustre dans la vie de Paulette. Elle sait que jamais elle ne portera ces pendants d'oreilles devant Paulette. Jamais.

* * *

Sur le traversier, alors qu'un méchant vent force Gabrielle à tenir son chapeau à deux mains, Nic explique le malentendu qui a provoqué la rupture avec Kitty.

Le baron ou le comte, Nic ne veut pas le savoir, l'homme de la noblesse italienne qui avait un sérieux penchant pour sa sœur est membre du parti de Mussolini. C'est un fasciste convaincu et sa prospérité n'est pas sans finasseries à peine légales. Son titre de noblesse est authentique, mais son comportement accuse un sérieux manque de l'esprit d'élite dont il se réclame. La corruption règne dans tous les aspects des activités de cet homme, incluant ses liens avec Kitty. Son grand divertissement est de donner des fêtes qui durent trois jours et où la dépravation tient lieu d'amusement et de plaisirs.

Gabrielle s'étonne que Nic ait laissé sa sœur en de si mauvaises mains.

« Elle a refusé de me suivre, qu'est-ce que vous pensez ? Elle m'a dit qu'il me fallait choisir entre elle et mon éternelle *business*. J'ai choisi. Elle s'est entêtée.

— Allez-vous aller la chercher ? Vous ne la laisserez pas là-bas, Nic ?

— Aux mains de l'ennemi ? Vous savez l'âge qu'elle a ? Trente et un ans ! Elle a encore mon adresse et elle peut aussi téléphoner même si ça prend deux jours pour obtenir la communication. Vous trouvez que j'ai tort de la laisser réfléchir ?

— Si elle réfléchit, non.

— Elle va y venir… ou alors, je le ferai pour elle. »

Edward demande s'il a l'intention d'aller visiter son beau-frère. Gabrielle lui jette un regard vif : « Si tu ne veux pas te luxer l'autre cheville, toi, tiens-toi tranquille ! »

Nic ne comprend pas : le beau-frère a-t-il battu Edward ?

« Non, Nic, c'est moi qui l'ai battu ! À plates coutures, encore ! Désolé de te demander ça, Nic, mais ferais-tu le *butler* pour moi ? »

Nic reconduit Edward dans la voiture qu'ils ont prise pour effectuer le déménagement et que Nic se charge de conduire. Gabrielle, demeurée sur le pont, arrive avant eux pour serrer ses petits dans ses bras.

Malgré que sept mois se soient écoulés, Nic retrouve Germaine et les enfants avec l'aisance de quelqu'un qui est parti la veille.

*   *   *

Les cadeaux de Florent mis à part, c'est ce que Nic lui a apporté qui ravit le plus Adélaïde : un livre relié plein cuir contenant les photos de l'Île des étés précédents. Gabrielle reconnaît le même présent que Nic a offert à Florent au printemps dernier, ce qui plaît encore plus à sa fille : « Quand je serai au pensionnat, je vais le garder, comme Florent à l'hôpital, et on aura chacun un petit peu de l'autre en faisant la même chose. »

La première photo est celle de Florent debout dans la neige devant la grange. La deuxième est le premier château de sable qu'il a construit sur la plage de l'Île. La troisième photo laisse Gabrielle sans voix : elle a été prise à son insu, probablement le matin qui a suivi la noyade des Gariépy. Les cheveux défaits, le col de sa robe ouvert, Gabrielle se tient de profil et regarde devant elle, le visage détendu et ouvert. Sur ses genoux, confortablement appuyée contre son sein, les cheveux fraîchement tressés, Adélaïde a un profil tout à fait semblable à celui de sa mère. Sauf pour la rondeur des joues, la mère et la fille sont en tous points pareilles. Adélaïde aussi regarde devant elle, son sourire est éclatant, le sourcil relevé indique un étonnement dont on ne voit pas la cause. La longue main de Gabrielle est au premier plan, posée sur l'épaule de sa fille. Une main très nue, très belle qui caresse le velouté de la peau sous la petite manche de la jaquette de coton.

« Tu vois, maman, ça, tu le fais toujours comme ça : la main qui nous chatouille doux. J'ai rien qu'à la regarder et je sens ta main.

— Mais où était Nic ? Comment a-t-il fait ?

— C'est sur la véranda, le bout en rond. Nic était dans le salon, il a pris la photo par la fenêtre ouverte. Il dit qu'on ne l'a pas vu parce que papa arrivait. Il dit que deux secondes après, je suis partie à courir vers papa. »

Gabrielle, pour sa part, trouve la photo un peu intime, mais elle ne veut pas décevoir Adélaïde le jour de son anniversaire. Elle la borde, caresse son front : « Tu es contente ? C'était une belle journée ? »

L'étreinte qu'elle reçoit est toute une réponse.

Le mariage de Reine occupe une large part des conversations. La lettre que Germaine a reçue laisse entendre que tout le projet enchante Reine et que l'atmosphère est à l'allégresse. Isabelle ne dit pas un mot, ce qui agace encore plus Gabrielle. Elle essaie de la faire parler, mais elle n'obtient que l'habituel : « Je ne le connais même pas, ma tante ! Comment savoir ? » Gabrielle ne peut pas admettre que cela puisse se faire.

Ils doivent quitter l'Île dans trois jours et laisser la famille Duquette prendre ses quartiers de villégiature.

Gabrielle marche de long en large dans leur chambre alors qu'Edward, le plâtre posé au bord de la fenêtre, la supplie d'arrêter son manège, parce qu'il a mal au cou à force d'essayer de la suivre. Elle se plante devant lui : « Tu sais ce qui va arriver, Edward ? Reine et Isabelle vont faire du ménage et de la cuisine pendant que Georgina et Hubert vont jouer au bridge. Et la première chose qu'on va savoir, c'est que les Thivierge auront passé le mois ici, en amis, parce qu'ils sont si distingués. Et qui va accompagner Isabelle au mariage de sa sœur ? Jules-Albert Thivierge ! Si une chose pareille arrive, Edward, je fais comme Germaine l'an passé, je n'assiste pas au mariage de Reine. Et ils ne viendront pas me donner des leçons de savoir-vivre. Ils sont prêts à laisser un divorcé s'approcher de leur fille ! »

Edward essaie de la calmer, mais Gabrielle n'entend rien. Il déclare forfait et lui demande si elle compte se coucher ou seulement marcher toute la nuit. Elle l'aide à se mettre au lit, tire le drap par-dessus le plâtre.

Il fait chaud, la nuit est lourde, il n'y a presque pas d'air qui entre dans la chambre. Edward a l'air épuisé.

« Tu sais ce que je vais faire ? Je vais aller chercher de la limonade et… une aiguille à tricoter. »

Elle descend pieds nus et se faufile à la cuisine, toute légère, sans même faire craquer une seule lame du plancher verni. Elle s'arrête dans le salon, ouvre le tiroir du buffet, y prend une aiguille, referme le tiroir sans bruit et, munie de ses trésors, elle remonte en vitesse.

Assis dans la pénombre de la véranda, Nic observe le manège de la belle sirène crème dont les cheveux défaits cavalent sur les épaules nues. Longtemps, il se demande quel jeu sexuel exige une aiguille à tricoter. Il s'endort sans trouver la clé de l'énigme.

Ce n'est que le lendemain, en voyant Edward se gratter voluptueusement sous le plâtre avec l'aiguille qu'il éclate de rire.

*   *   *

Le 15 août, on retire le plâtre d'Edward qui peut enfin prendre le volant de la voiture. La première excursion a pour but d'aller voir les avions avec Fabien. Pendant la dernière quinzaine d'août, chaque enfant a droit à une promenade pour lui tout seul. Au bout du mois, tout le monde est d'accord pour dire que les vacances moitié-moitié, c'est ce qu'il y a de mieux.

Isabelle revient rue Laurier deux jours avant le départ d'Adélaïde pour le pensionnat. Gabrielle a déjà cousu toutes les petites broderies pour identifier le linge de sa fille. C'est en voyant combien sa tante est soucieuse de ne pas montrer son état d'esprit devant les enfants qu'Isabelle s'ouvre enfin.

Elles sont en train d'étendre du linge dans la cour, quand Isabelle raconte son mois de vacances. Les fiançailles ont bien sûr été mortelles, Reine ayant grand-peine à rester sans pleurer : « Je l'ai surprise deux fois dans la cuisine. »

Parce que évidemment Hubert s'est contenté d'un toast discret entre amis autour de cinq heures pour annoncer les fiançailles. C'est Isabelle et la promise qui ont tout préparé et servi. Timidement, Isabelle ajoute : « Jules-Albert était là. »

Gabrielle se contraint à une apparente affabilité : « Et il va bien ?

— Pas tellement, non. Il a beaucoup de chagrin à cause de son divorce. Il dit qu'il ne voulait pas divorcer, que c'est Kitty qui a eu des extravagances. Il fait pitié, ma tante, le pauvre, c'est pas drôle. »

Gabrielle dépose ses épingles à linge dans le panier : « Dis-moi, Isabelle, penses-tu qu'à trente ans un homme peut juger d'une femme, de sa situation, de son caractère ?

— Je pense, oui.

— Moi aussi. Jules-Albert avait trente ans passés quand il a épousé Kitty.

— Mais déjà qu'il n'avait pas eu de chance avec vous !

— C'est lui qui t'a dit ça ?

— Oui… c'est pas vrai ?

— J'ai bien peur, Isabelle, que la chance n'ait rien à voir là-dedans. Jules-Albert aime faire pitié et il se raconte des histoires pour se consoler. Il ne faut pas croire tout ce qu'il dit.

— Vous pensez que ce n'est pas vrai pour Nic et Kitty ? »

Isabelle est rouge de honte. Inquiète, Gabrielle se demande ce que Jules-Albert a bien pu inventer pour acquérir la sympathie de sa nièce. Elle attend qu'Isabelle se décide à devenir plus explicite. Péniblement, en regardant ses mains, la jeune fille dit : « La… la dépravation de leurs mœurs ?

— Je pensais que tu connaissais et aimais bien Nic ? Dis-moi un peu de quelle dépravation de mœurs tu parles. »

Mal à l'aise, Isabelle se tait.

« Écoute-moi bien, Isabelle. Il est possible que quelqu'un m'ait dit que Jules-Albert avait maltraité Kitty lors de son mariage. Il est possible que quelqu'un d'autre m'ait dit qu'elle l'avait maltraité et humilié. Les gens parlent, ils disent ce qu'ils veulent. Pas toujours pour mal faire, il leur arrive de médire. Tu connais Nic. Tu peux te fier à ce que tu sens et à ce que tu vois, non ? Si jamais Jules-Albert te fait douter de tes sentiments pour moi en prétendant, je ne sais pas, que j'ai été déloyale, tu vas le croire ?

— Non ! Pas vous.

— Ce n'est pas parce qu'il fait pitié que Jules-Albert dit la vérité. Ce n'est pas parce qu'il est malheureux qu'il a raison. Comme ce n'est pas parce qu'il est riche et beau que Nic est un vilain séducteur. Je comprends que les confidences d'un Jules-Albert te flattent. Mais j'ai peur qu'il n'essaie de te présenter un conte en sa faveur. Ce n'est pas très élégant de sa part de partir des rumeurs sur Nic et Kitty. Et ça n'excusera jamais son divorce.

— Nic n'a jamais rien fait de sale ou de malhonnête à personne, ma tante ? »

Gabrielle la reçoit dans ses bras, en larmes. Isabelle balbutie à travers ses sanglots que, de toute façon, elle n'aimera plus personne, jamais. Que son tour est passé, qu'elle a moins de réticences que Reine à rester fille parce qu'elle a un vrai foyer au moins.

Gabrielle sourit de toute cette détresse : comme il lui en reste à verser, des larmes d'amour ! Comme elle en aura encore des déceptions et des bonheurs… Elle la laisse pleurer en tapotant légèrement son dos : au moins Jules-Albert a perdu un peu d'éclat.

* * *

Gabrielle et Edward voient Adélaïde leur faire un petit signe de la main et se retourner, presque légère, pour marcher vivement jusqu'au corridor du fond, sans se retourner.

Ils quittent le couvent des Ursulines en silence. Même sans espoir d'apercevoir encore sa fille, Gabrielle se retourne deux fois.

Arrivée à la voiture, elle dit à Edward qu'elle préfère rentrer à pied, qu'elle en a besoin.

« Gabrielle, ne fais pas ça. Tu vas te torturer pour rien. Viens dans la voiture, il y en a quatre qui nous attendent à la maison. »

Il s'approche d'elle : ses yeux sont pleins d'eau derrière la voilette diaphane. La main gantée de chevreau beige lui interdit de venir la faire pleurer. Edward comprend qu'il est mieux de la laisser. Il monte dans la voiture. Elle vient près de la portière, se penche : « Merci. Tu sais, si je peux revenir à pied, ça signifie qu'Adélaïde n'est pas loin de chez moi. »

Edward embrasse avec douceur l'intérieur du poignet, là où les boutons du gant gardent l'odeur parfumée : « À tout de suite. Prends ton temps. »

C'est Rose qui exige les explications les plus détaillées concernant le départ d'Adélaïde. Elle répète sans cesse à sa mère « qu'on ne s'en est pas débarrassé » ou « qu'Adélaïde n'a rien fait pour être mis dehors ». Comme elle commence l'école cette année, tous ces déménagements et ces changements la perturbent beaucoup. Dans son petit lit, non seulement les poupées, mais toutes les peluches de la maison sont venues à la rescousse de ses craintes. Rose a de la peine à se frayer un chemin. Ce soir-là, installée confortablement entre un lapin et un ourson qui ont ses préférences, elle fixe sa mère de ses yeux bleus : « Et si, à l'école, ils veulent pas que je revienne dans mon lit d'ici, tu vas venir me chercher ? Tu me laisses pas là-bas, comme Adélaïde ? »

Gabrielle répète et la rassure, mais Rose est vraiment peu convaincue.

« Pourquoi on fait pas seulement l'école avec Guillaume et Isabelle ? J'ai pas envie d'être grande, maman ! »

C'est la première fois qu'un de ses enfants craint autant l'école. Fabien entre en deuxième année avec enthousiasme, Béatrice est folle de joie de retrouver ses amies.

« Écoute, Rose, je propose qu'on attende que tu sois allée… une semaine à l'école avant de décider si oui ou non tu veux y retourner. Je crois que tu risques d'aimer beaucoup ça.

— Mais je vais revenir coucher ici ?

— Toujours. Tous les soirs. Avec tes frères et sœurs.

— Sauf Adélaïde. »

Rose se retourne et farfouille dans la famille d'oursons pour en extirper Toune, une poupée molle de chiffon qui a toujours eu la première place dans son cœur. Toune en porte d'ailleurs les traces d'usure : l'amour de Rose n'est pas rien.

« Donne Toune à Adélaïde.

— Vraiment ? Tu es sûre ? Tu ne vas pas pleurer demain soir pour la ravoir ? »

Rose fait non, le regard déterminé : « Ben non, regarde, j'en ai beaucoup et je reviens ici ! Tu sais, Toune peut pas venir à l'école de toute façon. Et Adélaïde en a peut-être besoin. »

En entrant dans sa chambre, Gabrielle cherche un endroit secret pour Toune. Edward l'observe : « Tu voles les enfants ou tu fais un maître ?

— Je fais ma Georgina ! Non, c'est une retraite fermée pour Toune. Si l'école est une aventure agréable, et si Rose peut se convaincre qu'elle revient ici tous les soirs, je crois que Toune pourra prendre sa retraite. Tu te rends compte, demain, il ne restera qu'un bébé ici ?

— Tu regrettes déjà ? Tu en veux d'autres ?

— À mon âge !

— Des tas de femmes ont des enfants jusqu'à quarante ans.

— Quarante ans, c'est la vieillesse pour moi.

— C'est encore loin, l'estorlet. Viens que je te parle. Que dirais-tu d'accueillir un pensionnaire ? »

Étonnée, Gabrielle lui demande s'ils sont si à court que ça. Edward explique que le pensionnaire est son nouvel assistant, un anglophone de Montréal, brillant avocat fraîchement sorti de McGill *summa cum laude,* spécialisé en droit commercial et international. C'est le candidat idéal, sauf qu'il ne parle pas un mot de français. Élevé dans l'ouest de la ville, il n'a eu à dire que « bonjour » et « merci » en français. Et encore !

« Mais pourquoi tu prends un Anglais ? Tu avertis toi-même Nic de ne pas le faire ! Vous venez de régler un conflit qui a rapport à ce problème-là. Fais-tu exprès ? Tu sais ce que ça provoque comme réaction !

— Il veut apprendre, justement ! Il veut parler français et s'il vient vivre ici, il va l'apprendre très vite.

— Edward, non. On n'est pas une école du soir pour des Anglais qui ne se sont pas souciés d'apprendre notre langue. Non. »

Edward insiste, fait valoir ses arguments : Ted Singer est charmant, jeune, dynamique. Il vient de se marier, sa femme attend leur premier enfant et elle veut demeurer avec sa mère encore trois mois, jusqu'à la naissance du bébé. Le pauvre Ted se retrouverait tout seul à Québec, sans son épouse, sans parler français, c'est quand même dur. Comme l'assistant aura à voyager chaque semaine — afin d'éviter cela à Edward qui pourra rester dans sa famille —, il ne serait à la maison que trois ou quatre jours sur sept. « C'est déjà entendu avec Nic que leurs *meetings* se tiendront le lundi ou le vendredi, pour lui permettre de voir sa femme et de passer les fins de semaine avec elle. À Noël, au plus tard, sa femme vient s'installer à Québec avec le bébé.

— Il va prendre la chambre de Nic ? Et Nic va encore se retrouver sur le sofa du *den* ?

— Nic est prêt au sacrifice. Il dit que sa chambre est trop luxueuse, qu'il risque de s'y installer pour de bon.

— T'avais déjà tout décidé avec lui, avoue !

— Écoute, Gabrielle, tu te cherchais un enfant pour remplacer les petits à l'école…

— Un enfant ! Pas un grand escogriffe qui va venir nous embêter et nous parler anglais.

« — Interdit de lui parler anglais ! Il a trois mois pour obtenir la *job* :
il doit devenir bilingue.

— Une chance que la Crise force les gens à se désâmer. Trois mois !
Et ça fait combien d'années qu'il est à Montréal ?

— Depuis toujours. Vingt-trois ans. Il est brillant, je t'assure. Tu
veux parier ?

— Edward, sois un peu logique : ne me fais pas parier sur un enjeu
qui dépend de mon enseignement.

— On essaie, alors ? »

Comment dire non à un si charmant avocat ? « Pas avant quinze
jours, Edward. J'ai besoin que les petits s'adaptent à l'école et à la maison
sans Adélaïde avant de changer encore leur routine. Sinon, Toune va
devoir sortir de sa retraite. »

Le difficile passage du dodo-sans-Toune et de l'école est réussi avec
éclat. Il faut compter avec le charme de Rose, sa patience angélique, issue
d'une longue fréquentation d'aînés turbulents et exigeants. Comme le
dit Edward, Rose s'est fait *bosser* autant par Béatrice que Fabien, alors elle
a développé une immunité qui la rend fortement acceptable. Sa tranquille gaîté lui vaut la sympathie de plusieurs enfants et, très vite, Rose
ramène des amies à la maison.

Le vrai problème est l'attitude de Béatrice qui, jusque-là, était la seule
des filles à briller par ses qualités de sociabilité. Le succès de Rose, comme
celui de n'importe qui, lui fait ombrage et elle devient de plus en plus critique et jalouse à l'égard de sa sœur. Gabrielle a beau expliquer que les
qualités de l'une n'enlèvent rien à celles de l'autre, Béatrice souffre d'envie de façon chronique. Elle est d'une humeur massacrante. Le départ
d'Adélaïde pour le pensionnat lui avait donné l'impression soudaine que
toute compétition se terminait, qu'elle allait enfin régner sans conteste.
Et voilà que Rose voulait avoir des amies !

Gabrielle a fort à faire pour arbitrer ces conflits, reprendre le Centre
où de plus en plus d'enfants étrangers se présentent et où Reine ne peut
venir jusqu'à son mariage, ce qui laisse une énorme tâche administrative
à accomplir, visiter Florent au moins trois heures par semaine, faire les
devoirs et les leçons avec chacun et s'offrir enfin, comme une récompense, une heure de parloir avec Adélaïde.

Gabrielle essaie de rendre ses visites à Florent la veille de sa rencontre
avec sa fille, de sorte qu'elle puisse lui donner des nouvelles fraîches. Dieu
merci, Paulette est d'une fidélité exemplaire auprès de Florent, et quand

le Centre n'exige pas trop d'elle, elle réussit à y aller une fois la semaine en plus du dimanche. Toute cette activité secoue la langueur de l'été qui avait été pour elle très difficile à supporter. Paulette, redevenue plus dynamique, reprend ses réunions à la Ligue des droits de la femme. Les heures de thé sont donc devenues extrêmement rares.

C'est Germaine qui se retrouve avec du temps à tuer. Le mariage de Reine la laisse de glace, elle n'a aucune opinion sur cette union, ce qui diminue pour elle l'intérêt de l'événement. Elle essaie de convaincre Gabrielle de la laisser l'accompagner quand elle va voir Adélaïde, mais elle reçoit un refus net. Pas question pour Gabrielle de briser sa chère intimité avec sa petite fille. « Par contre, Germaine, tu pourrais me rendre un grand service le jeudi après-midi. Si Béatrice pouvait aller faire ses devoirs chez toi, ça m'arrangerait. Elle trouve que les jeux de bébé de Rose et de ses amies sont trop bruyants pour sa concentration. »

Rien ne pouvait faire plus plaisir à Germaine. Après Guillaume qui, malgré ses quatre ans très turbulents, demeure son préféré, Béatrice a toute son admiration. Une vraie demoiselle, comme l'affirme Germaine. Gabrielle espère que le traitement de faveur et exclusif va calmer les ardeurs jalouses de sa fille.

En tout cas, Germaine y trouve un grand bonheur. Quand Béatrice décrit à sa mère la robe qu'elle souhaite porter pour le mariage de Reine, il s'agit d'une robe de demoiselle d'honneur ni plus ni moins. Gabrielle essaie d'expliquer qu'il s'agit d'un mariage sans robe à traîne, sans demoiselles d'honneur et sans banquet, Béatrice est très déçue : « Tu ne mettras pas tes diamants, alors ? »

Ces pendants d'oreilles font entrer Béatrice dans le petit mal. Pour elle, ces bijoux sont ceux d'une princesse ou d'une reine. Le jour où Gabrielle les lui a mis, elle s'est mise à pleurer tellement elle se trouvait belle.

« Non, Béatrice, je ne mettrai pas mes diamants et Adélaïde ne sortira pas du couvent pour venir assister aux noces. C'est vraiment un tout petit mariage.

— Pourquoi ? Parce que Reine est pas importante ou que lui est pas assez beau pour le montrer ? Quand je vais me marier, je veux une traîne, des diamants pour moi et aussi qu'Adélaïde vienne me voir me marier.

— Le jour de tes noces, Adélaïde sera sortie du couvent, voyons !

— Pas si elle fait une sœur. »

Gabrielle se demande où sa fille va chercher de telles histoires.

Fin septembre, le « nouveau qui remplace Nic », comme l'appelle Fabien, fait son entrée rue Laurier. Les enfants ont été prévenus de ne parler que français à Ted.

Il a l'air très jeune. Brun, sombre, pas très grand, il a des yeux d'un vert rare, presque doré, qui sont magnifiquement mis en valeur par des cils fournis, courbés et très noirs, des cils de fille. C'est de toute évidence un sportif. Il ne dégage pas du tout l'élégance désinvolte et raffinée de Nic, mais il possède une certaine séduction sourde qui émane de l'apparente contradiction entre sa timidité et son regard curieux, extrêmement vif, qui capte tout avec une intelligence manifeste. Ted n'a qu'à sourire pour devenir follement attirant… Ses dents blanches, la gaîté de son rire illuminent son visage d'un seul coup. Malgré sa difficulté à communiquer, il réussit à intéresser les enfants et à se rapprocher d'eux.

Poli et discret, il tient sa place et ne manque à aucune règle de bienséance, ce qui rassure beaucoup Gabrielle qui craignait d'avoir à enseigner à son invité les usages de la famille nombreuse et de la brosse à dents rangée.

Comme il parle peu, son écoute le rend tout de suite sympathique. Gabrielle n'est pas certaine que Ted comprenne un seul mot de toutes les explications de Rose concernant son école, mais elle est totalement sous le charme de son sourire. Elle termine souvent par un « Tu comprends ? » inquiet, et Ted hoche gravement la tête en assurant « Je comprends ».

Isabelle se dévoue et, chaque soir, après ceux des enfants, elle aide Ted à faire des devoirs pour avancer dans son apprentissage. Elle a recours aux livres de contes des enfants et le tableau est assez cocasse : assis côte à côte à la table de la salle à manger, Ted suivant du doigt et lisant les histoires de chats, d'oursons et de fées et Isabelle corrigeant sa prononciation. Ils s'entendent très bien et, effectivement, Ted apprend drôlement vite.

Alors que Gabrielle rentre, vers six heures trente, elle trouve Ted et Edward assis au salon à lire chacun son journal. Edward lève les yeux : « Bonsoir, Gabrielle, tu es allée voir ton amant ? »

La tête de Ted ! Immobile, seuls ses yeux affolés qui vont d'Edward à Gabrielle indiquent qu'il a non seulement entendu mais deviné le sens des paroles. Gabrielle rit : « Ted ! Qu'est-ce que vous avez compris ?

— Un amant. »

La voix grave et la diction encore approximative rendent l'expression très coulante, très chaude, cela sonne comme « oulaman ». Il finit par ajouter, incrédule : « *A lover ?* »

Edward est très fier de son protégé et il prend la peine d'indiquer que sa tolérance ne va pas jusqu'à s'informer de la santé des amants de sa femme. Comme Gabrielle a remarqué que Florent était très sensible à sa manière de se vêtir, elle prend un soin particulier de sa toilette les jours où elle visite l'enfant. Ce qui fait dire à Edward qu'elle s'apprête et se coiffe pour séduire une armée. Gabrielle retire son joli chapeau, devant le miroir de l'entrée, et le pose sur la console : « Florent a beaucoup apprécié la coupe de mon ensemble *swagger*. Cet enfant est incroyable : pas un biais, pas une diagonale qui lui échappe. »

Edward se demande bien où il a pris cette connaissance : « Tu lui parles couture, toi ? »

Gabrielle explique que tous ses catalogues et tous ses magazines aboutissent au sanatorium pour occuper Florent : « Il regarde les images et s'amuse ensuite à les dessiner. Tu te souviens des poupées qu'il avait faites pour Mireille ? Il en a fait pour toutes les patientes qui en voulaient. Il m'a demandé un coupon de tissu pour coudre une robe à la poupée de Béatrice pour son anniversaire.

— Mais enfin, Gabrielle, il n'a pas de machine à coudre.

— À la main. Tout à la main. Il coupe et coud à la main, dans son lit. Je pense que, s'il n'avait pas ça, il deviendrait fou d'ennui. »

Ted demande si l'on parle d'Oscar, « l'enfant de Nic ». Gabrielle et Edward expliquent, en ajoutant les nuances nécessaires, le type de rapport qu'ont Nic et Florent et ils décrivent les liens de l'enfant avec leur famille, leur fille et, enfin, la maladie et son séjour au sanatorium.

Le visage de Ted se fige en entendant le mot et Gabrielle est certaine qu'il va déménager à l'hôtel dès ce soir quand Ted finit par dire que c'est très, très triste et que s'il pouvait, de temps en temps, faire quelque chose, il le ferait.

Cette seule proposition lui gagne l'estime éternelle de Gabrielle… et celle d'Adélaïde à qui tout est raconté dès le lendemain.

C'est d'ailleurs Adélaïde qui suggère à sa mère de faire broder par Florent les taies d'oreillers du trousseau de Reine : « On pourrait le payer et il aurait de quoi s'acheter des douceurs. »

Évidemment, Florent accepte avec plaisir de broder, mais jamais d'être payé. Comme Isabelle et Reine peinent à broder maladroitement, elles sont très soulagées d'apprendre que Florent va les aider.

Gabrielle le connaît et elle prend bien garde de n'apporter qu'un ou deux morceaux de linge par semaine. Quand Isabelle compare l'ouvrage de Florent au sien, elle grimace de honte : « On jurerait que c'est moi qui ai six ans. Comment fait-il, ma tante ?

— Il en a le tour. Il tient une aiguille depuis qu'il est tout petit, c'est sa formation. »

Isabelle se désole de ne pas pouvoir visiter Florent à l'hôpital : « Je pourrais lui faire l'école et il broderait pour moi… comment je vais faire mon trousseau, vous pensez ? »

Gabrielle sourit en pensant que sa nièce est plus optimiste qu'il y a un mois et elle déclare qu'elles verront en temps et lieu.

Florent réclame davantage de pièces à broder. Il fait le travail en deux jours et le reste du temps, il se tourne les pouces : « J'aimerais tellement faire quelque chose ! »

Gabrielle le voit bien. Il a l'énergie d'un enfant, il est emprisonné dans cet endroit où il ne peut rien faire d'autre que se reposer et respirer l'air frais. Peu ou pas de soins, les conversations avec les autres malades et la chapelle pour prier, se confesser et reprendre espoir, voilà le programme entier de ses journées.

Nic se rend à Québec au moins tous les quinze jours. Il provoque quelquefois des réunions pour pouvoir venir visiter Florent. Il arrive que son séjour coïncide avec la présence de Ted, et rien n'est plus gai pour Gabrielle que ces soirées passées à rire et discuter avec les trois hommes au salon. Petit à petit, l'humour très particulier de Ted, allié à sa finesse d'esprit, le libère de sa timidité, et tous les quatre deviennent d'inséparables complices. Les rapports sont directs, francs, dépourvus d'un maniérisme de convenance. Gabrielle se sent à l'aise avec « ses hommes », comme elle les appelle, et Edward prétend que Béatrice tient d'elle cette propension à vouloir séduire tout le monde. Devant l'étonnement de sa femme, il sourit avec humour : « Ne viens pas me dire que tu n'aimes pas cette façon qu'ils ont de t'admirer. Ils sont fous de toi ! Nic, on le sait depuis longtemps, mais Ted, tu devrais avoir des remords, sa femme accouche dans les semaines qui viennent ! »

Une Gabrielle scandalisée le fait taire. Mais Edward remarque qu'elle essaie de tenir sa place de maîtresse de maison avec plus de modestie jusqu'à ce que Nic s'inquiète : « Êtes-vous triste, Gabrielle ? Vous manquez d'entrain ce soir. »

Edward explique, très moqueur, que c'est la version « Claudette Colbert, bonne ménagère, épouse fidèle et loyale » à laquelle ils assistent ce soir-là.

Vexée, Gabrielle range son tricot et déclare que sa bonne humeur reviendrait si chacun mettait cartes sur table et la rassurait sur l'amicale bonne entente qui les lie.

« À entendre Edward, je serais plutôt la Joan Crawford de vos rêves. Alors jurez-moi votre amitié sans équivoque et je me sentirai libre d'avoir encore du plaisir en votre compagnie. »

Edward se lève, réjoui : « Voici la première femme au monde qui supplie les gens de ne pas l'aimer. »

Gabrielle le fait taire et se tourne vers Ted : « Parlez-nous un peu de votre femme, Ted. Comment est-elle ? »

Ted en perd son humour : « Elle est… bien. C'est une femme bien. Je ne la connais pas tant que ça, on est mariés depuis un an et je ne l'avais pas vue beaucoup avant.

— Comment l'avez-vous choisie, mon Dieu ?

— Mes parents. Mes parents et les siens s'entendent très bien. Elle est gentille, très douce, très discrète et observante des règles. »

Ted, probablement mal à l'aise de devoir aborder ce sujet, a commencé à parler en anglais. Nic l'interrompt : « Vous le troublez, Gabrielle, il s'est marié en sortant de l'université, selon les règles de sa famille.

— Je suis Juif. J'ai épousé une Juive choisie par ma famille. *No discussion.*

Edward conclut que Nic, à cause de son éloignement de la religion, devient le meilleur candidat au plaisir. Les catholiques sont tenus aussi serré que les Juifs par les principes religieux. Gabrielle n'en revient pas et elle regarde Ted, encore sous le choc. Les yeux verts l'intimident à force de perspicacité : « *A Jew.* Ça vous choque ? » Il n'a pas l'air froissé, il sourit, comme si c'était habituel comme réaction.

« Non. Non, ce n'est pas ça. C'est que… je m'en fais un peu pour vous : être obligé de se marier n'est pas facile. Ça peut même être cruel. Je croyais que… qu'il n'y avait que les femmes qui passaient par là.

— Mais je suis *happy*. Je fais le travail que je veux, avec les gens que je veux. Et ici, avec les enfants, avec vous, c'est le bonheur.

— Ne lui dis pas ça, Ted, elle va aller dans la cuisine. »

Ted regarde Nic sans comprendre. Pour couper court, Nic explique en anglais les réticences de leur hôtesse et sa réserve de « bon ton ».

Ted insiste pour que Gabrielle reste avec eux, « sinon ils vont me montrer à mal me tenir ! »

Confortablement affalé dans le Chesterfield, les jambes allongées jusqu'au bord de l'ottoman, Nic se défend : « *Not me! I don't know any dirty stories, dirty things or dirty whatever!* »

Même Gabrielle éclate de rire.

Ted se lève soudain et va vers l'escalier : « Hou ! Petite cocotte, qu'est-ce que t'as ? »

Béatrice se frotte les yeux et tend les bras, languissante : « Vous faites trop de bruit ! »

Ted la prend dans ses bras et le regard de victoire qu'elle lance aux autres en l'enlaçant est un hymne à la roublardise féminine. Ted la monte doucement en murmurant des bêtises et elle se cache le visage dans son cou.

« Voyez-vous, Gabrielle, Béatrice est une vraie Joan Crawford. Je crains que votre charme ne soit plus discret. Arrêtez de vous punir, on est si bien tous ensemble.

— Trop bien pour qu'il n'y ait pas matière à scandale, hein, Gabrielle ?

— Arrête de me faire passer pour une pudibonde aux yeux de tes amis, Edward ! Surveille plutôt ta séductrice de fille. »

Nic leur fait remarquer qu'après lui c'est sur Ted que Béatrice a jeté son dévolu et qu'elle risque d'être une amoureuse chronique. Gabrielle prétend que non, qu'il s'en trouvera bien un pour arrêter sa course. Elle admet que Rose et Béatrice trouveront facilement à se marier, mais qu'elle nourrit davantage de doutes pour son Adélaïde : « Elle est beaucoup trop indépendante pour une fille. »

Nic prétend qu'au contraire c'est ce qui la rend attachante et même fascinante. Gabrielle soupire : « Elle est si entêtée ! Quoi qu'on dise, elle ne fait qu'à sa tête. Toujours… mon Dieu, Edward, je viens de parler comme mon père ! Je viens de dire exactement ce que mon père disait de moi ! »

Ted revient et il ferme les portes coulissantes du salon, même si Edward soutient que ce n'est pas le bruit mais l'envie de voir la fête qui a réveillé Béatrice.

La soirée se termine en douceur, alors que chacun discute des traces laissées ou non par leur père. Nic avoue que, pour sa part, son père est le même que celui d'Edward, étant donné qu'il n'a pas connu le sien. Ted le contredit et prétend que, même mort, son père lui a fait un legs qu'il porte. Dans un anglais quelquefois piqué de mots français, Ted explique les nouvelles théories de Sigmund Freud qui affirme qu'un monde caché vit en nous, un monde souterrain qui nous dirige, un monde qui serait dévoilé par les rêves qui voudraient finalement dire quelque chose. Les rêves nous révéleraient et définiraient aussi ce qui nous pousse à agir. Gabrielle et Edward sont très dubitatifs. Nic admet avoir entendu parler de ce Freud lors de ses voyages en Europe : « Je croyais qu'il ne traitait que les fous. Je pensais qu'il se spécialisait dans les cas de folie féminine. On dit qu'il fait des miracles. On me l'a dit en Allemagne. »

Ted est certain que Freud s'attaque à davantage que la folie, à davantage que ce qu'on appelle fou. D'après lui, il redéfinit tous les êtres humains et aussi la folie : « On ne sait rien du cerveau, de ce qu'il contient, de ce qu'il peut faire. »

Quand Gabrielle lui demande d'où il tient toutes ses connaissances sur cet homme et où il a étudié ses théories, Ted avoue que, s'il avait vécu en Europe, il aurait fait médecine et aurait suivi les enseignements de ce Freud. Pour Ted, cet homme est un génie : « Après lui, il n'y a plus de hasard, plus de coïncidence. Tout est lié et causé par quelque chose d'obscur à l'intérieur de nous-mêmes. »

Gabrielle frissonne : « Taisez-vous, ça veut dire qu'on serait responsable de tout et qu'il n'y aurait plus le recours de la Sainte Providence. »

La culpabilité sans le pardon de Dieu, voilà une possibilité effrayante, conclut Ted.

*   *   *

C'est Paulette qui organise le *shower* de verres de Reine. Gabrielle, qui n'a pas vu sa nièce de l'automne, la trouve apparemment plus animée que lors de l'annonce des fiançailles, mais elle demeure distante, sans chaleur. Georgina, elle, prend des airs triomphants. Elle atteint enfin l'objectif de sa vie : marier son aînée. Elle confie à Gabrielle que, dès que Reine sera partie, elle se concentrera sur l'avenir d'Isabelle. Gabrielle s'empresse de la calmer : Isabelle peut demeurer chez elle aussi longtemps qu'elle le souhaite, elle est bienvenue. Ce qui provoque une réaction pincée de sa sœur : « J'ai entendu dire que tu hébergeais de drôles de gens ces derniers temps. Il est certain qu'Hubert et moi préférons que notre fille ait de meilleures fréquentations. »

Gabrielle s'étonne et explique ce qui en est de Ted et de sa qualité d'homme marié, au comportement exemplaire et sans aucun sous-entendu déplacé.

« Ne fais pas celle qui ne comprend pas », se contente de l'interrompre Georgina, « tu sais fort bien de quoi je parle. »

La perspective de perdre Isabelle angoisse terriblement Gabrielle. Elle essaie de s'informer, d'en savoir plus long auprès de l'intéressée, mais sa nièce ignore de quoi il peut être question. Le *shower* tire à sa fin quand Gabrielle s'offre une petite conversation privée avec Reine dans la chambre de Paulette.

« Tu peux encore refuser, Reine, tu le sais.

— Vous imaginez la honte pour maman, l'avenir que ça me ferait ? Il n'y aurait plus personne pour me regarder ou m'inviter, vous le savez. Rester avec ma mère jusqu'à mes vieux jours est une perspective aussi difficile que rester avec Jean-René. Je vais m'y accoutumer, ma tante, je vais me résigner. Au moins, ce sera ma vie.

— Je voudrais tellement faire quelque chose pour toi.

— Après, quand je serai mariée, je voudrais revenir au Centre. C'est ce qui me ferait le plus plaisir.

— Ton mari va accepter ?

— C'est une de mes conditions au mariage : avoir le droit de continuer mes œuvres de bienfaisance. On ne peut pas dire que le Centre n'en soit pas une. »

Elles se taisent et restent là, parmi les manteaux des invités. Gabrielle prend la main de sa nièce : « Quoi qu'il arrive, Reine, quelles que soient les décisions que tu auras à prendre dans ta vie, je suis là et je serai là. Je t'appuierai sans réserve.

— Oh, ma tante, si on savait quand on dit oui pour aller au cinéma avec un cavalier, si on savait tout ce qu'on risque ! Si au moins son entêtement à me marier venait de son sentiment pour moi. Mais c'est seulement parce que je lui résiste. »

Gabrielle la prend dans ses bras et la laisse pleurer. Obsédante, la pensée qu'elle a eue il y a quelques semaines lui revient : et si Reine, une fois mariée, une fois qu'il est trop tard, rencontrait son « joueur de tennis » ? Au moins, en ce qui la concerne, il était encore temps.

Alors qu'elles terminent le ménage du salon, Paulette la rassure sur ce point : « Vous pensez toujours que toutes les femmes possèdent votre détermination, Gabrielle. Si c'était le cas, on aurait obtenu le droit de vote depuis vingt ans. Reine n'aurait jamais rompu un engagement pour suivre son cœur. C'est une idée bien romantique que la vôtre. Reine sait très bien ce qu'elle peut exiger de la vie, et l'amour ou un mariage d'amour ne fait pas partie de ses prérogatives. La forcer à montrer plus de courage qu'elle n'en a, ce serait aussi lui retirer des forces. Pourquoi la mettre au milieu d'un combat pour lequel elle n'est pas armée ?

— Vous abandonnez, Paulette ? Je vous trouve bien pessimiste.

— Vous voulez tout trop vite, Gabrielle. Les femmes ont des années de sacrifice et d'endurance derrière elles, ça ne se défait pas en un rien de temps.

— Et ce n'est pas l'Église qui va nous aider ! »

Paulette saute sur cette rare attitude critique de Gabrielle concernant l'Église pour aborder un sujet délicat. Depuis quelque temps, elle s'est permis de recevoir au Centre des jeunes femmes, des mères de famille exclusivement, pour leur expliquer de simples méthodes de contraception. La nouvelle a fait boule de neige et Gabrielle risque de recevoir des demandes, même si la consigne est de ne s'adresser qu'à Paulette.

Gabrielle est stupéfaite : comment une célibataire comme Paulette peut-elle faire une chose pareille ? C'est contre tous les enseignements de l'Église, contre la morale, contre…

« Gabrielle, je vous en prie ! Pensez-vous que ces femmes ont vraiment besoin de dix enfants ? On s'occupe de ceux qu'elles rejettent dans la rue. On voit combien ils sont seuls, délaissés, malpropres, malades et ignorants. Pourquoi ne serait-ce que les dames bien nanties, bien éduquées qui auraient droit à la contraception ?

— C'est immoral, Paulette. C'est défendu.

— Et alors ? Ne soyez pas si rigide et si intolérante, Gabrielle. Vous voulez tout faire à l'envers, vous voulez changer les lois et ensuite changer les comportements des femmes. Ça ne marche pas comme ça : les lois changent en dernier. L'Église ne permettra jamais aux femmes d'être libres de leurs maternités, jamais. Il faudrait attendre quoi, alors ?

— L'Église a ses raisons sans doute.

— Et les femmes plus éduquées auraient des passe-droits ? C'est là où notre combat n'est pas le même, Gabrielle. Vous êtes trop puriste. Pensez-vous que Reine va utiliser son droit de ne pas se marier ? Non. Mais elle va avoir besoin de contraception si elle ne veut pas être une martyre au foyer avec une ribambelle d'enfants, sans servante et un minuscule salaire pour tout ce beau monde. Il y a ce qui est permis et il y a ce qu'on fait. Vous voulez changer les lois ? Je veux changer les vies des femmes, leurs mentalités, leurs façons de vivre avec des lois faites par des hommes et pour eux-mêmes.

— Mais moi aussi, Paulette ! Seulement, leur enseigner des pratiques défendues nous met dans une position moralement indéfendable.

— Théoriquement, oui. Mais si je vous dis qu'une jeune mère de dix-sept ans qui a un mari chômeur qui ne pense qu'à ça et qui la met enceinte à chaque fois que leurs parents chez qui ils vivent sortent, vous me dites quoi ? "Surtout, ne lui montrez pas un pessaire ni comment on l'installe ?" Vous faites quoi ?

— Je ne sais pas… vous me posez un problème éprouvant. Je ne sais pas si je pourrais défier l'Église comme ça.

— Vous le faites pour vous-même. Vous ne le ferez pas pour Reine ou pour vos filles ? Vous ne leur enseignerez pas ça ?

— Je… je n'ai jamais pensé parler de cela un jour. Et puis, que savez-vous de ce que je fais ? »

Gabrielle est rouge de honte. Paulette la rassure, rien ne paraît, sauf si on la connaît : son dernier a quatre ans et demi et elle est encore amoureuse de son mari.

« Enfin, Paulette, je ne pense pas être déplacée, pourquoi dire des choses pareilles ?

— Vous savez, c'est permis par l'Église d'être amoureuse de son mari. Ne soyez pas gênée. Vous êtes étrange, Gabrielle, si innocente et si déterminée en même temps.

— Vous parlez comme Nic !… Oh ! excusez-moi, Paulette, je ne voulais pas, ça m'a échappé, vraiment ! »

Paulette sourit : « Mais non, parlons-en, c'est tout. Je sais que vous le voyez beaucoup. Il adore votre maison, je le sais. C'est le seul endroit au monde où il est heureux. Chez vous et avec Florent. Chez lui, c'est vaste, chic et froid. Beaucoup d'argent, des tapis rares, des fauteuils profonds et tout est glaçant de solitude. Vous êtes déjà allée chez lui, à Montréal ?

— Non, je n'y tiens pas, d'ailleurs. Kitty…

— Ah oui ! L'extravagante… je ne l'ai pas connue. J'ai fréquenté Nic alors qu'elle vivait ses six mois de mariage.

— J'ai toujours cru que si Kitty le laissait tranquille, Nic se marierait.

— Ah oui ? Vous pensez vraiment que Kitty est ce qui empêche Nic McNally d'agir à sa guise et d'être amoureux ?

— Je ne sais pas, Paulette. C'est un sujet qui me met mal à l'aise. Je ne connais pas cet aspect séducteur de Nic et je vous avoue que c'est tant mieux. J'aurais peur de ne plus le voir de la même façon.

— Êtes-vous vraiment une femme si candide, Gabrielle ? »

Un silence épais tombe entre elles deux. Gabrielle ressent la tension et presque la malveillance avec laquelle la question lui est posée. Elle veut bien mettre ce ton sur le compte de la peine de Paulette, mais elle ne sait pas quoi répondre. Distraitement, elle passe une main sur les coussins du sofa et recueille quelques graines qu'elle fait tomber dans le cendrier. La bague de Nic scintille dans la lueur de la lampe et, d'instinct, Gabrielle retire sa main pour la mettre à l'abri du regard de son amie. « On s'est éloignées de notre sujet, je pense.

— Pas tant que ça. Vous m'en voulez ? Je vous ai brusquée, je m'en excuse.

— Je pensais que c'était vous qui étiez fâchée. C'est possible que je sois un peu naïve, Paulette. Il y a des choses qui arrivent que je ne pourrais même pas imaginer.

— Ce qui fait votre charme est sans doute que, quand elles arrivent, vous ne vous défilez pas. »

En disant cela, Paulette se demande bien ce que ferait Gabrielle de l'attachement féroce et démesuré que Nic lui porte. Le jour où cet amour va lui éclater au visage, Paulette ne sait pas si son amie ne fuira pas. Mais peut-être que ce jour ne viendra jamais, Nic ayant bien des trucs pour contourner ses vérités.

Gabrielle part sans avoir exprimé le moindre accord ou une défense quelconque quant aux activités illicites de Paulette.

Ce soir-là, épuisée et contrariée, Gabrielle s'installe au salon pour écouter le premier concerto de Chopin que Radio-Canada diffuse. Edward et Ted sont à une réunion, les enfants sont couchés et Isabelle est allée faire la quatrième à un bridge chez sa mère.

Toutes lumières éteintes, comme elle aime, la pièce baignant dans la lueur que diffusent le cadran du poste de radio et le lampadaire de la rue, Gabrielle ferme les yeux et essaie de discerner la source de son malaise. Il y a tant de raisons et la musique est si belle qu'elle renonce et se contente du bonheur de cet instant.

Le premier mouvement s'achève quand la porte s'ouvre. Il est à peine neuf heures et demie ! En se soulevant, Gabrielle aperçoit Nic qui dépose sa serviette de cuir au pied des marches. Il s'encadre dans la porte du salon. Elle ne savait même pas qu'il venait ce soir ! Nic chuchote comme si l'orchestre allait s'arrêter de jouer s'il faisait trop de bruit : « Ne bougez pas ! Edward a dû oublier de vous avertir. Restez là, je vous en prie, je vais écouter, moi aussi. »

Il desserre sa cravate, retire son veston et s'installe par terre, il étend ses longues jambes vers le feu, appuie ses épaules contre les coussins du sofa et renverse la tête. Le deuxième mouvement est si poignant que Gabrielle se contente d'écouter avec Nic, sans plus s'inquiéter de son confort.

« Quelque chose vous embête, Gabrielle ? »

C'est étrange de l'entendre lui parler comme ça, dans le noir, et de ne pas le regarder pour répondre : « Non. Pourquoi ?

— Vous soupirez beaucoup… Je vous dérange peut-être.

— Non, je réfléchissais. »

La musique reprend ses droits et ils se taisent jusqu'à la fin du troisième mouvement. Gabrielle murmure encore : « Nic… avez-vous parlé de moi à Paulette pour justifier votre éloignement ? »

Le non de Nic est si bas, si sourd, qu'elle n'en est plus sûre : « J'ai eu l'impression qu'elle m'en voulait aujourd'hui. Je n'ai rien à y voir, Nic ? »

Un long temps où l'annonceur se met à parler du concerto. Nic se soulève, tente de scruter l'obscurité pour voir le regard de Gabrielle. Il aperçoit la pâleur du visage et des mains, mais le reste est à l'abri de la pénombre : « Vous savez, il arrive qu'une femme amoureuse ait besoin du nom d'une autre femme pour accepter une rupture. Peut-être que Paulette a pris le vôtre, parce que je suis votre ami et que je viens ici.

— Vous ne l'aimiez pas, Nic ?

— Non. »

Nic reprend sa position et laisse le concert se terminer sur un nocturne. Il essaie de ne pas penser à Paulette et à ce doute qu'elle a semé dans l'esprit de Gabrielle. Il ferme les yeux et profite de leur accord silencieux.

Quand le présentateur se remet à parler, Gabrielle se lève et passe près de lui : il pourrait entourer la cheville de sa main quand elle s'arrête près de lui. Sa chaussure est si près qu'il peut discerner les surpiqûres sur l'empeigne et le dessin courbé qu'elles forment. Sa main est agitée d'un sursaut tellement il a envie de saisir et d'enserrer cette cheville, puis de suivre la jambe jusqu'au mollet, là où le bord de la jupe trace l'interdit.

« Vous voulez que j'allume, Nic ? Je vais préparer votre chambre avant que vous ne tombiez de sommeil ici. »

Nic préfère rester dans le noir et la regarder monter les escaliers. Rien ne lui semble plus réconfortant que cette main posée sur la rampe, cette nuque où le chignon s'étiole, ce dos bien droit qui s'éloigne.

*   *   *

Le mariage de Reine est passablement ennuyeux. Si, comme le craint Gabrielle, l'union est aussi morne que le jour de sa célébration, Reine aura vite rejoint le Centre.

Hubert, comme toujours, s'est permis un long et pénible discours sur les règles du mariage et leur respect par l'épouse qui se clôt par l'inévitable toast aux mariés.

Il s'arrange bien sûr pour prendre Edward à part et lui confier ses inquiétudes quant aux étrangers que, dans sa bonté, il reçoit chez lui.

« Je te jure, Gabrielle, quand il m'a dit avec l'air dégoûté : "C'est un Juif, non ?" j'ai failli lui sortir la réponse de Germaine : "Oui, mais c'est un bon Juif !" Quel arriéré, quand même ! »

Gabrielle est persuadée qu'ils vont leur enlever Isabelle et pas seulement à cause de Ted, mais pour pouvoir la caser à leur goût et selon leur volonté.

« Tu oublies qu'il est radin comme un Séraphin. »

Gabrielle admet, mais garde ses doutes. Le lendemain matin, elle explique à Edward qu'il y a une façon quasi certaine de garder Isabelle : le jour où Hubert lui parle de la reprendre, Edward n'aura qu'à offrir de lui verser directement le salaire des leçons que donne Isabelle. Edward, scandalisé, promet bien de ne jamais s'abaisser à un tel manège.

Deux semaines plus tard, Hubert accepte de laisser Isabelle chez eux « parce qu'elle leur rend tellement service », et il empoche le chèque d'Edward sans sourciller.

Ted est loin de faire l'unanimité, non pas à cause d'un manque de qualités, mais parce que les temps sont plus difficiles pour les étrangers. Le curé en chaire n'aide pas beaucoup en prêtant aux Juifs des fautes et des responsabilités qui frôlent le crime.

Leur ami Stephen Stern connaît d'alarmantes difficultés et, si ce n'était Nic, son affaire serait en faillite. La défiance envers les étrangers a l'air de se cristalliser autour des Juifs. Ted soutient que cela a toujours été

480

et que son admission à l'université a été très difficile à cause d'une forme très raffinée de contingentement : sans le dire, on s'entend en haut lieu pour ne pas accepter plus de tant de Juifs, afin que leur présence dans les milieux financiers administratifs ne prenne aucune ampleur.

Gabrielle constate que les femmes ne sont pas les seules à subir les affres du « double standard » et cette parenté de traitement la rend encore plus vive à défendre Ted. Puisqu'il a le diplôme, qu'il est travaillant et honnête, pourquoi le juger sur autre chose ?

Là-dessus, le gros bon sens de Germaine est implacable : « Parce qu'il suffit d'une femme vicieuse pour permettre de traiter toutes les femmes de coquettes vaniteuses et d'incitatrices à la luxure, voilà pourquoi. Il doit y avoir un Juif quelque part qui a mal agi et les autres payent pour lui. »

En attendant, Ted a toutes les peines à trouver un logement. Non seulement il y en a peu à cette période de l'année, mais les propriétaires sont méfiants.

« Vous vous appelleriez Jos Tremblay, ce serait plus simple. En tout cas, j'espère que vous n'appellerez pas votre fils David. Ça va être difficile pour lui aussi.

— Gabrielle, je n'ai pas honte d'être Juif. Ce sont les autres qui sont mal à l'aise, pas moi. Je n'ai qu'un malaise : je ne suis pas très religieux et ma famille le prend mal. Là-bas, à Montréal, jamais je ne pourrais travailler le samedi, jour de *shabat*. Ici, comme ma famille ne peut me prendre sur le fait, j'ai travaillé tous les samedis. Jamais mon père ne comprendrait et n'accepterait cela : c'est lui qui a tant milité pour faire changer la loi et nous permettre de travailler le dimanche. »

La fameuse Loi du dimanche permettant aux Juifs de respecter le sabbat et d'ouvrir leurs boutiques le dimanche qui met en furie tous les catholiques, qui y voient, bien sûr, une concurrence déloyale. Gabrielle, comme toujours lorsqu'ils abordent des sujets captivants, se met à parler anglais !

« Si vous n'étiez pas si bien placés dans la finance et les affaires, les Canadiens français vous en voudraient moins. La Crise a provoqué bien des jalousies. Et puis, pour nous, travailler le dimanche est péché mortel.

— Pour nous, Gabrielle, travailler le samedi est péché mortel.

— Vous ouvrez vos boutiques un jour où les catholiques ne peuvent pas faire des affaires.

— Mais on ferme pour *shabat* et vous faites des affaires ce jour-là ! Et le dimanche, nous n'avons pas votre clientèle.

— C'est vrai, mais c'est interprété comme un passe-droit injuste à l'égard de ceux qui étaient ici avant vous.

— Vous défendez les vôtres, Gabrielle, et je le comprends. Mais vraiment, à ce compte-là, il faut refuser l'immigration si on ne supporte pas qu'il y ait des étrangers ici. Nous payons nos impôts, nous créons de l'emploi…

— Et vous êtes riches. Les Canadiens français vous en veulent de votre réussite et de celle des Anglais. Ils pensent que c'est du pareil au même et que ce que vous avez, vous le leur enlevez.

— Quel raisonnement ! Qu'ils fassent de l'argent au lieu de vouloir nous écarter. Qu'ils nous devancent, qu'ils soient meilleurs que nous. Vouloir abattre et faire disparaître celui qu'on jalouse, c'est de la barbarie.

— Disons qu'ils sont méfiants, pas qu'ils veulent vous abattre.

— Bon, j'exagère, mais je trouve ça dur de ne pas trouver de logement.

— Votre femme vous manque ? »

Ted la regarde et se tait. Il ne peut pas dire que sa vie lui plaît beaucoup telle qu'elle est, que ses visites à Montréal une fois par semaine lui suffisent amplement. Les discussions avec son père, les nuits avec sa femme, tout cela pendant deux jours lui semble bien assez. Il ne peut pas dire à Gabrielle comme sa vie dans la famille Miller change ses perspectives : jamais il n'a vu des enfants élevés sur le même pied comme ici. Gabrielle, sa vivacité, sa présence et ne serait-ce qu'une discussion comme celle qu'ils ont, tout cela est inimaginable chez lui. La femme juive ne se mêle pas des théories religieuses ni des débats politiques : elle se concentre sur le foyer et les enfants.

Une femme comme Gabrielle scandaliserait son père, mais Ted la trouve stimulante et dérangeante. Honnêtement, Ted se demande comment il fera pour rentrer chez lui et ne pas aller s'asseoir dans la cuisine et discuter pendant que le souper se prépare.

Gabrielle repose sa question et Ted répond franchement : « Non, je ne peux pas dire ça. Chez nous, Gabrielle, on n'épouse pas une femme parce qu'on l'aime, on l'aime parce qu'on l'a épousée. Alors, non, ma femme ne me manque pas, Gabrielle. J'apprends plus que le français ici, vous savez. Et les enfants… ils vont me manquer, c'est sûr.

— C'est dommage, vous ne verrez pas Adélaïde, elle sort du pensionnat le jour où vous retournez à Montréal. »

Effectivement, Ted ne revient à Québec qu'après la fête des Rois et, cette fois, il va s'installer rue Turnbull avec sa femme et son fils.

Gabrielle organise un thé pour leur souhaiter la bienvenue, mais la jeune femme de Ted est si timide, si taciturne, que la rencontre n'est pas des plus concluantes. C'est Rose qui résume le mieux les impressions de tous en demandant « pourquoi elle avait peur, la madame ».

Aucun enfant ne peut croire que cette petite personne si pâle et si nerveuse est la femme de Ted. Eva Singer n'a fasciné les enfants qu'à cause du petit bébé qu'elle berçait et que tout le monde voulait voir.

L'adaptation à la ville de Québec est d'ailleurs des plus pénibles pour la jeune femme. Isolée, esseulée, Eva s'ennuie des siens et rêve de retourner à Montréal. La communauté juive de Québec est son seul soutien, mais ce n'est pas comme sa famille qui lui manque tant. Ted, quant à lui, reprend très vite ses vieilles habitudes et finit quelques soirées rue Laurier, prétextant un dossier à étudier ou une stratégie à élaborer avec Edward.

Les jours où Nic est en ville, c'est systématique, ils se retrouvent tous les quatre à rire et à discuter jusque tard dans la nuit.

Un soir, Ted oublie qu'il a son propre appartement et se dirige vers l'escalier au lieu de prendre son manteau. Délicatement, Gabrielle lui indique que la rue Turnbull n'est pas en haut des marches.

Après son départ, Nic hoche la tête : « Son mariage est *casher,* mais ce n'est pas ce que j'ai vu de plus heureux. »

Reine non plus ne semble pas très heureuse. Dès son retour des chutes du Niagara, elle s'est empressée de reprendre ses activités au Centre, au grand soulagement de Paulette et de Gabrielle. L'humeur de Reine est nettement plus morose qu'avant et peu de choses ressortent de ses commentaires sur sa nouvelle vie. La seule activité qu'elle apprécie et qui la déride est d'aller au cinéma. Quelquefois, en fin de journée, au lieu de rester au Centre comme elle l'a annoncé à Jean-René, elle va au cinéma et y demeure jusqu'à six heures trente. Elle prétend que certains films sont si bons qu'elle les reverrait trois fois à la file. Paulette et elle s'échappent souvent le samedi après-midi et elles finissent leur congé en compagnie de Gabrielle et des enfants. Immanquablement, vers six heures, le téléphone sonne et Jean-René réclame son souper et sa femme, dans l'ordre. Edward se dépêche d'aller « reconduire ces dames », avant que Reine ne se fasse gronder par son si bon mari.

Adélaïde s'adapte mieux au pensionnat que Gabrielle ne s'adapte à son absence. Sa grande fille lui manque, ses raisonnements si justes, prononcés après de longs silences de réflexion, ses questions surprenantes. Quand elle va au parloir, Gabrielle a le cœur battant de plaisir. C'est toujours un moment important de la semaine, un moment léger et grave à la fois. Léger, quand elles échangent des nouvelles à propos de chacun, et grave, quand elles abordent les « problèmes ». Gabrielle ne connaît les compagnes de sa fille qu'à travers les histoires de leur vie qu'Adélaïde raconte avec une vérité étonnante. Leurs vies, leurs chagrins, leurs hésitations, tout est rendu avec tellement d'acuité que Gabrielle se demande si ce n'est pas son aînée la véritable actrice de la famille, et non pas Béatrice.

Pour sa part, elle doit décrire et expliquer comment sont Ted et les gens qui occupent les lits voisins de Florent. Ce qui lui est beaucoup plus difficile, Adélaïde réclamant des portraits très précis.

« Écoute, maman, pourquoi tu ne demandes pas à Florent de me dessiner cette Madame Perreault ? Je saurai bien ce qu'il en pense, rien qu'à voir les traits. »

Gabrielle part à rire : « Tu as confiance dans mes descriptions, à ce que je vois.

— C'est pas ça, mais je ne sais pas si elle l'énerve ou non. »

Gabrielle non plus ne le sait pas : Florent ne laisse jamais transparaître ce qu'il pense des gens. Il a une patience d'ange avec les plus malavenants. Pour Florent, commenter ou critiquer est la pire des impolitesses. Il remercie quand on lui donne et ne demande jamais. Ce qui fâche beaucoup Adélaïde : « Penses-tu que je ne le sais pas ? Il va se faire manger la laine sur le dos par tout le monde ! Ça m'enrage, maman, on dirait toujours qu'il est le serviteur de quelqu'un ! »

— Peut-être que son manque d'instruction le gêne. Il ne peut pas se voir autrement parce qu'il a trop d'ignorance. »

Tout cela irrite tellement sa fille et de façon si stérile que Gabrielle s'en veut d'en avoir parlé. Elle se tait, réservée, ce qui ne calme pas du tout Adélaïde : « On parlait, maman ! Pourquoi tu fais ça ? Continue ! On trouvera pas de solutions si on fait juste se taire avec la face triste des sœurs. »

Gabrielle demande ce qu'est « la face triste des sœurs », et ce qu'elle conclut des explications de sa fille, c'est que la résignation ne donne pas bon visage.

En rentrant sous la neige sans se presser, Gabrielle réfléchit à l'attitude d'Adélaïde et à sa combativité. Elle n'émet qu'un reproche et toujours le même vis-à-vis des sœurs et il concerne leur esprit de renoncement et leur soumission. La sévérité et l'exigence des religieuses n'embarrassent jamais Adélaïde, mais cette façon de baisser la tête devant l'autorité ou l'adversité la galvanise. Comment avait dit sa titulaire lors de la dernière rencontre ? « Il y a beaucoup d'insubordination chez Adélaïde, un orgueil encore à mater, mais également une réelle générosité. C'est une enfant qui aime les défis. »

La religieuse le lui disait avec l'air accablé de quelqu'un qui prévoit de graves difficultés. Gabrielle n'arrive à y voir qu'un bon signe, sa fille ne se laissera pas « manger la laine sur le dos ».

Fin mars, un grand bal est organisé au Château Frontenac pour les cérémonies de clôture d'un congrès d'avocats et d'hommes d'affaires. Malgré que ce soit en plein carême, Gabrielle et Edward doivent y assister : toute la crème du barreau y sera et Nic viendra de Montréal. Les préparatifs et la confection de la toilette de Gabrielle préoccupent énormément Béatrice qui veut que « maman soit la vedette de la soirée ». Pour lui plaire, pour que ça se passe exactement comme dans ses histoires, Gabrielle dit à Béatrice de se tenir au bas des marches et de l'attendre, qu'elle fera sa « descente ». Béatrice n'est pas la seule à avoir les yeux ronds. Dès qu'ils entendent « maman ! », Edward et Nic se précipitent au bas des escaliers.

Gabrielle tourne sur elle-même au niveau du palier et elle reprend sa descente, très lentement. La robe est d'une simplicité et d'une audace époustouflantes : dans un tissu gris-bleu acier qui moule le corsage, la taille et les hanches, la robe taillée sur le biais prend son ampleur à partir des cuisses. Beaucoup plus large, la jupe danse autour de ses jambes et forme une traîne. C'est une robe « sirène » en mousseline de soie fluide qui est incrustée de lignes de sequins éparses, ce qui fait scintiller la jupe quand la lumière attrape les mouvements. Une petite veste trois quarts en mousseline de la même transparence permet de tout voir des épaules nues et du décolleté vertigineux du dos.

Les pendants d'oreilles ont l'air d'avoir été créés pour être portés avec cette robe.

La longue taille de Gabrielle, sa finesse est admirablement servie par la coupe, et les mouvements de la jupe laissent deviner l'ampleur qu'elle prendra lors du premier tour de valse. Les cheveux de Gabrielle sont ramassés dans un chignon plus serré qui donne l'impression qu'elle les a coupés. Le mouvement dégage son visage en exposant le dessin du cou et de la nuque. Gabrielle enfile ses gants seize boutons et Béatrice réclame de voir « sans le dessus ». Complaisante, sa mère retire la veste. C'est Fabien qui trouve les mots : « Moi, maman, quand je vais te marier, c'est comme ça que tu vas t'habiller. Exactement comme ça. »

Parce que c'est l'anniversaire de Florent et parce que Gabrielle sait combien une telle robe va le réjouir, il a été entendu avec Edward qu'elle et Nic iraient porter les cadeaux de fête juste avant le bal. C'est grâce à une permission spéciale que Gabrielle peut se présenter à l'étage chichement éclairé. Jamais encore elle n'a vu la salle sans la lumière du jour. Le blanc si impressionnant dans la crudité du jour devient spectral et inquiétant à la nuit tombée. Les abat-jour découpent des zones arrondies dans la pénombre. Il est six heures et demie et le repas est fini depuis déjà une heure, la prière est dite et chaque patient dans son lit attend la nuit avec ennui. L'arrivée de Gabrielle, qui traverse la salle dans un froissement de soie, fait l'effet d'une apparition céleste. Nic se tient en retrait, assez loin derrière elle, pour avoir le bonheur d'observer la réaction de Florent.

À genoux sur son lit, le petit garçon a l'air ébloui. À mesure que s'approche Gabrielle, les mains de Florent se croisent et s'élèvent comme pour prier. Il est si bouleversé qu'il se met à pleurer et Nic voit Gabrielle se presser dans un froufrou précipité pour le prendre contre elle et le consoler.

La jeune infirmière qui aperçoit Nic s'empresse d'aller dire à Florent qu'aujourd'hui son papa et sa maman sont venus ensemble pour son anniversaire, qu'il n'est quand même pas pour pleurer ! Gabrielle éclate de rire et Florent sèche ses larmes, content. C'est Nic que la méprise rend mal à l'aise.

Florent le détaille et lui demande de reculer un peu, qu'il puisse considérer l'ensemble de sa tenue. Nic, en habit de soirée à la veste queue-de-pie dont le devant est de type *spencer,* ajustée à la taille, a une allure très élégante. Florent lui fait signe d'approcher. Debout sur son lit, il redresse le nœud papillon et observe d'un œil critique. Puis, il demande à Gabrielle de se placer près de Nic. Il les contemple longtemps, totalement subjugué, le visage empreint d'amour. Finalement, il s'assoit sur son lit et déclare qu'il est très fier de « ses parents ». Il déballe méticuleusement ses cadeaux, mais il revient toujours à Gabrielle et il touche du bout des doigts les pierres précieuses qui brillent et les pommettes et les joues de Gabrielle. Il y a une telle vénération dans la caresse qu'elle ne semble absolument pas déplacée. Le geste rappelle celui des enfants qui boivent au sein de leur mère et qui tapotent avec extase le visage aimé penché au-dessus d'eux.

Nic ferait exactement la même chose que Florent s'il le pouvait. Le visage de Gabrielle agissant comme un aimant sur la lumière et sur lui.

Juste avant de les laisser partir, Florent les prie de lui accorder une autre faveur. Il demande à Gabrielle de retirer la veste d'apparat et de danser juste un peu devant lui afin qu'il puisse voir la robe bouger comme elle le devrait.

Gabrielle s'exécute, mais avant, elle prend son carnet de bal et y inscrit Florent et le lui montre : « Ceci, ça veut dire que tu es mon premier cavalier. Ce soir, c'est à toi qu'appartient la première valse. Nic, voulez-vous valser avec moi pour Florent ? »

Nic s'approche, s'incline devant Gabrielle qui pose sa veste sur le lit. Il passe son bras autour de la taille de Gabrielle, prend sa main gantée. Elle lève les yeux vers lui et, comme s'il s'agissait d'un signal secret, ils se mettent à valser silencieusement le long de l'allée cirée qui sépare les deux longues rangées de lits. Tout le monde s'est tu. Du fond de leur lit, même les plus languides se soulèvent et fixent, émerveillés, ce couple qui glisse sur le sol, cette traîne striée de lumières qui virevolte, la main forte de l'homme contre la peau pâle du dos et les yeux du danseur qui plongent dans ceux de la femme. Ils regardent tous dans le silence de la nuit habituellement si mesquine cette princesse et ce prince venus faire miroiter un monde disparu et, pour la première fois depuis longtemps, ils entendent la musique.

Revenu à Montréal, dans les bureaux de la rue Saint-Jacques, Nic ouvre son coffre-fort pour y glisser le carnet de bal de Gabrielle qu'il a réclamé à la fin de la soirée « pour les archives de Florent ». Il le feuillette et son nom y revient assez souvent, aussi souvent qu'il est permis sans attirer l'attention ou exciter la suspicion. De toute façon, Nic s'est vite aperçu que le meilleur point de vue qu'il pouvait avoir de Gabrielle était au moment où Edward la ployait et la faisait danser. Tout dans le corps de cette femme tenue par son mari, tout clamait leur entente charnelle et la confiance abandonnée qu'ils s'offraient mutuellement. En les regardant danser ensemble, Nic a nourri sa détermination : rien au monde ne devrait venir troubler un amour pareil. Même pas, surtout pas, son propre amour.

Nic regarde la cavité sombre du coffre et en sort les lettres de Gabrielle, toutes datées et assemblées dans l'ordre, le dessin de Florent et une petite pochette de soie cordée. Il en extirpe la troisième pièce de l'ensemble que portait Gabrielle : une parure de cou en platine finement tressée où alternent, en formant des lignes onduleuses, diamants et saphirs. Un collier d'une facture simplissime, un collier qu'il rêvait de passer au cou incliné de Gabrielle. Combien de fois a-t-il rêvé de fermer l'attache du bijou sur sa nuque avant d'y poser les lèvres ? Combien de fois a-t-il frémi en imaginant le parcours de sa bouche dans l'échancrure du dos que sa main creuserait à mesure que les boutons céderaient ? Dieu ! Communier à même la peau de cette femme et s'y damner. La tenir seulement et trembler de la perdre ou de la blesser.

Il range la parure. Il ignore si elle trouvera jamais sa propriétaire, il ignore s'il osera jamais la tendre à Edward ou à Gabrielle, mais il sait pertinemment que jamais aucune autre femme que celle-là ne recevra ces pierres.

La matinée se passe lentement, péniblement. Il a du mal à s'arracher aux réminiscences de la fin de semaine. Il n'arrive même pas à discerner si la fréquentation aussi assidue de la rue Laurier et de ses occupants l'encourage ou lui nuit. Mais chaque fois qu'il a essayé de s'en éloigner, l'obsession est devenue si brûlante qu'il en était incapable de donner le change et d'agir autrement qu'en zombie obnubilé.

*   *   *

Quand la femme de Ted est retournée à Montréal pour la fête des Azymes, elle est restée dans sa famille un mois entier. Ted y consent d'autant plus volontiers que son travail l'accapare de plus en plus et qu'il ne sait pas comment consoler Eva de son ennui. Il n'y a qu'avec sa mère et sa famille qu'Eva est bien et, sincèrement, Ted s'en trouve soulagé. Quand Gabrielle s'inquiète de la santé de son mariage et se reproche de ne pas aider la jeune femme à s'intégrer, Ted essaie de lui faire comprendre qu'elle n'y peut rien, que toute la volonté d'Eva est de demeurer intacte et en retrait du milieu canadien-français : « Elle n'a aucune envie de s'assimiler, elle veut retrouver son milieu et ses habitudes juives. Elle veut réintégrer le cocon juif pratiquant, celui qui clame la différence et exclut tous les *goyims,* les non-Juifs.

— Mais elle va être malheureuse toute sa vie, ici !

« — Gabrielle, nous sommes une communauté d'exclus qui s'est reformée partout dans le monde, partout où l'errance nous a menés. Pensez-vous que des catholiques canadiens-français qui nous jugent et nous rejettent vont nous faire peur ?

— Mais vous leur faites peur ! Tous les Juifs ne parlent pas autant que vous.

— C'est déjà un manquement à la Loi : je ne devrais ni vous parler ni vous regarder parce que vous êtes *ger tochav*.

— Encore vos histoires de bacon et de jambon ! S'il fallait qu'on fasse venir le prêtre pour bénir notre souper pièce par pièce…

— Je vais vous dire, Gabrielle, j'adore le jambon et, dès que je suis en dehors de ma famille et de la communauté, je m'en régale. »

À partir de ce jour, quand Ted est attendu pour souper, il n'est pas rare qu'un petit rôti de porc soit servi. Avec sa graisse de rôti. Ted est le premier à s'en tartiner une généreuse couche sur sa tranche de pain.

À la fin mai, Nic annonce qu'il doit partir pour l'Italie chercher sa sœur. Comme Ted est présent, Gabrielle évite de poser des questions. Nic se propose aussi d'aller voir de plus près la crise du textile qui toucherait l'Italie du Nord : son ami Stern n'arrive plus à s'approvisionner correctement. Il a perdu beaucoup d'argent lorsqu'une commande a été « perdue en mer » et que l'état des stocks ne permettait aucun remplacement de la marchandise disparue.

Ted a un petit sourire entendu : « Combien vous pariez que le parti fasciste a quelque chose à y voir ? »

Edward garantit que ce n'est pas possible, que les tortionnaires préférés des Juifs, les catholiques canadiens-français, n'ont certainement pas réussi à faire des émules aussi loin.

Ted est insulté : « Je n'ai jamais dit que les catholiques canadiens-français étaient à la source de nos problèmes ! D'ailleurs, les Canadiens anglais sont aussi durs. J'ai essayé de m'inscrire à une université ontarienne et le contingentement y était encore plus sévère qu'à McGill. Alors… ne me faites pas dire ce que je n'ai pas dit. Les fascistes italiens, c'est autre chose… »

Nic ne dit rien et garde l'air soucieux. La conversation prend mollement la direction politique et Ted s'avère encore une fois le mieux informé sur le nouveau parti créé à Montréal. Tout le monde s'entend pour dire que Duplessis, maintenant chef de son parti, devrait pouvoir renverser la vapeur libérale aux prochaines élections.

« C'est pas possible, Edward ! S'il faut que Taschereau perde le pouvoir juste avant l'inauguration du pont de l'Île qu'il nous promet depuis si longtemps ! Le pauvre, jamais le pont ne s'appellera Taschereau. »

C'est le rêve d'Edward de pouvoir se rendre à l'Île directement en voiture et non plus d'avoir recours au bateau pour faire la traversée. Gabrielle essaie de savoir si Nic sera de retour en juillet pour venir faire son tour.

« J'ai bien peur que Kitty ne soit en train de faire de sérieuses bêtises. Je vais la sortir d'Italie et après, on verra. »

C'est Edward qui ose demander quelles sortes de bêtises et Nic reste vague : « J'ai une sale impression, c'est tout. Dites-moi, Gabrielle, Paulette va toujours voir Florent ? Sinon, il n'aura personne pour le visiter en juillet quand vous serez à l'île.

— Vous savez bien qu'on ne le laissera pas seul, Nic. Je reviendrai en ville pour une journée s'il le faut. Qu'est-ce qui vous arrive, je ne vous ai jamais vu aussi sombre ? Vous n'avez même pas mangé votre gâteau au chocolat ! »

Nic sourit tristement, repousse son assiette : « Je pense que ma sœur *pisses me off* », ce qui provoque toute une commotion, Nic ne se permettant jamais de telles vulgarités. « Excusez-moi ! »

Il se lève et, sans autre cérémonie, il monte dans sa chambre. Interdite, Gabrielle regarde Edward qui fait signe qu'il n'en sait pas plus. Ted murmure : « Stern a perdu beaucoup dernièrement. J'ai un dossier à l'étude et je ne sais même pas s'il ne sera pas hors jeu avant de l'entamer. Il perd une fortune.

— Mais les affaires de Nic ne sont pas touchées ?

— Non. Edward ?

— Non, mais vous le connaissez, ce qui arrive à Stern, c'est comme si cela lui arrivait à lui. Il va se battre pour son ami comme il va le faire pour sa sœur et quoi qu'il lui en coûte. »

Gabrielle dessert la table et, à sa grande surprise, Ted lui emboîte le pas et ramasse des assiettes : « Ted ! Qu'est-ce que vous faites là ?

— C'est fou, c'est à force de vivre seul, je pense. Je me lève de table et j'emporte tout dans l'évier de la cuisine. C'est un automatisme. »

Edward fait valoir que Nic, qui a toujours vécu seul, n'a jamais été victime d'un tel automatisme. Ted éclate de rire : « Non, mais ses deux domestiques l'ont pour lui, cet automatisme. »

Juste avant d'aller au lit, Gabrielle fait le tour des enfants, selon son habitude, et elle frappe un coup léger à la porte de Nic. Comme il ne répond pas, elle en conclut qu'il dort et va rejoindre Edward.

Nic regarde la porte sans bouger : il sait bien que c'est elle et il ne veut pas la voir. Surtout pas seule dans sa chambre à cette heure de la nuit.

Il ne veut ni de sa compassion ni de sa compréhension.

Il la veut toute ou pas du tout.

Il se dit que le printemps a un effet curieux sur sa personne, que son imagination a plus de ferveur ou de folie. Il ne sait plus, mais depuis ce bal en mars, la parure sort de plus en plus souvent du coffre-fort et il perd le sens des réalités à force de rêver sans cesse à des scénarios impossibles.

Il ne sait même plus s'il n'imagine pas les bêtises de sa sœur pour s'obliger à s'éloigner. Il doute de tout, même de sa réelle affection pour Florent, comme si l'attirance qu'il avait pour Gabrielle contrôlait la totalité de ses actes, de ses sympathies même. Il perd le sens commun. Même Paulette, cette question la concernant, c'était pour savoir s'il ne pourrait pas la revoir, comme un enfant qui espère que la punition est terminée et que c'est oublié. Il n'est pourtant pas en peine, il a des compagnes qui n'attendent que son appel à Montréal. Mais il veut revoir Paulette parce que cela veut dire voir encore Gabrielle, s'en approcher d'une autre manière, par le biais d'une autre excuse. Il se demande même si ce n'était pas le seul motif de son attirance pour Paulette, ce qui serait bien impardonnable.

Il tourne dans son lit, incapable de trouver son confort, malheureux et piégé.

Ce soir, quand il est arrivé vers six heures et demie, elle était dans le jardin avec Rose et Guillaume qui l'aidaient à déplacer des pierres pour protéger une partie du jardin qu'elle veut cultiver. Elle riait à gorge déployée des facéties des enfants. Elle lui a fait un signe joyeux et il s'est approché et l'a embrassée sur la joue, comme à son habitude. Rose a fait tomber sa pierre sur le pied de Gabrielle qui a crié « ouch ! » dans son cou en avançant la tête sous l'impact. Il s'est empressé de masser le pied, pendant que Gabrielle rassurait Rose qui hurlait : « Ils vont te poser des béquilles, comme papa ! » Gabrielle riait tellement, elle a saisi sa main pour arrêter le massage qu'il donnait et retrouver son souffle avant de lui jurer qu'elle n'avait aucun mal. « C'était une petite pierre de rien. Attends que papa sache qu'on lui a posé des béquilles ! »

Elle ne s'était plus préoccupée de lui et il en avait ressenti une jalousie digne de Béatrice.

Au début, l'idée seule de la voir lui faisait plaisir, occupait ses loisirs et il pensait à elle avec une douceur paisible. Peu à peu, c'est comme si le désir ne se tarissait pas, qu'il prenait de l'ampleur après chaque rencontre et qu'il devenait de plus en plus pressant, obsédant. Il a besoin qu'elle le regarde, qu'elle lui accorde du temps. Il veut compter pour elle, il cherche des preuves de son importance. Le « démon de la concupiscence », comme le curé l'appelle, le démon du désir qui rabaisse ses rapports avec elle, prend une dimension envahissante. Il ne veut pas la désirer, il veut l'aimer. Il ne veut pas la gagner, la faire s'incliner ou rien de ce genre qu'il connaît et pratique si bien, il veut qu'elle lui offre, qu'elle donne son désir comme une femme amoureuse, et ça, il n'a aucun moyen et aucun droit d'y parvenir. Il la veut troublée, troublante. Il aurait voulu que la bouche dans son cou s'arrête net, consciente de cet accès physique interdit et tentant. Mais Gabrielle n'est pas troublée ni même coquette. Gabrielle ne le désire pas. Il trouve cela atroce à admettre, blessant, mutilant. Il ne sait pas pourquoi, ce n'est pas son orgueil qui se brise contre ce refus ou cette absence, il ne sait pas pourquoi c'est son cœur qui s'y cogne et s'y oppose. Chaque fois qu'il doit affronter ce vide, il a l'impression de mourir un peu.

Il se rhabille et sort dans la nuit. Il marche jusqu'au fleuve, jusqu'à la terrasse Dufferin. Il y a un an à peu près, il a marché ici après le départ de Paulette. Il venait de voir sa peine et il avait au fond du cœur l'allégresse d'avoir retrouvé Gabrielle, l'allégresse de se sentir comblé. Et Paulette devant lui était désertée. Il n'avait rien compris alors au discours de Paulette, rien compris à sa demande de ne plus le voir ou lui parler. Ce n'est que ce soir, en contemplant l'île d'Orléans où il ne pourra plus aller, en regardant la douceur des reflets lumineux sur l'eau noire du fleuve et en se tournant vers le clocher du Séminaire, ce n'est que ce soir qu'il sait qu'il faut arrêter l'escalade infernale, sinon il risque de perdre à jamais le respect de cette femme adorée.

Il remonte les planches de la Terrasse et remarque des amoureux qui s'enlacent pour un long baiser et il ne sait plus s'il a jamais vraiment fait l'amour dans sa vie. Toutes ces femmes embrassées, enlacées, toutes ces femmes qu'il a fait gémir ne lui ont jamais arraché le sanglot qui l'étouffe maintenant et le rend muet de détresse. Il voudrait être avec elle tout le temps, rire avec elle, se laisser caresser par elle et la prendre avec tout ce qu'il sait, mais aussi tout ce qu'il ne sait pas de ce que l'amour change dans un corps qui va à la rencontre du désir pur.

L'intimité, voilà ce qu'il veut. Il ne désire plus partager Gabrielle avec les autres, avec Ted qui la fait rire, avec les enfants, avec Edward. Il devient exclusif, jaloux, possessif et il se hait. Il sait qu'il est brutal parce que contrarié. Il sait qu'il n'a plus de paix parce que sa quête refuse de se raisonner ou parce qu'il refuse de la ramener à des objets ou à des projets envisageables et plus conventionnels. Nic sait très bien qu'il ne peut plus freiner cette urgence sourde, implacable, ce désir d'elle qui outrepasse toute décence. Il faut mettre fin à l'attente, il faut renoncer totalement.

Il comprend la voix de Paulette l'adjurant de ne plus se faire sentir dans sa vie. Il connaît maintenant la douleur intérieure qui exige un tel sacrifice. Il voudrait pouvoir appeler Paulette avant de prendre ce bateau pour l'Europe, l'appeler et lui demander si, au bout d'un an, le démon du désir se taisait et si une certaine paix, fragile mais réelle, s'installait comme un printemps incertain.

Il se sent malade, à la fois dégoûté et découragé. Il sait qu'il ne pense à Paulette que parce c'est la seule souffrance qu'il a vue qui se rapproche de l'arrachement qu'il ressent à devoir s'éloigner de Gabrielle.

Il marche pendant des heures, rejoignant les Plaines, passant devant la maison de Germaine, il fait le tour des endroits de Québec qu'il aime et a aimés. Il ne reviendra pas de sitôt. Ni pour Florent, ni pour Gabrielle. Les affaires se régleront de Montréal. Il faut guérir d'elle, s'enfuir avant de faire une chose ignoble et risquer de perdre son affection et son estime pour toujours.

Il rentre au petit matin, défait mais déterminé, une pierre dans la gorge tant il aurait envie de pleurer. Il trouve Mimi à la cuisine qui, sans poser de questions ni s'étonner, lui sert un café.

Il remonte à sa chambre en vitesse, certain de ne pas pouvoir affronter Gabrielle maintenant.

Il s'assoit et écrit une longue lettre à Paulette, la première longue lettre de sa vie. Une lettre où il lui demande pardon et s'excuse du mal qu'il lui a fait.

Parce que c'est Nic, mais surtout parce qu'il a l'air si accablé, Gabrielle accepte de l'emmener avec elle au parloir pour voir sa fille.

Adélaïde a changé. Plus grande, plus fine, elle a un visage qui perd la rondeur de l'enfance. Ses yeux sont encore plus remarquables qu'avant, les prunelles grises, opaques, denses se fixent avec gravité sur lui : « Tu t'en vas longtemps ?

— Je ne sais pas.

— Mais si tu veux revenir, tu peux ? On dirait que tu ne pourras pas. »

Cette façon directe qu'elle a de mettre le doigt sur l'endroit douloureux, en plein centre de la blessure : « Je n'ai pas envie de partir, c'est tout. »

Adélaïde fait celle qui comprend puis, alors qu'il aide sa mère à passer son manteau, elle lui lance : « Pourquoi tu la laisses pas là-bas, Kitty ?

— Parce qu'elle est en danger. Parce que c'est ma sœur.

— Ah oui ? Je ne sais pas si je le ferais pour Béatrice…

— Adélaïde ! Vraiment !

— Maman, fâche-toi pas : je suis sûre et certaine que je le ferais pour Fabien. »

Sur ces bonnes paroles, elle les embrasse tous les deux et court à l'étude. Nic prétend devoir s'arrêter au bureau pour ne pas marcher avec elle et inscrire encore mille images de son visage adoré dans sa mémoire déjà lancinante.

La seule promesse qu'il réclame, la seule chose à laquelle il n'arrive pas à renoncer, ce sont ses lettres. Les lettres qu'il lui demande de ne jamais cesser de lui envoyer. Ces lettres, comme de petits radeaux de secours qui l'empêcheront de s'engloutir dans l'absence et le manque tenace d'elle.

* * *

« Qu'est-il arrivé à Nic, Gabrielle ? »

Depuis mercredi, cette question torture Paulette. Depuis que la lettre de Nic lui est parvenue, cette lettre déchirante, emplie de fautes, écrite d'une main incertaine et surtout non aguerrie.

Gabrielle pose sa plume et observe Paulette qui vient s'asseoir en face d'elle : « Rien. Il doit partir pour l'Europe au début de la semaine. Il faut qu'il s'occupe de Kitty.

— Mais il est arrivé quelque chose, non ? Une femme ?

— Avec Kitty ? Une femme ? Je ne sais pas… que voulez-vous dire ? »

De toute évidence, Gabrielle ignore tout des déchirements de Nic. Il faut que ce soit une femme, jamais Nic n'aurait su ce qu'elle avait traversé sans éprouver lui-même un profond chagrin d'amour.

Paulette s'arrange pour juguler toutes les questions soulevées par son sous-entendu et elle calme les soupçons de Gabrielle : pourquoi l'alarmer si Nic paye de son absence le prix de la tranquillité d'esprit de

Gabrielle ? Sournoisement, Paulette ressent l'ancienne morsure de jalousie. Elle se demande combien de femmes à Montréal souhaiteraient comme elle être à la place de Gabrielle et avoir, pour une heure, le pouvoir de faire subir à cet homme ce qu'il leur a fait subir.

Très vite, en parlant avec Gabrielle, Paulette revient à de meilleurs sentiments. Elle se demandait si Gabrielle était vraiment candide et la réponse est flagrante. Oui, Gabrielle est candide et rien n'entache la pureté de ses intentions. Gabrielle est une femme aimante, c'est tout. Et Nic a bien raison de l'aimer.

Encore une fois, c'est en parlant avec Gabrielle que Paulette trouve sa paix et cesse de vouloir combattre tout ce qui la sépare de Nic. Encore une fois, l'amitié de Gabrielle l'aide à accepter le vide laissé par Nic… et, comme toujours, Paulette a honte de ses sentiments si peu élevés, si peu nobles.

« Gabrielle, il faut me pardonner. Je suis quelquefois brusque et jalouse, parce que vous partagez la vie de Nic, sa présence. C'est honteux, mais c'est ce que je ressens.

— Je le sais bien, voyons. Je sais combien c'est dur pour vous, ne vous excusez pas. Mais à partir de cette semaine, nous serons toutes les deux sans nouvelles, vous comme moi. »

Paulette se rend compte que cette perspective de parité ne l'enchante pas tant que ça.

Québec, le 1ᵉʳ juillet 1934.
Cher Nic,
Cette fois, si vous lisez toute ma lettre, c'est que vous êtes un homme indulgent. Je suis impardonnable de vous avoir laissé sans nouvelles de cette façon ! Je ne peux même pas prétendre que des événements graves ont prévalu : la vie avec ses tâches coutumières et accaparantes s'est déroulée, un point c'est tout. Je me demande comment faisaient nos mères pour arriver. Avec je ne sais combien d'enfants, elles cuisinaient tout, faisaient leur pain, tissaient la laine, la cardaient. Vraiment, avec l'électricité et les servantes, je suis privilégiée et je ne parviens même pas à trouver une heure pour vous écrire ! Une sans-cœur, je vous dis !

J'avoue que j'ai été surprise de ne pas recevoir votre appel avant votre départ : c'est la première fois que vous quittez le pays sans me dire un dernier bonjour. J'en ai eu pour des jours à m'interroger, me questionner : aije, sans le savoir, mal agi, blessé votre sensibilité ? Ai-je été indélicate, Nic ? Ça semble idiot de vous parler de cela alors que votre départ remonte à un mois, mais la question est toujours d'actualité : me le diriez-vous si je vous blessais sans le savoir ? J'espère que oui, parce que je n'aime pas du tout imaginer des méfaits que j'aurais pu commettre sans être en mesure de les réparer, par pure inconscience. Là-dessus, je suis comme Adélaïde, j'ai une imagination très fertile.

Florent va bien, mais l'été au sanatorium est une période très difficile pour lui. Adélaïde lui manque encore plus et vous lui manquez. Savez-vous combien cet enfant s'est attaché à vous, Nic ? Savez-vous à quel point votre présence lui fait du bien ? Il parle de vous, dessine pour vous et me demande de lui montrer sur la carte du monde où vous êtes, ce que vous faites. Je voudrais bien le savoir moi-même. J'invente un peu, pour faire une vraie histoire. Allez-vous bien ? Et Kitty ? Évidemment, je ne saurai tout ça que plus tard.

Nous sommes à l'Île depuis quatre jours. Les distributions des prix de cette année ont couronné chaque enfant dans leur domaine respectif. Adélaïde, en musique et en français, Fabien en mathématiques, Béatrice en religion (hé oui !) et Rose en histoire. Edward n'en pouvait plus de fierté. Je lui ai fait lire la fable de La Fontaine sur la grenouille et le bœuf. Il dépassait les limites permises en ce qui a trait à la fierté paternelle. Mais je sais que vous êtes tout pareil en ce qui concerne les succès d'Adélaïde.

Elle change, ma grande fille, elle aura onze ans ce mois-ci. Y serez-vous ? Il me semble que vous tardez et que les nouvelles européennes rapportées par Ted (notre chroniqueur attitré) ne sont guère rassurantes.

Il a été question que Ted, sa femme et son fils viennent séjourner à l'Île pour une semaine, mais Eva a refusé. Je crois que Ted ne veut pas insister, parce qu'il respecte le sens familial de son épouse et son attachement aux traditions juives. Je ne suis pas sûre pour autant que Ted soit un homme bien pratiquant. J'ai souvent l'impression qu'il revient aux femmes de sauvegarder l'esprit de la religion dans les foyers. Les hommes, de par leurs fréquentations du monde, ont plus de mal à garder à l'esprit ce secours. Peut-être parce qu'ils ont plus de pouvoir et de prise sur les événements que nous, les femmes.

Bon, me voilà à philosopher ! Comme si vous aviez besoin d'un tel débat ! Ce doit être une déformation « suffragette », ou alors le Centre. Nous l'avons fermé pour l'été et je dois dire que cela fonctionne très bien. Les enfants que nous aidons ne reçoivent pas encore de prix d'excellence à l'école, mais ils y restent et finissent tous par obtenir leur diplôme, ou presque. Ces résultats m'emplissent de fierté. Ces enfants sont arrachés à la misère de l'ignorance, j'en suis convaincue. Rien au monde n'est pire à affronter que l'ignorance, cela entraîne la chute de la civilisation. Je donnerais beaucoup pour qu'Edward me permette d'enseigner à Florent. Mais ce genre de visites et la proximité exigée par la lecture ou l'écriture rendent ce projet impossible. Qu'il en sorte vite, de ce sanatorium, que nous puissions lui donner l'éducation qui lui permettra de bien vivre. On dirait que les médecins ne font rien pour eux, là-bas. Les pauvres malades sont étendus et attendent la grâce divine du recouvrement, je crois. Quand je vois cet enfant prisonnier de son lit, de ce bacille, une révolte me saisit et je comprends alors les réactions violentes d'Adélaïde.

Elle a accepté de ne pas voir Florent, mais je ne donne pas cher de son obéissance si Florent ne sort pas l'an prochain. La patience, comme vous le savez, est une vertu à développer chez les Miller.

Cher Nic, je papote, je vous ennuie avec ces détails… ce matin, le fleuve est d'un calme plat, on dirait presque un lac, les enfants jouent sur la grève, Adélaïde lit quelque part, sans doute, Béatrice régente tous les enfants qu'elle a sous la main, je vais aller planter des zinnias. Les pivoines commencent enfin à sortir, elles sont très en retard, mais ce sera très joli dans l'allée dès demain.

Je sais que vous n'aimez pas écrire, mais donnez-moi de vos nouvelles quand même, par Edward ou par Ted si la correspondance vous répugne trop.

Vous avez le bonjour et les affections de tous ici et vous avez mon affectueuse pensée.

Gabrielle.

Ce n'est qu'une fois la lettre partie que Gabrielle apprend la maternité de Reine. Isabelle et Georgina sont folles de joie. Impossible de savoir ce que Reine éprouve, elle est au lit depuis le premier malaise et elle doit le garder à cause d'une complication redoutée. Georgina parle même de ne pas venir à l'Île en août puisque Reine ne pourra peut-être même pas prendre le vapeur.

Grâce à Paulette qui, de Québec, lui donne des nouvelles, Gabrielle sait au moins que le moral de Reine est bon et qu'elle se réjouit de la perspective de l'enfant, tout en gardant l'espoir en berne à cause de la précarité de sa grossesse.

Trois semaines plus tard, Reine perd le bébé et Gabrielle accourt à son chevet en compagnie d'Isabelle. Il fait une chaleur étouffante rue Richelieu et Reine a beaucoup de fièvre. Georgina est comme un gros papillon gris qui ne finit pas par se poser et elle répète sans cesse les mêmes phrases convenues.

Gabrielle réclame un peu de paix pour Reine, du calme et de l'air. Elle emmène Georgina au salon et s'efforce de subir le récit détaillé des événements pendant qu'Isabelle s'attaque au rangement. L'appartement est dans un triste état, on dirait que la vie n'y règne pas, que le décor est installé, mais que les acteurs tardent à faire leur entrée.

Quand Gabrielle voit Jean-René, quand elle constate qu'il se soucie davantage de son repas du soir que de voir son épouse, quand elle l'entend déplorer davantage le prix des visites du médecin et des médicaments que la perte de l'enfant, elle reste songeuse. Georgina a beau expliquer qu'un enfant n'a de réalité pour le père qu'une fois né, et encore, Gabrielle juge que son épouse doit bien avoir un peu de réalité pour lui si l'enfant n'en a pas.

Elle fait taire sa combativité malséante et va dans la chambre où Reine dort. Isabelle lève la tête de son livre et sourit à Gabrielle : « Elle dort enfin. Dites-lui de baisser le ton. »

Bien malin qui pourra faire baisser le ton à Jean-René, surtout chez lui ! Gabrielle voudrait prendre Reine et l'emmener rue Laurier, dans la chambre de Nic où l'air est frais à cause de l'orme qui projette son ombre sur la façade. Elle voudrait la sortir de ce lit étroit où, elle en est certaine, Jean-René prend toute la place sans vergogne.

Elle profite de son excursion en ville pour visiter Florent dont le visage s'éclaire à son arrivée et elle demeure avec lui jusqu'à cinq heures, quand les plateaux de repas sont distribués. Mais que font-ils après cinq heures et demie, alors que l'été garde le soleil haut jusqu'à passé huit heures ? Il y a la prière et ensuite le calme plat qui s'étalent au même rythme que les draps de lit sont tirés. Florent prétend qu'il lui arrive de s'ennuyer des sacs de coupons et des catalognes. Puis, il rassure Gabrielle en avouant que ce qui lui manque le plus, c'est la broderie du trousseau de Reine.

C'est Paulette qui a l'idée de confier à Florent une bande de mousseline de soie à broder pour faire une écharpe, qui s'avère une pure merveille.

Quand, en août, Gabrielle revient visiter Florent, celui-ci lui réserve une surprise encore plus belle que l'écharpe. D'une main hésitante, il trace sur une feuille lignée, en lettres formées lentement mais fermement : *Florent Gariépy.*

« C'est Paulette qui me l'a montré ! On a tout l'été pour l'alphabet. Quand le Centre va rouvrir, elle n'aura plus le temps, mais pour l'instant, on travaille très fort. »

À partir de ce jour, Gabrielle passe ses visites à enseigner sa part de l'alphabet et les rudiments de la lecture. Florent est si dévoué à l'apprentissage, si concentré sur sa tâche que, quand septembre arrive, il peut se débrouiller et lire les lignes d'histoires des livres dont, auparavant, il ne faisait que contempler les illustrations.

Québec, le 30 août 1934.
Cher Nic,
Ce ne sera pas une longue épître, comme à mon habitude. Cette lettre contient une jolie nouvelle que vous trouverez sur la page suivante. Je me suis dit que vous seriez heureux de ces changements.
Ici, la vie se poursuit doucement. Les enfants se préparent à retourner à l'école, les journées raccourcissent. Reine va beaucoup mieux et elle a l'intention de travailler encore plus fort au Centre. Nous donnons un coup d'éclat à la rentrée : une kermesse pour financer l'achat de cahiers, crayons, encre et fournitures diverses, et j'avoue que sans les idées et l'énergie de Reine, nous manquerions de crayons dès novembre. La kermesse aura lieu le 20 septembre, serez-vous de retour ? Votre dernier câble venait de Suisse. Y êtes-vous toujours ? Même Edward ne peut me renseigner.
Je vous espère en bonne santé, ainsi que Kitty. Tout le monde ici vous embrasse bien fort, Nic. Revenez-nous vite.
Gabrielle.

Sur la page suivante, d'une écriture très constante, Nic peut lire :

Bonjour Nic,
Voici le résultat de mon été d'études. J'aime écrire et je fais beaucoup d'exercices. Paulette et Gabrielle m'ont montré et je vais continuer d'apprendre dans les livres.
Quand revenez-vous ?
Bien à vous,
Florent Gariépy.

Le 19 septembre, dès que les enfants sont partis pour l'école, la cuisine devient un champ de bataille : Isabelle et Gabrielle, « aidées » de Guillaume, font cuire des douzaines de petits biscuits pour la kermesse du lendemain. Vendues trois pour un sou, les gâteries devraient s'envoler puisque le thé est servi gratuitement avec le ticket d'entrée.

C'est au moment précis où, les mains pleines de farine, Gabrielle s'apprête à enfourner une nouvelle tôle que le téléphone sonne.

Elle protège le récepteur en le saisissant avec son tablier.

« Je vous dérange, je le sens.

— Nic ! Où êtes-vous ? Mon Dieu que je suis contente ! Comment allez-vous ?

— Bien, je suis à Montréal.

— Votre voix est étrange, vous êtes grippé ?

— Un courant d'air sur le bateau, rien de grave. Comment allez-vous, Gabrielle ? »

Nic est assis au creux d'un large sofa pâle dans son salon luxueux. Il écoute la voix tant aimée. Il s'était juré d'attendre cinq jours avant de l'appeler. Il doit voir Edward aujourd'hui et l'idée qu'elle apprenne son retour par son mari ne lui plaît pas. Il raconte peu, le cœur battant, la voix affectée par l'excitation, il se contente de se repaître de sa voix à elle, de son enthousiasme et même de sa précipitation.

Il l'assure qu'il ne pourra pas venir à Québec avant un bon bout de temps, que ses affaires négligées réclament son attention. Il explique qu'il n'a pas ramené Kitty et qu'il donnera les détails de sa croisade plus tard. Il fait dire à Florent toute sa joie de le savoir apprendre si bien et si vite, il lui demande d'embrasser les enfants pour lui et promet de rappeler souvent et de venir dès que ce sera possible.

La kermesse est un succès total : les profits sont plus importants qu'on n'avait espéré. Les kiosques, tenus par de joyeuses et dynamiques jeunes filles, décidées à faire mieux que leurs voisines, se sont vidés de leur contenu dans un temps record.

Vers midi, Edward et Ted, tout juste arrivés de Montréal, se sont précipités au local pour collaborer au sprint final des préparatifs. Ted a animé le bingo avec un entrain du diable : les dames avaient du mal à parvenir à placer leurs jetons, à vérifier le suivant et, le cas échéant, à hurler « Bingo ! ».

Épuisée et ravie, Gabrielle n'arrive à parler de Nic avec Edward qu'en fin de soirée. Edward lui remet les cadeaux de Nic pour les enfants, pour Florent et pour elle. Quand Gabrielle s'étonne qu'il ne vienne pas les leur remettre lui-même, Edward hoche la tête : « Je ne sais pas ce qui lui est arrivé là-bas. Peut-être Kitty, peut-être autre chose, mais le connaissant, je dirais qu'il va repartir. Il a de nouveau des fourmis dans les jambes. C'est quelqu'un qui n'est jamais resté longtemps à la même place, tu sais. Ces dernières années ont été exceptionnelles. »

Gabrielle est découragée et avoue n'y rien comprendre : « Il a dû se passer quelque chose avec Kitty ! Tu ne veux pas me le dire, c'est ça ? Elle a fait un scandale ?

— Les mots de Nic sont : "Elle a toujours la même façon de se mettre dans le pétrin en accusant tout le monde de mal agir à son égard." Je sais qu'il l'a emmenée en Suisse, dans un établissement de santé très réputé, et qu'elle s'est sauvée chez son baron ou son comte.

— Sauvée ?

— C'est le mot qu'il a employé. Arrête, Gabrielle, je n'en sais pas plus. Attends un peu, il va t'en parler, tu sais bien. Il te parle de tout. »

Mais Gabrielle n'est plus sûre du tout que Nic lui parle encore de tout. Et ne pas savoir pourquoi la tenaille et l'inquiète.

*   *   *

Le hall d'entrée de *McNally Enterprises* est vaste et muni de fauteuils profonds, mais Gabrielle fait les cent pas. La secrétaire sourit à chaque fois qu'elle passe devant son bureau. Gabrielle peut entendre Nic parler sèchement en anglais. Il semble se livrer à une discussion très désagréable et Gabrielle est sur le point de faire marche arrière, quand la porte du bureau s'ouvre brusquement et que Nic y apparaît pour apostropher sa secrétaire : « *Mrs Gingras, would you please...* Gabrielle ! Gabrielle, qu'est-ce qui arrive ? Que faites-vous là ? »

Il se précipite, lui saisit les deux mains, fou d'inquiétude, toute trace d'agressivité enfuie, les yeux rivés aux siens, cherchant furieusement le sens de cette démarche, pressant. Elle s'empresse de le rassurer, de poser sa main sur son bras et de chuchoter que s'il avait une minute, elle voudrait juste lui parler.

Il l'emmène dans son bureau en jetant à la secrétaire de ne les déranger sous aucun prétexte. Le soleil de novembre inonde le tapis persan aux couleurs sombres. Sur les murs, fort peu de tableaux. Le bureau est une splendide pièce de bois sombre, probablement un Chippendale. Elle s'en approche, mais il l'entraîne dans un coin plus confortable où un large canapé et deux fauteuils sont aménagés autour d'une table basse.

Il passe la main dans ses cheveux désordonnés qui n'y gagnent aucun bienfait et il reste debout à attendre. Elle s'assoit, retire soigneusement ses gants et l'observe avant de dire qu'elle est venue discuter de ce qu'elle avait fait de déplacé ou de choquant pour mériter une telle bouderie.

« Ça fait deux mois aujourd'hui que vous êtes revenu, Nic. Et vous êtes parti trois mois et demi. Jamais vous n'avez gardé vos distances de la sorte. Dites-moi ce qui ne va pas. Dites-moi pourquoi vous agissez ainsi. Je pensais que nous étions des amis. Il y a Florent qui ne comprend pas. Il est petit, il s'ennuie, vous avez une responsabilité à son égard, vous ne pouvez pas le laisser sans nouvelles.

— Vous êtes venue défendre votre protégé, Gabrielle ? C'est le moral de Florent qui vous inquiète ?

— Non, c'est le vôtre. Vous parlez comme un homme que je ne connais pas, Nic. Vous êtes tellement en colère, qu'est-ce que je vous ai fait ? Vous ne pouvez pas vous asseoir et me le dire doucement ? Est-ce si grave ? »

Il n'est pas en colère, il est traqué. Comment pourrait-il inventer une histoire qui excuse et explique ses absences et ses fuites ? Dire que Kitty est devenue dangereusement portée sur l'alcool et d'autres substances, qu'elle se salit en fréquentant tout le gratin qui s'incline devant El Duce et se pâme de ses moindres blagues ? Raconter la déchéance et la neurasthénie de sa sœur ? Ses perversités, sa maigreur, sa vulgarité poudrée ? Dire que le baron est un homosexuel notoire qui la prend comme paravent et peut-être pire ? Les yeux de grenouille de cet homme bouffi des débauches de toutes sortes qui sont les siennes, les yeux glauques fixés sur lui, sur ses mains et ce rire obscène qu'il a eu en déclarant que décidément, cette Kitty avait le goût le plus sûr du monde concernant les hommes. Quand la main grassouillette où les bagues s'enfonçaient s'est posée sur lui, Nic a réagi si brutalement que le baron avait regagné la profondeur de ses coussins sans savoir comment.

Les yeux de Gabrielle ne le quittent pas. Il se souvient, il y a très longtemps, il avait mis la tête sur ses genoux et elle avait caressé ses tempes. Il voudrait s'agenouiller comme avant et pleurer comme il n'en a pas le droit et l'implorer pour qu'elle le console enfin de cet amour si furieux et si impossible qu'il lui voue. Les yeux gris ne cachent pas l'inquiétude et l'angoisse qui ont conduit Gabrielle dans son bureau.

« Gabrielle… vous êtes venue jusqu'à Montréal que vous détestez pour savoir cela ? Pour vous asseoir dans mon bureau et me questionner ?

— Je vous avais donné deux mois dans mon esprit. Ça fait deux mois aujourd'hui. »

Il ne peut s'empêcher d'éclater de rire : « Vous êtes extraordinaire ! Qu'est-ce que vous avez dit à Edward ?

— Exactement ce que je viens de vous dire. Et il commençait à en avoir assez de mon insistance. Vous ne m'appelez presque plus, Nic, vous prenez vos distances, je vous connais. Si c'est personnel, privé, dites-le-moi. Si je n'ai rien à y voir, rassurez-moi. Je respecterai ce que vous désirez, mais il faut me parler. Il faut me dire si j'ai mal agi ou pire… sans même le savoir. »

Nic s'assoit face à elle, complètement défait. Comment échapper maintenant à l'aigu de ce regard qui compte bien savoir ? La bienveillance de Gabrielle est pire à supporter que son exigence.

« Ne m'en veuillez pas, Gabrielle, j'ai un secret qui me pèse, c'est tout. Un secret que je ne veux pas partager avec vous. Je m'éloigne, c'est vrai. Et c'est en partie votre amitié inquiète que je fuis. Je ne veux ni ne peux parler de ce secret et vous êtes trop clairvoyante pour ne pas me percer à jour.

— Dans ce cas, rassurez-moi : ce n'est pas votre santé ? Ce n'est pas la…

— Non ! Je ne suis pas malade. »

Gabrielle porte la main à sa poitrine et s'appuie contre le dossier du fauteuil avec un soulagement si évident qu'il en a du remords. Elle sort un mouchoir de son sac, se tamponne le coin des yeux : « Excusez-moi, c'est ridicule, mais j'ai eu peur. Imaginer que vous étiez atteint m'a rendue folle, je pense. Vraiment… excusez-moi, je suis désolée ! »

Elle n'arrive pas à reprendre contenance, les larmes coulent librement et elle essaie de cacher son menton qui tremble derrière le délicat mouchoir.

Nic est atterré, il voudrait se précipiter et la prendre dans ses bras, il est paralysé par l'interdit puissant qui bataille en lui contre son désir. Il se lève, vient s'asseoir près d'elle, passe un bras autour de ses épaules. Elle pleure encore plus et agite inutilement sa main pour signifier qu'elle va se ressaisir, que ça va.

Navré, il murmure un « Gabrielle, voyons… Gabrielle » si attristé qu'elle enfouit sa tête dans le creux de son épaule et sanglote pour de bon. Il ferme les bras sur elle sans plus réfléchir et la garde contre lui, contre son torse oppressé. Il la berce en respirant l'odeur divine qu'elle dégage, l'odeur qu'il ne peut plus respirer sans penser mourir.

Elle se calme lentement, il lui tend son mouchoir et attend qu'elle parle. Chaque geste, chaque soupir est observé avec dévotion. Gabrielle est si gênée de son comportement qu'elle ne regarde pas Nic. Elle se lève, retire son chapeau, son manteau, et revient s'asseoir près de lui :

« Vous pouvez aussi répandre le bruit que je suis une exaltée sans retenue ni manières.

— Si je demandais plutôt à Madame Gingras de nous faire du thé ?

— Je ne voudrais pas qu'elle me voie avec le visage que je dois avoir.

— Votre visage est très bien, mais elle ne vous verra pas. »

Quand il verse et lui tend un thé très chaud, elle arrive à respirer et à sourire normalement : « Vous comprendrez que cette inquiétude-là, je l'ai gardée pour moi. Quand Edward m'a parlé de la Suisse, j'ai sauté aux conclusions, je pense. Enfin, peu importe. Vous êtes vivant et en bonne santé, c'est vrai ? Vous ne me cacheriez pas une chose pareille ?

— Non, je ne vous cache rien de tel. »

Elle boit en silence, le regarde avec tendresse : « Vous me cachez votre cœur. Comme Fabien qui avait un chagrin d'amour à l'école. Vous avez un chagrin d'amour. »

Ce n'est même pas une question. Il sourit pour dire que Fabien, tout comme lui, en est à son premier : « J'ai été lent, comme vous voyez. »

Soucieuse de cet humour davantage que de la tristesse qu'il pouvait montrer, elle demande si elle peut faire quelque chose. Il se contente de hocher la tête négativement.

Ils restent face à face sans rien ajouter, à boire leur thé, totalement épuisés de part et d'autre. Il n'y a aucun malaise, aucune urgence.

« Vous vous souvenez, Nic, de ce concerto de Chopin que nous avons écouté ensemble dans le noir ? Voilà sans doute un des plus beaux moments d'amitié que je pouvais imaginer. Je vais respecter votre secret, je vais vous laisser en paix. Promettez-moi seulement de revenir dès que vous le pourrez.

— Il est possible que je reparte dès janvier.

— Déjà ? »

Il veut être certain de l'entraîner dans un mensonge qui la mette à l'abri de tout soupçon : « Il y a Kitty, mais il y a autre chose aussi là-bas. »

Elle le scrute un long moment : « Vous allez vous faire mal.

— C'est bien possible, oui. Vous aurez toujours une adresse où me trouver. Si vous avez besoin de moi, vous n'hésiterez pas ?

— Et vous, Nic ? Si vous avez besoin de moi, allez-vous hésiter et craindre mon jugement ? Allez-vous vous éloigner de peur de me choquer ?

— Non.

— Alors, je n'hésiterai pas. »

Elle remet son chapeau et il l'aide à enfiler son manteau. Il pourrait l'enlacer, elle est si près, si conciliante. Il sait ce qu'elle ferait s'il osait et il n'a aucune envie d'être rejeté de son univers.

« Gabrielle, vos lettres me sont d'un grand réconfort. Parlez-moi de vous, de Florent, des enfants. Écrivez-moi encore, voulez-vous ? »

Dès que la porte est refermée, il se précipite à la fenêtre et guette la rue en bas, la rue où un chapeau noir avec une plume grise tachetée de blanc se dirige vivement vers le boulevard Saint-Laurent.

Sur son bureau, à côté du téléphone, trône la photo de Gabrielle et Adélaïde à l'Île. Cette photo qu'il a eu peur qu'elle aperçoive tout à l'heure. Cette photo qui ne le quitte jamais.

*   *   *

À la kermesse de septembre, un jeune homme en particulier n'a cessé de fréquenter le kiosque des biscuits, tenu par Isabelle et une de ses connaissances. Un soir de novembre, alors que Gabrielle termine un devoir sur les participes passés avec un enfant près de s'endormir à cause de la chaleur du poêle, le jeune homme frappe au Centre et lui demande comment entrer en contact avec la « fée des biscuits ».

Il est si drôle avec sa casquette mouillée qu'il triture et sa manière de se dandiner, alors que ses *snow boots* laissent une généreuse trace de fonte sur le prélart ! Gabrielle lui demande de décrire la fée en question et il s'exécute de façon assez convaincante. Il balbutie qu'il était venu avec des amis, qu'il ne connaît personne suffisamment pour le mettre en contact avec la fée, mais qu'il voudrait beaucoup revoir cette jeune fille : « Je l'ai appelée la Fée des biscuits toute la journée, et quand est venu le temps de dire au revoir et de lui demander si je pouvais l'appeler, elle avait disparu. Vraiment. Comme une fée. »

Gabrielle se souvient fort bien que la fée est allée coucher de vrais enfants qui s'étaient beaucoup amusés. Elle se sent presque trop conventionnelle quand elle demande au jeune homme non seulement de s'identifier, mais de lui indiquer également à quel endroit il poursuit ses études.

« Oh, excusez-moi ! Je m'appelle Maurice Leblanc et je travaille au gouvernement, dans les nouveaux services de l'impôt.

— Votre fée s'appelle Isabelle Bussière. Laissez-moi voir ce que je peux faire et revenez dans… trois jours.

— Trois jours ? »

Il la regarde comme si elle avait parlé de trente ans. Gabrielle répète qu'effectivement trois jours lui semblent bien.

Isabelle est rose de plaisir et elle lui fait répéter l'histoire dans tous ses détails. Au souper, auquel Ted s'est joint, elle mange à peine, trop excitée par les perspectives galantes. Béatrice est à peu près aussi énervée. Ted demande à Isabelle s'il s'agit du grand garçon aux cheveux presque roux qui faisait des *pranks* pendant « son » bingo.

« Il n'a pas fait des facéties ! On riait…

— Ce grand escrogriffe qui ne respecte pas les jeux des aînés… ça ne me dit rien…

— T'as dit es*cro*griffe, c'est es*co*griffe et cro*co*dile ! »

Fabien n'est pas peu fier de sa leçon de français, ce qui n'empêche pas Ted de demander à rencontrer le candidat avant qu'un premier rendez-vous ne soit pris sous prétexte « qu'il faut protéger les fées ».

C'est au Centre, sous le regard bienveillant de Gabrielle, que Maurice revoit Isabelle.

Québec, le 9 décembre 1934.

Cher Nic,

Déjà la fin de l'année, les examens scolaires pour les enfants, les prépa-ratifs de Noël et les vacances. Je profite du calme de ce deuxième dimanche de l'Avent pour vous écrire, sachant fort bien que je serai débordée sous peu.

Depuis trois semaines que je vous ai vu, beaucoup de choses sont arri-vées. Le sanatorium de Thetford Mines a appelé pour faire savoir que Doris n'allait pas bien du tout. Elle a été administrée et on n'espère plus pour elle autre chose que la bonté du Ciel. Il faudra aller voir Malvina si le pire arrive. Il semble que son état à elle, du côté de l'infection, n'ait pas mal évo-lué. Mais du côté du moral, c'est autre chose.

Je devrai l'annoncer à Florent. Ça ne lui fera pas un Noël très gai. Comme je voudrais que les nouvelles changent et prennent la direction du rétablissement. Est-ce donc si difficile de convaincre Dieu de nous épargner ? Il semblerait. Nous prions tous pour la pauvre Doris.

Dans un tout autre ordre d'idées, notre Isabelle a l'air bien amoureuse. Elle a rencontré le jeune homme, Maurice Leblanc, lors de la kermesse de septembre. Je ne peux pas vous décrire le changement que cette fréquenta-tion opère en elle : joyeuse, blagueuse, elle est devenue pétillante et si femme tout à coup. Si la mort de son père lui avait volé sa jeunesse, ce jeune homme la lui rend : coquette, allègre, elle dansait dans le salon quand elle a essayé sa nouvelle robe pour Noël. Elle est si belle, Nic, j'en suis fière comme si c'était ma fille.

Voilà, Nic, me voici rendue au tournant de ma vie puisque je songe à marier ma plus grande. Dans ce cas, c'est Isabelle, qui est ma fille sans l'être, mais vous comprenez. Le mariage n'est pas discuté ouvertement, mais ces deux-là s'engageraient secrètement à Noël que ça ne m'étonnerait pas. Il restera à Maurice de convaincre Hubert de ses qualités. Georgina dira comme son mari.

Adélaïde m'a demandé de vos nouvelles. Donnez-m'en que je puisse lui répondre sans inventer. Ceci est mon excuse pour vous faire appeler. Dieu merci, maintenant que je vous ai parlé, je ne m'inquiète plus de votre santé. Je prie pour vous, Nic, et je souhaite que votre cœur s'apaise et trouve sa joie.

Je vous le répète sans insister pour que vous le sachiez bien : il y a toujours ici une place pour vous, une place à Noël, à Pâques, le jour que vous voudrez.

Toutes mes affectueuses pensées,
Gabrielle.

* * *

Le jour de Noël, munie de gâteries de toutes sortes, Paulette est arrivée au sanatorium à une heure.

Elle joue aux cartes avec Florent quand le visage de celui-ci, incrédule, ébahi, la force à se retourner. Gabrielle s'avance vers le lit, retenant fermement Adélaïde pour ne pas qu'elle se précipite sur Florent. Celui-ci a l'air d'assister à l'apparition de la Vierge. Tendu, le regard fiévreux, il l'examine, l'observe en silence jusqu'à ce qu'elle arrive au bout de son lit et s'y tienne, fébrile, le sourire adorateur.

Florent tend les deux bras : « Ada ! » et, cette fois, Gabrielle ne peut retenir sa fille de s'élancer et d'étreindre son Florent si frêle et si grandi.

Gabrielle les sépare avec douceur, fait asseoir Adélaïde au bout du lit et explique à Florent que c'est la « promesse jurée » qu'elle a faite à Edward. Florent trouve que c'est Noël quand même et rien ne peut interrompre ou affadir le courant d'amour qui passe entre les deux. Paulette et Gabrielle s'éloignent un peu et vont porter leurs vœux au personnel et à certains patients qu'elles ont appris à connaître.

Quand elles reviennent, les deux enfants n'ont pas bougé, mais leur conversation est devenue intarissable. Adélaïde a retiré ses bottes et elle s'est assise à l'indienne au bout du lit. Elle raconte, s'agite, illustre et imite les religieuses, les compagnes de classe et même Béatrice. Florent s'amuse comme un fou. Tous ses dessins sont étalés sur le lit, il a dû les montrer à Adélaïde. Le désordre est si joyeux, si vivant qu'ils se croiraient presque à la maison. Les autres lits disparaissent, le blanc de l'hôpital, la maladie menaçante, l'ennui épais, tout disparaît dans le rire des deux enfants.

L'heure du départ est un peu difficile et Paulette reste avec Florent pour essayer de faire passer la séparation d'avec Adélaïde. Ils ont repris les cartes et le soir est tombé quand, vers cinq heures, Nic arrive à son tour, les bras chargés de présents.

Cette fois, c'est Paulette qui est suffoquée. Elle se lève et se tient presque au garde-à-vous, le cœur fou, la bouche sèche. Elle n'a qu'une envie, retoucher sa coiffure, s'assurer que rien ne dépasse ou n'est à son désavantage. Elle place ses mains derrière son dos tellement l'envie est forte de les tendre vers Nic, exactement comme Florent tout à l'heure avec Ada.

L'élan de Nic n'accuse qu'un léger hiatus avant qu'il ne se penche et n'embrasse Florent. Ensuite, très sûr de lui, très gentiment, il fait le tour du lit, embrasse gentiment chaque joue rosie de Paulette en lui souhaitant un très joyeux Noël et en lui disant que c'est un bonheur de la voir.

Tout le temps qu'elle le regarde discuter et jouer avec Florent, Paulette s'exhorte à partir, à les laisser ensemble et à se sauver loin de la tentation de cet homme. Elle regarde les longues mains fortes tourner les pages du livre et elle tressaille de réminiscences amoureuses. Le temps qui avait semblé passer et calmer le souvenir s'est soudain cassé net et le Nic d'hier est devant elle et l'amour qu'elle ressent est intact et aussi fulgurant qu'il y a dix-huit mois.

Elle s'assoit, les jambes flageolantes. La lampe éclaire les cheveux de Nic dont le châtain blond est maintenant agrémenté de quelques fils d'argent. Il est toujours aussi beau, davantage même, avec les légères marques que le chagrin ou la vie ont laissées sur son visage. Paulette pense à ses yeux bouffis, à ses rides disgracieuses et elle se demande d'où vient que les hommes soient embellis par les peines et les ans.

Elle passe l'heure entière assise près du lit à se dire qu'il faudrait qu'elle parte, qu'elle les laisse à leur plaisir de se revoir. Quand on vient tirer les draps du lit pour la nuit, elle passe son manteau, aidée de Nic, et se retrouve dans le hall d'entrée du sanatorium à attendre un taxi avec lui.

« Je vous dépose quelque part, Paulette ? »

Elle voudrait qu'il la tutoie. Elle n'ose pas demander s'il va au repas de Noël chez Gabrielle. Elle hoche la tête et relève le col de son manteau. Il neige abondamment. Il sort avec elle et tient son coude le temps de descendre les marches glissantes.

« Où allez-vous, Paulette ?

— Chez moi.

— Le soir de Noël ? Non… faites-moi la charité et venez partager mon souper au Château.

— Vous n'allez pas chez…

— Non. Je n'ai pas prévenu que je venais. C'est un impromptu, je me suis libéré à la dernière minute. Je ne veux pas déranger les plans des Miller. Alors, si le cœur vous en dit, si cela ne vous embête pas… vous êtes la bienvenue. Et ce sera de la dinde, sans aucun doute. »

Le taxi arrive. Il a cet humour distant qu'elle apprécie tant, il est vulnérable et faussement joyeux, et c'est un mélange irrésistible pour elle. Elle monte dans le taxi dont il tient la portière ouverte.

En se couchant ce soir-là, Paulette arrive enfin à dépasser les questions qui la hantaient depuis longtemps. Est-ce que cet amour si fort avait brûlé en pure perte ? Était-ce une erreur depuis le début et uniquement un péché à expier le reste de sa vie ?

Pour la première fois depuis longtemps, apaisée, presque heureuse, elle sait qu'elle existe aux yeux de Nic dans la totalité de ce qu'elle est, sans amour mais sans dédain. Parce qu'il l'a vue, l'a reconnue et probablement mieux traitée ce soir que pendant tous les mois où il l'a fréquentée, elle se sent pardonnée et consolée. Elle est consciente que mettre le pardon de Dieu dans les mains de Nic peut être excessif, mais c'est comme ça et elle trouve que Dieu peut s'en arranger.

Elle reste longtemps éveillée à revoir les yeux de Nic et à filtrer ses propos à la lumière de ce qu'elle devine de ses sentiments pour Gabrielle. Savoir qu'il traverse le même enfer de désolation qu'elle ne lui fait aucun bien. Ce soir de Noël, elle donnerait son amour pour le voir heureux avec cette femme si loin de se douter des remous qu'elle provoque.

Québec, le 4 février 1935.

Cher Nic,

La petite Doris est retournée à Dieu hier. Reine, Germaine et moi irons voir Malvina dès que le temps le permettra. Nous pensons nous y rendre en voiture. Edward préférerait nous conduire, mais j'aime mieux le laisser avec les enfants. L'important n'est pas d'y aller tout de suite, mais de faire savoir à Malvina que nous partageons son chagrin. Le fait qu'elle ne sache pas lire nous complique les choses, mais nous y arriverons. Je pense de plus en plus à apprendre à conduire. Malgré mes réticences, je trouve tout de même la voiture bien pratique. Comme le fameux pont de l'Île sera inauguré cet été, je crois que cela vaudra la peine. Edward aura sans doute l'impression que j'obtiens un nouveau diplôme.

Isabelle travaille de plus en plus au Centre et son aide devient indispensable. Petit à petit, Reine et elle prennent les choses en main, ce qui nous permettra à Paulette et à moi de nous mettre au travail pour trouver des fonds.

Comme Guillaume entrera à l'école en septembre de cette année (déjà !), je me retrouverai beaucoup plus libre. Il y a un projet que j'ai en tête depuis quelque temps et dont je vous parlerai prochainement. Je dois consulter des spécialistes à Québec avant de tenter de vous entraîner dans de nouvelles aventures, en espérant que vous accepterez encore une fois de m'appuyer.

Edward m'a dit que votre ami commun, Stephen Stern, traversait de sérieuses difficultés et que toute votre énergie était investie dans le sauvetage de son entreprise. Je ne doute pas que Stephen soit hors de danger sous peu avec vous comme ange gardien.

Prenez soin de vous, Nic, et donnez-moi des nouvelles. Je vous écris à nouveau bientôt.

Mes salutations les plus affectueuses.

Gabrielle.

*   *   *

Isabelle voit Adélaïde s'incliner avec révérence devant la mère surveillante et venir vers elle d'un pas vif. Elles s'assoient dans un coin du parloir, là où elles peuvent discuter sans être entendues.

Depuis Noël, Isabelle vient régulièrement voir Adélaïde pour lui tenir la chronique de ses amours. Chaque sortie, chaque discussion, chaque geste de Maurice fait l'objet d'une étude approfondie.

« Il m'a embrassée, Adélaïde.

— Pour de vrai ? »

Isabelle reste pensive et finit par dire : « Est-ce qu'il y a des baisers pas vrais ? »

Adélaïde, malgré sa réclusion et son jeune âge, en sait très long. Dans les romans et les histoires qu'elle lit, il y a un vrai baiser comme au cinéma. Un baiser où les bouches restent longtemps ensemble, comme elle explique à sa cousine.

Isabelle conclut que c'était un vrai baiser.

La question qu'elles débattent ensuite est celle des bébés : quelle sorte de baiser risque de devenir familial ? Il est certain que cela a à voir, mais les deux jeunes filles ignorent totalement les conditions requises pour qu'une femme attende un bébé. Isabelle est certaine que Reine sait tout ça et elle se propose de lui en parler, malgré la gêne qu'elle éprouve. Adélaïde l'encourage fortement, surtout maintenant qu'elle commence à penser sérieusement à se marier.

« Tu es folle ! Il n'a rien demandé encore ! »

À la visite suivante, Isabelle chuchote si bas qu'Adélaïde a du mal à entendre de quoi il retourne.

Reine s'est montrée très décourageante et elle a dit que le mariage n'avait rien d'intéressant, rien. Elle a dit que les bébés, tant qu'à elle, auraient mieux fait d'être livrés par les sauvages que de la façon dont finalement ils le sont. Bref, Reine déconseille toute fréquentation et tout mariage, et elle refuse d'en dire plus.

« Tu n'as pas demandé pour les baisers ?

— Reine n'aime pas du tout parler mariage. Je pense que Jean-René est pire qu'Hubert. Je ne sais pas si c'est parce qu'ils sont très pauvres, mais Reine porte tout le temps les deux mêmes robes qu'elle reprise en alternance. Elle ne s'arrange plus du tout comme avant et ses cheveux ne sont pas joliment coiffés. D'après moi, elle s'ennuie avec son mari. Je ne peux même pas te dire s'il est au courant qu'il y a deux sortes de baisers. On dirait qu'il ne sait rien. J'ai pas osé en demander plus. De toute façon, Reine s'intéresse seulement aux enfants du Centre.

— Elle devrait en avoir, ça lui ferait du bien.

— Je te le dis : Jean-René connaît pas les deux sortes de baisers ! L'été passé, ça devait être un accident, comme ils disent. »

Ce qui n'avance guère leur affaire. Adélaïde propose qu'Isabelle s'adresse à sa mère, mais cela est immédiatement écarté. Trop intimidant.

« C'est de valeur, parce que je suis sûre que papa les connaît, les baisers : je les ai vus s'embrasser très longtemps. Et maman aime beaucoup ça.

— Comment tu le sais ?

— Elle rit spécial… elle fait comme les tourterelles. Une sorte de rire dans la gorge.

— Ah oui ? J'ai l'ai jamais vue faire ça.

— Tu devrais vraiment demander à maman. »

Mais Maurice prend les devants de l'éducation d'Isabelle et après son premier vrai baiser, elle raconte, confuse, qu'elle peut difficilement décrire la chose, mais que c'est très particulier et que, oui, finalement, elle peut comprendre que ça produise un son de tourterelle.

Adélaïde, énervée, essaie d'obtenir des détails, qui lui sont pudiquement refusés.

Au bout du compte, excédée de ne soutirer rien de clair de l'histoire, Adélaïde finit par demander directement à sa mère en quoi consiste le mariage et quels sont les baisers qui donnent des bébés. Éberluée, Gabrielle veut tout de même savoir s'il y a des possibilités de baisers au pensionnat. Elle comprend, quand Adélaïde prétend s'informer pour une compagne de classe, qu'il est temps, et grand temps même, de parler à Isabelle.

Adélaïde n'obtient aucune réponse satisfaisante et fait semblant qu'elle attendra « d'être en âge ».

Le faire-part du mariage de Kitty, extrêmement luxueux, frappé aux armes du baron, leur parvient en mai. Il est libellé en italien et en anglais, ce qui met Edward hors de lui. Gabrielle se contente de demander si Nic a l'intention d'aller assister à ce qui promet d'être au moins un grand banquet. Edward grommelle que Nic est surtout préoccupé *business* et que, s'il continue du train où il va, il devra encore engager quelqu'un à son cabinet, Ted et lui suffisant à peine à la tâche.

« Tu devrais te réjouir, Edward. Pense à tous ces chômeurs qui réclament dans l'Ouest. Pense à tous ces pauvres diables qui sont partis marcher toute la longueur du grenier canadien pour faire damner le premier ministre.

— Nic veut racheter la *business* de Stern. Ses créanciers talonnent Stern et il veut vendre.

— Mais pourquoi acheter une affaire en faillite ? Il va être perdant. Est-ce par pure charité ?

— Ted prétend que Stern est boycotté par les *big shots* canadiens-anglais. Il dit que dès que Nic va prendre le contrôle, l'affaire de Stern va se mettre à remonter. Si c'est vrai, ça va tuer Stern.

— Mais pourquoi ? Juste parce qu'il est Juif ? Les hommes d'affaires provoqueraient sa faillite ? C'est ridicule !

— Je ne sais plus, Gabrielle. Ça m'arrive de penser que Ted a peut-être raison. Et ce n'est pas les Canadiens français, cette fois. C'est la haute finance des Anglais. Les confrères de Nic.

— Nic n'est pas un Anglais.

— Pas plus, pas moins que moi. *Fifty fifty.* Seulement, lui, il a le nom irlandais et si on considère que ma mère irlandaise lui a servi de mère et ses années de travail aux États-Unis… ça doit faire plus anglais que moi. C'est probablement pour ça qu'il est plus combatif pour gagner de l'argent et se hisser au sommet.

— C'est important, ça ?

— Pas pour moi, l'estorlet. Mais moi, j'ai ce qu'il n'a pas : une femme et une famille. »

Il l'embrasse doucement. Gabrielle met les bras autour de son cou et l'embrasse avec délices : « Tu sais qu'Adélaïde m'a demandé quel est le baiser qui fait des bébés ? »

Edward défait l'interminable rangée de boutons qui ornent la robe de Gabrielle : « On dirait une robe de monseigneur… »

Sa main glisse entre la soie du jupon et l'étoffe laineuse : « Est-ce qu'on aurait oublié d'expérimenter une certaine sorte de baisers ? »

Gabrielle retient son souffle, la main s'insinue maintenant entre la soie et sa peau. Elle murmure sur la bouche d'Edward : « C'est ce que j'aimerais vérifier. Pour l'éducation de mes enfants. »

Sa robe chute alors qu'Edward l'enlace et la goûte profondément. Avec un mouvement de danseur, il la pose sur le lit et s'étend près d'elle. Il s'appuie sur un coude, admirant la couleur qui rosit les joues de Gabrielle, sa main ferme, largement ouverte, se pose sur la soie crémeuse qui couvre le ventre de Gabrielle. Elle se tend, bouche entrouverte, elle étire le bras vers la lampe. Il saisit sa main, croise ses doigts avec les siens : « Elle n'est pas un peu jeune, notre fille, pour ces secrets-là ? »

Gabrielle dégage sa main et l'enlace : « À dix ans, je voulais tout savoir. » Elle réussit à éteindre et, dans l'ombre affolante et protectrice, elle empêche Edward de prononcer le moindre mot.

* * *

Les fiançailles d'Isabelle sont prévues pour juin et Gabrielle propose d'offrir la réception chez elle, ce que s'empresse d'accepter Georgina qui ajoute que, de toute façon, ce sera tout simple et intime. Gabrielle mijote d'autres projets. Elle a vraiment le désir de montrer à Isabelle qu'elle est importante à ses yeux et que ce mariage est une belle promesse. La réception est fantastique : on a retenu les services d'un trio musical, le jardin et le salon double sont entièrement décorés de fleurs blanches, il y a beaucoup de monde, beaucoup d'élégance et Isabelle et Maurice sont touchants d'amour. Béatrice, les mains croisées, en extase, jure qu'elle aussi veut « se marier tout pareil comme eux ».

Adélaïde a tout à fait les allures de Gabrielle dans sa robe de jeune fille dont l'ourlet descend plus bas que les genoux. Sa longue taille fine et ses épaules carrées annoncent la silhouette de sa mère. Edward la fait danser avec fierté, mais c'est elle qui l'initie à la rumba. « Et tu as appris ça où ?

— À l'école ! Pas avec les sœurs, avec les plus vieilles. »

Même Nic est là dans son veston de gabardine bleu foncé et son pantalon de serge lignée aux larges revers. Il fait danser en alternance Béatrice et Rose, et il les trompe toutes deux pour discuter joyeusement avec Adélaïde.

Gabrielle est ravie : la présence de Nic a été difficile à obtenir, elle était même prête à sacrifier la présence de Paulette, pourtant devenue une intime de Reine et Isabelle, pour que Nic y soit. Finalement, tout s'est arrangé et Nic a souhaité n'empêcher personne de se réjouir d'un mariage si prometteur. Il n'y a que Ted, qui, au bout du compte, déplore de ne pouvoir assister au triomphe de « l'escrogriffe ». Eva vient d'accoucher de leur deuxième enfant et il doit bien sûr rester près d'elle. Fidèle à ses habitudes, Eva est allée passer les derniers mois de sa grossesse chez sa mère à Montréal, ce qui rend impossible « le petit saut en fin de réception » que Ted aurait tant aimé faire. Il a envoyé une somptueuse gerbe de roses.

Maurice et Isabelle ont l'air de flotter. Ils ne se laissent ni des yeux ni des mains et Isabelle irradie. Chaque fois qu'elle essaie de remercier Gabrielle, elle éclate en sanglots tant elle est émue. Gabrielle charge Maurice de consoler ces premières larmes de fée et cherche Edward de l'œil.

Coincé entre Hubert et Jean-René, il a un sourire figé et elle s'empresse d'aller lui demander de danser. Il la fait tourner en silence puis resserre son étreinte : « Ça t'a pris du temps…

— Quoi ? Tu ne t'amusais pas ? Tu ne trouves pas que Jean-René est un comique-né ? Dans le genre Ti-Zoune… »

Il la fait tourner en accélérant et ralentit soudain en la pressant contre lui, espérant la déstabiliser pour répondre à son ironie, mais il n'y a rien à faire, sa partenaire le connaît par cœur et contre toutes ses ruses. Il rit et finit par la traiter de « Ginger Roger » et de « mère de la mariée », ce qu'elle rejette avec superbe : « Attends, Edward, notre tour viendra plus vite que tu penses ! Ça pousse, ce petit monde-là. »

Guillaume se dandine avec Rose qui prend des airs de « responsable du plus jeune » et l'empêche de buter sur les danseurs plus expérimentés. Gabrielle rit avec tendresse.

Nic, appuyé dans l'embrasure de la porte, la regarde fixement, presque hypnotisé. Quand les musiciens attaquent les premières mesures de *Fascination,* il s'avance vers elle et touche délicatement son épaule. Son sourire joyeux le traverse de nostalgie. Il danse en silence, concentré, happé par sa proximité physique. Il danse comme on pêche, intensément, voluptueusement. Il laisse son cœur se briser en gardant son regard captif du sien, il la respire, la tangue, la ploie et, quand les notes de musique s'épuisent, il demeure une seconde en apnée, éprouvant la chaleur de sa taille avant d'ouvrir les bras et de la laisser s'échapper. « Vous allez bien, Nic ? Vous êtes pâle. Venez, venez dans le jardin. »

Il la suit en se répétant qu'il ne faut pas, qu'il faut fuir. Elle lui tend un verre de vin glacé, il y trempe les lèvres, mais le met de côté : « Je vais m'éclipser, Gabrielle. Vous direz au revoir pour moi à tout le monde, vous voulez bien ? »

Le regard désolé, elle fait signe qu'elle comprend. Il ne supporte pas de la voir si respectueuse et si triste à la fois. Il s'incline vers elle et lui murmure de ne pas être inquiète, que ça va. Elle ne répond rien, se contentant de penser qu'il a l'air tellement torturé que la célébration des amours des autres doit lui faire du mal.

« Écrivez-moi, ne me laissez pas sans nouvelles de vous. »

C'est lui qui se sauve et la laisse là après avoir effleuré des lèvres sa main tendue.

Paulette voit Nic partir presque en courant. Elle croit être seule avec Gabrielle à remarquer son départ.

De la fenêtre de la salle de bains au premier étage, Adélaïde regarde sa mère s'asseoir sur le banc de bois du jardin. Il ne s'est rien passé, ils ont parlé, c'est tout, mais elle trouve que Nic n'est plus pareil. Ni avec sa mère ni avec les enfants. Elle hausse les épaules et se dit que ça doit être ça, vieillir.

Nic rentre chez lui et s'abrutit de travail. Il renonce à se rendre en Italie pour tenter de faire changer d'idée à Kitty et il ne bouge pas de Montréal de l'été.

En juillet, Edward et Ted terminent les négociations de contrats et Nic devient président-directeur général et propriétaire de *Stern Textiles,* qui deviennent *McNally Textiles,* une des filiales de *McNally Enterprises.* Nic nomme son ami Stern directeur général et, une fois tous les détails techniques expédiés, il offre un dîner mémorable à ses amis. En six ans, Nic a doublé son actif.

Après le dîner, Edward et Ted raccompagnent Nic et ils acceptent de prendre un dernier verre. C'est la première fois que Ted pénètre dans la maison de Westmount. La classique sobriété de la décoration et le luxe fou, mais jamais ostentatoire, fascinent Ted. Il visite une partie de la maison et Nic le fait revenir au salon avant qu'il n'entreprenne d'ouvrir les pièces réservées à Kitty.

Edward s'informe de ce que Nic fera de ces pièces, puisque Kitty se marie là-bas et ne reviendra pas. Nic pose un 78 tours sur son nouveau *pick-up* : « Rien. Je laisse tout intact. Ça ne va pas en Europe, les choses s'enveniment, la politique de certains gouvernements est très dure. La Crise provoque encore plus d'écart entre les riches et les pauvres. Il y a des hommes d'affaires dont la chute est accélérée par une sorte de mauvaise volonté sociale et politique. Mussolini, que Kitty apprécie tant et qui doit venir assister au mariage, est un allié exalté de l'Allemagne. Et on sait ce qu'ils font. »

Ted ajoute que Mussolini est fasciste et que maintenant, à Montréal et au Canada, il y a un parti fasciste et que leur ennemi premier est le Juif.

Nic prétend que Ted est paranoïaque, mais qu'effectivement il y a un acharnement à trouver chez les Juifs et leur sens de la communauté une cause universelle aux problèmes financiers mondiaux.

Ted, amer, souligne que ce n'est pas le sens de la communauté, mais bien la réussite juive que les jaloux et les envieux veulent freiner. Edward les ramène à une discussion plus terre-à-terre : « Si les Juifs sont visés en Italie et en Allemagne, ce n'est certainement pas cette fois à cause d'une bande de catholiques qui veulent préserver leurs acquis. Ce ne sont pas des Canadiens français contrôlés par l'Église là-bas ! Il doit y avoir autre chose.

— Quelque chose qu'on aurait fait, Edward ? Quelque chose de mal qui mériterait une bonne leçon ? C'est la différence que les gens ne supportent pas. La différence qui met en danger leur identité. Ici, les Canadiens français haïssent les Anglais parce qu'ils sont dangereusement protestants et le gouvernement surveille les Russes parce qu'ils sont dangereusement communistes. C'est la même chose pour les Juifs, c'est même plus facile parce que nous, on s'identifie avec nos règles de vie communautaires.

— Tu vas me dire que vous êtes aussi visibles que les curés !

— Pas loin. Ou que les femmes, comme le dit Gabrielle. »

Nic interrompt sa marche : « Tu discutes politique avec Gabrielle, Ted ?

— De tout ! J'avoue que, contrairement aux femmes juives, les Canadiennes françaises ont beaucoup de liberté et d'autonomie. Elles discutent, réclament, ont des opinions. »

Edward soupire : « Peut-être, mais y a rien qui change, mon vieux : on va aller en élections provinciales d'ici la fin de l'année, et elles ne pourront pas encore voter. Elles réclament, mais c'est la seule différence. Elles n'obtiennent rien juridiquement. Si je veux empêcher ma femme de faire quelque chose, je le peux toujours. Comme n'importe quel mari, j'ai tout pouvoir sur elle. Dis-moi, Nic, maintenant que ta sœur est casée, vas-tu te marier ? »

Un grand silence suit cette question, puis Nic fait face à Edward : « Pourquoi ? Tu veux caser ta plus grande ?

— Adélaïde ? Es-tu fou ? C'est une enfant ! Adélaïde avec un vieux schnock comme toi, merci bien.

— Je pensais pourtant être un bon parti.

— Tu l'es, surtout avec le contrat qu'on célèbre ce soir, mais ma fille est trop jeune pour toi. T'es comme son oncle, ça friserait l'inceste, ton affaire ! Tu ne trouves pas, Ted ?

— Je ne connais pas Adélaïde, Edward. »

Edward n'en revient pas, il est certain qu'au moins une fois Ted a vu son aînée.

« Je te jure que non. Elle est soit au pensionnat, soit ailleurs. Chaque fois qu'il a été question que je la rencontre, il y a eu un empêchement. Si elle est trop jeune pour Nic, il faut trouver une remplaçante équivalente. »

Les deux hommes éclatent de rire.

« Quoi ? Qu'est-ce que j'ai dit ? »

Nic tapote l'épaule de Ted : « Tu comprendras ça un jour, mon Ted. Ni Gabrielle ni Adélaïde n'ont de « remplaçante équivalente ». Alors, messieurs, c'est la fin des enchères pour ce soir : vous avez devant vous un vieux garçon. Il est trois heures du matin et le vieux garçon va se coucher. Messieurs ! »

* * *

Québec, le 15 octobre 1935.

Cher Nic,

Nous voilà à nouveau avec un gouvernement conservateur : Bennett ou Mackenzie King, je vous demande bien où est la différence. Cette façon qu'ils ont eue de traiter les pauvres sans-emploi ! Comme si le fait d'être étranger justifiait la pauvreté, la misère et la déchéance ! Je suis bien fâchée contre ces politiciens qui n'ont pas l'air de descendre souvent à la basse-ville. Et je ne parle pas d'acheter du beurre et d'en connaître le prix. Vous ne faites plus de politique, Nic ? Edward m'a dit que les prochaines élections provinciales ne vous intéressaient pas. Que veut-il dire par « vous ferez de la politique autrement » ? Est-ce par la bande ? Est-ce plus rentable ? Vous connaissant, je n'ai pas de doute que vous allez choisir le plus rapide et le plus efficace.

Le début de cette lettre a l'air d'un feuillet pour suffragette, mais ce n'est pas sans parenté avec mon propos. Vous vous souvenez du projet dont je vous ai parlé dans un courrier précédent ? — mon Dieu ! c'était en février et nous sommes en octobre ! Me voilà prête à l'entreprendre et à vous mettre au courant.

Quand Florent a été victime de sa maladie, je dois vous dire qu'une grande révolte m'a habitée et pour longtemps. Nous savions tous que Mireille était en danger et un danger. Nous savions qu'en le laissant près d'elle, il risquait sa vie et sa santé. C'est affolant de voir quelqu'un qu'on aime jouer sa vie sur du hasard. Je comprends Edward et son angoisse à mon égard, à cause de celle que j'ai éprouvée pour Florent.

Voici où je veux en venir : s'il avait existé à ce moment-là un lieu pour garder les enfants ou les parents « à risque » mais non atteints, une sorte de pré-sanatorium pour ceux qui ont été en contact avec le bacille. Une sorte de vestibule pour ne pas tomber malade parce que quelqu'un près de soi l'a été. *Je parle d'un refuge de santé où le corps se défend, mais n'est plus exposé. J'ai eu des rencontres avec des gens de la Ligue antituberculeuse et aussi avec des médecins de l'hôpital Laval. Il est* certain *que bien des gens n'auraient pas attrapé la maladie s'ils avaient été éloignés à temps. Je sais que Florent, s'il avait pu bénéficier d'un abri pareil, n'aurait pas à subir ce qu'il subit.*

Je veux mettre sur pied un tel endroit. Ici, à Québec. Je veux m'atteler à la tâche et, d'ici trois ans, ouvrir ce genre d'abri de santé. M'aiderez-vous, Nic ? C'est beaucoup d'argent qu'il faut trouver en ces temps déjà difficiles. C'est de l'argent et des bonnes volontés. Germaine est déjà en campagne et je dois avouer que, pour les collectes, c'est une championne. Inutile de spécifier que je serai en constante relation avec la Ligue antituberculeuse qui me fournira l'appui nécessaire et qui vient de nommer un comité qui travaillera avec moi. M'appuierez-vous, Nic ? Serez-vous de cette bataille avec moi ?

Ma lettre est un peu « politique » et je vous donnerai des nouvelles privées plus tard. Sachez seulement qu'Isabelle embellit de jour en jour et que, pour son mariage, je crains qu'elle ne devienne une vraie fée… ce que Béatrice envie terriblement. Grâce au pensionnat, Adélaïde a relevé le défi de réussir trois années en deux et la voilà déjà chez les grandes, pour une dernière année. Elle fera un diplôme de Lettres, je crois, et je devrai encore attendre avant de l'avoir de nouveau près de moi. Elle me manque, vous savez, cette enfant a une façon si particulière et si attachante d'aimer. Force m'est d'avouer que l'indépendance du pensionnat lui convient et qu'elle n'y est pas du tout malheureuse, comme je le craignais en mère poule que je suis.

Vous avez toutes les salutations affectueuses des nôtres et de moi-même.
Gabrielle.

« Gabrielle, c'est Nic, je viens de recevoir votre lettre et je veux vous dire tout de suite que mon soutien vous est acquis. Que diriez-vous d'une donation de trois mille dollars pour commencer ? »

Gabrielle est muette de surprise.

« Allô ? Allô ? Gabrielle… est-ce qu'on nous a coupés ?

— Nic, non, non, excusez-moi. Vous me prenez de court, c'est tout. D'habitude, ça commence par : bonjour, comment allez-vous !

— Oh, Gabrielle, il faut me pardonner. J'ai lu votre lettre et j'ai saisi l'appareil ; j'étais déjà en votre compagnie, vous comprenez, je vous avais dit bonjour en vous lisant. Vous allez bien, Gabrielle ?

— Très bien : un de mes amis très chers vient de m'annoncer une donation de trois mille dollars.

— Ne vous moquez pas, espèce de femme d'affaires. Vous-même

avez commencé votre lettre sur un ton assez abrupt. Vous allez faire de la politique sous peu, je le sens.

— Taisez-vous, je ne peux pas avoir d'opinion, comme vous savez. Je vais me contenter d'assurer l'avenir de ce pays en prenant soin et en éduquant des enfants.

— Vous faites déjà plus que bien des politiciens.

— Ils n'ont pas l'air sur le point de le reconnaître. Revenons à notre projet qui m'enthousiasme pas mal plus que la politique. Que préférez-vous : être au conseil d'administration pour déterminer l'usage qu'on fera des sommes ou…

— Gabrielle ! Je ne peux même pas assister aux réunions pour le Centre ! Cela me prendrait trop de temps.

— Toutes mes ruses sont réduites à néant avec vous !

— Vos ruses ?

— Évidemment ! Mes ruses pour vous attirer à Québec, vous revoir et reprendre nos soirées avec Ted et Edward, ces soirées où on riait tant.

— Bien sûr… Loretta Young et Joan Crawford. Si je ne vous connaissais pas, je vous accuserais de coquetterie.

— Ai-je le droit de dire que ces soirées me manquent ? Ou est-ce déjà vous embêter avec mon amitié insistante ?

— Vous ne m'embêtez jamais, Gabrielle, même quand vous m'embêtez.

— Comme maintenant ?

— Non… non, arrêtez de creuser, vous ne m'embêtez pas. Vous n'y arriverez pas.

— Est-ce que j'ai droit à une question ?

— Une seule et j'ai le droit de ne pas répondre !

— Ça y est, ça m'intimide ! Est-ce que… si Paulette fait partie du Comité fondateur, ça vous…

— Paulette ?

— Oui. Avez-vous des réticences à la savoir partie prenante du projet ? Je ne veux pas l'imposer, Nic, mais elle est si dévouée, si remarquable pour ce genre de négociations.

— Gabrielle, votre Comité vous regarde et vous y mettez qui vous voulez. Je n'ai aucune envie de m'ingérer dans votre projet et de venir le diriger à votre place. Ce n'est pas mon genre. Pourquoi compliquer les choses avec des scrupules inutiles ?

— Parce que vous me manquez et que je cherche probablement à contourner ce qui vous éloigne. »

Nic éclate de rire à l'autre bout de la ligne.

« Pourquoi riez-vous ? Nic, au prix que coûte cet appel, ne perdez pas de temps à rire !

— Vous êtes affolante, Gabrielle. Ne pas perdre de temps à rire, dites-vous ? Vous ne connaissez pas la valeur d'un rire sur les cotes de ma Bourse ! Laissez-moi rire au tarif élevé des *long distances*.

— Bon ! J'ai des soucis de petite ménagère !

— Vous avez vos soucis d'économie et j'en ai de différents. Gabrielle, réglons cette histoire de Comité. Si j'y délègue Ted, ça vous irait ?

— Merveilleux ! Je m'entends très bien avec lui.

— Y a-t-il quelqu'un avec qui vous ne vous entendez pas, de toute façon ?

— Ne soyez pas si prompt à me béatifier, Nic. J'ai de mauvais sentiments, vous savez. Comme tout le monde.

— Pour qui ? »

Le silence de Gabrielle s'étire.

« Vous voyez ? Vous n'arrivez pas à trouver un seul nom !

— Faux. J'en ai deux tout de suite en tête.

— Alors ? Vous allez me faire dépenser une fortune en silences et vous me reprochez mes rires ?

— Kitty.

— Et…

— Et l'autre… celle qui vous éloigne de moi. Je n'en pense aucun bien et je dois m'en accuser à confesse. »

Nic rit encore, tout réjoui : « Vous m'aimez donc un peu, Gabrielle ?

— C'est vous qui avez des coquetteries maintenant. Bien sûr que je vous aime, Nic.

— Sur ces bonnes paroles, je vais aller gagner de quoi payer ces rires. J'arrange l'affaire avec Ted et… Gabrielle ?

— Oui ?

— Écrivez-moi encore. »

Il raccroche sans lui laisser le temps de dire merci. Si elle savait qu'il est prêt à acheter la compagnie de téléphone pour lui parler et rire avec elle tous les matins, pense-t-il en souriant.

La journée de Nic continue sur sa lancée et c'est d'une humeur joyeuse et légère qu'il convoque Ted et l'invite à souper après leur journée de travail.

Ils passent une très bonne soirée à rire, à discuter et à planifier des coups financiers. Ted ne semble absolument pas pressé de rentrer. « Ta femme va m'en vouloir de te faire passer des soirées de célibataire. »

Ted hausse les épaules et coupe court en déclarant que sa femme aime beaucoup mieux sa mère et ses enfants que son mari. Et que les choses lui conviennent de cette façon.

« Comme ça, les aller-retour Québec-Montréal ne te pèsent pas ? Edward pense engager quelqu'un et on a parlé de te transférer à Montréal *full time.*

— Non ! Si tu peux garder les choses comme ça… ça m'arrangerait.

— Ah bon !… Il y a une… raison particulière ?

— Personnel. »

Nic observe attentivement Ted. Il est plus petit et plus timide que lui, mais ses charmes se révèlent dès qu'il se détend. À l'idée que Gabrielle puisse prendre la tête de Ted sur ses genoux, une féroce jalousie s'empare de lui : « Comme… une femme ?

— Non.

— *Come on*… tu peux me le dire. Tu fréquentes beaucoup les Miller… est-ce que Gabrielle…

— Es-tu fou ? Gabrielle ne regarde qu'un homme et c'est son mari ! Je l'aime beaucoup et je la respecte. Comment peux-tu penser une chose pareille ? Jamais Gabrielle ne me laisserait faire un seul geste déplacé. À personne d'autre, d'ailleurs. Quelle drôle d'idée, vraiment ! Je te croyais son ami ?

— Bon, d'accord, je me suis trompé. Mais qu'est-ce qui te retient à Québec, alors ?

— La liberté, Nic. Tu ne peux pas savoir, tu es célibataire et personne ne t'oblige à rien. Ici, pour moi, c'est la règle de la famille, des sacro-saintes traditions juives, et il n'y a que mon travail qui a le droit de me tenir éloigné de la maison. Ils m'étouffent, Nic. Je me sens mal. Chez moi, au bout de deux jours, je suffoque. Je sais que ce n'est pas acceptable ni convenable, mais c'est ça : je ne crois plus à ces règles de vie et je n'ai pas le *guts* de le dire à mon père ou au rabbin. Je me suis marié pour obéir. J'ai eu mes enfants pour obéir. Si tu m'enlèves Québec, tu vas provoquer un drame dans la communauté juive, parce que je ne tiendrai pas le coup.

— Que dirais-tu d'une charge supplémentaire, alors ? Une bonne œuvre, en plus, et avec Gabrielle comme mentor ? »

* * *

Québec, le 20 novembre 1935.

Cher Nic,

C'est assise à côté de mon Guillaume enfin endormi que je vous écris. C'est le troisième de la maison à me faire cette mauvaise grippe qui dégénère en toux tenace. J'avoue que Guillaume est un plus mauvais malade que son père. Et je pèse mes mots. Les cours de garde-malade devraient s'achever avec lui pour éprouver la ténacité et la résistance de l'aspirante infirmière. Maintenant, il dort et on lui donnerait le bon Dieu sans confession. Je crois que rien au monde n'est plus émouvant qu'un enfant endormi. Cet abandon, cette confiance totale, chaque fois, ça me bouleverse.

Il neige à gros flocons, comme dans les contes de Noël. Je sais que cette neige ne durera pas, mais les arbustes du jardin ont l'air d'avoir été décorés de grosses boules duveteuses. Comme c'est joli, cette première neige ! Je suis sûre qu'à Montréal on ne la voit même pas et qu'elle vous embête, parce que vous ne circulez plus à pied. Mais je fais preuve d'esprit chauvin et je vous vois sourire d'ici.

La maison est calme, paisible. J'aime bien être obligée de rester ici pour prendre soin de mon bébé. Ils ont si vite grandi, tous, que je ne me convaincs que difficilement d'être déjà rendue à cette étape : quand j'étais petite, je pensais que quarante ans était la vieillesse achevée, et je vais en avoir trente-cinq l'an prochain ! Je peux à peine le croire. Mais je vais vous dire, Nic, de tous les rêves que j'ai entretenus dans cette enfance, aucun n'égale la vie que Dieu m'a donnée. Jamais je n'aurais pu rêver d'un mari et d'enfants aussi merveilleux. Je l'écris avec gêne, parce que je sais que vous ne pouvez en dire autant. Mais cela existe, Nic, et rien n'interdit de penser qu'un jour vous l'aurez, vous aussi. Je vous le souhaite tellement, ce bonheur, je prie tellement pour que vous l'ayez. Mon rêve est de bercer un jour votre enfant, Nic, rien ne me comblerait davantage.

Mais je sais que, pour l'instant, ce n'est pas envisageable. Le temps prend soin de bien des douleurs, le temps a de l'indulgence, Nic, et j'espère que vous vous en souvenez quelquefois.

À cause de tous les microbes qui se promènent ici, je n'ai pas pu voir Florent depuis dix jours. Paulette doit tenir le Centre, faire son travail et les réunions du Comité ont été suspendues parce qu'elle ne suffisait plus à toutes les tâches. Isabelle a été malade elle aussi et, malgré tout, elle a continué à donner du temps au Centre et elle ne s'est pas remise facilement.

Maurice était furieux contre sa fée ! Grâce à sa colère, Isabelle s'est enfin mise au lit et j'ai pu la soigner. Fabien s'est empressé d'attraper la grippe et maintenant mon Guillaume me fait des misères. J'en suis réduite à écrire à Adélaïde des lettres qu'Edward lui porte. Je n'ai pas envie d'être responsable d'une grippe générale au couvent des Ursulines ! Je soupçonne Edward de prendre beaucoup de plaisir à ces parloirs où il a sa grande fille pour lui tout seul.

Vous savez, je crois qu'Adélaïde veut écrire. Elle fait des chroniques pour l'école, pour amuser ses compagnes et elle veut réaliser un journal de Noël ! Voilà de quoi ils discutent, son père et elle.

Bientôt le premier dimanche de l'Avent et je ne vous ai pas vu depuis des mois. Comment allez-vous ? Je m'en veux encore de vous avoir reproché de rire « à vos frais » au téléphone : est-ce pour cela que vous appelez si peu ? Dans quelques jours, ce sera votre anniversaire et je crains de ne pouvoir vous faire mes vœux que par lettre. Quelqu'un confectionnera-t-il un gâteau pour ce jour ? Je suis bien prête à le faire, si vous venez jusqu'ici.

J'espère vous entendre avant Noël. Excusez cette lettre emplie de soucis domestiques et d'humeurs grippées ou hivernales, rester chez moi ne doit pas me convenir, ça me rend mélancolique. Voilà ce que c'est que des femmes gâtées ou « émancipées ».

Toutes nos plus affectueuses pensées, Nic, et nos vœux de bon anniversaire.

Gabrielle.

Cette lettre, Nic la sait presque par cœur. Gabrielle ne peut se douter comme il aime l'imaginer assise dans la chambre de Guillaume à regarder le jardin se poudrer de neige.

Il referme le coffre-fort et s'astreint à travailler avec rigueur jusqu'à cette récompense que sera l'appel téléphonique à Gabrielle. Il joue toujours ce jeu avec lui-même, les jours où il s'accorde cette « rechute ». Il essaie de pousser sa concentration au plus loin afin de mériter le répit de la conversation à venir, mais presque toujours, le plaisir anticipé parasite son travail et cela le rend inapte à la plus petite décision. Pour pouvoir reprendre ses activités, il appelle plus vite en se disant qu'il vaut mieux céder que de gâcher la journée à obtenir une victoire qui n'en sera pas une.

Comme il a bien fait ! Sa voix joyeuse lui apprend qu'elle est prête à partir, chapeau sur la tête, manteau sur le dos et un gant enfilé. Son travail d'infirmière a pris fin et elle repart vers ses œuvres, soulagée, maintenant que Guillaume a repris le chemin de l'école. Nic s'étonne d'une guérison aussi rapide.

« Ne savez-vous pas, Nic, que les enfants sont comme les hommes quand ils sont malades ? Ils ont l'air à l'agonie et ils sautent ensuite sur leurs pieds. La convalescence est un mot et une réalité inconnus des hommes. Tant qu'ils sont atteints, c'est grave et dramatique. Vous n'êtes pas comme ça ?

— Je n'ai pas d'infirmière à exploiter.

— Je viendrai vous soigner, moi, si vous êtes malade.

— Vous avez raison : je vais me découvrir du talent pour le drame. Ne promettez pas des choses pareilles, Gabrielle, vous risquez d'être prise au piège. »

Il donnerait cher pour attraper une petite grippe, si c'est le prix à payer pour l'avoir seule à son chevet. Il se dit que la fièvre qui le tiendrait serait bien difficile à contrôler. « Trêve de maladie, je veux vous annoncer que je pars bientôt en Europe.

— En décembre ? Quelle idée ! C'est urgent ?

— Je le crains.

— Je n'aime pas ça. Vous êtes au courant, je suppose, des rumeurs de guerre là-bas ?

— Que pensez-vous qui m'amène à prendre un paquebot le 4 décembre ?

— Si vite ?

— Il le faut : Kitty ne peut pas rester là s'il y a une guerre qui se dessine.

— Kitty ? Mais elle est mariée, elle ne bougera pas, voyons !

— Gabrielle, je vais aller à Québec, un voyage éclair pour voir Florent avant de partir. Je pourrais vous voir… disons, quinze minutes ?

— Non. »

Le cœur de Nic fait un raté, il reste silencieux, accablé et déçu, il vient de prendre cette décision dans le seul but de la voir.

« Nic ? Je ne donne pas de rendez-vous de moins de trente minutes. »

Cette fois, il rit, heureux, soulagé : « Vous m'avez eu !

— Je vous devais bien un rire, quand même. Dites-moi quand et où et j'y serai. Ce serait un grand honneur de vous avoir à souper à la maison. »

Il décline l'offre et se reproche ces perpétuels passe-droits qu'il s'accorde et qui ne font qu'entretenir une attente et un espoir d'elle profondément pernicieux.

* * *

Le malaise que Nic avait ressenti à voyager en Europe il y a un an, c'est en visitant un atelier de textiles du nord de Milan, dans la banlieue pauvre, qu'il en a la confirmation.

Les brodeuses sont toutes des femmes et, quel que soit leur âge, elles ont toutes l'air vieilles. Seules leurs mains sont animées et elles ne se posent jamais sur le tissu tant elles bougent vite. Comme une mouche indécise, l'aiguille pique, sort, effectue une courbe pour piquer à nouveau dans une frénésie que seule la pénurie de fil interrompt. Nic est envahi par une honte confuse devant ce travail si mal payé. Ces femmes s'usent les yeux, les mains, le dos pour des broutilles que la misère transforme en richesses. Leurs maris sont pour la plupart exilés en Suisse pour subvenir aux besoins de la famille qui s'agrandit d'un membre à chaque visite annuelle. Nic fixe les mains besogneuses et se retrouve rue Arago, étouffé de rancœur pour Malvina qui laissait son petit se tuer à faire des catalognes. Il se penche vers une femme et lui dit bonjour dans un italien approximatif. Elle le fixe, interdite, et le contremaître explique que le monsieur achète ces broderies pour son pays, le Canada.

Du coup, la femme se lève en répétant comme une incantation : « Canada ! Canada ! » Elle se penche et montre sous la table deux bébés endormis dans un panier d'osier. Elle répète son « Canada » en désignant les bébés et sa poitrine. Nic n'a pas besoin de savoir l'italien pour comprendre que le Klondike a eu des échos jusqu'en Italie. Il bafouille un « *Non posso* » et se sauve, incapable de supporter la vue de cette femme et des deux bébés sous la table.

Le contremaître trouve très drôle son *American sensitivity* et lui propose de visiter les quartiers vraiment miséreux de Milan. Nic refuse, signe les contrats, termine ses négociations à la hâte. Avant de le laisser partir, le contremaître insiste pour déployer une pièce dont il est très fier. C'est une remarquable exclusivité, une soie entièrement brodée à la main, ajourée, une merveille de délicatesse. L'Italien explique que la Crise a affaibli son marché pour ce genre d'article autrefois très en demande et qu'une telle pièce est devenue trop chère pour ses clients habituels. Seuls les Américains ont les moyens d'un travail d'artiste aussi précis et inabordable.

Nic signe le chèque et part avec la pièce.

Ce n'est pas à Gabrielle qu'il a pensé en la voyant, c'est à Florent. Florent qui ne pourra manquer de détecter tous les raffinements d'exécution, tout le savoir-faire que recèle l'étoffe. Tout dans le travail minutieux sera relevé et reconnu pour son exacte valeur artistique. Même la voûte de la chapelle Sixtine ne peut se comparer aux yeux de Florent à cette merveille de subtilité, à ces dégradés de blanc, crème et paille, à ces volutes finement entrelacées. Nic ne pense même pas en faire quelque chose. Seulement étaler cette merveille devant Florent, seulement la lui offrir et le voir s'épanouir devant l'absolu de la beauté. Comme un artiste le fait devant une œuvre d'art achevée.

Nic a tout fait pour ne pas avoir à se rendre chez le baron Filipini pour parler à sa sœur, mais celle-ci n'a jamais accepté de bouger. Si Nic vient la voir, ce sera sur son terrain, à son heure et selon ses conditions. La tentation de s'enfuir est forte et Nic songe un instant à renier Kitty, mais il sait qu'il ne se pardonnera jamais de ne pas avoir essayé de la tirer de ce mauvais pas.

En arrivant à l'immense résidence blanche accrochée au rocher comme une forteresse, Nic considère un instant le magnifique palace pâle et rococo dont les colonnes de l'entrée sont ornées de deux étendards aux lances groupées du parti fasciste. Nic prend une profonde inspiration et supplie tous les dieux disponibles de l'aider à garder le contrôle de lui-même.

Si la croix gammée est l'emblème de la race blanche et pure, Kitty incarne dramatiquement ces attributs. Livide, étique, elle est presque transparente et seuls les yeux et la bouche semblent vibrer de quelque appétit dans cette femme en qui Nic ne reconnaît que la copie délavée de sa sœur. Elle fume sans arrêt en utilisant un long fume-cigarette incrusté de pierreries. Ses doigts sont alourdis de bagues massives qui font des joutent d'éclats avec les rayons du soleil déclinant.

Kitty ne parle pas. Elle reste mi étendue sur le canapé et fixe Nic sans laisser paraître la moindre émotion. Nic songe à Veronica Lake à deux doigts de défaillir. Le décolleté n'exhibe qu'une poitrine décharnée et des os apparents. Nic essaie désespérément de se souvenir de celle qu'il aimait et avec qui il a partagé tant de rire. En vain. Le squelette animé devant lui n'a de charnel et d'humain que la décadence.

« Tu n'es pas venu jusqu'ici pour rester debout à rouler ton chapeau comme un vulgaire petit commerçant, non ? Viens t'asseoir. Tu as encore embelli, les climats froids et mon absence te conviennent, on dirait. »

Il pose son chapeau et l'observe encore avant de s'avancer et de s'installer par terre sur le tapis épais, presque à ses pieds. Elle éteint et saisit sa tête de ses deux mains avides, elle redevient vivante le temps de le tenir et d'approcher son visage du sien : « Nic ! Nicholas… ça t'a pris du temps à venir me chercher. »

Elle fait une chose horrible, elle approche son visage, Nic tente de reculer, mais les mains le retiennent fermement. Elle écrase sa bouche rouge sur la sienne et l'embrasse profondément. Dégoûté, Nic se débat et la rejette violemment sur les coussins où elle s'affaisse en riant aux éclats : « Nic ! Espèce de paysan ! Petit catholique irlandais qui n'est jamais sorti. Ça se fait ici, tu sais. Ne sois pas si pudibond.

— Chez nous aussi, ça se fait. Mais il faut en avoir envie, Kitty.

— Ça s'arrange. Tu veux que je t'aide ? Il y a toutes sortes de trucs pour faire une vraie fête de nos retrouvailles. Je peux même éloigner Tonino si tu préfères.

— Tu as bu ? Tu es soûle ?

— Es-tu fou ? Je me lève.

— Il est cinq heures du soir.

— C'est ça, c'est l'heure à laquelle je me lève. Je fais autre chose de mes nuits que dormir. C'est une habitude italienne. Qu'est-ce qui se passe, Nic, tu es devenu scrupuleux ? De mauvaises fréquentations ? »

Nic essaie de lui parler sérieusement, de lui demander de considérer les dangers de demeurer en Italie, dans un palace aux couleurs fascistes, il essaie de la convaincre au moins des risques d'une guerre imminente. Elle rit, nonchalante, détendue et se contente de le tanner pour qu'il vienne s'étendre près d'elle, qu'elle puisse le respirer, le serrer dans ses bras.

La colère qui éclate lorsqu'il refuse avec fermeté est d'une violence inouïe. Complètement hystérique, Kitty est saisie par une servante, de toute évidence habituée à la tâche, et ramenée de force, gesticulante et hurlante, dans ses appartements.

Nic n'a pas le temps d'intervenir que la porte se ferme. Secoué, il reprend son chapeau et se dirige vers la sortie quand le baron Filipini l'interpelle. Ce que Kitty a perdu en poids semble avoir été reporté sur les masses déjà généreuses du baron. Il lui fait signe de remonter l'immense escalier du hall et l'invite à prendre un thé « le temps que la baronne se remette. Ses nerfs sont si fragiles. »

C'est l'allusion aux nerfs qui fait revenir Nic. Il a toujours détesté les gens qui se prétendaient médecins sans l'être.

La bibliothèque où il pénètre est impressionnante : que des livres d'art aux reliures sublimes, comme seuls les Italiens savent les exécuter. De quoi faire rêver Florent pendant des décennies.

« Thé ou porto ?

— Thé. »

Le baron attend que le service soit terminé avant de commencer à parler.

« Vous m'en voulez… Pensez-vous que ma femme est devenue colérique en me fréquentant ? Êtes-vous un homme naïf, monsieur McNally ?

— Non.

— Vous savez sans doute que je ne séquestre pas votre sœur. Elle m'a épousé en toute liberté. Si elle veut retourner vivre avec vous, elle est également libre de le faire. Vous n'en doutez pas, j'espère ? »

Impatient, Nic se contente de grommeler un : « Où voulez-vous en venir ? »

Le baron glisse un cigare entre ses lèvres grasses et l'humecte méticuleusement. Nic réprime difficilement une grimace tant l'obscénité du mouvement est intentionnelle.

Les gestes de Tonino sont assez féminins pour alerter le plus candide des ignorants. Il sourit, mielleux : « Je connais les bandits de votre sorte, Nic. Les beaux cow-boys américains qui se donnent pour mission de tirer la jolie blonde des griffes de Satan. Vous devez nourrir un ou deux de ces petits scénarios dépassés, non ?

— Non.

— Si vous ne parlez pas davantage, vous allez cadrer parfaitement avec l'image du cow-boy. Qu'est-ce qui vous choque dans nos mœurs, monsieur McNally ?

— Vos mœurs. Mais là n'est pas la question. Je pense que Kitty est en mauvaise santé physique et morale.

— Ah !… la moralité !

— Le moral. Je parle d'un état d'esprit que vous qualifiez de nerfs, je crois. Je voudrais faire voir Kitty par un médecin spécialiste.

— Comme la dernière fois, Nic ? Cette jolie clinique suisse où vous avez payé si cher pour la priver de tous les plaisirs ?

— L'opium et l'alcool vont la tuer si elle continue. Vous le savez.

— Se priver d'opium, se priver de vous, ça fait beaucoup. Cher Nic, vous êtes évidemment quelqu'un de qui on peut rêver longtemps sans épuiser son imagination. Ce n'est pas moi qui drogue votre sœur. Mais, comme je ne suis pas vous et qu'elle en souffre atrocement, je me vois obligé de compenser avec un autre paradis. Reprenez-la, donnez-lui ce qu'elle veut et peut-être que son petit corps enfin repu n'aura plus besoin de se calmer avec des artifices. »

Nic empoigne le plastron de la chemise fine de Tonino et il le secoue brutalement : « Espèce de salaud dégénéré ! Espèce de grosse vache…

— Levez la main sur moi et je crie de plaisir. »

Nic le lâche subitement et recule, hébété. En dévalant les marches, il entend le rire du baron résonner contre les hauts plafonds du hall.

*　*　*

Paris, le 27 décembre 1935.
Gabrielle, Gabrielle,
Ces gens sont immondes : Kitty, son mari, ces gens qui vivent dans un luxe avachi, dans une corruption dégoûtante. Quelque chose va éclater. Je ne sais pas pourquoi, mais quelque chose se dégrade dans le vieux monde. Moi-même, je pourrais éclater.
La pourriture gagne tout.
Je reviens sans Kitty. Je n'en peux plus.
Je reviens vers votre bonté qui guérit tout.
Nic.

En mettant le pied chez lui, le 20 janvier 1936, Nic aperçoit tout de suite la lettre de Gabrielle. Il l'a alarmée, bien sûr, il l'a inquiétée avec ce mot affreux qu'il lui a écrit. Nic s'assoit dans sa chambre, fatigué, déprimé. Il tient la lettre de Gabrielle et se demande encore ce qu'il fait dans cette chambre, dans cette ville à espérer une femme qui ne lui donnera jamais plus que ce qu'elle lui offre déjà, à désirer une autre vie.

Il pense à Kitty, à Alex, leur frère qu'il ne voit plus du tout depuis des années. Pourquoi toujours vouloir l'impossible ? Par défi, par esprit de compétition ? Pourquoi ne pas faire comme Alex qui a renoncé à cette fausse famille ? Parce que Kitty est amoureuse de lui ? Cela lui semble si étrange, si peu crédible, si indigne. Mais il a vu beaucoup de femmes amoureuses et possessives dans sa vie et Kitty ne dépare pas l'ensemble. Par une erreur qu'il ne peut expliquer, Kitty l'aime de façon anormale.

Comme lui aime Gabrielle ? Non, il sait qu'il aurait pu rencontrer Gabrielle alors qu'elle était jeune fille. Il a suffisamment joué avec cette idée pour la savoir plausible, légitime. Rien à voir avec sa sœur.

Il se dit qu'il faut renoncer à sauver Kitty et qu'il faut renoncer à aimer Gabrielle. Il ne peut que faire du mal à Kitty en la ramenant près de lui et il va s'en faire à lui en s'approchant de Gabrielle.

Tout est si clair, si simple en théorie. Comme un contrat de coupons de broderies. Tant qu'on n'a pas vu les ouvrières travailler et tant qu'on n'a pas vu des bébés endormis dans un panier sous l'établi, le contrat ne stipule que des sommes d'argent et des pièces d'étoffes. Et puis tout à coup, à cause d'un mot, d'un moment, chaque ourlet, chaque passé plat, chaque ajour signifie une main qui volette dans l'air, une femme brisée de fatigue qui s'épuise à broder du fil de soie pour former une feuille d'acanthe qui sera vendue à prix d'or à une femme qui ne la verra peut-être pas.

Il se souvient de Kitty, toute petite, à Saint-Henri, quand ils allaient voir ensemble la crèche de Noël à l'église et qu'ils priaient pour papa et maman au Ciel. Il se souvient combien ces gens, leurs parents, n'avaient aucune réalité pour elle et combien elle le regardait prier pour l'imiter en finissant toutes ses prières par « Nicholas ».

Comment cette femme que le sexe répugne peut-elle vouloir forcer une chose pareille entre elle et lui ? Il ne comprendra jamais Kitty, son désir est une maladie sans nom pour lui. Son désir est vulgaire et malsain, pervers, il ne lui semble jamais attaché à l'amour. Il se souvient du récit de la nuit de noces de Kitty avec Jules-Albert. Tout au long du voyage de retour au pays, il a essayé de démêler ses responsabilités de celles des autres hommes dans cette déchéance inacceptable à ses yeux. Et il n'y arrive pas. Les prétentions de Kitty sur sa personne ne peuvent être vraies ou justes, elle les joue comme elle jouait à prier comme lui. C'est un conte qu'elle s'est fabriqué pour l'obliger à son égard, une sorte de piège féminin dévié.

Et puis non, il le sait depuis toujours : même enfant, Kitty le désirait. Son refus ne change rien à l'affaire, elle n'a toujours désiré, voulu et exigé que lui de toute sa vie. C'est son refus d'obtempérer qui a poussé Kitty aux pires retranchements pour l'alerter, l'inquiéter et le ramener. « L'opium ou lui », a dit son mari. Il lui faudra se renseigner sur l'opium, connaître ses effets nocifs.

Maintenant qu'il est chez lui, maintenant qu'il a toute cette traversée derrière lui, il sait qu'il ne pourra jamais se résoudre à laisser Kitty se détruire. Parce qu'il ne pourra jamais se convaincre qu'il n'y est pour rien.

Il défait quelques bagages, prend un long bain et, accompagné du premier concerto de Chopin, il ouvre la lettre de Gabrielle et savoure son paradis interdit.

*   *   *

Quand s'ouvre, à Eastview, le procès de Dorothea Palmer, accusée d'avoir fourni des informations et du matériel de contraception, Gabrielle convoque une réunion privée avec Paulette. Celle-ci confirme que non seulement elle a persévéré dans son enseignement, mais que Reine la seconde depuis presque un an.

« Et Isabelle? Pas Isabelle quand même? Elle n'est même pas mariée! »

Paulette affirme qu'Isabelle ne se mariera pas aussi naïve que les autres jeunes filles et que, s'il fallait en croire Reine, c'est tout un avantage. Mais la jeune fille, quoique informée des agissements clandestins, ne fait qu'adresser les intéressées à Reine et à Paulette. Le plus difficile à accepter pour Gabrielle n'est pas l'aspect illégal, mais la colère de Dieu qu'elle devine à travers les paroles des prêtres.

Paulette prétend ne pas craindre les lois en cette matière, ni celles de Dieu, ni celles des hommes.

« Il y a des médecins évolués qui aident les femmes, les renseignent sur ces choses-là sans les juger, Gabrielle, et je ferai la même chose parce que c'est infiniment plus important à mes yeux que le droit de vote. Au moins, que les mères nécessiteuses n'aient pas d'autres enfants si elles ne peuvent recevoir un sou de notre merveilleuse province si catholique et si observante des règles de la charité chrétienne! »

Gabrielle craint pour le Centre. Si ces activités clandestines venaient à être sues, il y aurait procès sur la place publique, elles seraient déconsidérées à vie et pourraient dire adieu à toute forme d'aide et au nouveau projet de pré-sanatorium.

« C'est aussi cela que vous voulez, Paulette? Quel bienfait cela va apporter aux femmes de les exposer à perdre un peu des secours que nous apportons, je vous le demande? »

532

Paulette nourrit de sérieux doutes quant aux mobiles profonds de Gabrielle. Elle est convaincue que celle-ci refuse l'idée de faire la promotion de la contraception davantage par conviction religieuse que pour protéger les femmes d'une éventuelle fermeture du Centre. Son rigorisme religieux a toujours eu du mal à accepter d'aller plus loin que son propre usage et bénéfice de la contraception.

La discussion s'envenime et, pour la première fois, les deux femmes ne trouvent pas de terrain d'entente. Elles décident de se revoir et d'en discuter à nouveau, mais cette fois, Paulette exige la présence de Reine, sa comparse.

C'est aussi la première fois que Gabrielle sent que son autorité est mise en question. Ses convictions, ses choix et son autorité. Paulette ne la croit pas quand elle dit travailler à protéger le Centre, les enfants, les mères et l'avenir des œuvres.

L'affaire la trouble beaucoup et elle suit les témoignages du procès Palmer avec passion. Très inquiète et tentée de tout laisser tomber, elle finit par en parler à Edward qui, scandalisé, la renforce dans ses positions.

Étrangement, ce sont les arguments d'Edward qui éveillent un soupçon en elle. Edward n'a qu'un motif, d'ailleurs avoué : demeurer dans les limites légales et permises et ne jamais provoquer les autorités qu'elles soient civiles ou religieuses. Pour lui, les problèmes de ces femmes concernent leur couple et doivent se régler de même, dans l'intimité de la chambre conjugale. Il n'est pas question que Gabrielle ou que qui que ce soit incite les femmes à défier l'encyclique, la loi et leur mari. Si c'est ça, la charité, alors il faudra fermer les bonnes œuvres. Parce que ça deviendrait alors l'œuvre de Satan. Quand Gabrielle tente de le calmer en lui rappelant qu'ils ont tout de même adopté certaines pratiques contraceptives défendues par l'Église, Edward n'y voit aucune contradiction. Seule une décision commune, personnelle et secrète peut mener à ces pratiques qui, de toute façon, ne sont pas pour tout le monde. Dès que Gabrielle essaie d'obtenir des précisions sur ce « tout le monde », Edward refuse de répondre et se contente de répéter que la loi est faite pour être suivie, que si sa femme s'adonne à des pratiques malhonnêtes et illégales, il ne pourra ni se ranger à ses côtés ni la protéger, parce que le scandale l'éclaboussera tout autant qu'elle.

Ulcérée, Gabrielle commence à comprendre en quoi son discours a choqué Paulette.

« Vous n'avez pas cru que je le faisais pour le Centre, n'est-ce pas, Paulette ? Vous avez pensé que je favorisais la famille pour les pauvres et la contraception pour les gens instruits et capables de se débrouiller pour l'obtenir ? Vous avez cru que j'avais, moi aussi, un double standard ? Que j'y voyais du mal ? Que… que j'en profitais secrètement, mais que je la dénonçais publiquement ? Vous m'avez crue indigne et malhonnête ?

— Non. Non, Gabrielle. Je pense que vous ne défiez ni l'Église ni la loi et que votre ambition pour le Centre et le pré-sanatorium dictait votre conduite. Ce n'est pas condamnable, remarquez, vous le faites pour les pauvres aussi. Et sincèrement.

— Et vous ? Vous le faites pourquoi ? Vous mettez le Centre en danger, alors que vous y avez tant travaillé. Vous vous mettez en danger, regardez le procès de Miss Palmer, et vous risquez votre crédibilité aux yeux des bienfaiteurs. Pourquoi ? La cause des femmes mères de famille est-elle devenue plus importante que celle des enfants ?

— Gabrielle, revenez au bons sens ! Les femmes n'en veulent plus d'enfants. Elles en ont plus que leur compte. Et ce n'est pas le vice que l'on permet avec ces moyens ! Les maris détestent l'idée de la contraception. Il n'y en a pas une qui veut qu'on lui donne des capotes anglaises : elles savent bien que leur mari va refuser. Elles veulent des choses qu'elles peuvent faire elles-mêmes, mettre elles-mêmes pour éviter que leurs maris les engrossent à tous coups.

— Vous voulez dire qu'elles trompent leur mari, qu'elles le font sans leur accord ?

— Évidemment ! Pensez-vous qu'une seule femme canadienne-française refuserait le sacrement à son mari ? Non. Alors, elles n'ont pas le choix : ou elles se protègent en secret ou elles tombent enceintes. Il n'y a pas de discussion dans ces lits-là, Gabrielle. Il y a une autorité, celle de l'époux. Et quand ce n'est pas assez, il y a celle du crucifix juste au-dessus du lit. Si vous ne me croyez pas, demandez à Reine de vous le dire. Elle est mariée, elle.

— Reine ?

— Vous me choquez, Gabrielle ! Êtes-vous si privilégiée que vous ne pouvez vous ouvrir les yeux sur ce qui se vit ailleurs ? Oui, Reine, qui doit subir les volontés constantes de son mari. Oui, des femmes qui ont encore un enfant endormi dans le lit conjugal doivent se soumettre et "y passer", comme elles me disent. Oui, et pire, et plus.

— Ne vous fâchez pas contre moi.

— Vous êtes comme tout le monde : vous voulez aider les pauvres, mais décider pour eux de ce qu'il y a de mieux. Vous voulez contrôler les femmes et réfléchir selon vos principes et vos normes à ce qu'il faut faire pour elles. Mais vous ne savez pas ce qu'est leur vie, vous ne savez même pas ce qu'est la brutalité d'un mari décidé et certain de son droit.

— Il n'y a pas que ça dans le monde.

— Non, mais il y a ça et beaucoup plus et bien pire. Alors, décidez, Gabrielle : ou je persiste à le faire dans votre dos et vous pourriez prétendre tout ignorer si on se fait prendre, ou vous me renvoyez et j'irai le faire ailleurs.

— Et quand vous dites "on" ?

— Je dis Reine… et bientôt Isabelle. »

Gabrielle se tait, ne trouve plus rien à ajouter devant l'ampleur de la tromperie. A-t-elle vraiment cette attitude de femme riche, choyée et sûre d'elle qui consent quelques faveurs aux pauvres à condition de les contrôler ? A-t-elle l'attitude d'Edward qui se permet d'être libre d'esprit, mais ne voit pas la chose possible pour le commun des mortels ? Elle murmure : « Laissez-moi réfléchir, Paulette. »

Encore une fois, c'est à la basilique, devant la statue de la Vierge à l'Enfant, que Gabrielle réfléchit le mieux. Elle a essayé de terminer la paperasse du Centre, en vain. Elle a réprimandé Rose pour rien au dîner, elle a été distraite au thé offert par Madame Juge Tremblay où elle devait parler du projet de pré-sanatorium ; rien n'a été, rien ne lui réussit parce que ce problème la taraude et l'angoisse.

Ce n'est qu'assise dans l'église qu'elle arrive enfin à se calmer et à penser. Étrange pouvoir que recèlent ces lieux à l'odeur froide d'encens et à l'écho si particulier. Elle fixe les flammes des bougies qui vacillent et cherche sa réponse. Paulette n'a même pas évoqué la possibilité qu'elle se joigne à elles, tant elle est persuadée que l'idée la répugne. Elle reconnaît avoir des gênes, des pudeurs, mais contrairement à Edward, elle est certaine que toutes les femmes ont le droit de pratiquer la contraception. Elle l'a fait pour le plaisir, elle ne peut même pas imaginer que ces femmes se soumettent à leurs maris sans jamais éprouver du bonheur ou la tendresse d'être tenues. Elle le sait, pourtant, elle ne veut pas le voir, comme le dit si justement Paulette. Elle n'a qu'à penser à Georgina. Que ce soit avec Hector ou Hubert, jamais le moindre frisson n'a traversé sa sœur. Pire, elle n'a qu'à penser à Jules-Albert et elle sait que le bonheur lui aurait échappé.

Comme il est étrange, le chemin de la vie : parce qu'elle a désobéi, elle a trouvé son bonheur. En désobéissant encore à l'Église, elle a entretenu et augmenté son bonheur conjugal.

Georgina a toujours suivi les enseignements de leur père sans rouspéter et elle va mourir sans connaître cette vraie joie qu'est un vrai mariage, une vraie union. Et si Gabrielle pousse plus loin son raisonnement, Reine, élevée sévèrement et obéissante aux normes enseignées par sa mère, s'est mariée, comme elle, sans bonheur. Isabelle, élevée chez elle, sera, elle le croit, heureuse en ménage.

Si elle accepte que Paulette persiste dans sa pratique, elle devra également le faire et ne pas avoir d'hypocrisie, ce qui lui apparaît pire comme péché. Mais elle devra alors mentir à Edward, ce qu'elle n'estime guère non plus.

Que ferait-elle si Adélaïde ou Béatrice ou même Rose lui demandait des explications sur la contraception ? Le cœur lui manque à l'idée de devoir leur enseigner la désobéissance. Adélaïde, cette impulsive sauvage, aurait intérêt à apprendre certaines réalités avant de faire ses débuts, ses questions sont de plus en plus pressantes. Gabrielle sourit de se voir s'enfuir loin du vrai problème, la question n'est pas là. La question est de savoir le risque réel pour le Centre et pour l'avenir de ses œuvres. La question est de décider si elle est la seule, avec une mince élite, à avoir le droit de choisir la transgression de la règle.

Paulette serait bien surprise de la voir se joindre à elle. Que dirait Nic ? Nic qui a fait perdre son honneur à Paulette. Ça aussi, elle le sait sans jamais vouloir le voir. Quelle perfide menteuse elle est ! Depuis longtemps, elle le sait et elle veut protéger l'idée qu'elle entretient de Nic, un jeune homme bien sous tous rapports. C'est un homme avec des besoins d'homme. Délicat, mais quand même capable de se débrouiller pour tout obtenir d'une femme comme Paulette. Ce qui étonne le plus Gabrielle, c'est que non seulement il l'ait obtenu, mais encore qu'il ait réussi à l'en rendre fière et heureuse. Voilà qui la mystifie… le péché devrait entraîner le regret, si ce n'est le remords.

Gabrielle sourit : a-t-elle jamais regretté tous ses péchés avec Edward ? A-t-elle jamais éprouvé autre chose qu'un frémissement de sa conscience, à l'heure de camoufler le tout en « désobéissance » pour les oreilles curieuses du prêtre ? Le péché n'entraînerait donc le regret que s'il est sans plaisir ? Un péché qui ne vaut pas en plaisir le déplaisir qu'il coûte à l'âme serait le seul à générer de la contrition ? Quels petits comptables on peut devenir, se dit Gabrielle, quels misérables et prosaïques troqueurs de bonnes actions contre certaines indulgences devient-on dès qu'il est question de Jugement. Elle se condamne comme hypocrite, fausse vertueuse qui veut imposer la vertu à tous pour avoir l'immunité de pécher en paix.

Elle s'agenouille et s'impose trois chapelets.

* * *

« Je peux vous parler, ma tante ? »

Reine s'assoit, tout intimidée, bien droite, bien digne. « Paulette m'a dit pour nos activités… secrètes. Elle m'a dit que nous attendions votre réponse afin de réorienter notre façon de procéder. Je… je veux m'excuser de vous avoir caché cela. Et je veux vous demander de bien peser le pour et le contre avant de nous interdire de continuer. Oh, ce n'est pas une menace, c'est parce que… je ne sais pas, c'est tellement important, ma tante, il faut les aider, vous comprenez ?

— À désobéir ? Est-ce qu'elles pèsent, elles, le pour et le contre ? Toi, Reine, tu le pèses ? Aider quelqu'un à pécher, c'est commettre le péché.

— On sauve des vies. »

C'est dit tellement bas que Gabrielle n'est pas sûre d'avoir entendu. Une fois que Reine a répété, il semble au contraire à Gabrielle qu'il s'agit d'éviter des vies et que, sous cet angle, l'initiative est loin d'être louable.

« Nous empêchons des vies en faisant cela, Reine. Tu penses que venir au monde est une condamnation et que laisser des âmes dans les limbes veut dire les sauver ?

— Vous ne comprenez pas, ma tante. Si on ne le fait pas, les femmes s'organisent après, quand c'est trop tard, et c'est leur vie qu'elles risquent. Les enfants orphelins, après, on fait quoi avec ? Quelle vie c'est, pour eux, la vie d'orphelinat ? Ou la vie ici ? Vous les voyez traîner jusqu'à six heures parce qu'ils ne veulent pas retourner dans le loyer sale, froid et rempli d'enfants qui hurlent parce qu'ils ont faim ? Hier encore, j'ai mis de la pommade sur les blessures de Joachim Giguère que son père bat à chaque fois qu'il rentre soûl. On fait voir de rien, mais on le sait. On met de la pommade en disant que les escaliers sont vraiment dangereux et on leur montre à mentir et à respecter leurs parents. Joachim a réparé les tuyaux de l'évier ici, il est capable de faire marcher n'importe quoi, il a du génie pour tout ce qui est électrique et mécanique. Qu'est-ce qui l'attend, vous pensez ? Livrer l'épicerie, livrer des journaux et livrer je ne sais pas quoi plus tard si son père n'arrive pas à le tuer avant.

— Reine ! »

Reine baisse la tête, honteuse. Elle se tait un long moment, puis se lève en soupirant et vient pour sortir. Elle murmure de dos à Gabrielle : « Si c'était Florent, vous auriez déjà fait quelque chose pour Joachim.

— On est toujours injuste dans l'aide qu'on apporte, Reine, parce que la misère est plus grande, plus vaste que nos moyens de la contrer. Il faut essayer d'aider tout le monde, mais il faut avoir l'humilité de reconnaître qu'on ne peut pas remplacer Dieu. Que dirais-tu de laisser Dieu équilibrer ses comptes Lui-même ? »

Reine revient s'asseoir. Elle commence à parler sans ambages, d'une voix posée, déterminée : « Il y a presque un an, la petite Lizette est arrivée ici en courant. Il était six heures et quart et j'allais fermer le Centre. Elle m'a dit que sa maman n'allait pas bien et j'ai couru avec elle jusqu'au logement. J'ai trouvé sa mère avec le visage blanc, comme ciré, et elle était couchée dans une détrempe rouge. Elle avait perdu tout son sang. Elle n'était plus là quand je suis arrivée, je veux dire… elle était partie. J'ai pas eu besoin d'y toucher pour le savoir, ses yeux étaient ouverts, mais ils étaient vidés. Sa bouche aussi était ouverte. Elle avait fait ça toute seule, pour se débarrasser du bébé. J'ai fait une seule chose, j'ai ramassé les instruments dont elle s'était servie et j'ai été les jeter dans la cour avant d'appeler le prêtre et le médecin. Le pire, c'était pas le sang, la morte ou même les instruments, le pire, ma tante, c'était le bébé assis sur le matelas, le bébé avec sa couche mouillée, torse nu qui hurlait sans arrêt à côté de la face figée de sa mère. J'ai pas su l'heure de le consoler. Par chance qu'à cet âge-là ça n'a pas de mémoire. Mais j'avais l'impression qu'il pleurait depuis que sa mère avait commencé à s'avorter. C'était insupportable, effrayant. J'arrêtais pas de penser que sa mère était morte en se disant qu'il faudrait bien le calmer et changer sa couche. L'odeur du sang, ma tante, avez-vous déjà senti ça ? Sur un fond de misère, c'est pas mal dur à oublier. Je pense finalement que je ne veux pas oublier parce que, quand le prêtre a demandé ce qui était arrivé avec l'air soupçonneux, j'ai tout pris sur mon dos, disant qu'elle n'allait pas bien depuis trois jours, qu'elle perdait, que j'avais juste conseillé de s'allonger, mais que là, je regrettais mon erreur. Il était très rassuré et il l'a bénie. Pensez-vous que Dieu va être bon pour s'occuper du reste ? »

Gabrielle entend la colère tranquille de Reine et elle ne peut rien dire. Elle aussi, quand Denise Turcotte est morte pendue, elle aussi a trouvé que Dieu lambinait sur certains dossiers. Elle revoit encore les mains carrées, massives des trois hommes aux funérailles. Non, Reine n'est pas à la veille d'oublier que Dieu a négligé certaines de ses ouailles. Elle s'approche de sa nièce et pose la main sur son épaule. Reine tressaille et se dégage. Elle se lève et regarde le soir froid, glacial qui givre la vitre : « Peut-être que j'ai perdu la foi, ma tante, mais je ne peux pas croire qu'il n'y a pas de péché à laisser faire ça. J'ai fait une fausse couche, je sais ce que ça fait comme douleur. Alors, j'imagine que continuer malgré tout, jusqu'à ce que tout son corps se vide… non, ma tante, le prêtre qui la bénissait ne saura jamais ce que ça fait. Il a respiré le sang, mais il ne l'a pas perdu. Il ne perdra jamais rien, lui. Peut-être qu'il faut se résigner à la soumission des femmes, mais est-ce qu'on ne pourrait pas au moins les empêcher de finir en enfer ? Leur donner juste assez pour ne pas en mourir ? Je ne dis pas de changer les choses, mais pouvoir endurer. On n'est pas des bêtes ! C'est tellement humiliant, tellement humiliant ! »

Gabrielle ne demande pas ce qui est humiliant, elle laisse Reine essuyer ses yeux et garde un respectueux silence. Elle se contente de convoquer une réunion à trois pour le lendemain. Elle annonce à Paulette et Reine qu'elle s'associe à elles, que de nouvelles règles de confidentialité seront établies pour les mettre à l'abri de la délation et qu'elle exige de soustraire Isabelle à ces activités « jusqu'à son mariage, ensuite, nous verrons avec elle ».

Paulette, incrédule, la fait répéter qu'elle aussi va s'y mettre et non pas se contenter d'autoriser la chose.

Ce soir-là, avant de partir, Reine vient embrasser Gabrielle sans un mot. Depuis son mariage, c'est le premier geste de tendresse qu'elle a à l'égard de sa tante ou de qui que ce soit.

C'est à ce baiser léger que Gabrielle s'accroche, quand elle déclare à Edward que toutes les activités illicites ont été bannies du Centre et qu'elle exerce un contrôle beaucoup plus sévère sur ses assistantes, mais que, bien sûr, il n'y avait que Paulette de concernée par cette campagne.

Elle reçoit comme une bénédiction divine l'acquittement de Dorothea Palmer, et surtout, les raisons données pour cet acquittement : Miss Palmer était inspirée du bien public dans ses agissements. Le soir où le jugement est prononcé, toutes quatre célèbrent cette nouvelle qui signifie plus que l'acquittement d'une seule femme en allant au cinéma de cinq heures s'extasier sur James Stewart.

Georgina est bien déterminée à payer la moitié du prix des noces d'Isabelle, « en autant que ce ne soit pas plus que la moitié de ce qu'on a donné à Reine », ce qui oblige Gabrielle et Edward à ramener la réception à des dimensions très intimes et familiales.

La toilette de la mariée est quand même calculée à part et Gabrielle est ravie de l'effet de la robe de crêpe de soie blanche à l'ajustement parfaitement étudié, qui tombe derrière avec une courte traîne. De longues manches d'organdi qui vont s'élargissant aux poignets laissent voir les bras fins en transparence. Le diadème est une nouveauté en forme d'éventail incrusté de fausses perles et il retient le long voile de tulle de soie dont la bordure a été entièrement brodée par Florent. Isabelle aura vraiment l'air d'une fée aux biscuits. Florent, qui a terminé le voile depuis longtemps, réclame de plus en plus de pièces de trousseau à broder. Reine se charge du *shower* de porcelaine. Les détails du mariage sont annoncés au fur et à mesure des décisions au parloir des Ursulines à une Adélaïde bien excitée : elle sera la demoiselle d'honneur de la mariée.

Isabelle lui fait la promesse solennelle de « tout, tout, tout lui dire sur les réalités du mariage », et ce, dès qu'elle reviendra de voyage de noces.

Québec, le 15 juin 1936
Cher Nic,
Maintenant que de nouvelles élections provinciales sont annoncées pour le mois d'août, j'aurai bien du mal à vous arracher à vos affaires courantes pour vous avoir à l'Île, le 2 juillet, pour le mariage de notre Isabelle. Pensez à sa joie, Nic, et faites-nous ce plaisir. Nous fêterons bientôt la première graduation d'une longue série — j'espère. Adélaïde vient de finir ses examens avec un grand succès et elle obtient son diplôme d'études primaires supérieures dans six jours. Nous organisons une toute petite fête à la maison, la famille, à peine plus, mais vous êtes bien sûr invité. Comme prévu, Adélaïde retournera aux Ursulines pour ses deux dernières années d'études. Enthousiaste, elle parle même d'un diplôme universitaire !

Ted a dû vous informer du mal qu'a fait ce pauvre Vautrin à toutes les associations charitables en malmenant le bien public. Cette administration malsaine de l'État rend les bienfaiteurs encore plus suspicieux. Je ne vois pas comment convaincre les gens que nous n'achèterons aucune harde personnelle avec leurs dons. Quelle misère ! Après la Crise, les culottes à Vautrin !

Nous perdons du temps et ce préventorium (nous l'appelons ainsi mainte-nant) dont les enfants ont tant besoin est encore en projet.

Béatrice a bien du mal à s'arracher à la radio, elle s'est mise en retard à l'école à deux reprises. Et ce n'est pas Le Curé *de village qui la retient. Ima-ginez-vous qu'elle suit avec ferveur les aventures de notre nouveau roi avec Madame Simpson. Elle écoute toutes ces informations sur les scandales pro-voqués par les fréquentations du roi avec un ravissement quasi inquiétant. Elle a déclaré à son père qu'être divorcée n'est pas un péché mais un malheur et que cela montre la bonté du roi s'il continue à la fréquenter. Je vous passe le détail de ces fadaises, mais j'avoue que les ragots de château accompagnés des statistiques d'aviation de Fabien occupent une bonne part de nos conversations familiales.*

Puisque mon projet piétine présentement, je me suis mis en tête de faire réexaminer Florent. Bientôt trois ans qu'il séjourne là, il me semble qu'on pourrait voir s'il est guéri. Je crois que, malgré le risque, Paulette le prendrait chez elle. Je sais tout votre dévouement, Nic, et ce projet de le prendre avec vous à Montréal, mais tant que Florent n'aura pas douze ou treize ans, il me semble qu'une présence féminine serait importante. Nous en reparlerons, si vous le voulez bien. Inutile de dire que je le prendrais chez nous avec bon-heur... mais Edward n'en démord pas. Et vous connaissez sa détermina-tion.

Il me tarde de vous revoir, Nic, et de parler un peu mieux des événe-ments de votre dernier voyage. Vous en avez si peu dit que cela m'inquiète. Jurez-moi que vous ne repartez pas bientôt, ou alors, que c'est pour Québec et l'île d'Orléans.

Affectueusement vôtre,

Gabrielle.

P.-S. : Il y a Germaine qui me demande de vos nouvelles à chaque semaine et qui insiste pour vous avoir à souper lors de votre prochain passage en ville. Si vous acceptez son invitation, alors, vous me devez deux soupers. G.

* * *

« Il a dit : j'ai décidé de renoncer au trône pour la femme que j'aime ! Tu te rends compte ? Une double divorcée ! Un roi qui se marie avec une double divorcée, une Américaine qu'on dit légère. À la radio, ils en parlent beaucoup et Béatrice sait l'histoire dans tous ses détails. Tante Germaine est la seule à en savoir plus qu'elle sur le sujet. »

Le parloir est l'endroit idéal pour apprendre les choses croustillantes ou dangereuses qui, autrement, ne passent pas les portes du couvent. Isabelle passe régulièrement visiter sa cousine. Maintenant qu'elle est mariée, elle a moins de loisirs, mais le parloir demeure une priorité. Malgré sa timidité, elle a tenu sa promesse et a tout raconté à Adélaïde des secrets de la conjugalité. Adélaïde a paru peu surprise : « Je me doutais bien que c'était quelque chose comme ça. On ne peut pas juste parler dans la chambre » et elle est passée à d'autres sujets aussi vite : « Et la guerre en Espagne, c'est vrai ? Et l'invasion communiste de notre province ? »

Isabelle avoue qu'elle n'a pas vu de « rouges » dans les rues de Québec et qu'effectivement ça barde en Espagne. « Mais pas ailleurs. On devrait être corrects.

— Alors pourquoi les sœurs nous font prier tous les matins pour notre pauvre province ?

— Il y a peut-être quelque chose de secret… tu devrais demander à ton père.

— Il ne vient presque pas à cause qu'il déménage le bureau rue Saint-Denis. Il a dit que ce serait très grand, très beau. Tu as vu, toi ? »

Isabelle avoue que le déménagement de son oncle ne l'intéresse pas beaucoup, Maurice étant le centre de son univers et le petit appartement de la rue Lockwell, l'objet de toutes ses attentions. Adélaïde lui reproche de ne plus aller voir Florent qui lui a fait un si joli trousseau. Là-dessus, sa cousine baisse la tête de honte : « Je n'ai plus de temps, Adélaïde, et je ne veux pas laisser le Centre. Comme je veux venir te voir une fois par semaine, il faut choisir. »

Adélaïde lui propose de faire ses visites en alternance pour que Florent ne soit pas sans compagnie, mais Isabelle trouve qu'avec Paulette et Gabrielle, Florent n'est pas démuni. « Et il y a Nic aussi qui y va.

— Il ne vient plus beaucoup, lui non plus… Que j'ai hâte de ne plus avoir le temps, comme tout le monde !

— Tu t'ennuies ? Tu voudrais sortir ?

— Je ne m'ennuie pas, Isabelle, mais c'est trop lent, trop pareil tout le temps. La messe, le réfectoire, les cours, le piano… je ne sais pas comment te dire, des fois j'ai envie de crier, tellement j'ai hâte de vivre ! D'avoir l'âge et de vivre. Qu'on ne me dise plus jamais de prendre patience et d'attendre d'être en âge. Au moins, avec toi, je sais un peu plus ce que c'est, la vraie vie. Tu te rends compte ? Jamais maman ne m'aurait dit ça !

— Je me rends compte, certain. »

Le ton d'Isabelle n'est pas très claironnant. Elle craint terriblement la réaction de Gabrielle si celle-ci apprenait l'objet de ses discussions avec sa fille. Isabelle enfile ses gants.

« Tu t'en vas ? Déjà ? On n'a pas parlé de Duplessis ! »

La marotte d'Isabelle est Duplessis et sa perfection. Parce que Maurice est un fervent admirateur de Duplessis, sa fraîche épousée adopte en tous points sa position, ce qui fait beaucoup rire Adélaïde.

Mais, comme à son habitude, Isabelle menace de ne pas se montrer au parloir si Adélaïde se moque d'elle et de sa compréhension élémentaire de la politique.

* * *

Québec, le 20 mars 1937.

Cher Nic,

Encore une fois, je vous ai été infidèle en ne vous donnant aucune nouvelle de tout ce mois. Reine a perdu son deuxième enfant et je dois dire que son état me laisse bien des inquiétudes. Reine est si attachante et elle est devenue si secrète depuis son mariage. Elle n'a pas beaucoup de bonheur, je le crains, et cela me peine énormément. Cet enfant était un si bel espoir. Le médecin a parlé d'un problème important qui causerait cette difficulté à garder le bébé. On en sait si peu sur la maternité et son fonctionnement. Alors que tant de femmes ont des enfants sans le désirer, Reine ne peut avoir le sien qui lui ferait une telle joie. J'ai passé ce mois entre son chevet, le Centre, Florent et ma famille. Avec le temps que nous avons, je vous avoue que le printemps me serait d'un grand bienfait. Oui, je sais, si j'apprenais à conduire ou, du moins, si je m'y mettais sérieusement... Je sais, mais je n'aime pas ces engins, je ne me sens pas à mon aise au volant. Quand je pense que Fabien veut conduire un avion !

Les nouveaux bureaux d'Edward sont magnifiques et nous aimerions bien que vous les voyiez. J'avoue avoir donné mon avis pour la décoration et avoir insisté pour qu'Edward ait un « coin discussion », avec sofa et table à café. J'ai pris l'idée chez vous, bien sûr, parce que je trouve que cela ajoute un cachet très particulier et personnel. Évidemment, Ted aurait voulu avoir son coin discussion lui aussi et Edward lui a promis de lui prêter le sien de temps à autre.

Nous nous entendons fort bien, Ted et moi, et je confesse que les réunions du préventorium seraient mortelles sans sa présence. Nous avançons à pas de tortue et je trouve que les services officiels sont les plus lents à remettre les rapports et à pousser sur les autorités gouvernementales. Quand je lui en parle, Adélaïde a l'air de me trouver bien mollassonne et trop patiente. Elle aurait une méthode plus expéditive, dans le genre « taureau par les cornes ». Je ne voudrais pas être l'obstacle qu'elle rencontrera un jour sur son chemin ! Même les Ursulines s'épuisent de son énergie ambitieuse : les projets d'Adélaïde sont nombreux et, quand il y en a un de refusé, il y en a deux autres dans sa poche qu'elle s'empresse de présenter.

Fabien ne parle que d'avions et de guerre. Dieu merci, cet enfant est trop jeune pour comprendre que la guerre n'est pas un jeu à savoir qui bombardera l'autre le premier et le plus fort. Étrange, cette aptitude si masculine au combat. Il a grandi d'un coup et il ressemble à son père comme deux gouttes d'eau. Inutile de vous dire qu'il obtient de moi ce qu'il veut… encore heureux que Rose tienne des comptes serrés et me remette mes permissions sous le nez quand elle trouve que j'exagère.

Et vous, Nic ? Edward me confirme que vos affaires sont florissantes et que vous vous portez bien. C'est mince. Je sais déjà que tout ce que vous touchez se transforme en or et je sais combien vous êtes dévoué à votre entreprise. Mais vous ? Comme Edward, vous aurez trente-sept ans cette année. Votre cœur est-il apaisé maintenant et pouvez-vous envisager un pas vers le rétablissement ? Je vous crois bien seul, ai-je tort ? Je veux dire seul pour les choses de la vie dont on ne parle que privément, à des gens dignes de confiance et près de nous. Tout comme je souhaite un enfant à Reine pour sa joie, je vous souhaite une épouse pour la vôtre. Quelqu'un de bien qui saurait vous apporter un peu de répit et une certaine consolation.

Cher Nic, je ne demande même plus à quand le plaisir de vous revoir. Mais, très affectueusement, je vous répète qu'ici vous êtes toujours attendu avec impatience.

Vôtre,
Gabrielle.

*   *   *

Le 20 juin 1938, première de sa classe, couverte de prix d'excellence, Mademoiselle Adélaïde Miller sort du couvent des Ursulines.

Gabrielle ne rêve que d'organiser une splendide réception pour les débuts de sa fille, mais celle-ci refuse pour l'instant. Elle veut étudier encore, essayer de travailler. Edward, quoique surpris, est très fier d'elle et croit lui aussi qu'elle doit s'amuser avant de se marier.

Adélaïde s'inscrit donc en lettres à l'Université Laval et passe l'été à apprendre à conduire sous la gouverne d'Edward qui trouve qu'elle possède déjà toutes les règles depuis longtemps. Ils ont un plaisir fou à partir ensemble faire des commissions et ils supplient Gabrielle de varier ses activités et de les obliger à s'éloigner un peu de la ville. C'est avec allégresse qu'ils font l'aller-retour à l'Île au mois de juillet, empruntant le pont. Adélaïde est presque devenue le chauffeur de son père et elle l'accompagne partout, ce qui mécontente Béatrice qui réclame des cours de conduite.

Au mois d'août, Edward engage un nouvel avocat qui sera en cléricature chez lui. Son cours n'est pas terminé et il devra passer le barreau. « Il n'a pas le nombril sec, mais je le formerai à ma main. » Arthur Rochette est présenté à toute la famille lors d'un cocktail, ce genre de réception qui fait fureur à Montréal et qui oblige Gabrielle à apprendre les diverses recettes de punch. Elle trouve la formule idéale : des hors-d'œuvre, du punch, des heures pratiques, pas de repas à préparer, les gens restent debout et circulent de groupe en groupe, ce qui crée beaucoup d'ambiance.

Arthur a vingt et un ans et il fait bonne impression à tous. Poli, bien mis, il a de l'humour et le charme de sa jeunesse. Tout de suite, Adélaïde et lui se mettent à discuter politique et conscription. Ils se revoient et semblent apprécier chez l'autre l'adversaire oratoire plutôt que l'éventuel amoureux. Ils peuvent argumenter violemment et s'obstiner pendant des heures, sans avoir l'air autrement émus. Le plus souvent, c'est chez Isabelle et Maurice que les rencontres ont lieu. Ils passent des soirées à écouter de la musique, à fumer et à refaire le monde.

Quand Gabrielle voit sa fille allumer une cigarette, elle sursaute, mais Edward lui fait remarquer que les temps ont changé et qu'ils ont une fille « moderne » qui saura s'abstenir de fumer dans la rue.

Adélaïde inquiète Gabrielle autrement qu'avec ses allures modernes : elle lui démontre à quel point la guerre est inévitable en Europe, de quelle façon les gouvernants canadiens ne tiendront jamais parole et pourquoi ils vont encore se retrouver forcés d'aller défendre les Anglais.

« Est-ce vraiment tout ce dont vous réussissez à parler, Arthur et toi ? Dans mon temps, nous avions d'autres manières de faire notre cour. Jamais ton père ne m'aurait charmée en me parlant de Chamberland et d'Hitler !

— Chamberlain, maman ! Arthur ne me fait pas la cour. On s'amuse et on discute. C'est comme mon frère. C'est un Fabien de mon âge, c'est tout.

— Tu ne le trouves pas charmant ?

— Je le trouve épouvantablement, extraordinairement charmant, mais je n'en veux pas comme cavalier. Maman… je sors du couvent, je veux sortir, danser, discuter et travailler. Je ne veux pas penser à mon avenir ou me marier tout de suite. Ma petite maman… je veux étudier et vivre.

— Pour te marier ensuite ? »

Adélaïde la regarde sans rien dire. Gabrielle comprend que ses projets sont peut-être hâtifs, sa fille est si jeune encore et si passionnée. « Adélaïde, tu te marieras quand tu voudras. Je n'y mets qu'une condition : que ce soit un mariage où tu auras l'espoir et la ferme intention d'être heureuse.

— Le jour où je rencontre mon Maurice, comme on dit Isabelle et moi, je te jure que je l'épouse tout de suite. »

Gabrielle se demande si son exaltée de fille saura bien reconnaître « son Maurice ». Avec cette tendance à penser qu'elle a tout compris très vite, Adélaïde n'a rien de rassurant.

« Maman, viens ! On en parlera quand il y aura quelqu'un. En attendant, on prend la voiture et on va faire une surprise à Florent. Vite ! On a une heure. »

Il n'y a que sa fille pour l'entraîner aussi rapidement et sans aucun remords sur la pente du mensonge conjugal.

Mais quand Gabrielle observe Arthur avec sa fille, elle n'est pas du tout certaine que les sentiments du jeune homme soient de nature si amicale. Elle le voit s'efforcer de discuter, mais il attend autre chose, c'est patent.

« Écoute Edward, le pauvre fait ce qu'il peut pour avoir l'air d'un ami, mais dès qu'elle se détourne, il la mange des yeux.

— Et alors ? Tu l'as bien regardée, notre fille ? Elle n'est pas vilaine, ce ne sera pas le seul cœur qu'elle va briser.

— Mais ! tu es fier comme un paon ! Ça te réjouit, ma foi du saint Ciel ! Ce pauvre Arthur…

— Attends avant de le prendre en pitié. Il pourrait être plus fin que tu crois. Tu sais, ils vont fréquenter la même université et il peut se tisser bien des liens.

— Voyons donc, Edward ! L'université regorge de jeunes hommes qui vont tout faire pour évincer Arthur.

— S'il est évincé, c'est que ce n'est pas le bon. C'est tout. J'ai vu Arthur travailler ses dossiers, c'est un coureur de fond, un patient, contrairement à Ted. Malgré sa timidité apparente, Ted est étincelant et il prend des décisions risquées sur certains dossiers. Il a du nerf et il est capable d'endosser ses coups de barre. Arthur est plus lent, plus stable, mais il est plus jeune. Ce n'est pas dit que ces qualités-là n'aient pas leur récompense un jour.

— Adélaïde n'est pas une récompense pour jeune avocat ambitieux, Edward, même s'il est à ton bureau. Non, comme Florent, j'ai bien peur qu'Arthur ne soit qu'un frère pour elle.

— Florent ? Florent n'aurait quand même pas… vraiment, Gabrielle !

— Quoi ? Espèce de snob ! Non, Florent n'a pas de visée sur notre fille, Florent ne pense pas encore aux dames, il a d'autres préoccupations.

— Mais il va mieux ?

— Il est tiré d'affaire pour la maladie, il ne reste qu'une petite ombre, même pas une tache sur le poumon droit. Il devrait sortir dans trois semaines, un mois. Tu te rends compte, Edward, ça fait cinq ans qu'il est là. Ça, c'est de la patience.

— Je ne le reconnaîtrai même pas.

— Non. Il a grandi, mais il est toujours aussi maigre. Il est bâti maigre, je pense. Mais il est plus grand que Fabien. Paulette est en train de repeindre la chambre de sa mère, de remiser les meubles foncés et tristes, on la dirait en amour tellement elle est contente.

— Je pensais que Nic le prendrait avec lui à Montréal.

— Edward ! Florent a onze ans et Nic a à peine le temps de s'acheter ses cravates. Florent a besoin d'attention et Nic ne pourra pas l'aider à faire ses devoirs tous les soirs. Ce n'est quand même pas son *butler* qui va le faire. Plus tard, quand Florent se choisira un métier, on verra. »

Edward la prend dans ses bras : « Tu ne veux pas te faire voler tes poussins, c'est ça ? Tu veux les garder dans le nid ? Qu'est-ce qu'on va faire de toi le jour où on va marier Adélaïde ?

— À t'entendre, ce ne sera pas demain. Alors, je serai vieille et je ne dirai plus rien. »

Edward est pris d'un fou rire et lui demande si, vraiment, elle se croit.

* * *

Ils sont toute une délégation à aller chercher Florent pour sa sortie : Nic, venu spécialement de Montréal, Gabrielle, Paulette, Adélaïde et même Isabelle. C'est une magnifique journée d'automne presque chaude et Nic les invite tous à prendre le thé, comme dans le temps, chez Kerhulu. Florent, heureux, muet de contentement, tient la main d'Adélaïde qui le couve du regard le plus tendre. Ce n'est plus un enfant et pas encore un jeune homme, c'est un délicat hybride.

Nic ne peut s'empêcher de déclarer que Florent a bien du charme : « Regarde, tu as pour toi, à cette table, les plus jolies femmes de Québec qui te regardent comme un phénix. »

Gabrielle répète que ce rétablissement est un miracle dû à la patience et à la détermination de Florent.

« Non. C'est chacune de vous aussi, vous toutes… et tous », achève Florent en regardant Nic. Il y a quelque chose de si conquis dans les yeux de Florent, une sorte d'amour si candide et si total que Nic en éprouve un malaise.

« Et Paulette va t'héberger. Je te le dis, Florent, tu as le tour avec les femmes. »

Florent rit et prétend qu'il pourra montrer à Nic, si jamais il est en peine.

Ce soir-là, Nic accepte de demeurer à Québec et d'assister à un souper chez les Miller. Il y a Isabelle et Maurice, Germaine et même Arthur qui anime une partie de la discussion concernant la conscription et l'opposition féroce des Canadiens français. L'échange se poursuit de façon fort animée et Nic regrette que Ted n'y soit pas pour défendre un point de vue contraire. Adélaïde balaie l'idée de la main : « Je ne vois pas ce qu'il peut trouver de si urgent à aller se faire tuer pour l'Angleterre. On n'a rien à faire avec cette guerre. Rien.

— Il est Juif, Adélaïde, je te l'ai dit.

— C'est pas une raison, Arthur ! L'Angleterre ne défend pas les Juifs.

— Bon alors, c'est un Juif anglophone.

548

— Alors là… c'est peut-être une raison. Ted se défendra quand il y sera, Nic. Pour ce qui est de l'abbé Groulx, papa, laisse Arthur t'expliquer. »

La discussion continue longtemps, Maurice et Arthur étant de fervents disciples de l'abbé Groulx et Germaine ayant également son grain de sel à ajouter.

Il est très tard quand Gabrielle entend Nic rentrer. Il s'appuie contre le cadre de la porte de la cuisine : « Encore debout ? Vous devez être épuisée ! Vous voulez que je vous aide ?

— Non. Je m'occupais en vous attendant.

— Mon Dieu, je m'excuse ! J'ai pris le temps de marcher sur les Plaines après avoir laissé Germaine. Il fait tellement doux encore pour octobre. Avoir su que vous m'attendiez…

— Je ne vous vois plus assez souvent pour aller me coucher sans vous parler. Venez, on va s'asseoir un peu au salon.

— Non. Allons dehors, dans le jardin, il fait tellement beau. »

Ils s'assoient sur le banc de bois recouvert de feuilles que Nic repousse de la main. Ils parlent comme dans le bon vieux temps, en toute tranquillité. Ils parlent de Florent, d'Adélaïde, de Paulette même. Nic est tout à fait d'accord avec Gabrielle en ce qui concerne Arthur : il est amoureux fou, mais il est prudent.

Gabrielle soupire : « J'ai bien peur qu'il ne se fasse mal. Adélaïde n'est pas facile à gagner… et elle n'est pas amoureuse. C'est étrange, Nic : Béatrice et Fabien ont déjà rêvé à des tas d'amours, Béatrice s'est même déjà fiancée secrètement avec un petit garçon de l'école, mais Adélaïde, jamais. Je ne lui connais aucun rêve d'amour.

— Le couvent des Ursulines, vous savez… elle n'avait pas la possibilité d'aller voir sortir les garçons du Petit Séminaire.

— Je sais. Mais quand même…

— Vous avez peur de la voir prendre le voile, Gabrielle ? »

Son rire est si spontané et si gai qu'il souhaiterait être un cabotin pour le faire éclater encore. Mais Gabrielle a déjà changé d'humeur : « Vous y croyez, vous, à la guerre ? »

Nic soupire sans rien répondre.

Gabrielle continue, franchement angoissée : « Je croyais que les accords de Munich auraient tout réglé. C'est ce qu'ils ont dit, Nic, que c'était cher payé mais qu'Hitler était satisfait. »

Nic sourit : « Alors, laissez-moi vous demander si vous y croyez, vous, au contentement d'Hitler ? »

Finalement, il lui avoue que les commandes de certains textiles qui sont en hausse depuis quelques mois n'annoncent rien de bon. Il peut prendre le pouls de la guerre à travers le marché des tissus : baisse du chiffon, de la dentelle, des taffetas et des velours sur tous les marchés mondiaux ; hausse de la soie, des cotons et des lainages.

Gabrielle est presque soulagée : « La soie ? Vous voyez bien ! Les soldats ne portent pas de soie !

— Oui, Gabrielle, sur leur dos, bien enveloppée : les parachutes sont en soie. Dans un de mes ateliers, c'est la première fois que mes ouvrières en touchaient et les commandes ne diminuent pas. Pour la première fois en six ans, j'embauche sans arrêt. Ça sent la guerre, inutile de se leurrer.

— Dieu merci, Fabien est trop jeune. Et de toute façon, on ne nous obligera pas, ils l'ont promis.

— Vous devriez écouter Adélaïde, elle est beaucoup moins confiante que vous. Et puis, il y a ceux qui vont s'engager par eux-mêmes, par conviction.

— Pas vous ? Pas vous, Nic ? »

Rien que pour cet éclair d'angoisse dans ses yeux, rien que pour sa main qui étreint la sienne, la secoue, le supplie de répondre, rien que pour ce ton pressant et peiné qu'elle a pour répéter son nom, il s'engagerait à l'aube. Il couvre sa main avec les deux siennes : « Shh ! Ne vous énervez pas. Tant de choses peuvent arriver. Gabrielle, ne vous inquiétez pas. »

Elle l'observe longtemps en silence. Il voit le mouvement brillant de ses yeux, sa bouche. Il libère sa main et la pose avec douceur sur le banc. Gabrielle se contente de lui demander quand il repart.

« Bientôt. Je veux profiter du répit des accords de Munich. Rien ne m'assure que Kitty va me suivre et je n'ai pas de moyen de pression. Mais le temps a passé et je suis sûr qu'elle n'est pas en pleine forme. Je n'ai eu qu'une lettre à Pâques. Il faut que je fasse quelque chose.

— Pourquoi y aller, si vous ne pouvez rien pour elle ? Pourquoi risquer ?

— Parce que quand ce sera la guerre, Gabrielle, il sera trop tard pour l'aider. Je dois aller trouver des gens, m'assurer qu'elle ne sera pas seule et abandonnée en cas de problème. Peut-être que je ne la verrai même pas. Mais je vais aller négocier une sortie pour elle si le besoin s'en fait sentir. Si ça explose là-bas, je veux qu'elle puisse revenir et je ne veux pas être pris au dépourvu et devoir aller la chercher moi-même quand les bombes vont tomber.

— Alors, allez-y et revenez avant que ça explose, comme vous dites. Je n'ai aucune envie de me faire un sang d'encre pendant que vous rescapez cette écervelée. Excusez-moi !

— Non, je crois que pour l'écervelée, je suis d'accord. Mais pas pour le sang d'encre. Regardez-moi, Gabrielle. Je vous jure de revenir, de ne pas prendre de risques inutiles. Dites-vous bien une chose : l'argent peut beaucoup en des temps comme les nôtres. Et j'ai de l'argent, beaucoup d'argent, alors il va servir. »

Il revoit cette brodeuse qui criait « Canada », les deux bébés dans leur panier d'osier. Son plan est de la retrouver et de lui demander de se tenir prête à partir, avec ses enfants et Kitty, par le premier bateau, dès que sa sœur voudra regagner le pays. Il organisera les transferts de fonds nécessaires, en passant par le patron de l'usine de Milan qui est un ami sûr, un homme respectable et fiable. Il veut tout prévoir, tout planifier pour que, le moment venu, Kitty ait encore la possibilité de revenir chez elle. Même en temps de guerre. Et il veut tout prévoir pour que pas un sou ne serve à sauver un cheveu de Tonino Filipini. La tâche est énorme, il faudra ruser pour que Kitty ne puisse détourner l'utilisation de l'argent, mais Nic sait depuis longtemps comment manœuvrer avec l'argent et avec sa sœur.

Un petit vent agite les feuilles sèches par terre, le bruit est quasi métallique. Gabrielle frissonne : « Venez, rentrons. On était si heureux aujourd'hui avec Florent qui sort enfin du sanatorium. Pourquoi faut-il que quelque chose menace toujours ?

— Parce que c'est la vie, Gabrielle. Où avez-vous mis votre énergie batailleuse ?

— Je vieillis, sans doute. »

Il s'arrête en la prenant par les épaules : « Non. Vous êtes toujours aussi belle, aussi lumineuse. Vous ne vieillissez pas, ne dites pas ça. »

Elle sourit : « Vous êtes gentil, Nic, mais il y a des miroirs chez moi. Regardez Adélaïde, elle est si belle, c'est son temps qui commence. À son âge, je pensais épouser Jules-Albert. Quelle ironie ! C'est votre beau-frère.

— On peut dire que je n'ai pas été gâté avec les beaux-frères. Rentrons vite, vous frissonnez. »

Il la précède, de peur de céder au désir qui le saisit quand elle est d'une telle douceur joyeuse.

En janvier 1939, pour faire plaisir à sa fille, Edward entre en contact avec le directeur du *Chronicle Telegraph* et décroche une chronique intitulée *Out and About* pour Adélaïde. Folle de joie, elle se met à écrire des billets, d'abord sur la radio et ses programmes. Qu'elle doive écrire en anglais ne la freine pas beaucoup. Elle a souvent recours à son père pour certaines tournures. Écrire sur des émissions de radio comme *Zézette* ou *La Pension Velder* ne l'embête pas non plus, puisque les lecteurs du *Chronicle* sont aussi des francophones qui suivent avec passion ces émissions de radio. Le seul véritable ennui est Arthur et son intolérance vis-à-vis de ce qu'il appelle son « virage de capot ». Elle a beau maintenir qu'elle demeure fermement patriote et que sa détermination à réclamer davantage pour les Canadiens français ne sera pas entamée par ses nouvelles fréquentations, Arthur lui en veut.

« Tu étudies, pourquoi travailler en même temps ? T'as même pas besoin d'argent.

— Un billet, Arthur ! Un billet par semaine ! Exagère pas. Je parle de ce que je veux, je peux même défendre nos intérêts à travers ce que j'écris. Penses-y. Je peux parler aux Anglais pour nous et pour nos droits.

— Pour ce qu'ils écoutent, tu serais mieux de te contenter d'étudier.

— Arthur Rochette, arrête ! D'abord tu travailles en étudiant et ensuite tu travailles indirectement pour *McNally Enterprises* et je ne te traite pas de vendu !

— Non, non : Ted s'occupe du côté anglais. J'ai rien à voir avec ça.

— Voyons donc, Arthur. Le jour où Ted aura besoin d'un coup de main avec un dossier anglais, tu sais très bien que tu vas devoir l'aider. Et c'est quoi, cette façon de discuter ? Comme s'il fallait boycotter les Anglais. On n'a jamais parlé de ça. On n'a jamais dit qu'on ne devrait pas se parler ou se supporter. Comment veux-tu qu'on arrive à quelque chose avec eux sans leur parler ? Tu veux que je te dise, Arthur ? Tu es jaloux et fâché de mon emploi. Ce serait une chronique au *Devoir* et tu serais contre, aussi. Voilà ce que je pense. Tu ne viendras pas décider de ma vie, certain ! Mon père est d'accord.

— Ton père fait tout ce que tu veux.

— Et alors ? Ce que je veux a peut-être de l'allure ! »

Ils se laissent, froissés et persuadés que l'autre ne comprend pas un mot à la lutte qu'il faut mener.

Adélaïde a tant à faire qu'elle ne se soucie pas de reprendre contact avec Arthur qui, lui, se désole de plus en plus.

Son billet au *Chronicle* exige une tenue grammaticale et une présentation parfaites et Adélaïde obtient d'Edward de pouvoir s'installer au bureau une fois par semaine pour peaufiner et dactylographier le billet. Rien ne plaît davantage à Edward que d'écouter le billet qu'Adélaïde lui lit toujours en fin de journée avant d'emprunter la machine à écrire de Mademoiselle Dubé, qui quitte à cinq heures. Comme c'est le vendredi qu'elle rend le billet et que, ce jour-là, Ted est toujours à Montréal, Edward lui prête le bureau de Ted.

La vue donne sur le Bastion de la Reine. Adélaïde adore ce bureau tranquille, propret, où pas un livre ne traîne et où un parfait anonymat règne. Un jour, alors qu'elle saisit le *Webster* pour vérifier une orthographe, elle tombe sur la page frontispice où Ted a écrit : *Theodore Singer, 1930.* Elle éclate de rire : Theodore ! Il s'appelle Theodore, elle aurait dû y penser avant, mais tout le monde l'a toujours appelé Ted. C'est quand même fou qu'elle ne l'ait jamais rencontré, celui-là. Quand elle demande à Mademoiselle Dubé de le décrire, celle-ci se contente de dire que c'est un bon garçon, bien poli, et qu'il travaille beaucoup trop. Edward, à qui elle pose la question, trouve qu'il est grand temps de remédier à cette lacune et promet une rencontre dès le mardi suivant. Mais cette fois, c'est Adélaïde qui doit assister à une réunion des *Jeunesses Patriotes* où Arthur l'a conviée.

« Tu comprends, papa, si je n'y vais pas, il va me faire lyncher par sa bande. Déjà que je reçois de l'argent anglais ! »

Peu à peu, les relations avec Arthur reprennent leur cours, mais Adélaïde garde une distance.

Personne n'a averti Ted du prêt de son bureau, quand il n'est pas là. La première fois qu'il trouve un objet appartenant à Adélaïde — en l'occurrence, une jolie écharpe lavande, tricotée à la main dans une laine duveteuse —, il se contente de la ranger dans un tiroir en se demandant quelle jeune fille Arthur a entraînée dans son bureau. Il l'oublie là jusqu'à un mardi matin où, en plein milieu du buvard, il trouve ses mots croisés terminés, le mot de quatre lettres manquant ayant été inscrit en rouge. Une petite note est agrafée aux mots croisés : *Cher Theodore, merci encore pour le pacifique confort de votre bureau. Ceci avait glissé par terre. Je me suis permis de le terminer. A.*

Croyant qu'Arthur fait de l'humour à ses dépens, Ted jette le mot à la poubelle et se met à travailler.

Ce n'est que le jeudi matin, alors qu'il bute sur un mot récalcitrant, que Ted va demander à Arthur s'il peut remplir le vide. Étonné, Arthur avoue son impuissance : « Tu perds du temps, toi ? Je pensais que tu travaillais toujours comme un forcené. »

Ted se contente de répondre qu'entre sept heures et sept heures et demie, le matin, il se permet « un petit mot croisé » avec son café.

« Ça m'arrive de le finir le midi en mangeant mon sandwich. Pas d'inconvénient, Arthur ? »

Il regagne son bureau, troublé. Donc, ce n'est pas Arthur, ce *A*. Ted laisse traîner les mots croisés avec ses cases en suspens et il y agrafe une note où il ne trace qu'un « ? », suivi de sa signature, *Theodore*.

En rentrant au bureau, le mardi matin, il trouve les mots croisés terminés et une note : *Vraiment, Theodore, je crois que vous pouviez les faire tout seul ! Essayez ceux que je vous ai laissés. A.*

Petit à petit, les mots croisés deviennent plus compliqués et les notes qui y sont accrochées sont lues en priorité, avec un empressement ravi. Pour Adélaïde comme pour Ted, le bureau devient une sorte de rendez-vous amusant, inoffensif et fort séduisant. Un jour de février particulièrement froid, Ted ressort l'écharpe et la laisse sur le bureau : *Vous en avez probablement plus besoin que moi pour le moment. J'ai essayé de la porter, mais cela jure horriblement avec mes yeux. Désolé de vous avoir laissée au froid, sans secours. Theodore.*

Le mardi suivant, vers sept heures, il se précipite au bureau et il y trouve des mots croisés accompagnés d'une note : *Quelle couleur, ces yeux qui jurent ? A.*

Ted est énervé, troublé. Il s'aperçoit qu'il a le souffle court. Fiévreux, il se rend à la salle de bains pour se regarder fixement dans le miroir — verts, c'est sûr, avec des éclats dorés difficiles à décrire. Étonné, il constate qu'il n'a jamais fait attention à son physique, qu'il n'a jamais pris soin de lui. Sa barbe est mal faite sur le menton, dans cette profonde fossette qui trace un sillon au beau milieu. C'est un endroit qu'il n'arrive pas à atteindre avec le rasoir sans se blesser. Il passe la main, éprouve la rugosité, quand fait-il attention à cela ? Uniquement pour des rencontres d'affaires importantes où il doit impressionner le client ou pour plaider. Pas pour une jeune femme qui lui vole son bureau pendant qu'il s'absente. Comment sait-il que c'est une femme et qu'elle est jeune ?... Il le sait, c'est tout. Il le sent. Depuis que le *A* n'est pas pour Arthur, il est certain qu'il est pour cette femme.

Toute la journée, il se cherche, s'éparpille, se perd. Il oublie de rappeler quelqu'un d'important et se surprend à fixer le paysage dehors, alors qu'il a une tâche énorme à abattre.

Il se secoue. Tout ça pour une question anodine, la couleur de ses yeux ! Non, pas si anodine, personnelle. Voilà comment il ressent la question : privée, intime. Il ouvre un dossier dans lequel il a gardé toutes les notes, datées du jour où il les a trouvées. Il les relit, comme s'il ne les savait pas par cœur. Le plaisir est évident, l'amusement qui grandit, l'intelligence qui affleure. Partout, cette curiosité moqueuse, joueuse. Il ne connaît rien dans ce genre de femme capable d'écrire : *Quelle couleur, ces yeux qui jurent ?* mais depuis que cette note a été lue, il sent son regard à elle posé sur lui. Un regard attentif, même s'il est enjoué. Un regard aigu. Il referme le dossier, s'oblige à travailler sur le contrat compliqué qu'il traite. Arrivé au jeudi, il est presque en transe, tellement elle l'a obsédé. Il décide de ne laisser que les mots croisés sur le buvard. Sans note. Il est rendu devant le Parlement quand il rebrousse chemin, retourne au bureau et griffonne en vitesse, sans faire attention à l'orthographe : *Si vous me dites vos yeux, je vous verrez. Verts. Regardez-moi. Theodore.*

C'est la première note en français qu'il laisse. Il n'est plus sûr de rien. Il voudrait dire davantage, mais à chaque fois qu'il a essayé cette semaine, les mots bloquaient, il n'y arrivait pas. Peut-il lui dire : personne au monde jusqu'à maintenant ne m'a autant donné le sentiment d'exister individuellement ? Vous me donnez la dangereuse impression d'être une personne. Pire, une personne avec des yeux uniques, une personne dont le regard vous importe.

Ted pose le mot d'une main tremblante. Demain matin, quand il sera dans le train, demain matin, ses yeux liront *regardez-moi.* Il frissonne, certain d'être profondément indécent, déplacé et certain qu'il désire aller jusque-là. Il rentre chez lui en vitesse. Eva, mécontente de son retard, ne dit rien comme à l'accoutumée. Mais le repas n'est pas chaud. Ce soir-là, quand il ouvre ses dossiers sur la table fraîchement débarrassée, il se concentre très bien et il ne se met à rêver qu'au moment où Eva entre dans leur chambre pour se coucher.

Adélaïde ne retire ni son manteau, ni ses gants, ni son foulard, elle ferme la porte et se précipite vers le bureau. Elle ferme les yeux, tenant la note contre sa joue. Elle a toujours cette crainte qu'il la trouve enfantine et ne lui réponde pas. *Regardez-moi*, elle ne fait que ça depuis des semaines ! Regardez-moi ! Quel bonheur ! Il veut ses yeux sur lui, il veut qu'elle l'observe, le guette, il veut être sous son regard. C'est comme s'il la désirait.

Elle retire ses gants, son béret, elle arpente le bureau, la note dans sa main. C'est fou, dangereux, pas du tout sérieux, mais c'est si important.

Elle s'astreint à écrire son billet, à le corriger avant de travailler sur la note qui lui prendra des heures, elle le sait. Par un joli effet de ricochet, le billet parle du regard, celui qu'on pose sur les gens, les choses, celui qui ne voit que ce qu'il s'autorise à voir et celui qui voit tout et risque d'en être dérangé, dérouté et même bouleversé. Elle termine avec la notion de ce qui est étranger ou considéré comme tel et de ce qui est connu. Elle demande si, finalement, ce qui rejette la différence n'est pas la « surdité de l'œil » qui ne veut voir que ce qu'il conçoit, se mettant ainsi à l'abri des éblouissements.

Elle est nerveuse en allant lire son billet à son père. Il l'écoute attentivement, comme toujours. Il trouve le billet très profond, presque philosophique. « Bonne idée que tu n'aies pas imagé ton propos avec la sempiternelle allégorie anglais *versus* français. Ça rend ton propos plus large. Tu l'as lu à Arthur ? »

Elle va le lire à Arthur qui n'y comprend pas grand-chose et l'irrite en discutant des points de sémantique qui n'illustrent que sa faible connaissance de l'anglais. Elle insiste pour parler du fond, il s'obstine à discuter de la forme. Enragée, elle le plante là et s'installe à la machine à écrire de Mademoiselle Dubé. Arthur essaie de se faire pardonner en lui offrant de le rejoindre au café étudiant, elle refuse, prétextant son travail.

Edward attend patiemment qu'elle finisse, mais au bout de quarante-cinq minutes, il lui indique que Gabrielle les attend et qu'il est tard. Paniquée, Adélaïde se rend compte qu'elle n'aura jamais le temps d'écrire à Theodore.

« Tu peux me laisser les clés, papa ? Je finirais doucement et j'ai aussi un travail à commencer pour l'université. »

Edward refuse de laisser les clés à une si jeune fille, ce ne serait pas convenable.

« Prends ton temps, je vais appeler Gabrielle. »

Elle aurait besoin de tellement de temps, elle voudrait écrire un si beau mot, plein de mystères, pleins de secrets et d'appâts. Elle retire ses feuilles de la machine et se rend compte qu'elle aurait dû mettre deux carbones : elle aurait eu une copie pour Theodore. Finalement, énervée de ne pouvoir faire mieux, elle sacrifie sa copie personnelle et la laisse sur le bureau avec une note griffonnée à la hâte. *Theodore, je vous regarde, je vous regarde, je vous regarde. Gris. A.*

Confuse, elle se demande pourquoi le verbe regarder s'assimile autant au verbe aimer.

Toute la fin de semaine, elle s'inquiète à savoir si elle n'est pas allée trop loin dans l'aveu. L'attente est si insupportable, si exaspérante qu'elle va au cinéma deux fois et néglige son travail.

Le lundi soir, elle est assise au salon à écouter la radio, ou plutôt à faire semblant de l'écouter. L'idée que Theodore lise son billet et le trouve stupide lui devient intolérable. Pour la millième fois, elle se rappelle à quelle heure il sera au bureau demain, à quelle heure il l'aura lu, à quelle heure il se moquera de cette pauvre idiote aux grands sentiments qui n'est qu'un bébé ignorant. Elle ne fait pas confiance à l'amour total de son père pour juger de ses écrits. Elle se lève et marche, nerveuse, en soupirant à fendre l'âme. Béatrice est vraiment exaspérée : « Écoute, va marcher ailleurs ! Tu nous empêches d'entendre ! »

Le téléphone sonne. Adélaïde sursaute et se précipite dans l'entrée. Son père a déjà pris la communication. Elle s'attarde, tente d'espionner en montant archi lentement l'escalier. Elle est sûre que c'est lui, elle en est certaine.

« … Oui, Nic m'avait dit que ce serait compliqué… Comment ? Tu y es maintenant ? Tu as vu l'heure ? Oh non, Ted, il fait un froid coupant, je n'ai aucune envie de ressortir… Ça ne te dérange pas trop ? »

Une panique folle saisit Adélaïde. Il s'en vient ! Il a lu le texte et s'en vient voir qui peut écrire de pareilles sornettes ! Il va la juger, la détester, se moquer. Elle dévale les escaliers, prend son manteau, son bonnet et crie à la cantonade : « Je vais chez Isabelle, maman ! »

Elle sort avant que son père ne la retienne pour la présenter enfin à Ted. Elle s'enfuit lâchement, elle en est consciente, mais c'est trop difficile de faire face devant tout le monde.

Il fait un froid polaire, son père a eu raison de ne pas sortir. Comment se fait-il que Theodore soit revenu si vite au bureau ? Ça devait être demain… peut-être qu'il n'en pouvait plus et voulait connaître sa réponse ? Peut-être qu'il est comme elle, à penser tout le temps à cette note sur le buvard vert ? Épuisée de peut-être, elle arrive chez Isabelle qui écoute la même émission de radio que celle qui jouait chez elle. Adélaïde la regarde se blottir contre Maurice, l'air de ne pas y toucher, elle

557

voit leurs mains se prendre, s'étreindre. Elle se dit qu'elle aurait mieux fait d'aller voir Florent. Lui, au moins, n'est pas amoureux.

* * *

Ce jeudi-là, Adélaïde fouille dans ses papiers, inquiète : qu'a-t-elle fait de la page trois du travail ? Le professeur attend, presque patient. Elle s'excuse, fouille un par un dans chaque livre, chaque cahier, elle agite toutes les feuilles devant elle, rien. La page trois a disparu. Elle explique qu'elle n'est pas en retard, que le travail est terminé, qu'elle peut exhiber les pages quatre et cinq pour le prouver, mais qu'elle ne peut mettre la main sur la page trois. Fébrile, elle ramasse gauchement ses affaires devenues un vrai fouillis et promet d'en refaire l'inventaire immédiat. Le professeur, dans un accès de commisération, lui accorde jusqu'au lendemain matin pour trouver ou refaire la page trois.

Découragée, Adélaïde regarde l'heure : six heures moins vingt. Si elle n'était pas si distraite aussi ! Si elle ne pensait pas tout le temps à ces notes ! Elle a dû laisser la page au bureau de son père puisque c'est là qu'elle l'a dactylographiée. Trop tard, Mademoiselle Dubé est partie ! À moins qu'Edward…

Adélaïde court dans les rues, elle remonte la rue Sainte-Famille, emprunte la rue Sainte-Geneviève sans ralentir : il faut qu'elle ait cette feuille aujourd'hui, ça fait deux fois qu'elle remet une course avec Isabelle. Demain matin est leur seule chance. Si elle obtient la page ce soir, elle ira la porter tout de suite et pourra être avec Isabelle demain, comme prévu. Et demain après-midi, ce sera enfin la note de Theodore au bureau. Elle accélère, espérant pouvoir lire la note dès ce soir. Elle tourne le coin de la rue Saint-Denis et remonte la pente si vite et si abruptement qu'elle entre en collision avec un passant. Tous les livres et cahiers qu'elle tenait s'étalent dans la neige fondante qui reprend consistance dans le froid du soir. Découragée, elle émet un son grinçant, se précipite et ramasse ce qu'elle peut au plus vite, avant que l'eau n'imbibe et ne salisse ce qu'il reste du travail. Elle pleurerait de dépit ! Tout à coup, elle s'immobilise, surprise de n'entendre rien, aucune excuse, de ne sentir aucune agitation secourable derrière elle. Elle se redresse et regarde le passant immobile qui la fixe, abasourdi, une partie de ses livres de classe à la main.

Verts ? non… brûlants, dorés, doux et fervents et pétillants d'intelligence, d'amusement, Theodore… le cœur fou, incapable de cesser de le regarder, incapable d'avancer ou de faire n'importe quoi d'autre, elle reste là, sous le lampadaire qui éclaire le bleu de la nuit qui gagne.

Ted essaie de se raisonner, de se calmer, de ne plus trembler, il se concentre sur cette mèche de cheveux folle qui s'agite près du sourcil d'Adélaïde, près de ces yeux qui le rendent fou de trouble. Alors qu'il a tant essayé de la voir lundi passé, alors qu'il ne savait plus quoi inventer pour la voir enfin…

Sans un mot, il sort les clés du bureau de sa poche, ouvre la porte, se retourne : elle est toujours immobile, comme tétanisée de stupeur. Il revient vers elle, elle entrouvre la bouche pour parler, mais se tait. Il a tellement envie de l'embrasser qu'il s'arrête, incrédule. Il allait l'embrasser ! Il allait le faire ! Dieu ! Il s'égare, il doit être devenu fou ! Il déglutit, secoué. Il est essoufflé tellement la tension le bouleverse. Il se contente de tendre la main vers elle. Elle s'avance et passe devant lui, ses papiers serrés contre sa poitrine. Elle entre et il la suit.

Sans un mot, ils se dirigent vers leur bureau. Dès qu'il allume la lampe, elle aperçoit la note qui l'attend sur le buvard. Elle sourit, rassurée, dépose ses livres, enlève ses gants. Elle regarde encore la note, puis Theodore et murmure : « C'est fou ! »

Quand elle retire son béret, elle a ce geste inattendu qui le séduit totalement : au lieu de replacer ses cheveux, elle incline la tête et les agite, comme pour les affoler. Quand elle se redresse, joues rouges, yeux brillants, les boucles folles s'agitent et dansent autour de son visage. Le désordre lui convient admirablement. Il fait bon dans le bureau, elle retire son manteau, l'accroche à la patère. Comme elle est chez elle ! Il ne peut s'empêcher de la voir prendre possession de son bureau avec bonheur. Combien de fois a-t-il essayé d'imaginer cette femme en train de se pencher sur le buvard et d'y prendre la note, comme elle le fait ? Elle porte une jupe de laine à carreaux avec des plis plats et un cardigan de laine bleue. Sa silhouette est longue, fine, comme celle de sa mère, mais contrairement à Gabrielle, on la dirait faite pour courir, danser, exploser.

Elle vient vers lui, s'appuie contre le bureau en croisant ses bras et le regarde sans rien dire.

Elle est jeune, mais pas juvénile. Elle est belle. C'est tout ce qu'il arrive à penser : elle est jeune, elle est belle et il doit se concentrer et bien se tenir. Il a toujours ses livres et il n'arrive ni à s'en débarrasser ni à se décider à parler ou à retirer son manteau. Il est certain d'une seule chose :

cette inconnue si connue va l'achever. Il n'arrive même pas à respirer correctement. Elle s'avance, tend les mains pour prendre ses livres qu'il lui remet. Il traverse la pièce, enlève son manteau, l'accroche. Il finit par formuler : « Vous étiez pressée ? »

Son rire est une des choses les plus ravissantes qu'il ait entendues de sa vie.

Quand il se retourne, elle est occupée à étaler par terre les feuilles et les cahiers. Il l'aide en silence. À la fin, elle se relève, va dans le hall, fouille dans les piles de documents sur le bureau de Mademoiselle Dubé. Il la voit revenir triomphante, une page à la main.

Il est toujours accroupi par terre et ce qu'il aperçoit de ses jambes qui s'approchent le fait se relever d'un coup.

Saisie, Adélaïde s'arrête : « Quoi ? Qu'est-ce que j'ai fait ? Vous avez eu peur ?

— Non. Non, ce n'est pas ça… je devrais vous ramener.

— Theodore.

— Adélaïde. »

Il est marié. Il est Juif. Elle est jeune. Elle est la fille de son patron. Il se répète ces phrases comme une litanie, une incantation, une exhortation. Le silence est tellement complice, tellement favorable à cette houle d'ardeur qu'il sent gonfler dans sa poitrine, cette houle qui prend de l'ampleur, écarte ses côtes, le force à ouvrir ses bras, à la prendre contre son corps affamé, à refermer ses bras en gémissant. Il doit partir. Il doit fuir. Il doit… Tout s'évanouit, se liquéfie, tout ce qu'il a appris jusqu'à maintenant de la vie se dissout dans sa bouche avide, se fond dans le baiser affolant qui torpille toutes les lois qui régissaient sa vie.

Quand les yeux gris d'Adélaïde le scrutent, quand ses mains tiennent son visage à un souffle du sien, il soupire, bouleversé : « Adélaïde. » Comme une prière, comme un appel à l'aide.

Elle pose ses lèvres sur ses joues, ses yeux, son nez, elle embrasse légèrement son visage et murmure « Theodore », comme si son nom était beau.

Il prend ses deux mains, essaie de se détacher d'elle, la tient à distance. Elle le fixe, anxieuse, le souffle court, la lèvre inférieure, encore humide, brille juste au centre, comme un petit fruit gonflé de jus, un petit fruit mûr. Cette fois, le baiser est torride.

Quand ils s'arrachent l'un à l'autre, ébranlés, étourdis, ils se mettent à ranger le bureau en silence, entièrement dévoués à la tâche de ramasser les feuilles, les placer en ordre, fermer les cahiers, les livres. Une fois la pile bien propre, bien ordonnée, ils remettent leur manteau. Theodore arrête la main d'Adélaïde qui veut se saisir de la note : « Non. Demain. » Elle prend sa main, la serre dans la sienne. Des ondes de désir violent le traversent, il lutte si fort qu'il en serre les dents, qu'il en a la diction sèche : « Viens. Il faut partir. »

Il éteint la lampe, et dans le noir, ils quittent le bureau.

Il marche avec elle jusqu'à l'université et il l'attend dans le hall pendant qu'elle court glisser le travail sous la porte du bureau du professeur. Elle s'arrête aux toilettes, scrute son visage. Elle est si énervée, si troublée que ses yeux n'arrivent plus à lui renvoyer autre chose qu'une question : et s'il ne veut plus jamais ?

Elle se précipite hors des toilettes, court vers le hall : il est là, il fait les cent pas, il se retourne, enfin ses yeux, enfin, elle sait que c'est vrai, qu'elle n'a rien rêvé, que ces baisers sont à elle, à eux. Elle s'empresse de le rejoindre et de sortir dans la nuit froide. Ils marchent en silence, sans se toucher. Ils remontent vers la Grande-Allée. Rue Saint-Louis, Adélaïde le saisit par le bras, le pousse sous une porte cochère et le plaque contre la pierre grise et froide. Elle s'agrippe au collet de son paletot et murmure avec colère : « Ne me dis jamais que ce n'est pas possible, que tu es marié et que je suis jeune. Je le sais, tu m'entends ? Je le sais, Theodore, et je m'en fous. »

Sa bouche encore qui l'inonde, ce corps fébrile, déterminé contre le sien. Il l'embrasse comme un fou, ivre, fin soûl de désir et de la torture de tout savoir accessible et impossible.

Jamais il n'a embrassé quelqu'un comme ça, jamais, même au cœur de l'acte sexuel, il aurait cru possible une telle fusion bienheureuse, explosive. Il est si profondément déstabilisé qu'il n'arrive plus à ressentir l'interdit… jusqu'à ce que ses mains se mettent fébrilement à chercher les boutons du manteau d'Adélaïde, jusqu'à ce qu'il la saisisse aux hanches pour la presser sauvagement contre lui et qu'un gémissement sourd envahisse leur baiser.

Ils s'arrêtent, hors d'haleine, complètement survoltés, en proie à une quasi-panique. Les livres d'Adélaïde sont presque incrustés dans sa poitrine. Elle ferme son manteau avec des gestes maladroits. Il s'appuie contre le mur, dépassé, honteux et exalté.

« Je ne veux pas que tu t'en fiches, Adélaïde. Je n'accepte pas d'être un homme qui fait ce que je viens de faire.

— Tais-toi.

— Non. Écoute. Écoute-moi. Je ne veux pas, Adélaïde. Je dis non. »

Elle s'approche de lui, le défie, la bouche presque sur la sienne. Il répète un « Non » ferme. Elle recule, giflée, furieuse : « Je m'en fous quand même, Theodore Singer ! »

* * *

« Tu as vu l'heure, Adélaïde ? Tu sais que je suis inquiète quand tu ne préviens pas. Mon Dieu, qu'est-ce qu'il y a ? Qu'est-ce qui t'est arrivé ?

— Rien. Rien. J'ai couru, j'ai eu froid, c'est tout. J'ai couru toute la journée, le prof, la bibliothèque, toute la journée. C'est tout. »

Adélaïde ne redoute qu'une chose et elle doit la subir : le regard perçant de sa mère qui la détaille, l'observe. Elle fuit dans sa chambre, jette ses vêtements dans un coin et se fait couler un bain brûlant. Dès que la chaleur du bain l'envahit, elle se met à pleurer. Elle tremble tellement qu'elle finit par croire qu'elle a la fièvre pour de bon. Elle s'enroule dans ses couvertures et reste là, recroquevillée, à essayer de faire de l'ordre dans le chaos absolu qui s'agite en elle.

Gabrielle arrive avec une tasse de bouillon et deux aspirines. Elle caresse doucement les cheveux de sa fille pendant qu'elle boit sagement.

« Il y a Arthur qui a appelé et un certain Jean-Pierre, pour les notes de cours, qu'il a dit. Et Isabelle ne pourra pas demain : elle a un empêchement majeur, ce sont ses propres mots. Tu peux la rappeler jusqu'à dix heures. Il te reste dix minutes. »

Soulagée, Adélaïde se dit qu'elle pourra au moins disposer de la matinée pour se remettre.

« Tu veux me dire ce qui te tracasse, ma grande ? »

Adélaïde se force à sourire, à regarder sa mère dans les yeux et à murmurer : « Je ne sais pas, maman, je suis mêlée, c'est tout. Et j'ai froid. »

Une fois seule, roulée en boule dans son lit, Adélaïde mesure la solitude qui va avec les comportements interdits qu'elle a eus. Personne à qui parler de cette folie furieuse qui les a pris, personne qui peut comprendre cela sans les juger très mal. Même pas Isabelle, si sage dans son bonheur conjugal. Pour la première fois de sa vie, Adélaïde goûte l'amertume d'être différente. Qui pourrait admettre que, même défendus, même impurs et atrocement discutables, ces baisers étaient inévitables et bienheureux ?

La note n'est plus là ! Elle a disparu, le buvard est vide. Adélaïde regarde partout, par terre, sous la chaise, dans la poubelle, elle vide les tiroirs, ouvre chaque classeur, chaque dossier. Il y en a tellement ! Ils sont si épais ! Elle scrute la bibliothèque, examine les livres de loi, rien qui dépasse, rien qui cache une feuille. Il est donc revenu. Hier soir, alors qu'il était si tard, il est revenu, il a pris la note, sa note à elle, il l'a privée de ses mots. Fâchée, déçue, elle s'assoit. « Je n'accepte pas d'être un homme qui fait ce que je viens de faire. » De toute évidence, Theodore a repris le contrôle de lui-même. Comment faire, que faire pour n'être pas totalement désertée, abandonnée ? Adélaïde sent la panique la gagner, elle n'obtiendra rien en se fâchant, mais elle se fâche quand même. Il ne peut pas ne plus la voir, ne plus lui écrire ou lui parler. Ce n'est pas envisageable, pas supportable. Elle reste longtemps assise au bureau, sans bouger. Il a raison et elle le sait. Il faut faire quelque chose, agir avant qu'elle ne perde toute lucidité. Elle ne comprend même plus ce qui est arrivé. Ni l'urgence ni la tension sexuelle entre eux. Elle pensait que l'amour se construisait, que le désir avait des raffinements, que la tendresse et le respect auréolaient le fait sexuel, l'adoucissaient. Jamais elle n'aurait prédit qu'une soif si âpre, si brutale, la prendrait, jamais, même au cinéma, elle n'avait deviné que le désir pouvait dévaster, empêcher de réfléchir, devenir une guerre sauvage au fond du ventre, une volonté furieuse de saisir quelqu'un, de le prendre contre soi et de s'y enfouir jusqu'à en perdre la raison. Elle revoit encore ses yeux verts qui ont l'air maquillés tant les cils sombres les soulignent, les yeux vifs et amoureux de Theodore Singer. Elle tremble encore au souvenir fugitif de ses mains qui s'emparaient violemment de ses hanches sous le manteau. Elle n'a même pas eu honte ! Pendant des années de pensionnat, elle est allée à la messe tous les matins, s'est confessée pieusement, et elle n'a même pas eu honte ! Rien. Rien que l'envie d'aller plus loin, de commettre l'irréparable, comme disaient les sœurs. L'idée de se confesser l'effleure seulement maintenant. Elle n'en revient pas : la notion de péché est donc si précaire, si peu ancrée en elle ? Est-elle une femme indigne, sans le savoir ?

Edward passe la tête dans l'entrebâillement de la porte : « Tu y arrives ? Ça avance ? »

Elle est surprise de constater que déjà trois heures ont passé. Elle murmure une réponse évasive, sort une feuille et reste la plume en l'air. Un billet sur quoi ? Qu'avait-elle en tête avant que le bouleversement amoureux ne lui tombe dessus ? De quoi parler qui ne révèle pas le vide intense qu'elle ressent ?

Elle pose sa plume, regarde les mots croisés qu'elle avait découpés il y a deux jours pour Theodore. Les mots croisés avec leurs espaces blancs, leurs carrés noirs et leurs lettres éparses, comme un mystère non résolu. Petit tissu de sens croisés. Pourquoi ce jeu si amusant hier est-il si triste maintenant ?

Elle se secoue, reprend sa plume et écrit, en vingt minutes, un joli billet léger et spirituel sur l'art des mots croisés. Edward est si ravi du ton et du style qu'il le lui fait relire. Elle finit de taper quand son père sort de son bureau avec un écrin : le cadeau d'anniversaire de Gabrielle. Il est tout fier de lui montrer le sautoir de perles véritables qu'il a acheté. Adélaïde le contemple en silence, puis elle le rend à son père : « Papa, si tu n'avais pas rencontré maman ou si tu l'avais rencontrée trop tard, qu'est-ce que t'aurais fait ? »

Edward range les perles, ferme l'écrin : « Tu peux aussi me demander comment on respire sans poumons ou comment on pense sans cerveau. Je ne sais pas, Adélaïde. Elle est là et je remercie le Ciel tous les jours. C'est tout. »

Avant de partir, en vitesse parce que son père l'attend, Adélaïde griffonne un rapide : *Je sais, Theodore, mais il faut au moins qu'on se parle. A.*

Le mardi suivant, Ted est si pâle que Mademoiselle Dubé lui offre des chocolats de sa réserve spéciale. Il prétexte un terrible mal de tête pour justifier son air défait. La note d'Adélaïde a disparu dans sa cachette dès qu'il l'a lue. Il ne sait plus quoi faire. Il aurait commis un meurtre qu'il ne se sentirait pas plus coupable. Depuis jeudi soir passé, depuis qu'il est revenu au bureau et qu'il a caché les notes et subtilisé la dernière qu'il avait écrite, il n'arrive ni à penser ni à dormir. Il travaille comme un forçat, mais son esprit erre et refuse de se concentrer. Samedi soir, à une réception chez Nic, il a bu outrageusement pour la première fois de sa vie et s'est effondré dans une salle de bains où Nic, inquiet, est venu le secourir. Un jour de *shabat* ! S'il le pouvait, il monterait de lui-même sur la chaise électrique. Il s'est conduit de façon innommable. Il ne peut même pas s'imaginer regarder Gabrielle en face. Et malgré cette honte qui le dévore, qui rend ses journées poisseuses de malaise, il n'arrive pas à éprouver le regret tant attendu et annonciateur de remords et de contrition. Rien. Que l'image récurrente de ce visage adorable, abandonné et furieusement exigeant. Adélaïde. Ce seul nom lui crée un vertige au creux des reins. Il se croyait un homme posé, raisonnable, appliqué, il se découvre instable, obsédé et d'une faiblesse sans nom.

Rien ne le calme ou ne l'apaise, rien, sinon cette pensée qu'il peut lui faire davantage de mal et que c'est à lui de réparer maintenant, à lui d'être plus rapide et plus astucieux que les ruses d'Adélaïde. Il la devine si aisément. Elle va se braquer, refuser et se débattre comme un animal sauvage s'il lui dicte le chemin à prendre. Il faut qu'elle décide d'elle-même de s'éloigner, il faut que ce soit elle qui lui demande de le faire, il en est persuadé.

Le jeudi soir, une semaine après ce qui demeurera pour lui la plus grande révélation de sa vie, il laisse une note brève : *Mardi, 7 h 30 p.m. Ici.* Et il quitte le bureau vers sept heures.

Elle l'attend à la porte, le visage fermé, les mains dans les poches de son manteau. Il reste là, suffoqué, puis il ferme les yeux et lui demande d'entrer. Ils parleront donc ce soir. Elle le suit et s'étonne de le voir ouvrir la porte du bureau d'Edward. Il sourit tristement : « J'y ai droit pour les rencontres importantes. »

Adélaïde éprouve une gêne à être là, comme si son père pouvait la voir et la juger. Theodore s'assoit face à elle et desserre sa cravate. Ses cheveux dépeignés, ses traits fatigués lui donnent l'air d'un homme las, mais encore fort, encore capable de décisions tranchantes. Il passe la main sur son visage, camouflant son front et ses yeux. Adélaïde fixe cette bouche pleine dans la lueur de la lampe et détourne les yeux. Ce n'est pas le temps de penser à ça. Il s'avance jusqu'au bord de son fauteuil, tendu vers elle, les deux mains croisées entre ses genoux.

« Nous avons un problème, Adélaïde. »

Sa voix est grave et affligée. Rien ne pouvait atteindre davantage Adélaïde. Désarmée, elle se contente de dire qu'elle est d'accord.

Ils se regardent, dépourvus d'arguments ou de solutions, infiniment égaux dans le désarroi.

« Je vais te dire une chose qui va peut-être t'étonner de ma part, mais elle est vraie. Crois-moi, Adélaïde. Avant la semaine passée, je ne savais pas qu'une chose pareille pouvait arriver. Ni ce qui m'a poussé vers toi, ni ce qui nous a pris alors. Jamais de ma vie je n'avais ressenti cela. »

Sa sincérité est totale, elle le sait. Theodore la regarde, inquiet, soucieux.

« C'était mon premier baiser, moi aussi. »

Il ressent un tel soulagement à l'idée qu'elle comprenne de quoi il parle qu'il se détend enfin et s'appuie contre le dossier de son siège. Il entend sa voix ferme, posée, lui dire que c'est mal et qu'elle en est consciente, mais qu'elle ne regrette pas. Qu'elle n'est pas sûre de savoir si c'est de l'amour ou autre chose, mais que depuis, elle a l'impression de lui appartenir totalement et qu'elle pense que c'est réciproque. Elle se tait. Il ne la regarde pas. Il fixe le plafond, la gorge serrée, concentré sur l'idée de résister, de ne pas s'effondrer et de suivre son plan. Il chuchote : « C'est réciproque, Adélaïde. »

Il entend son soupir de soulagement. Pouvait-elle douter de lui ? Il se redresse et est frappé par sa jeunesse. Rien d'enfantin et tout si puissant, si passionné. Le regard, l'émotion qui la fragilise, l'angoisse palpable. Comme il voudrait la libérer de lui-même !

« Je sais que je t'aime, Adélaïde. Tu peux revenir dans cinquante ans, je t'aimerai encore. Je sais que c'est sans raison précise et que je pourrais t'en donner mille. Je sais aussi que je te le dis pour que jamais tu n'aies à douter de ce sentiment même, et surtout, parce que je ne pourrai pas te le redire. »

C'est elle maintenant qui regarde ailleurs. Son profil pur, sa lèvre inférieure qui tremble. Comment peut-il assister à un tel supplice sans bouger, sans le faire cesser ?

Elle se ressaisit, la détermination traverse le gris dense de ses yeux : « Je veux te revoir.

— Ce sera difficile de l'éviter. Quoique, jusqu'à maintenant…

— Non. Je veux te revoir, toi. Tout seul.

— Et après, tu vas vouloir plus et je vais refuser et tu vas me détester et nous serons malheureux. C'est cela que tu veux, Adélaïde ? »

Elle se lève, arpente le bureau et finit par avouer à la fenêtre : « Depuis une semaine, j'essaie d'aller me confesser, de reconnaître mes torts et d'en demander pardon. Je n'y arrive pas. La seule pensée qui m'habite est celle-là : je ne veux pas te perdre. Aucun regret. Toi ?

— Je suis Juif.

— Et alors ? Il n'y a pas de confesse chez vous ? Pas de Bien et de Mal ? Pas de péché ?

— Et comment ! Six cent treize commandements dans le Pentateuque et trois cent soixante-cinq interdits, un pour chaque jour de l'année. Je ne t'expliquerai pas l'importance de la notion du pardon chez nous, mais, sois tranquille, on a tout ça, péché, confession et réparation.

— Tu t'es confessé ?

— Non.

— Tu vas le faire ?

— Non.

— Tu vas te sentir mal ? »

Un long silence lui répond. Elle réfléchit à ce que ce silence veut dire pour elle.

« Est-ce que je pourrai encore emprunter ton bureau quand tu n'y es pas ? Et, de temps en temps, si je n'en peux plus, je pourrai te laisser une note ? Juste de temps en temps. »

Un oui étouffé lui répond. Elle ne se retourne pas, elle demeure face à la fenêtre. Jamais elle n'a tant regardé une rue.

« Est-ce qu'au moins tu peux me dire que tu aimes ta femme, que tu vas pouvoir être heureux ? »

Elle attend le plus longtemps qu'elle peut et se décide enfin à se retourner. Des yeux de chat, un corps de félin aussi, cet homme tendu vers elle, déchiré. Il hoche la tête lentement, sans prononcer le non.

« Je n'ai aucune envie de te mentir, Adélaïde. »

Elle sourit, malgré tout : « J'espère bien !… Tu penses qu'on peut être plus malheureux que maintenant ? »

Il inspire profondément, le regard brouillé : « Si ce que j'éprouve pour toi te salissait ou te compromettait, je serais infiniment plus malheureux. Me priver de toi n'est rien à côté de l'idée de te causer du tort. »

C'est elle maintenant qui dit que c'est réciproque. Elle prend son manteau, l'enfile avant qu'il ne puisse s'approcher pour l'aider. Elle passe près de lui et, sans s'arrêter, elle laisse traîner sa main dans son cou.

Il entend la porte se refermer.

Longtemps, il reste là, la main dans son cou.

* * *

Florent ne demande rien. Il se contente de lui faire du thé, de l'installer contre lui et de caresser ses tempes. Adélaïde ne pleure pas, elle se dessèche.

Quand Paulette rentre du cinéma ce soir-là, elle est si contente de voir Adélaïde qu'elle babille sans se rendre compte de l'état d'esprit de son invitée. Elle donne des nouvelles, raconte le film en détail, offre du thé. Au bout d'un moment, son débit ralentit et elle s'éclipse vivement dans sa chambre.

Adélaïde laisse un Florent inquiet, torturé de la voir si triste. Elle promet de revenir vite.

Elle revient régulièrement, mais jamais elle ne parle de ce qui la change tant. Florent, malgré son jeune âge, sait très bien ce qui la ronge. Peu lui importe qui brise le cœur de son Ada, à partir du moment où elle a mal, c'est un mauvais homme et un sale type.

Arthur, tout étonné de revenir en grâce et de voir Adélaïde le suivre à des réunions politiques, se garde bien de demander quoi que ce soit. Il évite désormais le sujet du *Chronicle Telegraph* et essaie de dérider Adélaïde, ce qui n'est pas un mince contrat.

Ce qui ne disparaît pas, ce qui ne s'altère pas en elle, c'est le manque de Theodore. L'appel brûlant au fond de ses entrailles pour un regard, une caresse, un mot. Adélaïde ne peut rien analyser, elle subit le désir comme une calamité, n'en connaissant rien d'autre que l'urgence et la privation absolue. Le désir qui la tord le soir, quand le printemps devient doux et caressant, le désir qui la réveille la nuit, en sueur, à bout de course. Et le soir où elle laisse Arthur l'embrasser, elle ne comprend pas que ce soit si peu enlevant et presque dégoûtant. Elle s'écarte de lui, de sa bouche exigeante mais trop molle, et elle le quitte au milieu de ses excuses bafouillantes. Elle n'est même pas indignée, seulement découragée de comprendre que l'onde électrique ne passe pas, qu'elle ne peut pas transférer le désir d'une bouche à une autre. Que son corps et ses sens restent morts à tout ce qui n'est pas Theodore.

Elle est apparemment séparée de Theodore, c'est fini, terminé, mais rien en elle n'accepte ni ne s'incline. Elle piaffe et s'impatiente contre la loi si dure de l'arrachement. Parce qu'elle n'a pas la grâce de la résignation, elle souffre sans céder, sans songer même à consentir et à cesser de se débattre contre l'inévitable.

* * *

Le 25 mars 1939, à Québec.
Cher Nic,
Cette guerre, ces déclarations politiques contradictoires, ces éternelles chicanes sur la conscription, cet Hitler qui semble si déterminé, tout m'angoisse et m'inquiète. Êtes-vous comme ça, vous aussi ? Où est passée l'insouciance d'avant la Crise ? Quand le plus grand danger consistait à risquer son âme sur une valse. Je regarde Adélaïde, Béatrice, je les vois commencer leur vie dans une époque si difficile, si ardue.

Adélaïde m'inquiète. Quelque chose d'important est arrivé, mais comme toujours avec elle, je n'arrive pas à savoir. Évidemment, j'ai tendance à imaginer une affaire de cœur, mais là aussi, je peux me tromper. Cette enfant n'a pas la simplicité de Béatrice, elle pourrait souffrir vraiment d'une injustice sociale, ou je ne sais pas, du mal qui arrive à quelqu'un d'autre qu'elle-même. Edward prétend que ses cours et ses billets pour le Chronicle, assortis des soubresauts de ses fréquentations avec Arthur, suffisent amplement à expliquer ses variations d'humeurs et sa fatigue. Je ne sais pas... elle a pourtant des réactions de femme amoureuse. Je la trouve souvent à rêver la plume en l'air, l'œil vague. Elle fume de plus en plus et mange de moins en moins. Vraiment, Nic, cette enfant m'inquiète beaucoup. Même Florent ne peut rien me dire. Pourriez-vous la percer à jour, vous qui êtes si affectueusement lié à elle ? Si je pouvais vous voir de temps en temps aussi...

Le préventorium est enfin en train de prendre une vraie forme. On a davantage l'impression d'un chantier pour l'instant, mais ce sera beau, propre et accueillant. Quel travail, Nic ! Quelle persévérance cela exige, une folie ! Si la guerre ne nous tombe pas dessus, nous pourrons l'inaugurer en novembre. Vous serez enfin obligé de vous montrer. Ted a travaillé avec un dévouement exemplaire : il mérite une médaille. Patient, déterminé, il a écouté Madame Pelletier des heures durant sans jamais montrer le moindre signe d'impatience. Vraiment, je conçois qu'il soit épuisé. Ménagez-le, Nic, j'ai peur qu'il ne sombre lui aussi dans la morosité générale. Il est si grave, si angoissé. Il prétend être très inquiet du sort réservé aux Juifs en Europe. Vous saviez qu'il avait participé aux pressions exercées sur le gouvernement fédéral pour bloquer les importations de charbon d'Allemagne ? Il est extrêmement sévère à l'égard des lois instaurées par Hitler concernant les Juifs d'Allemagne. Il nous a raconté la Nuit de Cristal et je vous avoue que je n'ai pas pu l'écouter jusqu'à la fin. S'il y a une guerre, je crains que Ted n'attende aucune conscription et qu'il ne s'engage sur-le-champ. Dieu ! La seule idée me tue. Il n'a pas trente ans et deux enfants en bas âge, il est si doué, si attachant. Comme je voudrais le voir partager les vues d'Adélaïde sur cette guerre ! L'autre soir, à l'occasion d'un dîner, ils se sont affrontés et ils ont eu une discussion violente, rageuse sur l'éventualité de la guerre et la participation de la province de Québec. Je ne vous servirai aucun de leurs arguments, Nic, ils sont trop précis et trop nombreux pour moi, mais alors qu'on pouvait enfin présenter Ted à Adélaïde, ils se sont chicanés comme des enfants mal élevés. Je vous assure que même Ted, si poli, si réservé de nature, est devenu partisan et vindicatif. Rien qu'à voir ces deux-là, on pouvait comprendre pourquoi il y a des guerres. Vraiment, c'est la seule fois de ma vie où j'ai dû réprimander Adélaïde. Je veux bien admettre qu'elle se dissocie des opinions de Ted, mais la politesse et le civisme existent encore.

Moi qui croyais qu'ils s'entendraient bien, j'en ai été pour mes frais. Qu'on en finisse avec cette guerre qui nous use les nerfs et nous gâche nos dîners. On ne peut plus faire un pas en société sans être assommé par une rumeur macabre.

Regardez-moi, Nic, je me plains de ce que je fais moi-même. Je suis la première à en parler, de cette guerre.

L'Île sera aussi désertée cet été. J'y serai seulement vingt jours en juillet, histoire de permettre aux plus jeunes d'avoir des vacances. Mais le préventorium, les menaces de guerre et le fait qu'Adélaïde reste en ville avec son père, tout cela me réclame et m'incite à demeurer à Québec plus souvent.

Dans tout cela, il y a une très bonne nouvelle : Isabelle est en famille. Elle attend pour décembre, début décembre. Elle a beaucoup attendu avant de nous en faire part, principalement à cause des difficultés de Reine qu'elle craignait un peu, comme un mal héréditaire. Elle rayonne, notre Isabelle, et elle fait plaisir à voir. Maurice, bien entendu, ne se tient plus de joie. Ils ont déjà cinq prénoms et la joute sera serrée, mais j'incline à croire qu'Isabelle fera ce qu'elle voudra de ce mari si heureux. Comme je souhaiterais qu'Adélaïde trouve « son Maurice », comme on dit maintenant.

Je suis bavarde aujourd'hui. Je me suis installée dans le jardin où le lilas embaume. La table est sortie et je vous écris alors que tout le monde est à ses affaires. Je traîne dans ce printemps déjà chaud, je profite du soleil, des oiseaux et du calme de la matinée. La dernière conversation que j'ai eue avec vous, nous étions ici et l'hiver s'en venait. Quelquefois, quand le découragement menace, quand l'espoir faiblit, je pense à toutes ces fois où l'hiver a surgi et où on n'arrivait plus à se défaire de l'idée qu'il nous aurait, je pense à toutes les fois où, comme aujourd'hui, le printemps a gagné sur la noirceur de l'hiver. Combien de fois ai-je cru que je ne vous reverrais plus ? Je finis toujours par vous revoir, Nic, comme le printemps. La persistance de notre amitié est un gage pour l'avenir. Rien ne peut détruire certaines valeurs, certains liens, et c'est rassurant au fond. Aucune guerre ne pourra détruire l'humanité, j'en suis persuadée. Les hommes sont orgueilleux, mais pas complètement fous.

Quelle épître ! Le printemps me rend aussi bavarde que les merles. Si vous les entendiez ! On se croirait à l'aurore.

Ces longues pages pour vous dire que vous me manquez. Ces longues pages pour vous assurer que mon amitié affectueuse vous est acquise.

Gabrielle.

P.-S. : Si je ne parle jamais de Kitty ou de l'angoisse de la guerre la concernant, ce n'est pas par dureté ou négligence, c'est par souci de ne pas vous accabler davantage. Mais vous savez que vous pouvez me parler de tout ce que vous voulez. Tout.

Vôtre, G.

Nic sourit en relisant ce *tout* tracé avec détermination par l'élégante main. Non, pense-t-il, certainement pas tout, Gabrielle. Il range la lettre, content de lui, content d'avoir réussi cet impossible pari : demeurer à sa place dans le cœur de cette femme et ne jamais lui peser avec son amour encombrant et déplacé.

La seule chose qui le désole vraiment dans cette lettre est la peine qui semble ronger Adélaïde et il se dit qu'il pourrait tenter de la voir lors d'une prochaine visite à Florent. Il est certain d'avoir assez d'expérience en la matière pour deviner ce qui altère le cœur si entier de la jeune fille : la guerre ou l'amour.

Les deux, voilà la réponse que se donne Nic après une journée entière passée en compagnie de Ted, d'Edward et de sa fille.

Arrivée au bureau de bon matin, Adélaïde s'est d'abord montrée fort contrariée de voir Nic et de devoir sacrifier ses habitudes à la présence imprévue de Ted dans « son » bureau. Il a fallu promettre que leur réunion à eux se tiendrait dans les locaux d'Edward et qu'elle ne serait pas dérangée par leurs discussions pour obtenir un bonjour aimable. Finalement, Nic a trouvé que tout le monde était bien susceptible dans ce bureau. Arthur, qui n'arrête pas de fixer Adélaïde avec des yeux conquis et pas mal trop insistants, et Ted, à cran, nerveux, irrité pour un rien et en plus intimidé pour mourir par Adélaïde, fort peu délicate envers lui, Nic doit le reconnaître.

La journée a été longue et difficile, les décisions à prendre sont toujours risquées, à cause du marché mondial rendu fou par les menaces de guerre. Les impératifs des gouvernements n'aident pas non plus. Pas de congé du *Dominion day* pour les fonctionnaires le 1er juillet de cette année, et une liste de mesures qui n'annoncent rien de bon pour l'avenir.

Ce n'est qu'au souper dans le jardin de la rue Laurier, alors que le temps doux donne envie de chanter, que l'atmosphère se détend. Gabrielle étant à l'Île avec les enfants, c'est Adélaïde qui cuisine et ils se retrouvent tous les quatre autour de la table, comme au bon vieux temps, quand Gabrielle partageait les soirées de « ses hommes ». Ce sont d'ailleurs ces souvenirs, évoqués par Ted et Edward, qui dérident finalement Adélaïde. Curieuse de cette époque, elle fait parler son père, Ted et Nic, et elle lâche enfin ce ton agressif qu'elle a eu toute la journée.

Il y a eu ce moment où Nic a cru sentir que ce n'était pas de la timidité, mais de la peur que Ted éprouvait envers Adélaïde. Pourtant, elle ne faisait que s'incliner vers lui en riant et en se moquant d'il ne sait plus quelle sottise. Ted a reculé comme s'il s'était brûlé. Mais il est devenu si préoccupé depuis un an, si différent. Il parle de camps en Pologne, en Allemagne, il décrit des ghettos cruels, des lois horribles, des mesures impitoyables à l'égard des Juifs. Où il prend ses informations, Nic l'ignore, mais ce qu'il dit n'a pas de commune mesure avec ce qui est officiellement divulgué. Nic a tendance à croire totalement le jeune avocat. Quand Ted parle de la condition des Juifs en Europe, même Adélaïde se tait et censure son discours contre la guerre.

Nic essaie de lui parler à la fin de la soirée, alors qu'elle s'affaire dans la cuisine. Fermée, triste, elle mentionne seulement que cette « maudite guerre viendrait détruire le monde ».

Étendu dans son lit, Nic revoit les yeux gris opaques d'Adélaïde, ses yeux inquiets si semblables à ceux de sa mère, quand elle lui avait demandé s'il laisserait Ted Singer s'engager dès la déclaration de guerre ou s'il ferait quelque chose pour l'obliger à rester à son poste, au pays. Quand il a répondu qu'il n'avait aucun moyen de pression de la sorte et que la conscience de chacun décidait, elle s'est contentée de grommeler : « C'est ça ! Allez tous vous faire tuer pour l'amour de l'Angleterre ! » Ce qui, en ce qui concerne Ted, lui semble très injuste.

Nic tourne dans son lit, incapable de trouver le sommeil. Il finit par descendre à la cuisine se chercher un verre d'eau et y trouve Edward, assis en pyjama, tout aussi incapable de dormir.

« Tu sais ce qu'on devrait faire, Nic ? On devrait aller à l'Île demain et surprendre Gabrielle et les enfants. Deux jours, le temps d'oublier toutes ces histoires. »

Parce que cette journée a évoqué de façon lancinante le souvenir de Gabrielle, Nic accepte.

Adélaïde s'installe au jardin, presque heureuse : après de longues négociations serrées, elle a la maison à elle toute seule. Deux jours ! Elle a refusé d'aller à l'Île, prétextant un rendez-vous avec Isabelle et une promesse à Florent. Elle n'a plus le goût de ces réunions de famille, de ces discussions sur la guerre. Elle va se taire et réfléchir pendant deux jours. Et lire. Et jouer au tennis, tiens ! Elle va même appeler Évelyne Lagacé. On sonne à la porte avant qu'elle ne saisisse l'appareil. Et, avant d'aller ouvrir, elle sait que c'est lui.

Il demande à lui parler. Curieusement, dès qu'il est entré, elle ressent une détente, une sorte de soupir intérieur. Depuis des semaines, elle a l'impression de se battre avec lui, de se forcer à le détester publiquement pour que rien ne transpire de ses sentiments, et elle a fini par croire qu'ils avaient beaucoup à se reprocher.

Il la regarde comme avant, sans crainte, sans fureur, dans une tranquille contemplation.

Elle se soumet à ce regard comme on s'offre au soleil, voluptueusement.

« T'avoir au bureau, hier, à proximité, m'a complètement déboussolé. Tu le sais probablement, Adélaïde, mais j'ai besoin de te le dire, mon agressivité envers toi n'est rien d'autre qu'un paravent. Oui, je sais que tu le sais.

— Tu veux savoir si la mienne est vraie ou fausse ? Les deux, Theodore. Je n'ai pas besoin de me forcer beaucoup pour t'attaquer.

— On sait tout ce qui nous éloigne politiquement. Ne parlons pas de ça.

— Avec tout ce qui nous éloigne et qu'on connaît, je me demande comment on fait pour être encore si attirés l'un par l'autre. »

Il ne dit rien et elle voit bien qu'il est heureux d'entendre qu'il l'attire encore. Comment peut-il douter d'elle si vite ? Après seulement quatre mois ?

« Tu sais jouer au tennis ? »

La journée est exquise, les nuages n'ont l'air que d'inoffensives plumes posées sur le bleu du ciel pour le griffer. Ils font un somptueux pique-nique sur les Plaines et se racontent des souvenirs d'enfance. Adélaïde apprend ce qu'est la *bar Mitzva,* le *Yom Kipur, Rosh-ha-Shana* et les beignets fourrés de confiture de *Hanuka* et il apprend la discipline des Ursulines et les Noël de son enfance à elle. Ils rient et s'entendent à merveille. Ils n'arrêtent pas de parler, de déballer souvenir après souvenir, pressés que l'autre en sache le plus possible. Ils ne parlent ni de la guerre ni de sa femme ou de ses enfants. Ils soupent dans le jardin, presque en silence, et quand il prend sa main, elle la retire doucement. Le soir n'est pas pressé de tomber sur leur silence.

« Tu sais danser, Theodore ? »

La radio joue une musique bien peu rythmée et ils dansent, joue contre joue, jusqu'à ce que leurs corps soient comme deux plaques aimantées qui s'attirent et se repoussent en même temps. Pendant que l'animateur commente ce qui va suivre, ils demeurent debout, enlacés, immobiles, tellement le danger est grand de céder à cette intolérable tension. Sans bouger, dans l'oreille à proximité de sa bouche, Adélaïde murmure : « Si tu commences, j'irai très loin, Theodore.

— Jamais. Jamais je ne te laisserai faire une chose pareille.

— Si tu savais ce que j'ai fait en rêve déjà… »

Il la plante là, exaspéré de désir, il tourne sur lui-même et finit par s'asseoir dans le sofa. « Adélaïde, essayons de terminer la journée en beauté. C'était si parfait.

— Tu ne m'embrasseras plus jamais, Theodore ?

— Jamais. Je le jure.

— Sur la tête de qui, espèce de Juif incroyant ?

— Sur la tienne. Sur ta tête qui me tient lieu de foi et de Torah. Sur ta tête adorée.

Elle s'approche, menaçante de beauté grave, d'amour sauvage, rageur : « Tu me dis ça et tu n'as pas le cœur de m'embrasser ? »

Il se lève brusquement, elle est trop près : « J'ai le cœur de ne pas t'embrasser, au contraire. Arrête ! Ne joue pas à la femme fatale. Tu l'es. Tu m'es fatale. Arrête, je t'en prie. Arrête ou je pars. »

On dirait qu'elle boude en se recroquevillant dans le fauteuil, on dirait qu'elle fait un caprice. Elle se détourne, ne le regarde plus. Il va s'asseoir sur l'accoudoir du sofa qui lui fait face, persuadé de mal agir et de gâcher la journée. Il attend patiemment qu'elle le regarde et l'accuse de la décevoir. Il entend sa question de loin, étouffée par la main qu'elle laisse sur son visage : « Est-ce que tu embrasses ta femme ? Est-ce que tu la touches ? »

Un air d'accordéon guilleret tranche leur silence pesant. Ted réfléchit longuement avant de se lever et de passer une main légère dans les boucles d'Adélaïde. Il attend qu'elle lève les yeux vers lui avant de parler : « Depuis ce jour de mars où je t'ai embrassée, je n'ai plus touché ma femme. À aucune partie de son corps. C'est un manquement très grave dans nos lois. Mais j'en suis totalement incapable. Je t'aime, Adélaïde. »

Quand la porte se ferme, la radio joue *Le Temps des cerises*.

Le lendemain, elle l'appelle au bureau et il la rejoint sur le court de tennis où elle le bat à plates coutures.

À partir de ces deux jours de trêve, ils reprennent un prudent échange de notes, légères et sans aveux. Petit à petit, à travers les mots croisés qu'ils truquent et détournent de leur objet premier, Theodore et Adélaïde entretiennent à coups de déclarations hachurées un désir fulgurant et désespéré.

Le mois d'août est secoué par les différentes rumeurs alarmantes venues d'Europe. Maurice est promu au service des impôts et est chargé de mettre sur pied une ponction spéciale des entreprises et des particuliers en vue de l'effort de guerre. Adélaïde essaie d'en savoir un peu plus par Isabelle, mais le travail de Maurice est top secret et les fonctionnaires sont de plus en plus surveillés.

Avec la censure qui règne, il est devenu impossible d'obtenir des informations crédibles, tant pour l'Europe que pour le Canada. La seule chose certaine et franche, c'est que le mouvement canadien-français contre la conscription s'amplifie et que celui des Canadiens anglais en faveur d'une éventuelle conscription si la guerre est déclarée se solidifie.

Adélaïde se rend à Montréal pour un rassemblement politique important. Arthur est évidemment du voyage et c'est Nic, chargé de les chaperonner, qui les héberge.

Elle discute longuement avec lui et essaie de savoir ce qu'il ferait si la guerre se déclarait. Nic a bien des ruses et elle comprend qu'il agit depuis un certain temps, que ses bateaux qui servent pour ses affaires sont engagés dans d'autres types de trafic et que même ses usines sont fin prêtes à être déviées de leurs activités habituelles au profit de la production de guerre.

La manière et le ton avec lequel Adélaïde finit par demander si Ted est impliqué dans ces transactions parallèles laisse Nic songeur. Il répond diplomatiquement qu'il a des secrets de guerre que la censure l'oblige à garder pour lui. Quand Adélaïde revient encore sur ces questions, il décide de couper court en sortant « les jeunes » dans le *Montreal by night*. Il les étourdit de musique et les initie aux plaisirs nocturnes de Montréal.

Arthur est soufflé par l'élégance et la richesse de la maison de Nic. Il s'émerveille de tout, la voiture, les domestiques, la table. Adélaïde, elle, ne dit rien et se contente de trouver que c'est bien grand pour un homme seul et que cet homme seul a du goût.

Ce soir-là, quand elle frappe à la porte de sa chambre, la seule différence d'avec son enfance est qu'elle n'est ni pieds nus ni en robe de nuit. Nic la regarde entrer sans aucune gêne, s'installer dans la causeuse et observer la chambre. Il s'assoit sur son lit et lui demande si elle a un problème.

Les yeux gris ont l'air de peser le pour et le contre. La décision de parler semble très difficile à prendre : « Si j'ai un problème un jour, Nic, est-ce que je peux compter sur toi ?

— Évidemment. Tu le sais très bien. Pourquoi ? Tu penses que tu vas avoir des problèmes ?

— Je pense que la guerre va éclater, je pense que tu as plus de pouvoir que tu ne le dis et je pense que je vais te demander de faire quelque chose pour moi… sans poser de questions. »

Il se tait, attend la suite. C'est une femme d'affaires avisée qu'il a devant lui. Elle garde ses cartes, suppute longuement, détermine jusqu'où elle peut lui faire confiance, hoche la tête en souriant : « Plus tard… » Elle se lève, passe devant les immenses fenêtres, s'arrête au bureau où la photo de Gabrielle qui la tient sur ses genoux à l'Île trône.

La jeune femme revient vers lui et s'assoit au bout du lit, face à lui. « Est-ce que c'est difficile de vivre comme ça, Nic ? »

Il prend sa main, l'embrasse tendrement et cherche son regard : « J'espère que tu n'auras jamais à l'apprendre. Bonne nuit, Adélaïde. »

∗   ∗   ∗

Le 3 septembre, alors qu'ils reviennent de la messe, le téléphone sonne chez les Miller et Nic leur demande d'écouter la radio de toute urgence. Le temps d'ouvrir le poste, Ted arrive en catastrophe : c'est la guerre. Dans un silence incrédule, ils s'agglutinent autour de la radio et écoutent les informations qui se succèdent, plus affolantes de minute en minute. L'atmosphère est lourde, même Béatrice ne trouve rien à dire. Ted, anxieux, est rivé au poste de radio. Par deux fois, il croise le regard d'Adélaïde et la détermination qu'elle y lit la conduit directement à la panique. Elle doit quitter le salon pour ne pas hurler son refus et sa peur.

Germaine surgit en trombe, suivie d'Isabelle, Maurice et Arthur, tous inquiets. Le téléphone sonne sans arrêt et le salon finit par être plein de monde comme s'il s'agissait d'une veillée au corps.

Toute la journée se passe à discuter, à évaluer l'ampleur du problème, à prédire une issue plus ou moins positive et à se taire à chaque fois qu'on entend la phrase de Chamberlain : « Ce sont des choses mauvaises que nous devons combattre : la force brutale, la mauvaise foi, l'injustice, l'oppression et la persécution. »

Arthur évoque la conscription et Edward le fait sèchement taire : pas de discussion violente dans sa maison le jour du Seigneur. Il y a assez de cette guerre. Ted reste muet, pensif. Adélaïde a si peur que, quand Béatrice éclate en sanglots parce que cela compromet ses débuts, elle a du mal à retenir ses larmes.

Quand Fabien demande si la guerre va durer deux ans pour lui permettre de s'enrôler dans l'aviation, Gabrielle éclate : « Dans ta chambre ! Immédiatement ! Que je ne t'entende plus jamais dire une chose pareille ! »

Fabien monte, certain d'être victime d'une injustice monstrueuse. Adélaïde va le trouver et essaie de lui expliquer qu'un bombardement n'est pas un jeu d'avion, c'est sérieux et des gens sont tués, c'est terrible pour leur mère de le voir penser à la guerre pour s'amuser.

« Mais si ça dure deux ans, va bien falloir en tuer des Allemands, non ?

— Ça ne durera pas deux ans, Fabien. Jamais de la vie. »

Adélaïde passe plus de temps dans les corridors de l'université à discuter qu'à ses cours. Chaque jour, sous un prétexte ou un autre, elle va au bureau. À la voir si assidue, Arthur s'encourage et Edward, lui, s'inquiète de trouver sa fille aussi fébrile.

Ted la salue courtoisement et ne demeure jamais longtemps en sa présence.

Le 10 septembre, le Canada déclare la guerre à l'Allemagne et, pour la première fois depuis des jours, Adélaïde surprend un éclair de jubilation passer dans les yeux de Theodore. De ce jour, elle mène une campagne anticonscription féroce. Elle est de toutes les réunions, de tous les rassemblements. Elle fait valoir les raisons de se tenir éloignés de cette guerre qui « concerne des Anglais qui nous méprisent et se soucient fort peu de nous, sauf si on peut leur fournir des vies à sacrifier. Notre patrie n'est pas l'Angleterre ».

Le 11 septembre, Maurice dévoile le plan d'impôts préparé et maintenant mis en application : les sociétés sont imposées de 15 % à 18 % de plus et les particuliers, de 20 %. Edward explique aux enfants pourquoi ils doivent dorénavant ménager l'électricité qui coûte, comme tous les objets déclarés de luxe, beaucoup plus cher.

Dès le début de la guerre, Nic modifie ses usines et se met en production massive de vêtements, bottes, souliers et parachutes destinés aux soldats. Ted s'occupe activement de ces changements et ne cesse de voyager entre Montréal, les usines et Québec. Une fois sur deux, en se rendant rue Saint-Denis, Adélaïde trouve le bureau de Theodore déserté. Elle lui laisse des notes codées le suppliant de lui répondre, de lui parler, de la rassurer. Elle les glisse entre le buvard et le sous-main et c'est là que, quelquefois, elle trouve ses réponses qui l'alarment encore plus que le silence.

Quand Duplessis annonce des élections pour le 25 octobre, Adélaïde multiplie les réunions, même si elle n'a pas le droit de vote en prétendant, comme bien des gens, que c'est de conscription et de fermeté face à Ottawa qu'il est question et non pas de véritables élections. Gabrielle, affolée à l'idée qu'Edward puisse être appelé à se battre, encourage sa fille à résister.

Quand Adélaïde lit dans les journaux que Londres se réjouit de la victoire libérale de Godbout, elle a l'impression de voir les rangées de soldats se former en lignes continues. Les photos de soldats volontaires à l'entraînement la font frissonner de terreur. À chaque fois que Theodore part pour Montréal, elle craint le pire, elle ne dort plus, certaine de ne plus jamais le revoir.

Le 15 novembre, après un échange épistolaire exaspérant, ils se donnent rendez-vous à huit heures au bureau.

La discussion est loin d'être sereine, mais au moins Adélaïde a-t-elle l'impression de pouvoir dire à Theodore ce qu'elle essaie de lui dire à travers les assemblées publiques et les autres depuis le début de la guerre et même avant. Theodore l'écoute en silence, sans répliquer. Soudain, elle comprend que tout son discours est inutile, qu'il ne l'écoute que parce que c'est elle, mais que sa décision est prise et qu'elle est inébranlable. Elle s'arrête au milieu de sa phrase, le scrute, à l'affût du moindre signe.

« Theodore… tu ne vas pas le faire ? Tu n'iras pas t'enrôler sans qu'on t'y oblige ? »

Parce qu'il se tait, parce qu'il se contente de la regarder, l'étau qui écrase sa poitrine depuis des semaines se resserre, lui coupe le souffle. Un son plaintif vient mourir au bord de ses lèvres. Elle porte une main tremblante à sa bouche, mais le « non » est quand même franc. Elle recule jusqu'au mur, vacillante, s'y cogne durement, ses yeux sont ceux d'un animal pris au piège, elle halète, horrifiée. Elle tend les deux mains devant elle, comme si elle pouvait l'arrêter avec un geste si dérisoire : « Theodore… tes enfants ! Pense à tes enfants. Pense à ta femme s'il le faut. Pense à ta famille. Je t'en supplie, ils ont besoin de toi. Theodore !

— Ce qu'il y a de bien avec les Juifs, c'est qu'ils ont le sens de la famille élargie. Ils s'occuperont d'eux. Eva est déjà là-bas depuis des mois. Elle vit chez sa mère, comme avant.

— Je ne veux pas savoir son nom ! Tu lui as dit ? Est-ce qu'elle a au moins le bon sens de te retenir ? Elle fait quelque…

— Arrête, ce n'est pas de ça qu'il est question.

— Moi, je vais te retenir, Theodore, moi je vais t'empêcher d'aller te faire descendre dans une guerre inutile, stupide, qui ne nous regarde pas. Jamais je ne te laisserai partir, tu entends ? »

Il s'avance, attrape ses deux mains dans les siennes pour la faire taire : « C'est *mon* combat, Adélaïde, le mien ! Tu ne peux pas comprendre ça ? Tu passes ton temps à répéter qu'on n'a rien à y faire, rien à y gagner. Je suis Juif, Adélaïde, et il y en a d'autres comme moi à Montréal et dans le pays. Juif, tu entends ? C'est mon peuple qui est persécuté en Pologne, en Allemagne. C'est mon oncle qui a été rayé de la pratique de la médecine l'an passé. C'est la famille de ma mère qui a été jetée en dehors de chez elle par la Gestapo ! Ce sont les miens, Adélaïde ! Et je suis quand même d'ici, je suis né ici. Je suis un Canadien anglais juif qui parle français et qui ne te méprise pas. Arrête de répéter que ça ne nous regarde pas. Il n'y a pas que toi, ici. Il y a des gens comme moi qui travaillent, gagnent leur vie, payent leurs impôts et qui ont des liens avec cet ailleurs qui te semble si étranger. Tu veux que les Anglais te respectent et te parlent français ? Tu veux que l'Angleterre admette que vous êtes des Français du Canada ? Alors, parle de ça, parle de tes reproches, parle de tes humiliations et des traitements injustes dont tu es victime ! Mais arrête de faire le procès des traitements que la Confédération vous a fait subir à travers cette guerre et la conscription. La guerre est une chose qui se passe maintenant, il y a des gens qui sont exilés, enfermés, tués parce qu'ils ne sont pas des purs et qu'ils sont, soi-disant, des citoyens de troisième zone. Et même si l'Angleterre n'a pas la bonne attitude avec les Canadiens français, je vais me ranger avec elle, à ses côtés, parce qu'elle combat ce qu'il faut combattre maintenant. Ce serait Mussolini, Franco ou n'importe qui d'autre qui combattrait et je serais à ses côtés. Ça s'adonne que c'est Chamberlain et Churchill. Après, je m'obstinerai pour la place de la province dans la Confédération, si je suis encore vivant. Mais pour l'instant, j'ai une certitude et une seule : il faut que quelqu'un se lève et arrête l'avancée de cet homme. Il faut arrêter l'Allemagne nazie, Adélaïde. Avant toute autre chose, c'est Hitler qu'il faut arrêter. Après, je te le jure, je serai avec toi pour tes combats. Je te le jure. »

Il lâche ses mains, comme pour lui donner le choix. Les bras d'Adélaïde retombent. Vaincue, elle baisse la tête et se laisse glisser contre le mur jusqu'au sol. Il entend sourdre du corps tassé un gémissement. Il s'agenouille face à elle, la redresse jusqu'à ce qu'elle soit devant lui, agenouillée. Cette fois, il la tient tendrement par les coudes. Le beau visage inondé de larmes n'arrête pas son discours : « Adélaïde, j'ai peur, moi aussi. Je ne vaux rien avec un fusil. J'ai peur et je n'ai pas beaucoup de courage. Je n'ai que toi. Aide-moi, je t'en prie. Il n'y a que toi qui puisses m'aider.

— Tu l'as fait ? Tu t'es engagé ? Quand ?

— Demain.

— Non ! Alors, attends ! Attends ! Attends un mois. Une semaine. Theodore, attends !

— Dis-moi que tu comprends. J'en ai tellement besoin.

— Non.

— Dis-moi que tu comprends, Adélaïde. Je ne peux pas partir sans ça. »

Au lieu de lui parler, au lieu de discuter, elle l'enlace et prend sa bouche. Il la serre contre lui, l'embrasse, puissamment arrimé à elle, désespéré de la perdre. Déséquilibrés, ils basculent sur le tapis. Sans quitter sa bouche, pressante, elle roule sur lui, elle appuie son corps contre celui de Ted, emprisonne ses jambes entre les siennes, l'empêche de la repousser. Soudée à lui, elle l'embrasse avidement.

Défaillant, étourdi, Theodore l'enlace, presse son corps contre le sien. Ses mains descendent le long de son dos, se glissent sous la jupe. Quand il touche enfin la peau de ses cuisses, entre le haut du bas et sa culotte, elle gémit dans sa bouche.

Ils n'entendent pas le coup frappé à la porte, mais ils entendent la porte s'ouvrir.

Adélaïde n'a pas le temps de se retourner. Elle est saisie par-derrière et projetée contre le mur avec une violence inouïe. Theodore est déjà debout et fait face à Edward quand Adélaïde lève la tête. Edward est blanc de rage. « *Get out !* » La voix est presque calme, cassante. Adélaïde se lève précipitamment. « Papa, non ! Attends, c'est moi, c'est ma faute ! Papa, non ! »

La main d'Edward saisit son bras avec une telle force qu'elle grimace de douleur : « Dans mon bureau, toi ! *Right now !* »

Elle recule vers la porte, les yeux fixés sur Theodore qui met son manteau, prend son chapeau, la regarde et sort sans prononcer un mot.

Dans le bureau, elle a droit à un interrogatoire en règle. Elle ne répond pas, reste froide et presque engourdie par la stupeur. Edward passe par tous les états, furieux, violent, implorant, attendri, désespéré. Il n'y a qu'une seule phrase qui fait réagir Adélaïde et c'est quand son père parle de le dire à Gabrielle.

« Non !

— Tu penses que je vais laisser ta mère en dehors de ça ? Tu penses que je vais lui cacher une chose pareille ?

— Oui. »

Adélaïde se lève, va prendre son manteau et revient. Edward est vidé : il ne comprend pas, il ne comprend plus : jusqu'où est-elle allée avec ce salaud ? Comment peut-elle se conduire de la sorte ? Sa fille !

« Il s'engage, papa. C'est fini. Ça va faire du mal à maman. Pourquoi on ferait ça ?

— Tu le demandes, Adélaïde ? Nous avons des responsabilités envers toi, imagine-toi donc. Il s'engage ? »

Court-circuité dans son élan, il se tait. Adélaïde a l'air étrangère à tout cela, pas du tout bouleversée. Il ne comprendra jamais la force de cette enfant qui devient comme une roche quand l'orage passe. Elle avait cette façon de faire avec Florent déjà, quand ils étaient enfants. Il voudrait savoir si elle est encore vierge, si l'irréparable s'est produit. Il se contente de mettre son manteau et de sortir avec elle dans la nuit froide de novembre.

Rendue au coin de Salaberry, Adélaïde annonce qu'elle se rend chez Isabelle. Son père refuse net, malgré que la chose ait été prévue et qu'Isabelle l'attende. Après une longue discussion où Adélaïde fait valoir que, sinon, il aura à expliquer leur retour de concert, elle arrache une permission d'une heure, à la condition que son père la voie entrer et qu'elle fasse un salut de la fenêtre de chez Isabelle. Ce à quoi Adélaïde se plie avec soumission, à la grande surprise d'Isabelle qui lui demande à quoi sont dus son retard et ses manigances. Adélaïde n'ose rien dire, sa cousine s'inquiéterait et elle est si heureuse avec ce bébé qui l'arrondit de partout. « Je t'expliquerai plus tard. Ce serait long et je n'ai qu'une heure. Je peux téléphoner ? C'est très privé, Isabelle. Il faudrait que tu me laisses. »

Isabelle fait un sourire de grande connivence et va leur préparer du thé. Adélaïde sait par cœur le numéro qu'elle n'a jamais composé. Elle l'a appris au printemps passé, quand le désir de Theodore la taraudait assez pour qu'elle joue avec l'idée de l'appeler chez lui. Il répond tout de suite, la voix angoissée. Elle le rassure, lui confirme que ça va, qu'elle va faire comprendre à son père qu'il ne s'est rien passé de grave ou de déshonorant. Elle lui promet que jamais Gabrielle ne l'apprendra. Il est catastrophé, à bout de nerfs. Elle lui jure qu'elle va trouver moyen de calmer son père et de ne pas provoquer de scandale. Elle lui jure qu'il ne perdra pas son emploi.

Il l'interrompt et lui répète doucement qu'il va s'engager et qu'en janvier 1940 il commencera le camp d'entraînement à Montréal. Dans le silence qui suit, il lui demande pardon et lui dit qu'il l'aime.

Elle raccroche avant de hurler ou de pleurer. Elle appelle tout de suite Nic à Montréal. Le domestique annonce qu'il ne l'attend pas avant onze heures. Elle lui fait répéter son message : il ne doit absolument pas la rappeler chez elle, elle rappellera elle-même.

« J'ai fait un *long distance,* Isabelle, je vais le payer. »

Isabelle a beau essayer, elle ne tire rien d'Adélaïde qui boit son thé en regardant constamment sa montre. À moins cinq, elle tombe sur Nic : « Je n'ai pas le temps d'expliquer, Nic. Il faut que tu m'aides. Ted veut s'engager. Demain, à Montréal. Empêche-le. Pour une semaine, empêche-le. Je vais m'arranger pour venir. Tu peux me recevoir ?… Je te rappelle. Merci. »

Son père l'attend. Rien qu'à voir son visage quand elle arrive, elle sait qu'il se sent coupable de n'avoir rien dit à Gabrielle. Elle le serre dans ses bras, avec plus d'affection qu'elle n'en ressent, et lui chuchote d'aller dormir, qu'ils parleront demain au bureau.

Toute la nuit, elle mijote ses plans.

Son père aussi a réfléchi. Il n'est pas un mince adversaire. Adélaïde répond peu à ses questions, mais reste ferme sur un point : c'était un accident, davantage dû à une étourderie de sa part, sorte de curiosité sexuelle dont Ted a été la victime impuissante. Edward n'en croit pas un mot. Voyant cela, Adélaïde passe au plan deux et elle supplie son père de parler moins fort, parce que la pire chose qui pourrait arriver serait qu'Arthur l'apprenne et ne la respecte plus. Ce qui serait payer très cher un acte inconséquent, non ? Étonné, Edward essaie de savoir en quoi l'opinion d'Arthur peut compter, alors qu'elle se livre à des gestes aussi répréhensibles avec un homme marié. Adélaïde n'a pas à jouer beaucoup pour prétendre qu'elle est confuse, qu'elle ne sait pas très bien faire la différence entre l'amour vrai, respectueux et le désir qui « fait tout apparaître fort et puissant. Mais c'est pas certain, je pense ? »

Edward est bien en peine de répondre, la seule coche mal taillée qu'il ait à son actif étant la Kitty séduisante qui lui papillonnait autour. Adélaïde continue : « J'ai vu que Ted était attiré et j'ai pensé que je l'étais. Il s'est débattu quand je l'ai embrassé. C'est… c'est pour ça qu'on est tombés… »

Edward garde pour lui ce qu'il pense de Ted et de son attirance pour sa fille. Au seul souvenir de leurs deux corps enlacés sur le tapis du bureau, il a un frisson de colère. Il va lui régler son cas en peu de temps, ça c'est sûr.

« Adélaïde, je ne dirai rien à ta mère parce que je te fais confiance et que je crois que c'était une erreur monumentale qui a été possible à cause de l'inconséquence de Ted. Mais si tu me trompes, si tu mens, je vais devoir être très sévère. Très.

— Je ne mens pas. Je ne savais pas ce que je faisais.

— Et Ted Singer ne t'est rien ?

— Rien du tout… c'est une erreur, papa. Je regrette.

— Bon. Tu peux y aller. »

Elle se retourne juste avant de sortir : « Papa… si tu renvoies Ted maintenant, maman va se douter. Le préventorium ouvre en janvier. On peut peut-être…

— S'il s'engage, comme tu dis, le préventorium va ouvrir sans lui. »

La mort dans l'âme, elle quitte le bureau.

Munie d'une poignée de monnaie, elle appelle Nic. Il est très alarmé : « Tu vas me dire ce qui s'est passé ? Ted est arrivé ici avec l'air d'un condamné à mort et il m'a remis sa démission. J'ai eu toutes les misères du monde à le calmer.

— Nic, j'ai pas beaucoup de monnaie. Dis-moi si tu as réussi.

— Une semaine, oui.

— Il y aurait une raison de me faire venir à Montréal que tu pourrais trouver ? Une vraie raison, pour papa surtout ?

— T'as fait quoi ? C'est pas avec Ted ? T'as fait quoi ?

— Rien ! Papa pense que oui, mais j'ai rien fait de mal. Je t'expliquerai, mais pour l'instant…

— C'est ridicule, laisse-moi te rappeler.

— Non. Trouve, Nic, appelle papa et demande-lui de me faire venir chez toi. Parle pas de Ted. Pas du tout. Promis ?

— Tu m'en demandes beaucoup pour ce que tu me dis.

— Mon Dieu ! Est-ce que quelqu'un va accepter de me faire confiance ?

— O.K. Promis. »

*   *   *

Dès que Theodore entre dans le salon de Nic et qu'il aperçoit Adélaïde, il s'immobilise.

« Veux-tu rester ici s'il te plaît, Nic ? Sinon, je devrai partir. »

Nic, mal à l'aise, assiste à la brève conversation qui laisse Adélaïde de marbre. Ted explique qu'il s'est engagé comme volontaire et qu'à ce titre il sera envoyé outre-mer. Il ajoute qu'il subira un entraînement intensif d'un mois en janvier et que tout est réglé.

« J'ai *résigné* ma *job* au cabinet de ton père. Inutile de dire que je n'ai pas attendu d'avoir sa réponse. Je termine ici avec Nic les contrats importants et je quitte le Comité du préventorium le 1er décembre. Les décisions sont prises et les lettres signées. »

Nic voit Adélaïde demeurer très droite dans son fauteuil, très distinguée, immobile et apparemment sans émotion. Quand Ted s'avance vers elle et lui tend la main, elle ne bouge pas, se contente de le fixer avec des yeux emplis de haine et de détresse.

Ted demeure longtemps la main tendue vers elle. Quand il se détourne, il jette à Nic un « *Take care of her* » brisé, et part.

Longtemps après le son discret de la porte qui se ferme, Adélaïde reste dans le fauteuil, pétrifiée. Quand le soir tombe et que Nic allume une lampe, il l'entend dire « Non ». Il éteint et regarde le ciel de novembre si beau, si coloré, s'assombrir peu à peu.

Il se contente de demeurer dans la pénombre avec elle et d'évaluer l'ampleur des dégâts sur le cœur de la jeune femme.

En décembre, quand Nic arrive rue Laurier, Gabrielle lui indique de la tête la porte du salon : Adélaïde est assise par terre, près de la radio, les genoux ramenés sous le menton, les bras entourant la jupe qui couvre ses jambes. L'émission porte sur les armes modernes et l'utilisation de la baïonnette. Nic s'assoit près d'elle et n'obtient qu'un bref salut à son cordial bonjour. Il ne l'a pas vue depuis presque un mois, mais il comprend l'inquiétude de Gabrielle. Quelque chose s'est cassé dans la jeune fille, pas seulement son entrain ou son énergique volonté, mais le feu est comme éteint.

« Ta mère me dit que tu abandonnes tes cours à l'université. »

Un petit « Oui » sec comme réponse. Ça lui sera difficile de remplir sa mission. Il voit Gabrielle venir s'inquiéter dans le cadre de la porte et lui fait un petit signe de la main pour l'éloigner. Il monte le volume de la radio et parle bas à son oreille : « J'ai des nouvelles. »

Rien ne pouvait produire un meilleur effet ! Comme si la vie lui revenait, Adélaïde se tourne brusquement, les yeux brillants, le souffle court : « Quoi ? Ils l'ont refusé ?

— Non. Il sera demain à l'ouverture du préventorium. Fais-toi belle, Adélaïde.

— Mon père aussi y sera. C'est inutile, je ne pourrai même pas lui parler.

— Tu veux au moins me dire ce qu'Edward a à faire là-dedans ? Et pourquoi ta mère ne sait rien, elle ?

— Rien ne s'est passé. Papa a des soupçons. J'ai réussi à tenir maman en dehors.

— Des soupçons sur quoi, précisément ? »

Elle le regarde franchement, énervée, mécontente. Nic essaie de montrer sa disponibilité, sans juger, sans sévérité. Il devine à son ton qu'elle est furieuse contre elle-même : « Je l'aime, Nic. Je l'aime et il s'en va se faire tuer. Et je ne peux même pas lui dire adieu. Et j'ai refusé de prendre sa main. »

Elle se lève et fuit vers la fenêtre.

Longtemps, Nic réfléchit, essaie de prendre la bonne décision. A-t-il le droit de laisser cette jeune femme torturée commencer sa vie sur un tel échec amoureux ? Dire adieu, dire au moins qu'on a aimé, même si c'est en vain, même si c'est interdit, le dire et entendre que ça aurait pu être possible… Ted aime cette femme, il le sait. Elle est aimée, elle a cette chance inouïe de pouvoir entendre en retour de son aveu un aveu semblable. Elle pourra mettre ce baume sur sa peine et sur la solitude qui sera la sienne dans les années à venir.

Le commentateur radio donne maintenant des statistiques sur le coût de la Grande Guerre en vies humaines. Si Ted ne meurt pas, il reviendra vers sa femme. Si Ted ne meurt pas, il lui sera arraché par autre chose. Adélaïde ne se résignera jamais. Elle est si absolue, si intensément fidèle.

Elle revient vers lui, éteint la radio. Sa voix est rauque quand elle chuchote : « Si tu peux, demain, nous protéger pour deux minutes, que je lui dise au moins que je comprends. Je ne lui ai jamais dit. C'est important, Nic.

— Ce soir, Adélaïde, il vide l'appartement de la rue Turnbull. Seul. Mais je ne te l'ai jamais dit. »

Cette étreinte qu'elle lui donne ne lui enlève pas le doute terrible qui l'habite.

Adélaïde a pris la peine d'aller vraiment chez Isabelle et de lui demander de la couvrir pour la soirée « jusqu'à très tard ». Elle lui laisse un numéro en cas de réelle urgence. Isabelle accorde peu d'attention à sa cousine : le petit Jérôme pleure et elle doit le nourrir. Elle laisse partir Adélaïde sans poser de questions.

L'escalier est d'un vert glauque qui fait pauvre. L'immeuble ne respire pas la richesse non plus. Quand elle frappe, le cœur lui fait mal tant il cogne fort contre sa poitrine. Theodore tient des livres à la main, le col de sa chemise blanche est ouvert, son visage mal rasé et il a l'air épuisé. Dès qu'il la voit, la torture de prendre une décision anime tout son visage. Elle a si peur qu'il ne referme la porte qu'elle s'avance. Il referme son bras libre sur elle en l'attirant contre lui.

Son odeur est chaude, presque sucrée. Elle entend son cœur battre, son cœur à lui qui bat aussi fort que le sien. Elle entend la porte claquer derrière elle. Elle reste collée à lui, le visage dans son cou, incapable de faire autre chose que de le respirer, le sentir vivant contre elle, enfin contre elle. Elle tremble comme une fragile jeune fille et elle s'en veut de cette faiblesse. Le bras de Theodore frotte doucement son dos. Il ne dit rien. Elle voudrait lui parler, au moins l'assurer qu'elle comprend, qu'elle n'accepte pas, mais qu'elle comprend. C'est comme si tout était trop tard, comme si tous les mots étaient inutiles, caducs. Parce qu'elle va le perdre et que c'est sa dernière rencontre, parce qu'il va peut-être mourir, parce qu'il va sûrement partir.

Adélaïde ne ressent même plus ce besoin urgent de l'embrasser. Cette rage charnelle qui la jetait sur lui, la faisait gémir d'impatience pour une caresse, s'est enfuie aussi.

Il n'y a plus que cette présence chaude, intense, contre son corps. Cet homme triste qui tient contre lui une femme triste et dépassée de détresse.

Sans l'écarter de lui, il l'entraîne vers le salon. Dans la pièce quasiment vide et fortement éclairée, le sofa a l'air incongru. C'est un long sofa rouge vin en velours dont les bras sont incrustés d'appliques de bois.

Theodore l'assoit et, délicatement, minutieusement, il lui retire ses gants. Cela prend un temps fou, il le fait si lentement, pieusement presque. Elle regarde les longues mains découvrir les siennes, les poser avec vénération contre sa bouche. Elle le laisse faire, elle n'est plus pressée, elle est enfin arrivée. Theodore se lève, éteint le plafonnier qui accusait le vide et la tristesse de l'endroit. Ne reste qu'une lampe à l'abat-jour beige avec des franges qui éclaire le vernis du plancher. Il revient vers elle, s'agenouille à nouveau et lui retire son manteau, son béret, ses bottes. Ses gestes sont ralentis et on dirait que ses mains font l'inventaire de ce qu'il perd.

Adélaïde n'en revient pas de se sentir si tranquille, si apaisée, et quand Theodore l'étend sur le sofa et s'y étend contre elle, c'est la chose la plus pure et la plus respectueuse du monde.

Ils restent dans les bras l'un de l'autre sans parler, sans tension. Ils restent là, à se respirer mutuellement, à se tenir enlacés sans même s'embrasser, à déconstruire dans une immobilité chaude la violence qui les a séparés. Un long temps passe avant qu'Adélaïde ne sente la respiration de Theodore se hachurer, devenir difficile, et elle pose une main aveugle sur ses yeux, sachant bien qu'elle y trouvera des larmes. Elle se soulève et le regarde, même s'il se détourne, cherche à lui cacher son visage. Il lutte, se débat contre cette douleur et sa résistance aux larmes, à la peine qui veut exploser, le fait grimacer à force de retenue. Elle devrait trouver hideux ce visage torturé qui résiste et se tord. Elle passe une main apaisante sur les joues tendues, elle aime chaque pli de ce visage, chaque torsion de la bouche qui tressaute, et quand il éclate en sanglots sonores, c'est comme s'il libérait le fardeau de ses larmes à elle qui jaillissent avec des plaintes rauques.

À bout de chagrin, ils se sont endormis. Adélaïde ne sait plus l'heure qu'il est quand elle s'éveille en sursaut. Theodore ouvre tout de suite les yeux et sourit en la voyant. Le visage inondé d'amour, il sourit. Cette fois, sa bouche est telle qu'elle l'a toujours désirée, pleine et ferme, avec cette fossette au creux du menton, avec ses dents qui luisent dans la lumière tamisée, ses dents éclatantes au milieu de son visage assombri par la barbe mal rasée. Elle hisse son visage jusqu'à cette bouche si prometteuse qui lui donne envie d'être dévorée par ce bel animal, elle pose sa bouche entrouverte contre la sienne, se contentant de ressentir sa proximité.

Fulgurant, le désir les cingle avec violence. Adélaïde a l'impression de se battre contre ce corps pour en obtenir elle ne sait quelle réponse, quel consentement. Elle halète de désir en ouvrant la chemise blanche et quand elle pose enfin ses lèvres avides sur son torse, sur sa peau brûlante, sur son ventre traversé par une ondulation, quand elle entend le « non » de Theodore, elle se redresse d'un coup de reins, plante ses yeux dans les siens et, posément mais de façon inébranlable, elle défait son corsage et les boutons de sa jupe. Elle se tient au-dessus de lui en jupon, les seins durcis, parfaitement apparents sous la soie, et elle se contente de conclure avec un « oui » sans équivoque. Sans la quitter des yeux, Theodore entoure chacune de ses chevilles d'un mouvement qu'elle croit de défense. Les mains remontent, affaiblissent ses genoux, elle descend lentement vers lui. Il la saisit, la renverse et sa bouche est du feu. Ce n'est qu'au matin, avec une douceur infinie, que Theodore réussit à faire reculer l'arête aiguë du premier plaisir et à faire gagner la volupté qui arrache à Adélaïde une plainte semblable à celle de la douleur qui, quelques heures plus tôt, les avait abattus l'un contre l'autre.

Dans la salle de bains, agenouillé à ses pieds dans l'eau chaude, Theodore lave amoureusement le premier sang de cette femme devenue sa femme.

Il est six heures trente quand Adélaïde arrive chez Isabelle qui tient son bébé contre son sein. Cette fois, Isabelle prête attention et, atterrée, elle n'a pas besoin d'explications pour comprendre.« Tu l'as fait ! Adélaïde, tu es folle ! Tu as fait ça ? Oh, mon Dieu ! Mon Dieu ! »

Adélaïde s'accroupit à ses pieds et la rassure, lui jure que c'est bien, que c'est la chose la plus belle et la plus essentielle qu'elle pouvait faire, qu'elle n'a aucun regret. Quand le téléphone sonne, elle répond, joyeuse, et entend le soulagement dans la voix de son père. « C'est exactement comme je t'avais dit, papa, le bébé s'est réveillé, Isabelle dormait. Je m'en suis occupé pour lui permettre de prendre un peu de repos et je lui ai porté son fils affamé quand ça a été le temps. Maurice et elle sont épuisés. Tu veux lui parler ? Elle est avec Jérôme… »

Edward est si heureux de l'entendre vive, allègre, comme avant, qu'il l'assure qu'il n'a pas besoin de parler à Isabelle.

Adélaïde regarde sa cousine coucher le bébé dans son berceau, se redresser, montrer Jérôme : « Tu y as pensé à ça ? Tu vas l'épouser au moins, cet homme ? C'est Arthur ?

— Isabelle, ne m'en veux pas. Je ne peux rien dire et c'est la seule fois que tu vas devoir mentir pour moi. La seule, juré.

— Dis-moi c'est qui. »

Adélaïde refuse et cette détermination qu'Isabelle connaît si bien la décourage d'insister. Inquiète, elle fait du café et s'étonne de voir sa cousine manger comme une affamée.

« Et si tu attends un enfant ?

— Ça n'arrivera pas.

— Tu as fait attention ?

— Isabelle, ça n'arrivera pas, c'est tout ! C'est la guerre, il va peut-être se faire tuer, alors vraiment, je ne vois pas pourquoi on aurait toutes les *bad luck* en même temps ! »

Isabelle se contente de mettre deux autres tranches de pain dans le grille-pain. Elle garde pour elle pourquoi toutes les *bad luck* arrivent en même temps.

L'inauguration du préventorium a été devancée à cause de la guerre et de toutes les incertitudes qu'elle provoque. Les discours sont longs et fastidieux. Adélaïde, magnifique dans une robe qui souligne sa taille et dont les plis dansent sur ses mollets, a des bouffées de chaleur à chaque fois que les réminiscences de sa nuit la traversent. Ses joues rosies, son humeur charmante et un peu flirt avec Arthur et ses manières exquises calment Edward, qui ne la quitte pas des yeux.

Adélaïde ne parle pas une seule fois à Theodore. Nic l'observe aussi et se tient presque toujours près de Ted. Nic est moins naïf qu'Edward, dès qu'il a vu Adélaïde, il a su jusqu'où cette soirée l'avait entraînée. Il écoute Gabrielle et ses consœurs faire l'historique de cette œuvre, et il tremble à l'idée qu'elle le haïsse un jour d'avoir favorisé le déshonneur de sa fille. Il n'aurait aucune excuse et elle n'aurait aucun pardon. Dieu fasse qu'elle ne l'apprenne jamais.

« Comment allez-vous, Ted ? »

La main d'Adélaïde est tendue vers son compagnon, le sourire lumineux. Ted balbutie une réponse, alors qu'Edward arrive comme un chien de garde et se joint au groupe. C'est Nic qui demande à Ted quand il repart pour Montréal. Et c'est Nic qui guide Adélaïde vers un autre groupe quand elle pâlit en entendant le « ce soir » sombre de Theodore.

Québec, le 15 avril 1940.

Cher Nic,

Cette guerre est à la veille de tous nous rendre fous. Même Edward est en train de dérailler : il s'est mis en tête de marier Arthur et Adélaïde ! Il craint la conscription obligatoire et il prétend que, s'il est marié, Arthur peut éviter d'être appelé. Je ne comprends pas qu'un tel souci lui fasse oublier le bonheur de notre fille. Je veux bien admettre qu'Arthur est un charmant jeune homme très doué et convaincu dans ses discours, mais le mariage n'est pas seulement un contrat ! Adélaïde est tellement étrange. Elle ne dit RIEN, Nic. Le croiriez-vous ? Elle ne se prononce pas, comme si la guerre l'avait frappée d'indifférence. Elle est comme engourdie. J'ai même peur qu'elle n'accepte de se marier pour dépanner Arthur. Il faut faire quelque chose. Edward ne m'écoute pas et prétend que la guerre est une raison supérieure et que ce mariage fera du bien à Adélaïde. Il n'y a qu'à regarder Reine, oui, pour constater les effets d'un « bon mariage ». Je vous avoue, Nic, que cette fois, notre différence de vues, à Edward et à moi, nous entraîne assez loin. S'il le faut, je préférerais voir Adélaïde partir pour Montréal un certain temps plutôt que d'avoir à organiser une telle réception de noces.

Je sais très bien que vous avez d'autres inquiétudes autrement plus importantes que les miennes à traiter. On parle beaucoup du Danemark et de la Norvège qui ont été envahis par Hitler. Que fera l'Italie ? Où en êtes-vous des projets de rapatriement de Kitty ? Je m'inquiète, je sais que toutes les issues sont bloquées en Europe et que, dorénavant, les océans sont des pièges terribles. Vous n'essaierez pas d'y aller, Nic ? Promettez-moi. Rassurez-moi sur ce point.

Avec tout ça, le droit de vote accordé aux femmes est presque passé inaperçu. Paulette et moi avons quand même modestement célébré cette victoire. Mais vous savez ce qui m'a vraiment fait plaisir ? Le discours de monsieur Godbout, quand il a dit : « notre société a besoin des femmes », j'ai pensé à ma grand-mère, une maîtresse femme qui devait bien ricaner dans sa tombe. Grand-maman Dada avait un sérieux doute quant à la crédibilité des hommes politiques. Elle aurait peut-être applaudi Godbout.

Je m'égare dans des histoires sans intérêt pour vous. Béatrice parle de se fiancer en même temps que sa sœur. Léopold Tremblay me semble follement amoureux d'elle et Béatrice est plus mignonne que jamais, ce qui ne ressemble en rien au couple Arthur-Adélaïde.

Aidez-moi, Nic, parlez à Edward, à ma fille. Essayons d'éviter un désastre, peut-être petit si on considère les nouvelles qui nous arrivent tous les jours, mais un désastre quand même. Et, pour moi, une catastrophe.

Appelez-moi, je n'y arriverai pas seule.

Affectueusement,

Gabrielle.

Cette lettre précipite des décisions auxquelles Nic réfléchissait depuis un certain temps. En toute priorité, parce qu'il sait qu'Adélaïde ne sera sensible qu'à ce genre d'argument, il essaie de savoir où est Theodore, s'il a déjà été évacué sur l'Angleterre. Il n'arrive à rien, malgré ses nombreuses et puissantes relations. Il décide de se rendre à Québec, mais il est stoppé par les nouvelles qui bousculent encore une fois la marche des affaires : la France est envahie par les Allemands.

C'est Adélaïde qui arrive à Montréal en compagnie d'Arthur pour manifester contre le projet de loi de la conscription, même si le projet ne concerne que le territoire canadien et ne permet absolument pas d'envoyer les conscrits outre-mer. Le 22 juin, le jour où la loi passe, Adélaïde fait ses bagages pour retourner à Québec. Arthur, lui, souhaite rester à Montréal pour les fêtes de la Saint-Jean qui promettent d'être houleuses.

Nic essaie de parler avec Adélaïde et de savoir si, oui ou non, elle désire s'engager avec Arthur. Elle se contente de hausser les épaules, comme si cela n'avait aucune importance. Pour briser son exaspérante indifférence, Nic plonge : « J'essaie de savoir où est Ted. S'il est parti, s'il est ici, ce qu'ils ont fait, où on l'emploie et à quoi. »

Stupéfaite, Adélaïde le fixe, blême, paralysée par l'expectative. Depuis six mois, elle n'a rien reçu, elle n'a eu aucune nouvelle. Six mois à attendre comme une obsédée le moindre signe. Six mois de silence mortel. « Il pourrait ne pas être là-bas, Nic ? C'est pas possible, je l'aurais su ! »

Elle s'assoit, en proie à une telle angoisse qu'elle en fait pitié.

« Adélaïde, *tout* est possible. On sait si peu de chose. Tout le monde se méfie de la cinquième colonne. Je viens d'apprendre qu'on a un camp d'entraînement pour les aviateurs du Commonwealth ici, au pays. Alors, je me méfie de tout ce qu'on raconte, que ce soit positif ou négatif. La seule chose que je peux te jurer, c'est qu'il n'est pas mort. S'il l'était, je le saurais très vite. Le reste… il faut que je continue à faire jouer mes contacts.

— Tu es sûr ? Sûr qu'il n'est pas…

— Je parle toutes les semaines à sa famille. »

Adélaïde ne demande pas si Eva a des nouvelles. Elle ne peut même pas penser à ce prénom sans défaillir.

« Adélaïde, je veux te demander d'être très prudente avec tes projets de mariage. Donner ta parole à Arthur parce que Ted te manque ou parce que tu n'attaches plus d'importance à rien maintenant qu'il est parti, ce serait idiot. »

Elle lui explique franchement le subterfuge qui lui a permis de calmer les soupçons de son père et comment Edward est décidé à prouver qu'il n'a pas eu tort de la croire.

Quand Adélaïde confirme que, de toute façon, le mariage est une chose exclue avec Theodore…

Nic reste songeur, indécis. Il a envie de tenter quelque chose, mais il risque beaucoup en jouant avec le maigre espoir qui reste encore à Adélaïde.

« Tu veux te tenir prête à toute éventualité ? Ne pas risquer d'être coincée si jamais tu peux le revoir ? »

Adélaïde n'en croit pas ses oreilles : toutes ses prières visaient à apprendre que Theodore est vivant, elles n'allaient pas jusqu'à le revoir.

Elle s'entend avec Nic pour annoncer à ses parents une période de réflexion concernant son avenir, que ce soit le mariage ou toute forme de travail. Là-dessus, Nic demande à la jeune femme ce qu'elle penserait de venir s'initier à la marche de ses affaires à Montréal. La guerre menace de durer et Nic avoue qu'il n'a personne pour le seconder au cas où il devrait s'absenter.

« Ça, maman ne voudra jamais !

— Laisse-moi négocier cette partie-là. Je te demande surtout d'être honnête avec Arthur et de ne pas te ficher de ta vie. Le reste, ce ne sera pas tout de suite, mais je trouverai un moyen.

— Et Theodore, si tu apprends quelque chose… il faudrait que je puisse venir. »

Il tranquillise la jeune fille du mieux qu'il peut et se met en quête du soldat Singer.

Mais l'Italie entre en guerre aux côtés d'Hitler et le Canada lui déclare à son tour la guerre. Malgré tous ses efforts, Nic se trouve dans l'impossibilité de joindre qui que ce soit en Italie. Les ponts sont coupés jusqu'à la victoire de l'un ou de l'autre.

Trouver quelqu'un, au pays ou ailleurs, semble un pari impossible.

En août, tous les citoyens vont s'inscrire à l'enregistrement national, hommes et femmes. L'inquiétude règne dans tous les camps.

Québec, le 30 août 1940.

Cher Nic,

Les choses s'améliorent à la maison, malgré que le monde entier a l'air d'être pris de folie. L'entraînement des jeunes de vingt à vingt-deux ans a commencé à Valcartier. Arthur a heureusement vingt-trois ans, ce qui le met (pour l'instant) à l'abri et calme beaucoup les ardeurs marieuses de mon cher Edward. Je crois que notre fille l'a convaincu de ses droits à la réflexion. Et puis, il a trouvé très difficile notre mésentente à ce sujet.

Je ne saurais trop vous remercier d'avoir parlé à Adélaïde en juin. Elle est transformée. Je ne vous dirai pas que je la surprends à danser dans le salon, mais elle s'est montrée aimable aux fiançailles de sa sœur et son moral est plus d'aplomb. Il est évident que la décision de ne pas se fiancer pour l'instant l'a soulagée d'un poids. Elle travaille à la Croix-Rouge trois jours semaine et elle donne un coup de main au Centre où Isabelle est de moins en moins présente à cause d'une deuxième grossesse. Maurice craint beaucoup de devoir partir et Isabelle cache son angoisse du mieux qu'elle peut, mais elle fait pitié à voir, la pauvre petite.

Vous aurez quarante ans dans quelques mois, Nic, et je voudrais bien que cet âge « vénérable » vous épargne de partir. Je le crains toujours, vous savez, vous êtes un célibataire, donc une cible possible pour les gouvernements en mal de soldats. Dites-moi quand vous viendrez, que je me mette à mes fourneaux et vous remercie convenablement de tout ce que vous avez fait pour Adélaïde et moi.

Tendrement,

Gabrielle.

Nic touche ce *tendrement* sur la lettre : c'est la première fois de sa vie que Gabrielle signe avec une telle exubérance affective. Dieu ! Si elle apprenait de quelle manière il empêche ce mariage, avec quelles armes il se bat, elle le tuerait ! Mais mourir de sa main...

Cette fois, Gabrielle lui a donné tous les arguments pour entreprendre sa campagne en faveur de la venue d'Adélaïde à Montréal. La crainte de son appel à l'armée, l'impossibilité d'avoir recours à tout homme en âge d'être appelé à son tour pour le remplacer, tout justifie qu'Adélaïde y songe, même si ce ne serait que pour un temps limité. Il va doucement, discute de tous les « si » et les « mais » et laisse Gabrielle réfléchir.

Ce n'est qu'en février 1941 qu'Eva Singer lui fait parvenir le cadeau de Noël que Ted lui a envoyé dans un courrier très en retard. Il s'agit de mots croisés qu'il a conçus lui-même. Intrigué, Nic est certain que cela contient un message. Il fait les mots croisés, les triture, mais ne parvient à rien. Il décide d'appeler Adélaïde à la rescousse.

Le lendemain de son appel, malgré l'accouchement prématuré d'Isabelle qui a eu une fille, Adélaïde arrive chez lui et se saisit des mots croisés. À trois heures du matin, elle fait irruption dans la chambre de Nic : « Halifax ! Il est à Halifax. Il va bien, mais il est au secret total. Impossible de communiquer avec qui que ce soit. »

Nic a beau questionner, elle refuse de révéler ce que contiennent les mots croisés ou leur code. Elle se limite à lui confirmer que c'était bel et bien pour elle et qu'ils avaient des codes secrets et privés à travers ce jeu.

Après ce message, un silence de plusieurs mois règne. Pourtant, les soldats ont le droit de communiquer avec les leurs, mais Ted semble empêché de transmettre quoi que ce soit.

Peu de temps après avoir célébré ses quarante ans, Nic a vu l'extension du service militaire obligatoire menacer de l'atteindre à un moment ou à un autre. Après avoir engagé une gouvernante très stricte qui s'ajoute aux services du *butler* et de la cuisinière, une fois les anciens appartements de Kitty réaménagés pour procurer à Adélaïde un espace privé et éloigné du maître de maison, Gabrielle et Edward acceptent de voir leur fille partir pour Montréal afin de s'initier à la tenue des affaires de Nic. Si jamais il doit quitter Montréal, au moins saura-t-elle les rudiments nécessaires à la bonne marche de la *business*.

En avril 1941, Adélaïde s'installe à Montréal et elle suit Nic pas à pas, posant des questions, tentant certaines approches, lisant des dizaines de dossiers, apprenant les principales ficelles de l'empire McNally. C'est une élève brillante et zélée. Elle parle peu et ne se livre jamais à des confidences. Elle étudie à fond les mécanismes du commerce et de l'administration. Elle engloutit des informations sur la haute finance à une vitesse vertigineuse. Quelquefois, il la surprend en train de penser, les yeux au loin, l'air absent, et il devine que ce n'est pas le mystère d'une compagnie étrangère qui la tient concentrée de la sorte.

Elle apprend vite et se débrouille fort bien. C'est elle qui suggère d'engager davantage de femmes, ouvrières plus sûres en ces temps de guerre. C'est elle qui, en imitant une politique gouvernementale, l'incite à créer une pouponnière pour les enfants d'âge préscolaire de ces femmes. Adélaïde recrute, fait passer des tests, organise sans relâche. Jamais elle ne se plaint de la fatigue ou du moindre découragement.

Après avoir accompagné Nic à une réception officielle, elle lui signifie son désintérêt total pour ce genre de choses et l'avertit qu'il devra trouver quelqu'un d'autre pour ses mondanités.

En trois mois, elle absorbe des masses de dossiers, d'informations diverses et elle étonne Nic avec les déductions et les suggestions qu'elle lui soumet.

Un jour, elle pose un dossier sur le bureau de Nic : « C'est Theodore qui a négocié ça ? »

Nic demande à quoi elle le voit. Elle sourit : « À la ruse. C'est brillant, évidemment ! »

Elle sort du bureau d'un pas dansant.

En juillet, ils se rendent à Québec pour assister au mariage de Béatrice avec Léopold Tremblay. La nouvelle Madame Tremblay rayonne, Arthur couve Adélaïde des yeux, mais celle-ci lui échappe et se réfugie auprès de Florent qui a toujours la même complicité avec elle. Il a grandi et dépasse maintenant Edward, tout comme Fabien d'ailleurs, qui a bien une tête de plus que son père. À la différence de Fabien, Florent garde une minceur gracile. Fabien, qui pratique les sports les plus variés, a une carrure d'homme et ses quinze ans connaissent déjà de grands succès féminins. Il fait d'ailleurs danser les jeunes filles avec une générosité remarquable. En le voyant s'incliner devant Adélaïde pour une valse, Gabrielle en pleurerait tellement ce couple l'émeut. Elle valse avec Nic sans quitter ses enfants des yeux. La valse s'achève quand elle revient à son cavalier, les yeux pleins d'eau : « Je vieillis, moi. Je voudrais tellement qu'ils soient heureux, Nic, que rien de mal ne leur arrive. »

Il la fait tourner : « Je sais. »

Au buffet où il lui tend une coupe de vin mousseux, Gabrielle lui parle des projets de Fabien de s'inscrire en génie : « Il ne me dit pas tout, Nic. J'ai très peur de son désir de s'engager pour devenir aviateur.

— Trop jeune.

— Ses résultats scolaires sont si bons. Dans un an, il aura seize ans. Ils les prennent à cet âge-là.

— Dans un an, Gabrielle, on ne peut pas savoir. Trop de choses peuvent arriver. »

Le beau regard triste fait le tour de la fête : « Regardez-les, Nic, ils sont tous là, ceux que j'aime. Intacts, vivants. Mon Dieu, pour combien de temps ? Tous les soirs, c'est la question que je me pose, pour combien de temps ? »

Ses grands yeux gris, presque bleus aujourd'hui, se posent sur lui. C'est vrai que l'angoisse tire les traits de Gabrielle, mais elle a encore cette ferveur dans la peine, la même ferveur qu'elle possède dans la joie.

« Venez danser, Gabrielle, et amusez-vous. C'est une bonne journée, aujourd'hui. Ne pensez pas aux malheurs possibles, restez dans le bonheur de ce mariage. »

Il l'entraîne sur la piste et la fait danser jusqu'à ce qu'elle s'abandonne effectivement au plaisir de la musique.

Le rire de Nic, franc et généreux, éclate en même temps que celui de Gabrielle et attire l'attention d'Adélaïde. Elle danse avec Florent et ils regardent tous les deux Nic essuyer délicatement le bord de l'œil de Gabrielle, toute rose d'avoir tant dansé.

« C'est pas souvent qu'il rit comme ça », commente Florent.

Adélaïde se dit qu'elle ne se souvient même plus de quand Nic riait comme ça.

Le mariage et ses festivités ont fait du bien à tout le monde. Gabrielle, qui s'ennuie beaucoup d'Adélaïde depuis qu'elle est chez Nic, vient pour la première fois leur rendre visite. Elle est impressionnée par cette maison somptueuse, par les appartements de sa fille, et elle est presque gênée à la vue de la chambre d'amis que Nic lui offre.

« C'est la chambre d'Edward quand il vient à Montréal. Si vous préférez, je vous donnerai la mienne. »

Edward doit les rejoindre le lendemain. Ce premier souper, pris à eux trois dans la salle à manger, est un moment merveilleux de gaîté, de souvenirs et de projets. Gabrielle promet de revenir en compagnie de Florent, pour lui permettre de visiter les musées de Montréal.

« Rien que votre maison, Nic, il va en être ébahi. Nous l'envoyons à l'École des beaux-arts pour des cours privés, les fins de semaine. Paulette et moi, nous trouvons qu'il a un vrai talent artistique. »

Nic sourit : « Oscar, artiste peintre… ça fait longtemps que je le pense. Ça lui plaît ? »

Gabrielle l'assure qu'il est fou de joie.

Le soir où Edward et Gabrielle repartent, Adélaïde vient s'asseoir sur le sofa près de Nic qui lit. Elle l'observe, pensive, et il finit par lever la tête : « Quoi ? »

— Tu dis tout à ma mère, n'est-ce pas ? »

Nic comprend ce qui inquiète Adélaïde : « Sauf ce qui peut la blesser ou l'inquiéter inutilement. Elle ne saura rien de Ted, si c'est ta question.

Gabrielle et moi, nous avons une entente concernant les enfants : ce qu'elle ne peut pas faire pour vous protéger, je le fais.

— Les enfants ?

— Toi et Florent, c'est sûr. Bientôt Fabien, à cause de son désir d'être aviateur.

— Qu'est-ce que tu peux y faire ?

— Essayer de l'empêcher d'aller jouer à la guerre. Je ne te garantis pas le résultat, comme je n'ai pas su te protéger de Ted. »

Elle ne commente pas, elle sait très bien ce qu'elle aurait fait de ce genre de protection.

Le 7 décembre 1941, l'attaque de Pearl Harbor par les Japonais change le cours de la guerre. Les États-Unis entrent dans le conflit et les Alliés ont un urgent besoin d'hommes.

Une semaine plus tard, Nic apprend soudain que Ted termine un entraînement spécial et qu'il sera envoyé en Angleterre avant la fin de l'année pour rejoindre les troupes. Il n'a pas besoin d'attendre le regard de désespoir d'Adélaïde pour se mettre en action. La mission de Ted outre-mer s'appelle danger, et il le sait.

Au bout de trois jours, il surgit dans le bureau d'Adélaïde et lui tend une enveloppe contenant un billet de train, de l'argent, l'adresse d'un hôtel et une note pour Theodore.

« Tu pars ce soir par le train de nuit, voiture avec couchette. Tu arrives en Nouvelle-Écosse, à Halifax, demain soir vers onze heures et demie. Ça, c'est le nom du petit hôtel où tu iras t'inscrire sous le nom de Madame Theodore Singer. Il devrait arriver ce soir-là ou pendant la nuit. Il a deux jours de permission. S'il ne se montre pas, tu dois me jurer de reprendre ton train le 22 décembre, comme prévu, de ne parler et de ne rien demander à personne là-bas. Tu promets de revenir, même s'il ne se montre pas ? Tu peux prendre un risque comme celui-là ? Adélaïde, c'est important, il faut t'engager à ne pas courir tout Halifax pour le trouver s'il ne peut pas venir. C'est sa vie qui serait en danger. Tu comprends ? Tu peux le jurer ?

— Comment tu as fait ?

— Ça, c'est le deuxième serment que je veux. Tu ne sais pas par qui ni comment tu as su qu'il serait peut-être là. Tu as été avisée par un coup de téléphone anonyme. Tu as pris le risque de revoir ton mari, point. Si on vient t'interroger, que ce soit ta seule réponse.

— Tu as pris des risques, toi ?

— Jure-moi, pars et, je t'en supplie, sois heureuse. »

La chambre est petite, froide et chichement meublée. Les draps sont propres et la salle de bains n'est pas loin dans le corridor. Halifax est couvert d'un épais brouillard, glaçant. Quand on frappe à la porte, Adélaïde sursaute, se précipite : la patronne lui apporte une théière pleine de thé brûlant et deux tasses.

Adélaïde s'assoit sur le lit, le manteau sur le dos, et elle se réchauffe les mains autour de sa tasse. Ça fait vingt minutes qu'elle est là quand on gratte à la porte.

Theodore entre et il fait soudain très bon dans la chambre.

Ils ne dorment pratiquement pas des deux jours. Ils restent au lit, soudés, affamés l'un de l'autre. La pluie, la brume et, enfin, le soleil varient les lumières dans la petite chambre, mais ils ne sortent pas, ou alors, que pour aller chercher des vivres. Quelquefois, ils entendent de la musique venue du salon en bas, quelquefois des portes claquent ou alors Mrs Stanley cogne discrètement et vient remplacer la théière avec un chargement brûlant.

Ils parlent, se contemplent sans fin, avouent tout ce qu'ils savent déjà et refusent l'un comme l'autre d'aborder les sujets interdits comme la guerre, le régime des camps d'entraînement, la tâche de Theodore ou l'avenir, ce mot privé de sens.

Il n'y a que du présent à se consumer dans le lit, que de l'instant figé, seconde après seconde, que de cet éblouissement d'amour qui éclate dans chaque rire, chaque soupir, chaque étreinte. Il n'y a que ce sursis qui existe, que cette suspension fragile de la marche du malheur, qui leur permet d'accéder enfin à la bulle parfaite de la félicité.

Le 22 décembre, à huit heures du soir, Theodore remet ses habits de soldat et s'assoit au bord du lit, devant une Adélaïde prête à partir, le visage tendu et fermé. Il prend ses mains et se tait. Elle sursaute et va chercher une lettre dans son sac : « C'est Nic qui m'a demandé de lui rapporter ta réponse. »

Theodore prend la lettre, interrogatif. La feuille est vite lue. Il la déchire ensuite en petits bouts minuscules : « Dis-lui merci. » Sa voix craque sur le dernier mot, il saisit Adélaïde et la serre convulsivement contre lui. Il balbutie son nom au milieu de ses larmes, il répète ses serments en embrassant follement son visage, puis ils entendent le klaxon de la jeep, en bas dans la rue, le klaxon qui refait trois fois le même code. Il s'arrache à elle, essaie de voir une dernière fois ses yeux, mais il est aveuglé par les larmes et il titube vers la porte.

Adélaïde ne bouge pas. Jusqu'à ce qu'elle entende le moteur rugir et la jeep démarrer, elle ne respire même plus. Alors seulement, un feulement rauque la casse en deux.

Une heure plus tard, rigide, elle est assise dans le train qui s'enfonce et fend les brumes glacées de la Nouvelle-Écosse.

Le 23 décembre au soir, à la gare Windsor où elle descend, titubante de chagrin, Nic l'attend et la ramène à la maison.

*　*　*

Adélaïde ne se rend pas à Québec pour ce Noël, incapable de jouer le rôle d'une jeune fille à la face de sa mère. Elle préfère lui parler longuement au téléphone, prétextant une grosse grippe que sa voix altérée par le chagrin et l'inquiétude rend plausible.

Dès janvier, les manifestations contre la conscription reprennent avec virulence et Adélaïde se sent déchirée, non pas que cette guerre soit devenue leur guerre, mais c'est celle de Theodore et il risque tout là-bas. Le principe du plébiscite la révolte : comment un premier ministre qui a promis fermement, publiquement et à plusieurs reprises de ne jamais faire revivre la conscription aux francophones ose-t-il demander aux Canadiens anglais de le relever de ses promesses envers les Canadiens français ? Comment peut-il croire en toute bonne foi qu'il ne révoltera pas la province en entier en la faisant devenir l'otage du reste du pays ? Adélaïde ne peut s'empêcher de se souvenir d'une phrase de Theodore à Halifax, quand il a dit qu'elle avait raison, que les francophones étaient traités en valets à l'armée, quand il a confirmé que son statut d'anglophone avait fait une grosse différence.

Le 11 février, Adélaïde se rend tout de même au grand rassemblement pour le « Non au plébiscite » qui a lieu au marché Saint-Jacques. Il y a tant de monde, une telle énergie rageuse de la foule qu'elle et Arthur sont bousculés, malmenés. Ils n'arrivent pas à entrer à l'intérieur du

599

marché et restent dehors à écouter les orateurs dont les discours sont transmis par des haut-parleurs. Comme le bruit des tramways empêche les gens d'entendre, des exclamations suivies de mouvements de contestation éclatent. Quand des militaires anglophones hurlent non loin d'Adélaïde : « *This is an English country. These French Canadians should speak English !* », la pagaille commence et la foule se soulève. Écrasée contre le mur d'une maison, Adélaïde voit les gens paniquer, les policiers attaquer, les cris et la fureur s'élever. La violence est suffocante. Malgré le froid, elle a chaud, les jambes lui manquent alors qu'elle essaie de suivre Arthur. Coin Saint-Hubert et Sherbrooke, pliée en deux, elle vomit.

Ils rentrent exténués et Nic, inquiet, écoute Arthur raconter ce qui s'est passé.

Dans son lit, Adélaïde pose un oreiller contre son ventre et elle remonte ses genoux vers sa poitrine. Elle se calme et se berce doucement.

Elle est certaine d'être enceinte.

Pour la première fois depuis sept semaines, elle est heureuse.

* * *

Québec, le 13 février 1942.
Cher Nic,
Votre appel de ce matin m'a fait du bien. Comme vous voyez, il semble que nous n'ayons pas assez parlé. Me voilà encore à vous écrire. Ces lettres me sont précieuses, Nic. À qui pourrais-je dire mon inquiétude si je ne vous avais ? Edward est déjà bien torturé avec cette guerre qui n'en finit pas et cet appel que, malgré ses quarante-deux ans, il redoute. Il craint pour moi, pour nos enfants qu'un appel le forcerait à quitter. Il n'a pas tellement peur pour lui, mais pour nous.

Et moi, j'ai peur pour lui, pour Fabien, si peu raisonnable et si fou à l'idée de piloter un avion. Un avion de guerre, Seigneur ! Et puis, il y a Maurice et Léopold, si jeunes pères de famille. Bon, Léopold ne l'est pas encore, mais dans quelques mois : Béatrice devrait accoucher en juin. Grand-mère, Nic, me voilà grand-mère. Comme la vie passe vite ! Et Adélaïde qui n'est pas mariée et qui travaille. Vous savez que j'ai essuyé une remarque bien fraîche de la part d'une dame du préventorium l'autre jour : elle décrétait assez scandaleuse la situation de ma fille qui habite chez un homme célibataire. Trois domestiques et le fait que vous soyez de l'âge de son père ne sem-

blent pas faire taire les ragots ou reculer les esprits malveillants. Ça valait bien la peine de se donner tant de mal pour engager la gouvernante. Vous vous rendez compte, Nic, de ce qui importe pour les gens en temps de guerre ? Ce n'est pas la grandeur d'âme qui va sauver l'humanité, je le crains.

Revenons à des sujets moins stupides et malheureusement plus graves. Nous savons tous deux que, plébiscite ou non, ils vont appeler nos enfants et les envoyer là-bas. Comment faire, Nic ? Comment mettre Fabien à l'abri ? Et Florent ? Je suppose que son passé de sanatorium va le rendre inapte. Que ça lui serve au moins. Vous allez me juger bien malhonnête, mais je risque le tout. Et si on essayait de truquer une des radiographies de Florent pour prétendre que Fabien a, lui aussi, des problèmes pulmonaires ? Je sais, c'est injuste, déloyal et terriblement répréhensible. Je suis prête à me confesser ma vie durant pour éviter à cet enfant le supplice des champs de bataille. Quand je pense à Ted qui se bat ! J'ai la chair de poule en imaginant que mon grand garçon de seize ans me sera enlevé. Je ne l'ai pas mis au monde pour aller se battre. Aidez-moi à trouver un médecin compréhensif. Je paierais une fortune pour un mauvais bulletin de santé.

Voilà. Jugez-moi sévèrement comme je le mérite, Nic, mais aidez-moi. Condamnez-moi, mais que Fabien reste ici.

Vous comprenez bien que je ne pouvais pas vous dire cela au téléphone ce matin. J'ai honte, mais je ne peux pas m'empêcher de penser que ma vie sans mes enfants ne sera plus une vie, mais un enfer.

Prenez bien soin de ma grande fille si courageuse et qui m'a semblé encore fuyante dans sa dernière lettre : vous savez cette façon qu'elle a de parler de tout et absolument pas d'elle-même. Je vais appeler Florent, seule façon de savoir ce qu'elle cache.

Je vous embrasse affectueusement, Nic, et vous demande instamment de prendre en considération ma requête. Je sais tout le mal qu'on serait en droit de penser de moi, mais je n'accorde d'importance qu'à une seule chose : la vie des miens. À la vôtre aussi, puisque vous êtes des miens.

Gabrielle.

Soucieux, Nic range la lettre. Non, Gabrielle ne pourra s'épargner l'enrôlement des siens. Edward et lui-même seront appelés si la guerre dure encore six mois. Et il ne voit pas la fin de cette guerre. Que peut-il pour Fabien ? Ils sont des milliers à trembler pour leurs enfants. Des milliers à ne plus dormir en scrutant l'horizon et en se demandant où sont les leurs, s'ils respirent encore.

Il voit Adélaïde pâlir de jour en jour. Gabrielle sera deux fois grand-mère, il en est certain. Encore une jolie nouvelle à annoncer ! Il voit d'ici la fureur d'Edward, les yeux gris de Gabrielle passer de son mari à sa fille. Et Adélaïde n'aidera en rien, il le sait. Elle ne donnera jamais cet enfant en adoption, elle va même vouloir provoquer le monde entier avec lui.

Quand Nic rencontre le rabbin ou le père de Ted, il se dit que la guerre va changer beaucoup de choses et que ce jeune Juif qu'ils ont réussi à garder jusque-là sous leur autorité, soumis aux lois, aux coutumes, ce jeune homme va casser les liens sacrés et rejoindre Adélaïde et leur enfant. S'il revient.

Qui va revenir ? Kitty ? Protégée par sa beauté, son inconscience et son désir d'en finir de toute façon ? Lui-même ?

Nic saisit le téléphone et parle longuement avec Paulette. Il ne dit rien de ses véritables mobiles, mais si, d'un moment à l'autre, il est appelé, il faut que Florent soit déjà à Montréal pour protéger Adélaïde et son enfant, pour en prendre soin. Grâce à Gabrielle, il est rassuré sur un point : avec ses poumons, jamais Florent ne sera soldat. Adélaïde, sans le savoir, vient de se gagner un protecteur fidèle et Nic, un soulagement temporaire.

Le 15 mars 1942, pour célébrer les seize ans de Fabien, les prochains quinze ans de Florent ainsi que son départ imminent pour Montréal, Gabrielle organise une fête de famille. Elle demande instamment à Nic de venir, parce qu'elle tient à avoir tous les siens près d'elle « pour que chacun soit conscient de la chance que nous avons d'être encore tous ensemble ».

À la dernière minute, Adélaïde se désiste et demande à Nic d'expliquer à sa mère qu'elle est malade. Nic insiste, démontre combien cette réunion est importante pour Gabrielle. Adélaïde est inflexible : elle n'ira pas. À bout d'arguments, Nic décrète : « Ça ne paraît pas encore, Adélaïde. Personne ne le saura. »

Elle reste silencieuse, le temps de comprendre ce qu'il vient de lui révéler : « Tu ne connais pas ma mère, Nic ? Si toi tu l'as deviné, pense un peu à quelle vitesse ma mère va le comprendre. Elle me connaît, elle connaît mon corps, mes yeux, mon visage. Si elle n'a pas vu ce qui m'est arrivé en décembre, il y a deux ans, c'est à cause de l'ouverture de son préventorium. Mais déjà à Noël, elle aurait vu que j'ai changé. Et aujourd'hui, elle verra que je suis enceinte.

— Il va bien falloir que tu lui dises un jour, non ?

— Je n'ai pas envie de discuter de cela, Nic. Quand je vais le dire, ce sera les larmes, les reproches, papa en furie, tout ! Tu n'y échapperas pas, tu sais, même si on ne dit rien du comment et du pourquoi. J'ai besoin d'un peu de temps avant d'affronter tout ça. Je ne peux pas aller leur gâcher la fête avec une catastrophe pareille. Dans le fond, j'épargne la fête de maman. »

Nic s'incline et décide de partir à la fin de la journée, par le dernier train. Adélaïde le conduit à la gare. Dans la voiture, juste avant de descendre, il ne peut s'empêcher de lui demander si, pour elle aussi, c'est une catastrophe. Le sourire magnifique qui lui répond le rassure totalement. « Même si le monde entier est contre moi, je vais garder cet enfant, l'aimer et l'élever, Nic. »

Nic serre la main gantée sur le volant et lui jure que le monde entier ne sera pas contre elle, qu'elle aussi a des alliés.

Malgré le rationnement qui commence à se faire sentir, malgré les tensions qui font vite monter le ton des conversations, malgré l'évidente déception de Florent et de Gabrielle de ne pas voir Adélaïde, la soirée est une réussite. Même Hubert et Georgina parviennent à ne pas parler d'argent ou d'économie des bons de la victoire. Béatrice est splendide avec son petit ventre arrondi. Nic l'observe en se disant que, bientôt, Adélaïde aura cette allure. Il est heureux, bêtement heureux. Il conçoit la crainte qu'Adélaïde éprouve devant les dons de clairvoyance de sa mère quand il entend Gabrielle lui demander en quoi il est si content.

« Pour les raisons qui vous ont fait organiser cette réception : nous sommes tous là, Gabrielle, et vos enfants sont magnifiques. Regardez Rose au piano : on dirait Adélaïde à son âge.

— Vous rêvez, Nic ? Rose a la forme des yeux sombres de son père même s'ils sont bleus et elle est tellement sage si on la compare à sa sœur. Elle est loin de m'inquiéter autant.

— Ne vous inquiétez pas d'Adélaïde.

— Vraiment ? J'ai bien peur que vous ne sachiez pas à qui vous avez affaire, Nic. Adélaïde va vous mettre dans sa poche quand elle le voudra.

— Vous dansez, au lieu de m'inciter à la méfiance, mauvaise mère ?

— Non, mon cavalier s'en vient, je lui ai promis cette danse. »

Guillaume arrive et s'incline cérémonieusement devant sa mère. Treize ans dans deux mois et déjà parti pour dépasser son frère. En le regardant danser avec Gabrielle, Nic est frappé par leur ressemblance, la même taille longue et le même port de tête.

Edward s'approche de Nic et murmure qu'ils sont déjà hors jeu. Nic se contente de soupirer : il craint que l'armée ne les considère pas si hors jeu et que, jeunes comme vieux, ils se retrouvent tous sur le même champ de bataille.

Un mois plus tard, alors qu'Adélaïde et Nic déjeunent paisiblement avant de partir pour le bureau, ils reçoivent un appel de Gabrielle, totalement paniquée. Fabien est parti pour Valcartier. Il s'est enrôlé sans le dire et il doit commencer son entraînement sous peu. Pour l'instant, il est encore à Valcartier. Gabrielle est si énervée que Nic a du mal à comprendre la chronologie des faits. Elle ne cesse de répéter que tout s'est fait à son insu, dans son dos et qu'Edward s'est précipité au bureau de recrutement pour tenter quelque chose. Elle se met à sangloter en répétant qu'il faut empêcher une telle folie.

Nic s'efforce de la calmer et finit par déclarer qu'il arrive. Adélaïde lui fait promettre de l'appeler dès qu'il a du nouveau.

En quittant le bureau à cinq heures ce soir-là, Adélaïde est trop inquiète pour demeurer à Montréal et elle décide de se rendre à Québec. À peine a-t-elle mis le pied dans la maison que Lionel, le *butler*, lui demande de rappeler Nic au plus tôt. Anxieuse, elle compose le numéro. C'est Nic qui répond. C'est Nic qui lui demande de prendre le dernier train parce que Gabrielle est au plus mal et que le pire est à craindre.

Accompagné d'Isabelle, Nic l'attend à la gare. Adélaïde n'a qu'à regarder le visage dévasté de Nic pour savoir que sa mère est morte.

Blafard, les lèvres closes, les yeux fixes, un Nic ravagé laisse Isabelle expliquer.

À quatre heures, alors qu'Edward faisait des pieds et des mains pour sortir Fabien de ses propres engagements, alors que Nic venait de quitter la maison pour rencontrer une relation au manège militaire, Gabrielle a pris la voiture pour se rendre à Valcartier.

À cause du rationnement, il n'y avait pas beaucoup d'essence. Gabrielle, trop énervée sans doute, n'a pas fait attention. Il pleuvait à verse, comme maintenant. La panne est survenue sur une route déserte. Elle a dû courir sur le chemin pour obtenir de l'aide ou pour atteindre Valcartier, on ne sait pas. Le camion de l'armée rentrait vite, le conducteur avait dix-huit ans et il jure ne pas l'avoir vue dans le noir avec la pluie.

Gabrielle est morte sur le coup.

Dans le taxi qui les ramène rue Laurier, coincée entre Nic et Isabelle qui tiennent chacun une de ses mains, Adélaïde fixe le mouvement poussif des essuie-glaces. « Ab-sssurde ! Ab-sssurde », font les essuie-glaces dans sa tête. Elle ne peut entendre ou voir autre chose que cette pluie repoussée par l'absurde de la mort.

Dans le salon de la rue Laurier, tous lèvent les yeux à son entrée. Edward est assis dans le fauteuil près de la radio. Quand il la voit, il se met à sangloter comme un fou. En le serrant contre elle, sans un mot, en le berçant, Adélaïde essaie de ne plus entendre la phrase que son père murmure sans fin : « Tu lui ressembles tellement ! »

Elle trouve Fabien dans sa chambre, atterré, défait. Elle s'assoit près de lui, met son bras autour de ses épaules et ils parlent longuement. Elle le laisse répéter tous les reproches qu'il se fait, toutes les craintes, toutes les choses horribles qu'il pense de lui, elle le laisse évacuer toute cette peine immense qu'il aura toute sa vie, tous les « si » qui le rongeront, et elle lui demande enfin si leur mère lui aurait pardonné à son avis.

« De la tuer ?

— Fabien, tu as pris ta décision et tu l'as prise tout seul. Maman ne l'a pas acceptée et elle s'est battue à sa manière. Le camion n'est pas la main de Dieu qui te fait des reproches. Le camion est un stupide hasard qui nous fait mal à tous, à toi comme à moi. Si le camion t'avait tué, j'expliquerais la même chose à maman ce soir et j'essaierais de lui faire comprendre qu'elle ne pouvait pas, malgré tout son amour, arrêter le camion. Tu ne pouvais pas l'arrêter, Fabien, tu ne pouvais rien faire. Maman n'est pas morte à cause de toi, elle est morte en pensant à toi, en s'en faisant à ton sujet et en courant pour t'empêcher de faire ce que tu avais décidé. La même chose aurait pu arriver si elle était allée à l'accouchement de Béatrice et qu'un camion avait surgi. »

Au bout d'une heure, elle le laisse, enfin calmé.

Elle va voir Edward et lui parle à son tour, longuement. Elle l'accompagne ensuite jusqu'à la porte de la chambre de Fabien où elle le regarde entrer et refermer la porte avec douceur.

Alors seulement, elle demande à Nic de la conduire auprès de sa mère.

L'entreprise des pompes funèbres est située dans la basse-ville. Elle entre et refuse que Nic l'accompagne. On la laisse seule devant le corps de Gabrielle.

Très pâle, yeux clos, l'air calme, sa mère repose. On lui a croisé les mains sur un chapelet de cristal, son préféré. Sur sa joue, une blessure mal camouflée et la tempe gauche a l'air légèrement enfoncée.

Adélaïde regarde sa mère et sent monter en elle la même vieille colère, la même révolte sauvage et intraitable qu'elle a toujours eue devant la mort. Du bout des doigts, elle touche la blessure — sa mère froide, sa mère sans le frémissement heureux devant sa tendresse.

« Maman, je vais avoir un bébé de Theodore. Il est peut-être mort à l'heure qu'il est. Maman, j'aurais eu besoin de te le dire… Je pense que j'aurai besoin de toi encore longtemps. Mais je vais faire comme tu m'as appris, maman, je vais lutter et me battre. Je ne ferai pas toujours ce que tu aurais voulu, mais je le ferai toujours avec le courage que tu m'as appris. Maman, ma petite maman, je regrette de ne pas t'avoir embrassée depuis que j'ai cet enfant dans moi. Je t'aime, maman. »

Elle pose ses lèvres pleines de larmes sur la joue de sa mère.

Quand elle sort, elle va prendre Nic par la main et l'emmène près du corps de Gabrielle : « Prends ton temps, Nic. Ce moment-là est à toi et à elle. »

Elle va s'asseoir dans le petit vestibule à l'éclairage gris.

Plus tard, ils rentrent sans un mot.

À trois heures du matin, quand tout le monde est couché, quand elle a réussi à convaincre Florent de monter, quand Edward, anéanti par le chagrin, s'est enfin assoupi, Adélaïde prépare du thé et s'assoit au salon, dans le fauteuil que sa mère affectionnait.

Elle demande à Nic de fermer les lumières et de la laisser.

Avant d'éteindre la petite lampe sur la radio, Nic se tourne vers Adélaïde : « Épouse-moi. »

FIN

REMERCIEMENTS

*Écrire une trilogie à saveur historique représente une aventure risquée :
l'Histoire a beau être écrite, elle varie selon les manuels. Tous mes personnages sont fictifs et se démènent dans un temps à la fois vrai et inventé.
Quand j'ai essayé de cerner le vrai, j'ai eu recours à des gens plus savants que
moi. Ils m'ont aidée énormément. Voici « mes spécialistes » : Francine
Laberge, Rita Laberge, François Lachance, Mariette Laberge, Rachel
Bureau, Françoise Giroux et sa sœur, Nicole Rochette, dont j'ai pu consulter les écrits, Odette Désilets, Johanne Mongeau, Pierre Anctil, Jean-Mau-
rice Brisson, Daniel Fortin, Luisa Ferrian, Jules-Albert Ménard, Claire
Laberge, Terry Carter, Harry Zeltzer, Ginette Beaulieu, Robert Maltais,
Françoise Segall, Paul-André Linteau, Denise Gagnon.*

*J'ajouterai, pour les soulager d'une responsabilité qui n'incombe qu'à
moi seule, qu'il m'est peut-être arrivé de mêler la fiction au strict réel à tel
point que le récit peut paraître moins juste historiquement. Ce n'est pas dû
à eux mais aux libertés que j'ai prises avec leurs connaissances.*

Merci de leur générosité et de leur patience.

M. L.

À paraître bientôt, les deux prochains volets du « Goût du bonheur » :

ADÉLAÏDE (avril 2001)

FLORENT (novembre 2001)

TITRES AU CATALOGUE

Georges Anglade
Les Blancs de mémoire

Emmanuel Aquin
Désincarnations
Icare
Incarnations
Réincarnations

Denys Arcand
Le Déclin de l'empire américain
Jésus de Montréal

Gilles Archambault
À voix basse
Les Choses d'un jour
Courir à sa perte
Enfances lointaines
Les Maladresses du cœur
L'Obsédante Obèse et autres agressions
Le Tendre Matin
Tu ne me dis jamais que je suis belle
Un après-midi de septembre
Un homme plein d'enfance

Jean Barbe
Les Soupers de fêtes

Manon Barbeau
Merlyne

Denis Bélanger
Les Jardins de Méru

Michel Bergeron
Siou Song

Julien Bigras
Ma vie, ma folie

Nadine Bismuth
Les gens fidèles ne font pas les nouvelles

Lise Bissonnette
Choses crues
Marie suivait l'été
Quittes et Doubles

Neil Bissoondath
À l'aube de lendemains précaires
Arracher les montagnes
Tous ces mondes en elle

Marie-Claire Blais
Soifs
Une saison dans la vie d'Emmanuel

Claude R. Blouin
Petite Géométrie du cœur

Jean-Pierre Boucher
La vie n'est pas une sinécure

Réjane Bougé
L'Amour cannibale
La Voix de la sirène

Elena Botchorichvili
Le Tiroir au papillon

MISE EN PAGES ET TYPOGRAPHIE :
LES ÉDITIONS DU BORÉAL

ACHEVÉ D'IMPRIMER EN NOVEMBRE 2000
SUR LES PRESSES DE TRANSCONTINENTAL IMPRESSION
IMPRIMERIE GAGNÉ, À LOUISEVILLE (QUÉBEC).